W0296562

Stauden
in Garten und Natur

Roger Phillips und Martyn Rix

Stauden
in Garten und Natur

Aus dem Englischen
von Ilse und Peter Menzel

Droemer Knaur

Dank

Wir möchten James Compton für seine Hilfe bei den Labiatae und Kniphofia und Peter Barnes für seine Hilfe bei den Farnen, Brian Mathew für seine Aufnahmen von Iris und Acanthus sowie Martin Gardiner für seine Bilder aus Chile und Jacqui Hurst für ihre Hilfe bei den Studioaufnahmen danken.

Die meisten Pflanzen für die Studioaufnahmen kamen aus den nachfolgenden Gärten und Gärtnereien und wir möchten uns für diese Unterstützung und die Hilfe ihrer Mitarbeiter bedanken:

The Crown Estate Commissioners at the Savill Garden, Windsor Great Park; The Royal Botanic Garden, Edinburgh; The Royal Botanic Gardens, Kew; The Royal Horticultural Society's Garden, Wisley; University Botanic Garden, Cambridge; The Chelsea Physic Garden; Eccleston Square, London SWI; Washfield Nurseries, Hawkhurst, Sussex; Beth Chatto Gardens, Elmstead Market, Essex; Middelton House, Enfield, Middlesex; David Austin Hardy Plants; Kelways, Langport, Somerset; Green Farm Plants, Bentley, Hants; Goldbrook Plants, Hoxne, Suffolk; Hopleys Plants, Much Hadham, Herts.; Sandling Park, Hythe, Kent.

Dank sagen möchten wir auch für ihre Hilfe, ihre Ermutigung und für die Kultur der Stauden, die wir fotografierten, an: Crynan Alexander, John D'Arcy, Claire and David Austin, Bill Baker, David Barker, Igor Belolipov, Alan Bloom, John Bond, Sandra Bond, Roger Bowden, Chris Brickell, Patty Carr, Beth Chatto, Duncan Donald, John Drake, Alec Duguid, Pamela Egremont, Jack Elliott, George Fuller, Martin Furness, Jim Gardiner, Martin Gardiner, Geoffrey and Kathleen Goatcher, François Goffinet, Tony Hall, Brian Halliwell, Carolyn and Alan Hardy, Harry Hay, Diana Hewitt, Nigel Holman, Tinge Horsfall, Christopher Lloyd, John Lloyd, David Mclean, Keith MacDevette, Deborah Macleaugh, John and Marisa Main, Brian Mathew, Philip McMillan Browse, Michael Metianu, Bob Mitchell, Shirley Moorhead, Mikinori Ogisu, Andrew Paterson, Roger Poulett, Charles and Brigid Quest-Ritson, Richard Rix, Ted Rix, Tony Schilling, Bill Smalls, Gordon Smith, Geff Stebbings, Elizabeth Strangman, Greta Sturdza, Harriot Tennant, Ann Thatcher, Piers Trehane, Rosemary Verey, Peter Yeo.

Dank gebührt auch Brent Elliott und seinem Stab in der Lindley Library für ihre Hilfe und Geduld während unserer Textvorbereitungen.

Titel der Originalausgaben:
Perennials, Volume 1: Early Perennials
Perennials, Volume 2: Late Perennials
Originalverlag: Pan Books, London

© Copyright für die deutschsprachige Ausgabe
bei Droemersche Verlagsanstalt,
Th. Knaur Nachf., München 1992
© Copyright by Roger Phillips and Martyn Rix 1991

Das Werk einschließlich aller seiner Teile ist urheberrechtlich geschützt. Jede Verwertung außerhalb der engen Grenzen des Urheberrechtsgesetzes ist ohne Zustimmung des Verlages unzulässig und strafbar. Das gilt insbesondere für Vervielfältigungen, Übersetzungen, Mikroverfilmungen und die Einspeicherung auf Verarbeitung in elektronischen Systemen.

Umbruch: Ventura Publisher im Verlag
Belichtung: Compusatz GmbH, München
Printed in Singapur
ISBN 3-426-26590-7

Inhaltsverzeichnis

Candelaber-Primeln und Iris laevigata in Trebah Cornwall

Einleitung

In diesem Buch zeigen wir Bilder von über 2500 Staudenarten und -sorten – nur ein kleiner Ausschnitt aus den vielen Tausenden, die in den Gärten gezogen werden; genügend, so hoffen wir, um einen Einblick in die verbreitetsten Arten zu geben und auch eine Auswahl von Seltenheiten, um den Anfänger zufriedenzustellen und den Spezialisten zu begeistern. Die ausgewählten Arten vertragen in der Regel –5 °C und sind damit hart genug, in England im Winter im Freien zu bleiben. In den unterschiedlichen Klimabereichen und Kleinklimasituationen gibt es in Deutschland durchaus in Weinbaugegenden Situationen, die englischen Verhältnissen ähnlich sind, aber auch viele Orte, in denen Freilandpflanzung generell erst bei einer Winterhärte von über –10 °C oder –15 °C möglich ist. Um für den eigenen Garten Vergleiche zu haben, sollte man Pflanzen, die man bereits besitzt oder die im Nachbargarten stehen und sich gut entwikkeln, in ihrer Winterhärteangabe mit denen vergleichen, die man auswählen möchte. Mit solchen Vergleichen läßt sich die klimatische Einordnung des eigenen Gartens gut erfassen.

Nicht in das Buch einbezogen wurden Alpen- und Steingartenpflanzen, Wüstenpflanzen und Sukkulenten oder nicht winterharte Stauden. Sie werden ebenso wie 1jährige Sommerblumen in späteren Bänden dieser Serie behandelt.

Die Aufnahmen

Bei Freilandaufnahmen ist die Arbeit mit dem Stativ vorzunehmen, damit man mit langsameren Verschlußzeiten und größerer Tiefenschärfe arbeiten kann. Normalerweise geeignet ist eine 1/15 Sekunde, obwohl bei stärkeren Windbewegungen ein 30stel oder ein 60stel Sekunde notwendig werden kann. Die Studioaufnahmen sind mit einer Bronica 120 mit Normalobjektiv und zwei Lichtbogenlampen als Lichtquelle gemacht worden. Die Freilandaufnahmen erfolgten mit einer Nikon FM. Das Filmmaterial war in beiden Fällen Ektacrom 64, wobei die Filme von Freilandaufnahmen um eine Stufe tiefer gepusht wurden.

Anordnung der Pflanzen

Die Pflanzen sind in vier Gruppen entsprechend ihrer Blütezeit geordnet: Frühling, Frühsommer, Hochsommer und Herbst. Innerhalb dieser Blütezeitgruppen sind die Pflanzen nach Familien geordnet und beginnen mit den Hahnenfußgewächsen und schließen mit den Gräsern und Farnen. Wo ein oder zwei Arten einer Gattung zu einer anderen Jahreszeit blühen als die meisten Arten, wurden sie beim Schwerpunkt der Gattung mitbehandelt, obwohl dies dann außerhalb ihrer Blütezeit erfolgt, so z. B. bei Iris unguicularis, die bei den anderen Iris steht, obwohl sie (bei uns frostfrei) zum Winterausgang blüht. Wenn in einer Gattung mehrere Blütezeitengruppen bestehen, so werden sie auch, wie z. B. bei Anemone, getrennt behandelt. Im Text stehen die Blütezeiten des Naturstandortes, da die Blütezeit im Garten oft je nach Klimasituation seiner Lage davon deutlich unterschieden sein kann.

Die Anordnung der Pflanzenfamilien folgt P. H. Davis und J. Cullen: Diese Ordnung entspricht in etwa Clapham, Tutin und Warburg, Flora of the British Isles und P. A. Munz, A Californian Flora, unterscheidet sich jedoch ganz wesentlich von dem modifizierten System von Engler und Prantl, das in der European Garden Flora benutzt wurde.

Die Pflanzennamen

Die Einordnung der Pflanzen in diesem Buch erfolgt mit ihrem botanischen Namen. Deutsche Pflanzennamen sind bei den Arten angegeben, für die solche verbreitet und eingebürgert bestehen. Ein Beispiel für bota-

James Compton und John D'Arcy auf Carlyle's Hoek, Nordost-Kap-Provinz

nische Namen: Primula florindae Kingdon-Ward 'Rubra' (Primulaceae). Das erste Wort bezeichnet die Gattung Primula, zu der diese Art gehört. Ergänzt mit dem zweiten Wort als Primula florindae bezeichnet es diese Art. Das zweite Wort kann beschreibenden Charakter haben, die Herkunft nennen oder auch den Sammler, so z. B. bezieht sich florindae auf Florinda, die erste Frau des Pflanzenentdeckers und Sammlers Frank Kingdon-Ward (seine zweite Frau Jean, geborene Macklin finden wir bei Lilium macklinae). Die Worte Kingdon-Ward sind der Name des Autors, d. h. der Person, die dieser Pflanzenart diesen Namen gegeben hat und sie erstmals unter diesem Namen beschrieb. Der Name wird meistens abgekürzt, so z. B. bedeutet L. Linnaeus, dessen Species Plantarum (1753) als Beginn der botanischen-wissenschaftlichen Pflanzennamen gilt. Gartenpflanzen können auch Sortennamen haben. Damit wird eine besondere Sorte dieser Art bezeichnet, die entweder als Klon vegetativ oder wie bei dieser Farbvariante hier durch Samen vermehrt wird. Ein Sortenname wird groß geschrieben und durch Kommas oben am Beginn und am Ende des Sortennamens gekennzeichnet. Hier bedeutet 'Rubra' rot. Heutige Sortennamen müssen in heutigen Sprachen und nicht in Latein gewählt werden, so z. B. 'Festive Skirt' oder 'Geisho-ui', zwei Namen von Schwertlilien. Dem Pflanzennamen einschließlich des Sortennamens folgt bei Ersterwähnung einer Gattung der Name der Pflanzenfamilie (hier Primulaceae, Primelgewächse). Pflanzenfamilien enden in der Regel auf 'ae'.

Die verwendeten Pflanzennamen folgen Piers Trehane's Index Hortensis, Band 1 Stauden, einer ausgezeichneten Zusammenstellung der Pflanzenbezeichnungen bei Stauden-, Zwiebeln- und Knollengewächsen mit einer guten Einleitung über die Namensgebung bei Pflanzen. Manche vertraute große Pflanzengattungen, die in diesem Referenzwerk aufgeteilt wurden, haben wir in der vertrauten Zusammenstellung beibehalten, so z. B. Polygonum. Ebenso wurden vertraute Namen für kleine Gattungen beibehalten, so z. B. für Peltiphyllum Engler anstelle des neuen Namens Darmera Voss. Wir haben versucht, dem neuesten Stand der Pflanzennomenklatur zu entsprechen, jedoch ist es heute kein Problem, Pflanzennamen mit Autorenangabe unabhängig von inzwischen erfolgter Veränderung zu verwenden. Auch sind neuere als selbständig abgetrennte Gattungen früherer Großgattungen als Synonyme im Buch angegeben und ermöglichen über das Register Zugang zur Beschreibung und Abbildung. Im deutschen Sprachraum ist ein entsprechendes Referenzwerk der jeweils gültigen Pflanzennomenklatur der 'Zander': (Handwörterbuch der Pflanzennamen)

Die Pflanzenbeschreibungen

Der Text informiert über die Heimat der Art, ihren Lebensraum, ihre Verbreitung und über ihre Blütezeit am Naturstandort. Das hilft dem Reisenden, der die Pflanze vielleicht blühend an ihrem Standort aufsuchen möchte und dem Gärtner, der mit dieser Information der Pflanze vielleicht bessere Wachstums- und Blühmöglichkeiten bieten kann. In den meisten Fällen wurden auch kurze Kulturhinweise hinzugefügt, die jedoch nur als Ergänzung zu der Information über die natürlichen Lebensräume gedacht sind. Wir haben dabei unsere eigene Erfahrung von den Naturstandorten wie auch die Informationen aus Florenwerken genutzt.

Die kurzen Beschreibungen sollen die Abbildungen ergänzen und die Identifizierung der Pflanze durch arttypische Kennzeichen erleichtern, wobei die Eigenschaften, die das Bild zeigt, im Text nicht noch einmal genannt werden.

Winterhärte

Alle in diesem Buch gezeigten Pflanzen wachsen irgendwo in Großbritannien oder im nordwestlichen Nordamerika in Gartenkultur im Freiland. In kälteren Klimazonen können Stauden meist durch eine winterliche Abdeckung mit einer Mulchschicht geschützt werden. Empfindlichere Pflanzen überwintern besser in Böden mit gutem Wasserabzug und dadurch den Winter über etwas trockener stehen oder auch vor Winternässe zusätzlich geschützt werden. Die Winterhärteangaben in den Texten bedeuten die Kältegrade, die die Art in der Regel überlebt. Es gibt aber große Unterschiede auch innerhalb einer Art, je nach Herkunft des Pflanzenmaterials. Stammt das Ausgangsmaterial von den kältesten Stellen des natürlichen Verbreitungsgebietes, so werden die daraus vermehrten Pflanzen auch bei Gartenkultur winterhärter sein als von Pflanzenmaterial aus den wärmsten Verbreitungsgebieten der Art. Wichtig für die Winterhärte ist auch ihre Ausreifung im Spätsommer und Herbst. Ebenso wichtig ist auch die Kenntnis über die Fähigkeit der einzelnen Pflanzenart, sommerliche Hitze und Trockenheit zu ertragen oder wann in ihrem natürlichen Verbreitungsgebiet die Hauptniederschläge fallen und ob eine trockene Sommer- oder Winterruhe zum jährlichen Lebensablauf der Pflanzenart gehört. Alpenpflanzen aus dem Himalajagebirge oder solche von den sehr feuchten Sommerklimazonen, wie z. B. in Neuseeland, vertragen meist wesentlich weniger sommerliche Hitze oder Trockenheit.

Das Staudensortiment

Das in diesem Buch abgebildete und in den Texten zusätzlich genannte Sortiment an Staudenarten und Staudensorten ist aus der Entstehung des Buches heraus natürlicherweise auf das englische Sortiment bezogen. So werden manche bei uns im deutschen Staudensortiment verbreitete Arten und Sortengruppen, aber auch ganze Bereiche wie Gräser und Farne nicht entsprechend ihrem Anteil der Verwendung bei uns in unseren Gärten wiederzufinden sein. Dies ist kein Nachteil, sondern ein Vorteil, der diesen hervorragenden Bildband zur erweiternden Ergänzung und Grundlage der Kenntnis neuer für unsere Gärten geeignete Arten und Sorten macht. Unser gebräuchliches allgemeines, aber auch spezielleres Gartenstaudensortiment ist in vielen Fachbüchern gut dokumentiert und abgebildet. Beispiele wichtiger Werke sind im Kapitel 'Vertiefende Literatur, Seite 465' genannt.

Durch den intensiven Austausch von Informationen und Pflanzen über Grenzen hinweg erweitert sich das verfügbare Sortiment für den Staudenliebhaber so schnell, daß so umfangreiche hervorragende Bildbände mit fachlich versiertem Text hochwillkommen sind, um Neues kennenzulernen und auszuprobieren.

Vielfältige Möglichkeiten bestehen heute, auch Bezugsquellen für seltenste Pflanzenarten oder -sorten zu ermitteln. Die Möglichkeiten dazu enthält das Kapitel 'Nützliche Adressen' auf Seite 465.

Woher kommen unsere Stauden?

Die Stauden unserer Gärten kommen aus den gemäßigten Klimazonen aller Erdteile, meist aus Gebieten mit kalten trockenen Wintern und feuchten Sommern. Einige, besonders aus Zentralasien, Westasien, dem südwestlichen Nordamerika oder dem Mittelmeergebiet bedürfen feuchter Winter- und Frühlingsmonate und ertragen trockene Sommer. Diese Mittelmeer-Klimazonen sind besonders reich an Blumenzwiebeln und einjährigen Pflanzen. Pflanzen dieser Klimagebiete sind äußerst geeignet für Klimazonen, wie Südkalifornien oder Südeuropa, besonders in solchen Gebieten, in denen im Sommer nur begrenzt gewässert werden kann. Viele dieser Arten, wie z. B. Schwertlilien, Pfingstrosen und Schleierkraut, haben verdickte Wurzelstöcke, um diese Trockenperioden zu überleben.

Die folgende Liste informiert über den natürlichen Standort einiger größerer Gartenstaudengruppen und gibt Hinweise auf ihre Wachstumserfordernisse für gute Entwicklung.

Lupinengarten in Chatsworth

Rodgersia podophylla beginnt sich herbstlich zu färben

Japanische Anemonen
China; an sommerfeuchten Felsen und Klippen im Schatten.

Astilben
China und Japan; an feuchten Felsen, an Wasserläufen mit Sommerfeuchte.

Nelken
Südeuropa; an Felsen, Klippen und alten Mauern mit Sommertrockenheit.

Gartenrittersporne
Mitteleuropa; in subalpinen Wäldern und Wiesen, in nährstoffreichen sommerfeuchten Böden mit gutem Wasserabzug.

Taglilien
China und Japan; in sumpfigen Wiesen und sommerfeuchten felsigen Hängen.

Hostas
Japan und China; in Wäldern, an schattigen Felsen und Klippen mit bewölkten feuchten Sommern.

Gartenschwertlilien
Östliches Europa und westliches Asien; an felsigen Hängen mit Frühlingsfeuchtigkeit und Sommertrockenheit.

Fackellilien
Südafrika; auf nassen, moorigen und sandigen Böden, oft in Sümpfen mit Sommernässe und etwas mehr Trockenheit im Winter.

Staudenastern
Nordamerika; in sommerfeuchten Wäldern und Wiesen.

Pfingstrosen
Sibirien und Nordchina; in Wiesen und offenen Gehölzen, auf tiefgründigem, nährstoffreichem Boden mit Sommerregen und sehr kalten Wintern.

Penstemon
Mexiko und Nordamerika; in unterschiedlichen Lebensräumen, meist trocken und felsig.

Primeln
Europa und Westasien; in Wäldern und an schattigen Felsen, meist auf sommerfeuchtem schwerem Boden.

Seerosen
Europa und Nordamerika; in stehenden Gewässern.

In der Natur müssen Stauden mit Bäumen und Sträuchern um Wasser und Licht kämpfen. Viele Frühjahrsblüher wachsen in Laubwäldern und blühen, bevor die Bäume ihre Blätter bekommen. Sie kommen den Sommer hindurch mit sehr wenig Licht aus und werden bei freiem Stand durch Sonne und trockenen Wind schnell geschädigt und sterben ab. Vielfach ist Schutz vor Wind ebenso wichtig wie sommerliche Wassergaben. Andere Stauden wachsen in trockenen Steppenklimaten, die für Gehölze zu unwirtlich sind. Sie brauchen volle Sonne und freien Stand den ganzen Sommer hindurch und ertragen meist Sommertrockenheit recht gut. Schmale staudenbewachsene Streifen kann man auch in bewaldeten Bereichen an sehr nassen Stellen entlang Gewässern, an feuchten oder trokkenen Felsen, auf Lawinenschneisen oder an Hängen mit Bergrutschen finden. Stauden, die in offenen Wiesen oder auf Bergen oberhalb der Baumgrenze wachsen, müssen intensive Beweidung ertragen. Sie sind oft dornig, giftig oder auf andere Weise ungenießbar, wo z. B. Rittersporne, Primel, Mannstreu, Taglilien und andere. Da es im Gebirge öfters regnet, benötigen sie meist sommerfeuchten Wurzelbereich mit Sonne und Wind im Bereich der Blätter und Triebe. Vor allem Stauden aus neblig bewölkten Gebirgsbereichen wie dem Himalaja tolerieren im Garten sommerlichen Schatten, da sie oft Sommerhitze nicht vertragen und so im Flachland mit seinen heißen Sommern am schwierigsten zu kultivieren sind.

Staudenvermehrung

Die meisten Stauden, insbesondere die mit mehrköpfigem Wurzelstock, lassen sich leicht durch Teilung vermehren. In feuchten Klimabereichen geschieht dies am besten im Frühling und dort wo Frühling und Sommer relativ trocken sind, am besten im Herbst. Frühe Pflanzung gibt Teilstükken oder neuerworbenen Pflanzen mehr Zeit zum Einwachsen, bevor sie Sommerhitze ertragen müssen. In feuchten Winterklimagebieten oder bei Bewässerung im Sommer ist die Teilung im Frühjahr besser, da die jungen Pflanzen weniger der Gefahr des Verfaulens in feuchten Wintern ausgesetzt sind. Teilung ist einfach. Die ausgegrabenen Stauden werden entweder mit der Hand auseinandergebrochen oder falls dies zu schwierig ist mit zwei Grabegabeln – Rücken an Rücken – auseinandergedrückt.

Viele Stauden besitzen anstelle eines verzweigten Wurzelstockes mit Faserwurzeln tiefgehende fleischige Wurzeln, die an der Erdoberfläche mit einer Blattrosette abschließen, so z. B. Staudenmohn, Acanthus oder Herbstanemone. Stauden mit solchen Wurzelsystemen sind schwer herauszunehmen und anschließend wachsen sie schlecht wieder an. Bei vielen dieser Arten geht die Vermehrung gut über Wurzelschnittlinge. 5–10 cm lange Wurzelstücke werden in sandigen Boden gesteckt, wo darauf zu achten ist, daß das obere Wurzelende auch nach oben zeigt und etwa mit der Bodenoberfläche abschließt. Meist bilden sich am oberen Ende bald Blätter und Triebe und am unteren Ende Wurzeln. Wurzelschnittlinge werden meist im Herbst gemacht und können im Frühjahr gut bewurzelt ausgepflanzt werden. Triebstecklinge können von Pflanzen gemacht werden, die entweder langlebige Triebe aus einem festen Wurzelstock besitzen oder am Grunde verholzen und deshalb nicht geteilt werden können. Durch Stecklinge leicht zu vermehren sind z. B. Nelken, Goldlack, Majoran und Diascia. Stecklinge werden am besten im Hochsommer geschnit-

Anemonen und Agapanthus mit Sedum

Vielfältige Blattformen am Barnsley House

ten und nach dem Stecken bis zur Bewurzelung schattig und feucht gehalten. Sie können dann noch rechtzeitig gepflanzt werden, um bis zum Winter einzuwurzeln. Spätere Stecklingsvermehrung bewurzelt noch gut, leidet aber meist im Winter.

Aussaat ist die beste Vermehrungsform für Arten, die nicht problemlos aus Stecklingen oder durch Teilung vermehrt werden können. Samen sollte beim Aussäen so frisch wie möglich sein. Große Samen von Waldpflanzen, wie Epimedium und Corydalis, und auch der mancher Primeln verliert seine Keimfähigkeit sehr schnell und sollte zwischen Samenernte und Aussaat feucht gehalten werden. Andere Arten benötigen eine Kühlperiode nach der Aussaat, damit es zur Keimung kommt, d. h. Aussaat im Sommer oder Herbst führt zur Keimung im Frühjahr. Andere Arten wiederum benötigen eine warme, feuchte Zeit und danach eine Kühlperiode, bevor es zur Keimung kommt, und andere gar Hitzeeinwirkung z. B. durch Steppenbrände. Es scheint schwer, die richtige Aussaatmethode zu finden, aber Samenkataloge geben meist Hinweise auf die erfolgreichsten Aussaatverfahren. In Zweifelsfällen sollte Samen so frisch wie möglich ausgesät werden, und wenn er längere Zeit nicht keimt, kann er der winterlichen Kälteeinwirkung ausgesetzt werden. Meist erfolgt die Keimung dann unmittelbar im Frühjahr, sobald sich der Boden erwärmt.

Stauden im Garten

Meist werden Staudenbeete gepflanzt oft rechts und links entlang eines Rasenweges und mit Eibenhecken als Hintergrund. Für solche Staudenbeete eignen sich besonders sommergrüne Arten, da sie oft im Frühjahr aufgenommen, geteilt und neu gepflanzt werden müssen, wobei die Beete auch von Unkraut gesäubert und gedüngt werden. Solche Staudenbeete sind während des Winters braun und oberirdisch abgestorben. Sie bieten aber im Frühjahr bis zum Herbst einen schönen bunten Anblick und abgeblühte Stellen im Spätsommer können durch Auspflanzen von Sommerblumen gefüllt werden. So sahen die überwältigenden Staudenbeete aus der guten alten Zeit in England aus mit der Pracht kaiserlicher Paeonien von Kelways, großen Blütentürmen von Rittersporn und Wolken von Schleierkraut.

Wenige private Gärten besitzen noch solche traditionellen Staudenbeete, aber es gibt gute Beispiele in Newby Hall in Yorkshire und um das Parterre in Pitmedden bei Aberdeen.

Heute werden Stauden in unterschiedlicher Weise gepflanzt. Sie stehen in gemischten Beeten mit Sträuchern, Sommerblumen und Blumenzwiebeln. Sie stehen in Blumenwiesen oder als Gruppen im Rasen, in Mauerspalten oder in Felshängen. Sie dienen als Bodendecker oder gar als gepflanzte Sommerhecke. Es gibt Stauden für die feuchtesten und trockensten Plätze und manche wachsen auch in staunassem Boden.

Wo immer auch sie gepflanzt werden, ihre Entwicklung hängt von der Eignung für diese Pflanzstelle ab (standortgerecht) und von der richtigen Wahl der Partner für die Pflanzung (Vergesellschaftung). In Deutschland wurde ein System 'Lebensbereiche der Stauden' erarbeitet, nachdem die Arten und Sorten in den meisten Staudenkatalogen gekennzeichnet sind.

Beeteinfassung aus Lavendel in Mottisfont

Sommerliches Staudenbeet in Crathes Castle Aberdeenshire

Pflanzengesellschaften im Garten

Das heutige Interesse an Stauden als Gartenpflanzen kann bis zu den Schriften von William Robinson, einem Iren aus Stradbally, zurückverfolgt werden, dessen Buch The Wild Garden 1870 publiziert wurde und sich gleich auszuwirken begann. Er förderte beides, die Verwendung von Wildpflanzen im Garten und die Pflanzung großer Staudenbeete im Rasen oder am Rand von Strauchgruppen. Dabei z. B. ebenso die bekannte gefüllte rote Pfingstrose Paeonia officinalis 'Rubra Plena' wie auch große Herden von Narzissen, Anemonen und andere Blumenzwiebeln. Erwiesen sich auch viele Ideen in Robinsons eigenem Garten in Gravetye Manor in Sussex auf schwerem Wealden-Ton als Fehlschläge, so waren sie doch in anderen Gärten erfolgreich. So überleben z. B. Pfingstrosen, Lungenkraut und Epimedium alpinum bis heute aus Robinsons Pflanzungen in Mells Park in Somerset. Robinson verband diese Ideen von Staudenpflanzungen mit einer Polemik gegen die nicht winterharten Beet- und Gruppenpflanzungen, die in den viktorianischen Gärten weit verbreitet waren. Einer der Stiche in The Wild Garden mit dem Titel 'A beautiful Accident' (ein wunderschönes Mißgeschick) ist eine Gruppe aus Süßdolde (Myrrhis odorata), weißen pfirsichblättrigen Glockenblumen (Campanula persicifolia) und Lauchkraut-Glockenblumen (Campanula alliarifolia). In einer späteren Ausgabe 1894 enthält eine faszinierende Passage eine Liste der Pflanzen, die G. F. Wilson in dem damals neu geschaffenen Wildgarten in Wisley gepflanzt hatte. Viele von ihnen, wie Lilium superbum, Galax aphylla und Gentiana asclepiadea, wachsen noch heute dort. Wenn gesagt wurde, daß Wisley faszinierend, aber kein Garten sei, so soll Wilson geantwortet haben: Ich denke, es ist ein Platz, wo Pflanzen aus der ganzen Welt wild wachsen.

'Polemonium Lambrook Manor'

Robinsons Ideen wurden von Gertrude Jekyll weiterentwickelt, die Künstlerin war, bevor sie in den 80er Jahren des vorigen Jahrhunderts begann, Gärten zu entwerfen. Ihr Gestaltungseinfluß verbreitete sich durch ihre Schriften, wie z. B. 'Colour Schemes' in the Flower Garden (1911) und durch ihre Zusammenarbeit mit Edwin Lutyens, einem Architekten. Viele Gärten der berühmten Lutyen'schen Häuser wurden von Gertrude Jekyll entworfen. Sie nannte ihre Absicht 'Lebende Bilder mit einfachen wohlbekannten Blumen zu komponieren'.

Gertrude Jekyll war eine der ersten, die vorschlug, Beete und wegbegleitende Pflanzungen in einer Farbe zu gestalten, gleichzeitig aber auch sich der Notwendigkeit von Varianten dazu bewußt war: 'Ein blauer Garten kann um seiner Schönheit willen nach einer Gruppe weißer Lilien oder anderen Pflanzen in blassestem Zitronengelb hungern'. Einige ihrer Gedanken für Pflanzengesellschaften sind es wert, hier kurz wiederholt zu werden. Ihr Frühlingsbeet bestand hauptsächlich aus Farnen wie Dryopteris filix-mas mit eingestreuten Christrosen, Blumenzwiebeln und Bergenien, mit Flecken von Valeriana phu 'Aurea', rosa und gelb sorgfältig getrennt. Sie verwendete in großem Umfange rauhblättrige Pflanzen und steife Blattformen wie Yucca, Acanthus, Bergenien, Meerkohl und die niedrigstrauchig wachsende Kastanie Aesculus parviflora. Ihr Entwurf für ein grausilbernes Staudenbeet enthält viele Mannstreu (Eryngium), Kugeldisteln (Echinops), Schleierkraut (Gypsophila), blaßblütige Heliotrop (würde Robinson dies gutgeheißen haben?) und blaßlilafarbene Rittersporne. Schwertlilien wurden kombiniert mit Katzenminze, Lupinen, alten Rosensorten und Nelken. Sie scheint Hostas, die damals Funkien hießen, wahrscheinlich wegen der ihnen fehlenden Eleganz nicht geliebt zu haben, obwohl zu ihrer Zeit einige Sorten gezogen wurden. Auch fehlt in ihrer Liste auffälligerweise Alchemilla mollis, die heute in Staudengärten verbreitet ist. Sie wurde 1874 vom Ulu Dag in der Türkei nach Österreich eingeführt, fehlt aber bei Robinson und auch in Gauntlett's Hardy Plants Worth Growing, einem bemerkenswerten Katalog aus den 30er Jahren dieses Jahrhunderts. Diese Alchemilla brachte W. T. Stearn 1948 in England den Gärtnern nahe. Sie erfuhr jedoch erst in den 60er Jahren Verbreitung, als sie von den Sunnigdale Nurseries 1958 ausgestellt ein 'Award of

Merit' der Royal Horticulture Society erhielt. Ungeachtet dessen gibt es eine große Pflanzung dieser Alchemilla-Art in Hidcote, wie auf einer Fotografie aus den 20er Jahren zu sehen ist.

E. A. Bowles ist gewiß einer der bedeutendsten Gartenfachschriftsteller des frühen 20. Jahrhunderts. Er war mehr Gärtner als Gertrude Jekyll und liebte seltene und ungewöhnliche Arten und deren Varianten um ihrer selbst willen. Er verbreitete sie über seine Bücher und seine lange Verbindung mit der Royal Horticultural Society.

Die heutige Verbindung zwischen dem Interesse an seltenen und ungewöhnlichen oder alten Gartenpflanzen und künstlerischer Pflanzenvergesellschaftung wurde von Vita Sackville-West und ihren Veröffentlichungen über den Garten bei Sissinghurst Castle – heute noch einer der besten Staudengärten in der Welt – angeregt. Sissinghurst verbindet formale Grundgestaltung mit freier Pflanzung, bei der die Pflanzen um ihrer künstlerischen Wirkung willen verwendet werden, aber auch vielfältig selten und interessant bleiben. Vita Sackville-West interessierte sich auch für alte Rosensorten, die sie mit guter Wirkung in vielen Teilen des Gartens verwendete. Der Garten in Crathes Castle im Nordosten Schottlands ist in seiner Grundgestaltung ähnlich. Er enthält aber auch eine ausgezeichnete Sammlung seltener Sträucher als Ergänzung für eine hervorragende Staudendarstellung.

Ein dritter großer Garten, Hidcote – der um 1903 von dem Amerikaner Lawrence Johnston geschaffen wurde – war auch von sehr großem Einfluß auf die Staudenverwendung, die allein schon durch die vielen nach ihm benannten Sorten deutlich wird. Johnston besaß auch einen großen Garten im Süden Frankreichs in Serre de la Madone, der für die Einführung neuer Pflanzen in diesem Teil Frankreichs wichtig wurde. Hidcotes Bedeutung besteht einerseits in seiner Gestaltung einer Reihe von heckenumgrenzenden Gartenräumen, die er auch in seinem Buch als Quelle und Testfeld für Pflanzenneueinführungen nannte.

Sowohl Sissinghurst wie Hidcote werden heute von National Trust betreut (Crathes in gleicher Weise vom National Trust von Schottland). Sowohl durch seine Stellung als Gartenberater beim National Trust wie durch seine Veröffentlichungen ab 1940 begründete Graham Thomas seinen Einfluß auf die Verwendung von Pflanzen. Seine Bücher über alte Rosensorten, über Stauden, über Bodendecker und über die Kunst der Pflanzenverwendung sind alles Klassiker, die die Tradition von Robinson, Gertrude Jekyll und Sackville-West in unsere Tage übertragen.

Der Trend zu ländlichen Gärten mit der Verwendung einfacher Pflanzen in Überfülle wurde von Margery Fish gefördert, die Journalistin war, bevor sie und ihr Mann in der Mitte ihres Lebens in Lambrook Manor sich mit Pflanzen und Gärten zu beschäftigen begannen. Sie war eine sehr engagierte Frau und beschrieb viele ihrer Ideen beeindruckender Pflanzengesellschaften, wobei sie viele buntblättrige, purpurne oder silberblättrige Pflanzen verwendete. Die vielen nach ihrem Garten benannten Sorten machen deutlich, was für ein gutes Auge sie für außergewöhnliche Pflanzen hatte. Polemonium 'Lambrook Manor' auf Seite 10 ist eine ihrer selektierten Sorten, wenn sie auch nicht unbedingt aus ihrem Garten stammen muß.

Viele andere Gärten und Gärtnereien beeinflussen auch weiterhin die Verfügbarkeit und die Nachfrage bei den Stauden und deren Verwendung in den Gärten. Christopher Lloyd in Great Dixter in Sussex hat viele Pflanzen populär gemacht und andere verworfen – dies sowohl durch seine wöchentlichen Artikel in Country Life oder auch durch seinen eigenen Garten. Er war lange ein Meister der Staudenwiesen und auch heute noch wachsen in Great Dixter die besten, die man finden kann.

Alan Bloom und sein Sohn Adrian haben zur Zeit wohl das größte Staudensortiment in ihrer Gärtnerei in Bressingham in Norfolk. Alan Bloom hat viele Jahre lang neue Pflanzen in Kultur eingeführt und neue Sorten geschaffen, mit denen sich niemand vorher beschäftigt hat. Aconitum 'Ivorine', wertvoll wegen der frühen Blüte und dem niedrigen vieltriebigen Wuchs, ist eine seiner Schöpfungen. Er war einer der ersten, der nicht streng gestaltete Staudenbeete im Rasen vorschlug, deren Höhe sorgfältig abgestuft wurde, damit die Stauden sich gegenseitig stützten. Dabei waren hohe Pflanzen in der Mitte und die niedrigeren zum Rande zu gepflanzt. Gute Beispiele dieser Beetpflanzungen sind in Bressingham Gardens zu sehen.

Durch ihre Gärtnerei, die sie passend 'Unusual Plants' nannte und durch ihren Garten dort sowie durch ihre Veröffentlichungen und Vorträge hat Beth Chatto auf die Pflanzenverwendung Einfluß genommen. Sie kombinierte Pflanzen mit waagerechten und senkrechten Formen, mit unterschiedlichen Blatt-Typen und -Farben zu ausgezeichneter Wirkung zusammen. Regelmäßig verbreitet sie auch neue Pflanzen durch ihre Gärtnerei.

In Amerika spielt White Flower Farm in Litchfield Connecticut eine ähnliche Rolle. Ihr schöner, zweimal im Jahr erscheinender Katalog ist voll von interessanten Stauden mit sorgfältigen Kulturanweisungen für amerikanische Gärten.

Die lange Staudenrabatte in Great Dixter, Sussex

Amerikaner waren auch die bedeutenden Pflanzenzüchter der vergangenen Jahrzehnte, insbesondere bei den Gattungen Hemerocalis, Hosta und einigen Irisgruppen. Das Interesse an Stauden ist in Nordamerika und in Europa in den vergangenen 10 Jahren außerordentlich gestiegen. Die erwähnten Persönlichkeiten sind Beispiele für diejenigen, die dazu wesentlich beigetragen haben. In Deutschland, Frankreich, Österreich und der Schweiz gibt es seit Anfang des Jahrhunderts eine ähnliche Entwicklung, die durchaus in enger Verbindung mit der englischen steht, aber auch eigene Wege ging. Als Beispiele seien hier Georg Arends in Ronstorf, Karl Foerster in Potsdam und Sündermann in Lindau genannt, die als Gärtner durch ihre Neueinführungen und ihre Selektionen viel zum heutigen mitteleuropäischen Staudensortiment beitrugen. Diese Entwick-

Lysimachia ephemerum in einem Rosenbeet

Trollblumen (Trollius europaeus) in einer feuchten Wiese in Perthshire

lung geht bis heute intensiv weiter und umfaßt ebenso Staudengärtner wie Pflanzenliebhaber, die die Sortimentsbereicherungen durch Neueinführungen und Züchtungen im Beetstaudenbereich heute ähnlich groß und umfangreich machen wie dies in Großbritannien in den 50er und 60er Jahren war. Ernst Pagels mit seinen Züchtungen bei Salvien und Miscanthus sei hier als Beispiel genannt.

Natürliche Pflanzengesellschaften

Das Wesentliche einer Pflanzung im Garten ist, daß die ausgewählten Pflanzen gut zusammen wachsen, daß aber auch Unterschiede in der Struktur des Blattwerkes bestehen, andererseits aber auch gleichzeitig offene Blüten in ihren Farben harmonieren. Auch sollten zusammen wachsende Pflanzen gleich robust sein, damit schwächere nicht überwuchert werden. Da Pflanzungen nur zu bestimmten Jahreszeiten am besten aussehen, sollten Pflanzstellen im Garten unterschiedlich gestaltet sein, um vom Frühling bis zum Herbst pflanzliche Höhepunkte zu haben. Schneeglöckchen und Winterlinge und andere Frühlingsgeophyten können später von Stauden, die im Sommer wachsen und blühen, überdeckt werden. Die Stellen frühblühender Stauden, wie vom Staudenmohn, können durch später blühende abgelöst werden. So wechseln die Blütenfarbenaspekte im Garten mit der Jahreszeit. Es beginnt mit den harten Gelb- und Blautönen im Frühling, mit kühlem Rosa, Grau und Blau im Sommer und mit warmen Orange-, Rot- und Gelbtönen im Herbst.

Die heutigen Vorstellungen gut funktionierender Pflanzengemeinschaften im Garten versuchen, solche Farbharmonie in Verbindung mit Kontrasten von Struktur und Gestalt der Pflanzen zu schaffen. Wer für die Pflanzenverbreitung und ihre natürlichen Heimatsituationen ein Gespür hat, versucht, auch diese Komponente mit in Pflanzengemeinschaften hineinzubeziehen, so z. B. daß er nur Pflanzen miteinander kombiniert, die auch in der Heimat zusammen wachsen oder zumindestens in ähnlichen geografischen Situationen vorkommen. Die nachfolgend genannten Beispiele mit ergänzenden Nennungen von Blumenzwiebeln und -knollen können im Garten leicht umgesetzt werden.

1. Kaukasische Heuwiese
Die Pflanzengemeinschaft enthält viele vertraute Stauden, Blumenzwiebeln und -knollen und findet sich sowohl direkt im Kaukasus wie auch in der nördlichen Türkei. Für nährstoffreiche, sommerfeuchte Böden mit gutem Wasserabzug. Typische Arten: Galanthus, Scilla sibirica, Cyclamen coum, Iris histrioides, Omphalodes cappadocica, Helleborus orientalis, Brunnera macrophylla, Hesperis matronalis, Lilium monadelphum, Campanula lactiflora, Campanula alliarifolia, Geranium psilostemon, Geranium platypetalum, (und andere Arten), Salvia forskahlii, Paeonia mlokosewitschii, Cephalaria gigantea, Telekia-Arten, Gentiana asclepiadea, Colchicum speciosum, Crocus speciosus.

2. Nordeuropäische Gebirgswiesen
Diese Pflanzengemeinschaften finden sich am Fuße der Alpen und in einer artenärmeren Form auf den Kalkhügeln im nördlichen Großbritannien. Für nährstoffreiche sommerfeuchte Böden. Typische Arten: Leucojum vernum, Crocus vernus, Erythronium dens-canis, Narcissus poeticus, Narcissus pseudonarcissus, Geranium pratense, G. sylvaticum und G. phaeum, Aquilegia alpina, Aquilegia atrata, Salvia glutinosa, Ranunculus aconitifolius, Trollius europaeus, Lunaria rediviva, Pulmonaria (mehrere Arten), Campanula latifolia, Colchicum autumnale.

3. Nordamerikanischer feuchter Laubwald
Diese Pflanzengesellschaft finden wir im südlichen Kanada entlang der Appalachen, südlich bis Georgia. Blüte besonders im Frühling. Für saure sommerfeuchte Laubmullböden. Typische Arten: Erythronium americanum, Trillium grandiflorum, Trillium erectum, Dicentra eximia und D. canadensis, Adiantum pedatum, Clintonia umbellulata, Mertensia virginica, Tiarella cordifolia, Podophyllum peltatum, Phlox ovata, Veratrum viride (an feuchten Stellen), Lilium canadense (naß), Smilacina racemosa, Geranium maculatum, Actaea rubra und A. alba, Cimicifuga racemosa, Aquilegia canadensis (an trockenen Stellen), Monarda didyma, Gillenia trifoliata, Helianthus decapetalus, Matteuccia pensylvanica.

4. Feuchte Wiesen im Himalaja
Diese Pflanzengesellschaften finden sich in Lichtungen oder oberhalb der Baumgrenze im mittleren und östlichen Himalaja bis hinein nach Westchina. Die Sommer sind kühl mit intensiven Regenfällen, die Winter kalt und trocken. Für torfigen sauren oder neutralen Boden. Typische Arten: Primula (viele Arten), Meconopsis (viele Arten), Thalictrum chelidonii, Ligularia-Arten, Polygonum macrophyllum, Euphorbia griffithii, E. schillingii und E. wallichiana, Rodgersia-Arten, Iris clarkei und I. delavayi, Aconitum-Arten, Codonopsis-Arten, Allium wallichii, Hemerocallis forrestii, Nomocharis-Arten, Rheum alexandrae.

5. Trockene Hänge im Mittelmeergebiet
In diesem Lebensbereich sind die Sommer heiß und trocken, die Winter- und Frühlingszeit kühl und feucht. Niedrige Sträucher wie Lavendel und Cistus sind verbreitet wie auch einjährige Pflanzen und Pflanzen vieler Gattungen mit Zwiebeln und Knollen: Bei den Stauden insbesondere: Iris (Bartiris), Paeonia rhodia und P. arietina, Stipa gigantea, Asphodeline lutea, Echinops ritro, Centranthus ruber, Origanum-Arten, Convolvulus althaeoides, Euphorbia characias, E. rigida und E. myrsinites, Erysimum und Cheiranthus-Arten, Acanthus spinosus, Phlomis lychnitis, Anchusa azurea, Dictamnus albus.

6. Europäischer trockener Wald
Dieser Lebensraum findet sich in Italien und in anderen Teilen Südeuropas, die sommertrocken sind, und oft in Verbindung mit tiefem Schatten. Dies sind schwierige Situationen in einem Garten. Natürlicherweise an solchen Stellen finden sich folgende Pflanzenarten: Geranium macrorrhizum und G. nodosum, Lithospermum purpureo-caeruleum, Epimedium alpinum, Doronicum orientale, Vinca difformis und V. minor, Acanthus mollis, Iris graminea, Ranunculus creticus, Cyclamen-Arten, Anemone blanda, Digitalis laevigata.

Ein gut ausgefärbtes Exemplar des Japanischen Regenbogenfarns Athyrium niponicum 'Pictum' (syn. 'Metallicum').

Ein Tal in Kashmir mit Geranium clarkei, Nepeta und Pedicularis

7. Kalifornischer trockener Wald
Die Bedingungen hier sind ähnlich wie bei den europäischen trockenen Wäldern, aber Zwiebelpflanzen, wie z. B. Erythronium-Arten, sind verbreitet. Der hohe Anteil rotblühender Arten entspricht der Bedeutung der Kolibris als Blütenbestäuber. Zu den Stauden dieses Lebensbereiches gehören: Aquilegia formosa, Dicentra formosa, Delphinium cardinale, Ipomopsis aggregata, Vancouveria chrysantha, Heuchera-Arten, Iris innominata und andere kalifornische Arten, Geranium richardsonii.

8. Zentralasiatische Steppe
Dieser Typ von Lebensraum erstreckt sich von der mittleren Türkei ostwärts über Asien bis Nordwest-China und die Mongolei. Die Sommer sind heiß und trocken, die Winter kalt mit Dauertemperaturen unter 0 °C, so daß sich die Wachstumszeit auf wenige Wochen im Herbst und auf einen kurzen Frühling beschränkt. Die Flora ist jedoch artenreich und enthält auch viele Blumenzwiebeln und -knollen und die folgenden Trockenheit vertragenden Stauden: Paeonia anomala, Tulipa fosteriana und andere Arten, Iris albertii und I. scariosa und Iris spuria an nassen Stellen, Gypsophila paniculata, Eremostachys Arten, Salvia-Arten, Eremurus-Arten, Limonium platyphyllum, Perovskia atriplicifolia, Althaea rugosa, Achillea filipendulina, Ligularia macrophylla.

9. Nordamerikanische Prärie
Dieser Lebensraum findet sich auf sehr flachgründigem Boden in grasigen oder sumpfigen Lichtungen östlich der Appalachen, wo die natürliche Vegetation Wald war und verbreiteter im trockenen mittleren Westen. Bekannte Arten gehören dazu: Phlox maculata, Aster novae-angliae, Coreopsis verticillata, Asclepias tuberosa (trockene Stellen), Solidago-Arten, Echinacea purpurea, Lobelia cardinalis (an Wasserläufen), Oenothera speciosa, Veronicastrum virginicum, Helianthus-Arten, besonders Helianthus salicifolius, Lupinus perennis.

10. Neuseeländische Tussock-Grasflächen
Diese Lebensräume finden sich vor allem besonders im Gebirge der Südinsel. Sie werden von Bulten bildenden Gräsern und Seggen beherrscht und stehen auf torfigen sommerfeuchten Böden. Folgende Arten gehören in diese Lebensräume: Ranunculus lyallii, Astelia nervosa. Celmisia-Arten, besonders Celmisia spectabilis in den oberen Höhenlagen, Aciphylla-Arten, Phormium cookianum, Acaena microphylla, Carex flabellata.

11. Westchinesische Wälder
Die uralten Wälder auf dem Berg Omei und in anderen Teilen Westsichuans sind die Heimat vieler endemischer Tier- und Pflanzenarten, wie z. B. des Pandabären. Die Wälder sind sehr dicht, heiß und sommerfeucht und trockener und sonniger im Winter mit einigen Arten von Acer, Corylopsis, Styrax und zahlreichen anderen schönen Bäumen und Sträuchern. Die Böden bestehen meist aus Laubhumus und liegen oft auf Kalkfelsen. Bemerkenswerte Arten dieser Pflanzengesellschaft sind: Epimedium acuminatum und E. davidii, Corydalis flexuosa und andere Arten, Adiantum venustum, Anemone flaccida, A. davidii und A. tomentosa, Cardiocrinum yunnanense, Paris polyphylla, Meehania fargesii, Sanicula-Arten, Paeonia mairei, Primula-Arten, Tiarella polyphylla, Iris japonica (an mehr offenen Stellen), Hosta-Arten, Rodgersia aesculifolia.

12. Drakensberg-Grasland
Die höheren Bereiche der Drakensberg-Gebirgszüge in Natal werden durch regelmäßiges sorgfältiges Abbrennen im Spätwinter als artenreiche Grasflächen erhalten. Die Böden sind oft torfig auf kiesigem Unterboden und im Sommer sind nachmittägliche Gewitter häufig. Viele der verbreiteten Arten dieses Bereiches wachsen entlang von Wasserläufen oder an sumpfigen Stellen. Häufig sind Zwiebel- und Knollenpflanzen, wie Cyrtanthus, Dierama, Gladiolus, Moraea und Watsonia. Rhodohypoxis findet sich auf nassen, flachen Torfböden. Zu den Stauden gehören: Kniphofia, Agapanthus, Diascia, Phygelius, Leonotis (an trockeneren Stellen), Glumicalyx goseloides.

Frühsommerliche Blütenfarben in einem Staudenbeet

Aufgenommen 10. Februar, 1/2 nat. Größe

Helleborus niger im Botanischen Garten der Universität Cambridge

Helleborus × nigercors 'Alabaster'

Helleborus × nigristern

Helleborus lividus 'Boughton Beauty'

Helleborus argutifolius

Helleborus argutifolius Viv. syn. *H. corsicus Willd., H. lividus* subsp. *corsicus (Willd.). Tutin (Ranunculaceae).* Korsika und Sardinien, Macchia, grasige Lichtungen zwischen Adlerfarn, an Flüssen und Wegrändern. B: 1-6. Stämmchen bis 75 cm und große Exemplare auch breiter. Blüten 2,5-5 cm. Blattabschnitte grün mit grobstachelzähnigem Rand. Auf Böden mit gutem Wasserabzug winterhart. WH: bei Schutz bis –10 °C. Kurzlebig, aber gewöhnlich Selbstaussaat.

Helleborus foetidus L. *Stinkende Nießwurz.* Südwest-Europa, von England und Portugal bis Deutschland und Italien; felsige Hänge, Wegraine und lichte Wälder; meist auf Kalk. B: 1-4. Stämmchen bis 80 cm gewöhnlich mit glänzenden, sehr dunkelgrünen Blättern in einer Rosette unter dem Blütenstand. WH: mit Windschutz bis –20 °C. Die Sorte 'Westerflisk' hat graugrüne Blätter mit schmaleren Blattabschnitten und rot überlaufenen Blütenstengeln, fällt samenecht. Für Böden mit gutem Wasserabzug, in Sonne oder Halbschatten, verträgt trockenen Schatten.

Helleborus lividus Aiton *Balearen-Nießwurz.* Mallorca. Wälder und Gebüsch, auf Kalk. B: 2-4. Stämmchen bis 45 cm. Blattabschnitte grau gezeichnet mit glattem Rand oder fein gezähnt. Blüten und Stengel oft rosa. WH: nur bis –5 °C. 'Boughton Beauty', robuste Sorte von *H. × sternii*, einer Hybride, die Größe und Winterhärte von *H. argutifolius* mit der Farbe von *H. lividus* verbindet. WH: bis ca. –10 °C.

Helleborus niger L. *Christrose.* In Bergwäldern auf Kalkstein, Ostalpen und Nordapennin, Süddeutschland und Schweiz (Tessin) bis Italien und Jugoslawien. In Nadelwäldern bis in die Latschenkiefernzone, manchmal auch auf offenen Matten. B: 1-4. Blüten 4-8 cm auf bis 30 cm hohen Blütenstielen (kräftigste Typen). Viele Gartensorten wurden hauptsächlich auf große Blüten und lange kräftige Blütenstengel ausgelesen. subsp. *macranthus* (Freyn) von Norditalien und Jugoslawien unterscheidet sich durch stachelspitzig gezähnte, breit lanzettliche graue Blattabschnitte und weiße, nicht rosa überlaufene Blüten mit schmaleren Blütenblättern. Gartenkultur nicht immer einfach; tiefgründige nährstoffreiche lehmige Böden im Halbschatten. Schutz von Knospen, jungen Blättern und Wurzeln vor Schnecken.

Helleborus × nigercors J.T. Wall. Üblicher Name für Kreuzungen zwischen *H. niger* und *H. argutifolius*, die die großen weißen Blüten der ersteren mit der Blütenfülle der letzteren verbinden. Schwer vermehrbar, steril. Kreuzungen jeweils neu zur Samengewinnung. *H. niger*-Blüten werden mit der Hand mit *H. argutifolius*-Pollen bestäubt. Sämlinge sehen *H. niger* ähnlich. Ein Sämling dieser Gruppe wurde 1967 'Alabaster' benannt. Andere Formen, die ich gesehen habe, ähneln mehr *H. argutifolius* mit kräftigeren Stämmen und sind wohl aus den umgekehrten Kreuzungsverfahren entstanden. Die Kreuzung zwischen *H. × sternii* und *H. niger* heißt *H. × nigristern* und dürfte rosa getönte Blüten haben.

Helleborus purpurascens Waldst. & Kit. Südost-Polen, Ungarn und Tschechoslowakei bis Rumänien und West-Ukraine. Offene Wälder und Gesträuch. B: 3-4, in geschützten Lagen früher. Blätter sommergrün, meist mit fünf Teilen, die bis zur Mitte 2- bis 5teilig gelappt sind. Blütenstengel zur Blütezeit 5-20 cm. Blüten grünlich oder purpurn, manchmal auf der Außenseite bläulich überlaufen und 5-7 cm. Warme Lage im Halbschatten, humusreiche, aber nicht saure Böden. Wahrscheinlich härteste Art.

Helleborus vesicarius Siehe Seiten 14, 16 + 17.

Helleborus cyclophyllus in Nord-Griechenland

Helleborus multifidus subsp. *bocconei* bei Florenz

Helleborus purpurascens

Helleborus atrorubens

Helleborus atrorubens Waldst. & Kit. syn. *H. dumetorum Waldst. & Kit.* subsp. *atrorubens (Waldst. & Kit.) Merxm. & Podlech (Ranunculaceae).* Nordwest-Jugoslawien, grasige Stellen, Gebüsch. B: 2-4. Blätter sommergrün, bis 45 cm mit 5-7 geteilten Abschnitten. Blüten 4-5,5 cm, bräunlich bis tief purpurn auf Innen- und Außenseite. An warmen geschützten Stellen hart bis –15 °C.

Helleborus cyclophyllus Boiss. Albanien, Bulgarien, Süd-Jugoslawien, Griechenland. In Wäldern, Gebüsch und auf grasigen Hängen. B: 2-4. Stämmchen bis 60 cm mit sommergrünen Blättern, die 5-9 oval-lanzettliche, meist ungeteilte Segmente unterseits. Blüten ca. 6 cm groß, meist gelblich grün, aber nicht weißlich wie bei *H. orientalis.* Leicht in Sonne oder Halbschatten zu ziehen.

Helleborus multifidus Vis. subsp. *bocconei (Ten.) B. Mathew,* syn. *H. siculus Schiffner.* Mittel- und Süditalien, Sizilien. Im hügeligen Bereich in offenen Wäldern und Gebüsch. B: 2-3. Stämmchen bis 20 cm. Blätter immergrün bis 42 cm groß, mit 5-7 unterseits behaarten Segmenten, im oberen Teil 3- bis 5teilig gelappt. Blüten 4,5-6 cm. Süßduftend mit einem Hauch Katze. Bei Gartenkultur manchmal Ende November mit der Blüte beginnend, wie die Abbildung bei Florenz zeigt. Kultur problemlos auf schwerem Kalkboden im Halbschatten.

Helleborus multifidus Vis. subsp. *multifidus.* Albanien und West-Jugoslawien, besonders im Gebiet von Dalmatien, im Gebüsch und auf grasigen Felshängen. B: 3-4. Stämmchen bis 50 cm. Blätter fein geteilt in 9-15 Segmente, die wiederum 3- bis 12fach gelappt sind. Blüten 3-4 cm, grün. Die fein geteilten Blätter und nicht die relativ kleinen Blüten sind interessant an dieser Unterart. Benötigt warmen geschützten Platz im Garten.

Helleborus vesicarius Auch. Heimat Nord-Syrien und Süd-Türkei von Südwest-Adiyaman westlich bis zum Amanus-Gebirge und Mount Cassius (heute Akra Dag). Auf Kalk in Eichenwäldern von 550 bis 1300 m. B: 3-5, in Gärten bei geschützter Lage oft früher. Früchte reifen 5-6. Die Pflanze besitzt einen langen dicken Wurzelstock. Reichverzweigte Stämmchen bis 45 cm hoch. Blüten 16-18 mm lang. Samenkapseln aufgeblasen, 5-7 cm groß. Sie enthalten 1-6 rundliche, 5-6 mm große Samen. Trockene Sommerruhe ohne Blätter, die erst im Herbst erscheinen. Unter Schutz sommertrocken an sehr heißen Stellen zu kultivieren. Nur Sämlinge lassen sich verpflanzen. Die ungewöhnlichen aufgeblasenen Kapseln werden nur bei Kreuzbestäubung angesetzt. Bei uns im Freien nicht winterhart.

Helleborus vesicarius fruchtend bei Maraş, Süd-Türkei

Helleborus vesicarius

Helleborus viridis subsp. *occidentalis* mit *Anemone nemorosa* bei Postling, Kent

Helleborus viridis L. subsp. *occidentalis (Reuter) Schiffner*. Nordwest-Europa von Nordengland, Frankreich, Spanien und Westdeutschland (großblütige Unterart subsp. *viridis*, behaarte Blätter von Mittelfrankreich und Österreich bis Nordwest-Italien). In Wäldern und an sonnigen Hängen auf Kalk. B: 2-4. Blatt- und Blütenstengel 20-40 cm. Blätter sommergrün, 7- bis 11fach geteilt. Blattsegmente unterseits glatt, schmal elliptisch mit gesägtem Rand. Blüten 3-5 cm, bläulich-grün und innen oft purpurn gezeichnet. Kleinblütige, elegante Pflanze, unproblematisch in schweren, feuchten Böden im Halbschatten.

Helleborus multifidus subsp. *multifidus*

Helleborus viridis subsp. *occidentalis*

Auswahl von Sämlingen und Namenssorten von *Helleborus orientalis* von Washfield Nurseries, 14. Februar, 2/3 nat. Größe

Helleborus orientalis Lam. *(Ranunculaceae)*. Nordost-Griechenland, europäische Türkei, ostwärts bis Süd-Kaukasus und Georgien. In der Türkei bis auf 2200 m. In Gehölzgruppen, an Waldrändern meist in unbeweidetem Grasbereich. Blütentriebe bis 60 cm, Blätter bis 60 cm, immergrün, nur in sehr kalten Wintern absterbend, mit 7-10 meist ungeteilten oder gegabelten Blattabschnitten bis 45 cm breit. Blüten in Türkei und Griechenland gewöhnlich weißlich oder grünlich, selten rosa gerandet. Im Kaukasus noch 2 Unterarten: subsp. *abchasicus (A. Br.) B. Mathew*. Blüten dunkelpurpur oder rosa-grau, oft dicht feingepunktet, hauptsächlich in Abchasien (West-Kaukasus) und kreuzt sich mit subsp. *orientalis*. Die zweite Unterart subsp. *guttatus (A. Br. & Saur) B. Mathew* hat weiße Blüten mit größeren rötlichen Flecken, von Tiflis (Zentral-Kaukasus) weiter ostwärts. Alle Formen wachsen leicht in nährstoffreichem, schwerem Boden in Sonne oder Halbschatten an warmer und geschützter, sommerfeuchter Stelle. WH: bis unter –15 °C, Blätter sterben durch kalten Wind bei etwa –10 ° C ab. Grünlich blühende Typen der West-Türkei in Gartenkultur bereits B: 11. Viele Sorten wurden ausgelesen und benannt. Unterschiede z.B. schwarz-purpurne, weiße oder gelbe Blüten, farbkontrastierende Nektarien, Dichte der Fleckung, oder Blüten die nicht nach unten hängen. Leider benannte Sorten vegetativ schwer vermehrbar, kreuzen und versamen sich aber in den Gärten. Manche Staudenbetriebe haben deshalb damit begonnen, gute Samentypen nach Zuchtsorten aufzubauen. Nachfolgend eine Auswahl guter Sämlingssorten der Washfield-Staudengärtnerei in Hawkhurst, Sussex, sowie einiger anderer Sorten:

'Aeneas' Gefüllte Form von *H. torquatus*, die Elizabeth Strangman in Crna Gora (Montenegro), Jugoslawien, 1971 fand. **'Atrorubens'** syn. 'Early-Purple'. Ist nicht *H. atrorubens Waldst. & Kit.*, sondern alte Form von *H. orientalis* subsp. *abchasicus*, seit 1843 bekannt, mit sommergrünen Blättern, die mit rötlich-purpurnen Blüten früher als viele andere Sorten erblüht.

'Celadon' Wahrscheinlich Hybride von *H. odorus*, gezüchtet von Elizabeth Strangman. **'Cosmos'** Züchter Eric Smith 1973. **'Dido'** Gefüllte *H. torquatus-Sorte* von Elizabeth Strangman 1971 in Crna Gora (Montenegro) gefunden. **'Old Ugly'** *H. viridis-Hybride* Elizabeth Strangman, 60er Jahre. **'Philip Ballard'** von Mrs. Ballard (Malvern in Worcester 1986), die sich auf die Züchtung von schwarzen und gelben, großen, waagerecht stehenden Blüten spezialisiert hat. **'Pluto'** von Eric Smith, Plantsmen 1960. *H. torquatus-Hybride*, Nektarien purpurn. **'Queen of the Night'** von Elizabeth Strangman in den 70ern, Nektarien dunkel. **'Sirius'** Duftend. Wahrscheinlich Hybride von *H. odorus*, von Eric Smith etwa 1974. **'Zodiac'** Samenssorte, Eric Smith ca. 1974.

Helleborus orientalis. Wächst leicht aus Samen und sät sich oft in der Nähe der Mutterpflanze aus, so daß die Gefahr besteht, daß die Mutterpflanze, d. h. die Namenssorte, durch die Absaat überwachsen wird. Teilung oder Verpflanzung alter Pflanzen im Winter oder zeitigen Frühling (Blütezeit), bevor das Wurzelwachstum beginnt. Bis zum Einwachsen feucht halten.

Helleborus orientalis (gefüllter Sämling)

Helleborus 'CosmosII'

'Old Ugly'

Weißer *H. orientalis* Sämling von Boughton

Gelber Sämling

Roter *H. orientalis* Sämling

'Pluto'

Caltha howellii Nordost-Kalifornien

Caltha howellii

Hylomecon japonicum

Chelidonium majus var. *grandiflorum* bei Yumin, Sinjiang

Caltha howellii (Huth) *Greene (Ranunculaceae)*. Süd-Oregon und Kalifornien, von Tulare-County nordwärts, im nördlichen Küstenbereich zwischen 1500 und 3000 m. In Sümpfen und feuchten Bereichen entlang Flüssen. B: 5-7 entsprechend Höhenlage. Pflanzen buschig bis 30 cm. Blätter 3-10 cm. Blütenblätter 12-16 mm. Fruchtstand gestielt. Blüten einzeln auf blattlosem unverzweigtem Stengel. *C. leptosepala* DC. Westliches Nordamerika, von Alaska bis Washington, Montana und New Mexico unterscheidet sich durch sehr kurzgestielte Fruchtstände und Blätter, die länger als breit sind. Beide benötigen feuchten Torfboden, möglichst an laufendem Wasser. WH: bis –20 °C.

Caltha palustris L. *Sumpfdotterblume*. Nordhalbkugel, von Irland südwärts bis Spanien und östlich bis Sibirien und Japan. In Nordamerika von Neufundland bis South Carolina und westlich bis Saskatchewan. In Sümpfen und feuchten Erlenbrüchen, an Flußrändern. B: 3-6 entsprechend Breitengrad. Mehrere sich ausbreitende hohle Stengel aus vielköpfigem Wurzelstock, bis 60 cm hoch. Blätter 5-20 mm groß. Blüten bis 5 mm, gewöhnlich gelb, weiß in var. *alba*, die möglicherweise zu var. *himalayensis (D. Don) Mukerjee* gehört. Im Himalaja von 2400-4000 m sehr verbreitet, von Ostkaschmir bis Bhutan und gewöhnlich weißblühend. B: 5-8 entsprechend Höhenlage. In feuchtem Boden, besonders am Wasserrand. 'Plena', Blüten gefüllt, relativ kleinbleibend.

Caltha palustris var. *polypetala Hochstt.* Heimat Bulgarien, Kaukasus, Nord- und Nordwest-Persien und Nordost-Türkei. An Flüssen, in alpinen Wiesen von 1700-3600 m. B: 4-7 zur Zeit der Schneeschmelze. Unterscheidet sich von *C. palustris*, durch 7-10 Blütenblätter. Sonst ähnlich mit gleichen Kulturansprüchen.

Caltha polypetala hort. Diese große Sumpfdotterblume ist häufig in den Gärten unter diesem Namen anzutreffen. Sie unterscheidet sich jedoch deutlich von der wilden *C. polypetala Hochstt.* (siehe dort). Sie hat 5, manchmal 6 Blütenblätter und nicht 7-9 wie die echte *C. polypetala*. Die Riesensumpfdotterblume wird bis 80 cm hoch, besitzt einen kriechenden Wurzelstock und 10-25 cm große Blätter. Ihre sehr wenigen Blüten sind 5 cm oder größer. Sie unterscheidet sich deutlich von der kriechenden subsp. *minor (Mill.) Clapham* aus den Bergen Nord-Englands und Irlands, die immer kleinere Blätter und Blüten besitzt. Mit ihren kriechenden Stengeln ist sie auch ähnlich var. *flabellifolia (Pursh) Torrey & Gray*, hat aber nicht gleiche große Blüten. var. *bartheri Hance* aus Japan ist groß in Blatt und Blüte, kriecht aber nicht. *C. polypetala hort.* wächst leicht in feuchtem Boden oder Flachwasser und ist WH: bis –20 °C, wahrscheinlich darunter.

Chelidonium majus L. *(Papaveraceae), Schöllkraut*. Große Teile Süd- und Ost-Europas, Nordwest-Afrikas, der Türkei und Asiens ostwärts bis Japan sowie verwildert im östlichen Nordamerika. Auf felsigen Hängen, in Wäldern und Gesträuch und in Mauern. B: 4-8. Kurzlebige Staude mit flei-

Caltha polypetala

Caltha palustris var. *alba*

Caltha polypetala im Kaukasus

Caltha palustris 'Flore Pleno'

Caltha palustris bei Sellindge, Kent

Stylophorum lasiocarpum

Stylophorum diphyllum

schigem Wurzelstock und Triebe bis 90 cm. Blüten normalerweise 2-2,5 cm groß, jedoch an der hier gezeigten Pflanze aus Sinjiang 3,5 cm. Es ist die var. *grandiflorum (DC) Fedde* aus Zentralasien und Nordwest-China. Verbreitet in Kultur ist auch eine gefüllt-blühende Sorte und var. *laciniatum (Miller) Syme*, deren Blätter bis über die Mitte fiederspaltig sind. In jedem Gartenboden, meist als Unkraut in alten Gärten. Enthält gelben Saft, ein Volksmittel gegen Warzen.

Hylomecon japonicum (Thunb.) Prantl & Kuen *(Papaveraceae). Japanischer Mohn.* In Honshu, Korea und Nordost-China, westlich bis Hubei. In Wäldern, Tälern und auf Bergen. B: 4-6. Pflanze mohnähnlich. Besitzt kurze Wurzelstöcke und wächst flächig. Blütenstengel 30-40 cm hoch. Blüten 4-5 cm groß. In Laubböden im Halbschatten bis Schatten. Eine andere Art *H. vernalis Maxim.* stammt aus Ostsibirien.

Stylophorum diphyllum (Mich.) Nutt *(Papaveraceae).* Östliches Nordamerika, von West-Pennsylvania und Ohio südlich bis Tennessee und westlich bis Wisconsin und Missouri. In feuchten Wäldern. B: 3-5. Wenige, sehr gebrechliche, 30-45 cm hohe Stengel aus kräftigem Wurzelstock. Blätter tief, unregelmäßig gelappt. Endlappen kaum größer als die anderen. Blüten etwa 5 cm. Kapsel eiförmig mit spitzem Schnabel. In feuchtem Laubboden. WH: bis –20 °C.

Stylophorum lasiocarpum (Oliv.) Fedde. Mittel- und Ost-China, in Hubei und Sichuan. In Wäldern und Gebüsch. B: 5. Bildet dichte Büsche, etwa 30 cm hoch und 45 cm breit. Blätter Löwenzahn-ähnlich mit großen, ovalen, gezähnten Endabschnitten. Blüten etwa 5 cm. Kapseln schmal, zylindrisch, 5-8 cm lang. Für Laubböden in kühler, geschützter Lage. WH: vielleicht bis –15 °C. Die Pflanze wird in China wegen der medizinischen Eigenschaften ihres dicken Wurzelstockes, der einen roten Saft enthält, angebaut.

Exemplare von Beth Chatto, 20. Mai, 3/5 nat. Größe

Trollius acaulis in Kaschmir

Trollius chinensis

Trollius ranunculinus in der Türkei

Trollius pumilus

Trollius yunnanensis

Ranunculus baurii

Ranunculus acris L. 'Flore Pleno' oder auch 'Multiplex' *(Ranunculaceae) Goldranunkel, Goldknöpfchen.* Gefüllt-blühende Form unseres Scharfen Hahnenfußes. B: 5-7. Überall in Eurasien, von Grönland bis Japan. Unterste Blätter mit 3, mehr oder weniger gleichen, tiefeingeschnittenen Lappen. Keine Ausläufer wie *R. repens* und deshalb keine Plage. Die gefülltblühende Form ist seit 1580 bekannt. WH: bis –25 °C oder darunter.

Ranunculus baurii Mac Owan syn. *R. cooperi Oliv.* Südafrika in den Drakensbergen und in benachbarten Bergen in Transvaal und der nordöstlichen Kapprovinz von 1900-3000 m. In feuchten Torfflächen, wechselfeuchten Tümpeln, Sümpfen und an Flußufern. B: 10-11 oder 4-5 in Gärten bei uns. Bildet Tuffs von fleischigen sommergrünen Blättern. Blattstiele 25 cm lang. Blätter schildförmig bis 8 cm, mit kurzen, stumpfen Zähnen. Blüten etwa 4 cm, glänzend gelb mit vielen Blütenblättern. Für feuchte Torfböden in voller Sonne. WH: vielleicht bis –15 °C.

Trollius acaulis D. Don *(Ranunculaceae).* Nord-Pakistan bis West-Nepal und besonders in Kaschmir. An feuchten, grasigen Hängen in 3000-4300 m Höhe. B: 5-6 zur Schneeschmelze. Blütenstengel etwa 10 cm hoch, verlängern sich danach. Blüten 5 cm. Für feuchten Torfboden, in Sonne oder Halbschatten, besonders bei fließendem Wasser. WH: bis –20 °C.

Trollius chinensis Pritz. syn. *T. ledebourii hort.* Nord-China. In feuchten Wiesen und an Flüssen. B: 6-7. Bildet kräftige Tuffs mit Stengeln bis 1 m. Blätter tief-geteilt mit schmalen Fiedern. Blüten bis 3,5 cm, orangegelb. Die aufrechten, auffallend schmalen Blütenblätter sind länger als die Staubgefäße. Für nährstoffreiche feuchte Böden an Flüssen und Teichen. WH: bis –20 °C oder darunter.

Trollius × cultorum. Eine Gruppe von Hybriden aus *T. asiaticus, T. chinensis* und *T. europaeus*, von denen etwa 30 zur Zeit in Kultur sind. B: 4-6, sortenabhängig. Abgebildet sind: 'Alabaster' wundervoll grünlich-gelb. 'Feuertroll' ('Fire Globe') kräftig orangegelb.'Helios' frühblühend 'Earliest of All'.

Trollblumen benötigen feuchten, nährstoffreichen Boden in Sonne oder Halbschatten, um gut zu wachsen und zu blühen. Sie leiden unter Trockenheit. Alle sind winterhart bis –20 °C oder darunter.

Trollius europaeus L. *Trollblume.* Europa, von Schottland und Nordirland bis Finnland und Nord-Rußland, südlich bis zu den Alpen und Gebirgen Jugoslawiens und Rumäniens, ebenso im Kaukasus und im Nordosten Amerikas. In feuchten oder schattigen Wiesen, an Felsen, an Strömen und in lichten Wäldern. B: 5-8. Stengel 30-70 cm, sich während der Blüte nicht wesentlich verlängernd. Blüten bis 3 cm. Nektarien gelb, ebenso lang wie die Staubgefäße. 'Superbus' ist eine große Form, jedoch nicht mit außergewöhnlich großen Blüten. Für feuchte nährstoffreiche Böden in Sonne oder Halbschatten. WH: bis –20 °C oder darunter.

Trollius pumilus D. Don. Himalaja von Nepal und Bhutan ostwärts bis Gansu und Shaanxi. Auf Bergwiesen und an Flüssen. B: 6-8. Bildet kleine Büsche mit bis 30 cm hohen Stengeln, meist jedoch nur etwa 15 cm hoch. Blätter 5 cm, Blüten etwa 3 cm groß, flach öffnend, gelb oder orangegelb. Kleine Pflanze für feuchte Lage in Sonne oder Halbschatten. WH: bis –20 °C.

Trollius ranunculinus (Smith) Stearn, syn. *T. caucasicus Stev., T. patulus Salisb.* Kaukasus, Nordwest-Persien und Nordost- und Ost-Türkei. An Flüssen, in alpinen Wiesen auf 2000-3000 m. B: 5-6 am schmelzenden Schnee. Stengel 9-70 cm hoch, erst kurz, dann während der Blüte wachsend. Blütenblätter 5-7 cm; Blüten 2,5-3,5 cm, offen mit hervorstehenden Staubgefäßen. Für feuchte Böden in voller Sonne an fließendem Wasser. WH: bis –20 °C.

Trollius yunnanensis (Franch.) Ulbr. Nordost-Burma und Südwest-China in den Dali- und Lijiang-Bergen, Yunnan, Sichuan und Shaanxi. Auf Gebirgswiesen bei 3000-3500 m. B: 6-8. Höhe bis 75 cm, meist aber etwa 30 cm mit einem verzweigten und schwachgeblätterten Blütenstengel. Grundblätter mit 3-5 sich breit überdeckenden Lappen. Blüten offen, ca. 4 cm groß, meist mit schmalen länglichen Blütenblättern. Für feuchten, torfigen Boden ohne Staunässe in Sonne oder Halbschatten. WH: bis –20° C. *T. stenopetalus* Stapf ist sehr ähnlich, wahrscheinlich Varietät von *T. yunnanensis* mit kräftigeren geteilten Blättern und schmaleren Blütenblättern.

Ranunculus aconitifolius am Flußufer im Wallis, Schweiz

Ranunculus aconitifolius 'Flore Pleno'

Ranunculus lingua

Ranunculus aconitifolius L. *Silberhahnenfuß.* Mitteleuropa bis Mittelitalien und Jugoslawien und Süd-Karpaten. Quellfeuchte subalpine Wiesen und Flußränder bis 2500 m. B: 6-8. Bis 50 cm forstig wachsend. Blätter 3- bis 5teilig, Mittellappen völlig von den anderen getrennt. Blüten 1-2 cm. *R. aconitifolius* 'Flore Pleno' ist seit dem Mittelalter Gartenpflanze, bis 60 cm hoch und mit dichtgefüllten Blüten. Art und Sorte erfordern feuchten Boden im Halbschatten. *R. platanifolius* L. wird bis 130 cm hoch mit kräftigeren Stengeln. Blätter 5- bis 7teilig, Mittellappen nicht völlig von den anderen getrennt. Verbreitet in Europa nördlich bis Belgien, Norwegen und Schweden und südlich bis Spanien, Korsika, Sardinien, Griechenland und Südwest-Rußland. WH: bis –20 °C, wahrscheinlich darunter.

Ranunculus bulbosus L. 'F. M. Burton'. Die Stammart, der knollige Hahnenfuß, ist in Europa, bis zum Kaukasus in der Türkei und Nordafrika eine seltene Pflanze relativ trockener Wiesen, besonders auf Kalk. B: 4-6. Veränderliche Art mit mehreren Unterarten. Knolliger Wurzelstock mit Sommertrockenruhe. Blätter 3teilig, das mittlere meist gestielt. Blütenblätter 7-15 mm lang. Kelchblätter zurückgebogen. 'F. M. Burton' hat blaßgelbe Blüten.

Ranunculus constantinopolitanus (DC) d'Urv. 'Flore Pleno' syn. *R. bulbosus* 'Speciosus Plenus'. Südost-Europa von Rumänien, Bulgarien, Griechenland und Türkei bis Syrien zur Krim, zum Kaukasus und zum Iran. Wächst in feuchten Wiesen. B: 4-6. Aus dichten Blattbüschen wachsen 20-75 cm hohe Blütenstengel. Grundblätter herzförmig mit drei tiefgezähnten Lappen. Blütenblätter 8-15 mm. Die hier gezeigte gefüllt-blühende Form wird seit dem 18. Jahrhundert oft als *R. bulbosus* 'Speciosus Plenus' oder 'Flore Pleno' kultiviert. Blütenstiel aber gefurcht, Blatt und Blütenboden behaart, nicht kahl. Problemlos in jedem feuchten guten Boden. WH: bis –20 °C.

Ranunculus cortusifolius Willd. Azoren, Madeira, Kanaren. An feuchten schattigen Stellen und Wegrändern im Heide- und Lorbeerwald. B: 3-4. Wenige bis 100 cm hohe Stengel aus langen, fleischigen Wurzeln. Grundblätter bis 30 cm breit. Blüten bis 5 cm groß. Für nährstoffreiche Böden in Sonne oder Halbschatten. Feucht im Frühjahr, trocken und schattig im Sommer. WH: vielleicht bis – 5° C.

Ranunculus creticus L. Kreta, Karpathos, Rhodos. An Kalkfelsen unter Bäumen bis 400 m Höhe. B: 3-5. Gedrungene Staude mit wenigen 60 cm hohen Stengeln aus fleischigem Wurzelstock. Grundblätter 8-15 cm breit. Blütenblätter 1,5-2,5 cm lang. Kelchblätter nicht zurückgebogen. Für trockenheiße, sommertrockene Stellen. WH: vielleicht bis –10° C. *R. cortusifolius* unterscheidet sich durch seine Größe und dickere ledrige Blätter.

Ranunculus lingua L. *Sumpfhahnenfuß, Großer Hahnenfuß.* Verbreitet in Europa von Schottland

Ranunculus lyallii

Ranunculus penicillatus

Ranunculus creticus auf Rhodos

Ranunculus constantinopolitanus 'Flore Pleno'

bis zum Kaukasus und Sibirien und bis Nord-Türkei. In Röhrichtzonen und an Wasserrändern im Flachwasser. B: 6-9. Stengel 50-120 cm hoch aus kriechendem Rhizom. Grundblätter eiförmig oder eilänglich, herzförmig. Im Herbst, zur Blütezeit fehlend. Stengelblätter länglich lanzettlich. Blüten 2-5 cm groß. Gut geeignet für Wasserränder mit Dauerblüte während des Sommers.

Ranunculus lyallii. Hook. fil. *Riesenhahnenfuß*. Neuseeland auf der Südinsel, südwärts von Marlborough auf subalpinen Wiesen und Bergflußrändern von 450-1500 m Höhe. B: 10-1, bei uns B: 4-7. Stengel bis 1,5 m – in Gärten bis 1 m. Blätter schildförmig, schwachschalig, 12-30 cm breit. B: 5-7,5 cm groß. *R. insignis* Hook. fil. ist kleiner mit leicht gelappten Blättern und gelben, wachsartigen, 2-5 cm großen Blüten. Er wächst in alpinen Wiesen, auf feuchten Klippen und in Felsritzen in 1000-2000 m Höhe auf beiden Inseln, vom Ostkap bis Kaikoura. Beide Arten benötigen kühle Stellen und feuchten Torfboden. Sie wachsen am besten in kühlfeuchten Klimaten wie Schottland. Es soll Kreuzungen zwischen beiden Arten mit cremefarbenen Blüten geben, die ich aber nie gesehen habe.

Ranunculus penicillatus (Dumort.) Bab. syn. *R. pseudo-fluitans* (Syme) Newbould *Wasserhahnenfuß*. Nord- und Westeuropa bis Ungarn und Krim in schnellfließenden Gewässern. B: 5-8. Pflanze oft ohne Schwimmblätter mit haarfeinen Unterwasserblättern, die länger sind als die Internodien und dichte, grüne Unterwassermatten bilden. Blütenblätter 10-15 mm. Diese Art schätzt man für schnellfließende Gewässer, da sie Schutz für Fische bietet, ohne die Verschlammung zu fördern. Wie das Bild zeigt, sehr ansehnlich. Blühreich im Mai.

Ranunculus bulbosus 'F. M. Burton'

Ranunculus cortusifolius

Pulsatilla alpina subsp. *apiifolia* oberhalb von St. Luc, Wallis

Pulsatilla alpina subsp. *apiifolia*

Pulsatilla alpina bei Crans, Wallis

Pulsatilla alpina L. Delarbre syn. *Anemone alpina (Ranunculaceae)*. Pyrenäen, Alpen bis Österreich und Jugoslawien und Kaukasus auf alpinen und subalpinen Wiesen. B: 5-8 entsprechend der Höhe. Bald nach der Schneeschmelze buschig, vielstengelig wachsend bis 45 cm. Blüten 4-6 cm. Für nährstoffreichen, tiefen, sandigen und torfigen Boden in voller Sonne mit gutem Wasserabzug. Auch frisches Saatgut braucht manchmal zwei Jahre bis zur Keimung. Zwei Unterarten: subsp. *apiifolia (*syn. *Anemone sulphurea L.)* mit blaßgelben Blüten gewöhnlich auf sauren Böden und subsp. *alpina* mit weißen Blüten meist auf Kalkboden. Kreuzungen der beiden sind ungewöhnlich. Die nahverwandte *P. alba Reichberg* hat mit 2,5-4,3 cm kleinere Blüten und gewöhnlich kahle Blätter, deren Endabschnitt bis zur Mittelrippe geteilt ist. Mittel-Frankreich ostwärts bis Rumänien und West-Rußland auf sauren Böden.

Pulsatilla armena (Boiss.) Ruprecht syn. *P. violaceae Rupr., Anemone albana Stev.* subsp. *armena (Boiss.) Smirn.* Nord- und Ost-Türkei von Amasya und Erciyes Dag. bei Kayseri ostwärts bis Sowjetisch-Armenien. In der Türkei bis 4200 m Höhe. B: 5-6. Oft auf Vulkanböden. Blüten immer nickend, 2-3,5 cm lang, Stengel 3-20 cm. Blätter fein-geteilt, seidig-behaart. WH: bis –25 °C.

Pulsatilla chinensis (Bunge) Regel Nord-China und Ost-Sibirien in Trockenwiesen und auf felsigen Hügeln. B: 4-5. Verbreitet nördlich Beijing an der Großen Mauer und zwischen den Ruinen der Ming-Gräber. Wächst in kleinen Gruppen mit wenigen Blattrosetten. Blätter entfalten sich während der Blütezeit bis 15 cm und darüber mit flachen bis 1 cm breiten Blattabschnitten. Blütenstengel 10-15 cm, verlängern sich zur Fruchtreife bis auf 30 cm. WH: bis –20 °C. Wahrscheinlich leichter im östlichen Nordamerika als in England zu kultivieren, da die Art einen trockenen Winter und Frühling und einen warmen feuchten Sommer benötigt.

Pulsatilla halleri (All.) Willd. syn. *Anemone halleri*. Zerstreut in Europa mit 5 Unterarten, hauptsächlich an der Blattform unterschieden, und zwar von den Südwest- und Zentralalpen, dem Rhodopen-Gebirge, der Krim, der Westkarpaten in Polen und Tschechoslowakei und Südost-Österreich. In steinigen, sonnigen, subalpinen Wiesen bei ca. 1500 m Höhe. Ganze Pflanze auch nach der Blüte stark seidig-behaart. Blätter einfach gefiedert mit 3-5 Teilen, das letzte lang-gestielt. Blüten dunkel- bis blaß-violett, außen wollig. Bei einer sechsten Unterart subsp. *grandis (Wenderoth) Meikle* von Süddeutschland, Österreich, Tschechoslowakei und Ungarn südwärts bis zur Krim ist die Behaarung an Stengel und Blättern besonders dicht und silbrig oder bräunlich. 'Budapest' ist (oder war) eine blaßblaue Farbvariante dieser Unterart aus der Budapester Region. Für volle Sonne mit gutem Wasserabzug und Schutz vor Winternässe. WH: bis –20 °C oder darunter.

Pulsatilla chinensis an den Ming-Gräbern

Pulsatilla vulgaris in der Royston Heath

Pulsatilla vulgaris f. *rubra*

Pulsatilla occidentalis am Carson-Paß, Ost-Kalifornien

Pulsatilla vulgaris f. *alba*

Pulsatilla occidentalis Freyn. syn. *Anemone occidentalis Wats.* Mittel-Kalifornien bis British Columbia und Montana an steilen Felshängen von 1700-3000 m. B: 6-8 je nach Höhenlage. Oft in nach Norden ausgerichteten Schluchten kurz nach der Schneeschmelze blühend. Pflanzen büschelig mit bis 60 cm hohen Stengeln, die sich während der Blütezeit verlängern. Blätter 4-8 cm, 3zählig, silbrig-behaart, fein-doppeltgefiedert. Blütenblätter 5-8, weiß, außen bläulich oder purpurn, 2-3 cm lang. Für Torfboden mit gutem Wasserabzug. WH: bis –20 °C.

Pulsatilla vulgaris Miller syn. *Anemone pulsatilla L. Echte Küchenschelle*. England und West-Frankreich, Süd-Schweden östlich bis Finnland und in die Ukraine, in Trockenrasen auf Kalk. Vielstengelige Pflanzen aus einem Wurzelstock. Stengel 15 cm, sich während der Blüte auf 30 cm verlängernd. Blüten purpurn, 5,5-8,5 cm breit, mit den Blättern erscheinend. Blätter bis 40teilig. Mehrere Farbsorten von *P. vulgaris* werden angeboten. Die verbreitetsten sind f. *alba* (weiß), f. *rubra* (rot). Andere sind z. B. 'Barton's Pink', 'Mrs van der Elst', ebenfalls rosa, die ich jedoch nicht gesehen habe. *Pulsatilla rubra* (Lam.) Delerbre ist eine eigene Art von Mittel- und Süd-Frankreich und Spanien mit nickenden, rotbraunen oder schwärzlichen Blüten. Alle benötigen Kalkboden mit gutem Wasserabzug. WH: bis –20 °C.

Pulsatilla halleri am Col de Glaize, Frankreich

Pulsatilla armena

Pulsatilla halleri subsp. *grandis*

Anemone demissa bei Lijiang

Anemone trifolia

Anemone rivularis

Anemone flaccida in Baoxing, Sichuan, mit *Corydalis flexuosa*

Anemone davidii bei Baoxing

Anemone sylvestris

Anemone rupicola in Kaschmir

Anemone narcissiflora (gelbe Form)

Anemone narcissiflora (rosa Typ)

Anemone narcissiflora am Elbrus im Kaukasus

Anemone tetrasepala oberhalb des Vishensar-Sees, Kaschmir

Anemone davidii Franch. *(Ranunculaceae).* West-China in Sichuan auf Wiesen, an Flußrändern in etwa 2000 m. B: 5-6. Unterirdisch kriechende Rhizome bilden lockere Kolonien. Größe sehr variabel. Blüten bis 7 cm groß, in der Abbildung nur 4 cm. Wächst leicht in feuchtem Torfboden und hat sich auf den Torfbeeten in Kew gut eingewachsen. Aufnahme bei Boaxing Ende Mai.

Anemone demissa Hook. & Thoms. West-Nepal, Sikkim und Bhutan bis Südwest-China (Yunnan). In alpinen Wiesen und grasbewachsenen Rodungen, in Gehölzen, auf Geröllflächen und an Felskanten in 3000-4750 m Höhe. B: 5-7 entsprechend Höhenlage. Pflanze mit wenigen seidig-behaarten Stengeln aus kräftigem Wurzelstock mit Rosette der Vorjahresblätter. Stengel 10-30 cm, 3-6 Blüten an kurzen, 2-4 cm langen Stielen. Blütenblätter 7-15 mm lang, weiß, gelb, purpurn oder blau! Für Torfboden mit gutem Wasserabzug in voller Sonne, feucht im Sommer, trocken im Winter und Frühling. WH: bis –20 °C.

Anemone flaccida Schmidt. Ost-Sibirien, Sachalin, Nord- und West-China und Japan. Schattige Stellen in Schluchten mit lockerem Torfboden und an Flußrändern in Wäldern. B: 4-6. Buschig wachsend mit mehreren Stengeln aus kurzem, schwarzem, kriechendem Rhizom. Blätter ziemlich fleischig mit 3-5 stark gezähnten Lappen. Stengel 15-30 cm mit einem Paar sitzender Blätter und 1-3 Blüten von 1,6-3,5 cm Größe. Samen mit sehr kurzem Griffel bei noch frischen Blütenblättern grün reifend. Feuchter Torfboden im Schatten. WH: bis –20 °C oder darunter. Anspruchslose, attraktive Pflanze für Gehölzbereiche.

Anemone narcissiflora L. *Berghähnlein.* Nordost-Spanien, Pyrenäen, Alpen, Nord-Türkei, Kaukasus, Ural und Gebirge Sibiriens bis Nord-Japan und westliches Nordamerika. In Torfwiesen mit gutem Wasserabzug, manchmal im Halbschatten. B: 5-8 je nach Höhe und Breitengrad; im Garten bei uns 5-6. Weiße, außen rosa überlaufene Blüten in Dolden, ähnlich Apfelblütenknospen. Im Kaukasus manchmal auch rosa oder blaßgelb. Stengel bis 40 cm, Samen flach. Problemlos in feuchtem Boden in Sonne oder Halbschatten. Selten in Gärten, da langsame Anzucht aus Saat und Teilung.

Anemone rivularis Buch.-Ham. ex DC. Kaschmir und Nord-Indien bis Tibet und Südwest-China (Yunnan). In 1800-3060 m, in Wiesen, auf Kahlschlägen, auf Wellen zwischen Reisfeldern, an Flüssen und in Hecken. B: 4-8. Pflanzen mit mehreren überhängenden Stengeln bis 1 m hoch von einem büscheligen Wurzelstock. Blüten ziemlich klein mit 1,5-3 cm und 5-8 schmalen, oft außen bläulichen Blütenblättern. Deutlich unterschieden von *A. narcissiflora* und verwandten Arten, da die Blüten nicht in einer Dolde, sondern an unterschiedlich langen Stengeln sitzen. Leicht in feuchten Böden mit gutem Wasserabzug in Sonne oder Halbschatten. WH: vielleicht bis –20 °C.

Anemone rupicola Cambess. Afghanistan bis West-China (Yunnan und seltener in Sichuan). In 2700-4800 m Höhe an meist nordwärts gerichteten steilen Felshängen, Geröllhalden und alpinen Wiesen mit wenig anderer Vegetation. B: 5-8, oft nahe dem schmelzenden Schnee. Büscheliger Wurzelstock mit Stengeln bis 20 cm. Blüten 5-8 cm, Grundblätter 3lappig. Verwandt mit *A. sylvestris* mit wolligen Samen wie *A. vitifolia*. Für feuchte Böden in kühler Lage nach Norden ohne Schatten, aber gutem Wasserabzug. WH: bis –20 °C.

Anemone sylvestris L. *Großes Windröschen.* Europa von Süd-Schweden und Nordost-Frankreich ostwärts bis Kaukasus, jedoch nicht in den Alpen. In offenen Wäldern und auf steinigen Hügeln. B: 5-6. Bildet durch Wurzelknospen dichte Kolonien. Stengel 15-50 cm, Blüten einzeln endständig, 4-7 cm groß mit 5-8 Blütenblättern. Problemlos in feuchtem Laubboden im Halbschatten. WH: bis –20 °C oder darunter.

Anemone tetrasepala Royle. Afghanistan bis Nord-Indien, häufig in Kaschmir. In Wiesen oft zwischen großen Felsblöcken in 2100-3600 m Höhe. B: 6-8. Sehr ähnlich *A. narcissiflora*, Grundblätter jedoch tief in 5 ziemlich breite, leicht eingeschnittene Lappen geteilt. Blüten weiß, oft mit 4 Blütenblättern, manchmal auch bis 7. Stengel 30-75 cm. Für Torfboden mit gutem Wasserabzug. Möglichst feucht, im Sommer mit kühlem Wurzelbereich. WH: bis –20 °C.

Anemone trifolia L. Nord-Portugal, Nord- und Ost-Spanien auf sauren Böden (subsp. *albida* [Moritz] Tutin) und von Italien und Mittel-Österreich bis Ungarn und Nord-Jugoslawien auf Kalk (subsp. *trifolia*). In Feldern, feuchten Wiesen und offenen Wäldern. B: 4-5 (bis 7 im Gebirge). Ähnelt *Anemone nemerosa*, jedoch mit kürzeren Rhizomen und bildet dichtere Kolonien. 3 Blätter, jedes mit 3 gezähnten, nicht jedoch gelappten Blättchen. Blüten weiß, bis 2 cm. Staubbeutel weiß und Blütenblätter elliptisch in subsp. *albida*; Staubbeutel blau und Blütenblätter oval in subsp. *trifolia*. Für feuchte Lage in Laubboden oder Halbschatten. Die subsp. *trifolia* kommt meist auf Kalk vor, subsp. *albida* auf sauren Böden. WH: bis –15 °C.

Adonis vernalis in Wisley

Adonis chrysocyathus in Kaschmir

Adonis volgensis in der Türkei

Adonis brevistyla bei Lijiang

Glaucidium palmatum in Savill Gardens, Windsor

Actaea alba L. Mill., syn. *A. pachypoda Elliot (Ranunculaceae).* Östliches Nordamerika, von Nova Scotia südlich bis Georgia, westlich bis Minnesota und Missouri in Wäldern. B: 4-6 entsprechend Höhenlage. Pflanze mit wenigen bis 90 cm hohen Stengeln von kräftigem Wurzelstock; während der Blüte wachsend bis 120 cm. Blüten bis 10 mm lang mit 4-10 schmalen Blütenblättern und zahlreichen längeren Staubblättern. Frucht weiß auf verdicktem, fleischigem, rotem Stengel. Problemlos in Laubboden im Schatten oder Halbschatten. WH: bis –20 °C und darunter. Die Form *rubrocarpa (*Killip) Fernald hat rote Früchte auf verdickten Stielen im Gegensatz zu *A. rubra*, deren Beeren auf schlanken Stengeln in dichtem Fruchtstand stehen. **Actaea spicata** L. **Christophskraut** aus Bergwäldern in Europa von Nord-England ostwärts und in der Nord-Türkei hat schwarze Beeren.

Actaea rubra (Ait.) Willd., f. *neglecta (Gillman) Robinson.* Nordamerika, von Nova Scotia südlich bis New Jersey und westlich bis South Dakota und Nebraska mit subsp. *arguta* (Nutt.) Hulton. Von dort westwärts bis Kalifornien und Alaska. In Wäldern B: 4-6. Pflanze mit mehreren Stengeln bis 80 cm aus kräftigem Wurzelstock. Blüten ähnlich *A. alba*, Beeren rot auf schlanken, grünen Stengeln oder weiß in f. *neglecta*. Für Laubböden im Schatten oder Halbschatten. WH: bis –20 °C und tiefer.

Adonis brevistyla Franch. *(Ranunculaceae).* Bhutan, West-China z. B. Lijiang, Yunnan. Nasse Tsuga-Wälder, feuchte Gehölze, offene Berglagen und nasse Schluchten in 2500-4100 m. B: 4-6. Wenige Stengel aus kräftiger verzweigter Wurzel. Blütenstengel 20-40 cm. Blätter 5-10 cm × 3-8 cm lang, in viele gleiche zugespitzte Lappen geteilt. Blütenblätter 1,2-2,5 cm × 0,5-1 cm verkehrt oval bis lanzettlich, weiß oder gelb und oft unterseits bläulich. Für feuchten Torfboden mit Schutz vor Wind in Schatten oder Halbschatten. Wh: bis etwa –20 °C.

Glaucidium palmatum var. *leucanthum* im Cruickshank Botanic Garden, Aberdeen

Adonis chrysocyathus Hook. fil. & Thoms. Nord-Pakistan bis West-Nepal und Tibet, verbreitet in Kaschmir; an feuchten, grasigen Hängen, zwischen Felsen, oft am schmelzenden Schnee. B: 6-9. Bei Blühbeginn 15-23 cm, später bis 40 cm hoch. Blüten 3-5 cm mit 16-24 Blütenblättern. Für feuchten, sandigen, torfigen Boden mit gutem Wasserabzug. In Kultur nicht verbreitet. Foto aus Kaschmir oberhalb des Vishensar-Sees.

Adonis vernalis L. Ost-, Mittel- und Südeuropa, von Frankreich bis Spanien und Italien, nördlich bis Rußland und Finnland; in Trockenrasen und Gebüsch, oft auf Kalk. B: 4-5. Mehrere bis 40 cm hohe Stengel aus kräftigem, verzweigtem Wurzelstock. Blüten 4-8 cm mit 10-20 Blütenblättern. Unterscheidet sich von *A. volgensis* durch schmalere Blattfieder, weniger Blütenblätter und meist größere Blüten. Problemlos in recht trockenem Boden in Sonne oder Halbschatten bei gutem Wasserabzug. Sehr schneckengefährdet. WH: bis –20 °C.

Adonis volgensis Stev. Rußland, Südost-Ungarn, Rumänien und Kaukasus, südlich bis Armenien und Nordost-Türkei. In Steppen und trockenen, subalpinen Matten bis 1800 m. B: 3-5. Blüten 30-35 mm, an ca. 30 cm hohen Stengeln, schmal-lanzettlich gezähnt. Für sandigen Boden mit gutem Wasserabzug, verträgt Sommertrockenheit. WH: bis –25 °C. Aufnahme vom Berg Ararat im Mai.

Actaea rubra

Actaea alba f. *rubrocarpa*

Anemonella thalictroides (L.) Spach. *(Ranunculaceae).* Östliches Nordamerika, von New Hampshire und Massachusetts, südlich bis Florida und westlich bis Ontario, Minnesota und Kansas; in feuchten, sommergrünen Mischwäldern. B: 3-6. Bis 20 cm hohe, zierliche Stengel aus knolligem Wurzelbündel. Blätter mit 9 gestielten Blättchen, nach der Blüte erscheinend. Blüten bis 2,5 cm mit 5-10 weißen oder rosa (f. *rosea*) blütenblattähnlichen Kelchblättern. Empfindliche Pflanze für lockeren Laubboden in Schatten oder Halbschatten.

Glaucidium palmatum Sieb. & Zucc. Japan, in Hokkaido und Nord- und Mittel-Honshu, in Bergwäldern. B: 5-7 entsprechend Höhenlage. Wenige bis 30 cm hohe Stengel aus kräftigem Wurzelstock. Blätter 8-20 cm lang und breit, 7- bis 11lappig. Blüten 5-8 cm, 2narbig, blaß-mauve oder selten weiß in var. *leucanthum Mak.* Geflügelte, ca. 10 mm große, verkehrt eiförmige Samen. Für kühlen, feuchten Laubboden im Schatten mit Schutz vor austrocknendem Wind. WH: bis –15 °C. Ähnelt etwas *Podophyllum*, gehört jedoch zu den *Ranunculaceae*, manchmal auch *Paeoniaceae* und wird manchmal auch als einzige Gattung und Art in eine eigene Familie, die *Glaucidiaceae*, eingeordnet.

Hydrastis canadensis

Anemonella thalictroides f. *rosea*

Hydrastis canadensis L. *(Ranunculaceae) Orangenwurz, Orangenwurzel.* Östliches Nordamerika, von Connecticut bis Minnesota und West-Ontario, Georgia, Missouri und Kansas, besonders in Bergwäldern. B: 4. Mehrere bis 30 cm hohe Stengel aus dickem, gelblichem, horizontalem Wurzelstock. Grundblätter 12-20 cm groß, handförmig, 5- bis 9lappig. Blütenstengel mit 2 Blättern, das obere gegenüber der bis 10 mm großen Einzelblüte. Diese ohne Blütenblätter, aber mit zahlreichen Staubgefäßen. Für Laubboden in Schatten oder Halbschatten. WH: bis –15 °C oder darunter.

Anemonella thalictroides f. *roea* bei Charlottesville, Virginia

Pflanzen von Washfield Nurseries, Kent, 17. April, 1/2 nat. Größe

Epimedium alpinum L. *(Berberidaceae) Alpensockenblume.* Südosteuropa, von Nord- und Mittel-Italien bis Österreich und südlich bis Albanien und an verschiedenen Stellen in Nordeuropa einschließlich England eingebürgert. An schattigen, felsigen Stellen, am Fuße von Hügeln und niedrigen Bergen. B: 4-5. Mit kriechendem Wurzelstock lockere Trupps bildend. Stengel 15-30 cm mit einem einzigen Blatt den Blütenstand überragend. 5- 10 sommergrüne Blättchen, jung, unterseits behaart, dann kahl. Blüten 9-13 mm. Krone blutrot, Honigblätter leuchtend gelb. Problemlos im Schatten bei gutem Wasserabzug. WH: bis –20 °C.

Epimedium × cantabrigiense Stearn. Hybride zwischen *E. pubigerum* und *E. alpinum*. Ca. 1940 im Wilderness Garden im St. John's College, Cambridge, in der dort ausgepflanzten *Epimedium*-Arten-Sammlung W. T. Stearns entstanden. Bildet 30-60 cm hohe Büsche fester immergrüner Blätter mit meist neun 10 × 7 cm großen Blättchen. Blüten ca. 1 cm groß, Krone rot, zu Nektarien reduzierte Blütenblätter blaßgelb. Problemlos im Halbschatten bei gutem Wasserabzug. WH: vielleicht bis –20 °C.

Epimedium dolichostemon Stearn. China, West-Sichuan, genaue Herkunft unbekannt. Neu beschrieben von einer Einführung durch Mikinori Ogisu. Bildet kleine Büsche immergrüner Blätter, 3 keilförmige, spitz zulaufende Blättchen, ca. 10 cm lang und 3 cm breit, pfeilförmig spitz zulaufend mit Dornen am Rand und an der Spitze. Blütenstand ca. 35 cm hoch mit 2 Blättchen, der Haupttrieb die Blätter überragend. Blüten weißlich, Blumenkrone 8-9 mm lang, leicht zurückgebogen. Staubblätter 8-9 mm lang. Die Staubfäden länger als die Staubbeutel. Nektarien klein und stark zurückgebogen. Sehr elegante Art für feuchte Gehölzbereiche. WH: vielleicht bis –15 °C. *E. sagittatum (Sieb. & Zucc.) Maxim.* sieht ähnlich aus, hat aber kleinere, ca. 6 mm große Blüten, mit der 3-4,5 mm langen Blütenkrone und 4-5 mm langen Staubblättern, deren Staubfäden kürzer sind als die Staubbeutel. Aus China in Nordwest-Hubei, an schattigen Felsen im Gebirge. WH: bis etwa –20 °C.

Epimedium pubigerum (DC.) Morr. & Decne. Südost-Bulgarien und Türkei, von Istanbul ostwärts an der Schwarzmeer-Küste bis West-Georgien; in Wäldern, Gebüsch und Hecken. B: 4-5. Immergrüne Blatthorste aus kurzen Rhizomen. Stengel 20-70 cm mit 1-2 Blättchen, die kürzer sind als der reichverzweigte Blütenstand. Meist 9 Blättchen, 8 cm lang, unterseits behaart. Blüten ca. 1 cm groß, Blumenkrone rosa oder weiß, Honigblätter gelb. Problemlos im Laubboden im Halbschatten, jedoch wie die meisten *Epimedium*. Spätfrost-gefährdet.

Epimedium × versicolor Morren. Hybride aus *E. grandiflorum* und *E. pinnatum* subsp. *colchicum*, seit 1854 bekannt. Bildet 30 cm hohe und breite Blattbüsche. Blütenstengel blattlos oder beblättert. Blüten 2 cm. Honigblätter und Kronblätter gleich lang, Sporn 6-9 mm. 'Sulphureum' und 'Neosulphureum' sind 2 Auslesen dieser Kreuzung. 'Sulphureum' hat meist 5, aber auch bis 9 Blättchen und beblätterte Blütenstengel. 'Neosulphureum' hat meist 3 beim Austrieb bräunliche Blättchen und etwas kürzere Sporne. Weitere Hybriden dieser Eltern sind 'Versicolor' und 'Cuprea' mit rosa oder roter Krone. Problemlos im Laubboden im Halbschatten. WH: bis –20 °C.

Epimedium dolichostemon

Epimedium pubigerum

Epimedium × versicolor 'Neosulphureum'

Epimedium × youngianum 'Yenomoto Form'

Epimedium × youngianum 'Niveum'

Epimedium × youngianum Fisch. & Mey. Hybride zwischen *E. diphyllum* und *E. grandiflorum*, wahrscheinlich in Japan wild gefunden. Ca. 15 cm hohe Blattbüschel. Blätter mit 2-6 oder 9 Blättchen, jedes 2-8 cm lang und 1-5 cm breit. Blütenstengel 10-30 cm hoch. Honigblätter verkehrt eiförmig mit oder ohne Sporn, in Größe und Form variierend. Ausgelesen wurden z. B. 'Roseum' syn. 'Lilacinum'?, 'Violaceum' (rosa mauve), 'Niveum' (Blüten klein, weiß), 'Yenomoto Form' (weiß, gute größere Form als 'Niveum'). Für feuchten Laubboden in halbschattiger, sommerfeuchter Lage. WH: bis –20° oder weniger.

Epimedium × youngianum 'Violaceum'

Pflanzen von Washfield Nurseries, Kent, 17. April, 2/3 nat. Größe

Epimedium × perralchicum Stearn 'Wisley'. Hybride zwischen *E. pinnatum* subsp. *colchicum* und *E. perralderianum*, die in Wisley entstand, wo die Eltern nebeneinander wuchsen. 'Frohnleiten' ist eine österreichische Kreuzung gleicher Eltern. Beide Sorten sind robuste Gartenpflanzen mit kräftig gelben Blüten und immergrünen Blättern. Blättchen mit bis 2,5 cm langen Stacheln am Rand. Blütenstengel blattlos und Sporne leicht aufwärts gebogen. WH: bis –15 °C oder darunter, wenn durch trockene Blätter oder Schnee geschützt.

Epimedium perralderianum Cosson. Algerien, in Eichenwäldern und Gebüsch und unter Zedern auf der Nordseite des Atlas bei 1300-1500 m. B: 3. Bildet bis 30 cm hohe Horste glänzend immergrüner Blätter mit 3 stachelrandigen Blättchen. Unbeblätterter ca. 20 cm hoher Blütenstengel. Blüten 15-25 mm. Innere Kronblätter 8-11 mm, eiförmig. Honigblätter mit schmalen, braunen, 1-2 mm langen Spornen. Für Sonne oder Halbschatten mit Schutz vor kalten Winden. WH: bis –15 °C.

Epimedium pinnatum Fisch. subsp. *colchicum (Boiss.) Busch*. Nordost-Türkei von Trapezunt ostwärts bis West-Kaukasus. Kiefernwälder, Rhododendron- und Eichengebüsch bis 50 m in der Türkei. B: 4. Dichte Horste mit kurzen Rhizomen. Blätter mit 3 oder5 breit-ovalen bis 15 cm langen unterseits bläulichen, schwachgezähnten oder glattrandigen Blättchen. Blütenstand 20-50 cm, blattlos, drüsig oder glatt. Blüten etwa 18 mm groß. Kronblätter mit gezähntem Rand und 2 mm langem braunem oder gelbem Sporn. Problemlos, aber langsam wachsend, für schweren Laubboden im Halbschatten. WH: bis –15 °C. subsp. *pinnatum* hat mehr schmalere und stachligere Blättchen und bräunlich purpurne, ca. 1 mm lange Sporne. Wächst in *Parrottia*- und Haselnußgebüsch in den Talysh-Bergen in Aserbeidschan und Nord-Iran.

Epimedium × rubrum Morren. Hybride von *E. grandiflorum* und *E. alpinum*. Bekannt seit 1854. Bildet mit langen, dünnen Rhizomen sich ausbreitende Horste. Junge und alte Blätter rot. Blütenstengel beblättert, bis 20 cm hoch und schwach behaart oder kahl. Blüten 1,8-2,5 cm. Innere Kronblätter leuchtendrot, Honigblätter blaßgelb mit kurzem Sporn. Für Laub- oder Torfböden im Halbschatten. Eine der schönsten Bodendeckerpflanzen. WH: bis –15 °C.

Epimedium × warleyens Stearn. Hybride von *E. alpinum* und *E. pinatum* subsp. *colchicum*. Gegen 1909 in Miss Willmotts Garten in Warley Place in Essex entstanden. Bildet mit kurzen, kriechenden Rhizomen große Horste immergrüner Blätter. Blütenstengel blattlos oder mit einem Blatt bis 50 cm hoch. B: 4-5. Blüten 15 mm, innere Kronblätter kupferrot, Honigblätter gelb, Staubbeutel grün. Für jeden guten Boden im Halbschatten. WH: bis –15 °C.

Vancouveria chrysantha Greene *(Berberidaceae) Vancouverie*. Südwest-Oregon in Josephine Co. und Nord-Kalifornien. An offenen steinigen Berghängen, im Gebüsch von *Ceanothus* und *Arctostaphylos*, zwischen Berberis und Adlerfarn bis 1200 m hinauf. B: 6. Wächst kriechend zu lokkeren Gruppen. Stengel ca. 20-40 cm. Blättchen ca. 4 cm, dunkelgrün, fest, immergrün. Blüten 1-1,3 cm an sehr drüsigen Stielen. Geeignet für warme, geschützte und halbschattige Lagen auf sandigem Boden. WH: bis –10 °C.

Epimedium × rubrum (junge Blätter)

Epimedium pinnatum subsp. *colchicum*

Vancouveria hexandra (Hook.) Morren & Decne. Nord-Washington und Oregon südlich bis Mittel-Kalifornien (Mendocino Co.) in schattigen Wäldern (meist Kiefer oder Sequoia) bis 1500 m. B: 6-7. Bildet kriechend große, lockere Bodendekke. Stengel 10-40 cm, blattlos. Blättchen bis 7,5 × 7 cm, dünn, nicht ledrig, sommergrün. Blüten 1-1,3 cm lang, bis 18 mm breit, weiß. Kelchblätter, Staubgefäße und Fruchtknoten drüsig, Stiele aber glatt. Für Laubboden in Sonne oder Halbschatten. WH: bis –15 °C.

Vancouveria planipetala Calloni. Kalifornien von Montery Co. nordwärts bis Südwest-Oregon, in Segnoia-Wäldern nahe der Küste bis 600 m hinauf. B: 6-7. Kriechender Wurzelstock und immergrüne Blätter mit dicken, ledrigen Blättchen und verdicktem, gewelltem Rand bis 4 cm groß. Blütenstengel blattlos bis 50 cm. Blüten weiß oder purpurn, 6-8 mm groß. Kelchblätter, Staubblätter und Fruchtknoten kahl, Stiele aber drüsig. Für Sonne oder Halbschatten in warmer Lage mit Winterschutz. WH: vielleicht bis –10 °C.

Epimedium × rubrum

Vancouveria chrysantha in Washfield Nurseries

Vancouveria hexandra in Branklyn

Vancouveria planipetala

Epimedium davidii im Rhododendron-Mischwald südlich von Ya-an, Sichuan

Epimedium acuminatum Franch. *(Berberidaceae).* Guizhou, Yunnan und Sichuan. Besonders auf dem Berg Omei. In feuchten Nadel- und Laubwäldern und Gehölzen in den Bergen von 1400-4000 m. B: 4-6. Büschelig wachsend, manchmal mit kriechendem Rhizom. Stengel 25-50 cm, Blättchen in Spitze auslaufend, 8-18 cm lang, 1,5-7 cm breit, kahl und jung rötlich; ausgereift unterseits borstig. Blütenstand kahl oder schwach drüsig. Blüten 3-4 cm, gelb, weiß, purpur oder rosa. Benötigt feuchten Laubboden in sehr geschützter Lage. Pflanze wurde von Roy Lancaster auf dem Berg Omei gesammelt.

Epimedium davidii Franch. West-Sichuan, besonders Baoxing und Omei-Gebirge, in Wäldern, Gebüsch und schattigen Laubplätzen, in Felsschluchten in 1600-2340 m Höhe. B: 4-6. Pflanzen horstig mit langsam kriechendem Rhizom, Stengel 30-50 cm mit Blättchen $6 \times 3{,}5$ cm, bläulich unterseits und dünn anliegend, kurz behaart. Blütenstand sehr drüsig. Blüten 2-3 cm, gelblich. Kronblätter mit gebogenem Sporn und langem Blatt, eine 7-13 mm tiefe Schale bildend.

Epimedium diphyllum (Morr. & Decne.) Lodd. Japan, Shikoku und Kyushu in Bergwäldern. B: 4-5. Pflanze bildet kleine bis 30 cm große Blatthorste, meist aber niedriger. Blätter gewöhnlich mit 2 immergrünen 2,5-5 cm langen, stumpf-herzförmigen Blättchen, oft mit einigen Stacheln am Rand. Blütenstengel blattlos, Blüten weiß, selten purpur, 10-12 mm. Kronblätter ohne Sporn. Für feuchten Laubboden in geschützter Lage. WH: bis –15 ° C. *E. setosum* Koidz. hat ähnliche Blüten, ist aber sommergrün mit längeren, pfeilförmigen, spitzen Blättchen.

Epimedium elongatum Komarov. West-Sichuan bei Tatsienlu in 2800-4000 m, in Wäldern und Gehölzen. B: 5-7. Bildet bis 40 cm hohe Horste immergrüner Blätter, deren 3 Blättchen etwa 8 cm lang und 4 cm breit, unterseits bläulich und am Rand stachelig sind. Blütenstand mit 2 Blättern als mehrfach unregelmäßig verzweigte Wicke, 15-20 cm hoch und länger als die Blätter, zerstreut behaart. Blüten mit gelbem 2-7 cm langem Sporn, fast ohne Kronenblattlippe an drüsigem Stiel. Problemlos in Laub- oder Torfböden im Halbschatten. WH: bis –15 °C.

Epimedium grandiflorum C. Morren, syn. *E. macranthum Morr. & Decne.* Honshu, Hokkaido und Kyushu in feuchten Bergwäldern. B: 3-5. Bildet kleine, 20-40 cm hohe und in die Breite wachsende Horste mit kurzem Rhizom. Sommergrüne Blätter mit 3-6 cm langen Blättchen. Blüten weiß oder purpur in f. *violaceum (C. Morren) Stearn (syn. 'Lilacinum').* Kronenblätter mit langen, abwärts gebogenen, 1-2 cm langen Spornen und 5-8 mm langer Lippe. Für Laubboden im Schatten mit Schutz. WH: bis –20 °C. Mehrere sehr schöne Sorten dieser Art in Japan, Europa und Nordamerika. Verbreitet sind: 'Rose Queen' (rosa), 'White Queen' (weiß) und 'Nanum', niedrig, mit Blättern nur 7,5 cm. Var. *higoense Shimizu* auf Kalkfelsen in der Provinz Higo und auf Kyushu hat oberseits leicht behaarte Blätter. *E. sempervirens Nakai* von Mittel-Japan ist ähnlich, jedoch mit immergrünen, unterseits bläulichen Blättern und weißen oder purpurnen Blüten.

Epimedium setosum Koidz. Honshu- und Shigoku-Distrikt, in Wäldern. B: 4-5. Bildet kleine, 25-40 cm hohe Horste sommergrüner Blätter. Blättchen 6-10 cm lang, 3-4 cm breit, spitz, in der Jugend unterseits mit langen, braunen Haaren. Blütenstiel mit einem Blatt. Blüten weiß, 10-12 cm mit kurzem Sporn. Für Laubboden im Halbschatten und geschützter Lage. WH: bis –10 °C, vielleicht darunter.

Epimedium leptorrhizum Stearn. Mittel-China, Kweichow bei Guiyang in Wäldern. B: 4. Rhizom dünn, 1-2 mm stark, lang-kriechend. Grund- und Stengelblätter 3teilig. Blättchen schmal, eiförmig, lang, spitzauslaufend, blaugrün und unterseits behaart, 3-9,5 cm lang. Blüten 4 cm. Kronblätter mit Lippe und 2 cm langem Sporn. Für feuchten Laubboden im kühlen Schatten. Verträgt keine Trokkenheit. WH: vielleicht bis –10 °C.

Epimedium grandiflorum 'Rose Queen'

Epimedium diphyllum

Epimedium grandiflorum f. *violaceum*

Epimedium grandiflorum

Epimedium elongatum

Epimedium acuminatum im Sandling Park, Kent

Epimedium setosum

Epimedium leptorrhizum, Washfield Nurseries,

Achlys triphylla in den Royal Botanic Gardens, Edinburgh

Caulophyllum thalictroides

Diphylleia cymosa in Sellindge, Kent

Jeffersonia dubia

Jeffersonia diphylla

Achlys triphylla (Sm.) DC. *(Berberidaceae) Vanilleblatt.* Küstenbereich Nord-Kaliforniens, nördlich bis British Columbia in feuchten Bergwäldern unter 1500 m. B: 4-6. Wächst aus schuppigen, kriechenden Rhizomen zu Flecken. Blätter 3teilig, Blättchen 5-10 cm lang, Blütenstengel 25-50 cm, Blüten ohne Kronblätter, aber mit 6-13 weißen Staubgefäßen. Eine zweite sehr ähnliche Art ist *A. japonica* Maxim. Nord-Japan, Hokkaido und Nord-Honshu. Ähre weniger blütig, Blätter nur schwach 3lappig. Für feuchte Laubböden im Halbschatten. WH: bis –15 °C.

Caulophyllum thalictroides (L.) Michx. *(Berberidaceae) Blaubeere.* New Brunswick südlich bis South Carolina und Tennessee. In trockenen Bergwäldern des Südens. Im Garten sehr langsam wachsend und erst im Alter große Trupps bildend. Stengel bis 75 cm mit 7,5 cm großen Blättchen. 9 grünbraune Kelchblätter, 6 zu Nektarien reduzierte Kronblätter. Früchte blau, beerenähnlich. *C. thalictroides* var. *robustum* aus Japan, Ost-Sibirien und China hat meist gelbgrüne Blüten, sonst wenig unterschieden. Geeignet für tiefen Schatten unter Laubbäumen. WH: bis –20 ° C oder weniger.

Diphylleia cymosa Michx. *(Berberidaceae) Schirmblatt.* Virginia bis Georgia in den Appalachen, an Bergflüssen. B: 4-5. Aus starkem Wurzelstock wächst ein dichter Busch. Bis 1 m hoher Stengel. Zwei 2fach, tiefgelappte Blätter, 10-40 cm groß. Dolden etwa 10blütig, 6 große Kronblätter 1-1,5 cm, Frucht 10 mm lang mit blauen oder roten Stielen. *D. grayi* Fr. Schm. aus den Bergen von Hokkaido, Honshu und auch den Regenwäldern Yunnans hat 30-70 cm hohe Stengel, kleinere, weniger tief geteilte Blätter und weniger Blüten, meist in einer Trugdolde mit Früchten an grünen Stielen. Auf Fotografien scheint sie als Gartenpflanze weniger gewaltig. Wächst leicht im Schatten oder Halbschatten und mit Schutz im feuchten Laubboden. WH: bis –15 °C oder darunter.

Jeffersonia diphylla (L.) Pers. *(Berberidaceae).* Staat New York und Ontario, südlich bis Alabama und westlich bis Wisconsin in artenreichen Wäldern auf Kalk. B: 5. Bildet kleine Blattbüsche mit bis zu 20 cm hohen, bei Fruchtreife noch wachsenden Stengeln. Blüten 3,5 cm, Kronblätter 8 cm. Die reife Samenkapsel öffnet sich an der Spitze. Geeignet für besondere Situationen in kühlen Laubböden. WH: bis –20 °C oder weniger.

Jeffersonia dubia (Maxim.) Benth. & Hook. syn. *Plagiorhegma dubium Maxim.* Mandschurei und bei Wladiwostock in Wäldern und Gehölzen. B: 4-5. Bildet kleine Horste, Stengel bis 20 cm, Blätter bis 10 cm breit. Blüten 2,5 cm groß mit 5 oder 6 selten weißen Kronblättern. Kapsel öffnet sich längs. Für feuchten Torfboden im Halbschatten. WH: bis –20 °C.

Podophyllum hexandrum Royle syn. *P. emodi Wall. (Berberidaceae) Fußblatt.* Nordost-Afghanistan, in Nuristan östlich bis Mittel-China, in Gebüsch, Wäldern und alpinen Wiesen. B: 5-8. Bildet vielstengeligen Horst aus dickem Rhizom. Stengel bei Blüte 30 cm, später höher. Unterschiedlich purpur-gefleckte, 3- bis 5lappige, 12-25 cm große Blätter entfalten sich nach der Blüte. 6 Kronblätter, 2,5-4 cm lang. Frucht rötlich, 2-5 cm lang, eßbar, aber fad schmeckend. Var. *chinense Wall.* hat größere rosa Blüten und tiefer geteilte Blätter. Für Laubboden im Halbschatten und in kühler Lage. WH: bis –20 °C.

Podophyllum peltatum

Podophyllum peltatum im Staate New York, April

Podophyllum hexandrum

Podophyllum hexandrum in den Royal Botanic Gardens, Kew

Podophyllum peltatum L. *Maiapfel*. Nordamerika von Quebec und Ontario südlich bis Florida und Texas. In feuchten dichten Wäldern, Gesträuch und feuchten Wiesen. B: 4-6. Bildet große Flecken durch kriechende Rhizome. Blätter zur Blüte voll entwickelt. Blüte mit 9 Kronblättern, ca. 5 cm unter dem Laub versteckt. Leicht wachsend. An feuchten schattigen Stellen ist der Maiapfel eher interessant als dekorativ. WH: bis –15 °C oder weniger.

Podophyllum pleianthum Hance. Taiwan, Mittel- und Südost-China, in Wäldern bei 1000-2500 m. B: 3-4. Stengel bis 80 cm aus kurzem, dickem Rhizom. Blätter 30 cm, schildförmig mit 6-8 schwach-stumpfen Lappen. 5-8 Blüten mit je 6-9 bis zu 6 cm langen Blütenblättern. Problemlos in Laubböden, aber wahrscheinlich nicht sehr hart, vielleicht bis –5 °C. *P. versipelle* Hance in Wäldern und schattigen Felsbereichen in Hubei, Sichuan, Yunnan und Xizang ist kleiner als *P. pleianthum* mit Blättern, meist 15 cm groß und tiefer gelappt. Blütenblätter 2-3,5 cm lang. WH: in Kew bis –10 °C.

Podophyllum pleianthum in Sellindge, Kent

Pflanzen aus Wisley, 14. April, 1/2 nat. Größe

Dicentra macrantha in den Royal Botanic Gardens, Kew

Dicentra formosa 'Langtrees'

Dicentra eximia 'Alba'

Dicentra cucullaria in den Blue Ridge Mountains, Virginia

Dicentra formosa im *Sequoiadendron*-Wald von Yosemite, Kalifornien

Dicentra cucullaria (L.) Torr. Östliches Nordamerika von Nova Scotia südlich bis North Carolina und westlich bis Kansas. An kühlen Stellen in Bergwäldern. B: 5-9. Bildet dichte Büsche aus knolligem Rhizom. Blätter sehr fein geteilt. Stengel 12-25 cm, nur wenig länger als die Blätter. Blüten 12-16 mm lang. Die äußeren Blütenblätter am Grunde weit abspreizend. Für frischen Laubboden im Schatten. WH: bis –20 °C und darunter.

Dicentra eximia (Ker-Gawl.) DC. Östliches Nordamerika von New York südlich bis Georgia und Tennessee, an felsigen Stellen in Bergwäldern. B: 5-9. Bildet kompakte Büsche ohne weitkriechendes Rhizom. Stengel bis 60 cm, gerade die Blätter überragend. Blüten 16-20 mm lang, schmaler als bei *D. formosa* und mit mehr zurückgeschlagenen rosa Blütenblättern. 'Alba' blüht weiß. Für feuchte Böden mit gutem Wasserabzug im schattigen Felsbereich. WH: bis –20 °C.

Dicentra formosa (Andr.) Walp. Westliches Nordamerika, von der Sierra Nevada in Mittel-Kalifornien und den Coast Ranges in Redwood und *Sequoiadendron*-Forsten und Eichenwäldern an trockenen oder feuchten Stellen im Schatten bis 2000 m Höhe. B: 3-7. Mit fleischigem, kriechendem Wurzelstock, kleine Flächen deckend. Blätter bis 50 cm, meist aber etwa 25 cm. Blütenstengel geringfügig länger als die Blätter. Blüten 14-18 mm lang. 2 Unterarten: Subsp. *nevadensis* (Eastw.) Munz von Tulare Co. bis 3000 m hat fein geschlitzte Blätter und gewöhnlich blasse äußere und cremefarbene innere Blütenblätter. B: 7. Subsp. *oregona* (Eastw.) Munz von den inneren Küstenbereichen in Del Norte Co. und Süd-Oregon hat bis 25 cm, d. h. kürzere Stengel und gelblichere äußere und rosa Spitzen tragende innere Blütenblätter. B: 4-5. Auslesen und Kreuzungen dieser Unterarten ergaben mehrere Sorten: 'Adrian Bloom', schmale graugrüne Blätter und dunkelrosa Blüten. 'Alba',Blüten reinweiß, Blätter grün. 'Bountiful', tief purpurrote Blüten. 'Langtrees' syn. 'Pearl Drops'. Sehr attraktive Sorte mit breit silbergrauen Blättern und creme und rosa Blüten. 'Stuart Boothman', klein mit sehr schmalen Blättchen und dunkelrosa Blüten an kürzeren Stengeln. 'Zestful', blaßrosa Blüten ähnlich der Wildart von *D. formosa*.
Alle wachsen leicht im Halbschatten in gutem Gartenboden und blühen den ganzen Sommer lang, wenn der Boden feucht genug bleibt. Die graugrünen, schmalblättrigen Formen wachsen auch gut in voller Sonne. WH: vielleicht bis –20 °C.

Dicentra macrantha Oliver. Ost-China in feuchten Wäldern. B: 5. Bei gutem Wachstum bilden sich aus dem fleischigen, brüchigen, dünnen, weitkriechenden Rhizom große bodendeckende Flächen. Blätter bis 45 cm mit gelblichen Stengeln. Blättchen ca. 5 cm lang, rauh gezähnt, nicht gelappt. Blüten etwa 7,5 cm. Eine schöne und elegante, aber schwierig zu kultivierende Art. Benötigt Schutz vor Wind und Spätfrösten, aber auch Schnecken sowie feuchten, sandigen Laubboden. WH: vielleicht bis –15 °C. Eine andere gelbblütige Art, *D. chrysantha* (Hook. & Arn.) Walp., ist eine bis 1,5 m hohe Pflanze mit mehreren 1,3 cm großen aufwärts gerichteten Blüten und fein zerteilten blaugrünen Blättern. Zu finden in trockenen Buschsteppen, besonders nach Bränden in Süd-Kalifornien.

Dicentra spectabilis (L.) Lemaire. *Tränendes Herz*. Nord-China sowie sehr selten in Heilongiang (Mandschurei) und in Korea, in Wäldern und tiefschattigen Tälern. B: 5-7 – in den Gärten im Frühling. Fleischige überhängende, bis 60 cm hohe Stengel aus dickem Wurzelstock. Blüten etwa 2,5 cm lang, rot oder reinweiß bei der Sorte 'Alba'. Leicht wachsend in feuchtem, sandigem Boden im Halbschatten. WH: bis –20 °C und darunter.

Sanguinaria canadensis

Cardamine bulbifera

Cardamine diphylla

Cardamine enneaphyllos in Wisley

Cardamine laciniata in den Blue Ridge Mountains

Cardamine laciniata

Cardamine bulbifera (L.) Crantz syn. *Dentaria bulbifera (Cruciferae) Zwiebeltragende Zahnwurz.* Süd-Schottland und Frankreich, ostwärts bis Türkei, Kaukasus, Nord-Iran und Mittel-Rußland. In feuchten Eichen- oder Buchenwäldern. B: 4-6. Fleischige, unterirdisch kriechende Wurzeln. Stengel bis 70 cm mit Bulbilen in den Blattachseln. Blütenblätter 12-16 mm lang, meist purpur. Leichte Vermehrung durch die Bulbillen, benötigt aber feuchten Boden, um reich zu blühen. WH: bis –20 °C oder weniger.

Cardamine diphylla (Michx.) Wood syn. *Dentaria diphylla* Michx. Östliches Nordamerika von Nova Scotia südlich bis South Carolina, in feuchten Wäldern und Wiesen. B: 4-5. Pflanze mit unterirdisch kriechendem, fleischigem Rhizom und bis 35 cm hohen Stengeln. 2 gegenständige Stengelblätter mit 3 ovalen schwach-gekerbten Lappen. Grundblätter 3teilig, Blüten weiß, 12-16 cm. *C. maxima* (Nutt.) Wood ähnlich, aber 3 wechselständige Blätter und größere purpurne Blüten. Für feuchten Laubboden unter sommergrünen Laubgehölzen. WH: bis –20 °C oder weniger.

Cardamine enneaphyllos (L.) Crantz syn. *Dentaria enneaphyllos* L. *Weiße Zahnwurz.* Ost-Alpen und Karpaten bis Albanien und Jugoslawien, in subalpinen Wäldern. Bis 6 mm starke Rhizome. Stengel 20-30 cm. Blätter 3zählig oder handförmig. Blütenblätter 12-16 mm, blaßgelb oder weiß, fast gleich den Staubgefäßen. Für sommerfeuchten, sandigen Laubboden im Halbschatten. WH: bis –20 °C.

Cardamine heptaphylla (Vill.) O.E. Schultz, syn. *Dentaria pinnata Lam. Fieder-Zahnwurz.* Pyrenäen und Frankreich bis Südwest-Deutschland, West-Schweiz, Nordost-Italien (Monte Baldo) und Apenninen, in Bergwäldern. B: 4-5. Schuppiges, 4-10 mm dickes Rhizom. Stengel bis 30, manchmal bis 60 cm. Blätter gefiedert mit 3-5 an den unteren und 2-3 Blättchenpaaren an den oberen Blättern. Blüten meist weiß, seltener rosa oder purpur. Blütenblätter 14-20 mm. Für sommerfeuchten, reichen, sandigen Laubboden in Schatten oder Halbschatten. WH: bis etwa –20 °C.

Cardamine kitaibelii Becherer syn. *Dentaria polyphylla* Waldst. & Kit. Schweiz, Apenninen und Jugoslawien im Gebüsch bis 1700 m. B: 4-5. Schuppiges 3-6 mm dickes Rhizom. Stengel 20-30 cm, bei Blüte wachsend. Blätter gefiedert mit 2-6 grobgezähnten Blättchenpaaren. Blütenblätter 15-22 mm. Für feuchten Laubboden. WH: bis –20 °C.

Cardamine kitaibelii

Cardamine pentaphyllos in Sellindge, Kent

Cardamine laciniata (Muhl.) Wood. syn. *Dentaria laciniata* Muhl. *(Cruciferae)*. Östliches Nordamerika, von Quebec südlich bis Florida, westlich bis Minnesota, Kansas und Louisiana, in feuchten Wäldern, oft im Gebirge. B: 4-6. Mit kurzem, unterirdisch kriechendem, fleischigem, aber nicht schuppigem Rhizom und aufrechten Stengeln bis 35 cm. Blätter 5-12,5 cm, 3lappig mit tiefeingeschnittenen und gezähnten Lappen. Blüten blaßpurpur oder weiß, 14-18 mm. Für feuchte Laubböden im Schatten sommergrüner Gehölze. WH: bis – 20 °C oder weniger.

Cardamine microphylla (Willd.) O.E. Schulz. syn. *Dentaria microphylla* Willd. Kaukasus und angegeben vom Berg Ararat in der Türkei. Im feuchten Geröll, schattigen Schluchten, im Gesträuch und an Bergflüssen bei 2000-3000 m. B: 7-9. Mit schuppigen, kriechenden Rhizomen ausbreitende Teppiche bildend. Stengel bis 15 cm. *C. quinquefolia* (Bieb.) Schmalh. ist sehr ähnlich, hat aber 2-3 doppelt gesägte Blättchenpaare und purpurne, 14-18 mm lange Blütenblätter. In Bulgarien, Rumänien bis Türkei und Kaukasus. Wunderschön, aber in Kultur schwach blühend und wuchernd. WH: bis –20 °C oder weniger.

Cardamine pentaphyllos (L.) Crantz syn. *Dentaria digitata* Lam. *Finger-Zahnwurz*. Pyrenäen bis Süddeutschland, Österreich und Nord-Jugoslawien in Bergwäldern. B: 5-6. Schuppige, 1,5-2,5 mm starke Rhizome. Stengel meist 30, aber bis 60 cm. Blätter handförmig oder 3zeilig mit 3-5 Blättchen. Blütenblätter 18-22 mm, weiß oder blaßpurpur. Für sommerfeuchten, sandigen Laubboden in Halbschatten. WH: bis etwa –20 °C.

Sanguinaria canadensis L. *(Papaveraceae) Blutwurz*. Östliches Nordamerika, von Nova Scotia westlich bis Nebraska, südlich bis Arkansas und Nord-Florida, in Wäldern und an schattigen Hängen, im Süden in den Bergen. B: 4-5. Schwach kriechend aus dickem Rhizom mit rotem Saft. Blätter gefaltet und senkrecht, bevor sie sich auf 15-30 cm entfalten; unterschiedlich gelappt, 8-16 bis 2 cm lange Blütenblätter, deren Zahl sich in der gefüllt-blühenden Form vervielfacht. Für Laubböden in frischer Lage im Wechselschatten. WH: bis –20 °C oder weniger. Die hier gezeigte einfach blühende Wildform ist eleganter als die gefüllt blühende, ihre Blüten aber kurzlebiger.

Cardamine heptaphylla in Sellindge, Kent

Cardamine microphylla bei Kasbegi im Kaukasus

Cardamine pratensis in Kent

Cardamine pratensis 'Flore Pleno'

Cardamine rhaphanifolia im Royal Botanic Garden, Edinburgh

Cardamine macrophylla bei Baoxing, Sichuan

Cardamine amara am Fluß Don in Aberdeenshire

Cardamine amara L. *(Cruciferae) Bittere Schaumkresse.* Verbreitet in Europa von Schottland und Irland bis Spanien und Portugal und ostwärts bis Mittelasien und Sibirien, an Wasserläufen und in feuchten Wäldern, meist in Sickerwasserbereichen. B: 4-6. Bildet mit kriechendem Rhizom und Ausläufern große Flächen. Stengel 10-60 cm, normalerweise etwa 30 cm. Blütenblätter 7-9 mm, fast immer reinweiß mit violetten Staubbeuteln, selten blaßpurpurn. Grundblätter mit 5-9 ovalen bis rundlichen Blättchen. Leicht wachsend in feuchten Böden in Sonne oder Halbschatten. Wuchernde Pflanze für den Naturgarten. WH: bis –20 °C oder weniger.

Cardamine macrophylla Franch. China in West-Sichuan, an Bergflüssen und in nassen Wäldern bei 2000-3000 m. B: 4-5. Wenig kriechendes, dünnes, fleischiges Rhizom. Stengel aufrecht bis 70 cm. Grundblätter gefiedert mit vielen Blattpaaren. Blüten ca. 1 cm groß. Für feuchte Laubböden in Schatten oder an Wasser. WH: bis –15 °C.

Cardamine pratensis L. *Wiesenschaumkraut.* Verbreitet in Europa bis West-Sibirien und in Nordamerika, in feuchten Wiesen, an Flüssen und in Gräben. B: 4-6. Variable elegante Pflanze mit 15, meist 20-55 cm hohen Stengeln. Fleischige, manchmal Ausläufer treibende Wurzeln. Blüten blaßrosa, purpurn, seltener reinweiß. In der Sonne sich öffnend. Blütenblätter 8-13 mm. Sehr hübsch, nicht wuchernd und eine der besten heimischen Arten für Sumpfgärten. Mancherorts Schutz vor Wildtauben erforderlich, da diese im Frühling die Knospen lieben. Futterpflanze der Raupe des Aurora-Falters. Die gefüllt-blühende Form 'Plena' wird mindestens seit Mitte des 17. Jahrhunderts in Gärten kultiviert.

Cardamine rhaphanifolia Pourr. syn. *C. latifolia* Vahl. Pyrenäen und Süd-Alpen bis Griechenland, Türkei und Kaukasus. An Wasserläufen und Quellen alpiner Wiesen und in offenen Wäldern. B: 5-7. Stengel 30-70 cm, zu mehreren aus kriechendem Rhizom. Blätter mit 1-5 Blättchenpaaren, das Endblatt 3-7 cm groß. Blütenblätter 8-12 mm, rosapurpurn, für feuchte oder nasse Böden in voller Sonne. WH: bis –20 °C.

Cardamine trifolia L. *Kleeschaumkraut.* Mitteleuropa, Alpen und Karpaten, Apeninnen und Mittel-Jugoslawien, seltener im Westen Europas. Feuchte schattige Bergwälder. B: 4-6. Stengel 20-30 cm mit kriechendem Rhizom. Matten 1- oder 3fach gefiederter Blätter bildend. Blütenblätter weiß oder rosa, 9-11 mm, Staubbeutel gelb. Schoten gerade, 20-25 mm lang. Für feuchten Laubboden in Schatten. WH: bis –20 °C. Leicht zu unterscheiden von der sehr ähnlichen *Pachyphragma* durch die Frucht.

Hesperis matronalis, verwildert in Aberdeenshire

Lunaria redidiva

Hesperis matronalis L. *(Cruciferae) Nachtviole.* Alpen, Pyrenäen und Südosteuropa und verwildert in anderen Teilen Europas, Kaukasus, Nord-Türkei, Sibirien und Zentralasien. In Bergwäldern, Gehölzen und an Wasserläufen. B: 5-7. Am Naturstandort sind die weiße und die purpurfarbene Unterart getrennt, in Kultur treten sie jedoch gemischt auf. Stengel bis 120 cm, meist 1 m, Blütenblätter 15-25 mm, Blüten duftend. Kurzlebige Staude für feuchte, schattige oder rasige Stellen. WH: bis –20 °C. Ähnliche nahverwandte Arten, die sich in Blattform und Behaarung unterscheiden, finden wir in der Türkei und Südosteuropa.

Lunaria redidiva L. *(Cruciferae) Staudensilberblatt.* In den meisten Teilen Europas, ostwärts bis Sibirien, in feuchten, meist subalpinen Wäldern und Gehölzen im Süden. In den Bergen aber nicht verbreitet. B: 5-7. Stengel 35-140 cm, sich während der Blüte verlängernd. Blätter herzförmig, Blütenblätter 12-20 mm, Blüten duftend, Fruchtschoten elliptisch, 35-90 mm lang. WH: bis –20 °C. Die einjährige Mondviole oder Silberling *L. annua* ist 2jährig mit dunkel-purpurnen oder weißen duftlosen Blüten und rund-ovalen Fruchtschoten, deren silbrig scheinende Trennwand die Silberlinge der Trockensträuße sind.

Pachyphragma macrophyllum (Hoffm.) Busch. syn. *Thlaspi macrophyllum* Hoffm. *(Cruciferae).* Norddost-Türkei und West-Kaukasus in nassen Buchenwäldern bis 1900 m in der Türkei. B: 4-5. Pflanze mit kriechendem Rhizom, deren 25 cm hohe Blütenstände bald von den Blättern verdeckt werden. Grundblätter groß, oval-herzförmig bis 18 cm lang gestielt. Blütenblätter 8 mm lang, Fruchtschote breit mit gerundeter Basis, 12-17 cm lang. Für Laubboden in feuchtem Schatten. WH: bis –15 °C?

Cardamine trifolia

Pachyphragma macrophyllum

Pflanzen von Hopleys Nursery, 12. April, 1/3 nat. Größe

Arabis blepharophylla Hook. & Arn. *(Cruciferae).* Kalifornien um San Francisco, in felsigen Gehölzen unter 300 m Höhenlage. B: 2-4. Pflanze mit mehreren 20 cm hohen Stengeln aus einem Wurzelstock, kleine Horste bildend. Blätter in Grundrosette verkehrt eiförmig bis lanzettlich, stumpf, 2-8 cm lang. Blüten rosa-purpur, Blütenblätter 12-18 mm. Für Boden mit gutem Wasserabzug in voller Sonne, Sommertrockenheit ertragend. WH: bis –15 °C.

Arabis caucasica Willd. Ex Schlecht. syn. *A. albida Stev.* Südosteuropa, von Italien ostwärts bis zum Kaukasus, Nord- und Ost-Türkei, West-Syrien und Iran und vielerorts verwildert, in Felsen und Klippen. B: 3-8. Bildet bis 1 qm große, dünnstengelige Matten. Blütenstengel 15-35 cm, Blüten weiß mit 12-16 mm langen Blütenblättern. 'Snowdrop' ist eine Auslese, die gefüllte Sorte 'Plena' ist verbreitet. Rosa und gelbe Sorten ebenfalls in Kultur. Problemlos in nährstoffarmen Böden mit gutem Wasserabzug. WH: bis –20 °C oder weniger.

Alyssoides utriculata (L.) Medicus *(Cruciferae).* Frankreich, Südwest-Alpen, ostwärts bis Rumänien, Griechenland und Nord-Türkei. An Felskanten bis 1300 m in der Türkei. B: 4-6. Stengel bis 40 cm. Blätter unterschiedlich behaart, Blütenblätter 14-20 mm. Frucht aufgeblasen 10-15 mm, leicht an den aufgeblasenen Schoten zu erkennen.

Cheiranthus cheiri (L.) syn. *Erysimum cheiri L. Crantz (Cruciferae) Goldlack.* An Klippen und Felsen in Griechenland, Kreta, West-Türkei und West-Syrien. B: 3-4. Pflanzen verholzen mit mehreren bis 50 cm, meist ca. 30 cm hohen Stengeln. Wildart intensiv gelbblütig, Blütenblätter 15-25 mm. Verwildert auf alten Mauern in fast ganz Europa, in Kultur Blütenfarbe von Rot zu Rosa oder Braun, Gelb und Creme. Oft 2jährig gezogen, von Natur aus aber ausdauernd. Benötigt trockenen Boden mit gutem Wasserabzug zum Überleben. 'Harpur Crewe' ist eine gefüllt-blühende wild vorkommende Sorte, bekannt seit dem 17. Jahrhundert und eine kompakt wachsende und reich blühende Staude bei Kultur in nährstoffarmen Kalkboden. 'Bloody Warrior' ist dunkelrot gefüllt. WH: vielleicht bis –15 °C.

Erysimum 'Bowles' Mauve'. Kreuzung zwischen *E. scoparium* oder wahrscheinlich *E. linifolium* und *Cheiranthus* mit bisher ungenügend geklärter Herkunft. Verholzend, bildet ein bis 1 m großes Polster graugrüner Blätter. Ab April lange blühend. Blüten ca. 2 cm. 'Mrs. L. K. Elmhirst' sehr ähnlich 'Bowles' Mauve', hat dunkelgrüne Blätter mit weniger Behaarung. Blüten blasser, dunkler geadert, etwa 2,8 cm. Beide wachsen gut in sehr nährstoffarmen Böden. W.H: bis –15 °C.

Erysimum 'Bredon'. Wahrscheinlich Kreuzung zwischen *Cheiranthus cheiri* und einem *Erysimum*, wahrscheinlich *E. helveticum (Jacq.) DC.* oder *E. grandiflorum Desf.* Stengel bis 20 cm, Knospen rötlich. B: 4-7. 'Jubilee Gold', ähnlich zu 'Bredon', hat gezähnte Blätter.

Erysimum concinnum Eastw. *(Cruciferae).* Westliches Nordamerika, von Nord-Kalifornien (Point Reyes) nördlich bis Oregon, an Felsen und Klippen nahe dem Meer. B: 3-5. Pflanze mit wenigen 15 cm hohen Stengeln von zentraler Wurzel. Blätter schmal-lanzettlich. Blüten blaßgelb oder cremeweiß. Blütenblätter 15-20 mm. Sehr schöne kurzlebige Pflanze für nährstoffreiche Böden mit gutem Wasserabzug. WH: vielleicht bis –15 °C.

Erysimum semperflorens

Wilder Goldlack in Canterbury

Erysimum 'Constant Cheer'. Gewöhnlich 20 cm, auch bis 30 cm buschig wachsend. Blüten öffnen sich bräunlich-orange und verfärben sich purpurn. Lange Blütezeit im Frühling und Sommer. 'Jacob's Jacket' hat sehr ähnliche Blütenfarben. WH: bis –15 °C. Besonders in nährstoffarmen Böden mit gutem Wasserabzug.

Erysimum semperflorens (Schousboe) Wettst. West-Marokko, in Dünen, Gehölzen und an felsigen Stellen. B: 1-5. Pflanze meist mit einigen aufrechten, bis 40 cm am Grunde stark verholzten Stengeln. Blätter mit anliegenden Haaren. Blüten ca. 18 mm, meist weiß oder gelblich. Für nährstoffarme, warme Böden mit gutem Wasserabzug. *E. mutabile Boiss. & Heldr.*, mit dem *E. semperflorens* verwechselt wurde, ist auf Kreta endemisch und wächst an Bergklippen und Felsen. Die Blüten öffnen sich gelb und verblühen zu Gelb-Braun oder Purpur. Für beide WH: vielleicht bis –15 °C.

Erysimum 'Bredon'

Erysimum 'Constant Cheer'

Alyssoides utriculata

Erysimum 'Bowles Mauve'

Euphorbia oblongifolia im Zentral-Kaukasus

Euphorbia nicaeensis in Südfrankreich

Euphorbia macrostegia (aus dem Iran) in Kew

Euphorbia villosa

Euphorbia myrsinites

Euphorbia hyberna in der Grafschaft Cork

Euphorbia denticulata am Van- See, SO-Türkei

Euphorbia rigida bei Mugla, Südwest-Türkei

Euphorbia denticulata Lam. *(Euphorbiaceae).* Ost-Türkei, Nord-Irak, Nordwest- und Nord-Iran und Armenien. Lichte Eichenwälder, Gehölze, Felshänge und Steppe in 800-3050 m in der Türkei. B: 4-8. Stengel flachwachsend. Blätter bläulich-grün, fleischig, verkehrt eiförmig bis fast rundlich, bis 4 cm breit. Trugdolde 5strahlig, Drüsen kammartig, intensiv blutrot. Frucht 7-8 mm. Diese beeindruckende Pflanze erwies sich an trockener Stelle mit gutem Wasserabzug in Cambridge als winterhart, ist aber in Klimaten mit feuchten, kühlen Sommern und warmen, feuchten Wintern problematisch.

Euphorbia hyberna L. subsp. *hyberna.* In Südwest-Irland verbreitet, in Südwest-England, selten, bis Norditalien, Spanien und Portugal. In lichten Wäldern, an schattigen und steinigen Ufern und in Hecken. B: 4-6. Stengel 30-60 cm, während der Blüte wachsend aus kräftigem Wurzelstock. Blätter dünn, länglich stumpf, oberseits kahl, unterseits behaart, manchmal rötlich verfärbend. Trugdolde 5strahlig, Drüsen fast rund. Kapsel mit kurzen und langen schlanken Warzen. Problemlos in halbschattiger Lage mit feuchtem Boden. Die hier abgebildete irische Form ohne sommerliche Rotfärbung zeigt, daß dies keine feste Arteigenschaft ist. Spanische Pflanzen können jedoch rote Stengel haben. Subsp. *insularis (Boiss.) Briq.* mit zahlreichen achselständigen Trugdolden, fast sitzenden Früchten und Drüsen mit dicken Rändern kommt in Korsika, Sardinien und Nordwest-Italien vor.

Euphorbia macrostegia Boiss. Süd-Türkei, West-Syrien, Libanon und Südwest-Iran, in Wäldern, Macchia und Eichengebüsch, auf Kalk, im Zagros im Iran von 650-2100 m. B: 4-7. Stengel bis 60 cm, Blätter grün oder blaugrün, dünn, aber zäh. Stengelblätter bis 5 cm breit. Blüten nickend, 2-4 cm, oft purpurn. Drüsen kurz oder mittellang gehörnt. Kapsel kahl. Für Sonne oder Halbschatten bei gutem Wasserabzug. WH: vielleicht bis –15 °C.

Euphorbia myrsinites L. *Walzenwolfsmilch.* Südeuropa, von den Balearen, Korsika und Nordafrika, ostwärts bis zur Krim, der Türkei und Mittelasien (Turkistan). An Felshängen, im lichten Kiefernwald, an Straßenrändern und auf steinigen Gebirgsweiden von 450-2200 m in der Türkei. B: 4-8. Stengel 30 cm, flach aufliegend. Blätter verkehrt eiförmig bis lanzettlich, blaugrün, fleischig. Trugdolden 8- bis 13strahlig, Drüsen 2hörnig. Kapsel konisch mit 3 abgerundeten Rippen. Problemlos bei gutem Wasserabzug oder an Mauern. WH: bis –15 °C.

Euphorbia nicaeensis All. In Europa von Südfrankreich und Portugal ostwärts bis Zentral-Rußland, Türkei und Kaukasus. An offenen Hängen, Wegrändern, felsigen Stellen, Gehölzen und lichten Wäldern bis 1800 m in der Türkei. B: 5-8. Stengel bis 80 cm, oft rötlich. Blätter kahl oder fein-warzig, blaugrün, ledrig, lanzettlich bis länglich, 1,8 cm breit, stumpf. Trugdolden 5- bis 18strahlig. Drüsen gestutzt oder ausgerandet mit 2 kurzen Hörnern. Kapsel faltig, manchmal behaart. Variable Art manchmal mit wenigen aufrechten Stengeln, manchmal mit vielen niederliegenden Stengeln. Problemlos in trockenem Boden mit gutem Wasserabzug. *E. niciciana* Borbas ex Novak ist zum Verwechseln ähnlich, hat aber meist kleinere Samen und schmalere, scharfspitzige, bis 8 mm breite Blätter. Für trockene, sonnige Stellen hart bis –15 °C.

Euphorbia oblongifolia C. Koch. Nord- und Ost-Türkei bis Kaukasus, in Buchen- und Fichtenwäldern, felsigen und grasigen Hängen, Geröll und alpinen Wiesen bei 1200-2800 m in der Türkei. B: 5-8. Stengel bis 1 m, behaart oder fast kahl. Blätter oft blaugrün, bis 4 cm breit, gewöhnlich stumpf, ziemlich dünn. Blüten 2-3 cm breit, oft purpurn. Drüsen lang-gehornt. Kapsel weich oder mit körniger Oberfläche. Für nährstoffreichen, sandigen Boden im Halbschatten. WH: bis –20 °C.

Euphorbia rigida M. Bieb. syn. *E. biglandulosa Desf.* Südeuropa, von Portugal (nicht Spanien!) und Nordafrika bis Italien, Albanien, West-Kaukasus, Griechenland, Türkei, West-Syrien und Nordost-Iran. An Kalkfelsen und Schieferhängen, in lichten Kieferwäldern, Gehölzen und überweideten Hügeln, bis auf 2000 m in der Türkei. B: 3-8. Stengel fast liegend oder aufsteigend bis 60 cm. Blätter lanzettlich, sehr spitz, steif-fleischig, blaugrün, oft rötlich oder orange. Trugdolden 7- bis 16strahlig, Drüsen 2hörnig; Frucht zylindrisch, 6-7 mm dick. WH: bis –10 °C oder darunter, durch kalte Winde bei ca. –15 °C bei Kultur im feuchten südenglischen Klima absterbend. In trockeneren Klimaten wahrscheinlich härter. Besonders bei Formen von extremen Standorten. Sehr attraktive Art. Für trockene Stellen auf hochliegenden Beeten oder auf Mauern überhängend kultiviert.

Euphorbia villosa Waldst. & Kit. syn. *E. pilosa auct. non L.* Südeuropa, von Spanien, Frankreich und Nordafrika bis Griechenland, Krim, europäische Türkei, Kaukasus und West-Sibirien. In feuchten Wiesen, lichten Wäldern, Hecken und an Flußufern. B: 4-6. Zahlreiche bis 120 cm hohe, unten schuppige Stengel. Blätter ziemlich dünn, kahl oder behaart, länglich bis elliptisch. Trugdolde 5- oder mehrstrahlig. Drüsen fast rund oder oval ohne Hörner. Kapsel glatt oder fast glatt. Problemlos in feuchtem Boden oder Halbschatten. WH: vielleicht bis –20 °C. Oft verbreitet als *E. pilosa L.*, wobei dieser Name jedoch zu einer Art aus dem Himalaja gehört.

Pflanzen aus Wisley, 29. April, 2/3 nat. Größe

Euphorbia amygdaloides L. *(Euphorbiaceae) Mandelwolfsmilch.* In Europa, Irland, Nord-England bis Portugal und Algerien, ostwärts bis Polen, Türkei und Kaukasus. In Wäldern, an Hecken und auf grasigen Ufern. Gewöhnlich in feuchtem Boden bis 2000 m hoch in der Türkei. B: 3-8. Stengel büschelig, bis 80 cm, liegend bis aufrecht. Im 2. Jahr blühend. Stengel und Blätter oft purpurn überlaufen, tief purpurn in 'Rubra' syn. 'Purpurea', die echt aus Samen fällt. Blätter länglich, verkehrt eiförmig, bis 2 cm breit und 2,5-7 cm lang. Trugdolde 5- bis7strahlig. Drüsen mit 2 langen Hörnern, Kapsel glatt. Für nicht zu trockenen Boden in voller Sonne oder Halbschatten. Einzelpflanze nicht langlebig, sät sich aber selbst leicht aus. 'Variegata' hat gelb-gerandete Blätter.

Euphorbia amygdaloides L. var. *robbiae (Turrill) Radcliffe-Smith.* Diese Varietät unterscheidet sich durch ihre unterirdisch wachsenden Ausläufer, mit denen sie schnell größere Flächen bewächst, und durch ihre mehr ledrigen, glänzenden, fast glatten Blätter, die in einer engen Rosette an den nicht blühenden Trieben stehen. In Wäldern der Nordwest-Türkei, im Belgrad-Wald der europäischen Türkei und in Asien, östlich bis Bolu. WH: kurzzeitig bis –15 °C.

Euphorbia characias L. Mittelmeer-Gebiet, von Portugal und Marokko ostwärts bis Süd-Türkei, auf felsigen Hügeln, in Olivenhainen, in lichten Wäldern und an Wegrändern, in der Türkei bis auf1000 m. B: 1-5. 2 Unterarten: subsp. *characias* im Westen, östlich bis Jugoslawien und Cyrenaica. Stengel meist bis 80 cm mit zahlreichen, weichhaarigen, grauen, gewöhnlich verkehrt lanzettlichen, 3-13 cm langen bis 1 cm breiten Blättern. Drüsen gewöhnlich dunkelbraun oder rötlich mit kurzen Hörnern oder ausgerandet. Subsp. *wulfenii* (Hoppe ex W. Koch) J. R. Smith ist größer, bis 1,8 m mit größeren Blütenständen und gelblichen Drüsen mit langen Hörnern. Am verbreitetsten in Griechenland und Türkei. Eine große, gelbe Form aus Griechenland ist als 'John Tomlinson' in Kultur. 'Lambrook Gold' ist ähnlich. Beide Unterarten sind ausgezeichnete Gartenpflanzen. WH: bis –10 °C oder darunter bei sehr gutem Wasserabzug, jedoch bei länger anhaltenden tieferen Temperaturen absterbend.

Euphorbia cyparissias L. *Zypressenwolfsmilch.* In den meisten Teilen Europas, ausgenommen Großbritannien und Skandinavien, wo sie jedoch meist auf Sanddünen verwildert ist. In Felsmatten bis 2500 m in den Alpen. B: 5-9. Mit kriechenden Ausläufern große Flecken bildend. Stengel bis 50 cm, meist nur 30 cm. Lineare Blätter bis 4 cm. Trugdolde 9- bis 18strahlig, Drüsen mit 2 Hörnern. Problemlos in trockenem Boden. Wird oft durch die feinen Ausläufer lästig. In nährstoffarmen Böden im Sommer oft orange gefärbt.

Euphorbia griffithii Hook. fil. In Bhutan auf Kahlschlägen und im Gebüsch von Kiefern, Eichen und Rhododendron-Wäldern von 2300-3500 m. B: 5-8. Mit kurzem, unterirdisch kriechendem Rhizom. Stengel 1jährig, 40-80 cm. Blätter schmal-länglich bis lanzettlich, kahl oder in var. *bhutanica (Fischer) Long* behaart. Hochblätter rot oder orange, Drüsen halbrund, Kapsel glatt. 'Dixter' hat rötlich purpurne Blätter, dunkelrote Hochblätter und kürzere Stengel. 'Fireglow' ist die verbreitetste Sorte. äußerst wirksam, wenn im Kontrast zu Grün gepflanzt, z. B. zu feuchtigkeitsliebenden Farnen wie *Matteuccia struthiopteris, Trichterfarn.* WH: bis –20 °C oder darunter.

Euphorbia × martinii

Euphorbia cyparissias

Euphorbia amygdaloides 'Rubra'

Euphorbia griffithii mit *Matteuccia*

E. × martinii Rouy. Kreuzung zwischen *E. amygdaloides* und *E. characias.* Wild gefunden in Südfrankreich und seit langem in Kultur. Bildet Horste aufrechter, etwa 60 cm hoher Stengel, gut für sonnige Beete geeignet, dabei größer als *E. amygdaloides* und hübscher und kleiner als *E. characias.* WH: bis –15 °C.

Euphorbia polychroma Kerner syn. *E. epithymoides L. Goldwolfsmilch.* In Europa, von Österreich und Italien bis zur Ukraine, Bulgarien und Griechenland, in Wäldern und Gebüsch, meist auf Kalk. B: 4-5. Vielstengelig von großem Wurzelstock, 20-40 cm hoch. Blätter 3-5 cm lang, 1,1-2,5 cm breit, verkehrt eiförmig bis länglich elliptisch, ganzrandig oder an der Spitze gezähnt, weichhaarig. Strahlenblättchen elliptisch, Trugdolde 4- bis 5strahlig, Drüsen klein-rundlich, Kapsel mit langen, schmalen Warzen. Es gibt eine sehr schöne, aber seltene Sorte 'Purpurea' mit purpurnen Blättern und Stengeln. Für nährstoffreiche Böden in Halbschatten. WH: bis –25 °C.

Euphorbia characias 'John Tomlinson'

Viola blanda im Staate New York

Viola canadensis

Viola elatior

Viola hirta

Viola blanda Willd. *(Violaceae).* Von Quebec und New England westlich bis Minnesota, südlich bis Nord-Georgia, in Gebirgen, in kühlen, felsigen Wäldern. B: 4-5. Pflanze ohne Stamm mit zierlichem Wurzelstock und dünnen, beblätterten Ausläufern. Blatt- und Blütenstengel ca. 5 cm. Blätter oval, herzförmig mit winzigen Haaren auf der Oberfläche. Blüten weiß, schwach duftend, obere Kronblätter zurückgebogen und gedreht. Samenkapseln dunkelpurpurn. Für kühle, schattige Lagen. WH: bis –20 °C.

Viola canadensis L. New Brunswick, Saskatchewan, südlich bis South Carolina, Nebraska und in den Rocky Mountains bis New Mexico, in Berglaubwäldern. B: 5-7. Büschelig wachsend mit aufrechten Stengeln bis 40 cm. Blätter breit-oval, mehr oder weniger spitz auslaufend. Kelchblätter sehr schmal. Abspreizende weiße, am Grunde gelbe Kronblätter. WH: bis –25 °C oder darunter.

Viola elatior Fries *Hohes Veilchen.* Mittel- und Osteuropa, von Nord-Italien und Frankreich, östlich bis Sibirien und Nordwest-China. In feuchten Wiesen und Gebüsch. B: 4-6. Büschelig stehende Stengel bis 50 cm. Blätter herz-, eiförmig. Nebenblätter gleich oder länger als der Stiel. Blüten 2-2,5 cm groß mit 2-4 mm langem Sporn. *V. persicifolia Schreber*, das Grabenveilchen oder MilchweißeVeilchen, ist ähnlich, aber mit meist 25 cm Höhe. Seine Nebenblätter sind kürzer als der Blattstiel. Verbreitet in Mooren in ganz Europa, selten jedoch in England und Irland. Für Laub- oder Torfboden in Sonne oder Halbschatten. WH: bis –25 °C.

Viola hirta L. *Rauhes Veilchen.* In Europa, außer im hohen Norden, aber ostwärts bis Kaukasus, Sibirien und Mittelasien. In Wäldern, an grasigen Ufern und Wiesen, meist auf Kalk. B: 3-6. Stengel und Blätter bis 15 cm, behaart in Grundrosette ohne kriechende Ausläufer im Sommer. Blüten ca. 1,5 cm breit, bläulich-violett, duftlos. Sehr ansehnlich, hart im zeitigen Frühling, leider aber ohne Duft. WH: bis –25 °C.

Viola labradorica Schrank syn. *V. adunca Sm.* var. *minor (Hook.) Fern.* Arktisches Nordamerika, südlich bis New Hampshire, Colorado u. Kalifornien (mit eigener Varietät). In Wäldern und Rasenstellen, im Gebirge. B: 5-8, in Kultur früher. Pflanzen mit kurzem Stämmchen und Ausläufern. Sommerblätter stumpf-oval, auf der Oberfläche schwach behaart oder glatt. Nebenblätter linear oder mit 1 oder 2 schmalen Lappen am Grunde. Blüten blaß bis dunkelviolett, bis 10 mm groß. In Kultur ist eine Form mit dunkelpurpurnen Blättern. Ähnelt sehr dem europäischen Waldveilchen-*Viola reichenbachiana Jord.*, das aber gefranste Nebenblätter besitzt. WH. bis –25 °C.

Viola obliqua *Hill* syn. *V. cucullata Ait.* Östliches Nordamerika, von Quebec und Ontario südlich bis nach Georgia. An feuchten Stellen meist in lichten Wäldern. B: 4-6. Ausbreitung mit fleischigem Rhizom. Stengel und Blätter kahl. Voll ausgewachsene Blätter etwa 8 cm breit. Blüten violett oder weiß mit dunklerem Schlund. Bis 3,5 cm, duftlos. Haare des Bartes gräulich. Lange, schlanke cleistogame Blüten an hohen, aufrechten Stengeln, sich zu grünen Kapseln entwickelnd. Für feuchte, nährstoffreiche Böden in Sonne oder Halbschatten. Trotz fleischigen Rhizomen stirbt die Pflanze bei Trockenheit ab.

Viola odorata L. *Märzveilchen, Duftveilchen.* In den meisten Teilen Europas, ausgenommen dem hohen Norden. Von den Azoren und Nordafrika, ostwärts bis zum Kaukasus, Türkei, Syrien und Nord-Iran. In Wäldern, Hecken und auf sonnigen Flußufern. B: 2-5. Blütenstengel bis 5 cm, Blattstengel bis 12 cm, Blätter grundständig mit kriechendem Rhizom. Blätter mehr oder weniger kahl, oval-rundlich, stumpf. Blüten stark duftend, etwa 1,5 cm, meist dunkel-purpur oder weiß, aber auch rötlich, rosa, blaßgelb und blaßblau in Gartensorten. Alle Duftveilchen, besonders die alten Sorten, lohnen jährliches Verpflanzen in nährstoffreichen, lockeren Laubboden mit ausreichender Feuchtigkeit. Früher gab es viele Sorten, von denen einige bis heute erhältlich sind. Hier abgebildet 'Governor Herrick' mit 3-3,5 cm großen Blüten. B: 9-4.

Viola septentrionalis Greene. Östliches Nordamerika, von Nordost-Kanada bis Ontario und südlich bis Connecticut und Nord-Pennsylvania, in feuchten, lichten Wäldern. B: 5. Mit dickem, kriechendem Rhizom sich ausbreitend. Stengel und Blätter fein-behaart. Blätter voll entwickelt bis 7,5 cm breit. Blüten intensiv violett bis weiß, 2,5 cm. Cleistogame Blüten an kurzen, aufsteigenden Stielen mit purpurnen Kapseln. Für feuchte Laubböden in Halbschatten. WH: bis –20 °C.

Viola sororia Willd. syn. *V. papilionacea* Pursh. Östliches Nordamerika, von Quebec westlich bis Wyoming und südlich bis Oklahoma und North Carolina. In feuchten Wiesen und an schattigen Ufern. B: 4-5. Junge Blätter kahl oder behaart, ausgewachsene Blätter mit stumpfer Blattoberfläche. Blüten etwa 20 cm groß, violett-blau, duftlos. Diese Sorte 'Freckles' hat weiße, fein blau gestrichelte und die Sorte 'Albiflora' reinweiße Blüten. 'Princeana' syn. f. *albiflora Grover* ist das amerikanische *Confederate Violet* mit grauweißen Blüten, zum grünen Schlund hin dunkler werdend, und mit intensiv blau geaderten Blüten. Haare des Bartes nicht gräulich. Kleistogame Blüten an kurzen, kriechenden Stengeln. Für feuchten Boden in Sonne oder Halbschatten. WH: –20 °C oder weniger.

Viola suavis M. Bieb. *Parmaveilchen.* Südosteuropa, Süd-Rußland, Türkei, Kaukasus, Mittelasien, Nordwest-China und Kaschmir. In Gehölzen und an schattigen Ufern, in Flußnähe. B: 3-5. Sehr ähnlich *V. odorata*, aber mit blaßblaueren Blüten mit weißer Mitte, langgezogeneren Blättern und unterirdischen Ausläufern. Für jeden guten Gartenboden in Sonne oder Halbschatten. WH: bis –20 °C oder weniger. Diese Art soll eine Rolle bei der Züchtung einiger Duftveilchen-Sorten gespielt haben.

Viola labradorica

Viola odorata 'Governor Herrick'

Viola odorata in Kent

Viola odorata

Viola odorata (rotblütig) in der Alhambra

Viola suavis in Xinjiang, Nordwest-China

Viola obliqua

Viola septentrionalis 'Alba'

Viola sororia 'Freckles'

Pflanzen aus Savill Gardens, Windsor, 15. Juni, 1/2 nat. Größe

Viola tricolor (Sämling)

Viola corsica

Viola cornuta 'Boughton Blue'

Viola 'Huntercombe Purple'

Viola 'Chelsea Girl'

Viola cornuta (großblumiger Typ)

Viola cornuta L. *(Violaceae).* Französische und spanische Pyrenäen, felsige Berghänge und alpine Wiesen. B: 6-8. Manchmal aus Gärten in Gebirgen Europas verwildert. Langlebige Staude mit zahlreichen Grundausläufern, einen dichten Busch bildend. Stengel bis 30 cm, Sporn 10-15 cm und länger als die Blütenblätter, die sich normalerweise nicht überlappen. Blüten 2-3 cm groß, duftend. Blaß-mauve ist die verbreitetste Farbe, aber es gibt auch weiße, blaue, rosa, gelbe in unterschiedlichsten Schattierungen und Farbkombinationen. 'Boughton Blue' wurde von Sir David und Lady Scott in Boughton House, Northamptonshire, gezüchtet. Eine der schönsten von über 40 Sorten, die zur Zeit angeboten werden. WH: bis –20 °C.

Viola corsica Nyman syn. *V. bertolonii Salisb.* Korsika und Sardinien, auf felsigen Bergweiden von 900-1300 m. B: 4-7. Langlebige Staude mit bis 20 cm langen Stengeln. Blüten 3,5 cm, Blütenblätter nicht überlappend, violett, selten gelb. Sporn 10-15 mm. Wird oft als *V. bertolonii Salisb.* gezogen. *V. bertolonii Pio* unterscheidet sich davon durch mehr oder weniger quadratisch wirkende Blüten mit überlappenden Blütenblättern. Sie kommt in Italien, in den Südwest-Alpen und Nord-Apenninen und in Süditalien und Nordsizilien vor.

Viola gracilis Sibth & Sm. Jugoslawien, Bulgarien, Albanien, Griechenland und West-Türkei, in grasbewachsenen Gebirgswäldern und alpinen Wiesen von 1250-2000 m in der Türkei. B: 5-8. Pflanze bildet dichte, mehrere Jahre ausdauernde Matten. Stengel 5-30 cm, meist 15 cm bei Gartenkultur. Blätter rundlich oder länglich, gekerbt, im oberen Teil gerundet. Blüten 2-3 cm, violett oder gelb, nicht 2farbig. Sporn 6-7 mm, gerade oder leicht gebogen. Nebenblätter mit länglichen, spatelförmigen Lappen. Problemlos in jedem Boden in voller Sonne. Am verbreitetsten ist die gelbblühende Form, die bei mir im Garten pupurn-blütige Triebe zeigte.

Viola × wittrockiana Gams *Stiefmütterchen.* Es ist das Gartenstiefmütterchen, das durch Kreuzung von *V. tricolor* mit *V. lutea* subsp. *sudetica* und *V. altaica* Ker-Gawl. entstand. Die großblumigen Gartenstiefmütterchen, die 1jährig, 2jährig oder kurzlebige Stauden sind, entstanden aus diesen Arten hauptsächlich durch Züchtung in der Zeit von 1800-1835. Schon 1838 gab es in England mindestens 400 Namensorten unserer Gartenstiefmütterchen. Die kleinblumigen, verläßlich ausdauernden Staudensorten wurden um 1860 von James Grieve aus der Gärtnerei Dickson's bei Edinburgh begonnen, als er *V. lutea* und *V. cornuta* kreuzte. 1874 nahm Dr. Charles Stuart aus Chirnside in Berwick Handbestäubung vor und stellte fest, daß die Staudeneigenschaft und Ausläuferbildung nur dann auftrat, wenn *V. cornuta* die Mutterpflanze war. Diese ausdauernden kleinblumigen Stiefmütterchen wurden 'Violettas' genannt und gleichen manchen heute gezogenen Sorten, von denen die nachstehenden abgebildet sind: **'Ardross Gem'**, **'Blue Tit'**, **'Chelsea Girl'**, **'Grace'**, **'Huntercombe Purple'**, **'Jeannie'**, **'Joyce'**, **'Little Liz'**, **'Martin'**. Ähnlich *V. gracilis* mit sehr langer Blütezeit. Züchter J. Elliott. **'Penny Black'**. Kurzlebiges schwarzblütiges Stiefmütterchen, aus Samen echt. **'E. A. Bowles'** syn. 'Bowles Black' hat kleinere Blüten, ähnlich denen des wilden *V. tricolor*. **'Molly Sanderson'** ist eine ähnliche, aber hübschere Pflanze mit rundlichen Blüten über einem niedrigen Blätterbusch. **'Heartsease'** (*V. tricolor*-Form). Ein beeindruckender Sämling mit gefleckten Blütenblättern (siehe Seite 56).

Viola lutea in Aberdeenshire, Schottland

Viola gracilis 'Lutea'

Viola 'Arkwright's Ruby'

Viola tricolor (Wildform)

Viola 'Maggie Mott'

Viola gracilis Sibth & Sm. 'Lutea' (siehe Seite 55).

Viola lutea Hudson *Gelbes Veilchen.* Westeuropa, von Schottland und Irland bis Spanien, ostwärts bis Schweiz, auf Bergwiesen. B: 5-6 und zerstreut auch später. Mit unterirdisch kriechenden Ausläufern lockere Matten im Grase bildend. Endteil der Stengel-Nebenblätter nicht groß und gekerbt. Blüten gewöhnlich gelb, selten violett oder bunt. 1,5-2,5 cm, das untere Blütenblatt etwa 1,5 cm breit. Subsp. *sudetica (Willd.) W. Becher* hat dickere Stengel und mit etwa 2,3 cm größere Blüten. Verbreitet in den Alpen, ostwärts bis Tschechoslowakei. Diese Unterart wurde mit *V. tricolor* gekreuzt und ergab die Gartenstiefmütterchen.

Viola pedata L. *Vogelfußveilchen.* New York bis Wisconsin, südlich bis Florida und Ost-Texas. An trockenen, felsigen Ufern, in lichten Laubwäldern, auf Boden mit gutem Wasserabzug und am Rande von Gräben in sauren Sandböden. B: 4-6 und wieder Spätsommer und Herbst. Blätter tief handförmig geteilt mit schmalem Mittellappen und 2 Gruppen von 4 Randlappen. Blüten bis 4 cm, meist blaßblau-purpur *(*var. *lineariloba DC.* syn. var. *concolor Brainerd),* oft aber beeindruckend dunkelpurpur, blaßbläulich, 2farbig. var. *pedata (*syn. var. *bicolor Pursh)* eine der schönsten Arten, jedoch schwierig in Kultur. Benötigt Wärme und Feuchtigkeit im Sommer, in Boden mit gutem Wasserabzug. Empfohlen wurde Kultur in reinem Tonboden ohne Humus, und auch die gezeigten Pflanzen wuchsen auf Schieferbänken einer neugebauten Straße in voller Sonne. WH: bis –20 °C.

Viola tricolor L. In den meisten Teilen Europas und Asiens, südlich bis Mittel-Türkei und ostwärts bis Sibirien und Himalaja. An rasigen Plätzen und auf Ackerflächen. B: 4-9. Pflanzen meist 1jährig, manchmal auch ausdauernd. Nebenblätter der Blattstiele mit größerem, blattähnlichem, lanzettlichem Endteil. Blüten unterschiedlich gefärbt, oft 2farbig. Der hier gezeigte Wildtyp stammt aus Nordost-Schottland, ist staudig und im Norden Englands und Schottlands, seltener im Süden verbreitet und wächst in Weiden und ungestörtem Grasland. Bildet durch kriechende Stengel Matten. Subsp. *curtisii (E. Forster) Syme* ist ähnlich, hat aber oft gelbe Blüten und findet sich meist auf Sanddünen an den Küsten Westeuropas und des Baltikums. Andere staudige Unterarten kommen in den Bergen der Balkan-Halbinsel und in Süd- und Mitteleuropa vor. Sorten von **Viola × wittrockiana** (Seite 55), **'Arkwright's Ruby'**, **'Irish Molly'**. Blüten grünlich bronzefarben. **'Jackanapes'**, **'Maggie Mott'**. Alte Sorte vor 1910. Blüten 4 cm. **'Rebecca'**. Blüten weiß mit purpurblau, Blütenrand gewellt.

Viola 'Jackanapes'

Viola pedata var. *lineariloba* in den Blue Ridge Mountains, Virginia

Viola pedata var. *pedata* in Virginia

Viola 'Rebecca'

Viola 'Irish Molly'

Pflanzen aus Wisley, 28. April, 1/5 nat. Größe

Bergenia purpurascens

Bergenia *(Saxifragaceae).* Eine Gattung mit ca. 6 Arten, eng verwandt mit *Saxifraga.* Rhizom kriechend, dickfleischig, flächig wachsend mit großen, ledrigen Blättern; Blüte zu Frühlingsanfang. Erforderlich nährstoffreicher, feuchter Boden mit gutem Wasserabzug in Schatten oder Halbschatten. Viele Kreuzungen/Gartensorten wurden in Europa gezogen.

Bergenia ciliata (Haw.) Sternb. Afghanistan bis Südost-Tibet, in Wäldern und an schattigen Felskanten in 1800-4300 m Höhe am schmelzenden Schnee. Grundblätter groß, rundlich, herzförmig am Stielansatz, 30 cm und größer, beiderseits borstig, sommergrün, im Herbst rötlich mit ca. 15 cm langen borstigen Stengeln. Blüten 1,5-2,5 cm, bläßlich rosa. Junge Blätter und Blüten sehr durch Spätforst gefährdet. Gut geeignet für kühlen Schatten. WH: bis –20 °C.

Bergenia cordifolia (Haw.) Sternb. Sibirien, Altai-Gebirge. B: 2-3 in den Gärten Westeuropas. Blattspalten 30 × 20 cm, verkehrt eiförmig, blasig aufgetrieben mit gewelltem, nicht nach unten gebogenem Rand, im Winter grün bleibend. Blüten etwa 2,2 cm, purpur-rosa. Im 17. Jahrhundert eingeführte in Kultur verbreitete Art und große Toleranz gegenüber Kälte und Hitze. Gut wachsend an schattigen Stellen im Mittelmeer-Klima.

Bergenia crassifolia (L.) Fritsch. Sibirien, Mongolei und Nordwest-China im Altai-Gebirge, östlich bis zum Pazifik [var. *pacifica (Kom.) Nekr.* – wie abgebildet]. Eingebürgert in Teilen Österreichs und Frankreichs; an schattigen Nordseiten von Felsen und in subalpinen Wäldern. B: 3-4. Blätter 15-30 cm, elliptisch, verkehrt eiförmig mit wenigen borstenähnlichen Zähnen, im Winter rötlich. Blütenstand bis 30 cm mit hängenden Blüten. Blütenblätter 10-12 mm, leuchtend purpur-rosa. WH: bis –20 °C oder weniger.

Bergenia purpurascens (Hook. fil. & Thoms.) Engler. Verbreitet in Mittel-Nepal bis Südwest-China (Yunnan). An Felsen und auf offenen Hängen von 3600-4700 m. Blätter unbehaart, nicht gezähnt, auffallend tief purpurn im Winter. Blattspalte 3-9 cm lang. Blüten in dichten, hängenden Trauben, 1,5-2,5 cm lang, tief purpur-rosa an 30 cm hohem Blütenstand. WH: vielleicht bis –20 °C.

Berginia stracheyi (Hook. fil. & Thoms.) Engler. Afghanistan bis Nord-Indien (Uttar Pradesh), an felsigen Hängen im Hochgebirge in voller Sonne von 3300-4500 m. Verbreitet im West-Himalaja, wo sie große Flächen bedeckt und alle anderen Pflanzen, manchmal mit Ausnahme von *Codonopsis*, überwächst (S. 354). B: 6-8. Blüten rosa, hängend in lockeren Trauben, 2-2,5 cm lang. Blätter verkehrt eiförmig, 5-10 cm lang. Die Art und ihre weiße Form ’Alba‘ waren die wichtigsten Eltern der von Eric Smith gezogenen Hybriden, die er nach Komponisten benannte. Bergenien-Hybriden sind winterharte, langlebige Pflanzen, meist mit immergrünen Blättern, die sich bei manchen im Winter rot oder purpurn verfärben. Die Blüten öffnen sich zeitig im Frühjahr und werden oft durch Spätfrost geschädigt, was durch Abdeckung in gefährdeten Nächten vermieden werden kann. Alle sind WH: bis –25 °C oder weniger und erfordern kühle, geschützte Lagen in nährstoffreichem Boden. Bergenia-Sorten: **’Abendglocken‘** syn. ’Evening Bells‘. G. Arends etwa 1971. **’Admiral‘**. Züchterin R. Eskuche. **’Baby Doll‘**. Züchter zur Linden. **’Bach‘**. Züchter Eric Smith etwa 1972. **’Ballawley‘** syn. ’Delbees‘. Vor 1950 in Ballawley Park bei Dublin. B: 4-5. Blätter grün, im Winter bronzefarben. Blütenstiele leuchtend-rot. Stengel bis 60 cm. Blätter etwa 20 cm groß, weniger ledrig und immergrün als bei anderen. Nicht so reichblühend wie andere Bergenien-Sorten. **’Beethoven‘**. Züchter Eric Smith etwa 1972. **’Brahms‘**. Züchter Eric Smith etwa 1972. **’Britten‘**. Züchter Jim Archibald etwa 1977.

Bergenia × schmidtii. Eine Hybride zwischen *B. ciliata* und *B. crassifolia*, entstanden 1875. Kräftige Pflanze mit 23 cm langen und 15 cm breiten Blättern. Frühblühend und oft die erste Bergenie. Gefahr von Spätfrostschäden. Blütenstände bis 30 cm.

Bergenia 'Baby Doll'

Bergenia ciliata, gesammelt von Christopher Lloyd

Bergenia stracheyi 'Alba'

Bergenia stracheyi

Bergenia crassifolia var. *pacifica*

Bergenia 'Abendglocken'

Bergenia 'Beethoven'

Lathyrus roseus in Cambridge

Lathyrus venetus

Lathyrus aureus in den Cruickshank Botanic Gardens, Aberdeen

Lathyrus aureus

Lathyrus vernus

Lathyrus vernus 'Roseus'

Lathyrus vernus 'Cyaneus'

Astragulus lusitanicus Lam. *(Leguminoseae)* syn. *Phaca boetica L.* Mittelmeer-Gebiet, in Felsgebüsch, Kiefernwäldern und Brachland. Bis 800 m in der Türkei. B: 3-6. Mehrere aufrechte, bis 70 cm hohe Stengel. Blätter 10-18 cm lang. 10-20 Blüten in aufrechter Traube, ca. 20-25 mm groß, weiß mit schwarz oder rötlich behaartem Kelch. Pflanzen aus Spanien, Portugal und Nordwestafrika, subsp. *lusitanicus* haben oberseits kahle Blätter und oft dunkelrötliche Kelche. Pflanzen des östlichen Mittelmeer-Gebietes schwärzliche Kelche und oberseits seidig-behaarte Blätter. Bezeichnung als subsp. *orientalis* Chater und Meikle. Kultiviert seit dem 17. Jahrhundert, aber selten in Gärten anzutreffen. Für sehr trockene, sonnige Stellen. WH: vielleicht bis –15 °C.

Lathyrus aureus (Stev.) Brandza *(Leguminoseae)* syn. *Orobus aureus Steven.* Bulgarien und Rumänien bis Nord-Türkei, Kaukasus und Krim; in Wäldern und Gebüsch bis auf 2000 m. B. 5-7. Stengel 20-60 cm. Blätter ohne Ranken mit 3-6 Blättchenpaaren, unterseits mit bräunlichen Drüsen. Blüten 17-22 mm, bräunlich-orange zu 12-25 in Trauben. Samenhülsen 50-70 cm lang. Jung, dicht drüsig, behaart. *Lathyrus gmelinii* Fritsch *(syn. L. luteus L. Petermann).* Ural und Mittelasien ist ähnlich, hat gelbe 25-30 mm große Blüten und die Blätter 2-4 Blättchenpaare. 2 andere Arten in Europa haben auch gelbliche Blüten. *L. laevigatus* in Frankreich und Spanien und ostwärts bis Rußland und *L. transsilvanicus* aus den Karpaten. *L. aureus* ist aber die einzige Art mit braunen Drüsen an den Blättern. *L. aureus* ist sehr ähnlich zu *Vicia crocea (Desf.) B. Fedtsch.* aus der Türkei und dem Kaukasus, deren Blätter aber in der Knospe gefaltet und nicht eingerollt sind und ungleiche Nebenblättchen und mit 27-33 mm kürzere Hülsen besitzt.

Lathyrus nervosus Lam. Aus Feuerland (sehr selten), in Argentinien nördlich bis zum 37. Breitengrad, in Chile bis zum 46. Breitengrad und auch in Uruguay und Süd-Brasilien vorkommend; in Gebüsch. B: 12-1, d. h: auf der Nordhalbkugel 5-7. Pflanzen mit wenigen bis auf 1,5 m langen, kletternden oder kriechenden Stengeln aus büscheligem Wurzelstock. Blätter sitzend und Nebenblätter kahl, bläulich mit verdicktem Rand. Blütenstand mit 2-3 Quirlen aus 3-4 Blüten, jede etwa 18 mm groß. Für nährstoffreichen Boden in kühler Lage, Sonne oder Halbschatten mit Bewässerung im Sommer. WH: bis –10 °C. *L. magellanicus* Lam. ist sehr ähnlich, aber hat behaarte, meist schmalere Blättchen, die sich beim Trocknen schwarz verfärben und keinen verdickten Rand besitzen. Sie kommt in West-Argentinien, nördlich bis zum 40., in Chile nördlich bis zum 45. Breitengrad und in Feuerland auf Sanddünen und Kiesflächen am Strand, in Grasflächen und Gesträuch vor. B: 12-2, d. h. bei uns 5-8. Wahrscheinlich härter als *L. nervosus*. Bei guter Kultur 3 m hoch werdend.

Lathyrus roseus Stev. Krim, Kaukasus, Nord- und Ost-Türkei, Nord-Iran, in Fichten und Kiefernwäldern, in Eichen- und Haselgebüsch. B: 5-7. Stengel aufrecht bis 60 cm aus großem Wurzelstock. Blätter ohne Ranken mit einem Paar verkehrt eiförmiger, 45 mm langen und 30 mm breiten Blättchen. Nebenblättchen schmal, gleich breit wie der Stengel. Blüten 2 cm groß, 1-4 pro Stiel. Für Boden mit gutem Wasserabzug in Sonne oder Halbschatten.

Lathyrus nervosus in Sissinghurst, Kent

Lathyrus nervosus im Royal Botanic Garden, Kew

Sophora alopecuroides in Nordwest- China

Astragalus lusitanicus bei Marmaris, Türkei

Parochetus communis bei Dali, Yunnan

Lathyrus venetus (Miller) Wohlf. syn. *L. variegatus (Ten.) Gren. & Godr*. Südeuropa, von Italien und Korsika ostwärts bis Mittel-Rußland und Nord-Türkei. In Wäldern, Gebüsch und auf Grasland. B: 5-6. Pflanze horstig mit zahlreichen bis 40 cm hohen Stengeln. Blätter mit 2-4 spitzen Blättchenpaaren, 10-15 mm lange Blüten zu 10-30 in dichter Traube. Eng verwandt mit *L. vernus*, aber meist größer mit zahlreichen kleineren Blüten und spitzeren Blättchen. Problemlos in Sonne oder Halbschatten in jedem Boden. WH: bis –20 °C.

Lathyrus vernus (L.) Bernh. syn. *Orobus vernus L. Frühlingsplatterbse*. In Europa verbreitet, ausgenommen im äußersten Süden und Westen, von Frankreich ostwärts bis zum Kaukasus, Nord-Türkei und Ost-Sibirien. In Wäldern und Gesträuch, meist auf Kalk. B: 4-6. Pflanze bildet langsam sich vergrößernde Trupps. Stengel 20-40 cm. Blätter mit 2-4 ovaler, länglich-spitzer, 3,5-7 cm langer Blättchenpaaren. Blüten 15-18 mm lang, meist rötlich-purpurn, verblassend zu Blau. Auch andere Farbsorten in Kultur, z. B. 'Albus' (weiß); 'Caeruleus' (rein blau); 'Roseus' (rosa); 'Albo-roseus' (rosa und weiß), ist wahrscheinlich das gleiche wie 'Variegatus'. Eine blaublühende Form wurde unglücklicherweise auch 'Cyaneus' genannt und darf nicht mit *Lathyrus cyaneus (Stev.) C. Koch* verwechselt werden, die ich auf alpinen Wiesen im Kaukasus gesehen habe und deren Blätter nur 2 Paar schmal-lanzettliche Blättchen besitzen und die halbpfeilförmige Nebenblätter besitzt. Sie hat blaßblaue Blüten und Stengel, die unterirdisch durch die Grasflächen wachsen. Problemlos im Schatten oder Halbschatten in jedem Boden. WH: bis –20 °C.

Parochetus communis Buch.-Ham. ex. D. Don *(Leguminosae) Blauklee*. Gebirge Zentralafrikas (Kenia in etwa 3000 m), Indien, Himalaja bis Südwest-China und Südostasien; in Gräben, an schattigen Ufern, in feuchten Wäldern, auf grasigen Plätzen. Bei 100-4300 m. B: 5-11. Kriechend große Rasen bildend. Blütenstengel 7,5 cm, Blüten 1,3-2,5 cm groß, Blättchen 8-20 mm lang. Geeignet für größere Alpinenhäuser oder in sehr geschützter Lage im Freien.

Sophora alopecuroides L. *(Leguminosae)*. Asien, von Türkei (um Ankara) ostwärts bis Nord-China. In Sandwüsten und an Schutzplätzen, Wegrändern und Bewässerungskanälen. B: 4-7. Pflanze breitet sich durch kriechende Untergrundtriebe aus. Blütentriebe aufrecht 1 m und höher. Blätter silbrighaarig, Blüten 18-20 mm, weißlich in 60- bis 80blütigen Trauben. Hülsen 3- bis 10samig, zwischen den Samen stark eingeschnürt. Verbreitete Pflanze in stark überweideten Wüstenbereichen Zentralasiens, vor dem Vieh durch das starke Herzgift, das die Pflanze enthält, geschützt. Geeignet für Kultur in trockenen oder Salz-Bereichen. WH: bis –25 °C.

Spätblühende Lathyrus siehe Seiten 278/279.

Asarum caudatum im Santa Barbara Botanic Garden, Kalifornien

Asarum hartwegii in Nord-Kalifornien

Hacquetia epipactis in Sellindge, Kent

Oxalis oregana

Oxalis acetosella

Asarum caudatum Lindl. *(Aristolochiaceae)*. Westliches Nordamerika, von Kalifornien nordwärts bis British Columbia und Montana, in den Küstenbereichen, im tiefen Schatten, in Redwood- und Kiefernwäldern. B: 5-7. Weitkriechende Rhizome, lockere Rasen bildend. Blätter 2-10 cm groß, oberseits nicht geadert. Blüten unter den Blättern versteckt mit 2,5-8,5 cm langen Blütenblättern, Griffel zusammengewachsen. Für lockeren Laubboden im tiefen Schatten, als Bodendekker nützlich. WH: vielleicht bis –15 °C. Es gibt 30 Asarum-Arten in Japan. Manche mit prächtig gefleckten Blättern, die meisten für sorgfältige Schattenhallen-Kultur. *A. europaeum* hat immergrüne, breit nierenförmige, glänzend dunkelgrüne Blätter.

Asarum hartwegii S. Wats. Süd-Oregon, südlich bis Kalifornien und Tulare Co. in der Sierra Nevada, in schattigen Wäldern und Gebüsch von 700-2000 m. B: 5-6. Pflanze mit dickem, kurzem, kriechendem Rhizom. Blätter oval-herzförmig, 4-10 cm lang mit blassen Adern. Blüten, durch Blätter verdeckt, mit bräunlichen, behaarten, 2,5-6,5 cm langen Blütenblättern. Griffel fast getrennt. Für Laubboden im Schatten, Trockenheit vertragend. WH: bis –15 °C.

Aristolochia hirta L. *(Aristolochiaceae)*. West- und Südwest-Türkei und auf den Inseln Chios, Lesbos und Samos, an felsigen Stellen, in Ruinen, Weingärten und Kiefernwäldern bis 1200 m. B: 3-6. Pflanze mit verdicktem, zylindrischem Wurzelstock; Stengel 15-50 cm; Blätter 3-11 cm; Blüten mit Lippe 1,5-8 cm breit, außen und innen behaart. Eine seltsame Pflanze, Blüten wie faules Fleisch riechend und damit Fliegen anlockend. Für steinige, sommertrockene Stellen mit gutem Wasserabzug. WH: vielleicht bis –10 °C.

Hacquetia epipactis (Scop.) DC. *(Umbelliferae) Schaftdolde, Goldteller*. Ostalpen, Italien, Österreich, Polen und ostwärts bis Tschechoslowakei und Jugoslawien. In artenreichen Wäldern, meist auf Kalk, bis 1500 m Höhe. B: 3-5. Stengel 10-25 cm, meist nur 10 cm, während der Blüte wachsend, endständige Rosette grüner Stützblätter um Büschel winziger gelber Blüten. Für feuchten Boden in Schatten oder Halbschatten. WH: bis –20 °C oder darunter.

Oxalis acetosella L. *(Oxalidaceae) Sauerklee*. Europa, von Island ostwärts bis Japan und südlich bis Spanien, Italien und Griechenland und Nordameri-

Pachysandra procumbens

Aristolochia hirta in einem antiken Theater in der Südwest-Türkei

Pachysandra procumbens im zeitigen Frühjahr

Pachysandra terminalis in Blüte

fruchtend mit *Geastrum* und *Equisteum hyemale*

Pachysandra terminalis 'Variegata'

ka ostwärts bis Saskatchewan und südlich bis North Carolina. In den Bergen, in feuchten Wäldern, in Mooren und auf schattigen Felsen. B: 4-6 und nachblühend bis September. Blattstiele 5-15 cm, Blüten 10-16 mm, meist weiß, lila geadert, selten rosa. Braucht feuchten Laubboden und Schatten im Sommer. WH: bis –25 °C.

Oxalis oregana Nutt. Mittel-Kalifornien, nördlich bis Washington, in Redwood-Wäldern. B: 4-9. Blattstiele 5-17 cm mit rostfarbenen Haaren. Blüten 8-20 mm, weiß oder rosa purpurn geadert mit blasserer Mitte oder in f. *smalliana (Knuth) Munz*, 2-2,5 cm groß, dunkel-purpurrosa. Problemlos in feuchtem Laubboden im Schatten. WH: bis –15 °C.

Pachysandra procumbens Michx. *(Buxaceae)*. östliches Nordamerika, von West-Virginia bis Kentucky, Florida und Louisiana in Laubwäldern. B: 4-5. Bildet Horste oder Matten von kriechenden, aufrecht wachsenden, behaarten, bis 30 cm hohen Stengeln. Blätter immergrün, eiförmig oval oder verkehrt eiförmig, 5-10 cm lang, ungezähnt oder etwas schwach gezähnt. In sehr kalten Wintern Blattschäden. Blüten in den Achseln der unteren schuppenähnlichen Blätter. Männliche Blüten im oberen Teil der Ähre mit auffallenden Staubblättern und Staubbeuteln. Wenige weibliche Blüten unterhalb der männlichen mit hervorstehenden, gebogenen Griffeln. WH: bis –25 °C.

Pachysandra terminalis Sieb. & Zucc. *Ysander*. Auf allen japanischen Inseln und in China, westlich bis Hubei und Ost-Sichuan. In feuchten Wäldern, in Tälern und niedrigen Gebirgen bis 2000 m Höhe. B: 4-5, fruchtend 9-10. Als Bodendecker verbreitet. Pflanze bildet durch Ausläufer einen Teppich 20 (bis 30) cm hoher Triebe. Blätter 5-10 cm lang, immergrün, ledrig. Männliche und weibliche Blüten an getrennten Teilen der gleichen Pflanze; die männlichen oben, die weiblichen unten. Frucht bei Reife weiß, 1,5 cm lang, in Kultur selten oder nie(?) zu finden. 'Variegata' hat weißgerandete Blätter. Problemlos in lockerer Lauberde, verträgt trockenen Schatten. WH: bis –25 °C.

Pflanzen aus Wisley, 1. Mai, 2/5 nat. Größe

Vinca herbacea im Royal Botanic Garden, Kew

Vinca minor 'Argenteo-variegata'

Amsonia orientalis Decne. syn. *Rhazya orientalis (Decne.) DC. (Apocynaceae).* Nordost-Griechenland und Nordwest-Türkei und dort fast ausgestorben. Auf grasigen, winterfeuchten Plätzen. B: 5-6. Vielstengelige, bis 60 cm hohe Pflanze aus kräftigem, holzigem Wurzelstock. Blätter 3-7 cm lang; Blüten außen kahl, 1,2 cm groß. Problemlos in gutem Gartenboden. WH: bis – 20 °C. Die Art ist normalerweise als *Rhazya* bekannt, ist aber dem amerikanischen *A. tabernaemontana* var. *salicifolia (q.v.)* so ähnlich, daß sie als eine Art betrachtet würden, wenn sie im gleichen Lande vorkommen würden.

Amsonia tabernaemontana Walter. Östliches Nordamerika, von New Jersey bis Florida, westlich bis Illinois, Kentucky, Missouri und Texas. Feuchte, grasige Plätze. B: 4-7. Vielstengelige, bis 50 cm hohe Pflanze aus kräftigem Wurzelstock. Blätter variabel, oval bis lanzettlich, 5-10 cm lang. Blüte 1,2-1,8 cm groß mit außen behaarter Kronröhre. WH: bis –20 °C oder tiefer. Leicht wachsend in gutem, feuchtem Boden. In Europa seltener in Kultur als *A. orientalis.*

Vinca difformis Pourret. Südwesteuropa, von Spanien bis Portugal und den Azoren bis Mittel-Italien und Nordafrika. An schattigen Ufern und Wasserrand-begleitend in Wäldern. B: 3-4. Pflanze bildet mit immergrünen Stengeln und Blättern über 1 m hohe und breite Büsche. Blätter 2,5-7 cm, oval bis lanzettlich, meist schmal-lanzettlich, kahl oder fein-behaart. Blütentriebe bis 30 cm, Blüten 3-7 cm groß, blaßblau bis fast weiß. Toleriert Sonne oder trockenen Schatten. Wahrscheinlich nicht sehr hart, ausgenommen in Süd-England, und benötigt Frostschutz unter –10 °C.

Vinca erecta Regel & Schmalh. Mittelasien im Tien-Shan- und Pamir-Gebirge. In lockerem Kalksteingeröll bei 1500-2000 m. B: 4-5. Pflanze mit vielen, aufrechten, sommergrünen, bis 30 cm hohen, nach der Blüte noch wachsenden Stengeln. Blüten etwa 2,5 cm, blaßblau oder weiß. Für sorgfältige Betreuung in sommertrockenem Boden mit gutem Wasserabzug, in voller Sonne. WH: bis –15 °C.

Vinca herbacea Waldst. & Kit. Mitteleuropa bis Griechenland, bis West-Rußland, Kaukasus, Nord-Iran, Türkei, West-Syrien und Nord-Irak. Lichte Wälder, Gebüsch, felsige Hänge, Geröll, meist auf Kalk. Bis 2000 m in der Türkei. B: 3-5. Pflanze mit sommergrünen, bis 60 cm hohen Stengeln. Blütentriebe bis 20 cm aufrecht. Blätter bis 5 cm lang, Blüten blaßblau bis purpurn, 2,5-4,5 cm groß. Eine der härtesten Arten bis –20 °C. Für trockenen Boden mit gutem Wasserabzug in Sonne oder Halbschatten.

Vinca major L. *Großes Immergrün.* Nördliches Mittelmeer-Gebiet, von Südwest-Frankreich bis Italien und Jugoslawien, aber in vielen Teilen Europas eingebürgert. B: 2-4. Triebe rankend 2 m oder länger und bei Bodenauflage wurzelnd. Blätter 2,5 -9 cm, meist oval, immergrün. Blütensten-

Vinca difformis

Vinca difformis bei Malaga, Spanien

Vinca erecta bei Ferghana, Zentralasien

Vinca major f. *alba*

Vinca major subsp. *hirsuta*

Vinca major var. *oxyloba* in den Royal Botanic Gardens, Kew

gel aufrecht bis 30 cm. Blüten 3-5 cm, bläulichpurpurn. *Vinca major* f. *alba* hat weiße Blüten. Var. *oxyloba Stearn* hat schmalere Blätter und schmalere violette Blütenblattlappen, jedoch kahle oder fast kahle junge Triebe. *Subsp. hirsuta (Boiss.) Stearn* stammt aus dem Süd-Kaukasus und Georgien und von der türkischen Schwarzmeerküste. Verbreitet in Gehölzen bis 200 m Höhenlage. B: 3-5. Stiele und junge Triebe behaart und bis 1 mm lange Haare auf den Kelchzipfeln. Blüten violett, bis 4,5 cm mit schmalen Lappen.

Vinca minor L. *Immergrün.* Südwest- und Mitteleuropa, ostwärts bis zur Krim und dem Kaukasus. In Wäldern oder an felsigen Hängen. B: 2-6. Wahrscheinlich auf den Britischen Inseln, in Skandinavien und in der Türkei nicht heimisch, aber seit langem gezogen und verwildert. Kriechende und wurzelnde Stengel bilden Teppiche. Blätter 1,5-4,5 cm, immergrün. Blütenstengel 20 cm, Blüten 2,5-3 cm. Problemlos in Sonne oder Halbschatten, in Laubwäldern. WH: bis –20 °C im Schatten oder mit Schneedecke. Es gibt viele Sorten, die sich in Blütenfarbe, Blütenfüllung und Blattpanaschierung unterscheiden. **'Albo-variegata'** hat weiße Blüten und goldgefleckte Blätter. **'Argenteo-variegata'** hat silbergerandete Blätter. **'Atropurpurea'** kräftig purpur-rötliche Blüten und **'Flore Pleno'** mit gefüllten, purpur-blauen Blüten haben beide grüne Blätter.

Amsonia tabernaemontana

Amsonia orientalis

Phlox maculata 'Alpha'

Phlox pulchra 'Bill Baker' bei Tidmarsh, Berks

Phlox 'Chattahoochee'

Phlox maculata 'Omega'

Phlox 'Chattahoochee'. Auffallender Klon von Wherry als Form von *P. divaricata* subsp. *laphamii* oder als dessen Hybride mit *P. pilosa* betrachtet. Von Frau J. Norman Henry im Chattahoochee-Tal in Nord-Florida gesammelt. Wächst buschig mit 20 cm langen Stengeln. Blätter behaart und bewimpert mit lanzettlichen oder linearen Spreiten, sitzend und schmaler bei *laphamii*. Besitzt keine kriechenden, wurzelnden Seitentriebe. *P.* 'Charles Ricardo' ist ähnlich, hat aber ein weißes, kein rotes Auge.

Phlox divaricata L. syn. *P. canadensis Sweet*. Quebec bis Ontario, südlich bis Illinois, Arkansas und South Georgia, allgemein östlich einer Linie von Chicago bis New Orleans. Subsp. *laphamii* westlich dieser Linie von South Dakota und Colorado bis Louisiana und Ost-Texas. Beide auf feuchten, bewaldeten Hügeln und in Auwäldern bis 1000 m. Subsp. *divaricata* auf sauren oder neutralen Böden. Subsp. *laphamii* auf Kalkboden trockenerer Flächen. Durch kriechende, an den Nodien wurzelnde Schosse ausbreitend. Blütentriebe 25-45 cm, Blätter an nichtblühenden Trieben breit-elliptisch, an Blütentrieben lanzettlich bis oval, 5 × 2,5 cm. Blüten 2-3 cm groß, Blütenblätter meist gekerbt in subsp. *divaricata* blaßblau, lila bis fast weiß, oft mit blasserem Auge; rundlich in subsp. *laphamii* mit intensiver gefärbten, oft bläulichen Blüten. 'Dirigo Ice' ist eine Sorte mit großen, schwach gekerbten Blütenblättern.

Phlox maculata L. *Wiesenphlox*. Nordamerika von Quebec und Vermont, westlich bis Minnesota, südlich bis Missouri, Tennessee und North Carolina. In Wiesen, Sümpfen und Wäldern an Flüssen. B: 5-6. Mehrere oft rot gefleckte oder gestreifte Stengel bis 125 cm hoch aus flachem Wurzelstock. Die dunkelgrün glänzenden Blätter sind unten linear und oben lanzettlich, die größten 6-13 cm lang und 10-25 mm breit. Blüten in einem verlängerten runden Blütenstand, 18-25 mm groß. Problemlos in normalem, feuchtem Staudenbeet und auch im Sumpfbereich. WH: bis –20 °C und darunter. Hier gezeigt sind 'Alpha' mauve und 'Omega' weiß mit blaßrosa Auge. 'Miss Lingard' reinweiß, oft als *P. suffruticosa* angeboten und 'Rosalinde' rosa. Diese Sorten sind gut für warme Sommer, da sie nicht von Mehltau befallen werden.

Phlox ovata L. *Bergphlox*. Südost-Pennsylvania, südlich bis North Carolina und Indiana, in lichten Wäldern, auf feuchten Wiesen und felsigen Hängen. B: 5-7. Stengel 25-30 cm von kriechendem Wurzelstock. Die unteren Blätter oval bis elliptisch mit Stiel. Blüten 16-30 mm mit blassem Auge. Für Laubboden in Halbschatten. WH: bis –25 °C.

Phlox paniculata L. *Großer Staudenphlox*. Nordamerika, von New Jersey südlich bis North Carolina, westlich bis Ohio und südlich bis Louisiana, in lichten Wäldern, Gebüsch, entlang Flüssen und an Berghängen, oft auf Kalk. B: 6-9. Mit kurzem, dickem Rhizom und zahlreichen bis 2 m hohen Stengeln. Untere Blätter gegenständig, obere halbgegenständig. Blüten 1,5-2,5 cm, matt bis leuchtend purpur, rosa oder selten weiß. Mit schmalen oder runden, manchmal ausgerandeten Blütenblättern. WH: bis –20 °C oder darunter. Am besten für nährstoffreiche feuchte Böden mit ausreichend Feuchtigkeit im Sommer. Hier 3 wildartähnliche Sorten. Großblumige, Gartensorten siehe Seiten 308/309.

Phlox pilosa L. Ontario bis Iowa, südlich bis Texas und Florida. Im Grasland und Gesträuch auf ziemlich trockenen Böden. B: 4-6. Blütentriebe 30-60 cm, behaart mit unten schmalen, oben lanzettlichen, 8 cm langen und 6 mm breiten Blättern.

Phlox ovata in Wisley

Phlox divaricata in einem Garten in Texas

Phlox stolonifera 'Blue Ridge'

Phlox pilosa in Coldham, Kent

Phlox divaricata 'Dirigo Ice'

Blüten purpurn, rosa oder weiß, 2,2 cm groß, duftend. Für volle Sonne und Boden mit gutem Wasserabzug, für Ränder von Sommerblumenbeeten.

Phlox pulchra Wherry syn. *P. ovata* var. *pulchra Wherry*. Nordwest-Alabama und auf einer kleinen Fläche westlich Birmingham, auf Kahlschlägen und an Waldrändern. B: 4-5. Stengel 25-50 cm; Blätter an nichtblühenden Trieben schmal oval. An Blütentrieben Grundblätter kurzstengelig, obere sitzend. Blüten blaß-purpur bis rosa, 2,5 cm groß, sehr ähnlich *P. ovata*, von dem er sich durch seine gestielten Grundblätter der Blütentriebe, leuchtender gefärbten Blüten und deutlich gestielten Blättern der nichtblühenden Triebe unterscheidet. Der hier gezeigte Klon wurde von Bill Baker in England eingeführt und verbreitet. Für lichte Stellen, in Gehölzen oder Halbschatten. Nichtblühende, kriechende Triebe dürfen nicht überwuchert werden. WH: bis –20 °C.

Phlox stolonifera Sims. syn. *P. reptans Michx*. Pennsylvanien bis Georgia und Kentucky, hauptsächlich in den Appalachen, in Laubwäldern. B: 4-6. Bildet mit kriechenden, nichtblühenden Trieben, die in einer Rosette spatelförmiger Blätter enden, ganze Teppiche. Blütenstengel 15-25 cm, Blüten etwa 3 cm groß, duftend mit nicht gekerbten Blütenblättern. 'Blue Ridge', gute blaßblaue Sorte wahrscheinlich aus Virginia. 'Pink Ridge', rosablütig. Problemlos im Halbschatten, sehr schöne Bodendecke unter Laubbäumen für leicht sauren Laubboden mit gutem Wasserabzug. WH: bis –20 °C oder weniger.

Phlox paniculata (ähnlich der Wildform) in Wallington, Northumberland

Phlox paniculata (weiße Form)

Phlox paniculata (rosa Form)

Pulmonaria angustifolia (links), *P. longifolia* 'Bertram Anderson' (rechts)

Pulmonaria longifolia 'Bertram Anderson'

Pulmonaria angustifolia

Pulmonaria officinalis

Pulmonaria longifolia, wild bei Exbury, Hampshire

Nonea intermedia Ledeb. *(Boraginaceae)*. Kaukasus und äußerster Nordosten der Türkei, in alpinen Wiesen bei ca. 2000 m. B: 6-7. Pflanze bildet kleinere Horste ohne kriechendes Rhizom. Stengel 30-45 cm. Blätter länglich, lanzettlich, spitz auslaufend, weich behaart. Blüten ca. 12 mm lang, 6-8 mm breit mit Schuppen und Haaren im Blütenschlund. Für feuchten Torfboden in Sonne oder Halbschatten. WH: bis etwa –20 °C. Mehrere Arten von *Nonea* sind im allgemeinen Aussehen sehr ähnlich *Pulmonaria*, unterscheiden sich aber durch das Fehlen eines kriechenden Rhizoms und wegen der 5 haarigen Schuppen im Blütenschlund. *Nonea lutea* (Desr.) DC. ist eine auffallende, *Pulmonaria*-ähnliche, gelbblühende, einjährige Pflanze. *N. macrosperma* Boiss. & Held., eine Staude aus der Türkei, hat ebenfalls gelbe Blüten, *N. pulla* (L.) DC. aus Mitteleuropa, schwärzliche Blüten.

Pulmonaria *(Boraginaceae) Lungenkraut.* Sie sind gute Gartenpflanzen für feuchte Stellen, zwischen Gehölzen oder am Wegrand, im Halbschatten, für Gehölzbereiche oder grasbewachsene Hänge, besonders unter Bäumen. Die Blüten erscheinen im Frühling und dauern bis zum Frühsommer an. Ihnen folgen dichte Horste kräftiger Blätter mit unterschiedlicher Behaarung und oft schöner silberner Sprenkelung. In der Natur haben die Blüten entweder lange oder kurze Griffel wie bei den Primeln. In den Gärten kreuzen sich die Arten problemlos. Viele sind schöne, langlebige Stauden, die sich leicht vermehren lassen und Sortennamen erhielten. Bei diesen vegetativ vermehrten Sorten müßte die Griffellänge als Erkennungsmerkmal gleich sein, und sie ist deshalb, wenn bekannt, mit angegeben. Die meisten der etwa 15 Arten sind Gebirgspflanzen Osteuropas. Sie unterscheiden sich in der Behaarung wie auch in Blattform, Fleckung und Blütenfarbe. Arttypisch ist auch die Behaarung in der Blütenröhre.

Pulmonaria angustifolia L. syn. *P. azurea* Besser. Frankreich und Deutschland bis Schweden und Baltikum, südlich bis Italien und die nordöstlichen Steppen; in Gebüsch und auf Wiesen, meist in Gebirge bis auf 2000 m. B: 3-5. Bildet mit kriechendem Rhizom Teppiche. Stengel bis 30, meist 20 cm. Blätter ungefleckt mit gleichen Borstenhaaren, ohne Drüsen. Blütenstand während des Verblühens lockerer werdend. Blüten leuchtend blau; Blütenröhre glatt, innen unten mit Haarring. WH: bis –20 °C.

Pulmonaria longifolia (Bast.) Boreau. Westeuropa, von Spanien und Portugal bis West-Frankreich und Süd-England um den New Forest und auf der Isle of Wight; in Wäldern und Hecken, an grasigen Ufern. B: 2-5. Horst bildend, Blätter meist gefleckt, lanzettlich oder schmal-lanzettlich bis 50 × 6 cm mit mehr oder weniger gleich großen Borstenhaaren und wenigen Drüsen. Stengel bis 20 cm, Blütenstand bleibt während der Blütezeit geschlossen. Blüten meist blau, Blütenröhre kahl, unten mit Haarring. Abgebildet ist die Wildform, die in Exbury Garden, in Hecken und nahegelegenen Straßenrändern wild wächst und eine beeindruckende große Form mit längeren schmaleren Blättern als die englische Wildart ist. Sie geht unter 'Bertram Anderson' zu Ehren E. B. Andersons, einem erfolgreichen Kultivateur von alpinen Pflanzen, Blumenzwiebeln und Stauden in England. WH: vielleicht bis –15 °C.

Pulmonaria officinalis L. Holland und Süd-Schweden, südwärts bis Norditalien und Bulgarien und östlich bis Rumänien. An manchen Stellen Englands verwildert. In Wäldern und Hecken. B: 3-5. Mit kurzem, kriechendem Rhizom kleine Horste bildend. Blätter gefleckt mit Blattspreite 16 × 10 cm, nicht in den Stiel auslaufend. Mit abgegrenzten Flecken und einheitlichen Borstenhaaren und einigen Drüsenhaaren. Blüten öffnen sich rötlich und verblühen bläulich. Innen kahl mit Haarring am Grunde. Blütenstand wird beim Verblühen lockerer. WH: bis –20 °C.

Pulmonaria rubra Schott. Ungarische Karpaten, südlich bis Albanien und Bulgarien. In nährstoffreichen, subalpinen, feuchten Buchen- und Kiefernwäldern, meist auf Kalk, von 300-1600 m. B: 3-5, horstig wachsend. Blütenstengel bis 30 cm, Sommerblätter meist ungefleckt, Blätter plötzlich in den Stiel verschmälert, Spreite 15 × 7 cm mit langen und kurzen Borsten- und Drüsenhaaren. Blüten rot, Röhre behaart, innen unten mit Haarring.

Pulmonaria saccharata Mill. Südost-Frankreich sowie Nord- und Mittel-Italien in den Apenninen. In Wäldern und Gehölzen. B: 4-5. Horstig wachsend ohne ausbreitendes Rhizom. Blütentrieb bis 30 cm mit relativ breiten Stengelblättern. Sommerblätter 27 × 10 cm, allmählich in den Stiel verschmälernd, oft stark gefleckt mit oft mehr oder weniger dicht stehenden, ungleich langen, ziemlich feinen, kurzen Haaren, langen Borsten- und Drüsenhaaren. Blüten purpurn bis bläulich-purpurn, innen behaart mit unterem Haarring. WH: vielleicht bis –15 °C oder darunter.

Pulmonaria rubra in Savill Gardens, Windsor

Pulmonaria saccharata von S-Frankreich

Nonea intermedia im N-Kaukasus

Pflanzen von Wisley, 10. April, 2/3 nat. Größe

Pulmonaria officinalis 'Alba'

Pulmonaria 'Blaues Meer'

Pulmonaria 'Boughton Blue'

Pulmonaria 'Frühlingshimmel'

Pulmonaria vallarsae 'Margery Fish'

71/6 *Pulmonaria* 'Highdown'

Pulmonaria-Sorten *(Boraginaceae).* Manche sind wahrscheinlich ausgelesene Formen der Art, die meisten jedoch Hybriden unbekannter Kreuzungen. Weitere Hybriden können dort auftauchen, wo mehr als eine Art im Garten gezogen wird. Schmalblättrige Pflanzen mit starker Fleckung sind wahrscheinlich *P. longifolia* × *P. saccharata,* und eine fast weißblättrige Sorte ist wahrscheinlich *P. longifolia* × *P. vallarsae.* Die folgenden Sorten sind abgebildet: **'Azurea'**: Auslese aus *P. angustifolia* (kurzer Griffel), siehe Seite 69. **'Blaues Meer'**: Wahrscheinlich Auslese aus *P. visianii* von den Ost-Alpen oder Hybride mit *P. angustifolia* (kurzer Griffel). **'Boughton Blue'**: Wahrscheinlich Hybride zwischen *P. officinalis* und *P. saccharata* (kurzer Griffel). **'Bowles' Red'**: Auslese aus *P. rubra.* Leicht geflecktes Blatt (kurzer Griffel). **'Coral'**: Rosablühende Auslese wahrscheinlich von *P. officinalis.* Die Blütenröhre ist meist etwas deformiert und gespalten, jedoch sehr ansehnlich (langer Griffel). **'Frühlingshimmel'**: syn. 'Spring Beauty'. Blüten blaßblau, wahrscheinlich *P. officinalis* × *P. saccharata* (langer Griffel). **'Highdown'**: Wahrscheinlich *P. officinalis* × *P. saccharata* (kurzer Griffel). Gute, robuste Sorte. **'Leopard'**: Wahrscheinlich *P. saccharata* oder Hybride. Blätter gut gefleckt, Blüten rot (langer Griffel). **'Margery Fish'**: Wahrscheinlich Auslese von *P. vallarsae.* **'Mawson's Variety'**: Auslese von *P. angustifolia.* **'Redstart'**: Auslese von *P. rubra* (siehe Seite 69). Blätter nicht gefleckt (langer Griffel). **'Sissinghurst White'**: Weiße Auslese von *P. officinalis*, kleiner und zierlicher als 'Alba'.

Pulmonaria mollis Wulfen ex Hornem. Südost- und Mitteleuropa, von Deutschland und Polen bis Italien, Jugoslawien, Griechenland, Rußland und Sibirien. An Flüssen, in Wäldern und Gehölzen bis 1600 m. B: 4-5. Horst bildend mit Blütenstengeln bis 30 cm. Sommerblätter 60 × 12 cm, nicht gefleckt mit dichten, weichen, kurzen Haaren und verstreuten, schlanken, ungleich langen Borsten- und Drüsenhaaren. Blüten bläulich-purpurn, unter dem Haarring stark behaart. Leicht zu erkennen an den sehr weichen, ungefleckten Sommerblättern. *P. vallarsae* aus Italien ist auch weichhaarig, aber mit kürzeren Haaren und starker Fleckung, manchmal fast weißen Blättern.

Pulmonaria officinalis siehe Seite 69.

Pulmonaria vallarsae A. Kerner. Italien in Süd-Tirol und den Apenninen, im Ufergebüsch zwischen Felsen und Kies von 650-1500 m. B: 3-5, horstig wachsend. Sommerblätter stark gefleckt oder ganz weiß. Blattspreite bis 20 × 10 cm mit gewelltem Rand und sehr dichten, kurzen, feinen Haaren, einigen langen Borsten- und Drüsenhaaren. Blütenstengel bis 45 cm, dicht drüsig klebrig, Blüten rötlich, purpur verfärbend. Röhre unter dem Haarring innen behaart. 'Margery Fish' mit rein silbernen Blättern gehört wahrscheinlich zu dieser Art.

Mertensia ciliata mit Blättern von *Veratrum*

Mertensia simplicissima am Sandstrand in Nord-Hokkaido, Japan

Mertensia virginica

Brunnera macrophylla (Adams) Johnston syn. *Anchusa myosotidiflora* Lehm. *Kaukasusvergißmeinnicht (Boraginaceae).* Kaukasus, Georgien und Nordost-Türkei, in Fichtenwäldern und an grasigen Hängen von 500-2000 m in der Türkei. B: 3-5. Mehrere bis 50 cm hohe, während der Blütezeit sich verlängernde Stengel aus kräftigem Wurzelstock. Blätter langstengelig bis 20 cm Spreite, oval-herzförmig, 5-14 cm lang. Blüten 3,5-7 mm. *P. orientalis* (Schenk.) Johnston. Zentral-Türkei bis Libanon, Nord-Irak und Nord-Iran, ist drüsig mit oval-lanzettlichen oder elliptischen Blättern, die allmählich in einen kurzen Stiel übergehen. Auf feuchten, schattigen Hängen, in Kiefern-, Tannen- und Eichenwald. B: 4-7. Die 3. Art der Gattung ist *B. siberica* Stev. 'Hadspen Cream' ist eine Form von *P. macrophylla* mit unregelmäßigem, cremefarbenen Blattrand. Züchter Eric Smith etwa 1960. 'Variegata' hat breite, blassere Ränder. 'Langtrees' (nicht abgebildet) hat silberfleckige Blätter. WH: bis –15 °C.

Caccinia macranthera (Banks & Sol.) Brand var. *crassifolia* (Vent.) Brand *(Boraginaceae).* Ost-Türkei, Nord-Irak und Iran, ostwärts bis Pakistan und Pamir-Gebirge, an Hängen trockener Hügel und auf Brachland bis 1900 m in der Türkei. B: 4-7. Mehrere bis 50 cm hohe Triebe. Blätter fleischig bis 10 cm. Blüten blau, Röhre 8-15 mm, Kronblätter 6-9 mm. Für volle Sonne, in trockenen Böden mit gutem Wasserabzug. Wächst gut im Botanischen Garten Edinburgh im Trockenbeet. WH: bis –20 °C.

Mertensia ciliata (James) G. Don *(Boraginaceae).* Zentral-Oregon, ostwärts bis Mittel-Idaho und West-Montana, West-Colorado und Nord-New Mexico. An Wasserläufen, in feuchten Wiesen und Gehölzen. B: 5-8. Kurzes, kriechendes Rhizom mit dichtem Horst beblätterter Stengel. Blüten mit 5lappigem Kelch, 1,3-2 cm lang und schmaler als bei *M. virginiana*. Für feuchten Torfboden in voller Sonne oder leichtem Schatten. WH: bis –20 °C oder darunter. Var. *stomatechoides* (Vell.) Jeps. ist eine Varietät feuchter Stellen in Nadelwäldern der Sierra Nevada in Kalifornien von Tulare Co. nordwärts bis Oregon und Nevada, in 1500-3000 m. Blütenröhre 6-8 mm. Die ausgebreitete Lippe 4-10 mm lang.

Mertensia simplicissima G. Don syn. *M. asiatica* (Takeda) Macbr. Japan in Nord-Honshu und Hokkaido, nordwärts zu den Kurilen, Korea, Sachalin und den Aleuten, an Sandstränden. B: 5-9. Blütenstengel niederliegend, bis 1 m aus einer Rosette

Pentaglottis sempervirens

Caccinea macranthera

Brunnera macrophylla 'Hadspen Cream'

Brunnera macrophylla

Brunnera macrophylla 'Variegata'

Trachystemon orientalis in Wisley

blaugrüner, 3-8 cm langer Blätter. Blüten 8-12 mm lang. Die engverwandte *M. maritima* (L.) S. F. Gray findet man in Nordeuropa und Nordost-Amerika südwärts bis Massachusetts meist an Kiesstränden. In Großbritannien selten geworden, aber dennoch an einigen Stellen der schottischen und nordirischen Küste zu finden. WH: bis –20 °C oder darunter.

Mertensia virginica (L.) DC. Virginia Cowslip, Blue Bells. Süd-Ontario bis New Jersey und South Carolina, Minnesota, Nebraska und Kansas, in feuchten Wiesen und entlang Wasserläufen. B: 3-5. Pflanze mit dicker fleischiger Wurzel. Stengel 30-60 cm. Weiche, fleischige Blätter bis 15 cm. Blüten ca. 2,5 cm lang mit schmaler Röhre und ausgebreiteter Lippe. Die Pflanze stirbt direkt nach der Blüte ab und ruht bis Hochsommer. Für feuchten Torfboden in Halbschatten oder Sonne. Wächst gut in Savill Gardens in Windsor und ist in europäischen Gärten nicht so verbreitet wie in ihrer Nutzung als schöne Pflanze für Naturgärten in Nordamerika.

Pentaglottis sempervirens (L.) Tausch syn. *Anchusa sempervirens* L. *(Boraginaceae).* Südwest-Europa, von Mittel-Portugal bis Südwest-Frankreich und eingebürgert in England, Irland, Belgien und Italien. Feuchte schattige Stellen, Wegränder und Hecken in Seenähe. B: 4-6. Borstig behaarte Pflanze mit sehr tief gehender Pfahlwurzel und verzweigtem Stamm bis 1 m. Grundblätter in Rosette 10-40 cm, eiförmig bis länglich. Blüten 8-10 mm breit, blau. Kann bei Selbstaussaat lästig werden, wobei auch die tiefgehende Wurzel meist abbricht und wieder austreibt, so daß eingewachsene Pflanzen schwer dauerhaft zu entfernen sind. WH: bis –10 °C oder darunter.

Trachystemon orientalis (L.) G. Don syn. *Borago orientalis* L. *(Boraginaceae) Rauhling.* Ost-Bulgarien, Nord-Türkei und West-Kaukasus, in nassen Buchenwäldern, an schattigen Flußufern und feuchten Felsen bis 1000 m. B: 3-5. Rhizom kriechend. Blütenstiele vor den Blättern austreibend und sich während der Blüte auf 30-40 cm verlängernd. Blätter oval-herzförmig mit 10-25 cm langem Stiel und 20 × 80 cm oval-herzförmiger, spitz zulaufender Blattspreite. Blüten mit 4-6 mm langen, rückwärts gedrehten Kronblättern. Problemlos im feuchten Schatten und an vielen Stellen Englands eingebürgert. Geschätzt wegen der frühen Blüte und geringem Pflegebedürfnis. WH: bis –15 °C, vielleicht darunter.

Pflanzen vom Eccleston Square, London, 12. April, 1/3 nat. Größe

Lamium galeobdolon 'Herman's Pride'

Ajuga genevensis L. *(Labiatae) Heidegünsel.* Europa, von Süd-Schweden bis Frankreich, ostwärts bis Rußland, Türkei und Kaukasus. Gebüsch, feuchte Wiesen und Steppenflächen, meist auf Kalk. B: 5-7. Pflanze mit unterirdischen, kriechenden Ausläufern. Stengel 6-30 cm, weiß-behaart. Blätter verkehrt eiförmig mit langem Stiel, Blüten leuchtend blau. Der engverwandte *A. orientalis* L. aus Südeuropa und Südwestasien unterscheidet sich durch die stärker wolligen Stengel, kürzere Stützblätter und durch Staubblätter, die nicht aus der Blütenkrone hervorragen, die wiederum um 180° gedreht sein soll. WH: bis –20 °C.

Ajuga reptans L. *Kriechender Günsel.* In den meisten Teilen Europas, ausgenommen Nord-Skandinavien sowie in Rußland und von Nordafrika ostwärts bis zum Kaukasus, Türkei und Iran. In Wäldern, Wiesen und lichten Gebüschen. B: 4-6. Blütenstengel 10-30 cm. Tragblätter oval, obere blau überlaufen und die oberen kürzer als die Blüten. Blüten tief blau, selten rosa oder weiß, 14-17 mm lang. Pflanze im Sommer mit bis zu 15 cm langen Ausläufern. Sorten mit unterschiedlichen Blattformen und Panaschierungen wurden ausgelesen und werden häufig im trockenen Schatten, wo sie löffelblättrige Rosetten bilden, als Bodendecker gezogen. **'Atropurpurea'** syn. 'Purpurea' hat dunkelpurpurne Blätter mit glänzender Oberfläche. **'Multicolor'** syn. 'Tricolor' bzw. 'Rainbow' hat weiß und rosa panaschierte Blätter. **'Jungle Beauty'** hat besonders große grüne Blätter (nicht abgebildet).

Lamium album L. *(Labiatae) Weiße Taubnessel.* Europa und Asien, von der Türkei ostwärts, selten im Mittelmeer-Raum. In Hecken, Schuttplätzen, Wäldern, steinigen Hängen, an Flußläufen und oft als Gartenunkraut. B: 4-8. Pflanze mit kriechenden Ausläufern und aufrechten bis 60 cm hohen Blütentrieben. Blüten weiß, 20-27 mm lang zu 8-10 in Quirlen. Weniger für formale Gartenteile, jedoch gut für grasige Gehölzrandstellen, z. B. mit Vergißmeinnicht, Primeln und anderen Wildstauden. WH: bis –25 °C oder darunter. Ausgelesene Typen mit goldgelbfarbenen neuen Trieben sind 'Friday' und 'Pale Peril'.

Lamium galeobdolon (L.) L. syn. *Galeobdolon luteum* Hudson, *Lamiastrum galeobdolon* (L.) Ehrend & Polatscheck *Goldnessel.* In Europa, von Irland ostwärts bis Rußland, Spanien, Nord-Türkei und Kaukasus. Wälder, Hecken, auf Grasstellen, in Sümpfen und an feuchten, felsigen Hängen. B: 4-6. 3 Unterarten in Europa. Subsp. *luteum* am verbreitetsten in Nord- und Osteuropa. Blätter und Stützblätter meist mit stumpfen Zähnen, ein- bis zweimal so lang wie breit, diploid. Subsp. *montanum* (Pers.) Hayek hat Blätter mit scharfen, spitzen Zähnen und die oberen Stützblätter 1,8-3,5mal so lang wie breit; 9-15 (bis 2,5 cm lange) Blüten im Quirl. Am verbreitetsten in Südeuropa und meist auch in England und Irland; tetraploid. Die 3. Unterart *flavidum* (F. Hermann) ist diploid und meist verbreitet in den Mittleren und Ost-Alpen, den Apenninen und Nord-Jugoslawien. Sie hat scharf gesägte oder doppelt gesägte Blätter und mehr als 10 kleine Blüten im Quirl. Sie kommt meist im subalpinen Bereich in Geröll oder an Felshängen vor. Zur subsp. *argentatum* (Smejkal) gehört die verbreitet kultivierte und sehr wuchernde 'Variegatum'. Sie ist in Osteuropa heimisch und heute weithin eingebürgert. **'Silberteppich'** syn. 'Silver Carpet': Sorte mit fast ganz silbernen Blättern, Blüten gelb, viel weniger wuchernd als 'Variegatum' und oft durch Schneckenfraß geschädigt. Es ist eine Sorte der subsp. *flavidum*, die G. Pagels in Jugoslawien fand. **'Herman's Pride'**, eine kräftigere Sorte mit schöneren silbernen Blättern, wird nicht von der Purpur-Fleckenkrankheit befallen wie 'Silberteppich'. In deutschen Gärten verbreitet 'Florentinum' mit silbrigen, grüngerandeten und im Winter an den Adern rotgefleckten Blättern (nicht abgebildet).

Lamium garganicum L. subsp. *laevigatum* Arcangeli syn. *L. longiflorum* Tenori. Sehr variable Art Europas, von Südfrankreich und Nordwestafrika ostwärts bis Rumänien, Türkei und Nordwest-Iran. An Felsen, auf Geröll, schattigen Klippen und Hängen, oft bis hoch ins Gebirge. B: 3-9. Mit wuchernden 6-45 cm hohen Stengeln Teppiche bildend. Blüten mit oberer 2teiliger Lippe 26-40 mm lang, meist purpur-rosa. Hier abgebildet ist subsp. *laevigatum* mit über 10 cm hohen Stengeln und wenig behaarten Blättern aus dem nördlicheren Verbreitungsgebiet der Art. Sehr gut zu erkennen ist subsp. *pulchrum* R. Mill.von den Gebirgen der Zentral-Türkei mit dichten silber-behaarten Blättern und großen weißen, bläulich-purpur geaderten und gefleckten Blüten. Problemlos in Böden mit gutem Wasserabzug.

Lamium maculatum L. *Gefleckte Taubnessel.* In den meisten Teilen Europas ohne Britische Inseln und Skandinavien, aber im Nord-Iran, dem Kaukasus, der Türkei (besonders im Norden und dem Amanus-Gebirge). In Wäldern, an Hängen und auf subalpinen Wiesen. B: 2-6. Mit kriechenden, an den Nodien wurzelnden, nicht blühenden Stengeln Teppiche bildend. Blütentriebe 15-40 cm hoch. Blätter 1-8 cm, oft mit weißem Fleck. Blüten meist rosa-purpur, manchmal braun-purpur, blaßrosa oder weiß, 20-35 mm lang. Problemlos im Halbschatten oder an kühlen Stellen in voller Sonne. WH: bis –20 °C. **Lamium maculatum**-Sorten: **'Album'**: Blüten weiß, Blätter mit silberner Zeichnung. **'Aureum'**: Blüten rosa, Blätter leuchtend gelbgrün mit silberner Zeichnung. **'Chequers'**: Blüten purpur-rosa, Blätter mit silberner Zeichnung, ähnlich der verbreitetsten Form der Art. **'Roseum'**: Blüten blaßrosa, Blätter mit weißer Zeichnung. In der Natur sind die gewöhnliche Art und diese Sorte in der Farbe deutlicher unterschieden als auf der Abbildung. **'Silbergroschen'** syn. 'Beacon Silver': Weiße Blätter mit rosa-purpurnen Blüten. Blätter oft durch Krankheit purpur gefleckt. **'White Nancy'**: Blätter silbern, gewöhnlich ohne purpurne Flecken. Blüten weiß.

Lamium orvala L. *Großblütige Taubnessel, Nesselkönig.* Nord-Italien und West-Österreich, ostwärts bis West-Jugoslawien und Süd-Ungarn; in Gehölzen und am Waldrand. B: 4-5. Blütenstengel 30-100 cm, meist aber etwa 40 cm hoch. Blätter 4-15 cm lang, Blüten dunkel-purpurn bis rosa oder weiß (**'Album'**), 2,5-4,5 cm lang. Attraktive Pflanze für Halbschatten in Böden mit gutem Wasserabzug und dort große Horste bildend.

Meehania urticifolia (Miq.) Makino *(Labiatae) Japanische Taubnessel.* Nordost-China, Korea und Japan (nicht Hokkaido), in feuchten Bergwäldern. B: 4-5. Mit langen an Nodien wurzelnden Ausläufern schnell große Trupps bildend. Blütenstengel aufrecht 15-30 cm. Blätter 2-5 cm lang. Blüten 4-5 cm lang. Attraktive frühblühende Bodendeckerpflanze für Halbschatten, in kalten Wintern Blätter absterbend. *M. cordata* (Nutt.) Britton aus feuchten Wäldern in Südwest-Pennsylvania bis Illinois, Tennessee und North Carolina ist kleiner, weniger kriechend, mit rosa-purpurnen, 2,5-3 cm langen, in dichten Büscheln stehenden Blüten. Eine 3. Art *M. montis-koyae* Ohwi hat keine kriechenden Ausläufer und ist fast unbehaart. Sie soll in Süd- und West-Honschu vorkommen und *M. fargesii* in West-China (siehe Seite 431) nahestehen.

Lamium orvala und Form 'Album' im Royal Botanic Garden, Kew

Lamium maculatum 'White Nancy'

Lamium album

Lamium garganicum subsp. *laevigatum*

Meehania urticifolia in Harry Hays Garten

Ajuga genevensis

Lamium galeobdolon subsp. *montanum*

Lathraea clandestina mit *Equisetum*

Lathraea squamaria und *Anemone nemorosa*

Jaborosa integrifolia

Hyoscyamos aureus L. *(Solanaceae) Goldbilsenkraut.* Östliches Mittelmeer-Gebiet, von Kreta, Rhodos und Südwest-Türkei bis Nordwest-Irak und Ägypten; Klippen, alte Mauern und Ruinen bis 1200 m. B: 2-7. Attraktiv büschelig bis 60 cm wachsende Pflanze mit weichhaarig drüsigen Blättern, deren Spreiten rundlich bis oval und 3-5 cm lang sind. Blüten 3-4 cm groß mit hervorstehenden Staubblättern. Für heiße, trockene Lagen, in Spalten von Mauern oder Felsen. WH: vielleicht bis –10 °C. *Hyoscyamos albus* L. ist oft auf den Ruinen des klassischen Altertums zu finden und hat grünliche oder gelbliche Blüten ohne hervortretende Staubgefäße, einjährig oder staudig.

Jaborosa integrifolia *(Solanaceae).* Süd-Brasilien, Uruguay und Nordost-Argentinien. Feuchte Felder der Pampas. B: 11-12, bei uns 5-6. Ausbreitung durch Untergrundausläufer, die an kurzen Trieben Rosetten von ca. 15 cm langen Blättern tragen. Blüten etwa 5 cm groß. Für warme Lage mit gutem Wasserabzug. WH: bis –15 °C bei Schutz im Winter. Die meisten der 6 oder 7 Arten von *Jaborosa* haben tiefeingeschnittene oder gezähnte Blätter.

Lathraea clandestina L. *(Scrophulariaceae)* Westeuropa, von Belgien südlich bis Spanien und östlich bis Süd-Italien. Feuchte Wälder oder Wiesen an Flüssen. Wurzelparasit auf Weide, Pappel, Erle oder Ahorn. Blattlose, schuppenbesetzte Pflanze mit fleischigen bis 5 cm langen, meist kürzeren Stengeln. Blüten oft direkt aus dem Boden 40-50 mm . Samen ca. 5 mm groß, explosionsartig ausgeschleudert. Im Garten anzusiedeln durch Ausstreuen frischen Samens an Wurzeln geeigneter Bäume oder durch Transport von solchen Wurzeln mit Boden an geeignete Pflanzen, wodurch wahrscheinlich der darin enthaltene Samen feucht bleibt und dann leicht keimt. WH: bis –15 °C.

Lathraea squamaria L. *Schuppenwurz.* Heimisch in den meisten Teilen Europas, bis zum Himalaja und Türkei. In feuchten Wäldern, als Wurzelparasit verschiedener Bäume, meist Hasel, Erle oder Buche. B: 3-6. Blattlose Pflanze mit fleischigem, bis 30 cm hohem Stengel. Blüten 14-17 mm. Selten kultiviert, aber wohl auch durch Samen auf die Wurzeloberfläche geeigneter Bäume anzusiedeln. WH: bis –20 °C oder darunter.

Mandragora autumnalis Bertol. *(Solanaceae) Alraunwurzel.* Mittelmeer-Küstenregionen. Felsige Stellen in Kiefernwäldern und Olivenhainen, bis 600 m in der Türkei. B: 1-4 (var. *microcarpa* Bertol. blüht im Herbst). Die tiefgehende dicke, meist gegabelte Wurzel war die berühmte Alraunenwurzel, von der es hieß, daß sie schreie, wenn sie aus dem Boden gezogen wird. Die Blätter sind schwach behaart, manchmal fast stachelig und bei voller Entwicklung bis 40 cm lang. Blüten purpur, 4-8 cm breit. Frucht wie eine kleine leicht längliche Tomate, gelb oder orange mit langem Kelch. WH: vielleicht bis –15 °C. *M. officinalis* L. hat behaartere Blätter, kleinere grünweiße Blüten und runde gelbe Früchte. Nur in Nord-Italien und West-Jugoslawien. *M. caulescens* C. B. Clarke ist eine interessante Art aus dem Himalaja aus Höhen von 3000 bis 4500 m mit nickenden, glokenförmigen, 2-5 cm großen Blüten an beblätterten bis 30 cm hohen Stengeln. Abgebildet in Polunin & Staintons *Flowers of the Himalaya.*

Phelypaea tournefortii Desf. *(Orobanchaceae).* Ost-Türkei und Süd-Kaukasus, in Georgien und Armenien, auf Bergsteppen in 1600-2600 m Höhe. Parasit auf *Achillea* und *Tanacetum.* B: 6-7. Wenige bis mehrere 10-20 cm hohe aus kräftiger Basis auf der Wirtswurzel wachsende Blütenstengel. Stengel drüsig, weißlich, weichhaarig. Blüten bis 5 cm groß mit samtigen Blütenblättern. Bisher wurde nach meiner Erfahrung diese wunderbare Pflanze noch nie erfolgreich kultiviert, sollte aber durch Samenaussaat auf die Wurzeln geeigneter Wirtspflanzen (volle Sonne, heiß und trocken im Sommer, feucht im Herbst und Frühling und kalt und trocken im Winter) versucht werden. WH: bis –20 °C oder darunter.

Physochlaina alaica Korolk. ex Kovalevsk *(Solanaceae).* Zentralasien im Pamir-Gebirge, an felsigen Hängen in 1800 m Höhe. B: 4-5. Stengel ca. 30 cm. Blätter und Stengel weichhaarig, Blüten gelblich bis 2 cm lang, endständig kugelig angeordnet. Für Sonne oder Halbschatten bei gutem Wasserabzug und ziemlich trocken halten im Sommer. WH: bis –20 °C oder darunter.

Physochlaina orientalis (M. Bieb.) G. Don syn. *Hyoscyamus orientalis* Bieb. Kaukasus, Nordwest-Iran und Nordost-Türkei bei Gümüsane, oft in den Eingängen von Höhlen und in Felsspalten in 1500 m Höhe. B: 5. Pflanze mit dichten, weichhaarigen bis 60 cm hohen Stengeln aus kräftigem Wurzelstock. Blätter 3eckig, oval, 4-13 cm, langgestielt. Blüten purpur bis ca. 1,5 cm. Für Sonne oder Halbschatten bei gutem Wasserabzug. Ungewöhnlich und wertvoll wegen früher Blüte. Obwohl selten zu sehen, doch schon mindestens seit 1823 kultiviert. *Physochlaina* ist eine kleine Gattung mit 4 Arten besonders in Mittelasien. *P. praealta* (Decne.) Miers aus dem Himalaja ist größer, bis 120 cm hoch mit grünlich-gelben, purpur-geaderten Blüten in bis 10 cm großen Büscheln stehend.

Rehmannia glutinosa Libosch. ex Fisch. & Mey. syn. *R. chinensis* Fisch. & Mey. *(Scrophulariaceae,* manchmal zu *Gesneriaceae* gerechnet). Nord-China, insbesondere um Peking auf den Wällen der verbotenen Kaiserstadt und den Ming-Gräbern und in Korea. Steiniger Boden, an Wegrändern mit gutem Wasserabzug, in Wäldern. B: 4-7. Stengel 15-30 cm, Blätter weichhaarig, Blüten 5-7,5 cm lang, rötlich-braun bis gelb, purpurngeadert. WH: wahrscheinlich bis –25 °C, zumindest wenn trocken genug, wobei jedoch die weichhaarigen Blätter in der warmen Winterfeuchtigkeit leicht faulen, so daß Überwinterung im Gewächshaus besser ist.

Scopolia carniolica Jacq. syn. *S. tubiflora* Kreyer *S. ? caucasica* Kolesn. ex. Kreyer *(Solanaceae), Tollkraut.* Österreich, Italien und Jugoslawien, ostwärts bis Baltikum und Kaukasus; feuchte felsige Buchenwälder, in 1000 m, B: 4-5. Fleischiges, flachwachsendes Rhizom. Die 20-60 cm hohen Stengel und die ovalen bis verkehrt eiförmigen Blätter sind kahl. Blüten 1,5-2,5 cm, außen meist bräunlich-purpur oder bräunlich-orange und innen blasser, manchmal auch insgesamt grünlich-gelb wie auf der Abbildung. Frucht eine Kapsel.

Mandragora autumnalis in Wisley

Physochlaina orientalis in Kew

Scopolia carniolica in Wisley

Physochlaina alaica bei Ferghana

Rehmannia glutinosa in Wäldern bei Beijing

Rehmannia glutinosa an der Ruine eines Ming-Grabes

Hyoscyamus aureus an alten Mauern bei Kas, Südwest-Türkei

Phelypaea tournefortii bei Erzerum

Doronicum carpetanum

Doronicum plantagineum mit *Allium ursinum*

Doronicum 'Miss Mason'

Doronicum pardalianches

Doronicum carpetanum Boiss. & Reut. ex Willk. *(Compositae)*. Pyrenäen, Nord- und Mittel-Spanien, Nord- und Mittel-Portugal, in Bergwiesen und zwischen Felsen. B: 5-6. Bildet vieltriebige Büsche, 40-80 cm hoch. Grundblätter herzförmig mit langen Stielen. Stengelblätter 6-8. 2-3, selten mehr Blüten pro Stengel, 4-5 cm groß. Schöne Staude für feuchte, halbschattige Lagen. WH: bis –15 °C, wahrscheinlich darunter.

Doronicum orientale Hoffm. syn. *D. caucasicum* M. Bieb. Südosteuropa, von Italien, Sizilien und Jugoslawien ostwärts bis Ungarn und Kaukasus und südwärts bis Türkei und Libanon. An sommertrockenen Stellen, in Wäldern und Gesträuch, in der Türkei von 50-1900 m Höhenlage. B: 3-7, in Gartenkultur 4-5. Durch fleischige unterirdische Rhizome langsam zu großen Gruppen wachsend. Grundblätter oval oder herzförmig mit langem Stiel. Blüten 2,5-5 cm auf drüsig haarigem, 10-60 cm, meist 30 cm hohem Stengel einzeln endständig. 1-2 Stengelblätter. Für halbschattige Lage auch an sommertrockenen Stellen, wobei dann die Bätter absterben. WH: bis –15 °C oder darunter.

Doronicum pardalianches L. *Kriechende Gemswurz*. Westeuropa, von Belgien südlich bis Spanien und östlich bis Deutschland und Italien, in Österreich, Großbritannien und Tschechoslowakei eingebürgert; in Wäldern. B: 5-7. Breitet sich mit unterirdischen, am Ende knollig verdickten Ausläufern aus. Stengel bis 90 cm, Grundblätter herzförmig, obere Stengel umfassend. Blütenköpfchen 3-5 cm groß, meist 2-6 pro Stengel. Hohe weichhaarige Pflanze für feuchte Stellen im Halbschatten. WH: bis –20 °C oder darunter.

Doronicum plantagineum L. Portugal und Spanien, West-Italien und Frankreich, in Großbritannien besonders in Ost-Schottland eingebürgert; in Wäldern, Wiesen und Heideflächen. B: 4-6. Durch Rhizom mit kurzen büschelhaarigen Ausläufern ausgedehnte Kolonien bildend. Stengel bis 80 cm. Grundblätter oval-elliptisch, oft leicht herzförmig, manchmal gezähnt mit langem Stiel. Obere Blätter nicht stengelumfassend. Blütenköpfchen 3-5 cm groß, meist 1-2 pro Stengel. Problemlos in Sonne oder Halbschatten und gut zum Verwildern in Wiesenflächen.

Doronicum-Sorten: Es gibt eine große Anzahl von Sorten, vor allem niedrigwachsende, frühblühende, manchmal gefüllte Sorten. Abgebildet sind: **'Miss Mason'**: Stengel bis 45 cm. B: 4-5. **'Frühlingspracht'**: syn. 'Spring Beauty': Stengel bis 45 cm, meist kürzer, mit gefüllten Blüten.

Petasites fragrans (Vill.) C. Presl. *(Compositae) Winter-Heliotrop*. Mittelmeer-Gebiet in Sardinien, Sizilien, Nordafrika, in feuchten, schattigen Wäldern und Schluchten. B: 12-3. Verbreitet eingebürgert an Wegrändern in anderen Teilen Westeuropas. Blütenstengel bis 50 cm, Blätter bis 20 cm breit, nierenförmig bis herzförmig, unterseits grün

D. plantagineum 'Frühlingspracht'

Doronicum orientale bei Fethiye, SW- Türkei

Petasites fragrans, schön, aber ungewollt in Sellindge, Kent

und behaart. Blüten blaßlila bis purpur, kräftig nach *Heliotrop* duftend. Nur die männliche Pflanze wird kultiviert oder ist eingebürgert (*Flora Europaea* ist die weibliche Pflanze bisher unbekannt). Lästig durch invasive Ausbreitung mit fleischigen, unterirdischen Ausläufern. Die in milden Wintern sich reichlich öffnenden Blüten sind als Duftquelle sehr willkommen. Frost unter –10 °C schadet den oberirdischen Pflanzenteilen.

Petasites palmatus (Ait.) Gray. Nordamerika, von Neufundland bis Massachusetts, westlich bis Alaska und südlich bis Süd-Kalifornien entlang der Küste; entlang Wasserläufen in Wäldern. B: 2-4. Kriechender Wuchs durch unterirdische Rhizome. Bis 50 cm hohe Blütenstengel vor Blattaustrieb. Blüten duftend, Blätter 10-40 cm breit, 7 bis 10lappig, handförmig geteilt. Für feuchte, schattige Stellen. WH: bis –20 °C und darunter. *P. japonicus* (Sieb. & Zucc.) Maxim., verbreitet in Japan, Korea und China, hat ähnliche Blüten, aber riesige, rundliche, bis 1,5 m breite Blätter an bis zu 2 m hohen Stengeln bei der var. *giganteus.* Japanische Kinder nutzen sie als Schirme.

Petasites paradoxus (Retz) Baumg. syn. *P. niveus (Vill.)* Baumg. Europa, von Frankreich in den Pyrenäen ostwärts bis zu den Karpaten und Mittel-Jugoslawien. An Flüssen, in Bergwäldern meist auf Kalk nahe des schmelzenden Schnees. B: 5-7. Blütentriebe bis 25 cm, Blätter ausgewachsen dreieckig, herzförmig bis spießförmig, unterseits dicht weißhaarig. Attraktiv mit ihren rosa-roten Stützblättern im Blütenstand, die sie von der verbreiteteren weißlichen und grünen *P. albus* (L.) Gaertn., die auch in den alpinen Wäldern verbreitet ist, unterscheidet. Beide sind sehr invasiv und deshalb nur für entsprechende Gartensituationen geeignet.

Petasites paradoxus im Wallis

Petasites palmatus in Kalifornien

Clintonia umbellulata in den Washfield Nurseries

Clintonia uniflora in Yosemite, Kalifornien

Clintonia andrewsiana in Nordwest-Kalifornien

Clintonia borealis in Wisley

Clintonia andrewsiana Torr. *(Convallariaceae).* Kalifornien, nordwärts bis Südwest-Oregon, in Redwood-Wäldern, an feuchten, schattigen Stellen. B: 5-7. Pflanze ohne Ausläufer Horste bildend. 5-6 Blätter 15-25 cm lang und 5-12 cm breit. Blütenstengel 25-50 cm mit dunkelroten, end- und seitenständigen Blütendolden. Blütenblätter 10-15 mm lang mit Nektarien am Grunde. Blauschwarze, 8-12 mm lange Beeren. Für Halbschatten und feuchten Torf- oder Laubboden. WH: bis –10 °C, wahrscheinlich darunter bei guter Mulchdecke.

Clintonia borealis (Ait.) Raf. Nordamerika, von Neufundland bis Manitoba südlich bis North Carolina und Wisconsin, in feuchten Wäldern und Gebüschen, oft im Gebirge. B: 5-6. Mit kriechenden, dünnen Rhizomen ausgedehnte Kolonien bildend. Blätter 2-5, Stengel 15-35 cm mit 3-6 hängenden, grünlich-gelben Blüten. Blütenblätter 16-20 mm lang, Beerenfrüchte blau. Für lockeren Laub- oder Torfboden im Schatten oder Halbschatten. WH: bis –25 °C oder darunter, aber Spätfrost-gefährdet.

Clintonia umbellulata (Michx.) Morong syn. *C. umbellata* Torrey. Östliches Nordamerika, in Bergwäldern. B: 5-7. Mit kurzen, kriechenden Ausläufern dichte Flecken bildend. Stengel 15-40 cm, Blätter 2-5, länglich bis lanzettlich oder verkehrt eiförmig. Blüten manchmal purpur-gefleckt, duftend, 8-12 mm lang, Beeren schwarz. Für leicht feuchte Lagen im Halbschatten oder bei wechselndem Schlagschatten. WH: bis –25 °C.

Clintonia uniflora (Schultes) Kunth. Nord- und Ost-Kalifornien, nördlich bis British Columbia und ostwärts bis Montana, in Kiefernwäldern und unter Mammutbäumen, in Kalifornien von 1000-1800 m. B: 5-7. Pflanzen mit dünnen, unterirdischen Ausläufern. 2-3 Blätter, 2,5-6 cm breit und 7-15 cm lang. Blütenstengel 7-10 cm, Blüten einzeln mit behaarten Blütenblättern 1,8-2,2 cm lang. Für feuchten Laubboden im Halbschatten mit gutem Wasserabzug. WH: bis –15 °C. Die 5. Art der Gattung *C. udensis* Trautv. & C. A. Meyer syn. *C. alpina* Baker aus dem Himalaja in Nord-Indien und Nepal, ostwärts bis Südwest-China und Japan. Blaßlilafarbene oder weiße, 6-10 mm lange Blüten in nickender 2- bis 6blütiger Dolde. In alpinen Wäldern und Gebüschen. B: 4-7.

Helonias bullata L. *(Melanthiaceae,* früher *Liliaceae) Sumpfnelke, Helonie.* Östliches Nordamerika, von Nord-New Jersey und Süd-New York südlich bis North Carolina, in Sümpfen und moorigen Bereichen. B: 4-5. Knolliges Rhizom. Blätter 15-45 cm lang, bis 5 cm breit, immergrün, saftig, glänzend. Blütenstengel 4-20 cm, Blütenköpfchen 2-3 cm groß mit 25-30 winzigen Blüten. Einzige Art der Gattung, die sich von *Helionopsis* durch kleinere Blüten in dichteren Köpfchen unterscheidet. Für feuchte, saure, moorige Böden. WH: bis –20 °C.

Helionopsis orientalis (Thunb.) Tanaka *(Melanthiaceae,* früher *Liliaceae).* In ganz Japan mit Schwerpunkt im Norden, in Korea und auf Sachalin; in Wäldern, Gebüsch und auf Bergwiesen. B: 4-6. Blätter immergrün, ziemlich ledrig, 7-15 cm lang. Blütenstengel 10-60 cm, nach der Blüte länger werdend, mit 3-10 Blüten. Blütenblätter 1-1,5

Heloniopsis orientalis in Wisley

Helionopsis orientalis var. *flavida*

Helonias bullata in Wisley

cm lang, rosa, bei Fruchtansatz purpur oder grünlich werdend. Problemlos im kühlen Schatten in sommerfeuchtem Laubboden. WH: bis –15 °C. Var. *breviscapa* (Maxim.) Ohwi. Trotz des Namens unterscheidet sie sich hauptsächlich in ihren kleineren, weißen oder blaßrosa Blüten. In den Bergen von Kyushu und auf Yakushima. Var. *flavida* (Nakai) Ohwi von Mittel-Honshu. Größere Pflanze mit dünneren Blättern und weißen oder grünlichen, bei Fruchtansatz grünen Blüten.

Scoliopus bigelovii Torr. *(Trilliaceae,* früher *Liliaceae).* Südwest-Oregon und Nord-Kalifornien, von Humboldt Co. bis Santa Cruz Co., an feuchten, schattigen Stellen im Redwood-Wald bis 500 m. B: 2-3. Pflanze mit 2-10 cm breiten und 20 cm langen Blättern aus kurzem, schlankem Rhizom. Blütenstengel 3kantig, blattlos, zu 3-12 in einer bodenständigen 10-20 cm hohen Dolde, die sich bei Fruchtreife zum Boden neigt. Blüten mit grünlichen Kelchblättern und schmalen, aufrechten, 14-17 cm langen Kronblättern, nach faulem Fleisch riechend. Für aufwendige Kultur in feuchtem Torfboden im Schatten. WH: bis etwa –10 °C bei Schutz in kalten Wintern. *S. hallii* Watson aus Oregon ist ähnlich, aber kleiner.

Streptopus roseus Michx. *(Convallariaceae,* früher *Liliaceae) Knotenfuß.* Östliches Nordamerika, von Neufundland bis Manitoba und südlich bis Georgia und Michigan, in feuchten Wäldern. B: 5-7. Pflanze mit mehreren sehr eleganten, schlanken, 25-60 cm hohen, im oberen Teil verzweigten Stengeln. Blattrand bewimpert, Blüten 6-12 mm lang, Staubbeutel gegabelt, Beerenfrüchte rot. Für kühlen Laubboden im Schatten oder Halbschatten. WH: bis –20 °C oder darunter. *S. amplexifolius* (L.) DC. aus feuchten, subalpinen Wäldern der Alpen, östlich bis Japan und Nordamerika, hat höhere, stengelumfassende Blätter und grünweiße, ca. 1 cm lange Blüten.

Scoliopus bigelovii im Royal Botanic Garden, Kew

Streptopus roseus im Cruickshank Botanic Garden, Aberdeen

Uvularia sessilifolia

Disporum trachycarpum in den Savill Gardens, Windsor

Uvularia perfoliata

Uvularia grandiflora

Disporum bodinieri (Lvl.) Wang & Tang *(Convallariaceae,* früher *Liliaceae).* West-China, Guisu, Yunnan und Sichuan in 1000-1800 m Höhe; in lokkeren, feuchten Gehölzen, an steilen Berghängen. B: 4-5. Wenige, reichverzweigte, bis 2 m hohe Stengel. Blätter etwa 7 cm lang. Blüten blaß-gelblichgrün, bis 3 cm lang mit hervorstehenden Staubgefäßen. Für nährstoffreiche, feuchte Böden im Schatten oder Halbschatten. WH: vielleicht bis –15 °C.

Disporum cantoniense (Lour.) Merrill syn. *D. pullum* hort. West-China in Yunnan, Japan und Südostasien, lichte Wälder und Gebüsch. B: 5-6. Wenige bis 2 m hohe, sich nach der Blüte verlängernde Triebe. Blüten kurzgestielt, 2,5 cm lang, weiß oder rötlich. Für Schatten oder Halbschatten mit gutem Wasserabzug. WH: vielleicht bis –15 °C.

Disporum sessile subsp. *flavens* Kitagawa. Korea und Mandschurei, in Laubwäldern. B: 5-6. Blüten 2 cm lang.

Disporum smithii (Hook.) Piper. Küstenbereiche Kaliforniens, bis British Columbia. Kühle, feuchte Stellen in immergrünen Wäldern und unter Redwood-Bäumen. B: 3-5. Buschig, Stengel 30-90 cm hoch. Blätter oval bis oval-lanzettlich, am Grunde gerundet oder herzförmig, 5-12 cm lang. Weißliche, 1,5- 2 cm lange Blüten zu 2-6 in Gruppen. Beeren rundlich, länglich, orange bis rot. Problemlos in feuchten, schattigen Lagen. WH: bis –15 °C, vielleicht darunter.

Disporum megalanthum Wang & Tang. Aus West-China in Sichuan, im Bambus- und Rhododendrongebüsch in 2000 m Höhe. B: 5-6. Pflanze mit wenigen aufrechten, bis 30 cm hohen, nach der Blüte sich verlängernden Trieben. Blüten weiß, ca. 3 cm lang ohne herausragende Staubgefäße. Für nährstoffreiche, feuchte Torfböden in Schatten oder Halbschatten. WH: bis –15 °C.

Disporum trachycarpum (Wats.) Benth. & Hook. Westliches Nordamerika, von British Columbia entlang der Rocky Mountains bis West-New Mexiko. In Arizona bis in 3000 m. Oft in flußbegleitenden Wäldern. B: 5-7. Pflanze mit mehreren verzweigten, bis 60 cm hohen Trieben. Blätter 4-12 cm lang, bewimpert, oberseits kahl. Blüten cremefarben, weiß, 9-15 mm lang mit hervorragenden Staubgefäßen. Griffel glatt, Beeren gelb, rot verfärbend. Für feuchten Laubboden im Schatten. WH: bis –20 °C.

Disporum uniflorum Baker. West-China in Yunnan, besonders bei Lijiang. Zwischen Adlerfarn, in Gebüschen aus Rhododendron- und Laubgehölzen in 2000 m Höhe. B: 5. Mehrere nach der Blüte sich verlängernde, bis 1 m hohe Stengel. Bis 4 cm lange Blüten ohne hervortretende Staubgefäße an bis zu 6 cm langen Stielchen. Für Laubböden in Sonne oder Halbschatten mit gutem Wasserabzug. WH: bis –15 °C.

Uvularia grandiflora Smith *(Convallariaceae,* früher *Liliaceae) Trauerglocke.* Quebec bis Ontario, südlich bis Minnesota, Georgia, Tennessee und Kansas, in Wäldern, auf nährstoffreichen Böden. B: 4-6. Glatte, bis 75 cm hohe Stengel, Blätter 5-13 cm lang, zumindest in der Jugend unterseits flaumig behaart. Blüten 2,5-5 cm, leuchtend gelb mit innen glatten Blütenblättern. Problemlos in feuchtem Laubboden mit gutem Wasserabzug. Im Halbschatten unter dichten Gehölzen mit Schutz vor Schnekken bei Austrieb. WH: bis –20 °C.

Uvularia perfoliata L. Quebec bis Ontariao, südlich bis Florida und Mississippi, in feuchten Wäldern und Gebüsch. B: 4-6. Kahle, 20-60 cm hohe Stengel. Blätter durchwachsen, 5-9 cm lang, kahl, unterseits heller. Blüten blaßgelb, 2 -3,5 cm. Innenseite der Kronblätter mit winzigen Drüsen. Problemlos im feuchten Laubboden im Halbschatten. In der Natur weniger dicht wachsend als in der Abbildung. WH: bis –20 °C oder darunter.

Uvularia sessilifolia L. New Brunswick und Ontario, westlich bis Minnesota, südlich bis Georgia und Arkansas, in feuchten Wäldern und Gebüsch. B: 5-6. Kriechender Wurzelstock. Glatte, bis 40 cm hohe Stengel. Blätter 3,5-7,5 cm, nicht durchwachsen, glatt, unterseits heller. Blüten blaß-grünlichgelb, 1,5-3 cm lang. Kronblätter innen glatt. 3eckige ovale Kapsel in den Stiel auslaufend. Problemlos im feuchten Laubboden bei Wechselschatten. Unterscheidet sich von *U. caroliniana* durch dünnere Blätter und glatte Stengel.

Disporum bodinieri im Min-Tal, Sichuan

Disporum bodinieri

Disporum uniflorum bei Lijiang, Yunnan

Disporum flavens in Kew

Disporum megalanthum bei Wolong, Sichuan

Disporum cantoniense

Disporum smithii

Lysichiton americanus in Chyverton, Cornwall

Symplocarpus foetidus bei New York

Orontium aquaticum

Acorus calamus vor dem Leeds Castle, Kent

Acorus calamus L. *(Araceae) Kalmus.* Sibirien, China, Japan und westliches Nordamerika und eingebürgert von Iran und Türkei westwärts seit dem 16. Jahrhundert. In stehendem, flachem Wasser und langsam fließenden Flüssen. In Europa besonders an Burggräben und Seen in der Nähe alter Schlösser. Blätter (6-15 mm breit) und blattähnliche Stengel bis 1,5 cm hoch, am Grunde rosa, oft mit gewelltem Rand und bei 'Variegatus' gestreift. Winzige, grünliche Blüten in kolbenförmigem Blütenstand. B: 5-7. 'Variegatus' ist ausdauernder und klarer weiß panaschiert als die Variegata-Form von der *Wasserschwertlilie.* Angebaut wegen seiner aromatischen Blätter und dem aus Blättern und Rhizom gewonnenen Kalmusöl. WH: bis –25 °C. *Acorus gramineus* Solander, von Indien, China und Japan, ist kleiner, bis 50 cm hoch, hat immergrüne Blätter ohne Mittelrippe und einen fast aufrechten, 5-10 cm langen Blütenkolben. Häufiger kultiviert wird die Zwergform var. *pusillus* Engl. und deren gestreifte Sorte 'Argenteostriatus', die bei uns als Topfpflanze verbreitet ist.

Lysichiton americanus Hult. &. St. John *Gelbe Scheincalla.* Nordwest-Kalifornien, von San Francisco in den Santa Cruz-Bergen nördlich bis Alaska und östlich bis Montana; in Sümpfen und feuchten Wäldern, in Küstennähe. B: 4-6. Ausgewachsene Blätter 30-150 cm groß, länglich bis elliptisch, kurzgestielt. Blüten vor oder mit den Blättern erscheinend auf 30-50 cm hohen Stielen. Spatha 10-20 cm lang, gelb. Problemlos in feuchtem Boden und wertvoll wegen der frühen Blüte und den großen, ansehnlichen Blättern. Die Blüten duften unangenehm, aber nicht lästig.

Lysichiton camtschatcensis (L.) Schott *Weiße Scheincalla.* Japan in Nord-Honshu und Hokkaido, nordwärts bis Ost-Sibirien, Sachalin, Kamtschatka und den Kurilen; in Sümpfen und an feuchten Stellen, Teichen und Seen. B: 4-7. Wie *L. americanus*, aber kleiner und weißblütig. Ausgewachsene Blätter 40-80 cm groß, Blüten vor oder mit den Blättern auf 10-30 cm langen Stielen. Blüten süßlich duftend mit 8-12 cm langer Spatha. Problemlos in feuchtem, saurem Boden, aber seltener als *L. americanus* in den Gärten zu finden. Junge Pflanzen beider Arten brauchen Schutz vor Schnecken. Die Form mit blaßgelber oder cremefarbener Spatha ist wahrscheinlich eine Kreuzung aus beiden Arten.

Orontium aquaticum L. *(Araceae) Goldkeule.* Östliches Nordamerika, von Massachusetts und Kentucky südlich bis Florida und Louisiana; in Torfsümpfen und Teichen. B: 4-6. Blätter 15-30 cm lang, auf dem Wasser schwimmend oder aus dem Wasser ragend. Blütentriebe 15-60 cm lang, Kolben 2,5-5 cm lang, Hochblatt meist vor dem Erblühen abfallend. Für Teiche und Flachwasser von 30 cm Tiefe in voller Sonne. WH: bis –20 °C.

Symplocarpus foetidus (L.) Nutt. syn. *Spathyema foetida* (L.) Raf. *(Araceae) Stinkkohl.* Nova Scotia, westlich bis Manitoba, südlich bis Georgia; in sumpfigen Wäldern und an Flüssen. B: 2-4 direkt nach dem Auftauen. Blätter 30-90 cm lang, etwa 30 cm breit, oval, am Grunde gestutzt, während der Blütezeit wachsend und dann eine Rosette bildend. Spatha 7,5-15 cm groß, fest fleischig, stinkend. Kolben groß, bis 15 cm, bei der Samenreife im August-September. WH: bis –25 °C und darunter.

Acorus calamus 'Variegatus'

Lysichiton camtschatcensis

Aquilegia canadensis bei Charlottesville, Virginia

Aquilegia canadensis

Aquilegia elegantula

Aquilegia formosa var. *formosa*

Aquilegia 'Crimson Star'

Aquilegia caerulea James *(Ranunculaceae).* Südwest-Montana bis Nord-Arizona und Nord-New Mexico. In Gebirgen von 2200-3000 m, meist in Espenhainen. B: 6-8. Stengel bis 90 cm. Blüten 5-7,5 cm breit mit abstehenden blauen Kelchblättern. Blütenblätter blau oder weiß mit 3-5 cm langem Sporn und gut ausgebildeter, meist weißer Lippe. Nationalblume von Colorado, wo sie am Nordrand des Grand Canyon wächst. Für geschützte Lage in Sonne oder Halbschatten.

Aquilegia canadensis L. Nordamerika, von Nova Scotia bis zu den Northwest Territories, südlich bis Nebraska, Texas und Florida, in felsigen Wäldern, an schattigen Hängen und feuchten Wegrändern. B: 4-7. Stengel 25-60 cm hoch, kahl oder leicht behaart, Blättchen tief gelappt, Blüten 2,5-5 cm lang einschließlich der geraden, etwa 12 mm langen, meist scharlachroten, sehr selten weißen oder gelben Sporne. Kelchblätter abwärts zeigend, etwa 15 mm lang. Griffel und Staubgefäße herausragend. Für lichten Schatten in sandigem Boden mit gutem Wasserabzug oder kühle Stellen mit leichter Besonnung. WH: bis –25 °C.

Aquilegia chrysantha Gray. Süd-Colorado bis New Mexico, Arizona und Nord-Mexiko. An feuchten Stellen, in Kiefernwäldern, Gebüsch und an Flüssen in 1000-3200 m Höhe. B: 4-9. Stengel bis 60 cm. Blüten 4-7,5 cm breit, nach oben geneigt mit 4-7 cm langen Spornen. Kelchblätter abgespreizt. *A. longissima* Gray aus den Gebirgen in West-Texas, Süd-Arizona und Nordost-Mexiko ist eine noch beeindruckendere Art mit blaßgelben, aufrechten, duftenden Blüten und 9-15 cm langen Spornen. Beide erfordern feuchten Boden an warmer geschützter Stelle bei gutem Wasserabzug.

Aquilegia 'Crimson Star'. Hübsche Sorte mit rot-weißen Blüten, aber kurzlebig. WH: vielleicht bis –15 °C.

Aquilegia elegantula Greene. Aus den Rocky Mountains, von Südwest-Colorado und Südost-Utah bis Nord-Mexiko, an felsigen Stellen in 3000 m Höhe. B: 6-7. Pflanzen zierlich bis 60 cm. Blütensporne bis 3 cm lang, Kelchblätter an der Spitze grünlich. Für warme, geschützte Lage. WH: vielleicht bis –15 °C.

Aquilegia formosa Fisch. Von Kalifornien nordwärts bis Alaska und östlich bis West-Montana und Utah. In feuchten Wäldern und an feuchten Stellen, im Gebüsch und an Hängen von Meereshöhe bis 3000 m. B: 4-8 entsprechend Höhenlage und Breitengrad. Stengel 50-100 cm, im oberen Teil drüsig. Grundblätter bläulichgrün, doppelt 3zählig. Blättchen etwa zur Hälfte eingeschnitten. Blüten bis 5 cm breit, Sporne 10-20 mm lang, meist scharlachrot und mit 3-5 mm langer Lippe. Kelchblätter 15-25 mm lang, abstehend oder zurückgebogen. Var. *formosa* ist eine Gebirgsform in 1000-3000 m Höhe in der Sierra Nevada. Var. *truncata (Fisch. & Mey.)* Baker mit kahlen oder spärlich behaarten Stengeln und nur 1-2 mm breiter Lippe ist abgebildet. Sie wächst in tieferen Lagen und ist in den Küstengebieten Kaliforniens verbreitet. Für warme Stellen in voller Sonne oder Halbschatten mit feuchtem Wurzelbereich. WH: bis –15 °C.

Aquilegia olympica Boiss. Kaukasus, Nord- und West-Iran und Nord- und Ost-Türkei; in alpinen Wiesen, Gehölzen und Fichtenwäldern in 1700-2000 m Höhe in der Türkei. B: 6-7. Pflanze wächst horstig mit einigen bis 60 cm hohen Stengeln. Blüten mit bläulichen, 25-35 mm langen Kelchblättern und etwas gebogenen Spornen. Für feuchte Torfböden mit gutem Wasserabzug. WH: bis – 20 °C oder darunter. Der Name kommt vom

Aquilegia formosa var. *truncata*

Aquilegia formosa var. *truncata* in den Salmon Mountains, Nordwest-Kalifornien

Aquilegia chrysantha

Aquilegia chrysantha in Arizona

Aquilegia ottonis subsp. *amaliae*

armenischen Olymp in der Nordost-Türkei, der heute Kesiş Dağ heißt.

Aquilegia ottonis Orph. ex Boiss. subsp. *amaliae* (Orph. ex Boiss.) Strid. Nordost-Griechenland, besonders verbreitet auf dem Thessalischen Olymp in 900-2300 m Höhe und wahrscheinlich auch im benachbarten Jugoslawien und Albanien. An feuchten, felsigen Stellen, in Schluchten. B: 6-8. Pflanze mit mehreren bis 45 cm hohen Stengeln aus einem kräftigen Wurzelstock. Blättchen 1,5- 3 cm lang, Blüten 18-28 mm mit einer Lippe aus gespornten weißen Blütenblättern, die etwas kürzer sind als die blauen Kelchblätter. Samenkapsel 12-15 mm lang. Die andere Unterart von *A. ottonis* kommt auf dem Peloponnes und in Italien vor. Für kühle Lage im Halbschatten. WH: bis –15 °C.

Aquilegia olympica

Aquilegia caerulea

Pflanzen von Wisley, 12. Mai. 2/3 nat. Größe

Aquilegia 'Dwarf Fairyland-Mischung'

Aquilegia 'Biedermeier-Mischung'

Aquilegia 'Dragonfly-Hybriden'

Aquilegia 'Musik' (weißer Sämling)

Aquilegia 'Biedermeier-Mischung'. Niedrigbleibende, bis 50 cm hohe Mischung mit aufwärts gerichteten Blüten, zu *A. vulgaris* gehörig.

Aquilegia 'Mrs. Scott Elliott-Hybriden' *A. caerulea* James ist auf Seite 86 beschrieben. Bei dieser Auslese variiert die Blütenfarbe etwas von dem atypischen Blau und Weiß. Höhe ca. 80 cm.

Aquilegia 'Dwarf Fairyland-Mischung'. Niedrig kompakt wachsend, vielstengelig bis 45 cm mit einfachen oder durch zahlreiche röhrige Blütenblätter gefüllte Blüten mit kurzen Spornen. Ungewöhnlich und ohne die Eleganz, die der Charme der Akeleien ist.

Aquilegia 'Hensol Harebell'. Eine Kreuzung aus *A. vulgaris* mit *A. alpina*. Große tiefblaue Blüten an verzweigten, bis 75 cm hohen Stengeln von Mrs. Kennedy in Mossdale, Castle Douglas, Schottland, Anfang des 19. Jahrhunderts gezüchtet.

Aquilegia 'Langspornige Hybriden' und 'Dragonfly-Hybriden'. Diese langspornigen Hybriden in unterschiedlichen Farben von Blau bis Gelb, Rot und auch mehrfarbig, sind entstanden aus den amerikanischen Arten *A. caerulea, A. chrysantha* und *A. formosa*. Es sind gute Pflanzen für sonnige Stellen mit nicht zu trockenem Boden, der aber guten Wasserabzug haben sollte. Einfach aus Samen zu ziehen und durch die reiche Blüte relativ kurzlebige Staude. 'Langspornige Hybriden' werden etwa 75 cm hoch mit Blüten in Pastellfarben. 'McKana-Hybriden' sind ähnlich. 'Dragonfly-Hybriden' sind mit ca. 50 cm kleiner und haben intensiver gefärbte Blüten.

Aquilegia 'Music'. Eine bis 60 cm hohe Hybridengruppe mit langspornigen Blüten in verschiedenen Farben.

Aquilegia 'Nora Barlow'. Ein Typ, der zu *A. vulgaris* gehört und dessen Blüten mit vielen schmalen, blaßgrünen und roten Blütenblättern gefüllt sind. Mehr interessant als schön und wahrscheinlich seit dem 17. Jahrhundert in Kultur und damals als 'Rose Columbine', d. h. *Rosen-Akelei* bekannt.

Aquilegia 'Olympia' (blau-weiß, rot-gold, violett-gelb). Samenvermehrte Hybriden mit auffallenden, 2farbigen Blüten an bis 75 cm hohen Stengeln.

Aquilegia vulgaris 'Flore Pleno'. Die Blüten wirken durch mindestens die doppelte Zahl der Blütenblätter gefüllt. Andere bekannte seltsame Abweichungen sind die spornlosen 'Stormy Columbines' genannten Mutanten. Dazu gehört auch ein Blütentyp mit vielen nach unten gebogenen Spornen an nickender Blüte, die schon im Kräuterbuch *Gerard's Herball* 1633 abgebildet ist. Er scheint verlorengegangen zu sein, kann aber wieder auftreten.

Aquilegia 'Olympia' (violett & gelb)

Aquilegia 'Hensol Harebell'

Aquilegia fragrans bei Vishensar, Kaschmir

Aquilegia fragrans

Aquilegia alpina L. *Alpen-Akelei.* In den Alpen von Frankreich, Schweiz, Österreich und Italien. In lichten Wäldern und an steinigen Felsen und Klippen in 1300-2000 m Höhe. B: 7-8. Stengel 15-60 cm, im oberen Teil behaart mit 1-3 Blüten. Blättchen tiefgeteilt, Blüten hängend, Kelchblätter blau, 30-45 mm . Sporn 18-25 mm, blau, gerade oder gebogen. Lippe 14-17 mm, blasser gefärbt. Für feuchten Boden in kühlschattiger Lage. WH: bis –20 °C.

Aquilegia atrata Koch. In den Alpen, von Frankreich bis Österreich und Apennin, in subalpinen Mähwiesen. B: 5-7. Oben dichtbehaarte 40-80 cm hohe Stengel. Dunkelrot purpurne, 3-5 cm breite, nickende Blüten, Kelchblätter 15-24 mm, Blütenblätter mit 8-12 mm Lippe und gebogenem 10-15 mm langem Sporn. Problemlos in feuchtem oder ziemlich trockenem Boden im Halbschatten. WH: bis –20 °C.

Aquilegia bertolonii Schott syn. *A. reuteri* Boiss. In den Meer-Alpen und angrenzenden Bereichen von Süd-Frankreich und Nordwest-Italien. Im Gebüsch, an felsigen Berghängen in 750-1600 m Höhe. B: 6-7. An warmen Stellen und tiefer hinab als *A. alpina*. Im oberen Teil drüsige, 10-30 cm hohe Stengel. Stengelblätter linear, meist ganzrandig. Blüten 1-5, nickend. Kelchblätter, Sporne, Lippen gleichfarbig, meist purpur-blau. Kelchblätter 18-33 mm, Sporne 10-14 mm, gerade oder leicht gebogen. Lippe 10-14 mm. Erträgt mehr Wärme und Trockenheit als *A. alpina*. WH: bis –15 °C.

Aquilegia flabellata Sieb. & Zucc. var. *pumila* Kudo 'Mini-Star' syn. *A. akitensis hort.* In Japan, Honshu und Hokkaido, nördlich bis Sachalin, den Kurilen und Nord-Korea; in Gehölzen im Gebirge. B: 6-8. Blüten mit 1,5 cm breiter Lippe, Sporne 1-5 cm, weiß, nach innen gebogen. Attraktive Pflanze für sonnige Lage. 'Mini-Star' ist eine Zwergsorte mit ca. 15 cm hohen Stengeln. *A. flabellata* wurde seit langem in Japan kultiviert, ist aber nicht vom Wildstandort bekannt. Die Art ist größer mit blaugrünen Blättern und 3-5 cm breiten Blüten an 20-50 cm hohen Stengeln. Es gibt auch eine weißblütige Form. WH: vielleicht bis –20 °C.

Aquilegia fragrans Benth. Nord-Pakistan bis Nord-Indien (Uttar Pradesh) und häufig in Kaschmir. In Gehölzen und auf subalpinen Wiesen in 2400-2600 m Höhe. B: 6-8. Wenig verzweigte, 40-80 cm hohe Stengel. Ganze Pflanze drüsig, Blüten blaßgelb, weiß oder blaßblaugrün, süßlich, aber leicht nach Katze duftend. 3-5 cm lang, Kelchblätter 2,5-3 cm, abstehend, Sporn 15-18 mm, gerade oder gebogen. Wertvolle Art für nährstoffreichen Boden in Sonne oder Halbschatten bei gutem Wasserabzug. WH: bis –20 °C.

Aquilegia vulgaris L. In den meisten Teilen Europas in Wäldern und Wiesen, bis 1700 m in den Alpen. B: 5-7. Reichverzweigter, 30-60 cm hoher Stengel. Blüten nickend, meist purpur-blau, rosa oder selten rötlich-purpur oder weiß. Etwa 5 cm breit mit 15-22 mm langen Spornen und 10-13 mm breiter Lippe. Kreuzt im Garten leicht mit anderen Arten. Der hier abgebildete 2farbige Typ ist eine solche Kreuzung. Problemlos in Sonne oder Halbschatten. WH: bis –25 °C oder darunter.

Aquilegia yabeana Kitag. Korea und Nordost-China in Heilonjiang (Mandschurei), im Gebirge. B: 5. Bildet kleine Horste mit zierlichen bis 60 cm hohen Stengeln. Blättchen ca. 1,5 cm groß. Blüten rosa, purpur oder rötlich, etwa 2,5 cm. Für kühle Lage in Laubböden. WH: bis –20 °C.

Semiaquilegia ecalcarata (Maxim.) Sprague & Hutch. *(Ranunculaceae)* syn. *Aquilegia ecalcarata* Maxim., *Schein-Akelei.* West-China in Gansu, West-Sichuan und Shensi, in feuchten, moosigen Wäldern und Gehölzbereichen. B: 5-6. Kleine Horste mit verzweigten, bis 40 cm hohen Stengeln. Blüten ca. 2,5 cm breit. Für feuchten Laubboden in Sonne oder Halbschatten. WH: bis –20 °C.

Aquilegia flabellata 'Mini-Star'

Aquilegia vulgaris (Sämling)

Aquilegia atrata im Wallis

Semiaquilegia ecalcarata

Aquilegia alpina im Wallis mit *Geranium sylvaticum* und *Trollius*

Aquilegia yabeana

Aquilegia bertolonii

Thalictrum aquilegifolium in der Schweiz

Thalictrum minus mit *Ferulago* in Zentralasien

Thalictrum flarum subsp. *glaucum* in den Savill Gardens, Windsor

Thalictrum delavayi 'Hewitt's Double'

Thalictrum lucidum in Wisley

Thalictrum delavayi

Thalictrum aquilegifolium am Seerosenteich in Monets Garten, Giverny, Normandie

Thalictrum diffusiflorum in Kew

Thalictrum aquilegifolium L. *(Ranunculaceae) Amstelraute, Akeleiblättrige Wiesenraute.* Europa, von Frankreich und Spanien ostwärts bis West-Rußland, Rumänien und Türkei (dort selten); in Wiesen, oft im Gebirge und an schattigen Felsen. B: 5-7. Stengel bis 150 cm hoch, Blätter grün, Blüten mit frühabfallenden Kelchblättern und auffallenden Staubblättern. Staubfäden an der Spitze angeschwollen, purpurn-rosa oder weiß. Eine leicht wachsende, attraktive Pflanze für feuchte Böden. WH: bis –25 °C.

Thalictrum delavayi Franch. syn. *T. dipterocarpum hort. non Franch.* Südwest-China, Yunnan; in alpinen Wiesen und Gehölzen. B: 6-9. Stengel bis 200 cm. 3 gelappte, bis 2,5 cm große Blättchen. Blüten mit hängenden Staubblättern, Kelchblätter bis 12 mm lang, purpurn. 'Hewitt's Double' hat Blüten mit verbänderten Staubblättern, die eine rosettenartige Füllung bewirken. Es gibt auch eine weißblühende Form in Kultur. *T. chelidonii DC.* Himalaja in Bhutan und Sikkim, unterscheidet sich durch 1-4 cm große, grob stumpf-gezähnte Blättchen. Kelchblätter 8-15 cm lang, purpur. Beide Arten gut geeignet für kühle Lage mit feuchtem Laubboden. WH: bis –15 °C.

Thalictrum diffusiflorum Marquand & Airy Shaw. China, Südost-Xizang, in Gehölzen und Wäldern, an grasigen Stellen, in 3600 m Höhe. B: 7. Ähnlich *T. chelidonii DC*, aber mit kleineren Blättchen und einem sehr lockeren Blütenstand. Stengel bis 3 m, Kelchblätter etwa 12 mm lang. Für nährstoffreichen Laubboden. WH: bis –20 °C.

Thalictrum flavum L. subsp. *glaucum* (Desf.) Batt. syn. *T. speciosissimum* L. *Gelbe Wiesenraute.* Spanien, Portugal und Nordafrika, in feuchten Wiesen und an Wasserläufen. B: 6-8. Stengel bis 150 cm, ganze Pflanze bläulich-grün. Blättchen mit erhabenen Adern auf der Unterseite. Sehr schöne Pflanze für die Staudenrabatte oder Naturgartenpartien. Benötigt nährstoffreiche, feuchte Böden zur vollen Entwicklung. Subsp. *flavum* kommt in den meisten Teilen Europas einschließlich Englands, Irlands und Schottlands und ostwärts bis in die Türkei und nach Sibirien vor; in nassen Wiesen, Mooren und an Flüssen. Ist ähnlich, aber meist kleiner mit leuchtend grünen Stengeln und Blättern und die Blättchen ohne erhabene Adern auf der Unterseite.

Thalictrum lucidum L. *Glänzende Wiesenraute.* Mittel- und Osteuropa bis Türkei und West-Rußland; in Gräben, Sümpfen und feuchten Wiesen. B: 6-8. Stengel bis 120 cm. Pflanze glänzend grün. Blättchen schmal, länglich oder linear bei den oberen Blättern. Blütenstand mit langen Seitenzweigen. Staubblätter aufrecht, etwa 7 mm lang. Kräftige, große Horste bildende Pflanze mit hohen Stengeln und grünlich gelben Blüten. Für feuchte, auch nasse, nährstoffreiche Böden. WH: bis –25 °C.

Thalictrum minus L. *Kleine Wiesenraute.* Europa, von Schottland und Irland bis Nordafrika und ostwärts bis Zentralasien, China und Japan, mit verwandten Arten in Nordamerika. Auf Kalkfelsen, in Kalktrockenrasen und in Sanddünen und auf Kiesstränden, in feuchten Wiesen und an schattigen Stellen, an Wasserläufen, in Gebirgssteppen und Tundra. B: 5-8. Pflanzen mit kleinen, gelblichen oder bräunlichen, hängenden Blüten und langen, an schlanken Staubfäden baumelnden Staubbeuteln und dadurch für die Windbestäubung gut geeignet.

Paeonia rhodia auf Rhodos

Paeonia rhodia

Paeonia cambessedesii

Paeonia cambessedesii (Willk.) Willk. *(Paeoniaceae) Balearen-Pfingstrose.* Endemisch auf den Balearen, und zwar Ost-Mallorca und Menorca; auf Kalkfelsen und Klippen. B: 4. Die Art ist am Wildstandort selten geworden. Stengel meist 25 cm, aber auch bis 45 cm hoch. Blätter doppelt 3teilig mit kahlen, lanzettlichen Blättchen, oberseits graugrün glänzend, unterseits purpur. Blüten 6-10 cm groß mit 5-8 Hochblättern. Problemlos bei frostfreier Überwinterung und Schutz vor Spätfrösten und zuviel Sommernässe. Die kleinste und am deutlichsten unterscheidbare Art. WH: bis –10 °C.

Paeonia mascula (L.) Mill. subsp. *mascula.* Europa, von Frankreich und Österreich südlich und ostwärts bis Griechenland, Kaukasus, Türkei und Nord-Iran und Irak. In Eichen-, Kiefern- und Buchenwäldern, oft zwischen Adlerfarn oder auf Kalksteinhängen, meist in Nordlage und bis auf 2200 m in der Ost-Türkei. B: 4-6. Pflanze entwikkelt große Klumpen dicker, fleischiger Wurzeln, aus denen viele 60 cm hohe Stengel wachsen. Handförmig geteilte Blätter mit 9, oft durch Teilung bis zu 15 elliptischen Blättchen, kahl oder auf den Adern der Blattunterseite schwach behaart. Blüten 8-14 cm breit, rot oder rosa. 3- bis 5teilige, weißwollig behaarte Waldfrucht. Problemlos in trockenem Boden mit gutem Wasserabzug in voller Sonne. In feuchten Böden oft Schneckenschaden an den Wurzeln. WH: bis –15 °C.

Paeonia mascula subsp. *arietina* (Anders.) Cullen & Heywood. Osteuropa, von Italien – ohne Griechenland – bis Türkei. In Eichengebüsch und an felsigen Hängen bis 2000 m Höhe in der Türkei. B: 6-7. Unterscheidet sich von subsp. *mascula* durch schmalere, unterseits behaarte Blättchen, die zu 12-16, meist zu 15 das Blatt bilden. Möglicherweise weniger trockenheitsverträglich als subsp. *mascula.* WH: bis –15 °C.

Paeonia mascula subsp. *hellenica* Tzanoudakis. In Sizilien, besonders in den nördlichen Gebirgen und in Griechenland in Attika, Euböa, Andros und Zentral-Peloponnes (mit var. *icarica* auf Ikaria); zwischen Adlerfarn in Tannenwäldern, in Gehölzen oder an offenen felsigen Hängen, meist auf Schiefer in 450-850 m Höhe. B: 4-5. Unterschieden von allen anderen Unterarten durch die 10-13 cm großen, weißen Blüten. Blätter gewöhnlich 9-, aber auch bis zu 21teilig. Obwohl seit vielen Jahren bekannt (meine Aufnahme erfolgte 1968), wurde diese Unterart erst 1977 beschrieben. Ich habe sie in Nordeuropa nicht in Kultur gesehen. Stearns *Paeonies in Greece* berichtet aber, daß sie im Garten des Goulandris Naturhistorischen Museum in Athen stehe. Es heißt, sie komme früh im Jahr in Trieb wie *P. rhodia*, erfordere aber Spätfrostschutz. WH: unbekannt.

Paeonia mascula subsp. *russii* (Biv.) Cullen & Heywood. Korsika, Sardinien, Sizilien, Ionische Inseln und Mittel-Griechenland; in Bergwäldern, Weingärten, *Quercus coccifera*-Gebüsch und Kalksteinhängen. B: 3-5. Unterscheidet sich von subsp. *mascula* durch breitere, ovale bis verkehrt eiförmige, unterseits behaarte Blättchen. Mit 25-45 cm meist kürzere, zur Blütezeit noch nicht voll entwickelte Stengel; junge Stengel und Blätter purpur. Blüten 9-12 cm groß, meist rosa, mauve. Problemlos in warmer Lage auf tiefgründigem, nährstoffreichem Boden mit gutem Wasserabzug. WH: bis –15 °C.

Paeonia rhodia W. T. Stearn. Von Rhodos, in lichten Kiefern- und Zypressenwäldern, in 500-700 m Höhe. B: 2-4. Pflanze bildet Horste mit glatten, rötlichen, bis 50 cm hohen Stengeln und kahlen, bis 29teiligen Blättern. Blüten 7-8 cm breit. Die Art ist noch verbreitet auf Rhodos zu finden. Aus Samen gezogene Pflanzen haben in Süd-England über 20 Jahre und dabei auch –15 °C am Fuße einer Mauer und in einem offenen Kasten überlebt. Empfindlich gegenüber Botrytis, obwohl gut wachsend und blühend. Die engverwandte *P. clusii* Stern & Stearn von Kreta und Karpathos hat 40-80 schmale Blättchen, die meist steifer als die weichen Blätter von *P. rhodia* sind. Die weißen Blüten sind 7-10 cm groß. Sie erfordert die gleichen Wachstumsvoraussetzungen wie *P. rhodia*, und Kreuzungen aus beiden Arten sind in Kultur.

Paeonia mascula subsp. *hellenica* in Euböa mit *Abies cephalonica*

Paeonia mascula subsp. *russii*

Paeonia mascula subsp. *mascula* bei Muş, Ost-Türkei

Paeonia mascula subsp. *arietina*

Paeonia anomala in den Maili Tau-Bergen bei Yumin, Nordwest-China

Paeonia anomala

Paeonia 'Smouthii' in Kew

Paeonia anomala L. syn. *P. hybrida* Pall., *P. intermedia* C. A. Meyer. In Rußland, von der westlichen Kola-Halbinsel südwärts bis Zentralasien in das Tien Shan- und Pamir-Gebirge und östlich bis zum Altai-Gebirge, südwärts bis in die Mongolei und Nord-China und die westliche Wüste Gobi. Wächst in Nadelwäldern, an felsigen Berghängen, zwischen Sträuchern und in der trockenen Grassteppe. B: 5-7. Horste mit Stengeln bis 50 cm. Blätter doppelt 3teilig und die Blättchen in viele 5-25 mm breite Abschnitte geteilt. Blättchen oberseits dunkelgrün mit winzigen Borsten am Ende der Blattadern. Blüten 7-9 cm groß, rot. Fruchtblätter kahl. *P. hybrida* Pall. soll sich durch schmalere, 10-15 mm breite Blättchen unterscheiden. *P. intermedia* var. *intermedia* (C. A. M.) B. Fedtsch. hat behaarte Balgfrüchte. Dies dürfte die härteste Art sein, und sie ist mit ihren ziemlich großen, flachen, dunkel-rosaroten Blüten sehr schön. Benötigt tiefgründigen, sandigen Boden in voller Sonne mit gutem Wasserabzug. WH: bis –25 °C oder darunter.

Paeonia coriacea Boiss. Süd-Spanien und Marokko im mittleren Atlasgebirge und zweifelhafte Angaben von Korsika und Sardinien; wächst in Gehölzen und Zedernwäldern zwischen Felsen und alten Mauern. B: 4-5. Stengel bis 60 cm. Blätter doppelt 3teilig mit neuen, unterseits kahlen, bis 16teiligen Blättchen. Blüten 7-15 cm groß, meist rosa. Meist 2 Fruchtblätter 4,5 cm lang, kahl, am Ende schmaler werdend. Einige Sorten treiben im Garten sehr früh aus, erleiden oft Spätfrostschäden. Erfordert warme Lage in relativ trockenem Boden. *P. broteroi* Boiss. & Reut., die auch in Süd-Spanien und Portugal wächst, unterscheidet sich durch weichere, stärker geteilte Blätter, meist rote Blüten und 2-4 dicht behaarte Fruchtblätter.

Paeonia mollis Anderson. Gartensorte, wahrscheinlich Hybride und seit 1818 bekannt und noch in Kultur, soll in der Gärtnerei Loddiges aus Samen entstanden sein, den Pallas aus Rußland sandte. Stengel bis 45 cm, bläulich-grün schimmernde Blätter mit schmalen Abschnitten. Blüten 7 cm groß, unterseits haarig. Sie sollen oft unter dem Laub sitzen, was die abgebildete, in Kew wachsende Pflanze nicht zeigt. WH: bis –20 °C.

Paeonia officinalis L. subsp. *officinalis*. Südfrankreich, östlich bis Ungarn und südlich bis Albanien; in Wäldern, Gehölzen und an felsigen Hängen, meist auf Kalk. In den Südalpen bis 1800 m aufsteigend. B. 5-6. Die 3 endständigen Blättchen sind tief 3lappig, die anderen 5lappig. Die Lappen lanzettlich mit langer Spitze unterseits behaart. Blüten 7-13 cm groß, rot, flach öffnend. Problemlos in gutem Gartenboden. WH: bis –25 °C. Von dieser alten Garten-Pfingstrose gibt es einige Sorten. Am verbreitetsten ist 'Rubra Plena', mit riesigen, gefüllten, sehr dunkelroten Blüten. Leicht wachsende, sehr langlebige Staude. Ebenfalls gibt es eine gefüllte weißblühende, eine gefüllte rosablühende, 'China Rose', eine einfachblühende lachsrosafarbene, und die Sorte 'Anemoniflora Rosea' mit roten, gelbrandigen, zu Blütenblättern verbreiterten Staubblättern und dunkelrosa Blütenblättern. Die einfach blühenden Sorten sind seltener in Kultur.

Paeonia mollis in Kew

Paeonia coriacea bei Ronda, Südost-Spanien

Paeonia officinalis L. subsp. *villosa* (Huth) Cullen & Heywood syn. *P. humilis* Retz var. *villosa* (Huth) F. C. Stern. Südfrankreich, insbesondere um Montpellier, bis Mittelitalien um Florenz. An felsigen Plätzen und in Gehölzen. B: 5-6. Stengel bis 40 cm. Untere Blätter mit Blättchen, die bis zu einem Drittel eingeschnitten sind. Blüten 7-13 cm, rot, flach öffnend. 2-3 behaarte Fruchtblätter. Subsp. *officinalis* unterscheidet sich durch die tiefer eingeschnittenen Blättchen. Subsp. *humilis* unterscheidet sich durch ihre kahlen Fruchtblätter. Problemlos in normalem Gartenboden.

Paeonia peregrina Mill. syn. *P. decora* G. Anderson. In Italien (Kalabrien) bis Rumänien, Griechenland und Bulgarien und West-Türkei; auf Brachland und in Gehölzen, zwischen Kalkfelsen und in Eichenwäldern bis 1200 m. B. 4-5. Stengel bis 50 cm. Aus einem dicken Wurzelstock dünne Wurzeln mit verdicktem Ende. Untere Blätter mit 9 verkehrt eiförmigen bis keilförmigen Blättchen, von denen jedes in 3 oder mehr spitzen Lappen mit winzigen Borsten auf der Blattoberfläche entlang der Blattfasern geteilt ist. Blüten meist dunkelrot, manchmal rosa, schalenförmig, 9-12 cm groß. 1-4 Fruchtblätter lang, weiß behaart. Problemlos in sonniger Lage in Böden mit gutem Wasserabzug. WH: bis –20 °C.

Paeonia 'Smouthii' syn. *P. laciniata* hort. Aus Kreuzung zwischen *P. tenuifolia* und *P. lactiflora*, seit 1843 bekannt. Bildet große Horste mit etwa 60 cm hohen Stengeln und ist reichblütig, für volle Sonne und Böden mit gutem Wasserabzug. Blüten ca. 10 cm groß, duftend. WH: bis –20 °C.

Paeonia tenuifolia L. Südosteuropa, von Jugoslawien und Bulgarien bis Rumänien und Südwest-Rußland, auf der Krim und in den Steppen nahe Stavropol (auch in Armenien gefunden). Wächst in Trockenrasen. B: 5. Stengel bis 60 cm. Blätter fadenförmig (bis 5 mm Breite), Abschnitte geteilt. Blüten leuchtend rot, 6-8 cm breit, 2-3 behaarte Fruchtblätter. Leicht zu kultivieren und sehr hart, bis –25 °C. In voller Sonne und in Boden mit gutem Wasserabzug. Es gibt auch eine blaßrosa Sorte 'Rosea' und eine gefüllte Sorte.

Paeonia officinalis subsp. *villosa*

Paeonia officinalis subsp. *officinalis*

Paeonia tenuifolia

Paeonia peregrina

Paeonia mlokosewitschii in Aberdeenshire mit *Berberis thunbergii* 'Atropurpurea' im Hintergrund

Paeonia wittmanniana in Kew

Paeonia obovata var. *alba* in Aylburton, Gloucestershire

Paeonia mairei bei Baoxing, Sichuan

Paeonia emodi Wall. Pakistan und Nord-Indien, von Chitral bis Kaschmir und West-Nepal. In Wäldern und Gehölzen in 1800- 2500 m Höhe. B: 4-6. Stengel bis 75 cm, Blätter tief in lanzettliche, gewöhnlich kahle Abschnitte zerteilt. Blüten weiß zu 2-4 an einem Stengel, 8-12 cm groß mit 5-10 Blütenblättern. Es heißt, daß diese Art in großen Kolonien am Naturstandort wächst und in Blüte einen prächtigen Anblick bieten muß. Problemlos in sandigem Boden im normal feuchten Staudenbeet. WH: bis –20 °C.

Paeonia mairei Léveillé. China in Nord-Yunnan und West-Sichuan, in steilen, lichten Wäldern, Gebüsch und an Berghängen bei 800 bis 2900 m. B: 5-6. Stengel 50-100 cm, meist 1blütig. Blättchen dünn, kahl, länglich spitz zulaufend oder an der Spitze geschwänzt. Blüten 8-15 cm breit, Fruchtblätter kahl oder mit kurzen goldbraunen Haaren bedeckt, 2-2,5 cm lang, zur Narbe hin schmäler werdend. Ähnlich *P. obovata* mit weiter südlichem Vorkommen und schmaleren Blättern. Diese Art sollte am besten in Bereichen mit kühlem, feuchtem Sommer in Laubboden mit gutem Wasserabzug gezogen werden. WH: bis –15 °C.

Paeonia mlokosewitschii Lomakin. Südost-Kaukasus im Tal von Lagodeki (heute Naturschutzgebiet). An sonnigen Hängen, in Hainbuchen-, Eichenwäldern. B: 4. Stengel bis 60 cm, Blätter doppelt 3teilig mit ovalen bis verkehrt eiförmigen, oft an der Spitze stumpfen oder gerundeten, besonders unterseits blaugrünen Blättchen. Gelbe, 8-12 cm große Blüten. Fruchtblätter wollig behaart. Problemlos in Sonne oder Halbschatten in Boden mit gutem Wasserabzug. WH: bis –20 °C, wenn auch die Knospen durch Spätfröste absterben können.

Paeonia obovata Maxim. var. *alba* Saunders. Ostsibirien, Nord-China (Mandschurei), Shaansi, Sichuan, Sachalin und Japan mit Hokkaido, Honshu und Shikoku; in Wäldern und Gehölzen, im Gebirge. B: 4-6. Stengel bis 60 cm. Junge Blätter purpur, doppelt 3teilig mit runderen Blättchen. Blüten ca. 7 cm groß, cremefarben, blaßrosa-purpur oder weiß wie in der meist in den Gärten kultivierten Form. Fruchtblätter kahl. Problemlos im Halbschatten in sandigem, nährstoffreichem Boden mit gutem Wasserabzug. WH: bis –20 °C. Var. *willmottiae* (Stapf) Stern, von West-Hubei und Ost-Sichuan hat unterseits behaarte Blätter und mit bis 10,5 cm größere Blüten und erblüht früher, in Süd-England im Mai. *P. japonica* Mak. von Japan, Korea und Heilongjian hat auch weiße Blüten, aber kürzere, zurückgebogene Narben.

Paeonia veitchii Lynch. Nordwest-China in Gansu, Sichuan und Shensi, in subalpinen Wiesen und Gehölzen und auf Bergsteppen in 2500-3500 m. B: 5-6. Bildet bis 1 m große Trupps mit kriechenden Rhizomen. Stengel bis 50 cm. Blättchen tief eingeschnitten in schmale, in eine Spitze auslaufende Segmente mit winzigen Borsten. Blüten 5-9 cm groß, rosa, zu 2 oder mehr an einem Stengel. Frucht 2-4 behaarte Fruchtblätter. Problemlos in Sonne oder Halbschatten in Boden mit gutem Wasserabzug. Es gibt auch eine weißblühende Form. WH: bis –20 °C. Var. *woodwardii (Stapf & Cox) F. C. Stern* aus Gansu und Nordwest-Sichuan wächst auf Yak-Weiden in 3000 m Höhe und unterscheidet sich von der normalen Varietät durch nur bis 30 cm lange Stengel und durch längere borstige Haare auf den Blattadern.

Paeonia emodi in Wisley, Surrey

Paeonia veitchii in Kew

Paeonia wittmanniana Hartwiss ex Lindl. West- und Süd-Kaukasus, im Talysh-Gebirge in Süd-Aserbeidschan und im Elburz-Gebirge in Nordwest-Iran; auf alpinen Weiden, an felsigen Hängen, wahrscheinlich zwischen Adlerfarn und in Buchenwäldern bis 1700 m Höhe. B: 4-8 entsprechend Höhenlage. Stengel bis 1 m. Blätter doppelt 3teilig mit 4,5-10 cm breiten, spitzen bis länglich auslaufenden, kahlen, oberseits glänzenden, unterseits heller grünen, auf den Adern etwas behaarten Blättchen. Blüten blaßgelb, 10-12 cm groß. 2-3 filzig behaarte oder kahle (var. *nudicarpa* Schipczinsky) Fruchtblätter. Robuste, vielblättrige Pflanze (besonders var. *macrophylla* [Albor] Busch auch fast weißblühend); problemlos in nährstoffreichem Boden in Sonne oder Halbschatten, unter Sträuchern. WH: bis –15 °C, vielleicht darunter.

Paeonia veitchii var. *woodwardii*

Weiße gefüllte *Paeonia lactiflora* Ende Mai im Alten Kaiserlichen Sommerpalast bei Peking

'Kelways' Unique'

'Bowl of Beauty'

'Beersheba' im Pfingstrosenfeld bei Kelways' Nurseries, Langport, Somerset

Paeonia lactiflora-Sorten. Dies sind die verbreiteten Garten-Pfingstrosen, die ihre weiteste Verbreitung in England zu Zeiten König Edwards hatten, wie die Sortennamen 'Lord Kitchener' und 'Sarah Bernhardt' zeigen. Sie waren bei ihrer Einführung 1784 bereits seit langem entwickelte Gartenblumen in China. Alle sind sehr hart, da sie aus Nord-China stammen und –50 °C oder auch tiefere Temperaturen ohne Schäden an den Wurzeln ertragen. Sie lieben einen nährstoffreichen, schweren Boden mit gutem Wasserabzug, aber ausreichender Feuchte im Sommer. Der Wurzelstock sollte nur so tief gepflanzt werden, daß die ruhenden Augen etwa 3 cm tief liegen. Bei zu tiefem Pflanzen sind sie blühfaul.

'Beersheba' Stengel bis 100 cm, frühblühend. Züchter Kelways.

'Bowl of Beauty' Stengel bis 90 cm, Blüten duftend, mittel bis spät. Züchter Hoogendoorn 1949. Wahrscheinlich die verbreitetste der sogenannten 'Edel'-Paeonien, bei denen die Staubblätter in blütenblattähnliche Verbänderung umgewandelt sind.

'Kelways' Unique' Züchter Kelways.

'Lorna Doone' Züchter unbekannt.

'Madelon' Stengel bis 90 cm. Züchter Dessert 1922.

'Pink Delight' Stengel bis 70 cm. Blüten besonders schön und wohlduftend, mittel bis spät. Züchter Kelways.

'White Wings' Stengel bis 80 cm. Züchter Hoogendoorn 1949.

'Madelon'

'White Wings'

'Lorna Doone'

'Pink Delight'

Pflanzen von Kelways' Nurseries, Langport, Somerset, 26. Juni, 1/3 nat. Größe

Paeonia lactiflora 'Whitleyi Major'

'Duchesse de Nemours'

'White Innocence'

'Alice Harding'

Paeonia lactiflora Pallas syn. *P.* 'Whitleyi Major', *P. albiflora* Pallas. *P. lactiflora* ist die Stauden-Paeonie, von der die meisten Garten-Pfingstrosen-Sorten gezüchtet wurden. Sie stammt aus Sibirien, südlich vom Baikalsee, ostwärts bis Wladiwostok und kommt in Nordwest-China und in der Mongolei bis Peking in Steppen und Gehölzen vor. B: 5-6. Stengel bis 60 cm, meist mit 2 oder mehr Blüten. Blätter am Grunde in 9 längliche Lappen geteilt, wobei die Endabschnitte der äußeren Blättchen meist nochmals geteilt sind. Blätter kahl oder schwach behaart mit warzigen, rauhen Rändern. Blüten bei der Wildart 7-10 cm breit, weiß oder rosa, Frucht 3-5, kahle Fruchtblätter. 'Whitleyi Major' ist eine Gartenselektion, die der Wildart ähnelt. Für gute, sandige, sommerfeuchte Böden mit gutem Wasserabzug. WH: bis –25 °C oder darunter.

'Alice Harding' Stengel bis 100 cm, gut duftend, mittelfrüh. Züchter Lémoine 1922.

'Ballerina' Stengel bis 90 cm, Blüten bläulichrosa, zu weiß verblühend, früh bis mittelfrüh. Züchter Kelways.

'Barrymore' Stengel bis 90 cm, Blüten sehr blaßrosa beim Öffnen. Züchter Kelways.

'Countess of Altamont' Stengel bis 100 cm, Blüten duftend, mittelfrüh. Züchter Kelways.

'Duchesse de Nemours' Stengel bis 80 cm, sehr reichblühend und gut duftend. Züchter Canlot 1856.

'Festiva Maxima' Robuste, bis 90 cm hohe Stengel. Blüten duftend, weiß mit blutroten Flecken. Züchter Miellez 1851.

'Gleam of Light' Stengel bis 90 cm, mittel bis spät. Züchter Kelways.

'Heirloom' Niedrig, bis 70 cm hohe Stengel. Züchter Kelways.

'Jan van Leeuwen' Züchter van Leeuwen 1928.

'Kelway's Supreme' Reichverzweigte, bis 90 cm hohe Stengel und deshalb lange blühend. Blüten sehr blaßrosa zu weiß verblühend. Züchter Kelways.

'Laura Dessert' Stengel bis 75 cm, Blüten weiß mit gelben, blütenblattähnlichen verbreiterten Staubblättern, früh bis mittelfrüh. Züchter Dessert 1913.

'Mme Claude Tain' Stengel bis 75 cm. Züchter Doriat 1927.

'Shirley Temple' Stengel bis 75 cm. Sehr gut duftend, sehr blaßrosa bis weiß.

'White Innocence' Kreuzung aus *P. lactiflora* × *P. emodi* von Dr. A. P. Saunders in New York 1947. Stengel 120-150 cm hoch, überhängend, mit mehreren in der Mitte grünlichen Blüten.

'Heirloom'

'Mme Claude Tain'

Pflanzen von Kelways' Nurseries, Langport, Somerset, 24. Juni, 1/3 nat. Größe

'Sarah Bernhardt'

'Silver Flare'

'Polindra'

'Albert Crousse'

'Albert Crousse' Stengel bis 90 cm, spätblühend. Züchter Crousse 1893.

'Auguste Dessert' Stengel bis 75 cm, Blüten mittelfrüh bis spät mit guter Herbstfärbung der Blätter. Züchter Dessert 1920.

'Beacon Flame' Stengel bis 75 cm. Züchter Kelways.

'Crimson Glory' Stengel bis 80 cm, spät blühend. Züchter Sass 1937.

'Inspecteur Lavergne' Stengel bis 80 cm, Blüten mittelfrüh bis spät. Züchter Doriat 1924.

'Kelways' Brilliant' Stengel bis 90 cm. Züchter Kelways.

'Kelways' Majestic' Stengel bis 90 cm, Blüten besonders groß. Züchter Kelways.

'Knighthood' Züchter nicht bekannt.

'Magic Orb' Stengel bis 95 cm, Blüten gut duftend. Züchter Kelways.

'Mr G. F. Hemerick' Züchter wahrscheinlich van Leeuwen.

'Polindra' Züchter nicht bekannt.

'Sarah Bernhardt' Stengel bis 90 cm, Blüten sehr groß, mittelfrüh bis spät. Züchter Lémoine 1906.

'Shimmering Velvet' Stengel bis 85 cm, Blüte bis in den Sommer hinein. Züchter Kelways.

'Silver Flare' Stengel bis 90 cm, Blüten früh. Züchter nicht bekannt.

'Sir Edward Elgar' Blüten mittelfrüh bis spät, Stengel bis 75 cm. Züchter Kelways.

Die Zahl der angebotenen Sorten ist riesengroß, so daß nur wenige hier gezeigt werden können.

Einfache Pfingstrosen in Claude Monets Garten in Giverny, im Juni

Corydalis flexuosa bei Wolong, Nordwest-Sichuan

Corydalis wilsonii

Corydalis lutea

Corydalis thrysiflora an Wasserläufen unterhalb des Gletschers am Vishensar-See

Corydalis scouleri in Kew

Corydalis anthriscifolia bei Baoxing, Sichuan

Corydalis nobilis bei Yumin, Nordwest-China

Corydalis nobilis

Corydalis ochroleuca

Corydalis anthriscifolia Franch. *(Fumariaceae).* West-Sichuan, besonders bei Baoxing, an schattigen Stellen, in Wäldern und unter Klippen, in 2000 m Höhe. B: 4-5. Stengel bis 40 cm ausbreitend aus dickem Wurzelstock. Blätter blaugrün, Blüten ca. 2,5 cm, purpur erblühend und gelbbraun verblühend mit aufwärts gebogenem Sporn und gelbbraunen Früchten. Hübsche Pflanze mit ungewöhnlicher Farbkombination. Geeignet für schattige, kühle Stellen mit Laubboden. WH: bis –15 °C, oder vielleicht darunter.

Corydalis flexuosa Franch. China, in West-Sichuan, besonders in den Tälern von Baoxing und Wolong, an steilen, schattigen Hängen mit Matteuccia in 2000 m Höhe. B: 4-7. Aufrechte Pflanze aus dünnem Wurzelstock mit fleischigem Blattgrund und dünnen Ausläufern; mit Sommerruhe. Blätter blaugrün, manchmal purpur gezeichnet. Stengel bis 40 cm. Blüten ca. 2,5 cm lang, blau, manchmal purpurn. Kapselfrucht schlank. Für feuchte, lockere Laubböden im Schatten oder Halbschatten. WH: bis –10 °C, vielleicht darunter.

Corydalis lutea (L.) DC. Verbreitet am Fuße der Alpen, in der Schweiz, Italien und Jugoslawien, an schattigen Felsen und in Geröll, meist auf Kalk und häufig überall eingebürgert, insbesondere an alten Mauern. B: 5-10. Bildet Büsche zierlicher, grüner Blätter aus dünnem, fleischigem Wurzelstock. Stengel bis 40 cm. Blüten gelb, 12-20 mm, bis zu 16 in dichter, verlängerter Traube. Frucht herabhängend, Samen glänzend. Problemlos mit Selbstaussaat in schattigen Spalten, in Mauern und zwischen Felsen. WH: bis –20 °C.

Corydalis nobilis (L.) Pers. Zentralasien, in den Saur- und Tarbagatay-Bergen und in China in West-Sinjiang, in den Maili-Bergen bei Yumin; in Gebüsch und auf grasigen Plätzen, an Wasserläufen im Gebirge. B: 4-5. Robuste, aufrechte, vielstengelige, bis 60 cm hohe Pflanze aus einem zentralen Wurzelstock; bei Trockenheit Sommerruhe. Blüten ca. 20 mm lang, gelb (oder weiß?) mit dunklem Punkt auf den inneren Blütenblättern und zu 20-30 in dichtem Blütenkopf. Für nährstoffreichen, sandigen Boden, in voller Sonne oder Halbschatten. WH: bis –20 °C oder darunter.

Corydalis ochroleuca Koch. Italien und Jugoslawien, Albanien und Nord-Griechenland, in felsigen Wäldern und überall in Europa besonders an alten Mauern eingebürgert. B: 5-9. Pflanze mit mehreren aufrechten, bis 40 cm hohen Stengeln aus zentralem Wurzelstock. Blätter blaugrün, Blüten ca. 15 mm lang, cremeweiß, bis zu 14 in dichter Traube. Frucht aufrecht, Samen stumpf, nicht glänzend. Zierliche Pflanze für Spalten in Mauern oder Pflaster, in Sonne oder Schatten. WH: bis –15 °C. Hier ist subsp. *leiosperma* (Conr.) Hayek abgebildet, deren Stützblätter mindestens 1/3 so lang sind wie die Blütenstiele und deren Samen glänzen.

Corydalis scouleri Hook. Westliches Nordamerika, von British Columbia südwärts bis Nord-Oregon, in feuchten, schattigen Wäldern. B: 6-7. Stengel bis 60 cm oder höher aus kräftigem Wurzelstock, große Büsche zierlicher Blätter bildend. Blühende Stengel etwas höher als die Blätter mit 15- 35 rosamauve farbenen, ca. 2,5 cm langen Blüten in kurzen Trauben. Die nahverwandte *C. caseana* Gray aus Nord-Oregon und Kalifornien bis Idaho und Colorado hat blasser rosa oder weiße Blüten mit purpurnen Spitzen, die zu 50-200 in einer Traube stehen. Für feuchten Laubboden im Halbschatten an geschützter Stelle. WH: bis –15 °C.

Corydalis thrysiflora Prain. Westlicher Himalaja, von Pakistan bis Kaschmir und dort sehr verbreitet; an Gebirgsflüssen, zwischen Felsen und unterhalb von Gletschern in 3000-4300 m Höhe. B: 7-8. Stengel verzweigt, 15-30 cm hoch mit dichtem, endständigem Blütenstand. Blüten 12-15 mm lang, Sporn halb so lang, Frucht 5-7 mm, breit oval mit langem, gebogenem Griffel. Nicht schwierig in feuchtem, grobkörnigem Torfboden, in Sonne oder Halbschatten. Im tiefen Schatten bleibt die Pflanze nicht gedrungen. WH: bis –20 °C.

Corydalis wilsonii N. E. Br. China, in West-Hubei, an schattigen Kalksteinklippen in 1500 m Höhe. B: 4-5. Pflanze mit einer Rosette vieler, fein geteilter farnähnlicher, bis 25 cm langer Blätter aus zentralem Wurzelstock. Blüten ca. 15 mm lang, zu etwa 20 an aufrechtem, bis 20 cm hohem Blütenstengel. Problemlos in kühler Lage, an Mauern oder Felsen im Schatten. WH: bis etwa –15 °C.

Pflanzen von University Botanic Garden, Cambridge, 20. Juni, 1/3 nat. Größe

Geranium aristatum Freyn & Sint. *(Geraniaceae).* Süd-Albanien, Süd-Jugoslawien und Nordwest-Griechenland, an feuchten, schattigen Stellen im Gebirge, meist auf Kalk, in 1650-2100 m. B: 6-9. Büschelig wachsend mit mehr oder weniger aufrechten, bis 60 cm langen, im oberen Teil drüsigen Stengeln. Blätter mit 7-9 ziemlich breiten Lappen. Blüten nickend. Blasse, 13-16 mm lange, stark zurückgebogene, lila-, rosa-geaderte Blütenblätter. Problemlos in normalem Gartenboden im Halbschatten.

Geranium libani Davis. Süd-Türkei (Hakai), West-Syrien und Libanon, in Macchia und Abieswäldern. B: 4-5. Blätter im Herbst erscheinend und im Sommer absterbend, oberseits glänzend. WH: bis –15 °C. Für warme, im Sommer trockene Lage.

Geranium × monacense Harz (syn. *G. punctatum* hort.) var. *anglicum* Yeo. Eine Hybride zwischen *G. reflexum* und *G. phaeum* var. *lividum.* Blütenblätter 11-14 mm, rosa-lila mit sehr kleinem, weißem Grund. Blätter meist ungefleckt. *G. monacense* var. *monacense* ist die Kreuzung aus *G. reflexum* und *G. phaeum* var. *phaeum.* Blüten purpur-rot mit großem, blassem Grund. Blätter oft gefleckt.

Geranium phaeum L. *Brauner Storchschnabel.* In Europa, von den Pyrenäen ostwärts bis West-Rußland. In subalpinen Wiesen und Wäldern und an Hängen. B: 5-8, vielerorts auch eingebürgert. Aus dickem Rhizom kräftige Büsche wachsend. Blätter 10-20 cm groß, mit 7-9 Lappen, oft rötlich-purpur gefleckt. Im oberen Bereich drüsige, 60-80 cm lange Stengel. Blütenblätter 11-14 mm lang, rosa, lila oder purpur oder fast schwarz; in der angebauten Form 'Album' weiß. WH: bis –20 °C. Var. *lividum (L'Her.)* Persoon 'Majus' ist eine hochwachsende, großblütige Auslese aus var. *lividum* mit bis 16 mm langen Blütenblättern. Var. *lividum* unterscheidet sich von var. *phaeum* durch blasse Blüten mit bläulichem Rand zum weißen Blütengrund.

Geranium pogonanthum Franch. Südwest-China, mit Yunnan und Sichuan und westliches bis nördliches Burma; im Gebüsch und an Waldrändern. B: 7-9. Kräftiger Wurzelstock mit langkriechenden Stengeln. Blätter marmoriert, 5- oder 7lappig, tief geteilt mit scharfen Spitzen. Stiele 4-8 cm. Blüten nickend, 2,5-3,5 cm groß, rosa oder purpur bis fast weiß. Staubfäden rot. Für kühle, feuchte Böden in Sonne oder Schatten. WH: bis –15 °C.

Geranium reflexum L. In den italienischen Appenninen, Nord-Jugoslawien und Nord-Griechenland, in Bergwiesen, auf schattigen Felsen und Waldlichtungen. B: 5-6. Büschelig wachsend. Stengel 40-80 cm. Blätter mit 5-7 spitzen, schwach gezähnten Lappen. Blüten mit 11-13 cm langen, zurückgebogenen rosa Blütenblättern mit weißem Grund. Wie *G. phaeum*, aber mit schmaleren, stärker zurückgebogenen Blütenblättern, die jungen Früchte nach unten zeigend. Für Halbschatten und ziemlich trockenen Boden vertragend. WH: bis –15 °C.

Geranium sinense Knuth. West-China, mit Yunnan und Sichuan, in alpinen Wiesen. B: 8-10. Pflanze mit wenigen, aufsteigenden oder kriechenden Stengeln aus kräftigem Wurzelstock. Grundblätter langgestielt, bis zum Grunde in 7 schmale Lappen geteilt. Obere Blätter kurzstielig, Blüten bis 2 cm groß, meist von Wespen besucht. WH: bis –15 °C oder darunter.

Geranium phaeum

Geranium phaeum

Geranium phaeum 'Album'

Geranium pogonanthum

Geranium sinense

Geranium sanguineum auf dem Burren, Co. Clare

Geranium sanguineum var. *striatum*

Geranium swatense im RBG, Edinburgh

Geranium maculatum L. *(Geraniaceae).* Östliches Nordamerika, westlich bis Manitoba und Kansas; an feuchten Stellen, in Wäldern, an feuchten Felsen und in Sümpfen. B: 4-7. Wenige 50-70 cm lange Stengel aus kräftigem Wurzelstock. Blätter in 5-7 ziemlich schmale, gezähnte und am Grunde bis 10 cm große, an der Spitze gelappte Abschnitte geteilt. Blüten rosa, oft sehr blaß und weiß im Grund. Elegante Art und wertvoll durch frühe Blüte und die Fähigkeit, staunassen Boden zu tolerieren. WH: bis –25 °C oder darunter.

Geranium oreganum Howell. Von Washington südwärts bis Nord-Kalifornien, in Wiesen, Gebüsch oder lichten Wäldern von 800-1500 m in Kalifornien. B: 6-7. Sich ausbreitende bis 60 cm lange Triebe. Blätter 10-20 cm groß, fast bis zum Grund in 7 nochmals tief eingeschnittene Lappen geteilt. Blüten 4,3 -4,7 cm groß, aufwärts öffnend in lockerem Bodenstand. Attraktive Art für Sonne oder Halbschatten, jedoch mit ziemlich greller Farbe. WH: bis –15 °C.

Geranium orientalitibeticum Knuth. China, in Sichuan bei Kanding (Tatsienlu), in Geröll in 2250-3750 m Höhe. B: 6-7. Treibt aus Ausläufern kleiner, unterirdischer, rosa Knollen mit weißer Mitte. Die etwa 10 cm großen, blaßgrünen, cremefarben marmorierten Blätter erscheinen im Frühjahr und sterben im Spätherbst ab. Stengel 20-35 cm. Blüten rosa, 2,3-2,7 cm groß. Problemlos in normalem Gartenboden in voller Sonne. Bei Feuchtigkeit im Frühsommer und gutem Wasserabzug sich in kleinen Trupps ausbreitend. WH: bis –20 °C.

Geranium palustre L. *Sumpfstorchschnabel.* Mittel- und Osteuropa, von Frankreich und Schweden ostwärts bis Rußland, Kaukasus und Nordost-Türkei; an feuchten Stellen, in Gehölzen und Waldrändern. B: 6-8. Bis 40 cm weit ausbreitende Stengel aus zentralem Wurzelstock. Blätter 5-10 cm, tief 7lappig mit wenigen großen Zähnen. Blüten 3-3,5 cm groß, tiefrot mit dunkel-purpurnen Adern. Problemlos in jedem guten Boden, in Sonne oder leichtem Schatten. WH: bis –20 °C.

Geranium pylzowianum Maxim. West-China, in Gansu, Shaanxi, Sichuan und Yunnan, in alpinen Wiesen und an felsigen Stellen in 2400-4250 m Höhe. B: 5-6 in Gartenkultur. Pflanze mit unterirdischen Ausläufern und Ketten kleiner Knollen und damit langsam truppweise ausbreitend. Stengel selten größer als 12-25 cm. Blätter ca. 5 cm breit, nicht marmoriert, dunkler grün und tiefer in schmalere Abschnitte geteilt als *G. orientalitibeticum.* Nicht flach öffnende Blüten mit 1,6-2,3 cm langen, intensiv rosaroten Blütenblättern. Problemlos an sonniger Stelle in Boden mit gutem Wasserabzug. WH: bis –20 °C.

Geranium sanguineum L. *Blutstorchschnabel.* Europa, von Nordwest-Irland und Schottland ostwärts bis zum Kaukasus und Nord-Türkei; an sonnigen, grasigen Stellen, in Gehölzen zwischen Felsen, meist auf Kalk und auf Küstendünen. B: 4-8. Mehrere sich ausbreitende, kriechende, bis 30 cm lange Stengel von einem langsam wachsenden Wurzelstock. Blätter tief in 5-7 Lappen geteilt, von denen jeder wiederum bis zum Grund 3- bis 5lappig geteilt ist. Blüten 2,5-4,2 cm groß, meist purpur-rot, manchmal rosa, besonders in der var. *striatum* Weston syn. var. *lancastriense* (Miller) Druce von der Insel Walney vor der Küste von Wales in Nordwest-England. Problemlos an sonnigen, in warmen Klimaten halbschattigen Stellen. Flachwachsend und geeignet für Beetränder oder an Wegen. Außerordentlich lange Blütezeit. WH: bis –20 °C.

Geranium swatense Schonbeck-Temesy. Nord-Pakistan, in Dir und Swat und in Kaschmir; an grasigen Berghängen in 2000-2500 m Höhe. B: 8. Pflanze mit kriechenden, aber nicht wurzelnden, bis 50 cm langen Trieben aus zentralem Wurzelstock. Etwa 10 cm lange, gestielte, zu 2/3 in 3-5, weit voneinander abstehende Lappen geteilt. Blüten etwa 2 cm groß, intensiv rosa bis weiß mit weißer Mitte, an langen drüsenhaarigen Stengeln. Problemlos an sonniger Stelle mit gutem Wasserabzug. WH: bis –20 °C oder darunter.

Geranium wlassovianum Fisch. ex Link. Mongolei, Nordost-China und Ost-Sibirien, in feuchten Wiesen und Gehölzen. B: 7-8 in Gärten. Bis 30 cm lange, mit weichen Haaren bedeckte, sich ausbreitende Stengel von kräftigem, zentralem Wurzelstock. Blätter kurzstengelig, oft bräunlich. Blüten meist intensiv purpurn, seltener rosa mit 1,7-2,2 cm langen, intensiv violett geaderten Blüten. Für Sonne oder Schatten in jedem Boden. WH: bis –25 °C.

Geranium oreganum

Geranium maculatum in den Blue Ridge Mountains, Virginia

Geranium pylzowianum

Geranium orientalitibeticum

Geranium wlassovianum

Geranium palustre

Pflanzen vom Cambridge University Botanic Garden, 4. Juni, 1/3 nat. Größe

Geranium erianthum DC. *(Geraniaceae)*. British Columbia und Alaska, westwärts zu den Kurilen-Inseln, Japan (Hokkaido) und Ost-Sibirien; in subalpinen Wiesen und Gehölzen, auf grasigen Hängen, in Seenähe. B: 6-8. Bis 30 cm lange Triebe aus festem Wurzelstock. Blätter zu 3/4 in 7-9 Lappen aufgeteilt, von denen jeder tief unregelmäßig gezähnt ist, die anderen überlappt und nichtdrüsige, anliegende Haare trägt. Blüten 2,5- 3 cm groß, oft sehr blaßblau mit dunkleren Adern in gedrängtem Blütenstand. WH: bis –20 °C. Die hier gezeigte Pflanze stammt aus Nordost-Hokkaido, Japan.

Geranium himalayense Klotsch. Pamir und Himalaja, von Nordost-Afghanistan bis Mittel-Nepal; in offenen Wäldern, Gehölzen und an grasigen Hängen in 2100-4300 m Höhe. B: 5-7. Mit unterirdischen Ausläufern sich ausbreitende Teppiche bildend. Stengel 30-45 cm, zu 3/4 oder 4/5 in 7 überlappende Abschnitte geteilt, die wiederum stumpfe, gezähnte Lappen tragen. Blüten tiefblau, mit 4-6 cm die größten der Gattung und überlappenden Blütenblättern. Gute Gartenpflanze, Trokkenheit und einigen Schatten vertragend. Verschiedene Auslesen sind in Kultur. 'Gravetye' hat die größten Blüten mit tiefem, intensivem Blau. Diese Sorte, mit *G. pratense* gekreuzt, ergab die ausgezeichnete Hybride 'Johnson's Blue' (Seite 117). 'Plenum' syn. 'Birch Double' ist eine kleinere, seit 1928 bekannte Pflanze mit wesentlich stärker purpurnen, gefüllten, ca. 3,5 cm großen Blüten. WH: bis –20 °C.

Geranium ibericum Cav. subsp. *jubatum* (Handel-Mazetti) Davis. Nord-Türkei, von Bolu bis Trapezunt, wo es in Gehölzen, Wiesen und Vulkangesteinberghängen in 1900-3000 m Höhe wächst. B: 7-8. Bis 40 cm lange, drüsig und normalbehaarte Stengel. Buschig wachsend mit überlappenden und tief eingeschnittenen, bis 20 cm großen, 9- oder 11lappigen Blättern. Seitwärts gewendete, 4-4,8 cm große, bläuliche, purpur-geaderte Blüten. Subsp. *jubatum* unterscheidet sich von subsp. *ibericum* aus der Nordost-Türkei und dem Kaukasus durch drüsige Haare an den Stielen, wie bei *G. magnificum* und *G. platypetalum*. Problemlos an sonnigen Stellen mit gutem Wasserabzug. WH: bis –20 °C.

Geranium renardii Trautv. Kaukasus, an Klippen und auf steinigen Wiesen, in 2000 m. B: 7, in Gartenkultur 6. Pflanze mit kurzem, dickem Wurzelstock niedrige Büsche bildend. Blätter bis 10 cm groß, bis zur Hälfte in 5 oder 7 gezähnte Lappen geteilt, grau, stark runzelig mit eingesenkten Adern. Stengel etwa 20 cm. Blüten flach, 30-36 mm groß, weiß oder bläulich mit auffallenden blauen Adern. Blütenblätter gekerbt, deutlich voneinander getrennt. Problemlos in voller Sonne in Boden mit gutem Wasserabzug. Die verbreitete Auslese in Gartenkultur heißt nach ihrem Entdekker 'Walter Ingwersen'. WH: bis –20 °C.

Geranium richardsonii Fisch. & Trautv. British Columbia, ostwärts bis Saskatchewan, südlich bis Kalifornien, South Dakota und New Mexico; an feuchten, grasigen Stellen und in Wiesen, von 1000-3000 m Höhe (in Kalifornien). B: 7-8. Wenige, reichverzweigte, bis 60 cm hohe Stengel von einem dicken Wurzelstock. Blätter 5-10 cm groß, leicht glänzend, tief in 5-7 Lappen geteilt, die schwach gelappt oder breit gezähnt sind. Blüten 2,4- 2,8 cm groß, meist weiß, manchmal aber rosa und geadert mit behaarter Oberfläche zur Blüte hin. Eine variable Art, von der gute Formen sehr schön sind, wie die von Peter Yeo in Colorado 1973 gesammelte und hier abgebildete Form zeigt. Gut in feuchtem Boden in voller Sonne. WH: bis –20 °C.

Geranium viscosissimum Fisch. & Meyer. British Columbia, ostwärts bis Alberta und südlich bis Nord-Kalifornien (bis in Höhen von 1800 m), South Dakota und Wyoming; in lichten Wäldern und Wiesen. B: 5-7. Reichverzweigte, 30-80 cm lange, stark drüsige Triebe aus tiefgehendem verholztem Wurzelstock. Blüten etwa 4,5 cm groß, blaßrosa bis rosa-purpur mit dunkleren Adern. Blätter bis 4/5 tief 7lappig und diese etwa 7,5 cm groß mit wenigen Zähnen. Für jeden guten Gartenboden in Sonne oder Halbschatten. WH: bis –25 °C.

Geranium himalayense in Kaschmir

Geranium himalayense 'Gravetye'

Geranium renardii

Geranium erianthum aus Japan

Geranium macrorrhizum

Geranium platypetalum aus dem Kaukasus

Geranium 'Ann Folkard' *(Geraniaceae).* Diese schöne Hybride zwischen *G. procurrens* und *G. psilostemon* wurde von Revd. O. G. Folkard in Sleaford, Lincs., 1963 aus Saat von *G. procurrens* gezogen. Sie hat einen kräftigen Wurzelstock und etwas kriechende Stengel. Blätter immer hell, gelblich-grün, reichblühend mit Einzelblüten 3,5-4 cm groß. Problemlos in Sonne oder Halbschatten.

Geranium canariense Reuter. Kanarische Inseln auf Teneriffa, Palma, Gomera und Hierro, an Wasserläufen und an feuchten, halbschattigen Stellen im Lorbeerwald. B: 3-5 (und länger). Pflanze mit schöner, großer Rosette vieler breiter Blätter, die bei alten Pflanzen auf einem bis 15 cm hohem Stämmchen sitzt. Blattflächen bis 25 cm breit, zerstreut behaart, bis zum Grund 3lappig, die äußeren Lappen ebenso bis fast zum Grunde geteilt mit ungestieltem Mittellappen und gebogenen Zähnen. Blüten 2,3-3,6 cm groß, an reichverzweigten drüsigen Blütenständen in den Blattachseln. Dies ist eine der härteren Arten der Riesenstorchschnäbel von den Kanarischen Inseln und Madeira und überlebt im Freien nur an geschützten Plätzen, in warmen Gärten vielleicht bis zu –5 °C. Die schönste Art *G. maderense* Yeo von Madeira ist empfindlicher und muß frostfrei überwintert werden. Sie kann bis 1,5 m hoch und breit werden.

Geranium × cantabrigiense Yeo. Eine Hybride zwischen *G. macrorrhizum* und *G. dalmaticum*, die von Dr. Helen Kiefer 1974 im Cambridge Botanic Garden gezogen wurde. Blüten leuchtend rosa, andere rosablütige Typen sind Zufallsergebnisse aus Gartenkultur. Der Typ 'Biokovo' wurde in der Natur in den Biokovo-Bergen in Süd-Jugoslawien gefunden. Er hat weiße Blüten und längere Ausläufer als die Cambridge-Form. Teppiche bildend mit Stengeln bis 30 cm Höhe. Blätter bis 10 cm breit, Blüten 2,5-2,8 cm groß, wie die von *G. macrorrhizum* und bei Gartenkultur im Juni und Juli. Wächst gut in der Sonne oder an trockenen Stellen. In heißen Klimaten besser im Halbschatten. WH: vielleicht bis –15 °C.

Geranium eriostemon DC. Ost-Sibirien, West-China mit Ost-Xizang, Sichuan und West-Hubei, Korea und Nord-Japan; an grasigen Stellen im Gebirge und in lichten Wäldern. B: 5-6, bei Gartenkultur oft schon in 4 und vereinzelt auch später. Wenige, aufrechte, 50 cm bis1 m hohe Triebe aus dickem Wurzelstock. Blüten 2,5-3,2 cm. Blätter zu 2/3 3- oder 5lappig, geteilt mit flachen Zähnen und abstehenden Haaren auf den Adern der Blattunterseite. Fotografie im Mai aus Sichuan. Diese Art wird manchmal falsch *G. sinense* genannt, die kleinere, intensiv purpur-rote Blüten und ausbreitende kriechende Stengel hat und sehr spät blüht. Sie ist verwirrend ähnlich zu *G. erianthum*, welche jedoch anliegende Haare auf den unteren Blättern hat und deren Blattlappen tief gezähnt sind. WH: bis –20 °C.

Geranium macrorrhizum L. *Felsenstorchschnabel.* Südliche Alpen, in Frankreich, Italien und Südost-Karpaten in Rumänien, südlich bis Griechenland; zwischen Kalkfelsen, im Geröll, in Wäldern und Gehölzen, bis 2100 m in Griechenland. B: 4-8. Pflanze mit fleischigem, unterirdischem Wurzelstock und mit dickem, kriechendem Rhizom dichte Matten bildend. Stengel bis 50 cm. Blätter 10-20 cm groß, sehr aromatisch und in der Vergangenheit als Quelle für Geranium-Öl genutzt. Blüten 2-2,5 cm groß, tiefrot bis blaßrosa oder weiß. Problemlos in trockenen oder feuchten Lagen in Sonne oder Schatten. Bildet wirksame, unkrautfreie Bodendecke. Mehrere Kultursorten sind in den Gärten zu finden. **'Album'** Blütenblätter weiß, Kelchblätter und Staubblätter rosa. Eingeführt aus den Rodopen in Bulgarien durch Walter Ingwersen. **'Bevan's Variety'** Kronblätter intensiv tiefrot, Kelchblätter tiefrot. Gesammelt von Dr. Roger Bevan und eingeführt durch Washfield Nurseries. **'Ingwersen's Variety'** Blaßrosa blühende Form vom Koprivnik-Berg in Montenegro. Eingeführt 1929 durch Walter Ingwersen. **'Spessart'** Blüten weiß mit rosa Kelch und Staubfäden. Von Dr. Simon im Spessart gefunden und eingeführt. Alle Sorten WH: bis –15 °C.

Geranium × magnificum Hylander. Eine Kreuzung zwischen *G. platypetalum* und *G. ibericum* subsp. *ibericum* unbekannter Herkunft. Bekannt und kultiviert seit 1871. Sehr gute Gartenpflanze, die große Trupps bildet und sie durch kurze unterirdische Ausläufer ausbreitet. Ihr einziger Nachteil ist ihre kurze Blütezeit, je nach Lage Anfang, Mitte oder Ende Juni. Peter Yeo beschreibt 3 Auslesen dieser Kreuzung in seiner Geranium-Monografie: Die verbreitetste hat bis 70 cm lange Triebe mit bis über die Hälfte in 9 Hauptlappen geteilte Blätter. Stengel drüsig und einfach behaart. Blüten 4,5-5 cm groß. Kronblätter oft leicht gekerbt, purpurn-blau mit dunklen Adern leicht überlappend. Verbreitete Bauerngartenpflanze in Ost-Schottland. In voller Sonne in Böden mit gutem Wasserabzug sehr gut wachsend. Im Schatten überlebend, aber schwächer wachsend und blühfauler. WH: bis –20 °C, vielleicht darunter.

Geranium platypetalum Fisch. & Meyer. Kaukasus, südlich bis Nordost-Türkei und Nordwest-Iran, in Wiesen und an felsigen Hängen im Nord-Kaukasus und in Fichten- und Haselwäldern in der Türkei. B: 6-7. Pflanze bildet kleine Büsche aus dickem, kurzem Rhizom. Stengel drüsig, bis 40 cm. Blätter grün, oberseits runzelig mit 7 oder 9 Lappen, die Hauptlappen wiederum etwa 1/3 tief 3lappig. Blüten blau mit dunkleren, erhabenen Adern, 30-45 mm groß. Blütenblätter an der Spitze am breitesten, gekerbt oder leicht 3lappig. WH: bis –20 °C.

Geranium psilostemon Ledeb. syn. *G. armenum* Boiss. Nordost-Türkei und Südwest-Kaukasus, in Gebüsch, lichten Fichtenwäldern und subalpinen Heuwiesen, die hauptsächlich aus Hochstauden und Lilien bestehen, von 400-1200 m Höhe. B: 6-9. Stengel bis 1,2 m aus kurzem Wurzelstock. Blätter zu 3/4 oder 4/5 in 7 Lappen geteilt, von denen jeder wieder tief eingeschnitten und gezähnt ist. Blüten ca. 3,5 cm groß in vielverzweigtem Blütenstand. Stark wachsende Art für den Hintergrund in der Staudenrabatte oder für Naturgärten. Wächst besonders gut in sommerkühlen Klimaten und auf Böden mit gutem Wasserabzug in Ost-Schottland. Blätter färben sich im Herbst rot. 'Bressingham Flair' ist eine attraktive, niedriger bleibende Auslese mit etwas blasseren Blüten. Reichblühend. Eingeführt 1973. WH: bis –20 °C.

Geranium eriostemon oberhalb Baoxing, Sichuan

Geranium × magnificum im Schatten wachsend

Geranium psilostemon, gefunden bei Trapezunt

Geranium × cantabrigiense

Geranium 'Ann Folkard' in Wakehurst Place, Sussex

Geranium canariense am Wasserlauf im Wald auf Teneriffa

Geranium canariense

Geranium 'Johnson's Blue'

Geranium 'Sellindge Blue'

Geranium sylvaticum 'Album'

Geranium pratense 'Plenum Violaceum' bei Charleville, Co. Offaly

Geranium pratense 'Mrs Kendal Clarke'

Geranium rivulare im Wallis

Geranium clarkei im Gadsar-Tal in Kaschmir

Geranium sylvaticum am Fluß Don, Aberdeenshire

Geranium clarkei Yeo *(Geraniaceae)*. Aus Kaschmir, in alpinen Wiesen und Tälern auf Böden mit gutem Wasserabzug von 2100-4200 m. B: 7. Pflanze mit unterirdischem Rhizom und meist 30, aber bis 50 cm langen ausgebreiteten Trieben. Blätter bis zum Grunde in 7 jeweils tief eingeschnittene bis 15 cm große Lappen geteilt. Blüten 4,5-5,5 cm groß, purpur-blau, weiß oder blaßrosa mit rosa Adern. Attraktive, leicht wachsende Pflanze, für Sonne oder Halbschatten mit langer Blütezeit von 6-9. Die blaßblühende Form ist sehr deutlich unterschieden. Die blaublühende Form kann leicht von *G. himalayense* unterschieden werden, da diese weniger geteilte Blätter mit breiteren Lappen und seitwärts gerichtete Blüten hat. Unterschieden von *G. pratense* durch kräftigere, aufrechte Stengel. WH: bis –20 °C. Aufnahme aus dem Gadsar-Tal in Kaschmir. Es ist die blasse Form, die als 'Kashmir White' bekannt ist.

Geranium 'Johnson's Blue'. Fast sicher eine Hybride zwischen *G. himalayense* und *G. pratense*. In einer Gärtnerei in Holland um 1950 aus Saat von A. T. Johnson entstanden. Niedriger als *G. pratense*, mit 70 cm langen Trieben mehr ausbreitend und rein blaueren Blüten. Kronblätter etwa 25 mm lang. Als sterile Hybride länger blühend als *G. pratense*, meist 6-7.

Geranium pratense L. *Wiesenstorchschnabel.* Europa, von Irland bis Spanien und Kaukasus, östlich bis Sibirien, Himalaja und Altai-Gebirge, in Wiesen und an grasigen Stellen. B: 6-9. Pflanze mit büscheligem Wurzelstock und tiefgehenden fleischigen Wurzeln. Reichverzweigte, kräftige, aufrechte, meist etwa 75 cm hohe, aber auch 130 cm erreichende Stengel. Blätter tief 7- oder 9lappig, wobei jedes Segment wiederum in schmale, spitze Abschnitte geteilt ist. Blüten 3,5-4,5 cm groß, blau oder weiß, meist rosa geadert. Die Art ist im Rasen, an Wegrändern, besonders auf Kalk verbreitet, blüht erstmals im Juni und später nochmals, nachdem die Straßenränder gemäht wurden; ideale Pflanze für den Naturgarten, da sie gut im üppigen Gras wächst. Auch gut geeignet für die Staudenrabatte und durch Selbstaussaat in sich selbst überlassenen Gartenteilen verbreitet. Viele Sorten in Kultur, so z. B. **'Galactic'** mit großen, weißen Blüten und einem weißen, gefüllten Typ 'Plenum Album'. **'Mrs Kendal Clarke'** sollte perlweiß-grau mit leicht rosa Tönung sein. Unter dem Namen ist aber oft eine blaßblütige, weißgeaderte Form im Handel. **'Silver Queen'** weiß mit blaßblauem Hauch. **'Striatum'** weiße, blaugefleckte und gestreifte Blüten. Fällt echt aus Saat. Gute gefüllte Typen sind 'Plenum Caeruleum' und 'Plenum Violaceum'. Erstere hat hellblaue, locker gefüllte, struppig aussehende Blüten, die zweite intensiv purpur-blaue, schönere Blüten mit purpurnen verbänderten Staubblättern, die von den normalen Blütenblättern umgeben sind. Subsp. *stewartianum* Nasir von Seite 112 kommt aus Kaschmir und ist ähnlich **G. clarkei** und hat schmale Blattlappen und rosa-purpurne Blüten.

Geranium rivulare Villars. Alpen Frankreichs, der Schweiz, Nord-Italiens und Österreichs; in alpinen Wiesen, zwischen niedrigen Sträuchern, Felsen und in lichten Nadelwäldern meist auf saurem Boden. B: 6. Pflanze buschig, Stengel bis 45 cm, Blätter tief in 7-9 Lappen geteilt und diese wieder in schmale Lappen und Zähne tief eingeschnitten. Blüten 1,5-2,5 cm groß, weiß mit feinen, purpurnen Adern. Elegante Pflanze, ähnlich dem kleinen blassen *G. sylvaticum*. WH: bis –20 °C.

Geranium 'Sellindge Blue'. Wahrscheinlich Hybride zwischen *G. pratense* und *G. regelii*, entstanden im Garten des Autors in Sellindge, Kent, gegen 1986 als Sämling in einem Weg. Bildet eine runde Pflanze mit zahlreichen drüsigen, verzweigten und ziemlich schlaffen Stengeln. Die Grundblätter sind mit bis zu 12 cm kleiner als die von *G. pratense* und die Blüten mit 3 cm Größe zwischen denen von *G. pratense* und denen von *G. regelii*, die beide im Garten wuchsen. 'Brookside' ist eine andere sehr ähnliche *G. pratense*-Hybride mit mehr niederliegenden Trieben und langer Blütezeit. Blüten 4 cm groß, klar-blau.

Geranium sylvaticum L. *Waldstorchschnabel.* In den meisten Teilen Europas, von Schottland und Irland bis Sibirien, zum Kaukasus und in die Türkei. An grasigen Plätzen, an Wegen, Flüssen und in lichten Wäldern. B: 5-7 entsprechend der Lage. Besonders verbreitet in Nord-England und Ost-Schottland mit rosa-purpurnen, aufrecht öffnenden Blüten im Gegensatz zu den purpur-blauen Blüten von *G. pratense*. Pflanze mit büscheligem Wurzelstock und tiefgehenden Wurzeln. Stengel bis 70 cm. Blätter tief eingeschnitten, 7- oder 9lappig, und diese wiederum gelappt und gezähnt. Blüten 2,2-3 cm groß, dichtgedrängt stehend. Peter Yeo berichtet, daß in Nordosteuropa weiße und rosablühende Typen nach Norden zunehmen. Wir haben in Mittel-Finnland rein-rosa und weißblühende Populationen gefunden. Die reinweiße Form 'Album' ist sehr attraktiv und fällt echt aus Saat. 'Mayflower' hat nach Yeo kräftig blauviolette Blüten mit kleiner, weißer Mitte und wird bis 60 cm hoch. B: 5-6. Problemlos in Sonne oder Halbschatten in jedem nährstoffreichen, feuchten Boden mit gutem Wasserabzug. WH: bis –25 °C oder darunter.

Pelargonium endlicherianum in Nurse's Cottage, North Mundham, Sussex

Pelargonium quercetorum bei Harry Hay

Geranium magniflorum auf dem Mont-aux-Sources, Orange Free State

Geranium brycei bei Carlyle's Hoek, Nordost-Kap

Geranium incanum var. *multifidum*

Biebersteinia multifida DC. *(Geraniaceae)*. Libanon, Südost-Türkei bis Afghanistan und Zentralasien. Wächst an felsigen Stellen. B: 5-6. Wenige, aufrechte, bis 70 cm hohe Stengel aus dicker Wurzel mit Sommerruhe. Blätter aromatisch. Blüten nickend mit ca. 10 cm langen Blütenblättern. Für trockene Lagen mit gutem Wasserabzug. WH: bis –15 °C oder darunter? *Biebersteinia orphanidis* Boiss., mit kleinen rosa Blüten in einem gedrängten, ährenähnlichen Blütenstand, kommt auf dem Peloponnes und in der Zentral-Türkei vor.

Erodium acaule (L.) Becherer & Thell. *(Geraniaceae)*. Südeuropa, von Portugal und Spanien bis Türkei und rund um das Mittelmeer. An trockenen, grasigen Stellen und in Gehölzen. B: 2-5 und bis 9 bei Gartenkultur. Pflanze bis 25 cm mit Stengeln und Blättern aus kräftigem Wurzelstock. Blätter 15 cm lang. Blütenblätter 7-12 mm, ohne Zeichnung. Für sonnige Lage mit gutem Wasserabzug. WH: bis –10 °C, vielleicht darunter.

Erodium carvifolium Boiss. & Reut. Westliches und nördliches Zentral-Spanien, in Kiefernwäldern und auf Bergwiesen in 1500 m Höhe. B: 5-6. Blätter bis 10 cm lang, fein geteilt, einfach behaart. Blüten bis 4 cm groß. Problemlos in Böden mit gutem Wasserabzug. WH: bis –15 °C.

Erodium manescavii Cosson. West- und Zentral-Pyrenäen, hauptsächlich in Frankreich, wahrscheinlich aber auch in Spanien; in Bergwiesen. B: 7-8. Blätter bis 50 cm mit tief eingeschnittenen Blättchen. Dolde mit 5-20 Blüten in einer aus grünen Hochblättern geformten Schale. Blütenblätter 15-20 mm. Problemlos in feuchtem Boden mit gutem Wasserabzug. WH: bis –15 °C.

Es gibt 26 Geranium-Arten in Afrika. Meist Stauden in den Sommerregengebieten. Die vier hier abgebildeten sind jetzt in Kultur. Die anderen wurden in einer kürzlich von Hilliard & Burtt veröffentlichten Arbeit beschrieben. *G. pulchrum* hat die größten Blüten und ist ebenso die größte Art.

Geranium brycei N. E. Br. *(Geraniaceae)*. Südafrika, Drakensberg sowie in Lesotho, Orange Free State, Natal und der nordöstlichen Kap-Provinz; an feuchten und steinigen, meist sonnigen Stellen, Wegrändern und lichten Berghängen in 2200-3000 m Höhe. B: 12-3 (bei uns 6-9). Robuste bis halbstrauchige, 1 m hohe Pflanze, mit zahlreichen Trieben Hügel silberner Blätter bildend.

5-7 beidseitig behaarte, tief gelappte Blättchen. Rosa, blaßpurpurne oder bläuliche, 1,8-4 cm große Blüten in reichverzweigtem Blütenstand; Blütenblätter leicht gekerbt. Problemlos in sonniger Lage. WH: bis –10 °C.

Geranium incanum Burm. fil. var. *multifidum* (Sweet) Hilliard & Burtt. Südafrika, Kap-Provinz, im Gebüsch, auf Dünen und Lichtungen. B: 9-3 (bei uns 3-9). Pflanze mit ausdauernden, manchmal verholzenden, bis 1 m ausbreitenden, oft Sträucher durchkletternden Trieben aus kräftigem Wurzelstock. Blätter bis zum Grunde 5- bis 7lappig; jeder Lappen wiederholt in schmale, längliche, etwa 1 mm breite, oberseits grüne, unterseits silbrige Abschnitte mit eingerollten Rändern unterteilt. Blüten violett bis tiefrot mit 12-16 × 6-12 mm großen Blütenblättern. Bei var. *incanum* sind die Blütenblätter weiß mit dunklen Adern und nur 10-12 × 6-7 mm groß. Auch diese Art kommt aus Winterregengebieten Südafrikas und wächst leicht an sonniger Stelle. WH: bis –10 °C und wenn bei tieferen Temperaturen absterbend, vielleicht durch Selbstaussaat wiederkommend?

Geranium magniflorum Knuth. Südafrika, Lesotho, Natal und Orange Free State, an feuchten Stellen, zwischen Felsen und an grasigen Hängen in 1800-3200 m. B: 12-2 (bei uns 6-8). Pflanze mit niederliegenden, bis 30 cm langen Trieben aus kräftigem Wurzelstock. Viele tief 5teilige Blätter direkt aus dem Wurzelstock. Die oberseits grünen, unterseits silbrigen Blattlappen sind weiter unterteilt und haben eingerollte Blattränder. Blüten rosa bis bläulich oder selten weiß mit dunkleren Adern, 2,5-3,2 cm groß. Könnte eine der härtesten afrikanischen Arten sein, da sie im Winter einzieht.

Geranium pulchrum N. E. Br. Südafrika, Drakensberg und in der Nähe liegende Gebirge in West-Natal, an feuchten Stellen und Flußbetten, zwischen Gehölzen in 1500-2285 m Höhe. B: 12-3 (bei uns 6-9). Robuste, halbstrauchige Staude bis 1,2 m Höhe. Blätter bis 12 cm groß, silbern seidig, besonders auf der Unterseite und bis zum Grund in 5-7 grobgezähnte Lappen geteilt. Reichverzweigte behaarte und drüsige Blütenstände mit 3,2-4,4 cm großen, rosa oder blaßpurpurnen Blüten. Die Art ist in Kultur im Chelsea Physic Garden in London gut gewachsen und ließ sich leicht durch Stecklinge und Aussaat vermehren. WH: vielleicht bis –10 °C.

Pelargonium endlicherianum Fenzl. *(Geraniaceae)*. Süd-, Nordost- und Zentral-Türkei, Syrien und Irak (?), auf trockenen Kalkfelsen, oft im Schatten oder Halbschatten von 650-1500 m Höhe. B: 6-7. Pflanze bildet mit etwa 6 cm breiten Blättern kleine Büsche. Bis 10blütige Dolden an wenig verzweigten bis 35 cm hohen Trieben. WH: bis –10 °C. Im Winter anfällig für Botrytis. Für sonnige Lage in nährstoffarmen Böden mit sehr gutem Wasserabzug, damit die Pflanzen gut ausreifen und die Blätter nicht zu groß werden.

Pelargonium quercetorum Agnew. Nord-Irak und Südost-Türkei (Hakkari), an Kalkfelsen, in Eichen- und Celtisgehölzen von 1200-2000 m Höhe. B: 6 und in Kultur vereinzelt bis 9. Pflanze bildet große Blatthügel. Blätter bis 18 cm lang, Blattspreite bis 12 cm breit. Bis zu 30blütige Dolden auf wenig verzweigten, bis 1 m hohen Stengeln. Für trockene Lage in voller Sonne oder Halbschatten, aber nicht als Sämling. WH: ungewiß, möglicherweise für kurze Perioden und bei sehr trockenem Stand bis –10 °C.

Geranium pulchrum auf dem Ngeli-Berg

Biebersteinia multifida bei Samarkand

Erodium carvifolium bei Corsley Mill, Warminster

Erodium acaule

Erodium manascavi

Geranium × oxonianum 'Claridge Druce'

Geranium × riversleaianum 'Russell Prichard'

Geranium endressii

Geranium endressii 'Wargrave Pink'

Geranium asphodeloides *(Geraniaceae)* N. L. Burman subsp. *asphodeloides* E. M. Rix. Sizilien, Griechenland, Nord-Türkei, Kaukasus, Nord-Iran, lichte Wälder und Wiesen. B: 6-10. Die ca. 60 cm langen, aus kräftigem Wurzelstock wachsenden Triebe bilden miteinander verflochten einen kräftigen Busch. Grundblätter zu 3/4 5- oder 7lappig. Zahlreiche, ziemlich kleine, blaß oder kräftig rosa oder weiße Blüten mit schmalen, 10-15 mm langen Blütenblättern. Recht attraktive Art mit langer Blütezeit. Subsp. *crenophilum* (Boiss.) Bornm. aus dem Libanon und Syrien. Kräftig rosa Blüten mit breiten Blütenblättern. Subsp. *sintenisii* (Freyn) Davis aus der nördlichen Türkei hat blaßrosa bis purpurne Blüten und ist ganz mit rotspitzen Drüsenhaaren bedeckt. WH: vielleicht bis –20 °C.

Geranium collinum Willd. Südosteuropa, Nord- und Ost-Türkei, Iran und Zentralasien, bis Sibirien und Nordwest-Himalaja; in feuchten Wiesen und lichten Wäldern. B: 6-9. Ausbreitende kriechende, bis 60 cm lange Triebe. Blätter tief 5- oder 7lappig, Lappen schmal, tief eingeschnitten. Unreife Früchte aufrecht an zurückgebogenen Stielen. Blüten rosa, 25-30 mm. Zuverlässige Staude für verwilderte Gartenpartien im Halbschatten oder vielleicht auch in feuchten Wiesen.

Geranium endressii Gay 'Wargrave Pink'. Südwest-Frankreich und Nordwest-Spanien in den West-Pyrenäen an feuchten Stellen. B: 6-7. 'Wargrave Pink' Auslese der Gärtnerei von Waterer Sons and Crisp 1930. Die aus verzweigtem Wurzelstock wachsenden mehreren aufrechten, sich ausbreitenden Triebe sind 50 und mehr cm lang. Blätter meist bis zum Grund 5lappig, und jeder der recht breiten Lappen ist kurzlappig und gezähnt. Blüten etwa 35 mm groß. Problemlos in Sonne oder Halbschatten. *G. endressii* hat intensiver rosa Blüten und sich unterirdisch ausbreitende Rhizome, mit denen die Pflanze ausgedehnte Trupps bildet. WH: bis –15 °C.

Geranium nodosum L. Pyrenäen bis Italien und Mittel-Jugoslawien in Bergwäldern. B: 6-10, mit verlängerten Rhizomen ausbreitende Trupps bildend. Blätter 3- bis 5lappig, schwachgezähnt. Blüten bläulich oder purpur, 2,5-3 cm groß. Eine harte und geeignete Pflanze für verwildernde Gartenpartien, die trockenen Schatten erträgt und wegen ihrer späten Blüte bei heißem Wetter geschätzt wird. WH: bis –15 °C.

Geranium × oxonianum Yeo 'Claridge Druce'. Eine Hybride zwischen *G. endressii* und *G. versicolor*, die Samen ansetzt. Stark wachsende Büsche dunkelgrüner Blätter. B: 5-10. Blütenblätter 12,5 × 1,4 mm, rosa mit dunkleren Adern und weißem Grund. Alle Sorten von *Geranium × oxonianum* sind gute Gartenpflanzen mit langer Blütezeit und bilden dichte, unkrautfreie Teppiche; leicht durch Teilung zu vermehren. WH: bis –15 °C, vielleicht darunter.

'Thurstonianum', Form von *G. × oxonianum* (vor 1914). Blütenblätter oft sehr schmal, 3-6 mm breit und etwa 1,8 cm lang, oft deformierte blütenblattähnlich verbreiterte Staubblätter. Sehr lange Blütezeit, 6-9. Verträgt Sonne oder Schatten und Trockenheit.

G. × riversleaianum Yeo 'Mavis Simpson', eine der vielen Kreuzungen zwischen *G. endressii (q. v.)* und *G. traversii* von der Chatham-Insel

Geranium versicolor

Geranium nodosum

Geranium collinum

Geranium × oxonianum 'Thurstonianum'

Geranium asphodeloides

Neuseelands. 'Mavis Simpson' ist ein in Kew gefundener Sämling mit kräftigem Wurzelstock und aufsteigend kriechenden Trieben. Grundblätter 5-10 cm groß, weich und grau, seidig behaart. Blüten 20-30 mm groß, blaßrosa mit silbernem Schein. Kleine, flachwachsende Pflanze für volle Sonne. 'Russell Prichard' ist wahrscheinlich am besten bekannt und hat tiefrote, ca. 3 cm große Blüten. WH: bis –15 °C.

Geranium versicolor L. Südeuropa, Mittel- und Süd-Italien, Sizilien, Jugoslawien, Griechenland; in Wäldern und an schattigen Hängen. B: 5-10. Von kräftigem Wurzelstock ausbreitende bis 60 cm lange Triebe. Grundblätter 5-20 cm groß, immergrün, tief 5lappig, meist mit braunen Flecken zwischen den Lappen. Weiße, aufrechte Blüten, genetzt mit feinen tiefroten Adern und tief gekerbt am breiten Blütenblattende. Problemlos in relativ trockener, schattiger Lage. WH: bis –15 °C.

Geranium × riversleaianum 'Mavis Simpson' in der Washfield Nursery

Geranium lambertii im Alpinum in Wisley

Geranium lambertii

Geranium procurrens

Geranium kishtvariense

Geranium wallichianum 'Buxton's Variety'

Geranium 'Salome'

Geranium wallichianum in der Axeltree Nursery, Rye, Kent

Geranium lambertii Sweet *(Geraniaceae).* Zentral-Nepal bis Bhutan und Südost-Xizang. Auf Lichtungen, in Nadelwäldern und im Wacholdergebüsch in 2350-4200 m Höhe. B: 7-9. Kriechende, aber nicht wurzelnde, etwa 1 m lange Triebe aus kräftigem Wurzelstock. Blüten 4-6 cm groß, tellerförmig; die Blütenblätter sind am Rande elegant gebogen, blaßlila, intensiv rosa oder weiß und am Grunde purpur gefleckt. Sehr schöne Pflanze für kühle Lage, am besten so gepflanzt, daß man von unten in die nickenden Blüten schauen kann. Schwierig durch Teilung zu vermehren, fällt aber samenecht. Die weißblühende Form ist als 'Swansdown' im Handel, während der verbreitete Typ blaßrosa Blüten hat. Die weiße Form wird manchmal fälschlich als *G. candicans* oder G. candidum bezeichnet. WH: bis –20 °C.

Geranium procurrens Yeo. Aus Nepal, Sikkim und Bhutan, in Hemlock- und Weißtannenwäldern in 2440-3600 m Höhe. B: 7-9. Wenige lange, kriechende und wurzelnde oder kletternde Triebe aus kräftigem Wurzelstock. Im Frühling austreibende Grundblätter, zu 2/3 in 5-7 tief gezähnte Lappen geteilt. Tiefrote, schwarzgeaderte, 2,3-4 cm große Blüten, die im Garten im November erscheinen. Die kriechenden Stengel können in einer Wachstumsperiode 2 m lang werden und durch Bewurzelung an den Stengelknoten neue Pflanzen bilden und so zur wuchernden Bodendecke für kühle feuchte Stellen im Halbschatten werden. Besonders gut geeignet für Flächen mit Frühlingsblumenzwiebeln und zur Beschattung des Wurzelbereiches, wie es Lilien mögen. **Geranium 'Salome'**. Eine Kreuzung zwischen *G. lambertii* und *G. procurrens*, die gegen 1981 bei Elizabeth Strangmans Washfield Nursery in Hawkhurst, Kent, entstand. Im Hochsommer beginnende lange Blütezeit. Blüten etwa 4 cm groß mit dunkelpurpurnen Adern auf weißpurpurnem Grund. Die Pflanze stirbt bis auf den zentralen Wurzelstock im Winter ab und ist deshalb wie *G. lambertii* schwer zu vermehren.

Geranium kishtvariense Knuth. In Kaschmir, in grasigen, lichten Wäldern und Gehölzen. B: 6-9. Pflanze mit unterirdischen Ausläufern, jedoch nicht wuchernd, mit kriechenden Stengeln bis 30 cm große Horste bildend. Grundblätter zu 2/3 tief 5lappig, Lappen und Zähne spitz. Blüten bis 4 cm groß, rötlich purpur oder intensiv kräftig rosa mit kleiner blasser Mitte. Problemlos in kühler Lage in Sonne oder Halbschatten in feuchtem Laubboden.

Geranium wallichianum D. Don ex Sweet. West-Himalaja, von Nordost-Afghanistan bis Kaschmir, in subalpinen Wiesen und lichten, bewaldeten Berghängen in 2400-3600 m Höhe. B: 6-9, im Garten bis Oktober nachblühend. Mehrere bis 120 cm lange kriechende, aber nicht wurzelnde Triebe aus zentralem Wurzelstock. Blätter und Blütentriebe bis 30 cm hoch. Blätter 5lappig und diese wieder bis zur Hälfte geteilt. Blüten paarweise, meist rosa oder purpur-blau mit weißer Mitte, etwa 3,5 cm groß. 'Buxton's Variety' oder 'Buxton's Blue' hat fast reinblaue Blüten mit besonders großer weißer Mitte. Es ist eine Auslese, die E. C. Buxton in North Wales etwa 1920 züchtete und mehr oder weniger echt aus Samen fällt. Vor kurzem wurden Formen mit kräftig rosa Blüten aus Kaschmir eingeführt. WH: bis –20 °C oder darunter; wächst am besten in sommerkühler und feuchter, aber nicht stark schattiger Lage.

Geranium-Art Gadsar, Kaschmir

Geranium wallichianum im lichten Gehölz in Kaschmir

Helianthemum-Hybriden, Geranium sanguineum und Alchemilla mollis in Barnsley House

Helianthemum 'Henfield Brilliant'

Helianthemum nummularium in Kent

Pegamum harmala

Ruta graveolens in den Savill Gardens, Windsor

Haplophyllum latifolium

Dictamnus albus (weiß- und rosablühend)

Dictamnus albus L. *(Rutaceae)* Diptam, *Brennender Busch*. Spanien, Italien, Deutschland und Türkei, Kaukasus und West-Himalaja, mit verwandten Arten in Zentralasien; in Steppen, lichten Wäldern und an trockenen, felsigen Stellen bis 2700 m Höhe. B: 5-7. Die 40 -80 cm hohen drüsigen, aromatischen Triebe bilden dichte Büsche. Blätter unpaarig gefiedert, eschenähnlich. Blütenblätter 2-2,5 cm lang, meist rosa, oft weiß.

Dictamnus angustifolius G. Don ex Sweet. In den meisten Teilen Zentralasiens und Nordwest-China; in grasigen Steppen und felsigen Wäldern. B: 5-8. Mehrere aufrechte, bis 1 m hohe Stengel aus kräftigem Wurzelstock. Ähnlich *D. albus*, aber niedriger, zierlicher und mit schmaleren, deutlicher geaderten Blütenblättern. WH: bis –20 °C oder darunter.

Haplophyllum latifolium Kar. & Kir. *(Rutaceae)*. Zentralasien und Nordwest-China, in artenreichen Steppen zwischen Fenchel und anderen Hochstauden. B: 5-6. Pflanze mit verzweigten, sich ausbreitenden, bis 60 cm langen Stengeln aus zähem Wurzelstock. Blüten etwa 1 cm groß. Für trockenen Boden in voller Sonne an sommerheißen Stellen. Bis –20 °C oder darunter. Die mit *Ruta* verwandte Gattung *Haplophyllum* umfaßt mehrere Arten von Osteuropa bis Sibirien. Die meisten haben gelbe Blüten und ganzrandige oder wenig lappige Blätter.

Helianthemum nummularium (L.) Miller syn. *H. chamaecistus* Mill. *(Cistaceae)*, *Sonnenröschen*. In den meisten Teilen Europas, ausgenommen Nord-Skandinavien und Rußland, sowie in Nordafrika, der Türkei, im Kaukasus und Nord-Iran. Meist in Kalktrockenrasen und felsigen Plätzen und Dünen. B: 5-9. Die sehr variable Wildart ist allein in Europa in 8 Unterarten aufgeteilt. Stengel bis 50 cm, unten verholzend. Blätter bis 5 cm lang, 1,5 cm breit, grün oder weiß-wollig. Blüten rot, orange, gelb bis rosa oder weiß, bis 3,5 cm breit. In England kommt die subsp. *nummularium* mit gelben Blüten und unterseits grauen Blättern vor. Viele Gartensorten stammen von dieser Unterart und der rosablütigen subsp. *pyrenaicum* ab. Große Blüten mit bis 18 mm langen Blütenblättern findet man in der subsp. *grandiflorum* von Südeuropa. *H. croceum* (Desf.) Pers. mit rundlichen, fleischigen, sternhaarigen, wolligen Blättern mit unterschiedlich gefärbten Blüten ist wahrscheinlich in den Gartensorten mit weißlichen Blättern zu finden.

'Henfield Brilliant' auf der Abbildung ist eine der besten, leuchtend orangerot-blühenden Sorten. Für Kalkboden in voller Sonne mit gutem Wasserabzug. WH: bis –20 °C.

Linum narbonense L. *(Linaceae)*. Nordost-Portugal und Spanien ostwärts an der Mittelmeerküste bis Jugoslawien, Sizilien und Nordafrika auf trokkenen Hügeln. B: 5-7. Stengel bis 50 cm hoch, Blätter lang, spitz zulaufend, graugrün. Blüten mit 10-14 mm langen Kelchblättern die Kapsel überragend. Blütenblätter 2,5-4 cm, leuchtend blau. Hochblätter mit papierenem, weißem Rand. Sehr schön, bedarf aber sehr geschützter Lage in voller Sonne. WH: vielleicht bis –10 °C. 'Heavenly Blue' und 'Six Hills Variety' sind 2 Namenssorten, die ich jedoch beide nicht gesehen habe.

Linum perenne L. *Ausdauernder Lein*. In den meisten Teilen Europas, von England (subsp. *anglicum* [Miller] Ockenden) und Spanien bis Rußland und Zentral-Asien; in Grasflächen und in trockenen subalpinen Wiesen. B: 5-7. Stengel bis 60 cm, aufrecht, ausbreitend oder niederliegend. Blütenblätter 1-2,5 cm. Kelchblätter 3,5-6 mm, meist kürzer als die Kapsel. Stützblätter ohne papierenen, weißen Rand. Für trockene Böden in voller Sonne bei gutem Wasserabzug.

Pegamum harmala L. *(Zygophyllaceae)*. Südeuropa und Nordafrika, ostwärts bis Zentralasien, Nordwest-China und Tibet; in trockenen Steppen, besonders bei Überweidung bis 1500 m Höhe in der Türkei. B: 5-7. Mehrere verzweigte, bis 70 cm lange Triebe aus festem Wurzelstock. Blätter in schmale, graue, stechende Segmente geteilt. Blüten 25-40 mm groß. Für trockenen Boden in voller Sonne. WH: in trockenem Boden bis –20 °C. Sehr giftige Pflanze, von der es heißt, daß sie Halluzinationen hervorrufe und als Wahrheitsdroge benutzt worden sein soll.

Ruta graveolens L. *(Rutaceae) Weinraute*. Jugoslawien bis Griechenland, Bulgarien und die Krim, an steinigen Plätzen. B: 6-7. Verzweigte bis 45 cm hohe Stengel aus verholztem Grund. Blätter grau, scharf riechend, die Endteile 2-9 mm breit. Blüten etwa 1 cm groß, die Blütenblätter tief gezähnt und gewellt. Für trockene Stellen in voller Sonne. WH: bis –10 °C, vielleicht darunter bei trockenem Stand. 'Jackman's Var.' ist eine dichtwachsende, besonders blaugrüne Form. Hier abgebildet ist ein flachwachsender Typ mit kriechenden Stengeln.

Dictamnus angustifolius

Linum perenne

Linum narbonense in Süd-Frankreich

Boykinia aconitifolia

Aceriphyllum rossii

Saxifraga stolonifera

Saxifraga fortunei in Hokkaido

Saxifraga spathularis

Aceriphyllum rossii (Oliv.) Engelmann *(Saxifragaceae).* Nord-China und Korea; feuchte, schattige Stellen zwischen Felsen. B: 5, im Garten früher. Büsche tiefgelappter, ca. 15 cm großer Blätter. Blüten ca. 8 mm. Kühle, feuchte Böden im Halbschatten. WH: bis –20 °C.

Boykinia aconitifolia Nutt. syn. *Saxifraga aconitifolia* Field *(Saxifragaceae).* Nordamerika, von Südwest-Virginia bis North Carolina, Tennessee und Georgia, in Bergwäldern. B: 7. Bildet weitläufige, mehrere Meter große Teppiche. Stengel 30-60 cm. Blätter ca. 15 cm breit. Blüten ca. 4 mm groß. Problemlos in Laubboden im Halbschatten. WH: bis –20 °C.

Lithophragma parviflora (Hook.) Nutt. *(Saxifragaceae).* Rocky Mountains, von Süd-Kalifornien bis British Columbia; in trockenen, felsigen Hügeln von 600-1800 m. B: 3-6. Wurzeln mit Knöllchen. Stengel 20-35 cm. Blüten 1 -2 cm groß, mit in 3-5 schmalen Lappen geteilten Blütenblättern. Für nährstoffreiche, sommertrockene Böden. WH: vielleicht bis –25 °C. *Lithophragma affinis* Gray mit bis 60 cm hohen Stengeln, verbreitet in Kalifornien und Süd-Oregon unterhalb 1000 m, wahrscheinlich weniger hart.

Saxifraga aquatica Lapeyrouse *(Saxifragaceae).* Ost- und Zentral-Pyrenäen; an feuchten Stellen, an Gebirgsflüssen, in 1500-2400 m Höhe, auf saurem Boden. B: 6-8. Mit Ausläufern bis 2 m große Kolonien bildend. Stengel 25-60 cm. Blätter bis 35 mm breit. Blütenblätter 7-9 mm lang. Die Art ähnelt einem großen Moossteinbrech und ist eine Sumpfpflanze. Für nasse, feuchte, saure Böden an fließendem Wasser. *S. irrigua* M. Bieb. von Kaukasus und Krim ist ähnlich, aber kleiner.

Saxifraga fortunei Hook. fil. Japan, Sachalin, Korea, Ost-Sibirien und Nord-China; auf nassen, feuchten Felsen, an Gebirgsflüssen, im Norden bis auf Meereshöhe. B: 7-10. Oft einzeln, aber auch kleine Gruppen bildend. Blätter 4-20 cm breit. Blütenstengel 5-45 cm hoch. Blütenblätter ungleich, die untersten 5-15 mm lang. Stengel meist rötlich. Bei 'Wada's Variety' und 'Rubrifolia' ganze Pflanze rötlich. Die hier kultivierten japanischen Herkünfte sind var. *incisilobata* (Engl. & Irmsch) Nakai und unterscheiden sich von der chinesischen Art *S. fortunei*. 'Windsor' ist eine kräftige, bis 60 cm hohe Auslese. WH: bis –15 °C, vielleicht darunter.

Saxifraga granulata L. *Körnersteinbrech.* Westeuropa und Nordafrika, von Norwegen und Schweden bis Spanien, Sizilien und Marokko und östlich bis Jugoslawien, West-Rußland und Finnland; in Wiesen, auf Kalk oder Sand und im Süden in großen Höhen an feuchten Stellen. B: 4-7. Die gefüllt-blühende Form 'Flore Pleno' von alters her Gartenpflanze. Ruht im Sommer mit kleinen Brutknospen. Stengel 10-30 cm, selten bis 50 cm. Blätter bis 3 cm breit. Blüten mit 7-16 mm langen Blütenblättern hübsch zum Verwildern in nicht zu nassen Wiesen. WH: bis –20 °C oder darunter.

Saxifraga hirsuta L. *Rauhblättriger Steinbrech.* Südwest-Irland, Pyrenäen und Nord-Spanien; felsige Stellen, Wälder, schattige Klippen, an Flüs-

Saxifraga granulata bei Sherborne, Dorset

Saxifraga granulata

Lithophragma parviflora in Kew

Saxifraga granulata 'Flore Pleno'

Saxifraga aquatica in Inshriach

sen und Wasserfällen. B: 5-7. Kolonien lockerer Rosetten. Blattspreite 15-40 × 10-50 mm. Stiel 2- bis 3mal so lang und wie die Blattspreite ganz behaart. Blütenblätter 3,5-4 mm mit gelbem Fleck und schwach rosa Punkten. Problemlos in feuchter, schattiger oder halbschattiger Lage, verträgt keine Trockenheit. WH: bis –15 °C.

Saxifraga spathularis Brot. Nordwest-Spanien, Nord-Portugal und West-Irland; auf schattigen Felsen, in Wäldern und schattigen Klippen auf saurem Boden. B: 5-7. Bildet lockere Rosettenkolonien. Ziemlich fleischige, 15-50 × 12-30 mm große Blätter mit 25-55 mm langen, schwach-drüsig behaarten Stengeln. Blütenblätter ca. 5 mm lang, jedes mit 2 gelben und mehreren roten Flekken. *S.* × *urbium* 'D. A. Webb' ist eine Hybride von *S. spathularis* × *S. umbrosa*. Blattzähne runder und stärker drüsig behaarter Stengel. Meist als *S. umbrosa, Porzellanblümchen, Schattensteinbrech* bei uns im Handel. Die echte *S. umbrosa* L. aus den Zentral-Pyrenäen hat längere, schwachgekerbte Blattlappen und dichter behaarten Blattstengel. Wächst ebenfalls problemlos in feuchtem Boden im Halbschatten. *S.* × *polita*, die Kreuzung zwischen *S. spathularis* und *S. hirsuta*, ist in West-Irland verbreitet. WH: bis –15 °C.

Saxifraga stolonifera Meeburgh syn. *S. sarmentosa* L. *Judenbart, Hängender Steinbrech*. West-China und Japan; schattige Klippen, bemooste Felsen niedriger Lagen. B: 5-7. Rosetten ziemlich fleischiger Blätter mit roten Ausläufern. Blätter 3-9 cm breit, Blütenstengel meist 25, auch bis 40 cm hoch. Die unteren Blütenblätter sind mit 10-20 mm die längsten (Bart!). Problemlos an feuchten, schattigen Stellen. Meist als Topfpflanze verbreitet. WH: bis –10 °C oder auch darunter bei manchen Formen, z. B. var. *cuscutiformis*.

Saxifraga hirsuta in Littlewood, Aberdeenshire

Tiarella polyphylla (rosa Form) bei Baoxing, Sichuan, West-China

Tiarella cordifolia in den Valley Gardens, Windsor

Tiarella wherryi in den Washfield Nurseries, Kent

Heuchera cylindrica 'Greenfinch', mit panaschiertem Symphytum

Heuchera cylindrica Dougl. ex Hook. *(Saxifragaceae)*. Nord-Nevada, Wyoming und Montana, westwärts bis Nordost-Kalifornien und British Columbia; an Klippen und zwischen Felsen. B: 4-8. Bildet Teppiche am Rande gewellter 2,5-7,5 cm breiter Blätter. Blütenstengel 15-90 cm. Blüten cremefarben oder grünlich, 6-13 mm lang. Sehr klein oder auch ohne Blütenblätter. WH: vielleicht bis –20 °C. Für Sonne oder Halbschatten in Boden mit gutem Wasserabzug. **'Greenfinch'**. Grünblühende Auslese von Alan Bloom mit steif-aufrechten, ca. 90 cm hohen Blütenstengeln. **'Hyperion'**. Rosablütig.

Heuchera micrantha Dougl. ex Lindl. var. *diversifolia* (Rydberg) Rosendahl, Butters & Lakela syn. *H. diversifolia* Rydb. Nordamerika, von Vancouver Is., British Columbia und West-Washington bis Nord-Kalifornien; an felsigen Stellen bis 800 m. B: 5-7. Bildet Horste oder kleine Teppiche 20 cm hoher, im Winter runder, im Sommer gelappter Blätter. 'Palace Purple' ist beeindruckend mit seinen schwarz-purpurnen, metallisch glänzenden Blättern und weißen Blüten. WH: vielleicht bis –15 °C.

Heuchera pilosissima Fisch. & Meyer. Kalifornien entlang der Küste, von San Luis Obispo Co. bis Humboldt Co.; in Kiefern- und Redwood-Wäldern unterhalb 300 m. B: 4-6. Rhizom kriechend. Behaarte, 3-7 cm breite Blätter. Braunhaarige, 20-60 cm hohe Stengel mit Blüten in schmaler dichter Traube. Kelch 3- 4 mm lang. Blütenblätter rosaweiß, 2 mm lang. Für Halbschatten mit gutem Wasserabzug. WH: bis –15 °C.

Heuchera villosa Michx. Östliches Nordamerika, von Virginia und Kentucky bis Georgia und Tennessee; an felsigen Stellen im Gebirge. B: 6-9. Horstig wachsend. Blätter 7,5-12,5 cm breit mit 7-9 spitzen Lappen. Der Endlappen meist länger als breit. Blüten weißlich, 2-3 mm groß mit hervorstehenden Staubblättern. Für Halbschatten in Laubboden mit gutem Wasserabzug. WH: bis etwa –25 °C.

Tiarella cordifolia L. *(Saxifragaceae) Schaumblüte*. Östliches Nordamerika, von Nova Scotia bis Ontario und Minnesota, südlich bis Georgia, Indiana und Michigan; in nährstoffreichen, feuchten Gebirgswäldern. B: 4-5. Mit unterirdisch kriechenden Ausläufern große Teppiche bildend. Blätter 5-10 cm lang, zerstreut behaart. Blüten bis 6 mm in einfachen oder selten wenig verzweigten Trauben. *T. cordifolia* subsp. *collina* Wherry (siehe Seite 131) hat kein kriechendes Rhizom.

Tiarella polyphylla D. Don. Sikkim und Bhutan, ostwärts bis West-China, Taiwan und Japan; in feuchten Wäldern, schattigen Hängen und Bergflüssen. B: 4-8. Verbreitung durch Aussaat. Keine dichten Teppiche bildend. Blätter 5lappig, am Grunde herzförmig, 7 cm groß, unterseits haarig und drüsig. Stengel 10-40 cm hoch, die kleinen weißen, rosa oder grünen Blüten in einfacher oder wenig verzweigter schmaler Traube. Attraktive Pflanze für kühle, feuchte, schattige Stellen. WH: bis –15 °C oder darunter.

Tiarella trifoliata L. Von Oregon nordwärts bis British Columbia und Alaska, östlich bis Nord-Montana und West-Idaho; an Flüssen, in feuchten Wäldern. B: 5-7. Bildet Horste von 3-8 cm langen Endblättchen der bis 17 cm langgestielten Blätter. Blütenstengel 25-50 cm, meist 30 cm.

Tiarella trifoliata in den Washfield Nurseries, Kent

Heuchera micrantha 'Palace Purple'

Tiarella cordifolia subsp. *collina*

Heuchera villosa

Tiarella wherryi Lakela. Tennessee, North Carolina und Alabama, in schattigen Schluchten und felsigen Wäldern: B: 7-8. Kleine, bis 20 cm hohe Horste bildend, ohne Ausläufer! Blätter 7-14 cm groß mit 5 spitzen großen und weiteren kleineren stumpfen Lappen. Blütenstengel 15-35 cm hoch. Blüten oft mit purpurnem Hauch. Attraktive Pflanze für kühle geschützte Lage. WH: bis –15 °C.

Heuchera pilosissima

Pflanzen aus Kew, 3. Juni., nat. Größe

Heuchera × brizoides hort. ex Lémoine 'Red Spangles' *(Saxifragaceae). H. × brizoides* umfaßt eine Gruppe von Hybriden zwischen *H. sanguinea* und *H. americana* L. (mit kleinen grünlichen Blüten) und wahrscheinlich *H. micrantha*, entstanden in Frankreich Ende des 19. Jahrhunderts. 'Red Spangles' züchtete Alan Bloom 1958. B: 5 und Spätsommer. Stengel 40-60 cm, Einzelblüte 9 mm groß. Etwa zur gleichen Zeit entstand 'Scintillation' mit leuchtend roten Blüten. 'Edge Hall', gute rosa Sorte. Gut an sonniger oder leicht schattiger Stelle. WH: bis –15 °C oder darunter.

Heuchera cylindrica 'Greenfinch'. Siehe Seite 129.

Heuchera micrantha Dougl. ex. Lindl. Westliches Nordamerika, in feuchten Wäldern, an Bächen und Wasserfällen. B: 6. Bildet Horste rauhhaariger, meist ca. 15 cm hoher Blätter. Stark verzweigter, bis 1 m hoher Blütenstengel. Blätter mit schwachen, undeutlichen Lappen, fast rund, 2-8 cm groß (vergleiche 'Palace Purple' Seite 129). Blüten grünlich oder rötlich, 1- 3 mm lang mit weißen oder rosa Blütenblättern. Problemlos in Sonne oder Halbschatten in feuchtem Laubboden. WH: vielleicht bis –15 °C.

Heuchera sanguinea Engelmann *Purpurglöckchen*. Süd-Arizona und Nord-Mexiko, an feuchten, schattigen Felsen. B: 3-10. Bildet Teppiche dunkelgrüner, 2,5-7,5 cm großer Blätter. Blütenstengel 25-50 cm hoch mit vielen roten, 6-13 mm langen Blüten. 'Alba' ist eine weißblühende Sorte. Obwohl in der Heimat an schattigen Stellen wachsend, braucht sie bei uns im kühleren nördlichen Klima Sonne oder Halbschatten und blüht ab Mai. WH: bis –20 °C.

× Heucherella alba (Lémoine) Stearn 'Bridget Bloom' *(Saxifragaceae)*. Hybride zwischen *Tiarella cordifolia* und *Heuchera × brizoides*, manchmal als *× Heucherella tiarelloides* angeboten (Alan Bloom etwa 1958). Teppiche bildende Pflanze mit 4-8 cm langen, tief-herzförmigen 5- bis 7lappigen, gezähnten Blättern, deren Endlappen der größte ist. Bis 45 cm hoher, verzweigter Blütenstand. Blüten mit 6 mm langer, drüsiger, dunkelrosa-farbener Blütenröhre und Kelch und schmalen, ovalen, weißen, ca. 4 × 1 mm großen Blütenblättern. Für leichten Laubboden in Halbschatten. B: 5-10. *× H. tiarelloides* (Lémoine) Wehrhahn ex Stearn wurde ursprünglich 1917 von Lémoine in Nancy gezüchtet. Als *Tiarella*-Elternteil von 'Bridget Bloom' wird meist *T. cordifolia* genannt, während Alan Bloom berichtet, daß er *T. wherryi* benutzte.

Mitella breweri Gray *(Saxifragaceae), Bischofskappe*. Mittel-Kalifornien, nordwärts bis British Columbia und Montana; feuchte, schattige Hänge, Nadelwälder über 1800 m. B: 6-8. Wächst in Tuffs. Blätter 2-6 cm groß, an Stengeln mit gebogenen, bräunlich-gelben Haaren. Blütenstengel 10-30 cm. Blüten 3 mm breit und Blütenblätter mit 5-7 haarähnlichen Lappen. *M. pentandra* Hook. in den Rocky Mountains, nördlich bis Alaska; unterscheidet sich durch gerade Haare an den Blattstielen und rundere Samen. Beide problemlos in Laubboden im Schatten. WH: bis etwa –20 °C.

Mitella diphylla L. Östliches Nordamerika, von Quebec westlich bis Minnesota, südlich bis North Carolina und Missouri; kühle Stellen, Wasserläufe, Wälder. B: 4-5. Bildet kleine Tuffs. Blätter

Mitella breweri

schwach 3- bis 5lappig, 2,5-5 cm lang. Blütenstengel 25-45 cm hoch mit einem Paar ziemlich spitzer, kurzgestielter Blätter und einer schmalen Traube kleiner, weißer Blüten mit gefransten Blütenblättern. Für kühle, feuchte Lage in lockerem Laubboden. WH: bis –25 °C oder darunter.

Tellima breviflora Rydb. *(Saxifragaceae)*. British Columbia und Alaska bis Nord-Kalifornien, an Wasserläufen. B: 4-6. Sehr ähnlich und meist *T. grandiflora* zugerechnet, wobei sie mit 5 mm eine kürzere Blütenröhre besitzt, die nur wenig länger ist als die länglichen Kelchblätter.

Tellima grandiflora (Pursh.) Dougl. Kalifornien, von San Luis Obispo Co. nordwärts bis Alaska. Kühlfeuchte Nadelwälder, felsige Plätze unterhalb 1500 m. B: 4-6. Bildet ausbreitende Kolonien. Grundblätter 5-10 cm breit, 3- bis 7lappig, behaart. Blütentriebe 40-80 cm hoch. Blüten an 1-3 mm kurzen Stielchen mit erst weißen, später rot werdenden, gefiederten, zurückgebogenen Blütenblättern. Blütenröhre breit, glockig. Für feuchte schattige Stellen. WH: vielleicht bis –15 °C. Var. *purpurea* (syn. var. *rubra)* hat purpur-rote Blätter.

Tiarella cordifolia subsp. *collina*. Siehe Seite 129.

Tiarella trifoliata. Siehe Seite 129.

Tolmiea menziesii (Pursh.) Torrey & Gray *(Saxifragaceae), Henne und Küken*. Östliches Nordamerika, von Nord-Kalifornien bis Alaska; in Nadelwäldern unterhalb 1800 m, an kühlen, schattigen Stellen. B: 5-6. Bildet große Horste. Blaßgrüne, behaarte, 3-10 cm große, gelappte Blätter. 'Taff's Gold' mit gelb-gefleckten Blättern. Oft junge Pflanzen am Blattstielansatz. Blütenstände 30-80 cm groß. Blütenröhre 5-6 mm lang mit 5-7 mm langen, braunen, hakenförmigen, zurückgebogenen Blütenblättern und 3 Staubgefäßen. Für kühle, feuchte Stellen im Schatten oder Halbschatten. WH: vielleicht bis –15 °C.

Mitella diphylla in New York State

Heuchera x brizoides 'Red Spangles'

Tellima grandiflora

Tolmiea menziesii

Chloranthus fortunei bei Ya-an, Sichuan

Anemopsis californica bei Bishop, Ost-Kalifornien

Houttuynia cordata

Houttuynia cordata 'Plena'

Houttuynia cordata 'Variegata'

Rheum 'Ace of Hearts'

Rheum ribes bei Hakkari, Türkei

Rheum spiciforme in Kaschmir

Anemopsis californica (Nutt.) Hook. fil. & Arnott syn. *Houttuynia californica* Benth. & Hook. *(Saururaceae)*. Süd-Kalifornien, westliche Sierra Nevada ostwärts bis Nevada und Texas, südlich bis Baja California und Mexiko; in nassen, oft salzigen oder alkalischen Bereichen, manchmal in großen Beständen bis 2000 m. B: 3-9. Stengel 10-50 cm, wollig mit einem breit-ovalen stengelumfassenden Blatt. Grundblätter 4-18 cm, elliptisch-länglich und gleich lang wie die Blattstiele. Blütenblatt-ähnliche, 1-3 cm große Hochblätter. Für warme, feuchte Böden oder Flachwasser und Sommertemperaturen. WH: bis –15 °C, vielleicht darunter.

Chloranthus fortunei (A. Gray) Solms-Lamb. *(Chloranthaceae)*. West-China, in feuchten Wäldern bis 1800 m. B: 5. 1-2 fleischige, bis 30 cm hohe Triebe aus kräftigem Wurzelstock. Blätter ca. 15 cm lang, zu viert im Quirl paarweise gegenständig. Blüten ohne Kelch- und Blütenblätter mit 3 Staubblättern. Früchte beerenähnlich. WH: vielleicht bis –10 °C. Mindestens 10 *Chloranthus*-Arten, manche *Aucuba*-ähnliche Sträucher; hauptsächlich in den Wäldern Ost-Asiens und Japans, andere Stauden aber alle wegen ihres Duftes gezogen.

Houttuynia cordata Thunb. *(Saururaceae)*. Japan, China und Südostasien bis Java und in den Himalaja; feuchte, schattige Stellen, Wälder und Gehölze bis 2400 m und als Unkraut in nassen Feldern. B: 6-7. Aufrechte 20-40 cm hohe Stengel aus dünnem, kriechendem Rhizom. Blätter 3-8 cm lang. Winzige Blüten in 1-2 cm langen Köpfchen, am Grunde mit 4-6 Blütenblatt-ähnlichen Hochblättern. Problemlos an feuchten, schattigen Stellen, z. B. zwischen Farnen. Gezeigt werden neben der Art mit einem Kranz von Hochblättern die Formen; 'Plena' mit Füllung durch nach oben kleiner werdende Vielzahl von Hochblättern und 'Variegata' syn. 'Chameleon' mit 3farbigen Blättern. Die Blätter können roh oder wie Spinat gegessen werden, weshalb man sie in den Bergen West-Chinas sammelt und auf Märkten verkauft. WH: bis –15 °C, vielleicht darunter.

Rheum 'Ace of Hearts' *(Polygonaceae)*. Hybride zwischen *R. kialense* und *R. palmatum* mit herzförmigen, unterseits rot geaderten Blättern. Blüten weiß oder blaßrosa an bis 125 cm hohem Blütenstand. Für nährstoffreiche, feuchte Böden (Züchter: Plantsmen 1970).

Rheum alexandrae Batalin. *Königsrhabarber.* West-China, in West-Sichuan oberhalb Kanding (Tachienlu); in üppigen, sumpfigen Wiesen und an Wasserläufen, besonders dort, wo Jaks gehalten werden, bis 4000 m. B: 6. Bis 1,2 m hohe Triebe und tiefgehende Wurzeln. Grundblätter oval, glänzend grün. Hochblätter cremegelb, überlappend und die Blüten gegen den Monsunregen schützend. Für nährstoffreiche, feuchte Böden in voller Sonne. WH: bis –20 °C. *R. nobile* Hook. & Thoms., Nepal und Bhutan, an Felskanten in 4000 m Höhe. Rundliche Grundblätter bis 30 cm und noch eindrucksvollere, leicht überlappende Hochblätter an bis zu 1,5 m hohen Trieben. Gartenkultur schwierig.

Rheum palmatum L. *Chinesischer* oder *Medizinal-Rhabarber.* West-China, in Yunnan, West-Sichuan, Ost-Xizang und Gansu; Gehölze, felsige Stellen, an Flüssen, in 2500-4000 m. B: 5-6. Riesige Pflanze aus sehr kräftigem Wurzelstock. Blätter bis 100 cm, tiefgelappt und gezähnt. Blütenstand im späten Frühling bis 3 m hoch. Blüten meist weiß. 'Atrosanguineum' syn. 'Atropurpureum' kräftig rot-purpurne junge Blätter und intensiv rosa Blüten. Bei var. *tanguticum* Maxim. aus Nordwest-China, Gansu und Nord-Xizang sollen die Seitentriebe des Blütenstandes aufrecht sein und die jungen Blätter und Triebe rot. Die Pflanze war eine der wertvollsten chinesischen Heilpflanzen. Alle *Rheum*-Artenerfordern nährstoffreichen, feuchten Boden, der jedes Jahr gedüngt werden muß, damit sich Wuchs und Blüte voll entwickeln können. WH: bis –20 °C oder darunter.

Rheum ribes L. Süd- und Ost-Türkei, südlich bis Israel und östlich bis Nord-Irak, Sowjetisch-Armenien und Nordwest Iran. Trockene Schluchten, zwischen Felsen in 2300-2700 m Höhe. B: 5-6. Sehr kräftiges, verholztes Rhizom. Blätter bis 40 cm groß mit etwa 15 cm langen, stacheligen Stielen. Blätter trocknen im Sommer und rascheln. Stengel werden roh gegessen. Blütentriebe 30 cm. Früchte breit geflügelt. Für trockene Stellen, dort langlebig. WH: bis –15 °C, vielleicht darunter.

Rheum spiciforme Royle. Zentralasien im Tien Shan- und Pamir-Gebirge, ostwärts bis Afghanistan, Bhutan und Südost-Xizang; von 3600-4800 m, Gehölze, offene Hänge und zwischen Felsen. B: 1-7. Rosette 15-30 cm großer, Blätter auf etwa 18 cm langen Stielen aus kräftigem Wurzelstock. Blütentriebe 5-30 cm, Blüten bei Fruchtreife rötlich färbend. Für jeden Gartenboden mit gutem Wasserabzug. WH: bis –20 °C oder darunter.

Rumex alpinus L. *(Polygonaceae) Alpenampfer.* Gebirge Mittel- und Südeuropas, von Frankreich und Spanien bis Polen, West-Rußland, Kaukasus und Türkei; an feuchten, grasigen Stellen, bei alten Bauernhöfen und Viehständen, bis 2500 m. B: 6-8. Mit kriechendem Rhizom langsam große Herden bildend. Blätter bis 40 cm lang und breit. Blütentriebe bis 1 m. Für sehr nährstoffreiche, kühle, feuchte Böden. WH: bis –20 °C oder darunter. Die Blätter wurden früher zum Einpacken von Butter benutzt; junge Triebe eßbar. *R. sanguineus.* L. var. *sanguineus,* der heimische *Hainampfer,* ist wegen seiner rotgeaderten schönen Blätter kulturwürdig.

Rheum palmatum in Blüte bei Beth Chatto

Rheum palmatum 'Atrosanguineum'

Rheum palmatum (Austrieb)

Rumex alpinus in Perthshire

Rheum alexandrae in den Savill Gardens, Windsor

Silene dioica (wilde Art) in Aberdeenshire

Silene dioica (gedrungene Sorte)

Silene schafta

Silene fimbriata bei Itkol, Zentral-Kaukasus

Silene caroliniana

Lychnis flos-cuculi in Gibbon's Brook, Sellindge

Lychnis flos-cuculi L. *(Caryophyllaceae)*, Kukkuckslichtnelke. Europa, von Island und Schottland östlich bis Sibirien und Kaukasus, südlich bis Spanien, Sizilien und Griechenland, im nordöstlichen Nordamerika eingebürgert; in Feucht- und Moorwiesen. B: 5-7. Kriechender Wuchs. Blütentriebe aufrecht, 30-75 cm. Blüten 3-4 cm groß. Rosa Blütenblätter mit 4 sehr dünnen, schmalen Lappen oder weiß und weniger tief 2lappig in subsp. *subintegra* Heyek, Griechenland und Balkan. Hübsche Pflanze für nasse Wiesen, feuchte Beete und Sumpfbereiche, besonders die gefüllte Form.

Silene asterias Griseb. *(Caryophyllaceae)*. Albanien, Jugoslawien, Bulgarien und Griechenland; an feuchten Stellen, an Wasserläufen von 1200-2000 m. B: 6-7. Bildet Kolonien von Rosetten aus dünnen, bis 15 cm langen Blättern. Stengel bis 100 cm hoch mit 1-2 Paar Blättern, kopfig gehäuft sitzende, 4-6 cm große Blüten. Beeindruckende, ungewöhnliche Pflanze für feuchte Torfböden in voller Sonne. WH: bis –20 °C oder darunter.

Silene caroliniana Walt. Maine, südlich bis Georgia, entlang der Gebirge, westlich bis New York, Pennsylvania und Kentucky. Trockene, felsige oder sandige Stellen, oft in dünner Bodenauflage auf Felsen und Felsvorsprüngen. B: 4-6. Stengel 10-25 cm, drüsig behaart und klebrig. Grundblätter 5-10 cm. Blüten ca. 2,5 cm. Attraktive Pflanze für nährstoffarmen, flachen, trockenen Boden. WH: bis –25 °C.

Silene dioica (L.) Clairv. syn. *Lychnis dioica* L., *Rote Waldnelke*. In Europa, ostwärts bis Bulgarien und auch Nordafrika; in Wäldern, felsigen Hängen, Hecken, Seeklippen. Kolonien aus Rosetten mit mehreren weichbehaarten, 30-90 cm hohen Stengeln. Blüten leuchtend-rosa, selten weiß, 1,8-2,5 cm. Eine sehr blühreiche Zwergform ist in Hausgärten in Ost-Schottland verbreitet, wahrscheinlich subsp. *zetlandica* (Compton) Clapham der Orkney- und Shetland-Inseln. Ähnliche Pflanzentypen an den Küsten und in den Bergen anderer Teile Europas. Ihre Stengel sind ca. 30 cm hoch, behaarter und mit dichterem Blütenstand. Seit dem 16. Jahrhundert wird 'Flore Pleno' kultiviert; 'Richmond', halbgefüllt, wurde bei London etwa 1978 in Richmond Park gefunden. Für jede Lage, die nicht zu heiß und trocken ist. WH: bis –25 °C.

Silene fimbriata Sims syn. *Oberna multifida* (Adam) Ikonn., *Silene multifida* (Adam) Rohrb. Kaukasus bis 2000 m in nassen, subalpinen Birkenwäldern. B: 5-6. Stengel 1-1,5 m mit verdickten Nodien. Blüten etwa 2,5 cm groß mit sehr verdicktem Kelch. Attraktive Pflanze für den Naturgarten oder den Hintergrund eines kühlen, schattigen Staudenbeetes. WH: bis –25 °C.

Silene laciniata Cav. Gebirge Mexikos mit subsp. *major* Hitch. & Maguire in Süd-Kalifornien und Santa Cruz Co. südwärts. In Gehölzen und Trockengebüsch, an sandigen Plätzen entlang der Küste. B: 5-7. Mehrere Stengel bis 70 cm hoch aus tiefgehender Pfeilwurzel. Blätter linear bis lanzettlich, 5-10 cm lang. Blüten 16-30 mm breit mit 1-1,5 mm langen Anhängseln. Kapsel aus dem Kelch herausragend. *Silene californica* Durand aus Süd-Kalifornien, nördlich bis Oregon, ist sehr ähnlich, hat aber breitere Blätter und keine herausragende Kapsel. Für trockene Böden in voller Sonne mit gutem Wasserabzug. WH: bis –10 °C, vielleicht tiefer.

Silene virginica bei Charlottesville, Virginia

Silene laciniata in den Royal Botanic Gardens, Edinburgh

Silene schafta S. C. Gmel. ex Hohen. Aus dem Talysh und Nord-Iran, auf subalpinen Felsen von 1500-1800 m. B: 7-8, bei Gartenkultur bis 9. Stengel bis 30 cm, niederliegend. Blüten etwa 2 cm groß, meist leuchtend rosa, bei 'Shell Pink' blasser. Für Mauerkronen oder Beetkanten in voller Sonne. WH: bis –20 °C.

Silene virginica L. Südliches New Jersey bis westliches New York und Südwest-Ontario, westlich bis Minnesota, südlich bis Georgia und Missouri; trockene Wälder, Straßenränder. B: 4-9. Stengel 30-60 cm, Blüten 2,5-3,75 cm. Blütenblätter am Ende 2lappig oder gezähnt. Selten angebaute, beeindruckende Pflanze. Für Halbschatten oder wechselnden Schlagschatten in Boden mit gutem Wasserabzug. WH: bis –20 °C.

Silene asterias bei Harry Hay, Surrey

Lychnis coronaria 'Alba' mit *Viola cornuta* 'Alba', Delphiniums und 'Iceberg'-Rosen

Lychnis coronaria 'Oculata'

Lychnis 'Abbotswood Rose'

Lychnis × arkwrightii hort. ex Heydt 'Vesuvius' *(Caryophyllaceae)*. Hybride von *L. × haageana (L. fulgens × L. coronata)* und *L. chalcedonica*. Stengel bis 45 cm. Blätter purpur. 'Vesuvius'. Gute, 1912 entstandene Auslese. WH: bis –15 °C.

Lychnis chalcedonica L. *Brennende Liebe*. West-Rußland, Odessa bis Moskau und Nordwest-China; Wälder, Gebüsch. B: 6-7. Mehrere aufrechte, bis 45 cm, in Kultur bis 1,2 m hohe Triebe aus ausbreitendem Wurzelstock. Einzelblüte 1,5 cm groß, zu 10-50 in flacher endständiger Dolde. Blütenblätter tief gelappt, in nährstoffreichem, feuchtem Boden in Sonne oder Halbschatten an geschützter Stelle problemlos. Schon vor 1593 in Europa kultiviert. WH: bis –20 °C oder darunter. Mehrere Gartenformen, z. B. 'Alba' und 'Alba Plena', einfach und gefüllt weiß; 'Rosea', blaßrosa; 'Carnea', fleischrosa, eine rosa-gefülltblühende Form, und 'Rubra Plena', rotgefüllt.

Lychnis coronaria (L.) Desv. *Vexiernelke, Kronlichtnelke*. Europa, Tschechoslowakei, Jugoslawien, Nordwestafrika, Griechenland, Nordwest-Türkei bis Krim, Iran und Turkestan; Gehölze, Wälder, sonnige, felsige Hänge. B: 5-9. Reichverzweigte, bis 100 cm hohe Triebe. Blätter samtig, dicht weißhaarig. Blüten meist purpur-rosa, etwa 3 cm groß. Seit langem mehrere Farbvarianten in den Gärten: 'Atrosanguinea', dunkel-leuchtendrot; 'Oculata', weiß mit rosa Auge; 'Alba', weiß, und 'Flore Pleno', gefüllt. Die blaß-einfachblühende Form kommt meist samenecht. 'Abbotswood Rose' ist wahrscheinlich eine Kreuzung zwischen *L. coronaria* und *L. flos-jovis*, genannt *L. × walkeri*. Wird nur ca. 60 cm hoch und breitet sich mehr aus als *L. coronaria*. Blüten grell rosa mit tief ausgerandeten Blütenblättern. Hart in sehr nährstoffarmen, trockenen, sandigen Böden in voller Sonne. Reichblühend, aber kurzlebig in nährstoffreichen, halbschattigen Böden. WH: bis –20 °C.

Lychnis flos-jovis (L.) Desv. *Jupiter-Lichtnelke*. Westliche Alpen Frankreichs, der Schweiz und Nord-Italiens; trockene, sonnige, subalpine Hänge, auf saurem Gestein in 1000-2000 m. B: 6-8. Meist kurzlebige Staude mit 20-90 cm hohen Stengeln. Blätter weißhaarig. Blüten purpur oder hochrot, zu 4-10 in Köpfchen. Blütenblätter tiefgelappt. 'Hort's Variety' hat blasser rosa Blüten; es gibt auch eine weiße und eine Zwergform. Am besten in sehr nährstoffarmem Boden mit gutem Wasserabzug. WH: bis –15 °C.

Lychnis viscaria L. syn. *Viscaria vulgaris* Bernh., *Pechnelke*. Von Schottland und Wales, südlich bis Spanien und östlich bis Nordwest-Türkei, Sibirien und Zentralasien; an offenen, sandigen Stellen, trockenen Hügelhängen, Felsen und Klippen. B: 5-8. Blätter schmal, unbehaart, Teppich bildend. Stengel bis 90, meist aber etwa 40 cm. Blüten purpur-rot, 18-20 mm groß. In Kultur 'Flore Pleno', 'Splendens Plena', beide gefüllt, und 'Alba', weiß, sowie subsp. *atropurpurea* (Griseb.) Chater aus Rumänien, Jugoslawien und Griechenland (kleine Abweichungen des Kelches und Kapselstiels). Volle Sonne in Boden mit gutem Wasserabzug. WH: bis –25 °C oder darunter.

Lychnis × arkwrightii 'Vesuvius'

Lychnis chalcedonica in Cedar Tree Cottage, Sussex

Lychnis viscaria 'Alba'

Lychnis chalcedonica 'Rosea' in Wisley

Lychnis viscaria

Lychnis viscaria 'Flore Pleno'

Lychnis flos-jovis in den Savill Gardens, Windsor

Lupinus nootkatensis am Dee-Fluß bei Braemar

Lupinus nootkatensis

Lupinus polyphyllus (eingebürgert)

Lupinus perennis in Maine

Lupinus 'Schloßfrau'

Lupinus 'Mein Schloß'

Lupinus 'Magnificence'

Thermopsis mollis

Thermopsis ovata in Washington State

Thermopsis caroliniana

Baptisia australis

Baptisia australis (L.) R. Br. *(Leguminosae) Indigo-Lupine, Färber-Hülse.* Nord-Virginia bis West-Pennsylvania, östlich bis Missouri und Kansas und südlich bis Georgia und Texas; in nährstoffreichen Böden. B: 6-8. Dichte Büsche kahler, aufrechter, bis 2 m hoher Stengel. 3teilige Blätter kurzgestielt. Blüten 2-2,5 cm lang, Hülsen papierartig aufgeblasen. Für nährstoffreiche, feuchte Böden in Sonne oder lichtem Schatten. WH: bis –20 °C. *B. cinerea* (Raf.) Feon. & Schub. feinbehaart, gelbe, ca. 2,5 cm lange Blüten. *B. leucophaea* Nutt. und *B. leucantha* T. & G. haben weiße Blüten. Prärien und Fettwiesen im südöstlichen Nordamerika.

Lupinus nootkatensis Donn ex Sims *(Leguminosae).* Nordostasien und Nordwestamerika, von British Columbia bis Süd-Alaska, eingebürgert in Norwegen; Kiesufer an Flüssen. B: 6-7. Mehrere bis 80 cm aufrechte Stengel. 6-8 Blättchen. Blüten bläulich, 6-18 mm. Von Archibald Menzies mit Capt. Vancouvers Expedition schon 1795 in die Kultur nach Europa eingeführt. Aus den Gärten wieder verschwunden, wahrscheinlich, weil sehr Schneckenfraß-gefährdet. Im Herbst an einigen Lachsflüssen in Schottland ganze Aspekte bildend.

Lupinus perennis L. *Ausdauernde Lupine.* Östliches Nordamerika, von Maine und Ontario westlich bis Minnesota und südlich bis Florida, Missouri und Louisiana; in Trockenrasen auf sandigem Boden. B: 5-6. Wenige, bis 60 cm hohe Triebe aus festem Wurzelstock. Blätter mit 8 schmalen, verkehrt eiförmigen Blättchen. Blüten blau, selten rosa oder weiß, 12-16 mm lang ohne Fleck auf der Fahne. Gute Art für Blumenwiesen auf armen Sandböden. Härter als die westlichere *L. polyphyllus.* WH: bis –25 °C oder darunter.

Lupinus polyphyllus Lindl. *Staudenlupine.* Stammart der verbreiteten Gartenlupinen, westliches bis nördliches Nordamerika, von San Francisco nordwärts bis British Columbia (mit subsp. *superba* [Heller] Munz, östliches Nevada); nasse Wiesen. B: 5-7. Bei der Wildart sind die Triebe bis 1,5 m hoch, die Blätter 9- bis 17fiedrig. Blüten blau, purpur oder rötlich, 11-14 mm lang, quirlig in 15-60 cm langen Trauben sitzend. Gut zum Ansiedeln auf sandigem Boden in hohem Gras. WH: bis –25 °C.

Staudenlupinen. In englischen Gärten seit etwa 1826 kultiviert, als *L. polyphyllus* von Nordamerika erstmals eingeführt. Erhebliche züchterische Verbesserungen begannen ab 1911, als George Russell, Gärtner bei Mrs. Michlethwaite in York, in seinem Kleingarten zu selektieren begann, jeweils den besten Sämling jedes Jahr. Wahrscheinlich hat die einjährige, tief-rotblühende *L. hartwegii* die Farbpalette in Russells Hybriden verbreitert. Erst ab 1937 wurden Russells Lupinen weithin bekannt. Manche Einzelfarben sind noch in Kultur, z. B. 'Limelight' gelb und blauweiß, 2-farbige 'Vogue'. 'Mrs Michlethwaite' trägt ihren Namen als seine frühere Arbeitgeberin. Namenssorten von Lupinen benötigen leicht sauren, sandigen, gut stickstoffversorgten Boden mit gutem Wasserabzug. Samenansatz schwächt die Pflanzen. Junge Triebe werden meist durch Schnecken geschädigt. Russells Züchtungswerk wurde von den Woodfield Brothers fortgesetzt, die ein ganzes Sortiment ein- und mehrfarbiger guter Sorten züchten. Abgebildet sind: **'La Chatelaine'** syn. 'Schloßfrau', **'Magnificence'**, **'My Castle'** syn. 'Mein Schloß'

Thermopsis caroliniana M. A. Curtis *(Leguminosae).* North Carolina, Georgia und Tennessee; in lichten Wäldern und an Flußufern. B: 4-5. Wenig verzweigte, 80-100 cm hohe Stengel mit blattartigen Nebenblättchen. Blättchen oval, 5-8 cm lang. Blüten in gedrungener Traube für nährstoffreiche Böden in voller Sonne oder Halbschatten. WH: bis –15 °C, vielleicht darunter.

Thermopsis mollis (Michx.) M. A. Curtis. Südwest-Virginia, Ost-Tennessee, North Carolina und Georgia; in den Bergen. B: 7-8. Wenige aufrechte, 60-90 cm hohe Stengel. Nebenblättchen nicht blattartig. Gestielte Blätter mit 3 ovalen, 2-4 cm langen Blättchen. Blüten ca. 20 mm lang in verlängerter Traube. Hülsen flach. Für nährstoffreiche Böden in Sonne oder Halbschatten. WH: bis –20 °C.

Thermopsis ovata (Rob.) Rydb. Wyoming und Idaho, westlich bis Washington und Oregon; an feuchten, grasigen Stellen, sandigen Flußufern und lichten Wäldern; B: 5-7. Triebe kräftig sukkulent, 60-80 cm. Nebenblättchen blattartig verkehrt eiförmig bis oval-herzförmig, 2-4 cm lang. Blättchen 6-8 cm lang, verkehrt eiförmig bis breit-elliptisch. Blüten in lockeren Trauben. Hülsen meist aufrecht, 5-7 cm lang, seidig behaart. Für jeden nährstoffreichen, feuchten Boden in Sonne oder Halbschatten. WH: bis –20 °C.

Alchemilla mollis mit Buchshecken in Gloucestershire

Alchemilla conjuncta

Alchemilla pedata bei Harry Hay, Surrey

Alchemilla conjuncta Babington *(Rosaceae)*. Südwest-Alpen, Jura, Frankreich und Schweiz sowie Schottland; in subalpinen Matten und an felsigen Stellen und Flüssen. B: 6-7. Bildet bis 30 cm große Rasen. Blätter oberseits blaugrün, unterseits seidig silbrig. Blatt-Teile im unteren Drittel verwachsen. Blütenstengel bis 40 cm. Problemlos in sonniger Lage in feuchtem Boden mit gutem Wasserabzug. WH: bis –20 °C oder darunter. *A. alpina*, verbreitet in den Granitgebirgen Schottlands, Nord-Englands und den meisten Teilen Europas, ist kleiner mit bis zum Stielansatz getrennten Blättchen.

Alchemilla erythropoda Juz. West-Karpaten, Jugoslawien und Bulgarien, ostwärts bis Nord-Türkei, Kaukasus und Nord-Iran; in felsigen Bergwiesen. B: 5-8. Bis 20 cm große Büsche bildend. Blütenstengel oft rötlich-purpur, 20-30 cm hoch. Blätter bläulich grün, beidseits dicht weißhaarig, bis 4 cm breit mit deutlich heruntergebogenen Haaren an den ausgewachsenen Stielen. Kleine, problemlos wachsende Art für sonnige Stellen. Geeignet für Pflasterritzen oder an Gartenpfaden. WH: bis –20 °C oder darunter.

Alchemilla glabra Neygenf. Nord- und Mitteleuropa und östliches Nordamerika; meist auf sauren Böden, an grasigen Stellen, offenen Wäldern und an Gebirgsflüssen. B: 5-9. Büsche mit bis 60 cm hohen Blütentrieben. Blätter etwa 8 cm breit, kahl bis auf wenige Haare an den Blattadern auf der Unterseite. Mit dunkelgrünen, kahlen Blättern guter Kontrast zu *A. mollis*. *A. xanthochlora* Rothm. ist ähnlich, Stengel und Blütenstand aber behaart; Blätter oberseits kahl, Blattadern unterseits behaart. *A. glabra* ist für feuchte, saure Böden besser geeignet als *A. mollis*.

Alchemilla mollis (Buser) Rothm. Nord-Griechenland und Ost-Karpaten in Rumänien und West-Rußland, südlich zum Kaukasus, Nord-Türkei, Armenien und Nord-Iran; in Wiesen, an Flußufern und in Tannen- und Buchenwäldern. B: 6-9. Bildet große Büsche und sät sich stark aus. Blätter bis 15 cm groß, beidseits behaart und zu 1/5 tief gelappt. Blütenstengel bis 80 cm lang. Problemlos in Sonne oder Halbschatten. WH: bis –25 °C; verträgt Trockenheit.

Alchemilla pedata A. Rich. Äthiopien, besonders im Nordwesten; auf grasigen Stellen und an Waldrändern. Bildet mit Ausläufern bis mehrere Meter große Flächen. Blätter ca. 4 cm. Blütenstand einfach und sehr zierlich. WH: bis –5 °C, aber oft nach kalten Wintern durch Selbstaussaat wieder erscheinend.

Cornus canadensis L. syn. *Chamaepericlymenum canadense* (L.) Asch. & Graebn. *(Cornaceae)*. Nordamerika, von Neufundland bis Alaska, südlich bis West Virginia, Colorado und Kalifornien sowie Japan, Korea und Ost-Sibirien; in Nadelwäldern; B: 5-6. Unterirdisch kriechend und mehrere Meter große Flächen bildend. Blütenstengel 7,5-20 cm mit einem 6teiligen Blattquirl an der Spitze. Hochblätter 8-18 mm, weiß. Blüten winzig und grün, Früchte leuchtend rot und fleischig. Problemlos in Torfboden im Schatten oder Halbschatten. Gut zusammen mit Heide. *C. suecica* L. ist im arktischen Gebiet verbreitet; eine kleinere, zierlichere Pflanze mit 3 Blattpaaren, am Trieb aufwärts und schwarzpurpurnen Blüten.

Gillenia trifoliata (L.) Moench. syn. *Porteranthus trifoliatus* (L.) Britton *(Rosaceae) Dreiblattspiere*. Östliches Nordamerika, von Ontario und New York ostwärts bis Michigan und südlich bis Georgia und Missouri; lichte Wälder; B: 5-7. Horstig wachsend mit vielen, bis 120 cm hohen Trieben aus verholztem Wurzelstock. Blätter 3teilig, das obere sitzend, die Blättchen bis 7,5 cm lang. Am Grunde des Einzelblättchens bis 8 mm lange, schmale Nebenblätter. Blüten weiß oder rosa mit 1,0-1,2 cm langen Blütenblättern. Elegante, attraktive Pflanze, nicht leicht anzusiedeln. Junge Triebe von Schnecken bevorzugt. Pflanzstelle weder zu sonnig noch zu trocken, noch zu schattig. *G. stipulata* (Muhl.) Bergmans ist kleiner mit blattartigen Nebenblättern, die etwa 1/3 der Länge der kurzgestielten Blättchen betragen.

Alchemilla mollis nach Regen

Gillenia trifoliata

Alchemilla glabra in Aberdeenshire

Alchemilla erythropoda

Cornus canadensis

Duchesnea indica

Geum chiloense 'Mrs Bradshaw'

Geum coccineum

Fragaria 'Pink Panda'

Potentilla palustris

Potentilla nepalensis 'Rosana'

Potentilla 'Gibson's Scarlet'

Potentilla nepalensis 'Master Floris'

Duchesnea indica (Andrews) Focke *(Rosaceae) Scheinerdbeere*. Süd- und Ostasien, einschließlich China und Japan, in weiten Teilen Nordamerikas und Südeuropas eingebürgert; feuchte, schattige Wälder und an Flüssen; B: 4-6, vereinzelt den Sommer hindurch. Mit wurzelnden Ausläufern kriechend; Blüten gelb, Blütenblätter 8 mm lang. Früchte rot, erdbeerähnlich, nicht schmackhaft. *D. chrysantha* (Zoll. & Moritz) Miq. ist kleiner mit blasseren, rosa-weißen Früchten. *D. indica* ist wahrscheinlich die härtere Art und überlebt bis –15 °C auch ohne Schneeabdeckung.

Fragaria 'Pink Panda' *(Rosaceae)*. Hybride zwischen *Fragaria × ananassa*, der Gartenerdbeere, und *Potentilla palustris*, dem Sumpfblutauge (Züchter Dr. Jack Ellis). Erste Kreuzung 1966, nach wiederholter Rückkreuzung wurde 'Pink Panda' ausgelesen und 1989 von Blooms in den Handel gebracht. Höhe 10-15 cm. Blüten 2-2,5 cm, oft mit 6 oder mehr Blütenblättern. B: 5-11, selten fruchtend. Für volle Sonne oder Halbschatten. WH: bis –20 °C.

Geum chiloense Balbis 'Mrs Bradshaw' *(Rosaceae)*. Stammart aus Chile; an feuchten Stellen, an Gebirgsflüssen. B: 11-1, bei uns 7-8. Bildet Büsche mit bis 45 cm hohen Blütenstengeln. Blüten orangerot bis purpur-rot, unterscheidet sich von *G. coccineum* durch die höheren, verzweigteren Blütenstengel und daß die Teilblättchen zur Blattspitze hin größer werden. WH: vielleicht bis –20 °C.

Geum coccineum Sibth. & Sm. syn. *G. borisii* hort. Balkan-Halbinsel und Nord-Türkei; nasse Wiesen und an Wasserläufen, in feuchten Wäldern von 1300-2000 m. B: 5-8. Flache Büsche blaßgrüner Blätter. Blätter mit 2-4 Paar Randblättchen und großem, rundlich nierenförmigem, 4-14 cm großem Endblatt. Blütenstengel 2- bis 4blütig, 10-45 cm hoch. Blütenblätter 10-18 mm lang. Problemlos in feuchtem Torfboden. WH: bis –25 °C.

Potentilla nepalensis Hook. *(Rosaceae)*. Himalaja, Pakistan bis Zentral-Nepal; alpine Wiesen und Felder in 1100-2700 m. B: 6-9. Lockere Büsche drahtiger, 20-90 cm langer Triebe. Untere Blätter mit 5 Blättchen. Blüten 1,3-2,5 cm groß, dunkelleuchtendrot bis hellrosa oder orange. Problemlos in nährstoffreichem, feuchtem Boden. 'Rosana' leuchtend rosa Blüten mit roter Mitte. 'Master Floris' cremegelb mit rosa Rand und dunkelroter Mitte. 'Helen Jane' blaßrosa mit dunkler Mitte. *P. nepalensis* unterscheidet sich von *P. atrosanguinea* dadurch, daß die unteren Blätter 5 und nicht 3 Blättchen haben, und durch kräftigeren, mehr ausbreitenden Wuchs mit kleineren Blüten in stärker verzweigtem Blütenstand. 'Miss Willmott' (o. Abb.) ist kirschrosa mit dunkler Mitte.

Potentilla palustris (L.) Scop. syn. *Comarum palustre* L., *Sumpfblutauge*. Europa, südwärts bis Bulgarien, östlich bis Sibirien und Japan und Nordamerika, von Grönland bis New Jersey und Nord-Kalifornien; nasse Stellen, an Seen, Teichen und Sümpfen. B: 5-8. Mit kriechendem Rhizom ausgedehnte, mehrere Meter große Kolonien bildend. Stengel 15-45 cm, Blätter bläulich grün mit 5-7 Blättchen. Blütenblätter ca. 1 cm, dunkelpurpur und kürzer als die purpurnen Kelchblätter. Für sumpfige Naturgärten, attraktiv durch graublaue Blätter. WH: bis –25 °C.

Potentilla nepalensis 'Helen Jane'

Potentilla thurberi

Potentilla × russelliana

Potentilla 'Fireflame'

Potentilla × russelliana. Eine Hybride zwischen *P. atrosanguinea* und *P. nepalensis*; untere Blätter mit 3-5 Blättchen, schmaler als bei *P. atrosanguinea*. Manche normalerweise zu *P. atrosanguinea* gerechneten Sorten gehören wahrscheinlich hierher, z. B. 'Gibson's Scarlet'. Die folgenden Sorten sind wahrscheinlich Auslesen aus *P. atrosanguinea* oder Hybriden mit dieser Art. Die Blüten zeigen Farben in unterschiedlichem Rot, Orange oder Gelb an verzweigten, etwa 45 cm hohen Blütentrieben, ausgebreitete, bis 60 cm breite Pflanzen bildend. 'Yellow Queen'; 'Fireflame'; 'Hamlet'; 'Gibson's Scarlet' (untere Blätter 3-5); 'Monsieur Rouillard'.

Potentilla thurberi A. Gray ex Lehmann. Arizona bis New Mexico und Nord-Mexiko; feuchte Lichtungen, Nadelholzwälder, feuchte Wiesen und an Flüssen. B: 7-10. Büschelig, mit vielen steif aufrechten, 30-75 cm hohen Trieben. Blätter 5- bis 7fach gefiedert, Blättchen 2,5-5 cm lang, gezähnt. Blüten ca. 2,5 cm groß, dunkel-samtrot mit dunklerem Auge. Für nährstoffreichen Boden an warmer Stelle. WH: vielleicht bis –25 °C.

Waldsteinia ternata (Stephan) Fritsch *(Rosaceae), Golderdbeere*. In Europa in den Karpaten, der Tschechoslowakei und in Rumänien und selten in Südost-Österreich und Nordwest-Jugoslawien sowie in Ostasien, Ost-Sibirien, auf Sachalin und in Nord-Japan; in Bergwäldern; B: 5-6. Bildet mit kriechenden Ausläufern flache Teppiche. Blätter 3teilig, Blättchen 2-3 cm lang. 1- bis 7blütige, bis 20 cm hohe Stengel. Blüten 1,5-2 cm groß. Problemlos in Laubboden im Halbschatten. Als attraktiver Bodendecker. Die japanischen Wildpflanzen scheinen zierlicher zu sein mit wenigeren, größeren Blüten. *W. fragarioides* (Michx.) Tratt von Nordost-Nordamerika hat ähnliche Blätter, aber kleinere, 6-10 mm breite Blüten.

Potentilla 'Yellow Queen' mit *Viola cornuta*

Potentilla 'Hamlet'

Waldsteinia ternata

Pflanzen von Beth Chatto, Gärtnerei Unusual Plants, 9. Juni, 1/2 nat. Größe

Geum rivale in Perthshire

Geum 'Leonard's Variety'

Geum triflorum

Geum elatum in Kaschmir

Geum rivale f. *album*

Potentilla rupestris

Geum elatum Wall. ex D. Don. *(Rosaceae)*. Himalaja von Pakistan bis Südost-Xizang, in Gebüsch und alpinen Wiesen von 2700-4300 m. B: 6-8. Sehr variabel. Die Abbildung ist eine stengellose Pflanze mit gedrängt gefiederten Grundblättern und einzeln aufrecht stehenden gelben Blüten. In tieferen Lagen kommen größere Pflanzen mit verzweigten Stengeln und nickenden, gelben oder seltener rötlichen Blüten vor. Für sonnige, sommerfeuchte Stellen mit gutem Wasserabzug. WH: bis –20 °C.

Geum 'Georgenberg'. Manchmal als Hybride zwischen *G. coccineum* und *G. montanum* betrachtet; nickende Blütenknospen weisen aber auf *G. rivale* oder *G. × intermedium*. *G. montanum* könnte sehr gut der 2. Elter sein. Die Hybride *G. rivale × G. montanum* heißt *G. × tirolense* Kerner. Dieser Abstammung ist wahrscheinlich auch *'LemonDrops'* von Beth Chatto. Gut in feuchtem Torfboden.

Geum montanum L. *Bergnelkenwurz*. Pyrenäen, Alpen, Korsika und Karpaten, ostwärts bis West-Rußland und Südwest-Griechenland; subalpine Wiesen von 1500-3000 m. B: 6-7. Kurzes, kriechendes Rhizom mit Blattrosette. Endblättchen ca. 6 cm lang. 1- bis 3blütige, 3-10 cm lange Stengel. Blüten 2,5-4 cm. Problemlos in torfigem Boden in voller Sonne bei gutem Wasserabzug. *G. reptans* L., *Kriechende Nelkenwurz*, ist eng verwandt, kommt aber meist oberhalb 2000 m vor. Sie besitzt lange Ausläufer und immer gefiederte Blätter, bei denen das letzte Blättchen kaum größer ist. Beide WH: bis –25 °C.

Geum rivale L. *Bachnelkenwurz*. In Europa, Kaukasus, Nord-Türkei, Nordasien bis Altai-Gebirge, Nordwest-China und Nordamerika, von Neufundland bis British Columbia und südlich bis New Jersey und Colorado; nasse Wiesen, an Flüssen und in Sümpfen. B: 5-6. Flache Teppiche aus unregelmäßig gefiederten Blättern mit einfachen oder wenig verzweigten, meist bis 30 cm, selten bis 1 m hohen Blütentrieben. Stengel und Blüten bräunlichrot oder rosa, blaßgelb, grün in f. *album*. Griffel 8- 9 mm, behaart. Kreuzungen mit *G. urbanum* L., der echten Nelkenwurz, sind häufig. Besonders an schattigen Stellen, an Flüssen. Sie besitzen höhere Stengel mit blasseren Blüten und werden als *G. × intermedium* Ehrh. bezeichnet. 'Leonard's Variety' ist wahrscheinlich Kreuzung zwischen *G. rivale* und anderen Arten, vielleicht *G. coccineum*. Vieltriebig, bis 45 cm hoch mit hängenden, kupferfarbenen Blüten. Problemlos in feuchtem Halbschatten.

Geum rossii (R. Br.) Sev. Westliches Nordamerika, von Alaska südwärts bis Nordost-Oregon, Nevada, New Mexico und in Ostasien; in der arktischen Tundra und auf Geröll und steinigen Bergwiesen. B: 6-7. Bildet dichte, 30 cm große Büsche. Grundblätter 4-10 cm lang. Blütenstengel 8-20 cm. Gelbe Blütenblätter 10-12 mm lang. Problemlos bei gutem Wasserabzug. WH: bis –20 °C oder darunter.

Geum triflorum Pursh. Nordamerika, von Neufundland und New York westwärts bis British Columbia, südlich bis Oregon und Kalifornien und entlang den Rocky Mountains südlich bis Nevada; an feuchten Stellen und Geröllflächen im Gebirge. B: 4-8 entsprechend der Höhenlage. Bildet Büsche von 30 und mehr cm. Grundblätter 5-15 cm mit bis zu 30 Abschnitten. Blütenstengel 1- bis 9blütig, bis 30 cm hoch. Blütenblätter blaßgelb oder rötlich oder purpur. Problemlos in ziemlich feuchtem Boden. WH: bis –20 °C oder darunter.

Potentilla atrosanguinea Lodd. syn. *P. argyrophylla* Wall. ex Lehm. *(Rosaceae)*. Himalaja, Afghanistan bis Sikkim; Gebüsch und offene, grasige Hänge in 2500-4500 m. B: 6-8. Wenige aufrechte oder aufsteigende, bis 60 cm lange Stengel. Blätter 3teilig, insbesondere unterseits unterschiedlich silbrig mit 2 × 5 cm großen Blättchen. Blüten 2-4 cm groß, rot im Westen, orange oder gelb (var. *argyrophylla* [Lehmann] Grierson & Long) im Osten. Brauchbare, sich ausbreitende Pflanze für Staudenbeetränder auf kühlem, feuchtem Boden. Die als *P. argyrophylla* gezogenen Pflanzen haben meist blasser rote Blüten. WH: bis –25 °C.

Potentilla rupestris L. syn. *P. foliosa* Somm. & Lev., *Steinfingerkraut*. In Europa verbreitet, einschließlich Großbritannien, sowie im Kaukasus, der Türkei und ostwärts bis Mittel-Sibirien; trokkene, sonnige Felshänge im Gebirge; B: 6-7. Büschelig wachsend, Grundblätter 5- bis 9fach gefiedert. Stengel 8-50 cm. Blütenblätter 8-14 mm. Problemlos in voller Sonne bei gutem Wasserabzug. Charakteristische Art trockener Felshänge am Fuße der europäischen Gebirge. WH: bis –25 °C.

Acaena magellanica

Acaena 'Blue Haze'

Acaena microphylla in Wisley, Surrey

Sanguisorba tenuifolia var. *alba* in Hokkaido

Sanguisorba canadensis in Kew

Acaena magellanica Vahl syn. *A. glaucophylla* Bitter *(Rosaceae)*. Falklandinseln, Kerguelen, West-Argentinien und Ost-Chile, nördlich bis zum 27. südlichen Breitengrad; auf Sand und Felsen in Seenähe; Gebüsch, offene Wälder, feuchtes Grasland und Sümpfe bis 1100 m. B: 11-3, bei uns 5-8. Kriechende, wurzelnde Stengel. Blätter 2-8 cm mit 5-8 Fiederblättchenhaaren. Blütenstengel 7-14 cm mit 1-3 cm großen Blütenköpfchen, bei ungeöffneten Staubbeuteln im Knospenstadium purpur. Fruchtstacheln 5-10 mm. 'Blue Haze' syn. 'Pewter', intensiv blaugrüne Auslese. WH: bis –15 °C.

Acaena microphylla Hook. fil. Nord- und Südinsel Neuseelands (var. *robusta* Allan und var. *pallideoliraceae* Bitter). Auf Grasland und in Flußbetten von 0-1100 m. B: 12-2, bei uns 6-8. Kriechend ausgedehnte, bis 75 cm große Flächen bildend. Blätter bis 3 cm lang, grün, kahl. Blütenköpfchen 2,5 cm groß. Problemlos in ziemlich feuchtem Boden. Guter Bodendecker zwischen Pflastersteinen. WH: bis –10 °C.

Sanguisorba alpina Bunge *(Rosaceae)*. Altai-Gebirge, Sibirien, Sinjiang und Mongolei; alpine Wiesen; B: 6-8. Mit intensiv blaugrünen Blättern mit 15-19 ovalen, herzförmigen Blättchen ausbreitende Büsche bildend. Längliche Blütenähren 1-5 cm lang. Problemlos in nährstoffreichem, feuchtem Boden in voller Sonne. Sehr ähnlich *S. armena*, aber kleiner, mit stumpferen, mehr gebogenen Zähnen an den Blättchen. WH: bis –25 °C.

Sanguisorba armena Boiss. Nordost-Türkei (Erzerum); Gebirgsflüsse, grasige gehölzfreie Hänge. B: 7. Große Büsche. Stengel bis 1,5 m. Grundblätter mit 15-19 ovalen, herzförmigen, kräftig blaugrünen Blättchen. Blütenähren länglich bis 5,5 cm, aufrecht oder hängend, rosa, mit langen Staubfäden. Problemlos in nährstoffreichen, feuchten Böden in tiefem oder leichtem Schatten. Die Art ähnelt mit ihren intensiv blaugrünen Blättern bei guter Kultur einer kleinen Ausgabe von *Melianthus major*. WH: bis –25 °C.

Sanguisorba canadensis L. Nordöstliches Nordamerika, Neufundland bis Michigan und Georgia; in feuchten Wiesen und Sümpfen. B: 7-10. Bildet sich ausbreitende Büsche. Stengel bis 1 oder gar bis 2 m. Grundblätter grün mit 7-15 ovalen bis länglichen, herzförmigen Blättchen. Aufrechte, verlängerte, 2,5-15 cm lange Ähren, deren Blüten sich von unten an öffnen. *S. stipulata* Raf. (syn. *S. sitchensis* C. A. Mey) von Japan ist ähnlich und hat auch schmale weiße Blütenähren. Bis 80 cm, d. h. kleinere Pflanze, mit kürzeren, 3-8 cm langen, meist weißen oder grünen, seltener rosa Blütenähren. Problemlos in gutem, feuchtem Boden in Sonne oder Halbschatten.

Sanguisorba hakusanensis Makino. Honshu mit Varietäten in Korea und auf Hokkaido; in alpinen Wiesen und feuchten Felsspalten. B: 6-9. Büsche mit 40-80 cm hohen Blütenständen. 9-13 ca. 3-7 mm langgestielte, oval längliche Blättchen. Blütenähren meist dunkelrosa-purpur, 4-10 cm lang, nickend mit 7-10 cm langen Staubgefäßen. Problemlos in feuchtem Boden in kühler Lage. WH: bis –20 °C.

Sanguisorba obtusa Maxim. Japan, auf dem Berg Hayachine auf Honshu; in alpinen Wiesen, B: 7-9. Kleine Büsche mit 30-50 cm hohen Stengeln.

Sanguisorba hakusanensis im Royal Botanic Garden, Edinburgh

Sanguisorba alpina

Sanguisorba officinalis

Sanguisorba obtusa

Dicht gedrängt 13-17, fast sitzende Blättchen. Blütenähren 4-7 cm lang, nickend mit 8-10 cm langen Staubgefäßen, gewöhnlich rosa, bei 'Alba' weiß. Problemlos in feuchtem Boden in Sonne oder Halbschatten. WH: bis –20 °C.

Sanguisorba officinalis L. *Großer Wiesenknopf.* Nordeuropa, südlich bis Griechenland und Türkei, Nordasien, östlich bis Japan und Nordamerika (eingebürgert in Maine); Wiesen und feuchte grasige Stellen, an Flüssen. B: 6-10. Große Büsche mit bis 1 m hohen Stengeln. Grundblätter mit 9-15 herzförmigen, oval bis rundlichen Blättchen. Aufrechte, 1,2-2,5 cm lange, schwarzrote oder in var. *carnea* (Fisch.) Regel aus Ostasien fleischrote Blütenähre. Problemlos in feuchtem, nährstoffreichem Boden. WH: bis –25 °C.

Sanguisorba tenuifolia Fisch. var. *alba* Trautv. & Meyer. Japan, auf allen Inseln; Wiesen und feuchte Stellen entlang der Flüsse. B: 8-10. Kleine Büsche mit 80-130 cm hohen Stengeln. Große Blätter mit 11-15 meist sitzenden Fiederblättchen. Blütenähren 2-7 cm lang, aufrecht oder hängend, 6-7 mm dick. Blüten weiß mit weißen Staubgefäßen oder blutrot in var. *purpurea* Trautv. & Meyer. Problemlos in feuchtem Boden in Sonne oder Halbschatten. Var. *tenuifolia* wächst in Ost-Sibirien, Mandschurei, Korea und nördliche Pazifikinseln. WH: bis –25 °C.

Sanguisorba armena

Primula bhutanica 'Sherriff's Variety' in Sellindge, Kent

Primula bhutanica Fletcher 'Sherriff's Variety' (Sektion *Petiolaris*) *(Primulaceae)*. Nord-Assam, Ost-Bhutan und Süd-Xizang; in Nadel- und Mischwäldern, an feuchten moosigen Hängen und unter Rhododendron in 3000-4300 m Höhe. B: 5-6, bei uns 4. Bildet Büschel von Winterknospen, die viele weißbemehlte, sich zu stengellosen Blüten entwickelnde Knospen enthalten. Ausgewachsene Blätter spitz-lanzettlich und bemehlt bis 20 cm oder größer an gut kultivierten Exemplaren. Blüten in 'Sherriff's Variety' mit Auge 2-3 cm groß, einzeln manchmal an kurzem Stiel. Von Ludlow & Sherriff in Bhutan gesammelt und viele Jahre in Mrs. Sherriffs Garten in Ascreavie, Angus, und von dort in die Gärten verbreitet, wo sie leicht wächst und sich gut vermehrt. Besonders gefährdet durch trockene Hitze im Sommer, d. h. Pflanzung auf Nordseiten von Mauern, damit sie nie von der Sonne beschienen werden. Häufiges Wässern, d. h. Abspritzen der Blätter mit dem Schlauch, hält sie während heißer Sommer am Leben. WH: bis –25 °C, sicherer mit Schneeabdeckung.

Primula heucherifolia Franch. (Sektion *Cortusoides*). West-Sichuan, schattige Stellen im Bambuswald. B: 5-6. Ausläufer bildend mit kriechendem Rhizom. Blätter rundlich, 7- bis 11lappig. Stengel 15-30 cm mit 3-10 nickenden Blüten. Blüten mit farbigem Ring im Schlund, 1-2,5 cm groß. Für kühle, schattige Stellen mit gutem Wasserabzug.

Primula kaufmanniana Regel (Sektion *Cortusoides*). Zentralasien im Tien Shan und Pamir in 1000-3700 m Höhe; an schattigen, felsigen Stellen. B: 5-6. Buschig wachsend mit 2-8 cm langen und breiten, weichhaarigen 9- bis 11lappigen Blättern. 3-6 Blüten sitzen in 1-2 Quirlen an 8-22 cm hohen Stengeln. *P. cortusoides* L. hat rundere Blätter und meist kleinere Blüten. WH: bis –20 °C oder darunter.

Primula kisoana Miq. (Sektion *Cortusoides*). Mittel-Honshu und Shikoku, in Wäldern und schattigen Stellen, im Gebirge. B: 5. Mit Ausläufern weitlaufend. Stengel 10-15 cm, Blätter weichhaarig, 5-10 cm groß. Blüten 2-3 cm breit mit 15-20 mm langer Röhre. Für Halbschatten und Laubboden in kühler geschützter Lage. WH: bis –10 °C.

Primula mollis Nutt. ex. Hook. syn. *P. sinomollis* Balf. fil. & Forrest (Sektion *Cortusoides*). Bhutan, Nord-Assam, Nord-Burma und Yunnan; schattige Stellen und Gehölze, an Wasserläufen, in 2300-3300 m Höhe. B: 5-7. Lockere Rosetten aus wenigen, weichhaarigen, nierenförmigen, bis 12 cm großen Blättern. Blütenstände bis 60 cm mit 2-10 Quirlen zu je 2-9 Blüten. Für schattige Lage in Laubboden. WH: bis –10 °C.

Primula moupinensis Franch. (Sektion *Petiolaris*). West-Sichuan, in feuchten Wäldern und Moos, unter Sträuchern, in 2500-3000 m. B: 4-5. Ähnlich *P. sonchifolia*, aber ohne Schuppen an den Ruheknospen und mit breiteren, ovalen, dünnen Blättern. Blüten lila, etwa 1,5 cm groß.

Primula ovalifolia Franch. (Sektion *Petiolaris*). Nordost-Yunnan, West-Hubei und West-Sichuan, in einigen Tälern und auf dem Berg Omei; an sehr schattigen oder überhängenden Hängen und Felsen in 1200-1800 m. B: 4-5. Einzelpflanzen bis 20 cm groß ohne Ruheknospen. Blätter 3-16 cm lang. Blüten 2-2,5 cm groß, rötlich purpurn, zu 2-9 in einer Dolde an einem zierlichen, bis 15 cm hohen Stengel. Lockerer, nach der Blüte sich ausbreitender Kelch. Für sehr schattige, feuchte, sommerwarme und wintertrockene Lage. WH: vielleicht bis –10 °C.

Primula polyneura Franch. (Sektion *Cortusoides*). West-China, in Wäldern und an schattigen Stellen in 2300-4300 m Höhe. B: 5-6. Ausbreitung mit Ausläufern. Stengel 10-50 cm. Blüten 1-2,5 cm groß, blaßrosa bis blutrot, purpur oder weinrot mit gelbem, grüngelbem oder orangem Auge. Problemlos in feuchtem Laubboden im Halbschatten. Wahrscheinlich härteste Art der Gruppe. WH: bis –20 °C.

Primula sieboldii E. Morren (Sektion *Cortusoides*). Japan, in Süd-Hokkaido, Honshu und Kyushu und in Korea, Nordost-China und Ostsibirien; feuchte, grasige Plätze an Flüssen; B: 4-5. Seit langem in Japan in vielen Farben kultiviert, Wildart rosa-purpur. Kriechend mit unterirdischem Rhizom. Blätter 4-10 cm lang. Dolde mit 7-20 Blüten an 15-40 cm hohem Stengel. Blüten 2-3 cm groß in Gartensorten, bei der Art 2-2,5 cm. Problemlos in feuchtem Laubboden, an kühlem, sonnigem oder halbschattigem Platz. Viele in Japan ausgelesene Gartensorten in Kultur.

Primula sonchifolia Franch. (Sektion *Petiolaris*). Nordost-Burma und China, in Südost-Xizang, West-Sichuan und Yunnan; nasse Bergwiesen und unter Rhododendron in 3300-4600 m Höhe. B: 5-7, bei uns 4. Pflanze bildet feste, spitze, bis 5 cm große, mit Schuppen bedeckte Winterknospen. Blätter zur Blütezeit bemehlt, später glatt und ausgewachsen bis 35 cm. 3-20 blaß-lavendelfarbene, purpurne, leuchtend blaue oder intensiv indigofarbene, 1,5-2,5 cm große, oft am Rande gezähnte Blüten in einer Dolde. Gleiche Kulturbedürfnisse wie *P. bhutanica*.

Primula sonchifolia von Cluny, Perthshire

Primula kaufmanniana bei Ferghana, Mittelasien

Primula ovalifolia bei Wolong, Sichuan

Primula kisoana in den Savill Gardens, Windsor

Primula moupinensis oberhalb Ya-an, Sichuan

Primula sieboldii, weiße Sorte

Primula polyneura

Primula heucherifolia bei Baoxing, Sichuan

Primula mollis

Gefüllte Primelsorten, Pflanzen von Hopley's Plants, 20. April, 1/2 nat. Größe

Primelsorte 'Fife Yellow'

Kissenprimeln in einem alten Garten in Kent

Primelsorte 'Red Paddy'

Primelsorte 'Double Red'

Primula vulgaris Huds. (Sektion *Vernalis*) *(Primulaceae) Kissenprimel.* Europa und Türkei. Gewöhnlich blaßgelb. In vielen alten Gartensorten haben sich fleischrosa-farbene mit gelben *P.* gekreuzt. Diese gehören nicht zur purpur-rosa subsp. *sibthorpii* von Osteuropa (siehe Seite 153). Weiße Kissenprimeln sind auf Mallorca (subsp. *balearica*), auf Andros (var. *pulchella*) und in Teilen des Atlas-Gebirges (var. *atlantica*) verbreitet, aber auch in Kultur. 'Gigha White', gute, hübsche, weiße Form, nach dieser Insel der inneren Hebriden. Der Typ mit blaßgrünen, etwas blattähnlichen Blüten heißt f. *viridiflora* Druce. Er taucht sporadisch zwischen den normalen Kissenprimeln auf und dürfte durch die Infektion mit Mykoplasmen entstehen. Der Typ bleibt in Kultur grün und ist nicht als infektiös bekannt. WH: bis –25 °C.

Gefüllte Kissenprimel. Bis vor kurzem waren diese altmodischen gefüllten Primeln selten und teuer, da sie sich schwer vermehren ließen und oft wegen Virusinfektionen schwach wuchsen. Heute werden sie über Gewebekultur von gesunden Mutterpflanzen wirtschaftlich vermehrt. Abgebildet sind alte und neue, von Dr. Barker von Hopley's Nursery aus Neuseeland mitgebrachte und durch ihn benannte Sorten.

Alte gefüllte Sorten: **'Alba Plena'**: Alte weiße Sorte. **'Double Red'**: Großblumig rosarot. **'Fife Yellow'**: Ungewöhnlich braungelb. 'Double Sulphur' ist blasser und eindrucksvoller. **'Red Paddy'** syn. 'Sanguinea Plena': Halbgefüllt mit weißem Rand. Neue Sorten von Hopley's Plants, eingeführt 1989: **'Ballerina'**: Oft mehrere Blüten an kräftigem Schlüsselblumenstiel. **'Crimson Beauty'**, **'Lady Bird'**: Oft mehrere Blüten an kräftigem, Schlüsselblumen-ähnlichem Stiel. **'Lemon Sulphur'**: Oft mehrere Blüten an kräftigem, Schlüsselblumen-ähnlichem Stiel. Die folgenden Sorten haben einzelne Kissenprimel-ähnliche Blüten unterschiedlicher Farbe: 'Peach', 'Pink Gem', 'Red Velvet', 'Rhapsody', 'Rose Bowl', 'Seaway', 'Sparkling Wine', 'Torch Light'.

Primula vulgaris 'Gigha White'

Primelsorte 'Alba Plena'

Primula vulgaris f. *viridiflora*

Primula veris subsp. *macrocalyx* in Nordwest-China

Schlüsselblumen auf einem Kreidehang, Buckinghamshire

Primula megaseifolia

Primula vulgaris subsp. *sibthorpii* in Wisley

Primula veris in Wye, Kent

Primula vulgaris

Primula luteola in Edinburgh

Primula elatior subsp. *pallasii*

Primula elatior subsp. *meyeri*

Primula elatior subsp. *elatior*

Primula juliae

Primula elatior (L.) Hill subsp. *elatior* Oxlip *(Primulaceae) Wiesenschlüsselblume* (Sektion *Vernalis*). Nordeuropa, von Südost-England bis Finnland und Rußland; in Wäldern und Wiesen: B: 4-6 entsprechend Höhenlage. Blaßgelbe Blüten auf 10-30 cm hohen Stengeln. Blätter 10-20 cm lang, unterseits mit wenigen gedrehten Haaren. Blüten 15-25 mm groß, bis zu 20 in einseitiger Dolde. Problemlos in Schatten oder Halbschatten in schwerem, nährstoffreichem, sommerfeuchtem Kalkboden. WH: bis –25 °C.

Primula elatior (L.) Hill subsp. *meyeri* (Rupr.) Valentine & Lamond, syn. *P. amoena* M. Bieb. Kaukasus, Georgien, Nordost-Türkei; Felsen, Klippenränder, steinige, torfige, alpine Wiesen, in Geröll und unter Rhododendronbüschen in 1820-4000 m. B: 5-7. Büsche aus wenigen Blattrosetten. Ausgewachsene Blätter 5-15 cm lang, meist unterseits weißwollig. Blütenstengel 5-15 cm hoch mit bis zu 10 dunkelpurpurnen, violettblauen oder blaß-lavendelfarbenen, 1,5-2,5 cm großen Blüten. Unterart selten in Kultur, aber wichtig als Elter der vielen *P. × pruhonicensis*-Hybriden. Für sorgfältige Kultur in feuchtem Torfboden in Sonne oder Halbschatten bei gutem Wasserabzug. WH: bis –20 °C oder darunter.

Primula elatior (L.) Hill subsp. *pallasii* W. W. Sm. & Forrest. Ural bis Altai-Gebirge in Zentralasien, südlich bis Transkaukasien und Türkei; feuchte, alpine Wiesen und grasiges Gebüsch, 1900-3200 m in der Türkei. B: 5-7. Blätter kahl oder unterseits fast kahl. Blüten blaßgelb, zu 3-6 in einer Dolde, ähnlich subsp. *elatior*. Problemlos in schwerem Boden in Halbschatten oder lichtem Schatten.

Primula juliae Kusn. (Sektion *Vernalis*). Südost-Kaukasus; feuchte, schattige Stellen, an Wasserfällen. B: 4-5. Mit dünnem, kriechendem Rhizom, Teppiche runder Blätter bildend. Blätter 2-10 cm lang und Spreite meist 3 cm breit. Blüten rosa, 2-3 cm breit mit gelber Röhre. Zwergige, attraktive Art für feuchten Laubboden in kühler, schattiger Lage. Ist Elternteil vieler Hybriden (siehe Seite 154), von denen P. 'Wanda' wahrscheinlich die verbreitetste ist. *P. juliae* wurde nach ihrer Entdeckerin Julia Ludovikovna Mlokosewitsch genannt, die sie an der gleichen Stelle wie die bekannte gelbe Pfingstrose fand, die den Namen ihres Mannes trägt.

Primula luteola Rupr. (Sektion *Farinosae*). Ost-Kaukasus, besonders bei Tuschetien; in feuchten Wiesen oder an Wasserläufen in 1400-3000 m. B: 5-6. Bildet Büsche aus wenigen Rosetten. Blätter 10-30 cm mit feinen, scharfen Zähnen. Blütenstengel 15- 35 cm, an der Spitze bemehlt mit dichter, 10- bis 25blütiger Dolde. Blüten 1-5 cm groß mit tief gekerbten Lappen. Für feuchte Böden mit gutem Wasserabzug in Sonne oder Halbschatten bei kühlem Sommerklima. WH: bis –20 °C oder darunter. Verwandt mit *P. auriculata*, aber ansehnlicher und immer mit gelben Blüten.

Primula megaseifolia Boiss. & Bal. ex Boiss. Nordost-Türkei, von Trapezunt bis Südwest-Georgien; Wälder, feuchte Schluchten und schattige Hänge bis 1100 m; B: 3-4. Kleine Büsche. Herzförmige, bis 15 cm lange Blätter mit rötlich behaarten Stielen. Rosa Blüten mit ca. 20 mm langer Röhre zu 9 in einer Dolde. Für feuchten Laubboden im Schatten. Bei feuchter, schattiger Pflanzung sollte diese Art Hitze vertragen. Nicht hart, besser Alpinenhaus oder Topfpflanze.

Primula veris L. subsp. *macrocalyx* (Bunge) Ludi. Süd-Rußland und Krim, ostwärts bis Chinesisch-Turkestan und südlich bis Nord-Iran und Türkei; im Gebüsch, an Flüssen, in Gebirgswiesen, zwischen Felsen. B: 5-6. Ein großes Kissenprimel, dessen Blattspreite in den Blattstiel ausläuft mit sehr großem, lockerem, gelblichem Kelch und einer 19-28 mm breiten Blumenkrone. Für nährstoffreiche Böden in Sonne oder Halbschatten. Sehr hart bis –20 °C und darunter.

Primula veris L. subsp. *veris* (Sektion *Vernalis*). Nordosteuropa bis Spanien und West-Rußland, mit anderen Unterarten in den Gebirgen Südeuropas, des Kaukasus, Italiens und der Türkei, Zentralasiens und dem Altai-Gebirge (subsp. *macrocalyx*). B: 4-6. Subsp. *veris* ist charakteristisch für Kalktrockenrasen, andere Unterarten für grasige, alpine oder subalpine Wiesen und Gehölze. Stengel 10-30 cm, Blüten 8-15 mm groß in einseitiger Dolde und größer als in anderen Unterarten. Verbreitet in Wiesengärten, benötigt aber volle Sonne und Kalkboden mit gutem Wasserabzug, um zu überleben. In kalten, schweren Böden wächst das Kissenprimel *P. vulgaris* besser. Kultursorten mit großen orangen oder roten Blüten sind verbreitet und wahrscheinlich durch Einkreuzung von *Primula-elatior*-Hybriden entstanden. WH: bis –20 °C.

Primula vulgaris Huds. subsp. *sibthorpii* (Hoffm.) W. W. Sm. und Forrest. Griechenland, Euboea und Ikaria, Krim, Bulgarien, Transkaukasien und Nord-Türkei; in Griechenland und West-Türkei unterhalb 850 m in der Mittelmeerzone, auf schattigen Hängen und Klippen. B: 3-4. Ost-Türkei und Kaukasus in Haselschluchten und auf Bergwiesen bei 2200 m. B: 5. Blüten meist purpur-rosa, manchmal rot. Blätter oft denen von subsp. *vulgaris* ähnlich, Blattspreite jedoch abrupter auslaufend.

Primula vulgaris Huds. subsp. *vulgaris* (Sektion *Vernalis*), *Kissenprimel*. Westeuropa, von Irland bis Ost-Dänemark und südlich bis Ukraine, Krim, Transkaukasien, Libanon, Türkei und Nordwestafrika (var. *atlantica* Maide, weiß); Wälder, schattige Klippen und alpine Wiesen, meist auf ziemlich schwerem Boden, in der Türkei bis 2100 m. B: 1-6. Einblütige, 3-20 cm hohe Blütenstengel. Blätter 2-30 cm lang, klein zur Blütezeit, größere im Frühsommer nachwachsend. Blüten 2-4 cm, gelb, manchmal weiß oder fleischrosa. Am besten in schwerem Boden mit Schatten und Sommerfeuchtigkeit. WH: bis –20 °C.

Großblumige Gartenschlüsselblumen in den Savill Gardens, Windsor

'Crescendo Blue'

'Duckyls Red'

'Cowichan Blue'

Primel-Hybriden. 4 Gruppen sind wichtig: *P.* × *variabilis (P. veris* × *P. vulgaris)*, bei uns als *P.-elatior*-Hybriden oder auch *P.-Polyantha*-Hybriden angeboten. Kreuzungen aus Kissenprimel und Schlüsselblume, die auch dort wild vorkommen, wo beide Eltern nebeneinander wachsen, und die seit Jahrhunderten in Kultur auf größere Blüten und Farbenvielfalt von Blau und Rot, bis Weiß und Gelb ausgelesen wurden. *P.* × *pruhonicensis (P. juliae* × *P. elatior* × *P. vulgaris)*. Diese Kreuzung ergibt zierlichere Pflanzen, meist mit einer Blütendolde. *P. juliae* wurde 1911 eingeführt. Der Name *pruhonicensis* kommt von Pruhonice bei Prag, wo Graf Ernst Silva Tarouca zwischen 1886 und 1937 einen prachtvollen Park schuf. Die hier gezeigte rosa Form wird oft fälschlich als *Primula vulgaris sibthorpii* bezeichnet.
Gefüllte Primel siehe Seite 151.

Primula × **juliana** *(P. juliae* × *P. elatior)*. Zierlichere Sorte als *P. pruhonicensis* mit oft nur 1blütigen Stielen. 'Wanda' ist eine alte verbreitete Sorte dieser Gruppe. Gefüllte Gartenprimel s. Seite 151.
Primula × **pruhonicensis 'Craddock White'**: Cremeweiß, Blüten 2,5 cm. **'Enchantress'**: Blüten 3 cm und fester als 'Guinevere'. **'Guinevere'** syn. 'Garryard Guinevere': Wahrscheinlich von Mrs Johnson, Kinlough, Co. Leitrim, in Irland gezüchtet. Die originale Garryarde-Primel hieß 'Apleblossom' und ging verloren. Stengel bis 15 cm. Blätter bronzefarben. Blüten ca. 2,5 cm. **'Lady Greer'**: Feines Blaßgelb, Blüten 2,5 cm. **'Mc Watts Claret'**: Ungewöhnlich bräunlichrot. **'Tawny Port'**: Kräftiges Dunkelrot. Blüten 2 cm, ähnlich 'Wanda'. **'Tomato Red'**: Einzigartig orangerot-gefärbt. Blüten 2-5 cm. **'Wanda'**: Eine der ältesten Sorten. Blüte 2 cm. **'Wanda hose-in-hose'**: Gefüllte 'Wanda' mit innerer zweiter Blüte.

Primula-Polyantha-Hybriden. **'Crescendo Blue'** Großblumig, mittelblau mit blaßgrünen Blättern. Meist als F1-Farbmischung im Handel. **'Duckyls Red'**: Züchterin Mrs Hazel Taylor in Duckyls, East Sussex. Sehr ähnlich 'Metianu Blue' mit ziemlich dunklen Blättern und kleinem Auge. **'Cowichan Blue'**: Mittelgroße Blüten mit kleinem Auge. Schönes Dunkelblau mit purpurnem Stengel. Die dunklen Blätter zeigen den Einfluß von *P.* × *pruhonicensis*, wahrscheinlich den Garryarde-Züchtungen; ca. 10 cm hoch. **'Pazifik-Riesen'**: Mischung bekannter Sortentypen großblumiger Primula-Polyantha-Hybriden in vielen Farben. 'Paradise'-Hybriden zeigen eine weitere interessante Farbselektion einschließlich 2farbiger und halbgefüllter Blüten.

Primula × pruhonicensis (rosa Form)

Primula × pruhonicensis 'Guinevere'

'McWatts Claret'

'Wanda'

'Enchantress'

'Wanda, doppelte Blüte'

'Tomato Red'

'Tawny Port'

'Craddock White'

'Lady Greer'

Primula denticulata subsp. *alba* oberhalb Wolong, Sichuan

Primula waltonii in Branklyn, Perth

Primula sikkimensis

Primula alpicola var. *alba*

Primula alpicola var. *violacea*

Primula alpicola

Primula florindae in Stancombe Park, Gloucestershire

Primula secundiflora im Cruickshank Botanic Garden, Aberdeen

Primula ioessa in den Savill Gardens, Windsor

Primula alpicola (W. W. Sm.) Stapf. (Sektion *Sikkimensis*) *(Primulaceae)*. Ost-Xizang (Tsangpo-Tal) und Bhutan (Thimpu); schattige Sümpfe, feuchte alpine Wiesen in 3700-4600 m; B: 5. Blütenfarbe variabel mit 3 benannten Varietäten: var. *violaceae* (Stapf.) W. W. Sm. purpur, var. *alba* W. W. Sm. weiß und var. *luna* Stapf. gelb. Blätter mit elliptischer bis länglich-elliptischer Spreite, 2-8 cm breit, am Grunde gerundet und langem Stiel. Stengel am Ende bemehlt mit 1-4 Blüten und 15-90 cm hoch. Duftende, 1,5-2,5 cm lange und bis 3 cm breite Blüten an 1-8 cm langen Stengeln nickend. Für feuchten Torfboden. WH: bis –25 °C.

Primula denticulata Smith. (Sektion *Denticulata*). *Kugelprimel*. Afghanistan, Bhutan und Südost-Xizang; Gehölze, offene, grasige Hänge, nicht immer am Wasser, in 1500-4500 m. B: 4-6. Zur Blüte sich verlängernder, 3-15 cm langer Stengel. Blüten 1-2 cm groß. Blätter nach der Blüte bis 30 cm. In Kultur verbreitet in roten Farben, tiefrot und rosa bis weiß, wie auch im ursprünglichen lila-blau. Für feuchten Boden in Sonne oder Halbschatten. WH: bis –25 °C. P. denticulata subsp. alta (Balf. fil. & Forrest) W. W. Sm. & Fletcher von Burma bis Yunnan und West-Sichuan hat meist kräftigere Stengel als gezeigt.

Primula florindae Ward (Sektion *Sikkimensis*). Südost-Xizang, im Tsangpo-Becken, in 4000 m; schattige Sümpfe, an fließendem Wasser. B: 6-8. Eine der größten Primelarten mit Blattspreiten von 4-20 × 4-15 cm mit herzförmigem Grund und bis 30 cm langen Blattstielen. Blütenstände 30-120 cm, meist mit bis 80blütigem Quirl. Blüten gelb, auch rötlich oder braunorange mit würzigem Duft, 1,5-2,5 cm lang und 1-2 cm breit. Problemlos in feuchtem Boden, im Schatten oder Halbschatten. WH: bis –25 °C.

Primula ioessa W. W. Sm. (Sektion *Sikkimensis*) von Südost-Xizang ist ähnlich mit länglich eiförmigen, tiefer gezähnten Blättern und meist kürzeren Blütenständen. Blüten rosa, mauve oder weiß.

Primula secundiflora Franch. (Sektion *Sikkimensis*). Yunnan, besonders in den Lijian-Bergen sowie in Nord- und Südwest-Sichuan und Ost-Xizang in 3500-4000 m; in feuchten Wiesen. B: 6-7. Blätter 3-10 cm lang und 1-4 cm breit, länglich bis verkehrt eiförmig, in den kurzen geflügelten Stiel auslaufend. Blütenstand 10-90 cm, zur Spitze hin bemehlt mit einer, selten zwei 5- bis 10blütigen Quirlen. Blüten 1,5-2,5 cm lang, rötlich-purpur, glockig hängend. In der Blüte ähnlich *P. waltoni*, aber im Blatt unterschieden. WH: bis –25 °C.

Primula sikkimensis Hook. (Sektion *Sikkimensis*). Nepal, Sikkim, Bhutan, Südost-Xizang bis Yunnan und Süd-Sichuan; feuchte Sümpfe, an Wasserläufen in 3300-4400 m. B: 5-7. Oft große gelbe Teppiche. Blätter länglich-elliptisch bis spatelförmig und länger als breit. Blattfläche 2-7 cm breit und am Grunde in einen kurzen Stiel auslaufend. 1, seltener 2 Blütenquirle an 15-90 cm hohem, am Ende bemehltem Stengel. Blütenstielchen 2-10 cm. Glockige oder röhrige, 2-3 cm lange und 1,5-3 cm breite, gelbe Blüten. Cremeweiß

Primula ioessa

in var. *hopeana* (Balf. fil. & Cooper) von Bhutan und Xizang in 4500-5000 m. Für feuchten Torfboden. WH: bis –25 °C.

Primula waltonii Watt. (Sektion *Sikkimensis*). Südost-Xizang, südlich Lhasa und Bhutan; in alpinen Wiesen bis 5800 m. B: 5-8. Eiförmige bis längliche, 2-7 cm breite, in geflügelten Stiel auslaufende, gesägte Blätter. Stengel 20-70 cm hoch mit einer Dolde von 1,5-3 cm langen und 0,5-2 cm breiten, rosa bis dunkellila oder hell-purpurnen, innen bemehlten, trichterförmigen Blüten mit rotem Auge. Für feuchten Boden in kühler Lage und voller Sonne oder Halbschatten bei gutem Wasserabzug. WH: bis –25 °C.

Primula forrestii in den Lijiang-Bergen, Nord-Yunnan

Primula nivalis

Primula nivalis bei Alma Ata, im Tien Shan

Primula capitata subsp. *sphaerocephala*

Primula vialii in Wisley

Primula chionantha

Primula tsariensis f. *alba*

Primula flaccida

Primula capitata Hook. *(Primulaceae)* (Sektion *Capitatae*). Sikkim, Süd-Xizang, Bhutan, Nordwest-Burma und Yunnan; in Gehölzen und grasigen Plätzen in 2900-5000 m Höhe. B: 7-9. Blätter 13 × 2 cm, runzelig, gezähnt und unterseits meist bemehlt. Stengel 10-45 cm, bemehlt und mit einem dichten Kopf 7-10 mm großer Blüten. Subsp. *mooreana* W. W. Sm. & Forrest ist eine verbreitet kultivierte große Form aus Sikkim. Problemlos in feuchtem Boden mit gutem Wasserabzug. Interessant wegen ihrer späten Blüte, oft bis in den August hinein. Subsp. *sphaerocephala* (Balf. fil. & Forrest) W. W. Sm. & Forrest ist die Form aus Yunnan und Südost-Xizang mit unbemehlten Blättern und einer Kugel mehr röhriger Blüten. WH: bis –25 °C.

Primula chionantha Balf. fil. & Forrest (Sektion *Nivales*). Nordwest-Yunnan, besonders auf dem Chungtein-Plateau, in alpinen Wiesen in 4000 m. Meist gelb bemehlte, nach der Blüte wachsende Blätter mit 15-20 cm langer Spreite. Stengel 35-70 cm mit 1-4 Blütendolden. *P. sinopurpurea* nahestehend, aber immer mit weißen Blüten. Die problemloseste Art der Sektion *Nivales* für feuchten Torfboden in Sonne oder Halbschatten. WH: bis –20 °C.

Primula flaccida Balakrishnan syn. *P. nutans* Del. ex Franch. non Georgi (Sektion *Soldanelloideae*). West- und Ost-Yunnan und Südwest-Sichuan, besonders in den Bergen oberhalb Dali; lichte Kiefernwälder und felsige Weiden in 3500 m. B: 6-7. Weichhaarige, schmal-elliptische, 20 × 5 cm große Blätter. Bemehlter, bis 50 cm hoher Stengel mit dichter bis 5 cm langer Blütenähre. Größte Blüten 2,5 cm lang und breit, würzig duftend. Die problemloseste und größte der Sektion *Soldanelloideae* für halbschattige, feuchte Stellen mit gutem Wasserabzug. Kurzlebig, aber leicht aus Samen zu ziehen.

Primula forrestii Balf. fil. (Sektion *Bullatae*). Yunnan, besonders Bereich Lijiang und westlich im Lankong-Gebiet; auf trockenen Kalkfelsen und Klippen, in Sonne und Halbschatten in ca. 3000 m Höhe. B: 5. Büschelig wachsend. Oft langlebige Rosetten-Kolonien bildend. Am Grunde rundlich oder herzförmige, 6-20 cm lange, klebrig drüsenhaarige, aromatisch duftende Blätter. Blüten zu 10-25 in einer Dolde an 15-90 cm hohem Stengel. *P. bullata* Franch. ist ähnlich, Kelch jedoch bemehlt und Blattspreite in den Stiel auslaufend. Für Fels- und Mauerspalten mit überhängendem Winterschutz. WH: bis –15 °C, bei Trockenheit vielleicht auch darunter.

Primula nivalis Pallas (Sektion *Nivales*). Zentral-Asien und Süd-Sibirien, im Tien Shan, Alatau und Altai-Gebirge, Nordwest-China und Mongolei; an Wasserläufen in nassem Geröll, in 2500 m und höher. B: 5-7. Blätter länglich-elliptisch oder lanzettlich, bis 16 cm, gesägt und meist weiß bemehlt. Stengel bis 40 cm. Purpurne Blüten 1,5-2,5 cm groß. Schwer zu kultivieren, benötigt im Sommer nassen und im Winter trockenen Boden mit gutem Wasserabzug. WH: bis –25 °C.

Primula sinopurpurea Balf. fil. (Sektion *Nivales*). Südwest-Xizang und verbreitet in West-Yunnan und Südwest-Xizang; feuchte, alpine Wiesen in 3000-4000 m. Stengel meist etwa 25 cm, fruchtend bis 75 cm. Blätter 5-35 cm lang, gelb bemehlt und 1,5-5 cm breit. Blüten 2,5-3,5 cm groß, purpur mit weißem oder grauem Auge. Nicht problemlos, bedarf nassen, torfigen Sandbodens mit gutem Wasserabzug in voller Sonne.

Primula tsariensis W. W. Sm. f. *alba* (Sektion *Petiolares*). Süd-Xizang und Mittel-Bhutan, an feuchten Berghängen, Wasserläufen und Rändern von Bambuswäldern in 3500-5000 m Höhe. B: 5-6. Büschelig mit elliptischen bis oval-lanzettlichen, dunkelgrünen, glänzenden, unbemehlten Blättern. Stengel mit 1-8 Blüten 2-12 cm hoch. Blüte 1,5-3 cm groß, weiß. Bei der Art meist dunkelpurpur. Für feuchten Torfboden in kühler Lage. WH: bis etwa –20 °C.

Primula vialii Delavay ex Franch. syn. *P. littoniana* Forrest (Sektion *Muscarioides*). Nordwest-Yunnan und Südwest-Sichuan; in sumpfigen Feldern bis 2800 m. B: 7-8. Weichhaarige Blätter, 20-30 cm lang und 4-7 cm breit. Bis 18 cm lange Blütenähre auf 30-60 cm hohen Stengeln. Für feuchten Boden mit gutem Wasserabzug in kühler Lage. WH: bis –20 °C.

Primula sinopurpurea

Pflanzen aus dem Sandling Park, Kent, 10. Mai, nat. Größe

Primula 'Inverewe' im Sandling Park, Kent

Primula helodoxa im Sandling Park, Kent

Primula 'Red Hugh'

Primula cockburniana

Primula bulleyana

Primula bulleyana Forrest *(Primulaceae)* (Sektion *Candelabra*). Yunnan, feuchte Wiesen, an Flüssen, in 3000-3200 m. B: 6-7. Blätter 12-35 cm × 3-10 cm mit roten Stielen. 5-7 Blütenquirle an bis 70 cm hohen Stengeln, Blütenstiele und Ansatz bemehlt. Kelchlappen spitz, sehr schmal. Blüten orange, Knospe rot. Für nassen Torfboden. WH: bis –20 °C. *P. aurantiaca* W. W. Sm. & Forrest (Sektion *Candelabra*) von Flußufern in 3500 m Höhe in West-Yunnan, geringere Bemehlung, bis 30 cm hohe Stengel, breitere, spitze oder abgerundete Kelchlappen.

Primula chungensis Balf. fil. & Forrest (Sektion *Candelabra*). Yunnan, Sichuan und an den Grenzen von Assam und Bhutan; Sümpfe und Wälder in 3000-3200 m. B: 5-6. Blätter elliptisch bis länglich oder länglich oval, schwach gelappt, 10-30 cm × 3-10 cm, unbemehlt. Stengel bis 80 cm mit 2-5 Quirlen mit bis 10 Blüten, Quirlansatz bemehlt. Monostyle oder heterostyle, blaß-orange, 1,5-2 cm große Blüten an 2 cm langen Stielen. Früh blühend für feuchten Torf und sandigen Boden in Sonne oder Halbschatten. WH: bis –15 °C. Die engverwandte *P. cockburniana* (Sektion *Candelabra*) hat dunkelorange Blüten, Blütenröhre meist doppelte Kelchlänge, Blätter mit deutlicher Spitze und immer monostylen Blüten.

Primula cockburniana Hemsl. (Sektion *Candelabra*). Südwest-Sichuan, besonders Kangding; sumpfige, alpine Wiesen von 2900-3200 m. B: 6-7. Blätter 15 × 4 cm, deutlich gestielt und regelmäßig fein gezähnt. An bis zu 40 cm hohem Stengel 2-3 am Grunde bemehlte Blütenquirle. Blüten monostyl, 1,5 cm groß mit 1 cm langer Blütenröhre. Für feuchten Boden im Halbschatten bei gutem Wasserabzug. Meist 2jährig. WH: bis –20 °C.

Primula helodoxa Balf. fil. (Sektion *Candelabra*). West-Yunnan um Tengchung und Nordwest-Burma; Wasserläufe, feuchte Wiesen, schwere Böden bei 2000 m; B: 6. Mehr oder weniger immergrüne 35 × 7 cm große Blätter. Bis 120 cm hohe Stengel mit 4-8 Blütenquirlen, deren Ansatz und die in Knospe leicht hängenden Blütenstielchen bemehlt sind. Blüten etwa 2,5 cm groß mit 1,5 cm langer Blütenröhre. Gut ausdauernde Staude. Problemlos in feuchtem Boden in Sonne oder Halbschatten, etwas Pflanzandruck vertragend. Heute manchmal zu *P. prolifera* Wallich und *P. smithiana* Craib gerechnet.

Primula prolifera Wall. (Sektion *Candelabra*). Khasia-Berge in Assam. Pflanze unbemehlt, immergrüne 30-60 cm große Blätter, bis 60 cm hoher Stengel mit 4 Blütenquirlen. Blüten 2 cm groß und 2 Wochen früher blühend als *P. helodoxa*.

Hybriden der Primula Sektion Candelabra. Manche Arten der Sektion *Candelabra* kreuzen sich leicht, wodurch unterschiedliche Blütenfarben entstanden, wie Lachs, Blaßrosa und Scharlachrot. Zuerst in Lissadell, damals Garten von Sir Jocelyn Gore-Booth im Co. Sligo, durch Kreuzungen von *P. pulverulenta* mit *P. cockburniana* gezüchtet. 'Red Hugh', noch immer in Kultur und samenecht. 'Inverewe', auch 'Ravenglass Vermilion' genannt, ist eine andere leuchtendrote von *P. pulverulenta* gezogene Sorte. Robust, aber steril, Vermehrung durch Teilung. Wundervolle weiche Farben bei der Kreuzung zwischen *P. beesiana* und *P. bulleyana* in Mauve, Lachsrosa und Cremegelb. Diese Primel-Hybriden wachsen leicht in nassem Torfboden und blühen im Juni. *P. × chunglenta*, Hybride von *P. chungensis* und *P. pulverulenta* wurde 1929 in Wisley gezogen, rot zu rosa verblühend. Alle sind hart bis –20 °C.

P. bulleyana (Brickell & Leslie 12320)

Primula pulverulenta und 'Bartley Strain' im Littlewood Park, Aberdeenshire

Primula pulverulenta im Sandling Park

Primula pulverulenta 'Lady Thursby'

Primula beesiana Forrest *(Primulaceae)* (Sektion *Candelabra*). Yunnan, Südwest-Sichuan; nasse Bergwiesen und Wasserläufe in 2600 m. B: 7-8. Blätter zur Blütezeit 22 × 6 cm, zur Samenreife bis 40 cm. Bis 75 cm hohe Stengel mit 2-8 am Ansatz bemehlten Blütenquirlen. 1-3 cm lange, höchstens leicht bemehlte Blütenstiele. Blüten ca. 2 cm groß mit oranger Blütenröhre, tief ausgerandeten rosa-karminfarbenen Blütenblättern und gelbem Auge. Unterscheidet sich von der rotaugigen *P. pulverulenta* durch oval-lanzettliche Blätter, die in der Mitte am breitesten sind. WH: bis –20 °C.

Primula burmanica Balf. fil. & Ward (Sektion *Candelabra*). Nordöstliches oberes Burma und Nordwest-Yunnan; Wiesen und nasse Wälder in unteren Lagen. B: 7-8. Lanzettliche, 30 × 8 cm große Blätter, bis 60 cm hohe, unbemehlte Stengel mit bis zu 6 Blütenquirlen, in denen 10-18 ca. 2 cm lang gestielte Blüten sitzen. Heterostyle, purpurne Blüten mit gelbem Auge. Ähnlich *P. beesiana*, nur auf der Innenseite des Kelchs bemehlt. Gute Pflanze für nasse Lagen im Schatten oder Halbschatten. WH: bis –15 °C.

Primula ianthina Balf. fil. & Cave. Himalaja-Gebirge in Sikkim; in feuchten Wiesen und Gehölzen, in 3200 m. B: 6-8. Rosetten aus spatelförmigen, bis 25 cm, meist aber nur 15 cm langen Blättern. Bis 60 cm hoher Ansatz der 1-3 Blütenquirle, gelb bemehlte Stengel. Blüten violett oder rosa, 1,5-2 cm groß mit breiten Blumenkronlappen. Schwieriger als andere aus dieser Sektion zu kultivieren. Für feuchten Boden, besonders an Wasserläufen an Hängen. WH: bis etwa –20 °C.

Primula japonica A. Gray (Sektion *Candelabra*). Alle japanischen Inseln und Taiwan; an Gebirgsflüssen. B: 6-7. Pflanzen nur auf der Innenseite des Kelchs bemehlt. Blätter 25 × 8 cm, verkehrt eiförmig-länglich bis breit spatelförmig. Stengel bis 50 cm mit bis zu 6 Blütenquirlen. 2 cm große, meist purpur-rote monostyle Blüten; weißblühend 'Postford White', Samen echt. 'Millers's Crimson' rot, weniger purpur als in der verbreiteten Form (Seite 160). Gut ausdauernde Staude und problemlos im Halbschatten in nährstoffreichem Boden. Blüten in der Sonne verwaschen ausbleichend. WH: bis –20 °C.

Primula ianthina

Primula beesiana

Primula wilsonii im RBG, Edinburgh

Primula japonica 'Miller's Crimson'

Primula poissonii (Brickell & Leslie 12307)

Primula japonica 'Postford White'

Primula poissonii Franch. (Sektion *Candelabra*). Yunnan und Sichuan; an Flüssen und Quellen in 2000-3000 m. B: 5-7. Ähnlich *P. anisodora*, aber duftlos und unbemehlt. Silbrige, immergrüne, länglich-verkehrt eiförmige, bis 18 × 4 cm große Blätter. Stengel bis 45 cm mit 2-6 Blütenquirlen. Flache, 2-3 cm große, purpurne bis blutrote Blüten mit gelbem Auge. Kelch rot gestreift und zu 1/3 bis tief gelappt mit großen Zähnen. Für feuchten oder nassen Boden in voller Sonne oder Halbschatten bei gutem Wasserabzug. WH: bis –20 °C.

Primula pulverulenta Duthie (Sektion *Candelabra*). West-Sichuan bei Kanding; an feuchten Stellen und Wasserläufen. B: 6-7. Verkehrt eiförmige oder lanzettliche, gezähnte, 30 × 10 cm große Blätter. Etwa 10 Blütenquirle an bis zu 100 cm hohen, auch an Blütenstielen und Blütenkelchen bemehlten Stengeln. Heterostyle, 2-3 cm große, rote, dunkeläugige Blüten bei 'Bartley Strain', rosa und blaßrosa Selektion daraus: 'Lady Thursby'. Für nasse Torfböden. WH: bis –25 °C.

Primula wilsonii Dunn syn. *P. poissonii* subsp. *wilsonii* (Dunn) W. W. Sm. & Forrest (Sektion *Candelabra*). Yunnan, West-Sichuan; nasse Stellen im Gebirge. Aromatische, weniger silbrige Pflanze als *P. poissonii*. Immergrüne, verkehrt lanzettliche, bis 20 × 5 cm große, an der Spitze abgerundete Blätter. Bis 90 cm hohe Stengel mit 3-6 Blütenquirlen. Blüten bis 1,5 cm groß mit kurzen Kelchzähnen. Feuchter Boden mit gutem Wasserabzug. WH: bis –25 °C.

Primula burmanica im Sandling Park, Kent

Armeria pseudarmeria

Armeria alliacea in Edington, Wiltshire

Anagallis monellii in Südwest-Spanien

Cortusa matthioli

Anagallis monellii L. syn. *A. linifolia* L. *(Primulaceae).* Gauchheil, Portugal, Süd- und Mittel-Spanien; offene Kiefernwälder, Weingärten, Schuttplätze oder Sanddünen; B: 3-5, im Garten 7-9. Ausbreitende, 10-50 cm lange Stengel. Blüten 1-2 cm groß, meist blau mit rötlichem Auge oder in 'Sunrise' leuchtend rot. Warme, trockene Lage mit gutem Wasserabzug. WH: bis –10 °C; Vermehrung durch frostfrei überwinterte Spätsommerstecklinge oder Aussaat.

Armeria alliaceae (Cav.) Hoffman. & Link syn. *A. plantaginea* Willd. *(Plumbaginaceae).* Westeuropa, von Jersey, Frankreich und Deutschland bis Spanien, Portugal und Italien; trockene Wiesen, oft im Gebirge; B: 6-9. Kleine Polster schmal verkehrt-lanzettlicher bis linear spatelförmiger Blättchen, 50-130 mm lang und 3-14 mm breit. Blütenstengel 20-50 cm hoch mit 1-2 cm großen Blütenköpfchen, Hochblätter bräunlich oder rötlich. Blütenblätter purpur, rötlich, rosa oder weiß. Problemlos in voller Sonne bei gutem Wasserabzug. WH: bis –20 °C. Die Sorten von *A. maritima* (Mill.) Willd., der Gemeinen Grasnelke, für Steingärten geeigneter (immer schmale Blätter, bis 2,5 mm).

Armeria pseudarmeria (Murray) Mansfield syn. *A. latifolia* Willd. *Wegerichgrasnelke.* Mittel-Portugal am Kap da Roca; an grasbewachsenen Granithängen in Seenähe. B: 5-6. Mit kräftigem, am Grunde verzweigten Stämmchen dichte Büsche bildend. Blätter flach, 10-20 cm lang, 15-22 mm breit. Blütenstengel 25-50 cm hoch mit 3-4 cm großen Blütenköpfen. Blüten meist weiß, in Kultur auch rosa. WH: vielleicht bis –15 °C.

Cortusa matthioli L. syn. *C. altaica* A. Los. *(Primulaceae).* Französische Alpen bis Bulgarien, Ural und Sibirien bis Altai-Gebirge, Mongolei und Nord-China, mit var. *yezoensis* in Japan. Schattige Stellen und felsige Wälder im Gebirge, meist auf Kalk. B: 4-5. Kleine bis 25 cm hohe Horste mit langgestielten, bis 12 cm breiten, rundlichen Blättern. Blüten ca. 1 cm lang, zu 5-20 in einer Dolde. Für feuchten, sehr lockeren Laubboden im Halbschatten. WH: bis –20 °C oder darunter.

Dodecatheon clevelandii Greene *(Primulaceae) Götterblume.* West-Kalifornien, Sierra Nevada; grasige Stellen unterhalb 600 m. B: 1-4, bei uns 5-6. Wurzeln weiß ohne Brutknospen. Blätter verkehrt lanzettlich, gezähnt, gewellter Rand, 5-11 cm lang. Dolde mit 5-16 Blüten an 18-40 cm langem Stengel. Blütenblätter 10-20 mm lang. Frühblühende Art für schwere, frühlingsfeuchte, aber sommertrockene Böden. WH: vielleicht bis –10 °C.

Dodecatheon meadia L. *Sternschnuppenblume.* Pennsylvania, bis Manitoba und südlich bis Georgia und Texas; Prärien und feuchte Klippen. B: 4-5; Wurzeln weiß. Kleine Büsche von 20-60 cm hohen Stengeln bildend. Längliche bis ovale, 3,5-30 cm lange Blätter. Blüten 1,8-3 cm lang, blaßrosa, purpur oder weiß f. *album* Macbride (Abb.). Nährstoffreiche, sommerfeuchte Böden in Sonne oder Halbschatten. WH: bis –20 °C oder darunter.

Dodecatheon pulchellum (Raf.) Merr. syn. *D. radicatum* Greene. Westliches Nordamerika, von Alaska bis Wisconsin, Rocky Mountains bis Nord-Mexiko; Sümpfe, feuchte Wiesen und offene Wälder bis 3000 m. B: 4-5. Wurzeln weiß, Büsche aufrechter, bis 50 cm langer Stengel. Verkehrt lanzettliche bis ovale, 4-25 cm lange Blätter. Blütendolde mit 2-25 tiefroten bis blaßpurpurnen Blüten mit 9-20 mm langen Blütenblättern. Für feuchten Boden mit gutem Wasserabzug in sonniger Lage. WH: bis –20 °C.

Fauria crista-galli (Menzies ex Hook.) Mak. syn. *Nephrophyllidium crista-galli* (Menzies ex Hook.) Gilg. *(Menyanthaceae).* Japan, Hokkaido und Honshu, Kurilen und nordwestliches Nordamerika (Olympic-Halbinsel); feuchte Wiesen; B: 6-8. Dichte Teppiche ziemlich fleischiger bis 30 cm, meist aber nur 20 cm hoher und 4-10 cm breiter Blätter. Blütenstengel 15-40 cm mit rundlichem Blütenköpfchen, Einzelblüte etwa 12 mm, ohne bärtige Blütenblätter. Für feuchte Torfböden an kühler oder halbschattiger Stelle. WH: bis –20 °C oder darunter.

Hottonia palustris L. *(Primulaceae) Wasserfeder.* Europa, Schottland und Schweden bis Sibirien, Mittel-Italien, Rumänien und Nordwest-Türkei; in frischem Wasser, Teichen (zeitweise) und Gräben; B: 4-6. Unterwasserblätter weich, in Quirlen stehend, tief gefiedert mit linearen, bis 10 cm langen Fiedern. Blütenstände bis 40 cm lang über dem Wasserspiegel. Blüten 2-2,5 cm groß in 3-9 Quirlen stehend. Schöne Pflanze für kleine Teiche. Für sauberes, mehr oder weniger neutrales Wasser, in voller Sonne. Wird selten wegen Immissionen und Trockenlegung von Teichen. Leichte Austrocknung im Sommer vertragend, bildet dann dichte Rosetten hellgrüner, fedriger Blätter.

Hottonia palustris

Hottonia palustris bei Wye, Kent

Dodecatheon clevelandii

Dodecatheon pulchellum bei Bishop, Ost-Kalifornien

Menyanthes trifoliata

Menyanthes trifoliata L. *(Menyanthaceae) Fieberklee, Bitterklee.* Gesamte nördliche Hemisphäre, Irland, Europa, Japan und Nordamerika, Grönland; in Sümpfen und an Seeufern, Teichen und Kanälen; B: 4-7, auch nachblühend. Ausbreitung mit langkriechenden, dicken, oberirdischen Rhizomen. Blätter fleischig, 3teilig, bohnenähnlich, 4-8 cm groß. Blütenstand bis 40 cm. Blüten etwa 15 cm groß, rosa-knospig, weiß öffnend mit langen, bebärteten Blütenblättern. Problemlos in feuchtem, saurem Boden oder Flachwasser. WH: bis –25 °C.

Fauria crista-galli in Wisley

Dodecatheon meadia f. *album*

Polemonium caeruleum in Sellindge, Kent

Polemonium caeruleum subsp. *himalayanum* bei Gadsar, Kaschmir

Polemonium acutiflorum Willd. var. *nipponicum* (Kit.) Ohwi *(Polemoniaceae)*. Norwegen bis Nord-Rußland, Sibirien und zu den Kurilen, mit var. *nipponicum* (Berge von Honshu); feuchte Gehölze, an Flüssen und Wiesen. B: 7-8, in Kultur früher. Büschelig stehende Grundblätter mit 40-80 cm hohen, beblätterten Stengeln, Blätter mit bis 8 Blättchenpaaren. Blüten 18-22 mm lang, gestielt, zu wenigen in kopfigem Blütenstand. Für feuchten, sauren Boden, an kühler Stelle in Sonne oder Halbschatten. WH: bis –20 °C.

Polemonium caeruleum L. *Jakobsleiter, Sperrkraut*. Nord- und Mitteleuropa, bis Sibirien, Himalaja und westliches Nordamerika (subsp. *amygdalinum*); B: 5-8. Sehr variabel, meist aber mit wenigen bis zu 120 cm hohen Stengeln aus büscheligem Wurzelstock. Stengel beblättert, im oberen Teil meist drüsig. Radförmige, 8-15 mm lange, meist blaue Blüten mit ovalen, meist runden Kronlappen. Problemlos in feuchtem Boden in voller Sonne oder Halbschatten. WH: bis –20 °C und darunter. Vermehrung durch Aussaat leicht, oft durch Selbstaussaat lästig. Gut für den Naturgarten, da in hohem, dichtem Gras überlebend. Mehrere Unterarten und verwandte Arten werden kultiviert: Subsp. *himalayanum* (Baker) Hara, zierliche Pflanze an feuchten Stellen, zwischen Felsen von Pakistan bis West-Nepal, in 2400-3700 m. Stengel 30-100 cm. Blüten bis 2 cm lang. Ähnlich *P. acutiflorum*, Blätter aber mit mehr Fiederblättchen.

Polemonium carneum A. Gray. Kalifornien, San Francisco bis Washington; Gebüsch und grasige Plätze, in Küstennähe und Hügel, bis 1800 m; B: 4-8. Langsam ausbreitende Teppiche mit drüsig haarigen, 40-80 cm hohen, in Kultur niedriger bleibenden Blütenständen. Die 3 letzten Blättchen oft am Grunde verwachsen. Blüten 1-2,5 cm breit, purpur bis rosa. Für sonnige Lage in Laubboden mit gutem Wasserabzug, Sommertrockenheit vertragend. WH: bis –10 °C, vielleicht darunter. Die Kreuzung mit *P. reptans* hat die hübsche Sorte 'Lambrook Manor' ergeben.

Polemonium foliosissimum A. Gray. Colorado, Utah, New Mexico und Arizona; feuchte Stellen, an Wasserläufen, im Gebirge; B: 7. Wenige behaarte, bis 100 cm hohe Stengel aus büscheligem Wurzelstock. Blätter elliptisch bis länglich-oval. Purpurne, 12-15 mm lange Blüten. Blütenblätter stumpf oder mit kleiner Spitze. Problemlos in jedem guten Gartenboden. WH: bis –20 °C oder darunter.

Polemonium pauciflorum S. Wats. Südost-Arizona und Nord-Mexiko; Wasserläufe, im Gebirge bei 2000-3000 m; B: 6-8. Wenige, 30-45 cm hohe Stengel aus dünnem Wurzelstock. Blättchen lanzettlich. Blaßgelbe, engröhrige bis 4 cm lange Blüten. Für ziemlich feuchten Boden mit gutem Wasserabzug in Sonne oder Halbschatten. WH: etwa bis –20 °C. Elegante Pflanze mit hängenden, röhrigen Blüten. *P. flavum* Green, Arizona, hat leuchtend gelbe Blüten ohne lange Röhre und spitz zulaufende Kronlappen.

Polemonium reptans L. Östliches Nordamerika von New York bis Minnesota, südlich bis Kansas und Georgia; in Wäldern; B: 4-5. Kurzer Wurzelstock und ausbreitende, meist kahle, bis 30 cm hohe Stengel. Blättchen länglich, oval-länglich oder lanzettlich-länglich. Blüten blau, 10-16 mm groß. Für Laubboden in Sonne oder Halbschatten. WH: bis –20 °C. Mehrere Sorten in Kultur, so etwa 'Sapphire', 'Pink Beauty' und 'Blue Pearl'.

Polemonium acutiflorum var. *nipponicum*

Polemonium × *richardsonii* bei Alford, Aberdeenshire

Polemonium pauciflorum

Polemonium carneum

Polemonium foliosissimum

Polemonium × richardsonii Graham. Hybride zwischen *P. caeruleum* und *P. reptans.* Bildet mit wenig kriechenden Rhizomen Büsche mit zahlreichen, drüsig haarigen, bis 25 cm hohen Stengeln. Blüten blaßblau oder in 'Album' weiß, etwa 2,5 cm groß. Für sommerfeuchte, nährstoffreiche Böden in Sonne oder Halbschatten und am besten jedes 3. Jahr geteilt und verpflanzt. WH: bis –20 °C.

Polemonium reptans 'Sapphire'

Polemonium reptans

Hackelia setosa bei Silver Lake, Kalifornien

Borago pygmaea

Hackelia uncinata in Kaschmir

Myosotis sylvatica

Myosotis scorpioides

Borago pygmaea (DC.) Chater & W. Greuter syn. *B. laxiflora* Poiret *(Boraginaceae), Zwergboretsch.* Korsika, Sardinien und die Insel Capraia nordöstlich von Elba; schattige, felsige Stellen, besonders nach Waldbränden. B: 5-7. Rosetten ovaler, stachelborstiger Blätter und mehrerer verzweigter, kriechender bis aufsteigender, bis 60 cm langer Stengel. Blüten blaßblau, nickend, 5-8 mm lang. Für warme, halbschattige, sommerfeuchte Lage. WH: bis –10 °C, aber oft durch Selbstaussaat nach Frostschaden wieder erscheinend. Der unglückliche Namenswechsel entstand durch Poirets Unkenntnis über De Candolles *Campanula pygmaea*, die dieser Borago war.

Hackelia setosa (Piper) Jtn. *(Boraginaceae).* Kalifornien, im Küstengebiet und in der Sierra Nevada nördlich bis Oregon; an offenen, grasigen Stellen, im Nadelwald von 300-1800 m; B: 6-7. Dichte Büsche aufrechter bis 50 cm hoher Stengel. Grundblätter stachelhaarig, länglich verkehrt-lanzettlich, stumpf, 5-10 cm lang, aufrecht stehend. Blüten 10-15 cm groß, blau. Für Sandboden in Sonne oder Halbschatten bei gutem Wasserabzug. WH: vielleicht bis –15 °C.

Hackelia uncinata (Royle ex Benth.) C. Fisher. Himalaja, von Pakistan bis Südwest-China; offene Stellen in Wäldern und Gebüsch, in 2700-4200 m Höhe. B: 6-8. Wenige aufrechte Stengel aus kräftigem Wurzelstock. Grundblätter langstielig, oval, spitz zulaufend mit herzförmigem Grund. Verzweigte, 30- 60 cm lange Stengel. Blaßblaue Blüten bis 1,3 cm. Frucht mit Widerhaken und Borsten. Für ziemlich trockene Lage in Laubboden und Halbschatten. WH: bis –20 °C oder darunter.

Myosotis scorpioides L. syn. *M. palustris (Boraginaceae) Sumpfvergißmeinnicht.* In Nordeuropa verbreitet, südlich bis Rumänien und zur Krim, östlich bis Sibirien und Nord-Indien. Aus Kultur verwildert im östlichen Nordamerika bis Kalifornien und in Japan; an Bächen und Flüssen, Seen und Sümpfen. B: 5-9. Bildet mit kriechenden und wurzelnden Stengeln in flachem Wasser oder auf nassem Boden Teppiche mit gelblich-grünen, ziemlich fleischigen Blättern. Blütenstände bis 100, meist aber nur 30 cm. Blüten leuchtendblau, 5-10 mm groß. Sehr schöne, langlebige Staude mit langer Blütezeit. Für den Wasserrand oder in feuchten Beeten. Problemlos durch bewurzelte Triebe zu vermehren. WH: bis –20 °C oder darunter.

Myosotis sylvatica Hoffm. *Waldvergißmeinnicht.* Verbreitet in Europa und Südwestasien, ostwärts bis zum Himalaja und Japan; offene Wälder; B: 5-6. Büschelig wachsend mit mehreren aufsteigenden, bis 45 cm langen Trieben aus zentralem Wurzelstock; meist kurzlebig, oft 2jährig. Pflanze ziemlich borstig mit dunkelgrünen Blättern. Blüten bis 8 mm groß, blaßblau oder selten weiß und oft rosa als Sorte oder bei Verpflanzung während der Blüte. Für jeden feuchten Boden in Sonne oder Halbschatten und in trockener Lage oft Mehltau befallen. WH: bis –20 °C. Reichlich Selbstaussaat.

Omphalodes cappadocica 'Cherry Ingram' in den Washfield Nurseries, Kent

Omphalodes moupinense bei Wolong, Sichuan

Omphalodes verna in Wisley, Surrey

Omphalodes cappadocica (Willd.) DC. *(Boraginaceae)*. Georgien und Nordost-Türkei, westlich bis Ordu; in Wäldern von Eßkastanien, Haseln oder anderen sommergrünen Bäumen, bis 1000 m. B: 3-5. Sommerliche Blatt-Triebe etwas kriechend. Blütenstände 10-15 cm. Blätter oval herzförmig mit 4,5-9 cm langer oder bis 5 cm breiter Spreite. Blüten 4-8 mm groß. Zierliche, schöne, immergrüne Pflanze, deren Blätter bei starkem Frost absterben. Etwas härtere Sorten sind: 'Anthea Bloom', in England gut überwinternd. 'Cherry Ingram', mit schmaleren Blättern und größeren Blüten, Blattspreite 17 × 4,8 cm lang, spitz zulaufend und kaum herzförmig. Alle Sorten am besten in geschützter Lage im Halbschatten mit Winterschutz.

Omphalodes moupinense Franch. West-China, besonders Sichuan; Gebüsch und feuchte, schattige Stellen in 2000 m. B: 5. Wenige, breit herzförmige Grundblätter und kriechende, bis 20 cm lange Blütenstände. Blüten blaßblau, etwa 8 mm groß. Für feuchten Laubboden in Schatten mit Schutz. WH: bis –15 °C.

Omphalodes verna Moench. Südost-Alpen bis Mittel-Italien und Zentral-Rumänien und oft eingebürgert in West- und Mitteleuropa; in feuchten Bergwäldern; B: 3-5. Blatt-Triebe lang kriechend. Blätter mit ovalen, herzförmigen, 5-20 cm × 2-6 cm breiten Spreiten mit kleiner Spitze oder spitz zulaufend. Blütenstände 5-20 cm. Blüten 8-10 mm groß. Braucht feuchte, schattige Lage. Durch kriechenden Stengel und kleinere Blüten ist diese Art weniger attraktiv als *O. cappadocica*, auch weißblütig in Kultur. WH: bis –15 °C.

Echium russicum und *Stipa* in der Steppe bei Stavropol, Süd-Rußland

Echium russicum J. F. Gmelin syn. *E. rubrum* Jacq. *(Boraginaceae)*. Osteuropa und Nord-Türkei bis Rußland und Kaukasus; grasige Steppen, offene Kiefernwälder und felsige Hügel, bis 2200 m in der Türkei. B: 6-7. Von tiefgehendem Wurzelstock mehrere bis 60, gewöhnlich bis 30 cm hohe Triebe. Blätter lanzettlich bis schmal-elliptisch. Blüten 9-12 mm lang, dunkelrot mit 4-5 herausragenden Staubgefäßen. Obwohl meist als 2jährig beschrieben, hat sich die Pflanze in Edington, Wilts. als verläßliche, mehrere Jahre blühende Staude in voller Sonne, in Sandboden bei gutem Wasserabzug erwiesen. WH: bis –20 °C oder darunter.

Symphytum asperum Lepechin syn. S. *orientale* L. p.p. *(Boraginaceae)* Comfrey. Nordost-Türkei, Kaukasus, Nord- und Nordwest-Iran; in Fichtenwäldern, auf Wiesen, an Wasserläufen und in Gebüsch, bis 2200 m in der Türkei. B: 5-8. Aufrechte, bis 1,2 m hohe Stengel aus tiefgehendem Wurzelstock. Blätter mit herzförmigem oder gerundetem Blattgrund. Blüten 12-15 mm lang, erst rosa, dann blau oder purpur. Für feuchten, tiefgründigen, nährstoffreichen Boden in Sonne oder Halbschatten. WH: bis –20 °C.

Symphytum caucasicum M. Bieb. Kaukasus; Schuttplätze, an Wasserläufen, im Gebüsch und grasigen Wegrändern. B: 4-7. Sehr wuchernde, durch dünne, unterirdische Ausläufer sich ausbreitende Pflanze mit Blattrosetten und aufrechten, sich ausbreitenden Stengeln. Blüten 12 mm lang, reinblau. Für jeden guten Gartenboden in Sonne oder Halbschatten. Die Pflanze überwuchert selbst stärkste Stauden, ist aber lange Zeit schön und blüht bei Rückschnitt im Spätsommer zum 2. Mal.

Symphytum ibericum Stev. syn. *S. grandiflorum* auct. non DC. Nordost-Türkei und Georgien; schattige Hänge, Rhododendrongebüsch bis 1350 m. B: 3-7. Bildet mit kriechenden Ausläufern weite Teppiche. Stengel 15-40 cm. Gestielte, ovale bis oval-lanzettliche, am Grunde fast herzförmige oder gerundete Blätter. Blüten 14-16 mm lang, cremefarben, selten rosa mit kleinem, 3-6 mm langem Kelch. 'Hidcote Pink' ist wahrscheinlich eine Kreuzung mit reinrosa Blüten. 'Variegatum' hat unregelmäßig cremefarben gefleckte Blätter. Für feuchte oder schattige Stellen. WH: bis etwa –20 °C. Das echte *S. grandiflorum* DC. aus dem Kaukasus hat 20-24 mm große Blüten und 6-8 mm lange Kelche.

Symphytum orientale L. Süd-Rußland und Kaukasus, bis Nordwest-Türkei; schattige Flußufer, in Kiefernwäldern bis 1500 m in der Türkei. B: 4-6. Aufrechte, bis 70 cm hohe Stengel. Blätter kurzhaarig, nicht horstig, oval oder länglich-oval. Kelch zu 1/3 bis zur Hälfte geteilt, 6-9 mm lang. Blüte 15-17 mm lang, reinweiß. *S. kurdicum* Boiss. & Hausskn., Südost-Türkei, Nord-Irak und West-Iran, hat weiße, 16-19 mm lange Blüten und dünnere, mehr borstige Blätter; im Wuchs ähnlich. Beide sind attraktive, frühblühende, trockenen Schatten ertragende Arten. WH: bis –15 °C, vielleicht darunter. **Symphytum 'Rubrum'** Wahrscheinlich Kreuzung aus *S. ibericum* und *S. officinale* mit ziemlich kleinen, richtig roten Blüten an aufrechten Stengeln.

Symphytum × uplandicum 'Variegatum'

Symphytum tuberosum L. *Knotiger Beinwell.* Europa, von Schottland südlich bis Frankreich und Spanien und ostwärts bis Rußland und Türkei; in Wäldern, Gebüsch und an Flüssen; B: 5-6. Bildet mit kriechendem, knolligem Rhizom ausgedehnte Kolonien. Aufrichtende, wenig verzweigte, 15-40 cm lange Stengel. Blüten 15-20 mm lang, blaßgelb mit zurückgebogenen Zipfeln der Blütenkrone, die bei *S. bulbosum* C. Schimper gerade vorgestreckt sind. Problemlos im Schatten oder bei kühler Lage in der Sonne. Frühblühend und im Sommer ruhend. WH: bis etwa –20 °C.

Symphytum × uplandicum Nyman Futter-Comfrey 'Variegatum'. *S. × uplandicum*, Hybride zwischen *S. asperum* und *S. officinale*. Straßenränder, Schuttplätze, auf feuchtem Boden. 12-18 mm lange, gewöhnlich rosa Blüten werden beim Verblühen purpur oder blau. Die panaschierte Form ist im Herbst und Frühling besonders schön, wenn die Grundblätter wie hier frisch ausgetrieben haben. WH: bis –20 °C oder darunter.

Symphytum orientale

Symphytum caucasicum bei Sellindge, Kent

Symphytum tuberosum bei Alford, Aberdeenshire

Symphytum asperum

Symphytum 'Hidcote Pink'

Symphytum ibericum

Symphytum 'Rubrum'

Anchusa azurea 'Opal'

Anchusa azurea bei Ronda, Süd-Spanien

Anchusa azurea 'Opal' (vorn) und 'Loddon Royalist' (Hintergrund)

Lithodora diffusa in Süd-Spanien

Cynoglossum nervosum bei Dali, Yunnan

Alkanna tinctoria in Süd-Frankreich

Alkanna tinctoria (L.) Tausch *(Boraginaceae) Schminkwurz.* Südeuropa, von Spanien und Frankreich bis Rumänien, Türkei, Syrien und Nordafrika; felsige Stellen, offene Wälder, Gehölze, Steppen und Sanddünen, bis 1300 m. B: 4-7. Mehrere kriechende oder sich ausbreitende, bis 30 cm lange Stengel aus zentralem Wurzelstock, aus dem bei Verletzung dunkelroter Saft austritt. Grünliche oder graue, 1-7 cm lange Blätter. Blaue, 4-10 mm große Blüten. Für sandigen Boden in heißer, trokkener Lage bei gutem Wasserabzug. WH: bis –10 °C, vielleicht darunter.

Anchusa azurea Miller syn. *A. italica* Retz *(Boraginaceae).* Europa, von Frankreich, Spanien, Portugal und Nordafrika, ostwärts bis Türkei, Iran, Arabien und Zentralasien; an Feldrändern, Wegrändern, Steppen und steinigen Hügeln bis 2500 m. B: 5-7. Verbreitete und auffällige Pflanze der Wegränder im gesamten Mittelmeer-Raum und in Zentralasien. Aufrechte, bis 1,5 m lange Stengel aus kräftigem Wurzelstock. Blätter 10-30 cm lang. Blüten 10-15 mm groß, purpur oder tiefblau. Viele durch Wurzelschnittlinge vermehrte Sorten: 'Loddon Royalist' klares tiefes Blau; 'Opal' niedriger und blasser; 'Little John' nur 45 cm hoch. Alle sind kurzlebige Stauden für tiefgründigen Boden mit gutem Wasserabzug und vertragen viel Trokkenheit. WH: bis –15 °C, vielleicht darunter.

Cynoglossum nervosum Benth. & Hook. Im Himalaja, von Kumaon bis Yunnan; an grasigen Hängen und an Reisfeldern. B: 4-8. Mehrere, bis 60 cm hohe Stengel aus kräftigem Wurzelstock. Bis 30 cm lange, schmal-lanzettliche Grundblätter. Blüten etwa 10 mm groß. Für volle Sonne in Boden mit gutem Wasserabzug. Standfestigkeit in magerem Boden besser, in schwerem Boden problematisch und kurzlebig. WH: bis –15 °C, möglicherweise darunter. *C. amabile* Stapf. & Drummond aus Yunnan und Sichuan ist eng verwandt, aber normalerweise 2jährig mit größeren, blasser blauen Blüten.

Lindelofia longiflora (Benth.) Baillon *(Boraginaceae).* Himalaja, von Pakistan bis West-Nepal und Kaschmir verbreitet; an offenen, grasigen Hängen in 3000-3600 m. B: 6-8. Aus einem Rhizom wachsen Büsche von 60 cm hohen und höheren Stengel.n. Grundblätter lanzettlich, langgestielt. Stengelblätter schmal-lanzettlich, mit dem Grund den Stengel umfassend. Blüten bis 1,5 cm groß, intensiv blau bis purpur. Für nährstoffreichen, feuchten Boden mit gutem Wasserabzug in voller Sonne. WH: bis –20 °C, vielleicht darunter. *L. anchusoides* (Lindl.) Lehm. hat leuchtend-blaue Blüten und die oberen Blätter sind nicht stengelumfassend.

Lithodora diffusa (Lagasca) Johnson syn. *Lithospermum diffusum* Lagasca *(Boraginaceae).* West-Frankreich, Spanien und Portugal; in Kiefernwäldern, Heidegebüsch und Sanddünen. B: 3-6. Am Grunde verholzt mit 1 m und längeren, sich ausbreitenden, kriechenden und wurzelnden Trieben. Blätter linear bis länglich oder elliptisch. Blüten bis 20 mm lang, meist als Pflanze im Alpinum gezogen, jedoch besser im Heidegarten auf saurem Boden, zwischen Sträuchern und Heidekraut. Verbreitet: 'Heavenly Blue' mit intensiv blauen Blüten; 'Cambridge Blue', sehr blaßblaue Blüten, und die selten weiße Sorte 'Alba'. Von der alten Sorte 'Grace Ward' heißt es, daß sie als Ausnahme von allen Sorten Kalk verträgt. WH: bis –20 °C.

Lindelofia longiflora bei Vishensar, Kaschmir

Lithospermum purpureocaeruleum

Lithospermum purpureocaeruleum L. syn. *Buglossoides purpureocaerulea* (L.) Johnston *(Boraginaceae) Blauroter Steinsame.* In den meisten Teilen Europas, von England (selten) und auf Kalk bis Spanien und ostwärts bis Rußland und Türkei, Kaukasus und Nord-Iran; in Gesträuch und Macchia und an Waldrändern. B: 3-6. Mit kriechendem Rhizom ausbreitende Kolonien bildend. Blütenstengel aufsteigend bis 60 cm und lange sich ausbreitende Blatt-Triebe. Blätter 3,5-8 cm lang. Blüten 14-20 mm, sich purpur öffnend und dann intensiv blau färbend. Für trockenen Boden in warmer Lage im Halbschatten. WH: bis –20 °C oder darunter.

Lithodora 'Heavenly Blue'

Antirrhinum australe am Straßenrand bei Ronda, Süd-Spanien

Antirrhinum 'Black Prince'

Scrophularia auriculata 'Variegata'

Asarina procumbens

Scrophularia sambucifolia zwischen Kalkfelsen in Süd-Spanien

Synthyris missurica

Mimulus ringens in Beth Chattos Garten

Parahebe perfoliata

Antirrhinum australe Rothm. *(Scrophulariaceae)*. Süd- und Südost-Spanien, auf Kalkfelsen und Mauern. B: 4-6. Mehrere Triebe, bis 120 cm. Blätter gegenständig oder zu dritt in Quirlen. Blüten 40-45 mm lang, meist rosa-purpur und Stielchen kürzer als die Stützblätter. Obwohl meist 1-jährig gezogen, sind die meisten *Antirrhinum*-Arten Stauden. 16 der 17 Arten in Spanien verbreitet. *A. majus* L., *Löwenmaul,* ist die Stammart der Gartensorten und in Südeuropa von Spanien bis Italien und in Nord-Afrika verbreitet, meist mit rosa-purpurnen Blüten. **'Black Prince'.** Hier abgebildet ist eine alte, staudige Sorte mit dunkel-purpurnen Blättern, die einen niedrigen, etwa 30 cm großen Busch bildet. **A. graniticum** Rothm. hat normalerweise weiße Blüten an Stielen, die die Stützblätter überragen; in Spanien und Portugal auf saurem Gestein. In Kultur benötigen die staudigen Arten nährstoffarmen Boden mit sehr gutem Wasserabzug. WH: bis –10 °C, vielleicht darunter bei trockenem Stand.

Asarina procumbens Miller syn. *Antirrhinum asarina* L. *(Scrophulariaceae)*. Südfrankreich und Nordost-Spanien; auf schattigem, saurem Felsgestein, im Gebirge. B: 6-9. Kriechende, bis über 30 cm lange Triebe. Die weichklebrig haarigen Blätter sind etwa 5 × 6 cm. Blüten 30-35 mm. Problemlos an ziemlich trockenen, schattigen Stellen in sandigem Boden. WH: bis –10 °C, vielleicht darunter, z. B. in Süd-England im Freien mit Regenschutz ausdauernd.

Mimulus ringens L. *(Scrophulariaceae)*. Östliches Nordamerika, von Nova Scotia südlich bis Virginia und westlich bis Manitoba, Nebraska und Texas; an nassen Stellen und Wasserläufen. B: 6-9. Aufrechte, bis 1 m hohe Stengel aus büscheligem Wurzelstock. Bis 10 cm lange, sitzende, am Grunde geöhrte Blätter. Blaßblaue, selten weiße, bis 2,5 cm große Blüten. Für nährstoffreiche, nasse Böden in Sonne oder Halbschatten. WH: bis –20 °C oder darunter. Andere *Mimulus*-Arten siehe Seiten 338 und 339.

Parahebe perfoliata (R. Br.) B. G. Briggs syn. *Veronica perfoliata R. Br. (Scrophulariaceae)*. Südost-Australien (Mount Victoria und Blaue Berge). B: Frühsommer. Kriechende, wenige verzweigte, bis 75 cm lange, am Grunde verholzte Triebe. Blätter ca. 5 cm und Blüten 6 mm groß. Für warme, geschützte Lage in voller Sonne, am besten niedrige Gehölze durchwachsend. WH: bis –10 °C.

Scrophularia auriculata L. 'Variegata' syn. *S. aquatica* auct. *(Scrophulariaceae) Wasserbraunwurz.* Meiste Teile Europas, ostwärts bis Kreta und Nordafrika; an feuchten Stellen, meist an Wasserläufen. B: 6-9. Mehrere aufrechte, 4flügelige, bis 100 cm hohe Stengel. Blätter einfach oder mit 1-2 Paaren schmaler Lappen. Blüten 7-9 mm lang, bräunlich und stark von Wespen besucht. Die panaschierten Blätter sind von Frühling an schön als Kontrast.

Scrophularia sambucifolia L. Süd-Spanien, Mittel- und Süd-Portugal und Nordafrika; an feuchten Stellen und zwischen Felsen in 1800 m Höhe. B: 4-6. Mehrere bis 80 cm hohe Stengel, leierförmige, fiedrig eingeschnittene Blätter. Diese Braunwurz hat von allen europäischen Arten die größten Blüten, wird jedoch nicht oft kultiviert. Erfolgreich in jedem guten Gartenboden. WH: bis –15 °C, vielleicht darunter.

Synthyris missurica (Raf.) Penn. syn. *S. stellata* Penn. *(Scrophulariaceae) Frühlingsschelle*. Westliches Nordamerika; feuchte Stellen, Gebirge mit Ausläufern. B: 4-7. Büschelig wachsend, bis 60 cm hoch. 2,5-8 cm breite, stumpf oder scharf gezähnte Blätter. Blüten 4-7 mm lang in lockerem, ährenähnlichem Blütenstand mit kleinen oder größeren Stützblättern unterhalb der Blüten. *S. reniformis* (Dougl.) Benth. nur etwa 15 cm hoch mit gebogenen, die Blätter nicht überragenden Stengeln (Nadelwälder südlich der San Francisco Bay). *S. schizandra* Piper hat bis 30 cm hohe Stengel mit 2 blattartigen Brakteen und gewimperten Blütenblättern. Feuchte, schattige Lagen in Washington und Oregon. *S. pinnatifida* Wats. von Washington östlich bis Idaho, Wyoming und Montana, an felsigen Stellen im Gebirge. Gefiederte Blätter und Stengel bis 20 cm. Alle Arten brauchen feuchten Boden in kühler Lage, wobei *S. schizandra* und *S. reniformis* schattiger stehen sollten. WH: vielleicht bis –20 °C.

Veronica spicata 'Heidekind'

Veronica spicata subsp. *incana*

Veronica exaltata

Veronica spicata subsp. *spicata*

Veronica gentianoides

Veronica filiformis

Veronica austriaca 'Shirley Blue' im Royal Botanic Garden, Edinburgh

Veronica austriaca 'Crater Lake Blue'

Veronica austriaca L. subsp. *teucrium* (L.) D. A. Webb *(Scrophulariaceae) Großer Ehrenpreis*. Meiste Teile Europas bis Krim, Kaukasus (?) und Nordwest-Türkei; offene Wälder, steinige Wiesen und Hügel; B: 4-7. Zahlreiche, aufsteigende bis 1 m lange Stengel. Mehr oder weniger stengelumfassende, gekerbte oder gesägte, 2-7 cm lange Blätter. Blüten leuchtend-blau, 10-14 mm. Für jeden guten Gartenboden in Sonne oder Halbschatten. WH: bis –20 °C oder darunter. Es gibt mehrere Sorten zu dieser Art. **'Crater Lake Blue'**, bis 45 cm hoch, leuchtend-blau. **'Shirley Blue'**, bis 20 cm mit kriechenden, dann aufsteigenden Stengeln. Es gibt auch eine rosablühende Form.

Veronica exaltata Maund. Soll aus Sibirien stammen und blüht im Garten 6-8. Mehrere aufrechte, bis 120 cm hohe Stengel. Blätter 15 cm lang. Blüten blaßblau, ca. 8 cm groß. Für jeden guten Gartenboden in voller Sonne. WH: bis –20 °C und darunter.

Veronica filiformis J. E. Smith. Kaukasus, Krim, Nord-Iran und Nord-Türkei, entlang der Schwarzmeer-Küste; in feuchten Wiesen, grasigen Plätzen, in Wäldern, an Bächen, in gestörten Flächen bis 2200 m. B: 3-8. Auch in den meisten Teilen Europas, insbesondere an Flußufern und in Rasenflächen eingebürgert. Pflanze kriechend, schnell große Flächen bedeckend. Mit bis 15 cm hohen Blütenstengeln. Blätter 5-13 mm groß, mehr oder weniger rund. Blüten 8-14 mm groß, in Kultur meist himmelblau, am Naturstandort oft weiß oder dunkler lila-blau. Problemlos in jedem feuchten Boden. WH: bis –15 °C.

Veronica gentianoides Vahl. Kaukasus, Krim und Nord- und Mittel Türkei; in Bergwiesen und offenen Wäldern von 1000-1600 m. B: 5-8. Bildet Teppiche enzianähnlicher, 2-6 cm langer Blätter mit aufrechten, 5-60 cm hohen Blütenständen. Blüten 8-16 mm groß, meist blaßblau, in der Türkei manchmal dunkelblau, selten weiß. Für feuchten Boden mit gutem Wasserabzug in voller Sonne. WH: bis –20 °C oder darunter.

Veronica spicata L. subsp. *incana* (L.) Walters. Osteuropa, ostwärts bis Sibirien und Nordwest-China, in trockenen Wiesen und Steppen. B: 6-7. Ganze Pflanze silberhaarig mit aufrechten, bis 30 cm hohen Stengeln. Blüten leuchtend-blau, 4-6 mm. Für ziemlich trockenen Boden mit gutem Wasserabzug in voller Sonne. WH: bis –20 °C oder darunter. Hybriden zwischen subsp. *spicata* und subsp. *incana* werden häufig kultiviert und verbinden die hohen Stengel von *spicata* (besonders die Form V. *hybrida* L.) mit den grauen Blättern von subsp. *incana*. Dazu 'Heidekind', leuchtend weinrot, 30 cm hoch. 'Wendy' höher, rosa.

Veronica spicata L. subsp. *spicata* (einschließlich *V. hybrida* L.) *Ähriger Ehrenpreis*. Europa bis Rußland, Sibirien und Nordwest-China; Grasflächen und felsige Hügel, meist auf Kalk. B: 6-9. Aufrecht, bis 60 cm hohe Stengel. Blätter linear lanzettlich bis oval, fast sitzend, gegenständig, 2-8 cm lang, meist leuchtend-blau. 4-6 mm große Blüten. Für Boden mit gutem Wasserabzug in voller Sonne. WH: bis –20 °C oder darunter.

Veronicastrum sibiricum in Wisley, Surrey

Veronicastrum sibiricum (L.) Pennell *(Scrophulariaceae)*. Alle japanischen Inseln, Korea, Nord-China, Sachalin und Ost-Sibirien; an grasigen Stellen, im Flachland und Gebirge. B: 7-9. Mehrere bis 1,8 m hohe Stengel. Blätter zu 4-6 in Quirlen, breit-lanzettlich, 10-15 cm lang und bis 5 cm breit. Röhrige Blüten, die Kronlappen kürzer als die Röhre. Für jeden guten Gartenboden in voller Sonne oder Halbschatten. WH: bis –20 °C oder darunter.

Veronicastrum virginicum (L.) Farwell syn. *Veronica virginica* L. syn. *Leptandra virginica* (L.) Nutt. Östliches Nordamerika; in Wiesen, Wäldern und Gebüsch. B: 6-9. Mehrere aufrechte, bis 2 m hohe Stengel. Lanzettliche bis länglich-lanzettliche Blätter in Quirlen zu 3-9. Röhrige, 4 mm lange, weiße oder bläuliche Blüten mit kurzen Kronlappen. Für jeden guten, feuchten Gartenboden. WH: bis –20 °C oder darunter.

Veronicastrum virginicum

Incarvillea mairei in Inshriach, Aviemore, Schottland

Incarvillea emodi in Pakistan

Incarvillea mairei bei Lijiang, Yunnan

Incarvillea delavayi

Niedzwedzkia semiretschenskia im Botanischen Garten von Taschkent

Incarvillea arguta Royle (Royle) syn. *Amphicome arguta* Royle *(Bignoniaceae)*. Himalaja, von Nordwest-Indien bis Nepal, Südost-Xizang und Südwest-China, in Yunnan und Sichuan; in trokkenen Tälern, an felsigen Hängen und Klippen, oft auf Kalk, in 1800-3500 m; B: 5-8. Viele ziemlich schwache Stengel aus verholztem Grund. Blätter mit 5-9 Blättchen, das Endblättchen ca. 5 cm lang. Blaßrosa, 2,5-3,8 cm große Blüten. Für Mauerspalten oder Boden mit sehr gutem Wasserabzug. WH: –15 °C, vielleicht darunter, wenn in sehr trockener Lage.

Incarvillea delavayi Bur. & Franch., *Freilandgloxinie*. Südwest-China, in Yunnan; an grasigen Stellen und in Gebüsch in 2000 m. B: 5-7. Pflanze mit tiefgehenden, fleischigen Wurzeln und einer Rosette gefiederter, bis 20 cm langer Blätter. Stengel bis 60 cm mit wenigen großen, bis 8 cm breiten Blüten. Problemlos in tiefgründigem, nährstoffreichem, sandigem Boden in voller Sonne. Schutz des Pflanzenherzens im Winter vor Schnecken und extremer Kälte. WH: bis –15 °C, mit Schutz darunter.

Incarvillea emodi (Wallich ex Royle) Chatterjee. Afghanistan bis West-Nepal, an Klippen und Felsen von 600-2500 m. B: 3-4; verholzter Wurzelstock; gefiederte Blätter mit 9-11 ovalen, 1-4 cm langen Blättchen, am Stengelgrund am dichtesten stehend. Bis 50 cm hoher, unverzweigter Blütenstand mit einseitiger Traube 3,5-5,8 cm langer Blüten. Dünne, bis 18 cm lange Samenkapseln. Für trockene Lage an einer Mauer oder im Hochbeet. WH: vielleicht bis –15 °C. Aufnahme von Andrew Paterson in Nord-Pakistan.

Incarvillea mairei (Léveillé) Grierson. Himalaja, von West-Nepal bis Xizang und Südwest-China in Yunnan; an steinigen Hecken, trockenen Tälern, oft auf Kalk. B: 5-6. Pflanze mit tiefgehender, fleischiger Wurzel und einer Rosette von gefiederten Blättern mit großen Endblättchen. Die 4-6 cm langen, beim Aufblühen stengellosen Blüten stehen zur Fruchtreife auf bis 50 cm hohen Stielen. Zu den Auslesen, die in Kultur sind, gehört 'Frank Ludlow' mit großen, kräftig rosaroten Blüten aus

Ourisia 'Loch Ewe'

Ourisia coccinea in den Washfield Nurseries, Kent

Bhutan und blasser rosa Formen wie 'Bees' Pink'. Für sandigen Boden mit gutem Wasserabzug in voller Sonne und Schutz vor Schnecken. WH: bis –20 °C oder darunter.

Niedzwedzkia semiretschenskia B. Fedtsch. syn. *Incarvillea semiretschenskia* (B. Fed.) Grierson *(Bignoniaceae)*. Zentralasien, an trockenen, felsigen Hügeln. B: 5-6. Zahlreiche drahtige, aufrechte, bis 45 cm lange, am Grunde verholzte Stengel. Blätter tief eingeschnitten, linear gelappt. Blüten ca. 6 cm lang, 4 cm breit. Samenkapseln etwa 5 cm lang mit 6 stark gewellten Flügeln. Für trockenen Boden mit sehr gutem Wasserabzug in warmer Lage in voller Sonne. WH: bis –15 °C, vielleicht darunter.

Ourisia coccinea Pers. *(Scrophulariaceae)*. Süd-Chile, in Bergtälern. B: 6-9 bei uns. Mit fleischigen, kriechenden Rhizomen Teppiche rauhgezähnter, ovaler, bis 5 cm breiter Blätter bildend. Blütenstände bis 18 cm hoch. Blüten etwa 3 cm groß. Elegante Pflanze für feuchte, kühle, saure Böden im Halbschatten. WH: bis –15 °C und darunter bei Schneedecke.

Ourisia 'Loch Ewe' Hybride zwischen *O. macrophylla* und *O. coccinea*. Bildet Teppiche grobgekerbter Blätter mit 2- bis 4blütigen Quirlen an aufrechten, bis 30 cm hohen Stengeln. Für feuchten, sauren Boden im Halbschatten. WH: bis –20 °C oder darunter mit Schneedecke.

Ourisia macrophylla Hook. Nordinsel Neuseelands, am Mount Egmont und vom Ostkap südwärts bis auf 1500 m. Feuchte, schattige Stellen; B: 10-1, bei uns 6-7. Mit kriechenden Rhizomen Matten ledriger, schwach gekerbter, ovaler Blätter bildend. Blütenstiele drüsig. Blüten 12-18 mm in 3-7 Quirlen an bis 60 cm hohen Stengeln. *O. macrocarpa* Hook. fil. von der Südinsel Neuseelands hat bis 2,5 cm große Blüten an längeren drüsigen Stielen mit breiteren Kelchlappen und bis 15 cm lange Blätter. Feuchte Stellen und Bachränder, Gebüsch. Beide Arten benötigen torfigen, feuchten Boden im Halbschatten und kühle Lage. WH: bis –20 °C.

Ourisia macrophylla in Inshriach, Aviemore, Schottland

Incarvillea arguta bei Dali, Yunnan

Aster falconeri bei Gadsar, Kaschmir

Aster tongolensis

Celmisia spectabilis

Bellis sylvestris in Süd-Spanien

Celmisia coriacea

Anthemis cretica L. subsp. *cupaniana* (Nyman) Trehane, syn. *A. cupaniana* Tod. ex Nyman *(Compositae)*. Sizilien, Klippen und felsige Stellen. B: 4-6. Mit aufsteigenden, bis 60 cm langen Trieben aus verholztem Grund. Blätter fast kahl oder weiß und seidig, in den verbreitet kultivierten Auslesen Blätter fein fiedrig. Blüten bis 6 cm breit mit halbkugeliger bis konischer Scheibe. *A. cupaniana* wird heute in *A. cretica*, eine sehr variable Art mit 5 Unterarten in Europa und 11 Unterarten in der Türkei, eingezogen. Wertvolle, frühblühende Margerite für warme, trockene und sonnige Lage. WH: vielleicht bis –10 °C.

Aster falconeri (C. B. Clarke) Hutch. *(Compositae)*. Himalaja, von Nord-Pakistan bis West-Nepal, alpine Wiesen in 3000-4200 m; B: 6-8. Wenige Rosetten länglich-lanzettlicher, bis 15 cm langer Grundblätter und aufrechter, dichtbeblätterter, 15-35 cm hoher Blütenstände. Blüten einzeln bis 8 cm breit. Strahlenblüten am Grunde weiß mit 3lappiger Spitze. Für feuchte Böden mit gutem Wasserabzug in voller Sonne. WH: bis –15 °C oder darunter.

Aster tongolensis Franch. *Frühlingsaster*. West-China, in steinigen, alpinen Wiesen in 3500 m Höhe. B: 5. Ausgebreitete Matten haariger, dunkelgrüner Blätter mit zahlreichen, fast blattlosen, bis 45 cm hohen Blütenständen. Blüten etwa 6 cm groß. Namenssorten sind 'Napsbury' und 'Lavender Star'. Für volle Sonne bei gutem Wasserabzug. WH: bis –20 °C. *Aster forrestii* Stapf. ist ähnlich, hat aber breitere Grundblätter und beblättertere Stengel.

Bellis sylvestris Cyr. *(Compositae) Waldgänseblümchen*. Südeuropa, von Spanien und Frankreich bis Bulgarien, türkischer Mittelmeerbereich und Nordafrika; an winter- und frühlingsfeuchten, grasigen Plätzen und Gräben. B: 10-3. Rosetten 3adriger, bis 18 cm langer und 2,5 cm breiter Blüten. Blütenstiele 10-45 cm. Blüten oft rosa, 2-4 cm groß. Unterscheidet sich von *B. perennis* L., unserem Gänseblümchen, durch größere Blüten und 3adrige Blätter. Für jeden guten Gartenboden. WH: vielleicht bis –10 °C. Winterblühend, deshalb bei uns nur frostfrei zu kultivieren. *B. perennis*, das Gänseblümchen, wird seit langem kultiviert und ist auch als Rasenunkraut verbreitet. 1jährig gezogen werden oft großblumige, rosablütige, einfache und gefüllte Sorten, obwohl sie auch gute Stauden sind und in einer Wiese hübsch aussehen. WH: bis –20 °C.

Celmisia coriaceae (Forster fil.) Hook. fil. *(Compositae)*. Ganze Südinsel Neuseelands; in alpinen und subalpinen Staudenfluren und Grasland. B: 12-2, bei uns 5-6. Einzelne Blattrosetten oder lockere Büsche bildend. Blätter 20-60 cm lang, beidseits seidig silbrig. Blütenstände bis 60 cm. Blüten 5-12 cm breit. Für feuchten, sauren, sandigen Boden mit gutem Wasserabzug in voller Sonne, aber kühler Lage. Diese neuseeländischen Margeriten wachsen leicht in kühlen Klimazonen wie Schottland, wo *C. coriaceae* oft in Bauerngärten zu finden ist. Kultur problematischer in Gegenden mit Sommerhitze: WH. bis –15 °C.

Erigeron karvinskianus

Erigeron karvinskianus auf den Mauern von Floras Garten in der Villa Torrigiani bei Lucca, Italien

Celmisia spectabilis Hook. fil. Südinsel Neuseelands, vom Mount Kikurangi südwärts; subalpine und alpine Kräuterwiesen oder horstige Grasflächen. B: 12-2, bei uns 6-8. Einzelne Rosetten oder lockere Büsche bildend. Blätter sehr zäh und ledrig, oft oberseits glänzend grün oder behaart, unterseits dicht wollig, 15 cm lang und 5 cm breit. Blüten bis 5 cm breit und damit kleiner als bei *C. coriacea*. Für sauren, sandigen Boden mit gutem Wasserabzug, in voller Sonne, aber kühler Lage. WH: bis –15 °C oder darunter.

Corethrogyne californica DC. *(Compositae)*. Kalifornien, von San Francisco bis Monterey (mit var. *obovata* (Benth.) O. Kuntze nördlich bis Oregon); grasige, küstennahe Hänge, oft auf Serpentin. B: 4-7. Niederliegende, bis 40 cm lange, beblätterte Stengel aus verholztem Grund mit ausbreitendem Wurzelstock. Grauhaarige, 2-4 cm lange, lineare oder lanzettliche Blätter. Bis 3 cm große, purpurne bis rosa Blüten mit 30-40 Strahlenblüten. Für trockene Lage in voller Sonne. WH: bis –5 °C, vielleicht darunter.

Erigeron karvinskianus DC. syn. *E. mucronatus DC. (Compositae) Mexikanisches Gänseblümchen*; Mexiko, oft in Südeuropa eingebürgert; an Felsen und in Mauerspalten sommerlange Blüte. Zierliche Büsche dünner bis 50 cm langer Stengel aus verholztem Wurzelstock. Blüten rosa, bis 2 cm. Attraktive Pflanze für warme, trockene Stellen, die sich auch in alten Mauern aussät. WH: bis –10 °C, jedoch durch Selbstaussaat bei strenger Kälte überlebend.

Leucanthemum vulgare L. syn. *Chrysanthemum leucanthemum* L. *Wiesenmargerite*. Fast ganz Europa, ausgenommen Azoren, Balearen, Kreta, Spitzbergen, sowie in der nördlichen Türkei und östlich bis China, eingebürgert in Nordamerika; in Wiesen und an Straßenrändern. B: 4-6. Blütenstengel bis 1 m, meist aber 40 cm aus kriechendem Wurzelstock. Blüten einzeln 2,5-5 cm groß. Für jeden Boden in voller Sonne. WH: bis –20 °C oder darunter. Gute Blütenstaude für Wiesen, da sie nach den Narzissen blühen und Vorblüher für die Staudenrabatte in der verbreiteten *L. × superbum* sind.

Leucanthemum vulgare mit *Phaiophleps nigricans* (Seite 417) bei Symnel Cottage, Kent

Anthemis cretica subsp. *cupaniana*

Corethrogyne californica

Pflanzen aus Wisley, 15. Mai, 1/2 nat. Größe

Convallaria majalis var. *rosea*

Smilacina racemosa in Wisley

Convallaria majalis

Smilacina stellata in Kalifornien

Smilacina purpurea in Kew

Smilacina racemosa fruchtend

Convallaria majalis L. *(Liliaceae-Convallariaceae) Maiglöckchen.* Europa, von Nordengland südlich bis zum Kaukasus und Nordost-Türkei und ostwärts bis Japan, in Nordamerika in den Appalachen, Virginia und North und South Carolina; in Wäldern, Gebüsch, auf Kalkgestein und in Bergwiesen. Durch Rhizome sich ausbreitende Kolonien bildend. Stengel mit 1-4 Blättern von 0,5-10 cm Breite und 3-20 cm Länge. Blütenstand bis 20 cm hoch mit 5-13 angenehm duftenden Blüten aus der unteren Blattscheide austreibend. Mehrere Varietäten sind in der Natur zu finden und weitere in Kultur. Abgebildet sind var. *rosea* Reichb., verbreitet in Teilen Mittel- und Osteuropas mit kleinen rosa Blüten; 'Prolificans' mit zahlreichen kleinen Blüten an verzweigten Blütenständen und 'Fortin's Giant', ein großwüchsiger Typ. Weiß und rosa, gefülltblühende Typen und 'Variegata' mit weißgestreiften Blättern werden ebenfalls kultiviert.

Maianthemum bifolium (L.) F. W. Schmidt *(Liliaceae-Convallariaceae) Schattenblümchen, Zweiblatt.* Europa, von England und Norwegen ostwärts bis Nord-Japan. Nadelwälder auf saurem Boden. B: 4-7 entsprechend Höhe und Breitengrad. Ausbreitende Teppiche durch unterirdisch kriechende Rhizome. Im oberen Teil behaarte Blütenstände, meist mit 2 herzförmigen Blättern, 5-25, meist um 15 cm hoch. Blütenblätter 2-3 mm, Beeren rot. Zierliche, aber wuchernde Pflanze, Bodendecker an kühlen, schattigen Stellen. *M. canadense* Desf., östliches Nordamerika, hat schmalere, kurzstieligere, schwach-herzförmige Blätter und oft kahle Stengel.

Smilacina purpurea Wallich. Himalaja, von Nordwest-Indien bis Südwest-China; in Wäldern von 2400-4200 m. B: 4-6. Rhizom kriechend. Stengel 20-40 cm. Meist dunkelpurpurne, manchmal weiße Blüten in schmaler, manchmal am Grunde verzweigter Ähre. Problemlos in feuchtem Laubboden in schattiger Lage. WH: bis –15 °C, vielleicht darunter.

Smilacina racemosa (L.) Desf. syn. *Maianthemum racemosum* (L.) Link *(Liliaceae-Convallariaceae) Schattenblume.* Nordamerika, von British Columbia ostwärts bis Nova Scotia, Georgia und Missouri mit var. *amplexicaulis* (Nutt.) Wats. in Kalifornien bis Rocky Mountains; in feuchten Nadel- und Laubwäldern. B: 3-7 entsprechend Breitengrad und Höhenlage. Aus büscheligem Rhizom mit 30-60 cm hohen Stengeln dichte Büsche bildend. Blätter mit rundem Blattgrund oder stengelumfassend in var. *amplexicaulis* unterseits behaart. Blütenblätter 1-2 mm lang, Beeren rot, purpur gefleckt.

Smilacina stellata (L.) Desf. syn. *Maianthemum stellatum* (L.) Link. Kalifornien, nordwärts bis British Columbia und ostwärts bis Neufundland, Virginia und Kansas; nasse Stellen in Wäldern und Gebüsch. B: 4-6. Mit kriechendem Rhizom ausgedehnte Flächen bildend. Stengel 30-60 cm hoch. Blüten zu 3-15 in lockerer Traube. Blütenblätter 5-7 mm. Beeren rötlich purpur, schwarz verfärbend. *Smilacina trifolia* Desf. von Nordamerika und Sibirien meist nur 3 schmale, ovale Blätter und dunkelrote Beeren. Problemlos in feuchtem Laubboden. WH: bis –25 °C.

Speirantha convallarioides Baker syn. *S. gardenii Baillon (Liliaceae-Convallariaceae).* Südost-China, in Jiangxi, in Wäldern. B: 4-5. Dickes, durch Ausläufer ausbreitendes Rhizom. Immergrüne, bis 15 cm lange Blätter. Blütenstengel bis 15 cm. Blüten duftend. Blütenblätter 4 6 mm. Für Laubboden im Schatten. WH: vielleicht bis –10 °C.

Pflanzen aus Kew und Wisley, 14. Mai, 1/3 nat. Größe

Polygonatum odoratum (Furse & Synge 435) bei Kew

Polygonatum severtzovii bei Taschkent

Polygonatum biflorum in New Jersey

Disporopsis pernyi bei Harry Hay, Surrey

Polygonatum curvistylum bei Harry Hay

Disporopsis pernyi (Hua) Diels syn. *Polygonatum cyrtonema* hort. *(Liliaceae-Convallariaceae).* China, Yunnan, Guangxi, Gizhou; in Wäldern von 1800-7500 m. B: 6. Immergrüne Pflanze mit steif aufrechten, bis 20 cm hohen Stengeln und kurzem, kriechendem Rhizom dichte Trupps bildend. Blüten einzeln oder paarweise, mit abstehenden, fast zurückgebogenen Blütenblättern. Für Laubboden in Schatten oder Halbschatten. WH: bis –10 °C, vielleicht darunter.

Disporum sessile (Thunb.) D. Don *(Liliaceae-Convallariaceae).* Japan und Sachalin; Wälder im Hügelbereich, B: 4-5. Durch unterirdisch kriechende Rhizome Kolonien bildend. Stengel 30-60 cm. 1-3 grünlich-weiße, ca. 3 cm lange Blüten. Beeren blauschwarz. **'Variegatum'** Die hier abgebildete verbreitete Sorte hat weißgestreifte Blätter. Andere *Disporum*-Arten siehe Seiten 82 und 83.

Polygonatum biflorum (Walt.) Ell. *(Liliaceae-Convallariaceae).* Nordamerika, von New Brunswick westlich bis Michigan, südlich bis Tennessee, West Virginia und Florida; in Laubwäldern und Gebüsch. B: 4-7. Stengel bis 90 cm. Blätter 5-7 cm lang, behaart, besonders auf der Unterseite der Blattadern. Blüten 8-12 mm lang, grünlich, meist paarweise. Staubfäden warzig. Diese kleinere der 2 nordamerikanischen Arten wächst meist an trockeneren Stellen im Wald. *P. canaliculatum* Pursh [syn. *P. commutatum* (Schult.) Dietr.] wächst meist an feuchten Stellen, ist kahl und kann bis 2,5 m hoch werden.

Polygonatum curvistylum Hua. Sichuan und Yunnan, steinige Plätze und Gebüsch auf Kalk, in 3000 m Höhe. B: 6. Rhizom kurz, kriechend. Stengel bis 80 cm, dunkelpurpur. Blüten rosa, innen weiß und am Schlund am schmalsten.

Polygonatum falcatum A. Gray. Japan und Korea, Wälder im Hügelbereich, B: 5-6. Kurzes, kriechendes Rhizom mit Büschen 50-85 cm hoher Stengel. Blätter 8-20 cm lang, 1,8-2,5 cm breit und meist auf der Aderunterseite rauh. Blüten 1,1-2,2 cm groß zu 2-5. Beeren 3-4 mm. Am verbreitetsten ist die attraktive 'Variegatum' mit rötlichen Stengeln und weißrandigen Blättern. *P. humile* (s. u.) wird oft falsch als *P. falcatum* bezeichnet; die hier abgebildete *P.* 'Pumilum', eine Zwergform von *P. falcatum.*

Polygonatum humile Fisch. Nord-China, Ost-Sibirien, Korea und Süd-Japan. Wiesen und lichte Wälder, im Flachland; B: 6-7. Mit kantigen, aufrechten, 15-30 cm hohen Stengeln aus dünnem, kriechendem Rhizom in Kolonien ausbreitend. Blätter 4-7 cm lang mit unterseits behaarten Blattadern. Blüten einzeln oder paarweise. Kleine Pflanze mit aufrechten, nicht überhängenden Stengeln. WH: bis –20 °C.

Polygonatum × hybridum Brugger. In den Gärten verbreitete und manchmal in Nord- und Westeuropa eingebürgerte Hybride von *P. multiflorum* und *P. odoratum.* Kurzes, kräftiges, meist oberirdisch kriechendes Rhizom. Schwachkantige, bis 90 cm hohe Stengel. Bis 20 × 8 cm große, unterseits kahle Blätter. Blüten meist zu 4 in den Achseln vom 3. oder 4. Blatt abwärts. Staubfaden warzig. Selten mehr als 1 oder 2 Beeren ausreifend. Problemlos und elegant durch überhängende Stengel. Blätter oft durch Raupen einer Sägefliege abgefressen.

Polygonatum multiflorum (L.) All. Europa, von West-England ostwärts über Europäisch-Rußland bis West-Sibirien und bis zur Türkei; in Wäldern meist auf Kalk. B: 5-6. Kurzes, kräftiges, kriechendes Rhizom mit nichtkantigen 30-90 cm hohen Stengeln. Unterseits kahle, 5-15 cm große Blätter. Blüten 9-20 cm lang und in Gruppen zu 2-6, meist in der unteren Stengelhälfte.

Polygonatum odoratum (Miller) Druce *Salomonssiegel.* In den meisten Teilen Europas, ostwärts bis Kaukasus, Nord-Iran, Sibirien und Japan; in Wäldern, meist auf Kalk. B: 4-6. Mit langem, kriechendem Rhizom Kolonien bildend. Kantiger, 30-85 cm hoher Stengel mit 3-15 cm langen Blättern. Blüten einzeln oder zu 2-4. 'Flore Pleno' hat hübsche, gefüllte Blüten; es gibt auch Sorten mit weiß-gestreiften oder weißrandigen Blättern. WH: bis –25 °C.

Polygonatum severtzovii Regel. Zentralasien, im Tien Shan- und Pamir-Gebirge und am Kopet Dag; in Gebüsch und zwischen schattigen Felsen. B: 4-6. Kurzes, kriechendes Rhizom. Stengel 20-100 cm. Blätter quirlständig, die oberen mit gedrehten Spitzen. Blüten 15-20 mm lang. Beeren erst rot, dann purpurn. *P. verticillatum* (L.) All. aus Europa, Nord-Türkei bis West-Sibirien und Himalaja ist ähnlich, hat aber nur 8-10 mm lange Blüten und keine gedrehten Blattspitzen. *P. sibiricum* Delaroche, Nord-China, Mongolei und Ost-Sibirien, hat bis 3 m lange, durch Gebüsch kletternde Stiele, Blüten in Gruppen bis zu 30.

Standort von *Iris japonica* im Hügelland bei Baoxing, Sichuan, West-China

Iris japonica (dunkle Form)

Iris japonica (weiße Form)

Iris lazica von der Schwarzmeerküste bei Of, Nordost-Türkei

Iris confusa Sealy. West-China in Yunnan und West-Sichuan; an steilen Felshängen und im Gebüsch. B: 5. Ähnlich *I. japonica*, aber mit dem Blattfächer an steifen, bambusähnlichen, bis 60 cm hohen Stengeln. Blätter etwa 5 cm breit. Blüten 4-5 cm, normalerweise weiß mit gelben und purpurnen Tupfen. Für geschützte, warme Lage im Halbschatten. WH: vielleicht bis –5 °C. Bei uns Kübelkultur mit frostfreier Überwinterung.

Iris cristata Solander. Maryland, östlich bis Ohio und Indiana bis Georgia, Tennessee und Missouri, in den Appalachen und den Ozark-Bergen; in feuchten Eichenwäldern und an Wasserläufen. B: 4-5. Oberflächlich kriechendes Rhizom, kreisförmig ausbreitend. Stengel mit Blüte bis 7 cm hoch. Weiche, kahle, leuchtend-grüne, 10-20 cm hohe Blätter. Blüten 3-4 cm, meist bläulich, selten rosa oder weiß. Problemlos in Laubboden im Halbschatten, jedoch Schneckenschutz und jährliches Teilen und Verpflanzen für gute Entwicklung nötig. WH: bis –20 °C. *I. lacustris* Nutt. ist eine kleinere Ausgabe von den Küsten der mittelamerikanischen Seen. Perigonröhre kürzer als Hochblätter.

Iris japonica Thunb. Japan (ohne Hokkaido) und China, westwärts bis Sichuan; an grasigen, felsigen Hängen, in hügeligem Gelände und zwischen Felsen an Wasserläufen. B: 4-5. Auf der Erde kriechendes, an den Auflagestellen wurzelndes Rhizom. Breite Blattfächer aus 30-80 cm langen und 2,5-5 cm breiten, immergrünen, glänzenden Blättern. Verzweigte 30-80 cm lange Stengel. Blüten 5- 6 cm groß. Die triploide 'Ledger's Variety' ist wahrscheinlich in Europa am meisten verbreitet. Wahrscheinlich hybriden Ursprungs und hochsteril ist die 'Capri'-Form, Kamm blasser orange. Die 1966 gezüchtete 'Born Graceful' ist eine Kreuzung dieser beiden Sorten mit 120 cm langen Stengeln und 6-7,5 cm großen Blüten. Die dunkelblütige hier abgebildete Form wächst in West-Sichuan bei Baoxing, wo die Art in allen Blütenfarben sehr verbreitet ist. Nur in geschützten warmen Lagen in Sonne oder Halbschatten mit Winterschutz, besser aber bei frostfreier Überwinterung. Spätfrostgefährdet und nach kalten Wintern im Freiland nicht blühend.

Iris lazica Albov. Nordost-Türkei und Georgien von Giresun ostwärts; an sandigen, schattigen Hängen zwischen Adlerfarn oder in Gebüsch, vom Flachland bis 250 m Höhenlage. B: 2-4. Bildet langsam wachsende Büsche. Dunkelgrüne, 15-32 cm lange, 8-15 mm breite, immergrüne Blätter. Blüten dunkelpurpurnblau bis 8 cm groß, zu 2-4 an kurzverzweigtem, etwa 5 cm langem Blütenstand mit überlappenden, scheidigen Hochblättern. Samenkapsel an etwa 6 cm langem Stiel. Für warme, sonnige oder halbschattige Lage mit gutem Wasserabzug in Laubboden. Verwandt zu *I. unguicularis*, jedoch in einer Gegend vorkommend, die warm, naß und im Sommer bewölkt ist. Blüten in England am besten in warmer Lage. WH: bis etwa –10 °C. Blätter sterben bei –15 °C ab.

Iris unguicularis 'Walter Butt' bei Washfield Nurseries, Kent

Iris tectorum in Sichuan

Iris unguicularis (algerische Form)

Iris unguicularis (weiße Form)

Iris tectorum

Iris unguicularis subsp. *carica* var. *angustifolia* aus Griechenland

Iris cristata in Virginia

Iris confusa aus Griechenland

Iris tectorum Maxim. Burma, Südwest- und Zentral-China und eingebürgert in Japan. Verbreitet im Gebiet auf strohgedeckten Häusern und Mauerkronen kultiviert, aber auch in schattigen Felshängen und Gebüsch. B: 5. Stengel meist 30, bis 50 cm mit wenigen, je 2-3 Blüten tragenden Seitenzweigen. Wintergrüne, 30-60 cm lange, 2,5-5 cm breite Blätter. Blüten purpur, blau oder weiß, 8-10 cm groß. Wenn auch in europäischen Gärten selten kultiviert, ist *I. tectorum* doch nicht schwierig, auch wenn sie nicht so reich blüht wie in ihrer Heimat. Dort wächst sie in trockenen, kalten Wintern und warmen, feuchten Sommern bei perfektem Wasserabzug; lockerer Laubboden in halbschattiger Lage sagt ihr am besten zu.

Iris unguicularis Poiret syn. *I. stylosa* Desf., *I. cretensis* Janka. Algerien, Tunesien, Süd- und West-Türkei, West-Syrien, Griechenland und Kreta; felsige Plätze und Kiefernwälder bis 1000 m. B: 3-4, in Kultur aber oft schon im Dezember. Bildet dichte Büsche. Blätter graugrün, bis 75 cm lang und 1,8 cm breit (algerische subsp.). Griechische subsp. bis 7 mm breit. Blüten blaß bis intensiv bläulich-lila, selten weiß. Bis 8 cm lang. Stengellos, oft 9-28 cm lange Perigonröhre. Kapsel zwischen den Blättern steckend. Die kretische Unterart *cretensis* sehr klein mit Blättern bis 15 cm und bis 3 mm breit. Die Blüten können blaßbläulich mit schmalen Hängeblättern und Domblättern sein. Schmalblättrige Formen finden sich auch auf dem Peleponnes und an der Südküste der Türkei, subsp. *carica* (W. Schultz) A. Davis & Jury *haben* aber größere Blüten. Kultiviert werden meist die nordafrikanischen großblütigen Formen. Problemlos in trockener, sonniger Lage. Benötigen Wärme, nährstoffreiche Böden mit gutem Wasserabzug, um reichlich zu blühen. WH: bis –15 °C, bei uns in der Regel frostfreie Kultur. **'Mary Barnard'**: Reichblühend und farbgleich zur Form vom Peleponnes, soll aber aus Algerien stammen und hat intensiv purpur-blaue Blüten. **'Walter Butt'**: Sehr schöne, blaß-lavendelblaue, großblütige, reichblühende Sorte. Es gibt auch weiße Sorten. Am verbreitetsten ist aber eine viruskranke schmal-blütenblättrige Form.

Iris scariosa bei Karamay, Nordwest-China

Iris scariosa

Iris lutescens aus Süd-Frankreich bei St. Tropez

Iris attica vom Parnaß, Griechenland

Iris aphylla L. Mittel- und Osteuropa, von Südost-Frankreich bis Süd-Polen, in den Nord-Kaukasus; felsige Hänge; B: 5. Sommergrün; Stengel 15-30 cm, Blätter bis 2 cm breit. Blütentriebe oft an der Basis, aber immer in der unteren Hälfte verzweigt. 1-5 purpurne oder violette, 6-7 cm große Blüten. Füllblätter grün. Die hier gezeigte Form stammt vom westlichsten Vorkommen, den Alpes Maritimes, wo sie als *I. perrieri* Simonet ex P. Fournier benannt wurde.

Iris attica Boiss. & Held. syn. *I. pumila* subsp. *attica* (Boiss. & Held.) Hayek. Süd-Jugoslawien, Griechenland, Nordwest-Türkei; felsige Stellen, meist auf Kalk; B: 4-5. Bildet kleine, sich ausdehnende, sommergrüne Kolonien. Stengel einschließlich Blüten 5-10 cm. Zurückgebogene Blätter 4-7 mm breit. Blüten einzelstehend, 3,5-4,5 cm. Blütenfarben unterschiedlich und in der gleichen Population von purpur bis gelb und rötlich oder, wie hier, unterschiedlich 2farbig. Nicht verläßlich hart in Nordeuropa, besser frostfreie Kultur.

Iris lutescens Lam. syn. *I. chamaeiris* Bertol. Nordost-Spanien, Süd-Frankreich, Italien; kahle, felsige oder sandige Hügel, oft auf Granit oder in lichten Kiefernwäldern; B: 3-4. Immergrün, dichte Teppiche bildend. Stengel 5-20 cm, Blätter 0,5-2,5 cm breit. Stengel mit 1 oder 2, 6-7 cm breiten Blüten, Domblätter oft viel größer als Hängeblätter. Gelb, dunkelpurpur oder 2farbig mit gelbem Bart. WH: vielleicht bis –15 °C an warmer, geschützter Stelle mit gutem Wasserabzug. Abbildung westlich von St. Tropez.

Iris pseudopumila Tineo. Südost-Italien, West-Jugoslawien, Sizilien. Felsige Hügel, trockenes Gebüsch. B: 3-4. Immergrüne, kleine Horste bildende Pflanze. Stengel mit Blüten bis 25 cm. Blätter leicht gebogen, 1-1,5 cm breit. Blüten gelb, purpur, weiß oder 2farbig, 6-8 cm groß. Bart weiß mit gelben Tupfen. WH: vielleicht bis –10 °C.

Iris scariosa Willd. ex Link. Asien, vom Ural ostwärts bis Nordwest-China; an felsigen Berghängen oder in fast wüstenartigen oder Salzsteppenähnlichen Bedingungen bis 3000 m. B: 5-6. Pflanze sommergrün (?), dichte Kolonien bildend. Stengel 5-30 cm, Blätter graugrün, zurückgebogen 1-2,5 cm breit. Bis 2, 4-5 cm große, meist bläulich oder purpurne, seltener weiße oder gelbe Blüten

Iris subbiflora

Alte namenlose Garteniris

Iris schachtii bei Malatya, Zentral-Türkei

pro Stengel in lockerer, dünner Blattscheide. Bart weiß. In Nordwest-China immer niedrig mit purpurnen Blüten und prachtvoller Anblick auf kahlen, scheinbar völlig trockenen Hügeln, jedoch größer und lockerer wachsend auf felsigen Berghängen mit Pfingstrosen, Tulpen und Fritillarien (Seite 96). Wahrscheinlich problemlos in trockenem Boden mit der meisten Feuchtigkeit im Frühling. Dürfte sehr viel trockene Kälte vertragen.

Iris schachtii Markgraf. Mittel-Türkei, besonders auf dem anatolischen Hochplateau östlich von Ankara, zwischen Kayseri und Malatyà; an felsigen Berghängen und in offener Steppe bis 1800 m. B: 5. Sommergrün, kleine Horste bildend. Meist verzweigte, 10-30 cm hohe Stengel. Blätter bis 1,5 cm breit. Blüten zu 1-3, 5-6 cm groß, meist gelblich, oft auch purpur mit grünpurpur-überlaufenen, am Rande durchscheinenden Hochblättern. Bart gelb. Die Art braucht nährstoffreichen Boden und volle Sonne mit Sommertrockenheit, um gut zu blühen. WH: vielleicht bis –20 °C.

Iris subbiflora Brot. syn. *I. lutescens* subsp. *subbiflora* (Brot.) Webb & Chater. Mittel- und Nordost-Portugal und bei Antequera in Südwest-Spanien; felsige Hügel und offenes Gebüsch meist auf Kalk. B: 4; dichte, immergrüne Büsche; Stengel 20-40 cm. Blätter 0,5-2,5 cm breit, aufrecht. Blüten meist purpur, 7-8 cm groß. Bart weiß oder purpur. Attraktive Art in sandigem Boden bei gutem Wasserabzug, wächst gut und blüht regelmäßig. WH: bis –15 °C.

Iris taochia Woron. ex Grossh. Nordost-Türkei; felsige Geröllflächen von 1500-1700 m; B: 5-6. Sommergrün, dichte Büsche bildend. Stengel 25-35 cm, mit 1-3 Ästen. Blätter 1,5-2,5 cm breit, aufrecht. Blüten 5-7 cm groß und in der gleichen Population purpur, gelb oder bräunlich rot. Bart gelblich oder weiß mit gelber Spitze. Zu empfehlen nur in den heißesten Teilen Europas. WH: bis –20 °C. Die Art scheint auf die Umgebung von Tortum beschränkt. Ich habe große dichte Büsche auf unfruchtbarem Geröll vulkanischen Ursprungs gesehen.

Iris-Hybride. Diese alte Gartensorte ist wahrscheinlich eine Kreuzung aus *I. lutescens* mit *I. germanica* und ein Vorläufer der halbhohen Bartiris mit 1-2 Blüten je Stengel.

Iris aphylla (I. perrieri)

Iris pseudopumila bei Brindisi

Iris taochia bei Tortum

Iris taochia bei Tortum, Nordost-Türkei

Iris albertii bei Medeo, Alma Ata

Iris pallida in Sellindge, Kent

Iris albertii Regel. Zentralasien im Tien Shan- und Pamir-Gebirge auf 1700-2000 m; felsige Berghänge, grasige Hochsteppen. B: 5. Stengel breit verzweigt, bis 1 m (Standort bis 70 cm). Blätter 2-3 cm breit, Blattscheiden grün mit papierenem Rand. Bart weiß, gelb-spitzig. Blüten 6-8 cm groß, purpurn blau. Problemlos bei Schutz vor Winternässe. Benötigen volle Sonne, um gut zu blühen. Arttypischer, breitverzweigter Stengel.

Iris albicans Lange. Saudi-Arabien und Jemen; trockene, felsige Stellen bis 2200 m. B: 2-5. Von den Arabern mitgebracht und auf ihren Friedhöfen gepflanzt. Sie kommt heute oft auf verlassenen Friedhöfen in weiten Teilen des südlichen Mittelmeer-Gebietes, besonders in der Türkei, Süd-Spanien und auf Kreta verwildert vor. Bildet ausgebreitete Büsche mit 30-60 cm hohen Blütenständen mit einem kurzen Seitenzweig und meist 2 endständigen Blüten. Blätter stark blaugrün, an der Spitze gebogen. Blattscheiden breit, stumpf, grün oder unten purpur mit papierenem Rand. Blüten meist weiß, seltener blaßblau, süßduftend. In voller Sonne und trockenen Böden mit gutem Wasserabzug leicht wachsend. *I.* 'Florentina' (siehe Seite 196) unterscheidet sich durch die bereits zur Blütezeit trockenen Blattscheiden, die langgestielten äußeren Zweige und leicht blau getönte Blüten.

Iris germanica L. 'Nepalensis' syn. 'Purple King', 'Atropurpurea'. Eine der vielen Namensauslesen, gekennzeichnet durch ganz purpurne Blüten mit an der Spitze weißen Haaren des Bartes und gelben Tupfen am Grunde der Hängeblätter. Im 19. Jahrhundert von Katmandu eingeführt. In Kultur frühblühend.

Iris imbricata Lindl. Aserbaidschan, Nord-Iran (Talysh- und Elbrus-Gebirge). Grasige, alpine Hänge, Geröllhalden, feuchte, felsige Stellen von 1400-3000 m. B: 5-6. Bildet dichte Büsche mit 30-60 cm hohen, verzweigten Stengeln mit 2-3 Blüten. Blätter flach, aufrecht, graugrün, 2-3 cm breit. Blattscheiden aufgeblasen, blaßgrün, nur an der Spitze durchscheinend. Bart dunkelgelb. Blüten 7-9 cm, blaßgelblich. In Brian Mathews *The Iris* gibt es ein sehr schönes Bild dieser Art zusammen mit scharlachrotem Staudenmohn in alpinen Wiesen im Hochgebirge des Elbrus.

Iris pallida Lam. *subsp. pallida.* West-Jugoslawien; Berghänge, auf Kalkfelsen, an Steilwänden der Schluchten zur Adria. B: 5. Ausbreitende Büsche mit bis 1,2 m hohen, reichverzweigten Stengeln. Blätter kräftig blaugrün, bis 60 cm hoch und 1-4 oder mehr cm breit. Blattscheiden zur Blütezeit ganz silbrig trockenhäutig. Blüten zu 3-6, blaßlila-blau und 9-11 cm groß. Problemlos und reichblühend in jedem Gartenboden in sonniger Lage. Diese Art ist nicht nur durch ihre Blüten, sondern auch durch ihr kräftig blaugrünes, den ganzen Sommer hindurch gesundes Laub attraktiv. **I. pallida 'Variegata'.** Gute Gartenpflanze mit dem Plus panaschierter Blätter, die nach der Blüte wirken. Es heißt, daß es 2 Formen gibt: 'Argentea' mit weißen Streifen am Blattrand und 'Aurea' mit goldgelben Streifen. Tatsächlich findet man aber nur eine weißgelbe Form. Subsp. *cengialtii* (Ambr.) Foster, Nordost-Italien. Stengel nur 45 cm, braunere Blattscheiden und grünere Blätter. Dunkelpurpurne Blüten mit weißen oder orangespitzigem Bart. Aufnahme Brian Mathew.

Iris purpureobractea Mathew & T. Baytop. Nordwest- und Mittel-Türkei; trockene, felsige Stellen, in Zedern- oder Kiefernwäldern von 60-1600 m. B: 4-5. Dichte Büsche mit 20-50 cm hohen Stengeln bildend. Blätter 1,5-2,5 cm breit. Hüllblätter purpur. Blüten insgesamt 10-12 cm hoch, blaßgelb mit grünlich-brauner Aderung oder blaßblau mit dunkler blauer Aderung. Für volle Sonne bei gutem Wasserabzug. WH: vielleicht bis –15 °C.

Iris variegata L. Mittel- und Osteuropa, West-Ukraine, Süd-Jugoslawien, Bulgarien. Offene Wälder, Gebüsch, felsige Stellen. B: 5-6. Dichte Büsche mit 15-40 cm hohen, an der Spitze verzweigten Stengeln. Deutlich gelappte, dunkelgrüne, bis 30 cm hohe und 3 cm breite Blätter. Hüllblätter grün oder purpur. Blüten zu 3-6 und 5-7 cm mit blaßgelbem Dom und fast waagerechten, rot oder purpur gestreiften Hängeblättern. Bart gelb. Problemlos in normalem Gartenboden, schattenverträglicher als die meisten Arten dieser Gruppe. Elter von vielen 2farbigen Bartiris-Sorten.

Iris pallida subsp. *cengialtii*

Iris pallida 'Variegata'

Iris purpureobractea bei Brian Mathew

Iris albicans aus Arabien in Kew

Iris germanica 'Nepalensis'

Iris imbricata in Kew

Iris variegata

Pflanzen von Wisley, 14. Mai, 1/2 nat. Größe

Iris 'Smarty Pants'

Iris 'Arctic Fancy'

Iris 'Partridge'

Iris 'Double Lament'

Iris 'Bibury'

Beispiele des riesigen Sortimentes der Gartenschwertlilien, auch Bartiris genannt:

'Arctic Fancy' (mittelhohe Bartiris). A. Brown 1964. Eltern: 'Dale Dennis' × 'Rococo'. Plicata-Typ, Dom weiß, violett gemustert; Hängeblätter weiß, violett gemustert. Bart blaßviolett mit gelben Spitzen; 50 cm; früh.

'Bibury' (Kleiniris). J. D. Taylor 1975. Eltern: 'Saltwood' × Sämling. Dom weiß, Hängeblätter weiß mit blaßgelbem Stiel. Bart orange; 30 cm; früh.

'Broomyard' (Kleiniris). J. D. Taylor 1979. Eltern: 'Saltwood' × Sämling. Dom blaugrau. Hängeblätter rötlich-braun mit gelber Mitte. Bart golden; 28 cm; früh.

'Darkover' (Kleiniris). N. K. Stopes 1983. Eltern: 74/73 (35/71m ['Blueberry Muffin' × 36/69m × 'Gingerman']) × unbekannt; einheitlich dunkelrotbraun mit bläulichem Bart; 25 cm; früh.

'Double Lament' (Kleiniris). J. D. Taylor 1969. Eltern: ('Green Spot' × *I. pumila*) × 'Velvet Caper'. Einheitlich violett, dunkler getönt auf den Hängeblättern. Bart blaßorange, orangespitzig; 30 cm; mittelfrüh.

'Low' (Kleiniris). A. Brown 1969. Eltern: (Schwestersorte von 'Sunny Heart' und 'Cartwheel') × 'Lilli-Var'. Dom leuchtend chromegelb. Hängeblätter kräftig ochsenblutrot mit etwa 4 mm schmalem, chromgelbem Rand. Bart leuchtend-orange; 30 cm; früh.

'Partridge' (Halbhohe Bartiris). J. D. Taylor 1973. Eltern: Sämling C43 × ('Staten Island' × 'Dandy'). Dom goldfarben; Hängeblätter rötlichbraun; 60 cm; spät.

'Royal Emblem' (Kleiniris). L. W. Brummitt 1978. Eltern: 'Blueberry Muffin' × 'Purple Landscape'. Dom purpurrot. Hängeblätter samtig purpurrot. Bart mehr violett; 30 cm; früh bis mittelfrüh.

'Saltwood' (Kleiniris). J. D. Taylor 1971. Eltern: 'Sunny Heart' × Taylor-Sämling J42/I. Dom zitronengelb. Hängeblätter gelb mit zitronengelbem Rand; 33 cm; früh.

'Sarah Taylor' (Kleiniris). J. D. Taylor 1979. Eltern: Jones M212/3 × 'Stockholm'. Dom cremefarben. Hängeblätter sehr blaßgelb. Bart blau; 30 cm; früh.

'Smarty Pants' (Halbhohe Bartiris). A. White. Eltern: 'Sans Souci' × unbekannt. Rötlich; mittelfrüh.

'Summer Nights' (Kleiniris). L. Boushay 1979. Eltern: ('Honey Talk' × 'Grace Note') × 'Stockholm'. Einheitlich blaßoliv mit bläulichem Schein und gewelltem Rand der Domblätter. Bart gleichfarbig; 29 cm; früh bis mittelfrüh.

'Sunny Smile' (Kleiniris). N. K. Scopes 1977. Eltern: ('Eye Shadow' × 'Lenna M.') × 'Sapphire Heart'. Dom blaß-goldgelb. Hängeblätter etwas dunkler. Bart weiß; 30 cm; früh.

'Truly' (Kleiniris). B. Warburton 1977. Eltern: 'Daughter' × 'Dear Love'. Weißblau mit blaßblauer Aderung. Bart weiß-cremefarben; 30 cm; früh.

Pflanzen von Wisley, 14. Mai, 2/3 nat. Größe

Moderne Bartiris

'Small Wonder'

'Owlet'

'Jeremy Brian'

'Amphora' (Niedrige Bartiris). J. D. Taylor 1972. Eltern: 'Sunny Heart' × Sämling 242. Dom weiß; Hängeblätter weiß mit deutlichem gelbem Fleck. Bart gelb; 30 cm; mittelfrüh.

'Anne Elizabeth' (Niedrige Bartiris). J. D. Taylor 1973. Eltern: 'Circlette' × 'Plicatree'. Plicata-Typ. Weiß mit blauvioletten Rändern und Randaderung. Bart weiß, 28 cm, früh bis mittelfrüh.

'Austrian Sky' (Niedrige Bartiris). G. W. Darby 1957. Eltern: (Sämling × 'Welch') × 'Blue Ensign'. Leicht violett-blau mit dunklerer Zeichnung und Mitte auf den Hängeblättern; 30 cm; mittelfrüh.

'Devilry' (Niedrige Bartiris). J. D. Taylor 1969. Eltern: Sämling E96/10 × 'Lemanis'. Ganz purpur mit braunem Bart; 33 cm; mittelfrüh.

'Downland' (Mittelhohe Bartiris). R. Usher 1969. Eltern: 'Little Rosy Wings' × 'Captain Gallant'. Dom dunkelpurpurrot. Hängeblätter weinrot mit purpurnem Rand. Bart braun; 48 cm; mittelfrüh.

'Happy Mood' (Mittelhohe Bartiris). A. Braun 1967. Eltern: 'Knotty Pine' × 'Rococo'. Dom weiß mit leicht blauer Zeichnung. Hängeblätter weiß mit blaugezeichnetem Rand. Bart elfenbein mit orangen Spitzen; 56 cm; früh.

'Jeremy Brian' (Niedrige Bartiris). B. Price 1975. Eltern: 'Blue Denim' × 'Sparkling Champagne'. Silberweiß. Bart mit gelben Spitzen; 25 cm; früh bis mittelfrüh.

'Langport Carnival' (Halbhohe Bartiris). Eingeführt von Kelways & Son vor 1940; Eltern unbekannt. Rauchig violett mit braunem Fleck auf den Hängeblättern. Bart violett mit orangen Spitzen; 56 cm; früh.

'Little Suki' (Niedrige Bartiris). N. K. Scopes 1970. Eltern: 'Robert Melrose' × 'Velvet Capers'. Dom cremefarben hell, am Grunde purpur überlaufen. Hängeblätter am Grunde braungezeichnet.

'Little Vanessa' (Niedrige Bartiris). J. D. Taylor 1968. Eltern: (Langdale-Sämling × Sämling) × 'Red Dandy'. Dom tiefrot. Hängeblätter tiefrot mit weißem Bart; 30 cm; mittelfrüh.

'Owlet' (Niedrige Bartiris). J. D. Taylor 1976. Eltern: 'Jane Taylor' × Sämling). Ganz lavendelfarben. Hängeblätter zum Grunde braungezeichnet; Höhe 33 cm; früh.

'Sky Caper' (Niedrige Bartiris). Warburton 1962. Eltern: 'Fairy Flax' × AM-5 (blaue *I. pumila*). Weiß mit blaß-purpurblauer Randzeichnung. Bart weiß; 15 cm; früh.

'Small Wonder' (Niedrige Bartiris). G. Douglas 1953. Eltern: 'Helen McGregor' × *I. pumila* blau. Lichtblau mit gelbem Bart; 28 cm; früh bis mittelfrüh.

Pflanzen von Eccleston Square, 20. Mai, 1/5 nat. Größe

'Amethyst Flame'

Iris germanica

Iris germanica L. *Gartenschwertlilie.* Unbekannter, wahrscheinlich hybrider Herkunft, möglicherweise auch aus dem östlichen Mittelmeergebiet. Als Gartenpflanze verbreitet kultiviert, auch wegen der Duftstoffe im Rhizom; auf trockenen, felsigen Stellen eingebürgert. Gut verzweigte (Zweige bis 5 cm), kräftige, 40-90 cm hohe Stengel. Gerade, etwas blaugrüne, 30-70 cm lange und 20-35 mm breite Blätter. Domblätter 55-90 mm × 40-60 mm, lavendel-purpur; Hängeblätter intensiv samtig-purpur mit deutlicher weißer Zeichnung zum Schlund. Bart weiß oder weißlich, duftend. Ausgezeichnete Gartenpflanze für trockenheiße Stadtgärten, wo sie in Sonne oder leichtem Schlagschatten reich blüht. B: 5-7.

Iris germanica 'Florentina' syn. *Iris florentina* auct. vix L. *Florentineriris, Veilchenwurzel.* Blüten weiß mit bläulichem Schein, deutlicher Schlundmarkierung und gelbem Bart, duftend. Hüllblätter zur Blütezeit fast ganz braun und trocken. Wird als Form *I. germanica* zugeordnet. In Italien besonders um Florenz wegen der Duftstoffe angebaut. Frühblühend und problemlos in gutem Gartenboden an vollsonnigem Standort. Der Veilchenduft der Rhizome entsteht erst nach Trocknung der Wurzel.

Iris germanica 'Nepalensis' syn. *I. germanica 'Atropurpurea'.* Alte Gartensorte, zum Teil auch eingebürgert. Intensiv violett-purpur mit weißem Bart; duftend (siehe auch Seite 190).

'Amethyst Flame' (Hohe Bartiris). B. R. Schreiner 1957. Eltern: 'Crispette' × ('Lavandesque' × 'Pathfinder'). Rosiges Lila mit blaßgelbem Bart; 97 cm; mittelfrüh.

'Blue Pansy' (Hohe Bartiris). Kelway & Son 1966. Eltern: 'Black Hills' × 'Knight Valiant'. Intensiv violett-blau mit goldenem Bart; 102 cm; mittelfrüh.

'Canary Bird' (Hohe Bartiris). Kelway & Son 1957. Eltern: 'Berkeley Gold' Sämling. Zitronengelb; 97 cm; früh bis mittelfrüh.

'Green Spot' (Halbhohe Bartiris). P. H. R. Cook

Irisblüten in Claude Monets Garten in Giverny, Ende Mai

1951. Eltern: Sämling × gelbe *I. pumila*. Weißlich mit grünen Flecken auf den Hängeblättern, gelbem Bart und deutlichen Schlundmarkierungen; 25 cm; sehr früh.

'Langport Chapter' (Mittelhohe Bartiris). Violett-blau mit purpurner Zeichnung, Bart purpurn; 45 cm; früh.

'Langport Chief' (Halbhohe Bartiris). Eingeführt von Kelway & Son vor 1940. Eltern: unbekannt. Purpurblau mit dunklerer Zeichnung auf den Hängeblättern, Bart mit goldenen Spitzen; 40 cm; früh.

'Langport Finch' (Mittelhohe Bartiris). Eingeführt von Kelway & Son vor 1940. Blaß-lilablau mit dunklerer Aderung der Hängeblätter, Bart weiß mit gelben Spitzen; 45 cm; früh.

'Langport Honey' (Halbhohe Bartiris). Eingeführt von Kelway & Son vor 1940. Eltern: unbekannt. Orangegelb mit kräftiger, purpur-brauner Zeichnung auf den Hängeblättern, Bart goldfarben; 66 cm; früh.

'Langport Wren' (Mittelhohe Bartiris). Eingeführt von Kelway & Son vor 1940. Eltern unbekannt. Intensiv rotbraun mit schwarzer Zeichnung auf Dom und Hängeblättern, Bart gelb; 66 cm; früh.

'Plicata'. Fast gleich *I. pallida* (Seite 190), jedoch Halb-Albinoform mit Purpur an den Adern und Rändern von Dom und Hängeblättern. Bart gelb.

'White May' (Halbhohe Bartiris). Eingeführt von P. B. J. Murrell 1939. Eltern: 'Orange Queen' × 'Senlac'. Dom reinweiß; früh.

Iris 'Plicata' in Myddelton House

Iris 'White May'

Pflanzen von Eccleston Square, 6. Juni, 1/2 nat. Größe

'Argus Pheasant' (Hohe Bartiris). N. De Forest 1947. Eltern: 'Casa Morena' × 'Tobacco Road'. Goldbraun, Bart braungelb; 100 cm; mittelfrüh.

'Big Day' (Hohe Bartiris). Eingeführt von Kelway & Son vor 1940. Eltern unbekannt. Hellviolettblau mit weißer Schlundzeichnung. Bart weiß; 90 cm; mittelfrüh.

'Brown Trout' (Hohe Bartiris). Kelway & Son 1959. Eltern: 'Magic Carpet' × 'Ranger'. Dom kupferfarben. Hängeblätter dunkelbraun-rot; 90 cm; mittelfrüh.

'Bruno' (Hohe Bartiris). Eingeführt von A. J. Biss 1922. Eltern: 'Dominian' × unbekannt. Dunkelgelb, zweifarbig. Duft traubenähnlich; über 76 cm; mittelfrüh bis spät.

'Dante' (Hohe Bartiris). R. Kelway 1958. Eltern: 'Mexiko' × unbekannt. Dom hell-goldbraun. Hängeblätter braunrot mit hellem Rand; 76 cm; mittelfrüh.

'Gold Flake' (Hohe Bartiris). O. D. N. und P. B. J. Murell 1933. Eltern: 'W. R. Dykes' × unbekannt. Helles Goldbraun mit cremefarbenem Fleck und hellbrauner Aderung der Hängeblätter. Rand gewellt; 102 cm; mittelfrüh.

'Golden Planet' (Hohe Bartiris). Kelway & Son 1956. Eltern: 'Desert Song' × unbekannt. Goldgelb mit dunklerer Schlundzeichnung. Bart gelb; 86 cm; früh bis mittelfrüh.

'Gracious Living' (Hohe Bartiris). L. W. Brummitt 1966. Eltern: 'Melodrama' × 'Mary Randall'. Dom cremefarben. Hängeblätter lila mit purpurner Schlundzeichnung; 90 cm.

'Headlines' (Hohe Bartiris). L. Brummitt 1953. Eltern: 'Extravaganza' × 'Louise Blake'. Dom reinweiß, Hängeblätter samtig-dunkelpurpur. Bart gelb; 90 cm; spät.

'Helen McGregor' (Hohe Bartiris). N. Graves 1943. Eltern: 'Purissima' × 'Cloud Castle'. Helles Violettblau. Bart weiß, gelb überlaufen; 100 cm; mittelfrüh.

'Lady Mohr' (Hohe Bartiris-Arilbred). Salbach 1943. Eltern: (Sämling × 'William Mohr') × Ib-MAC. Dom blaßviolett mit purpurner Zeichnung. Hängeblätter bräunlich-cremefarben mit purpurner Zeichnung. Bart braun; 90 cm; mittelfrüh.

'Muriel Neville' (Hohe Bartiris). H. Fothergill 1963. Eltern: ('Queechee' × 'Great Day') × ('Sequatchie' × 'Blood Cornelian') × ('Mexican Magic' × 'Benton Mocha') × 'Ebony Echo'. Purpurrot; 107 cm; mittelfrüh.

'Orange Dawn' (Hohe Bartiris). S. Linnegar für A. Howe 1981. Eltern: 'May Melody' × unbekannt. Dom gelbbraun-orange, Hängeblätter bräunlicher orange; 96 cm; mittelfrüh bis spät.

'Spring Festival' (Hohe Bartiris). D. Hall. Eltern: Sämling × 'Mary Hall'. Dom blaßrosa getönt, Hängeblätter dunkler. Bart rot; 94 cm; mittelfrüh.

'Staten Island' (Hohe Bartiris). K.D. Smith 1947. Eltern: 'The Red Admiral' × 'City of Lincoln'. Gelb mit rosa Tönen; 97 cm; mittelfrüh.

Iris 'Lady Mohr' (mit viröser Streifung)

Iris 'Wheatear'

Iris 'Muriel Neville'

Iris 'Staten Island'

Iris 'Bruno'

Iris 'Gracious Living'

'Wheatear' (Hohe Bartiris). B. L. C. Dodsworth 1984. Eltern: 'Ultrapoise' × 'Radiant Light'. Aprikosenfarben, gewellt, Bart rötlich-orange; 97 cm; spät.

Iris 'Orange Dawn'

Pflanzen von Claire Austin, Albrighton, 20. Juni, 1/3 nat. Größe

'Actress' (Hohe Bartiris). K. Keppel 1975. Eltern: 'Ford Wish' × 69-41C: (['Marquesan Skies' × 'Babbling Brook'] × 'Touche'). Leicht purpur-violett. Bart blaß mit lavendelblauen Spitzen; 90 cm; früh bis mittelfrüh, nachblühend.

'Arcady' (Hohe Bartiris). H. Fothergill 1959. Eltern: 'Jane Phillips' × 'Pegasus'. Dom blaßblau. Hängeblätter blaßblau, dunkler zur Mitte. Bart blaßgelb mit weißen Spitzen; 122 cm; mittelfrüh bis spät.

'Babbling Brook' (Hohe Bartiris). Keppel 1965. Eltern: 'Galilee' × 'Symphony'. Lichtblau. Bart weiß-gelblich, gewellt; 97 cm; mittelfrüh.

'Blue Rhythm' (Hohe Bartiris). Eingeführt von C. G. Whiting 1945. Eltern: 'Annabel' × 'Blue Zenith'. Hell-lila; Zitronenduft; 100 cm; mittelfrüh.

'Blue Sapphire' (Hohe Bartiris). B. Schreiner 1953. Eltern: 'Snow Flurry' × 'Chivalry'. Zartsilberblau, Bart weiß; 102 cm; früh.

'Derwentwater' (Hohe Bartiris). H. J. Randall 1953. Eltern: 'Helen Mc Gregor' × 'Cahokia'. Zart graulila, Bart cremeweiß; 86 cm; mittelfrüh.

'Fantasy Fair' (Hohe Bartiris). J. Nelson 1977. Eltern: ('Flame and Sand' × 'Pink Taffeta') × 'Buffy'. Rauchig altrosa, stark gewellt und geschlitzt, leicht rosa-braun zum Schlund; 90 cm; mittelfrüh.

'Gilston Gwyneth' (Hohe Bartiris). H. Fletcher 1963. Eltern: 'Pegasus' × ('Cascadian' × 'Keene Valley'). Hellblau mit lila Hauch, gewellt, Hängeblätter heller blau; 86 cm; mittelfrüh.

'Jane Phillips' (Hohe Bartiris). N. Graves 1946. Eltern: 'Helen McGregor' × ('Pale Moonlight' × 'Great Lakes'). Lichtblau, Bart weiß; 102 cm; mittelfrüh.

'Lady Ilse' (Hohe Bartiris). K. Smith 1950. Eltern: 'Jane Philips' × 'Keene Valley'. Zartviolettblau mit leichter gelber Zeichnung zum Schlund. Bart cremeweiß; 104 cm; mittelspät.

'Lovely Letty' (Hohe Bartiris). D. Hall 1960. Eltern unbekannt. Zartviolett mit orangefarbenem Bart; 80 cm; mittelfrüh.

'Mary Frances' (Hohe Bartiris). L. Gaulter 1971. Eltern: 'Town and Country' × ('Marie Phillips' × 'Sterling Silver'). Zartlila mit rosa Hauch. Bart weiß mit gelbem Hauch; 98 cm; mittelfrüh.

'Out Yonder' (Hohe Bartiris). G. Wickersham 1969. Eltern unbekannt. Dom zartviolett-rosa mit dunklerer Aderung am Grunde. Hängeblätter kräftig violett. Bart weiß oder leicht gelblich; 90 cm; mittelfrüh.

'Passport' (Halbhohe Bartiris). J. Ghio 1970. Eltern: unbekannt × 'Oracle'. Blaßpurpurnes Weiß mit leichter Wellung. Dunkler gefleckte, geaderte Hängeblätter. Bart weiß; 60 cm; früh.

'San Leandro' (Hohe Bartiris). L. Gaulter 1968. Eltern: ([('Fuchsia' × 'Party Dress') × 'Frost and Flame' × Schwestersorte] × 'Arctic Flame' × Schwestersorte) × 'Rippling Waters'. Zarthellpurpur. Bart rötlich-orange; 90 cm; mittelfrüh.

'Blue Rhythm'

'Jane Phillips'

'Blue Sapphire'

'Actress'

'Gilston Gwyneth'

'Babbling Brook'

'Valimar' (Hohe Bartiris). J. R. Hamblen 1956. Eltern: ('Helen McGregor' × 'Radiation') × 'Palomino'. Dom violettrosa. Hängeblätter gleichfarbig mit oranger Schlundzeichnung. Bart orangerot; 90 cm; mittelfrüh bis spät.

'Arcady'

Teil der klassischen Irissammlung in Myddelton House, Middlesex

'Sign of Leo'

'Night Raider'

'Royal Touch'

'Magic Man'

'Annabel Jane' (Hohe Bartiris). B. Dodsworth 1973. Eltern: 'Sterling Silver' × 'Champagne Music'. Dom blaßlila, Hängeblätter dunkler. Bart weiß mit gelben Spitzen; 120 cm; mittelfrüh.

'Black Swan' (Hohe Bartiris). Fay 1960. Eltern: 'Sable Night' × 53-68. Schwarzrot. Bart braun; 90 cm; mittelfrüh.

'Brummitt's Mauve' (Hohe Bartiris). Wahrscheinlich L. Brummit. Eltern unbekannt. Bräunlich-violett. Hängeblattränder und Blütengrund violett, leicht orange Schlundzeichnung. Bart goldgelb; 97 cm; spät.

'Deep Pacific' (Hohe Bartiris). E. Burger 1975. Eltern: 'Cup Race' × 'Royal Touch'. Marineblau mit mittelblauem Bart; 70 cm; mittelfrüh bis spät.

'Los Angeles' (Hohe Bartiris). Manchmal auch Schreibweise 'Los Angelus'. Entweder für W. J. Rudill 1926 oder S. B. Mitchell 1927 registriert. Dadurch ungenaue verwirrende Angaben. Mein Exemplar ist intensiv violettblau mit braunpurpurner Schlundmarkierung. Bart gelbspitzig; 80 cm; mittelfrüh.

'Magic Man' (Hohe Bartiris). B. Blyth 1979. Eltern: (['Fanfare Orchid' × ('Arctic Flame' × 'Morning Breeze')] × 'Latin Tempo') × 'Cabaret Royale'. Dom zartviolett-rosa, intensiver zur Mittelrippe hin. Hängeblätter samtig purpurviolett mit etwa 3 mm zartviolettem Rand. Bart rötlich-orange; 98 cm; mittelfrüh bis spät.

'Night Raider' (Hohe Bartiris). C. Burrell 1976. Eltern: ('Licorice Stick' × 'Rawlins' 68-17) × ('Dark Fury' × ['Black Hills' × 'Velvet Dusk']). Samtig schwarzviolett mit gleichfarbenem Bart; 84 cm; früh bis mittelfrüh.

'Ninevah' (Hohe Bartiris). Keppel 1965. Eltern: 'Bang' × 'Capitola'. Dom purpurn, am Grunde bräunlich. Hängeblätter rötlich violett mit warmem braunen Ton. Bart dunkelbraun; 76 cm; früh.

'Raspberry Ripples' (Hohe Bartiris). Eingeführt von O. D. Niswonger 1967. Eltern: ('Pink Fulfilment' × 'Orchid Jewel') × 'Rippling Waters'. Dunkelpurpurrosa mit gerüschtem Rand und braunorangem Bart; 90 cm; mittelfrüh.

'Royal Ruffles' (Hohe Bartiris). E. Purviance 1962. Eltern: 'Black Forest' × 'Chivalry'. Dunkelviolett mit blauem Bart; 74 cm; früh bis mittelfrüh.

'Royal Touch' (Hohe Bartiris). Schreiner 1966. (J219-A 'Blue Ensign' × ['The Admiral' × 'Great Lakes']) × 'Randolph' (['Pierre Menard' × ['Distance' × 'Sylvia Murray']). Dunkles Blauviolett mit gleichfarbenem Bart; 90 cm; spät.

'Sable' (Hohe Bartiris). P. H. Cook 1938. Eltern: ([(['Innocenza' × 'Blue Boy'] × 'Cinnabar') × ('Cinnabar' × ['Innocenza' × 'Blue boy'])] × 'Cinnabar') × ('Seminole' × 'Cinnebar'). Dom hellpurpur-violett. Hängeblätter dunkler samtig-violett. Bart orange und weiß; 84 cm; mittelfrüh.

'Sign of Leo' (Hohe Bartiris). L. Zurbrigg 1976. Eltern: 'Jet Black' × 'Lovely Again'. Dom violett mit rötlich schwarzem Anflug. Bart braun; 90 cm; früh, im Sommer nachblühend.

Pflanzen von Claire Austin, 12. Juni, 1/3 nat. Größe

’Black Swan‘

’Sable‘

’Annabel Jane‘

Irisfelder bei Claire Austin, Albrighton

'Joyce Terry'

'Star Shine'

'Golden Encore'

'Debby Rairdon'

'Lime Crystal'

'Grace Abounding'

'Spirit of Memphis'

'Lemon Brocade'

'Aunt Martha' (Mittelhohe Bartiris). J. Allen 1970. Eltern: ('Snow Goddess' × 'Limelight') × 'Yellow Dresden'. Bart geschlitzt, hellgelb mit weißer Fläche um die Bartspitze; 60 cm; mittelfrüh.

'Debby Rairdon' (Hohe Bartiris). Kuntz 1964. Eltern unbekannt. Dom gedämpft gelb mit weißer Rückseite. Hängeblätter perlweiß mit weißer Rückseite und gelben Rändern. Bart golden; 90 cm; mittelfrüh bis spät.

'Frost and Flame' (Hohe Bartiris). D. Hall 1956. Eltern unbekannt. Weiß mit Purpurhauch und gelber Zeichnung am Schlund. Bart rot; 90 cm; früh.

'Gala Crown' (Hohe Bartiris). P. E. Corey 1958. Eltern: (['Bureau' × Sämling] × 'Anthea') × 'Pink Tea'. Blaß-melonenfarben mit rosa Hauch. Bart orange; 90 cm; mittelfrüh.

'Gold Alps' (Hohe Bartiris). L. Brummitt 1952. Eltern: 'Admiration' × Sämling. Dom cremeweiß mit blaßgelber Aderung. Hängeblätter intensiv goldgelb mit dunkleren Adern am Grunde. Bart goldgelb; 90 cm; mittelfrüh.

'Golden Encore' (Hohe Bartiris). F. Jones 1972. Eltern: (['Happy Birthday' × 'Fall Primrose'] × 'Fall Primrose') × 'Renaissance'. Lebhaft gelb mit kleinem weißen Fleck auf den Hängeblättern. Bart leuchtend goldfarben; 90 cm; früh und im Spätsommer nachblühend.

'Grace Abounding' (Hohe Bartiris). Pauline M. McCormick für H. Fothergill 1976. Eltern: ('Cream Crest' × Schwestersorte von 'Gilded Minaret') ×

Pflanzen von Claire Austin, 15. Juni, 1/3 nat. Größe

'Pale Primrose'

'Gold Alps'

Schwestersorte. Zitronengelb, leicht gerüscht, zimtfarbener Schlund. Leuchtend gelber Bart; 98 cm; mittelfrüh.

'Joyce Terry' (Hohe Bartiris). T. Muhlestein 1974. Eltern: 'Charmaine' × 'Launching Pad'. Dom gelb, in der Mitte blasser, leicht gekräuselt. Hängeblätter mit gelbem Rand und dunkler, gelber Schlundmarkierung. Bart dunkler gelb; 98 cm; mittelfrüh bis spät.

'Lemon Brocade' (Hohe Bartiris). N. Rudolph 1973. Eltern: 'Cream Taffeta' × 67-54. Gekräuselt, zitronengelb mit weißlich grünen Flecken auf den Hängeblättern. Bart gelborange mit weißen Spitzen; 86 cm; mittelfrüh.

'Lime Crystal' (Hohe Bartiris). B. Blyth 1975. Eltern: 'Apropos' × 'Twist and Shout'. Dom zitronengelb. Hängeblätter etwas dunkler. Bart gelb; 86 cm; mittelfrüh bis spät.

'Madeira Belle' (Hohe Bartiris). Ohne Registrierung. Weiß gekräuselt. Dom mit leichtem Violetthauch; 80 cm; spät.

'Ola Kala' (Hohe Bartiris). J. N. Sass 1942. Eltern: ('Prairie Sunset' × unbekannt) × ('Golden Age' × unbekannt). Kräftig gelb. Bart intensiv gelb; 86 cm; spät.

'Pale Primrose' (Hohe Bartiris). N. Whiting 1946. Eltern: 'Happy Days' × 'Midwest Gem'. Blaßgelb mit kleinem weißem Fleck auf den Hängeblättern, dunklerer Aderung zum Schlund hin. Bart goldgelb; 76 cm; spät.

'Spirit of Memphis' (Hohe Bartiris). L. Zurbrigg 1976. Eltern: ('Miss Illini' × 'Grand Baroque') × 'Halloween Party'. Helles Gelb, gekräuselt und geschlitzt. Bart gelb; 90 cm; mittelfrüh und Nachblüte im Spätsommer.

'Star Shine' (Hohe Bartiris). N. Wills 1947. Eltern: ('Hermitage' × 'Hernani') × 'Song of Gold'. Dom blaßgelb. Hängeblätter weiß mit gelber Aderung und gelbem Rand. Bart gelb; 90 cm, mittelfrüh bis spät.

Pflanzen von Claire Austin, 12. Juni, 1/3 nat. Größe

'Autumn Leaves' (Hohe Bartiris). K. Keppel 1972. Eltern: 'Vaudeville' × 'Radiant Apogee'. Oben leicht braun getönt. Hängeblätter gelblich braun, kräftig rot-purpur gezeichnet und geadert. Bart orangegelb; 86 cm; mittelfrüh.

'Carnaby' (Hohe Bartiris). Schreiner 1973. Eltern: 'Wine and Roses' × Y 1307-A: (R 118-BX 'Rippling Waters'). Dom hell, weinrosa, gekräuselt. Hängeblätter tief-rosarot mit hellen weinrosa Rändern. Bart orange; 90 cm; mittelfrüh bis spät.

'Chartreuse Ruffles' (Hohe Bartiris). N. Rudolph 1975. Eltern: (Sämling × Blocher 233) × 'Louise Watts'. Dom blaßlila-rosa mit dunklerem, grünlichem Rand. Hängeblätter grünlichweiß mit breitem, hellgrünem Rand. Bart mit gelber Spitze; 86 cm; mittelfrüh.

'Deputé Nomblot' (Hohe Bartiris). Cayeaux et Le Clerc 1929. Eltern unbekannt. Dom rosa. Hängeblätter rosa mit dunklerer Aderung über hellerem Fleck zum Schlund. Bart goldgelb; 74 cm; spät.

'Etched Apricot' (Hohe Bartiris). J. Gibson 1967. Eltern: 'Henna Stitches' × 'Wild Ginger'. Dom bräunlich-aprikosenfarben, gekräuselt. Hängeblätter weißgrundig mit aprikosenfarbenem Rand, purpur überlaufen. Bart golden; 76 cm; mittelfrüh.

'Firecracker' (Hohe Bartiris). Hall 1942. Eltern: ('Morning Splendour' × 'Legend') × ('Dauntless' × 'Rameses'). Dom rötlichbraun auf gelbem Grund. Hängeblätter gelblich mit rotbrauner Aderung und Randung. Bart tief-goldfarben; 74 cm; früh bis mittelfrüh.

'Flareup' (Hohe Bartiris). J. Ghio 1977. Eltern: 'Coffee House' Schwestersorte × (['Ponderosa' × 'Travel On'] × 'Ponderosa'). Dom gelblich braun, gekräuselt. Hängeblätter farbgleich mit gelber Zeichnung zum Schlund. Bart gelblich braun; 97 cm; mittelfrüh.

'Jungle Shadows' (Halbhohe Bartiris). E. Sass und H. Graham 1959. Eltern: 'Black Delight' × Sämling 54-95. Goldbraun mit violettem Fleck auf den Hängeblättern. Bart goldorange; 66 cm; mittelfrüh.

'Lady River' (Hohe Bartiris). Kelway 1966. Eltern: 'Melody Fair' × 'Party Ruffles'. Rosa-aprikosenfarben, gekräuselt mit bräunlich-violetter Aderung zum Schlund. Bart orangerot; 75 cm; mittelfrüh.

'Little Sheba' (Hohe Bartiris). T. M. Abell. Eltern: 'Saffron Charm' × 'Arabi Pasha'. Kleinblütig, blaßgrau-beige mit grünlich gelber Aderung. Bart blaß mit blauviolett; 74 cm; mittelfrüh.

'Olympic Torch' (Hohe Bartiris). R. Schreiner 1956. Eltern: 'Inca Chief' × (Schr. 49-46 × 'Watchfire'). Hell goldbraun, Bart braungelb; 97 cm; mittelfrüh.

'Sabre Dance' (Hohe Bartiris). O. Brown 1970. Eltern: ('Grandiflora' × [rosa Sämling × 'Gypsy Lullaby' Schwestersorte]) × 'Barcelona' Schwestersorte. Dom leicht blau überlaufen, am Rande in Hautfarben übergehend. Hängeblätter bernsteinfarben zu kräftig lavendelrosa zum Schlund hin und insgesamt mit kupferfarbenem Schein. Bart rot; 97 cm; mittelfrüh.

'Strawberry Sundae' (Hohe Bartiris). H. Schmelzer 1977. Eltern: ('Harem Silk' × 'Wine and Roses') × 'Wine and Roses'. Dom cremefarben gekräuselt. Hängeblätter erdbeerrosa mit cremefarbenem Rand. Bart rot; 80 cm; mittelfrüh.

'Wild Ginger' (Hohe Bartiris). J. Gibson 1960. Eltern: 'Tohdah' × 'Floradora Flounce'. Plicata-Typ. Dom rötlichbraun. Hängeblätter weiß mit goldbrauner Zeichnung und rosa-schattiertem Rand und heller Mittelfläche; 90 cm; früh bis mittelfrüh.

'Witch of Endor' (Hohe Bartiris). B. Miller 1977. Eltern: 'Rainbow Promised' × 'Cayenne Capers'. Dunkel purpur-rot mit weißem Fleck und dunklerer Aderung zum Schlund hin, gekräuselt. Bart golden; 97 cm; früh bis mittelfrüh und Nachblüte im Spätsommer.

'Deputé Nomblot' in Myddelton House

'Sabre Dance'

'Chartreuse Ruffles'

'Witch of Endor'

'Lady River'

'Wild Ginger'

Bartiris im Garten von Eccleston Square, London

'Stepping Out'

'Lovely Again'

'Flaming Sword' oder **'Flammenschwert'** (Hohe Bartiris). Goos und Koenemann 1920. Eltern unbekannt. Dom gelb. Hängeblätter dunkel-purpurbraun mit starker weißer Aderung zum Schlund. Bart gelb; 76 cm; mittelfrüh.

'Lovely Again' (Hohe Bartiris). R. G. Smith 1963. Eltern unbekannt. Lavendel mit gelbem Bart; 76 cm; mittelfrüh und Nachblüte im Spätsommer.

'Mary Vernon' (Hohe Bartiris). N. McKee 1941. Eltern: (Nr. 3814 × 'Janet Butler') × 'Chosen'. Dom kräftiges Gelb. Hängeblätter rotbraun mit cremegelbem Rand und Zeichnung zum Schlund hin. Bart gelb; 74 cm; mittelfrüh.

'Melbreak' (Hohe Bartiris). H. J. Randall 1957. Eltern: ('Cherie' × 'Angela Borgia') × 'Mary Randall'. Gekräuselt; Dom violettrosa mit dunklerer Aderung und heller orangem Fleck zum Schlund. Bart rötlich-orange; 97 cm; mittelfrüh bis spät.

'Needlecraft' (Hohe Bartiris). L. Zurbrigg 1976. Eltern: ('Ribbon Round' × 'R. G. Smith E5AR') × 'Cross Stitch'. Weißgrundiger Plicata-Typ; 86 cm; mittelfrüh.

'Sea Venture' (Hohe Bartiris). Bennett Jones 1971. Eltern: 'Avis' × 'Eternal Love'. Gekräuselt. Dom blaßblau überlaufen, dunkel-marineblau am Grund. Hängeblätter blaßblau. Bart gelb; 86 cm; mittelfrüh.

'Stepping Out' (Hohe Bartiris). Schreiner 1964. Eltern unbekannt. Plicata-Typ mit großen weißen Flächen mit scharfrandigen, blauschwarz-violetten Rändern; 97 cm; mittelfrüh bis spät.

'Sultry Sky' (Mittelhohe Bartiris). L. W. Neel 1952. Eltern: 'Fair Elaine' × 'Wabash'. Dom cremerosa, am Grunde gelblich. Hängeblätter strohfarben mit purpur-brauner Mitte. Bart gelb; 97 cm; mittelfrüh.

'Wabash' (Hohe Bartiris). E.B. Williamson 1936. Eltern: 'Dorothy Dietz' × 'Cantabile'. 2farbig. Dom weiß. Hängeblätter samtig purpur mit weißer Aderung zum Schlund. Bart leuchtend-gelb; 86 cm; mittelfrüh.

'Whoop 'em Up' (Mittelhohe Bartiris). D. Brady 1973. Eltern: ('Bang' × 'Plunder') × 'Extravaganza'. Dom goldgelb; Hängeblätter rötlich-braun mit goldgelber Unterseite, hochlaufend zu gelbem Rand. Bart gelb; 68 cm; mittelfrüh.

'Needlecraft'

'Mary Vernon'

'Whoop 'em Up'

'Sultry Sky'

'Wabash'

'Flammenschwert'

'Melbreak'

'Sea Venture'

Pflanzen zusammengetragen, 4. Juni, 1/3 nat. Größe

'Blue Duchess' syn. 'Crystal Blue' (Hohe Bartiris). Kelway & Son 1966. Eltern: 'Jane Phillips' × 'Blue Cameo'. Milchig-blau; 97 cm.

'Blue-Eyed Brunette' (Hohe Bartiris). C. C. Hall. Eltern: 'Queechee' × 'Carnton'. Dom zigarrenbraun. Hängeblätter braun mit blauem Fleck; 90 cm.

'Dancer's Veil' (Hohe Bartiris). P. Hutchinson 1959. Eltern: (Plicata-Sämling × 'Dancing Waters') × 'Rosy Veil'. Weiße, blaupurpur-gerandete Plicata-Form; 90 cm; mittelfrüh bis spät.

'Dovedale' (Hohe Bartiris). B. L. C. Dodsworth 1980. Eltern: 'Raspberry Ripples' × 'San Leandro'. Kräftig rosalila; 82 cm; spät.

'Dusky Dancer' (Hohe Bartiris). Watt Foulger 1952 und W. Luihn 1966. Eltern: 'Dark Fury' × 'Black Swan'. Sehr dunkel-schwarzviolett, gekräuselt. Bart dunkel-schwärzlich; 90 cm; mittelfrüh bis spät.

'Foggy Dew' (Hohe Bartiris). Keppel 1968. Eltern: 'Siva Siva' × 'Diplomacy'. Plicata-Typ. Dom pastellfarben, grau-cremefarben und lavendel. Hängeblätter weißgrundig mit leicht violettem Rand und dunklerer Zeichnung. Bart weiß mit gelben Spitzen; 97 cm; mittelfrüh.

'Frontier Marshall' (Hohe Bartiris). Schreiner 1964. Eltern: ('Trim' × 'Tall Chief') × 'Gypsy Jewels'. Einheitlich karminrot. Bart mit braunem Schimmer; 90 cm; früh bis mittelfrüh.

'Gracchus' (Hohe Bartiris). Eingeführt von T. S. Ware 1884. Eltern unbekannt. Wahrscheinlich Hybride von *I. variegata*. Dom hellgelb. Hängeblätter stark rotgeadert; 74 cm.

'My Honeycomb' (Hohe Bartiris). J. M. Gibson 1958. Eltern: Sämling von 'Taholah'. Dom hellbraun. Hängeblätter braun mit kräftig brauner Aderung und weißem Mittelfleck. Bart gelb; 89 cm; mittelfrüh.

'My Smoky' (Hohe Bartiris). Kelway & Son 1956. Eltern: Sämling von 'Magic Carpet'. Plicata-Typ. Weiß mit schwachgelblichem Hauch. Hängeblätter rosabraun gerandet; 87 cm; mittelfrüh.

'Rose Violet' (Hohe Bartiris). Eingeführt von J. H. Kirkland 1939. Eltern unbekannt. Rot; mittelfrüh.

'Royal Oak' (Hohe Bartiris). C. C. Hall 1962. Eltern: 'Queechee' × 'Carnton'. Dom zigarrenbraun. Hängeblätter bläulich lila, braun gerandet; 76 cm; mittelfrüh.

'Royal Trumpeter' (Hohe Bartiris). C. Reynolds 1969. Eltern: ([59-27 ('Savage') × Ib-Mac] × 'Red Slippers') × L.P. 65-03 ('Barbizon' × 'Fire Ruby'). Rot; Bart braunrot; 74 cm; spät.

'Superstition' (Hohe Bartiris). Schreiner 1977. Eltern: (v435-I × 1560-15) × 'Navy Strut'. Schwarzviolett; Bart blauschwarz; 90 cm; mittelfrüh.

'Gracchus'

'Blue Duchess'

'Dovedale'

'Blue-Eyed Brunette'

'Dancer's Veil'

'Dusky Dancer'

'Tyrian Robe' (Hohe Bartiris). C. C. Hall 1968. Eltern: 'Redbourne' × Sämling V178. Purpurviolett; 90 cm; mittelfrüh.

'Ultrapoise' (Hohe Bartiris). Noyd 1961. Eltern: ([(C. 'Honeyflow' × 'Tobacco Road') × 'Cliffdell'] × [('Salmon Shell' × Hall 44-09) × 'Pink Formal']) × 'Garden Gold'. Plicata-Typ. Goldgelb, mit rosa Hauch auf dem Dom. Bart rötlichorange; 86 cm; mittelfrüh.

'My Honeycomb'

Teil der klassischen Irissammlung in Myddelton House, Middlesex

'Emerald Fountain'

'I Do'

'Dream Lover'

'Bewick Swan' (Hohe Bartiris). B. L. C. Dodsworth 1980. Eltern: 'Crystal Blaze' × 'Rippling Waters'. Weiß, gelbschlundig. Bart rot. 120 cm, mittelfrüh.

'Brother Carl' (Hohe Bartiris). L. A. Zurbrigg 1983. Eltern: 'Sister Helen' × 'I Do'. 76 cm; mittelfrüh, nachblühend. Weiß, Hängeblätter zart dunkel geadert. Weißer Bart mit gelber Spitze.

'Christmas Angel' (Hohe Bartiris). R. De Forest 1959. Eltern: 'Frances Kent' × 'Paradise Pink'. Weiß, goldgelbschlundig. 97 cm; mittelfrüh.

'Cliffs of Dover' (Hohe Bartiris). O. W. Fay 1952. Eltern: 'New Snow' × 'Cahokia'. Reinweiß, Bart gelb. 90 cm; mittelfrüh.

'Cup Race' (Hohe Bartiris). Buttrick 1962. Eltern: ('Bluebird Blue' × 'South Pacific') × 'Concord Town'. Weiß, gerüscht, mit lila und gelbem Schimmer. 90 cm; mittelfrüh bis spät.

'Dream Lover' (Hohe Bartiris). E. Tams 1970. Eltern: 'Miss Indiana' × ('Melodrama' × 'Rippling Waters'). Gerüscht, Dom blauweiß, Hängeblätter dunkelbläulich purpur. Bart blau. 91-97 cm; mittelfrüh bis spät.

'Emerald Fountain' (Hohe Bartiris). D. Brown 1960. Eltern: 'Blue Sapphire' × ('Hit Parade' × 'Pink Formal') × ('Mary Randall' × 'Limelight'). Dom blaßgrünlich mit bläulichem Schimmer, gerüscht. Hängeblätter hellblau, am Rande grün gestreift. Bart gelb. 97 cm; mittelfrüh bis spät.

'English Cottage' (Hohe Bartiris). L. Zurbrigg 1976. Eltern: (['Crinkled Ivory' × 'Autumn Sensation'] × 'Grand Baroque') × 'Cross Stitch'. Dom weiß mit blaßen violetten Streifen. Hängeblätter weiß mit leicht violetter Zeichnung am Schlund. Bart fast weiß. 87 cm; früh, Nachblüte im Spätsommer.

'Gudrun' (Hohe Bartiris). Mrs W. R. Dykes 1903. Eltern unbekannt. Weiß, Schlund gelb geadert. Bart orangegelb. 100 cm; mittelfrüh.

'I Do' (Hohe Bartiris). L. Zurbrigg 1973. Eltern: 'Grand Baroque' × 'Amy'. Dom weiß mit violettem und grüngelbem Schimmer, Mittelrippe grün. Hängeblätter weiß mit grüner Aderung in der Mitte, gerüscht; Bart blaßgelb mit weißen Spitzen. 81 cm; früh bis mittelfrüh, Nachblüte im Spätsommer.

'Vanity' (Hohe Bartiris). B. Y. Morrison 1928. Eltern unbekannt. Blaßrosa changierend, Hängeblätter heller. Bart rot. 94 cm; mittelfrüh.

'Gudrun'

'Christmas Angel'

'Cliffs of Dover'

'English Cottage'

'Cup Race'

'Brother Carl'

'Vanity'

'Bewick Swan'

Pazifik-Iris-Hybriden aus Wisley, 21. Mai, 1/2 nat. Größe

Iris tenuissima bei Mount Shasta, Kalifornien

’Restless Native‘

Iris douglasiana Herbert (Sektion *Californicae*) *(Iridaceae)*. Pazifikküste Nordamerikas, von Süd-Kalifornien bis Oregon; offene grasige Hänge. B: 3-5. Lockere Horste bildend. Dunkelgrüne, deutlich geaderte, bis 2 cm breite, immergrüne Blätter. Bis 80 cm hohe, meist 1-3 Blätter tragende Stengel mit 1-4 Seitenästen. Blütenfarbe variiert von blaß-cremefarben bis bläulich oder intensiv rötlichpurpur. Blüten mit 1,5-2,8 cm langer Röhre. Hängeblätter lanzettlich bis verkehrt eiförmig, 5-8,7 cm lang. Dom lanzettlich, 4-7 cm lang und 1,8 cm breit. Griffel 1-2 cm lang, rauh gezähnt. Kapsel scharf 3eckig geteilt. Sie ist die kräftigste der Pazifikküsten-Irisarten und die verbreitetste entlang der kalifornischen Küste. Problemlos in ziemlich feuchtem Torf- und Sandboden. WH: vielleicht bis –15 °C.

Iris innominata Henderson (Sektion *Californicae*). Nordwest-Kalifornien und Südwest-Oregon; sonnige oder halbschattige Berghänge, im Mischwald und im Landesinneren der Küstenregion. B: 5-6. Lockere Büsche bildend. Blätter dunkel-glänzendgrün, unterseits blasser, 2-4 mm breit. Stengel bis 20 cm hoch mit 2-4 Blättern. Ungleiche, gegenständige, am Rande trockene Hochblätter, 2 Blüten umschließend. Blütenfarbe variabel, von gelb bis blaßblau oder intensiv purpur. Blütenröhre 1,5-3 cm lang. Hängeblätter 5-8,5 cm lang. Dom 4,5-7 cm lang, lanzettlich. Narbenkamm 0,9-1,5 cm lang, 4eckig, gezähnt. Diese und viele andere Arten sind sehr farbvariabel, und Hybriden sind am Standort verbreitet, so daß diese Arten der Pazifikküste schwer zu bestimmen sind. Sie lassen sich jedoch problemlos vor allem in saurem, sandigem Boden in Sonne oder Halbschatten bei gutem Wasserabzug kultivieren.

Iris purdyi Eastw. (Sektion *Californicae*). Nordwest-Kalifornien, in Redwood-Wäldern und Mischwäldern, entlang dem Küstengebiet und an Wegrändern. B: 5-6. Bildet lockere Büsche immergrüner, oben dunkelgrüner und unten grauer, bis 8 mm breiter Blätter. Stengel bis 35 cm hoch, unverzweigt mit mehreren kurzen, überlappenden Blättern. Hochblätter gegenständig, aufgeblasen, 2 Blüten umfassend. Blüten cremegelb bis blaßbläulich und unterschiedlich geadert. Blütenröhre 2,8-4,8 cm lang. Hängeblätter 5,5-8,5 cm lang, lanzettlich. Domblätter 5-7 cm × 0,9-2 cm; Narbenkamm 0,9-2,1 cm lang und schlank-oval. Leicht in verhältnismäßig trockenem, sandigem Boden im Halbschatten bei gutem Wasserabzug zu ziehen. WH: vielleicht bis –15 °C.

Iris tenuissima Dykes (Sektion *Californicae*). Nord-Kalifornien, von Butte bis Siskiyou und Humboldt Counties; in Lichtungen von trockenen Eichenkiefern- oder immergrünen Mischwäldern, oft an Wegrändern. B: 4-6. Rhizom dünn. Blätter bis 40 cm lang, 6 mm breit und oft am Grunde rötlich. Blüten meist blaß-cremefarben mit purpurnen oder bräunlichen Adern, jedoch weniger geadert in var. *purdyiformis* R. C. Foster, die wahrscheinlich hier abgebildet ist. Hängeblätter 4,7-7,5 cm lang und 1,1-1,8 cm breit, schmal-oval. Domblätter 4,4-6,4 cm lang und 0,6-1,4 cm breit. Röhre unten

Iris bei Mount Shasta, Kalifornien

Iris purdyi

'Purple Dream'

'Banbury Beauty'

schlank, oben erweitert. Griffelkamm 1,1-2,3 cm lang, zurückgebogen. Für sommertrockenen, halbschattigen Standort mit gutem Wasserabzug. WH: bis –15 °C, vielleicht darunter.

Pazifik-Iris-Hybriden. Die Gruppe dieser Hybriden leitet sich von den Arten der Sektion *Californicae* ab. Sie sind sich alle sehr ähnlich, bis auf die Blütenfarben, die von intensiv-purpur und gelb bis cremebraun, rosa und weiß variierten. Sie bilden sich ausbreitende Büsche, meist mit immergrünen, bis 20 cm hohen Blättern und vielen bis 30-50 cm hohen Blütenständen. Sie bevorzugen sauren, nährstoffreichen, sandigen Boden mit gutem Wasserabzug und eine warme, geschützte Lage in Sonne oder Halbschatten. Die meisten sind bis etwa –15 °C winterhart und benötigen bei uns im kontinentalen Klima Winterschutz.

'Banbury Beauty' M. Brummitt 1960. Eltern: *I. douglasiana* 'Amaguita' × (*I. innominata* × *I. douglasiana* Sämling). Hell-lavendel mit purpurner Zone auf den Hängeblättern. **'Banbury Fair'** M. Brummitt 1967. **'Banbury Gem'** M. Brummitt 1974. **'Banbury Velvet'** M. Brummit 1969. Eltern: Sämling × Sämling. Dom violett. Hängeblätter samtig-dunkelviolett; 30 cm; mittelfrüh. **'Banbury Welcome'** M. Brummitt 1964. Eltern: *I. douglasiana* 'Amaguita' × 'Lenz'. Himbeerrot mit gold und gelbbraun an der Blütenröhre; 46 cm. **'Lavender Royal'** M. Brummitt 1982. **'Pacific Moon'** B. Hager 1973. Eltern: 'Ojai' × 'Grubstake'. Domblätter creme mit blaßlavendel Aderung. Hängeblätter cremefarben mit lavendel Aderung; 38 cm; früh. **'Phillida'** N. Scopes 1985. **'Purple Dream'** N. Scopes 1983. **'Restless Native'** Scheint dauerblühende Sorte zu sein. Die hier gezeigte Aufnahme wurde im Botanischen Garten in Santa Barbara im Februar, d. h. lange vor Blühbeginn der normalen Pazifikküste-Hybriden, gemacht.

Iris innominata (gelbe Form)

Iris douglasiana am Salt Point, Kalifornien

Iris innominata (blaßblaue Form)

'Lavender Royal'

Iris kerneriana (B. Mathew 9001) in Kew

Iris masia bei Gaziantep, Südost-Türkei

Iris masia

Iris foetidissima L. (Sektion *Foetidissimae*) *(Iridaceae)*. Süd-England bis zu den Azoren, Spanien, Portugal, Nordafrika, Kanarische Inseln, ostwärts bis Italien und Sizilien; in offenen Wäldern, Gebüsch und sonnigen Heckenbereichen, besonders auf Kalk. B: 5-7. Blätter immergrün, glänzend, bei Verletzung scharf riechend. Blüten normalerweise purpur, besonders in Kultur aber auch gelbblütige Formen. Hauptzierde sind die schönen orangeroten Samen, die beim Öffnen der Samenkapseln im Spätherbst, Anfang Winter zu sehen sind und sich gut für Trockensträuße eignen. Seltener in Kultur ist eine weißsamige Form. Es soll auch eine gelbsamige Form geben. Hier und da verbreitet ist eine Form mit weißgestreiften Blättern. Die immergrünen Blätter sterben bei stärkerem Frost ab etwa –15 °C ab.

Iris halophila Pallas (Sektion *Spuriae*) syn. *I. spuria* subsp. *halophila* (Pall.) Mathew & Wendelbo. Süd-Rumänien bis Nord-Kaukasus und Ost-Ukraine bis Sibirien und Nordwest-China; an feuchten Stellen, in Steppen und an Flüssen, oft auf Salzböden. B: 6. Stengel 40-90 cm. Blätter 7-12 mm breit. Blüten 6-7 cm groß, blaß- bis intensivgelb. Wahrscheinlich eine der härtesten der Iris-Spuria-Gruppe und problemlos in feuchtem Boden in voller Sonne. WH: bis –25 °C.

Iris kerneriana Aschers. & Sint. ex Baker (Sektion *Spuriae*). Nord-Türkei, von Bolu ostwärts bis Erzerum und südlich bis Kaz Daǧ. und Ankara; in Trockenrasen, Eichengebüsch und lichten Kiefernwäldern in 300-2300 m Höhe. B: 5-7. Stengel 20-45 cm, selten bis 50 cm hoch. Blätter 2-4 mm, selten bis 1 cm breit. Blüten 7-10 cm, Hüllblätter mit weiten durchscheinenden Rändern und nach Samenansatz trocken. Problemlos an sonniger Stelle in nährstoffreichem Boden mit gutem Wasserabzug. Diese Art wurde oft verwechselt mit *I. halophila* Pallas, die mit 7-12 mm breitere Blätter hat und deren Hochblätter nach dem Samenansatz nicht trocken werden. Bei *I. kerneriana* reicht die Blütenröhre bis 2 cm über die Hüllblätter, während sie bei *I. halophila* diese nicht überragt.

Iris masia Stapf ex Foster syn. *I. grant-duffii* Baker subsp. *masia (Stapf)* Dykes (Sektion *Syriacae*). Südost-Türkei von Gaziantep bis Diyabakir und Nord-Syrien und Irak; Felder und felsige Basaltsteppe, besonders auf dem Berge Masia (heute Karaça Daǧ) bis auf 1050 m. B: 4-5. Büschelig wachsend mit fast stacheligen Fasern um das Rhizom. Stengel 35-70 cm, zäh, 3-6 mm breite Blätter. Blüten immer purpur. *I. grant-duffii*, mit der diese Art manchmal verwechselt wurde, hat grünlich-gelbe Blüten und kommt an der Mittelmeer-Küste in Israel und Syrien auf feuchtem oder marschigem Boden vor. WH: vielleicht bis –15 °C.

Iris milesii Foster (Sektion *Lophiris*). Himalaja von Kaschmir bis Uttar Pradesh; Nadelwälder in 1600-2700 m. B: 6. Verzweigte, 30-100 cm hohe Stengel. Grünes, für diese Sektion untypisch kurzes Rhizom. Blätter blaßgrün, 30-60 cm lang und 4-7 cm breit mit sommerlichen Blattfächern. Blüten 6-8 cm, schön, aber selten, obwohl wahrscheinlich nicht schwierig an sonniger Stelle in sandigem, torfigem Boden. WH: bis –15 °C, vielleicht kurzzeitig darunter.

Iris sintenisii Janka (Sektion *Spuriae*). Südosteuropa, von Süd-Italien und Jugoslawien bis Griechenland und Nordwest-Türkei, ostwärts bis Kutahya; grasige Stellen und Gehölz bis 1350 m in der Türkei. B: 6-7. Stengel 8-25 cm, dunkelgrüne, zähe, 1,5 cm breite und bis 50 cm lange, immergrüne Blätter. Blüten 5-6 cm groß, nicht duftend. Problemlos im Halbschatten, jedoch pflegebedürftig. WH: bis –15 °C. Subsp. *bradzae* (Prodan) D. A. Webb & Chater wächst in feuchten Salzböden in Nord- und Ost-Rumänien und Moldawien und hat schmale, 1,5-3,5 mm breite Blätter und aufgeblasene Hüllblätter.

Iris foetidissima (gelbe Form)

Iris milesii in Kew

Iris foetidissima-Fruchtstände im Winter

Iris sintenisii bei Bolu, Nordwest-Türkei

Iris halophila in der Steppe bei Stavropol, Süd-Rußland

Pflanzen aus Beth Chattos Gärtnerei, Unusual Plants, 9. Juni, 1/2 nat. Größe

Iris chrysographes Dykes (Sektion *Sibiricae*) Siehe Seite 221.

Iris graminea L. var. *pseudocyperus* (Schur) Beck (Sektion *Spuriae*) *Pflaumenduftiris*. Südeuropa, Frankreich, Nordost-Spanien bis Polen, Bulgarien und Nord-Kaukasus; grasige Stellen, in Gebüsch und lichten Wäldern. B: 5-6. Var. *pseudocyperus* ist eine höhere Pflanze mit nichtduftenden Blüten und soll aus Osteuropa stammen (lt. Brian Mathew auch ähnlich in Spanien). Stengel 20-40 cm. Blätter 35-100 cm lang und bis 1,5 cm breit. Blüten 7-8 cm, Duft reifer Pflaumen. Problemlos in Laubboden im Halbschatten. Größere Pflanze mit weicheren Blättern als *I. sintenisii* (Seite 216). WH: bis –20 °C.

Iris hexagona Walt. (Sektion *Hexagonae*). South Carolina und Georgia bis Florida und Texas; in Sümpfen. B: 3-5. Stengel 30-90 cm. Hellgrüne, 1,2-3 cm breite Blätter. Purpurne, 10-12 cm große Blüten mit gelbem Fleck auf Hängeblättern. Problemlos in feuchtem Boden, hier schmaler Wasserlauf im Alpinum in Kew. WH: vielleicht bis –15 °C.

Iris pseudacorus (blaßgelbe Form). Siehe Seite 229.

Iris setosa Pall. ex Link (Sektion *Tripetalae*). Neufundland bis Ontario und Maine und Alaska westlich bis Ost-Sibirien, Nordost-China sowie Japan (Hokkaido, Honshu); nasse, moorige Wiesen (Brackmarschen in Nord-Japan), an Flüssen, lichte Wälder. B: 6-8. Viele Varietäten, alle an den sehr schmalen, borstenähnlichen Domblättern zu erkennen. Eine schöne weiße Form ist in Kultur häufig. Eine der kräftigsten Unterarten ist subsp. *hondoensis* Honda, bis 75 cm hoch mit purpurnen Blüten. Stengel normalerweise 15-90 cm. Blätter 1-2,5 cm breit. Blüten 6-9 cm. Kapsel aufgeblasen mit runder Spitze. Problemlos an feuchten Stellen, an Wasser oder im Staudenbeet in nährstoffreichem Torfboden. Nach meiner Erfahrung ist für die Form von Nord-Hokkaido saurer Boden nicht zwingend erforderlich. WH: bis –25 °C.

Iris setosa Pall. ex Link subsp. *canadensis* (M. Foster) Hulten syn. *I. hookeri* Penny. Unterart von Nordamerika, Neufundland und Labrador bis Quebec, Ontario und Maine, grasige und felsige Stellen an der Küste. B: 6-8. Stengel meist kurz, aber auch bis 60 cm, unverzweigt mit 1-2 Blüten. Blütenblätter bläulich. Oft sehr kleine, leicht in feuchtem Boden zu kultivierende Pflanze.

Iris versicolor L. syn. *I. virginica* L. (Sektion *Laevigatae*). Neufundland bis Manitoba, südlich bis Florida und Arkansas und in Europa eingebürgert; Sümpfe, nasse Wiesen, Gebüsch sowie an Seen und Flüssen. B: 5-7. Stengel 20-80 cm. Blätter 1-2,5 cm breit. Blüten 6-8 cm, meist bläulich-purpur, aber rötlich-purpur in var. *kermesina*. Problemlos in nassem Boden, am Wasser oder im Feuchtbereich in nährstoffreichen Böden. WH: bis –25 °C.

Iris 'Gerald Darby'. Eine Form von *I. versicolor*, gezüchtet in den 60er Jahren, mit purpurnem Blattgrund und gut geformten, bläulich-purpurnen Blüten. Blätter etwa 2 cm breit. Problemlos am Wasserrand, im Flachwasserbereich oder im feuchten Beet. B: Frühsommer.

Iris setosa bei Beth Chatto

Iris setosa subsp. *canadensis*

Iris hexagona in Kew

Iris 'Gerald Darby'

Verschiedene Iris am Wasser

Iris chrysographes (schwarze Form)

Iris chrysographes im Royal Botanic Garden, Edinburgh

Iris delavayi im Steingarten in Kew

Iris aff. *delavayi* SBEC 1063

Iris 'Holden Clough'

Iris forrestii-Hybride

Iris chrysographes Dykes (Sektion *Sibiricae*). Nordost-Burma, Yunnan und Sichuan; nasse Wiesen und Sümpfe, in 1300-4500 m. B: 6-9. Blätter und Stengel 35-45 cm hoch und 1-1,5 cm breit. Unverzweigte, 2blütige Blütenstände. Blüten rötlich-purpur bis fast schwarzrot, meist mit gelblicher Aderung auf den Hängeblättern. Domblätter schräg, nicht aufrecht. Problemlos in nährstoffreichem, feuchtem Moorboden in voller Sonne oder Halbschatten. WH: bis –15 °C. Abgebildet ist 'Black Form', wahrscheinlich gleich mit 'Black Knight' und 'Black Velvet', d. h. kräftig purpur. Alle dunklen Formen sehen besonders schön aus, wenn die Morgensonne durch die Blüte scheint (siehe Seite 218).

Iris clarkei Baker ex Hook. fil. (Sektion *Sibiricae*). Ost-Nepal, Sikkim, Bhutan, Südost-Xizang und Manipur; feuchte, grasige Berghänge und Sümpfe, manchmal am Rande von Rhododendron- und Tannenwäldern, von 2500-4300 m; oft in großen Beständen; B: 5-7. Pflanze bildet lockere Büsche. Stengel 30-60 cm, manchmal mit 1-3 Seitenästen, meist mit 2 Blüten pro Zweig. Blätter 1,3 - 2 cm breit. Blüten 7,5 cm groß, bläulich-purpur bis dunkelblau oder rötlich-purpur. Waagerechte Domblätter geben der Blüte eine flache Form. Hängeblätter mit blassem, von gelb bis weiß gefärbtem Fleck. Attraktive, selten in Kultur befindliche Pflanze und manchmal verwechselt mit niedrigen Formen von *I. setosa*. Für feuchten Torfboden in Sonne oder Halbschatten. WH: bis –15 °C.

Iris delavayi Micheli (Sektion *Sibiricae*). West-Yunnan und Südwest-Sichuan; nasse Wiesen, in 3000-4000 m. B: 7-8. Große Büsche. Blätter bis 90 cm, kürzer als die bis 1,5 cm hohen Blütenstände mit 1-3 Seitenzweigen. Hell bis dunkel-purpurblaue Blüten mit großem, weißem Fleck auf den Hängeblättern. Domblätter schräg, nicht senkrecht. Problemlos in nassem Boden und gut brauchbar mit ihren kräftigen, über die Blätter ragenden Blütenstengeln. WH: bis –15 °C.

Iris forrestii Dykes (Sektion *Sibiricae*). West-Yunnan, Nordost-Burma, Süd-Sichuan; alpine Wiesen von 2900-4300 m. B: 6. Dichte Büsche mit meist 35-40 cm hohen Stengeln. Blätter meist kürzer als die 2blütigen Stengel und einseitig glänzend grün, auf der anderen Seite graugrün. Blüten 5-6 cm, gelb mit bräunlich-purpurnen Streifen. Domblätter aufrecht und bald gedreht wie in der Abbildung. Kurze, beim Fruchten weniger als 7,5 cm lange Stiele, bei *I. wilsonii* und anderen gelbblühenden Arten dieser Gruppe länger als 10 cm. Wächst leicht in feuchtem Torfboden. Kreuzt mit purpur-blütigen Arten dieser Sektion und bringt dabei bräunliche oder grünliche Blüten mit unterschiedlichen Farbkombinationen von Gelb und Purpur hervor.

Iris 'Charm of Finches'. Züchter Hansford Morris. Selektion oder Hybride zu *I. forrestii*.

Iris 'Holden Clough'. Zufallskreuzung zwischen *I. chrysographes* und *I. pseudacorus*, in einer Sämlingskiste von *I. chrysographes* (Gärtnerei Holden Clough in Yorkshire, England, 60er Jahre). Elternkombination wurde durch Überprüfung des Chromosomensatzes bestätigt. Die Blätter sind ungefähr 65 cm hoch und meist länger als die Blütenstengel. Die Pflanze wächst in gewöhnlichem Gartenboden, aber auch am Wasser gut und blüht im Juni.

Iris clarkei (Chamberlain 1631)

Iris 'Splash Down'

Iris 'Splash Down'. Züchter Hansford 1972. Stengel etwa 120 cm. Eltern: *I. sibirica* × *I. bulleyana*.

Iris wilsonii C. H. Wright. West-China, West-Hubei, West-Yunnan, wahrscheinlich auch Sichuan und Shensi; an Wasserläufen und in nassen Wiesen, in 2300-4000 m. B: 7. Dichte Büsche graugrüner, ziemlich überhängender, 60-75 cm langer Blättern. Stengel unverzweigt mit 2 gelben, 6-8 cm großen Blüten und mit etwa 80 cm nur wenig die Blätter überragend. Domblätter schräg, Hängeblätter blaßgelb, braun oder purpur geadert und gefleckt. Problemlos in feuchtem Torfboden oder am Wasser. WH: bis –15 °C.

Iris wilsonii in Crathes Castle

Iris 'Charm of Finches'

Iris forrestii

Pflanzen aus Beth Chattos Gärtnerei 'Unusual Plants', 9. Juni, 1/2 nat. Größe

Iris sibirica (Art) mit *Primula japonica*

Iris sibirica 'Silver Edge'

Iris sibirica 'Alba' bei Beth Chatto

Iris sibirica, ähnlich weißer Form von 'Flight of Butterflies'

Iris sibirica 'Ewen'

Iris sibirica 'Ruffled Velvet'

Iris sibirica 'Caesar'

Iris sibirica L. (Sektion *Sibiricae*). Europa, von West-Frankreich (nur eine Stelle) und Schweiz ostwärts bis Rußland, Jugoslawien und Bulgarien, Nord-Türkei und Kaukasus, ostwärts bis zum Baikal-See; nasse Wiesen, Röhricht, Sümpfe, an Gewässern und Ufern von Wasserläufen. B: 5-6. Bildet dichte Büsche schmaler, aufrechter, 80 cm hoher bis 1 cm breiter Blätter. Stengel 50-120 cm hoch. Blüten zu 1-3, bläulich-violett, selten weiß (in f. *alba*) und etwa 9 cm hoch. Problemlos in feuchtem Boden am Wasser oder im normalen Staudenbeet in nährstoffreichem Boden, der im Sommer nicht austrocknet. WH: bis –20 °C und darunter.

Iris sibirica-Sorten: **'Caesar'** F. Cleveland Morgan 1930. **'Cambridge'** M. Brummitt 1964. **'Ego'** McGarvey 1965. **'Ewen'** C. McEwen 1970. **'Flight of Butterflies'** J. Witt 1972, mit kleinen, blauen Blüten ähnlich der hier gezeigten weißen Form. **'Perry's Blue'** Züchter A. Perry. **'Royal Blue'** Taylor 1932. **'Ruffled Velvet'** C. McEwen 1973. **'Savoir Faire'** S. DuBose 1974. **'Silver Edge'** C. McEwen 1973. **'Sky Wings'** W. Peck 1971.

Iris crocea in Sissinghurst Castle, Kent

Iris orientalis 'Shelford Giant'

Iris orientalis

Iris spuria (englische Wildform)

Iris xanthospuria (Rix 1306) aus Kalkan

Iris spuria 'A. W. Tait'

Iris spuria subsp. *musulmanica* im Botanischen Garten in Eriwan, Armenien

Iris crocea Jacq., syn. *I. aurea* Lindl. (Sektion *Spuriae*). Verbreitungsgebiet unsicher, aber meist neben Friedhöfen, im Kaschmirtal in 1600-2000 m Höhe zu finden. B: 6. Stengel bis 1,5, in Gärten bis 2 m. Blätter 1,5-2 cm breit. Ähnelt einer gelben *I. orientalis*, aber mit größeren (12-18 cm) Blüten. Problemlos in nährstoffreichem Boden in voller Sonne. WH: bis –20 °C.

Iris lactea Pallas (Sektion *Ensatae*). Zentralasien, von Kasachstan, der Mongolei bis Korea und in Nord- und West-China, südwärts bis zum Ost-Himalaja, von Afghanistan bis Tibet; Flußufer, Wegränder, zwischen bewässerten Feldern, sandige Seeufer, trockene Flußbetten, in 800-3700 m Höhe. B: 5-7, entsprechend Höhenlage. Dichte Büsche graugrüner, recht steifer, bis 6 mm breiter Blätter. Blüten zu 1-2 an 15-30 cm hohen Stengeln. Meist blaßbläulich, manchmal weiß, duftend und 4-6 cm groß. Ziemlich bescheidene Art, wahrscheinlich außerordentlich winterhart und problemlos bei warmen Sommern, in feuchtem, sandigem Boden.

Iris missouriensis Nutt. (Sektion *Longipetalae*). Westliches Nordamerika, von Mexiko nordwärts bis British Columbia, ostwärts bis South Dakota und Alberta; nasse Wiesen und Sümpfe, Kiefernwälder und flußbegleitend, bis 3000 m. B: 5-7 entsprechend Höhenlage. Oft auf Flächen, die bis zur Blütezeit naß sind, dann aber trockenfallen. Ausgedehnte, dichte, oft große Flächen bedeckende Büsche. Blätter graugrün, 3-6 mm breit. Verzweigte, 20-50 cm hohe Stengel, an denen die blaßbläulichen oder weißlichen Blüten einzeln oder paarweise sitzen. Hochblätter durchscheinend papieren, am Grunde und am Kiel grünlich. Hängeblätter bis 6 cm lang und 2 cm breit. Domblätter bis 1 cm breit. Problemlos an sonniger Stelle, die im Frühjahr naß gehalten werden kann. Brian Mathew empfiehlt zum Verpflanzen dieser Art das Frühjahr oder den Frühherbst, nicht aber den Sommer.

Iris orientalis Miller syn. *I. ochroleuca* L., *I. spuria* L. subsp. *ochroleuca* (L.) Dykes. Nordost-Griechenland bei Alexandropoulos und West-Türkei, östlich bis Kayseri sowie auf Lesbos und Samos; in feuchten Wiesen, Sümpfen und Gräben bis 1400 m. B: 5-6. Stengel 50-100 cm. Grundblätter 1-2 cm breit, Blüten 8-10 cm groß. **'Shelford Giant'**. Ein besonders großer Klon, der aus der Gegend von Ephesus stammt, mit bis 2 m hohen Stengeln. Problemlos in warmem, schwerem Boden wachsend, aber nicht immer reichblühend. Wie bei allen *Iris spuria* dauert es nach dem Verpflanzen einige Jahre bis zur Vollblüte.

Iris spuria L. subsp. *musselmanica* (Fomin) Takht. Nord- und Nordwest-Iran, Süd-Kaukasus und Türkei, dort ostwärts bis Kayseri; feuchte Wiesen, oft auf Salzböden, in grasigen Ebenen, an Flüssen, oft in großen Kolonien in 800-1900 m Höhe. B: 5-7. Stengel 50-100 cm. Blätter 8-17 cm breit. Blüten ca. 10 cm groß, meist bläulich, jedoch sind auch weißblühende Pflanzen im Bestand verbreitet; unterer Teil der Hängeblätter nur wenig länger oder gleich wie die Hängeblattspreite. Problemlos in warmen, nährstoffreichen Böden, jedoch weniger robust als *I. orientalis* oder *I. xanthospuria*, d. h. WH: höchstens bis –15 °C.

Iris spuria L. subsp. *spuria*. Europa, von England bis Süd-Schweden und östlich bis Ungarn und Tschechoslowakei; nasse Wiesen und Salzsümpfe. B: 5-7. Stengel 30-80 cm. Blüten 6-8 cm groß, der untere Teil der Hängeblätter viel länger als die Hängeblattspreite. 'A. W. Tait' ist eine attraktive Form und problemlos in normalem Gartenboden.

Iris xanthospuria B. Mathew & T. Baytop syn. 'Turkey Yellow'. Südwest-Türkei nahe der Küste, wahrscheinlich auch bei Ankara; sumpfige Felder, Eucalyptuspflanzungen und an sommertrockenen Wasserläufen. B: 4-5. Stengel 1-2 m im Garten. Blätter 1,5-2 cm groß. Blüten 9-11 cm. Problemlos in gutem, schwerem Gartenboden in voller Sonne. WH: mindestens bis –15 °C.

Iris missouriensis in Nordost-Kalifornien in einem Sumpf

Iris missouriensis

Iris missouriensis

Iris lactea

Iris 'Cambridge Blue' in Hidcote, Gloucestershire

Iris 'Custom Design'

Iris monnieri

Iris monnieri DC. Wird von Brian Mathew jetzt als alte Hybride zwischen *I. orientalis* und *I. xanthospuria* betrachtet, die nach Frankreich eingeführt wurde und dort 'Iris von Rhodos' hieß, als sie im frühen 19. Jahrhundert von Redouté gemalt wurde. Die Blüten sind blaß-zitronengelb, die Pflanze aber ähnlich *I. orientalis*. *Iris* 'Ochracea', die Hybride zwischen *I. orientalis* und *I. crocea*, hat kräftiger gelbe Blüten und bis 1,5 m hohe Stengel.

Iris spuria-Sorten. Diese Sorten wachsen alle stark und sind aufrechte, bis 2 m hohe Pflanzen. B: hauptsächlich 6. Sie erfordern guten, nährstoffreichen, feuchten Boden und volle Sonne, wenn sie reich blühen sollen. Reiche Blüte ist im kontinentalen Klima mit heißen Sommern, wie bei uns, zu erwarten. Sie brauchen nach der Pflanzung 1-2 Jahre, um sich zu etablieren und danach reich zu blühen, und sind dann gute ausdauernde Stauden. Wegen ihrer Winterhärte und Hitzetoleranz wie auch Verträglichkeit gegenüber Salzboden oder Kalkboden sind die *Iris spuria*-Hybriden im Inneren der Vereinigten Staaten so beliebt. Viele der heutigen neuen Hybrid-Sorten sind in den USA gezüchtet. Farbspiel und Blütenform werden kontinuierlich verbessert. Die Arten, von denen diese Hybriden abstammen, sind auf der vorhergehenden Seite abgebildet. Es gibt viele neue Namenssorten, einschließlich 2farbiger mit Blüten, die braune und rot-purpurne Töne enthalten. 'Adobe Sunset', 'Imperial Bronze', 'Red Clover' und 'Cherokee Chief' sind gute Beispiele der neueren Hybriden. Die meisten Sorten wurden im Garten von Wisley aufgenommen, wo sie in den Versuchsbeeten stehen.

'Cambridge Blue' Eingeführt von Barr and Sons 1924. Die ursprüngliche Kreuzung zwischen *I. monnieri* und *I. spuria*, 'Monspur', wurde von Sir Michael Forster gemacht, und aus dieser Kreuzung züchtete Thomas Barr 'Cambridge Blue', 'Premier' und 'A. J. Balfour'.

'Clarke Cosgrove' B. Hager 1974, USA.

'Custom Design' B. Hager.

'Dawn Candle' Ferguson 1965.

'Media Luz' B. Hager 1967.

'Norton Sunlight'

'Protégé' B. Hager 1966.

Iris 'Cambridge Blue'

Iris 'Dawn Candle'

Iris 'Clarke Cosgrove'

Iris 'Media Luz' im Versuchsbeet in Wisley

Iris 'Norton Sunlight'

Iris 'Protégé'

Iris ensata 'Rose Queen' bei Beth Chatto

Iris 'Sano-no-Yuki'

Iris 'Shihainami'

Iris 'Mandarin'

Iris 'Haro-no-umi'

Iris ' Nari-hera'

Iris pseudacorus bei Gibbon's Brook, Sellindge, Kent

Iris laevigata

Iris ensata (Art)

Iris ensata Thunb. syn. *I. kaempferi* Siebold (Sektion *Laevigatae*). Nordost-Asien, in Japan, Korea, Nordost-China und Ost-Sibirien; in Sümpfen, Gräben und nassen, grasigen Stellen. B: 6-7. Bildet dichte Büsche schmaler, aufrechter, bis 60 cm hoher und 1,2 cm breiter Blätter mit deutlich verdickter Mittelrippe. Blütenstengel 40-80 cm hoch mit wenigen Seitenzweigen. Blüten purpurn, ca. 10 cm groß mit schmalen, aufrechten Domblättern. WH: bis –20°C oder darunter. Für nassen Boden oder Flachwasser an Stellen, die möglichst im Winter trockener sind. Die Wildform wird manchmal var. *spontanea* (Mak.) Nakai genannt. Die hier gezeigte Pflanze wurde von Brian Halliwell (BH 407X) gesammelt und hat die typischen rötlich-purpurnen Blüten. Blaublütigere Formen wurden von Roy Lancaster am Naturstandort in Nord-China fotografiert.

Iris-'Kaempferi'-Hybriden. Dies sind die großblütigen kultivierten Formen von *I. ensata*, einige davon wahrscheinlich Hybriden mit *I. laevigata*, die meist in Japan gezogen wurden. Sie haben meist größere, flachere Blüten, deren innere und äußere Blütenteile gerundet und gerüscht sind. Lilablau ist die verbreitetste Farbe, aber es gibt auch Rosa, ein fast kräftiges Rot, Weiß und ein blasses Gelb. 'Aichi-no-Kagayaki' ist eine Kreuzung mit *I. pseudacorus* mit goldgelben Blättern im Frühling, wächst jedoch sehr schwach. Alle Sorten benötigen feuchten, sauren Boden, wobei das Rhizom über Wasser wachsen sollte, die Wurzeln jedoch in den nassen Boden hineinreichen. Sie blühen im Hochsommer. Nachfolgend eine kleine Auswahl von Sorten aus dem Angebot in Europa:

'Haro-no-umi' Rötlich-purpur mit blasserem Rand.

'Mandarin' Rosapurpur.

'Nari-hera' Dunkelpurpur-blau, gefüllt.

'Rose Queen' Blaßrosa, sonst ähnlich in Größe und Form der Wildart.

'Sano-no-Yuki' Gefüllt, weiß.

'Shihainami' Dunkelpurpur, gefüllt.

Iris laevigata Fischer (Sektion *Laevigatae*). Japan, Korea, Nord-China und Sibirien, vom Baikal-See und dem Altai-Gebirge ostwärts; in Sümpfen, an Seen und Flüssen. B: 5-7, meist vor *I. ensata*. Bildet lockere Büsche mit ausgedehnten Rhizomen. Blätter 40-60 cm lang, 4 cm breit und ohne ausgeprägte Mittelrippe. Stengel 30-70 cm hoch, meist 3blütig. Blüten 8-10 cm groß, bläulich, selten weiß. Problemlos in nassem Boden oder Flachwasser. Die in den Gärten verbreiteten, hier gezeigten Klone blühen oft nochmals im Herbst; es gibt auch eine beeindruckende panaschierte Form. WH: bis –20 °C und darunter.

Iris pseudacorus L. (Sektion *Laevigatae*) *Gelbe Sumpfschwertlilie*. Europa, von den Färöer-Inseln, Irland und Schottland südlich bis Nordafrika und östlich bis West-Sibirien, den Kaukasus, Türkei, Iran und Syrien, eingebürgert in Nordamerika; nasse Felder und Sümpfe, an Flüssen und Seen. B: 5-8. Stengel bis 150 cm hoch. Blätter 1,5-3 cm breit. Blüten 7-10 cm groß. Es gibt auch eine blaßgelbblütige Form und var. *bastardii*, deren Blüten die bräunliche Zeichnung fehlt. *I..pseudacorus* wurde mit *I. chrysographes* gekreuzt und ergab die Sorte 'Holden Clough' (siehe Seite 221) und auch mit *I. ensata* (s. o.) gekreuzt. *I. pseudacorus* 'Variegata' hat beim Austrieb blaßgrün gerandete Blätter mit gelber Mitte. Die Blätter werden später blaßgrün. Auch eine gefüllt-blühende Form ist in Kultur. R. E. Berlin brachte einige tetraploide großblütige Sorten in den Handel.

Gräser und Seggen aus Wisley, 15. Mai, 1/4 nat. Größe

Panicum virgatum 'Rubrum'

Carex comans Berggren 'Blaßgrüne Form' *(Cyperaceae).* Neuseeland; Weideunkraut, feuchte Stellen, bis 1300 m. Dichte Schöpfe feiner, überhängender, ca. 1 mm breiter Blätter; Halme meist grün, bei dieser Form weißlich, sonst auch bräunlich, bis 70 cm lang. Ungewöhnliche Pflanze wie ein Mop aus langem blassem Haar. WH: bis –10 °C.

Carex elata 'Aurea' siehe Seite 232.

Carex muskingumensis Schweinitz *Palmwedelsegge.* Östliches Nordamerika, von Ohio bis Manitoba, südlich bis Missouri und Ost-Kansas; feuchte Wälder und Gehölze. B: 6-8. Kriechendes Rhizom und aufrechte, 60-90 cm lange Halme. Blätter bis 5 mm breit, Ährchen 16-26 mm lang. Für jeden feuchten Boden in Sonne oder Halbschatten. WH: bis –20 °C.

Melica altissima L. 'Purpurea' *(Gramineae).* Östliches Europa, von der Tschechoslowakei und Rußland bis Zentralasien und südwärts zur Ost-Türkei; Gebüsch und auf Felsen, an Wasserläufen. B: 5-8. Lockere Horste mit Halmen bis 2,5 m. Flache, bis 15 mm breite Blätter. Dichte, am Grunde offene, 10-20 cm lange Blütenrispen. Für Waldbereiche, in Halbschatten oder Sonne. WH: bis –20 °C.

Milium effusum L. 'Aureum' *(Gramineae) Goldflattergras.* Europa, von England südlich bis Spanien und östlich bis Sibirien und Himalaja und in Nordamerika von Maine bis Ontario, südlich bis Massachusetts und Illinois; in feuchten Wäldern. B: 6-7. Kurzlebige Pflanze mit dünnem Wurzelstock. Blätter 5-10 mm breit und bei 'Aureum' goldgelb. Wenn die Sorte alleine steht, fällt sie samenecht. Halme 50-120 cm einschließlich der pyramidenförmigen, 10-25 cm langen Blütenrispe mit abwärts gespreizten Ästchen. Ährchen 2-3 mm. Elegantes und schönes Gras für schattige Lage. Die goldfarbenen Blätter von 'Aureum' sind besonders an schattigen Stellen im Frühjahr schön. WH: bis –20 °C oder darunter.

Panicum virgatum L. 'Rubrum' *(Gramineae) Rutenhirse.* Nordamerika, von Maine westlich bis Saskatchewan, südlich bis Florida, Arizona und Costa Rica und auf den westindischen Inseln; an nassen und trockenen Stellen. B: 8-9. Kriechendes Rhizom und aufrechte, bis 1,2 m hohe Halme. Blätter 6-12 m breit und bei 'Rubrum' im Spätsommer verfärbend. Ährchen 3-5 mm. Für jeden guten Gartenboden in voller Sonne. WH: bis –20 °C oder darunter.

Phalaris arundinacea L. var. *picta* 'Picta' *(Gramineae) Buntes Rohrglanzgras.* Europa, einschießlich Britische Inseln, ostwärts bis Sibirien und Nordamerika, südlich bis New Jersey und Colorado; nasse Stellen und Flachwasser. B: 6-7. Rhizom kriechend. Halme 60-200 cm. Blätter ca. 10 mm breit. Etwa 5 mm lange, gedrängt stehende Ährchen. Zur Belebung von Staudenbeeten. Für jeden guten Gartenboden. WH: bis –20 °C oder darunter.

Stipa gigantea Link *(Gramineae) Riesenfedergras.* Mittel- und Südspanien und Portugal; an trockenen, felsigen Hängen bis ca. 1500 m. B: 4-5. Große dichte Horste zäher, überhängender Blätter. Halme bis 2,5 m hoch. Rauhe, 2-12 cm lange Grannen. Für trockenen Sand- oder Kalkboden mit gutem Wasserabzug. WH: bis –15 °C, wahrscheinlich darunter. Besonders auf feuchten, schweren Böden absterbend. Oft Schneckenschaden am Triebgrund.

Stipa pulcherrima C. Koch *Prachtfedergras.* In den meisten Teilen Europas, von Mittelfrankreich und Norddeutschland südwärts bis Sizilien und ostwärts bis Süd-Rußland, den Kaukasus und Kopet Dağ; Steppen und trockene, felsige Triften. B: 6-8. Kleine Büsche bildend. Blätter rauh und zäh, 1 mm, überhängend. Halme bis 1 m mit kurzer, 10-15 cm langer Ähre. Grannen bis 50 cm lang, am Grunde etwas korkenzieherartig gedreht mit langen, bis 7 mm, seidig behaarten Borsten. WH: bei Trockenheit bis –25 °C. Siehe auch Seite 170, großes Bild.

Stipa gigantea mit *Cotinus coggygria* 'Folii Purpureis' in Withersdane Hall, Wye, Kent

Phalaris arundinacea 'Picta' in Cedar Tree Cottage, Sussex

Milium effusum 'Aureum' (junge Blätter im Frühling)

Stipa pulcherrima

Carex elata 'Aurea' in Longstock Park Gardens, Hampshire

Carex elata 'Aurea'

Carex pendula

Cyperus longus am Seven Acres Lake in Wisley

Carex elata All. 'Aurea' syn. *C. stricta* Good. *(Cyperaceae) Steife Segge.* Europa, Nordafrika, Kaukasus; nicht saures Flachwasser, nasse Niederungen. B: 4-6. Bildet bis 1,5 m breite Bulten. Halme bis 1,2 m, leicht überhängend. Blätter 2-6 mm dick. 1-2 männliche Ährchen; 2-4, 30-70 cm lange, zur Fruchtzeit aufrechte weibliche Ährchen. Meist wird 'Aurea' gezogen. Die Bulten sind im Frühling hellgrün und im Spätsommer dunkler. *C. flava* L., die Gelbe Segge, mit bis 50 cm hohen Halmen und kurzen, zur Fruchtzeit abgespreizten Ährchen, wird manchmal anstelle von *C. elata* 'Aurea' verkauft. Sie wächst an ähnlichen Stellen in Nordeuropa und Nordamerika.

Carex pendula Hudson *Riesensegge.* Meiste Teile Europas (ausgenommen äußerster Norden), südlich bis Afrika und Türkei; Wälder und feuchte schattige Stellen, meist auf schwerem Boden; B: 4-6, fruchtend 7-8. Bildet bis 2 m breite Bulten. Überhängende, bis 150 cm lange Halme. Dunkelgrüne, 15-20 mm breite Blätter. Weibliche Ährchen zu 4-5, 7-16 cm lang hängend mit vielen kleinen Früchten. WH: bis –25 °C. Elegante, immergrüne große Pflanze für Halbschatten. Auffallende männliche Ährchen zur Blütezeit im Frühling (Foto) und weibliche fruchtende im Sommer.

Carex pseudocyperus L. *Zypergrassegge.* Meiste Teile Europas, bis Nordasien und Japan, Nordamerika, Nova Scotia bis Saskatchewan und bis Connecticut und Michigan und südliche Insel Neuseelands; Flußufer, Kanäle, Seen und nasse Sümpfe. B: 6-8. Aufrechte, bis 1 m hohe Halme. Blätter 5-10 mm breit, länger als die Halme. 1 männliches Ährchen und 3-5 nickende, 2-6 cm lange, 8-12 mm dicke weibliche Ährchen. Früchte mit langem, spitzem Schnabel. Schön für Uferbepflanzung.

Cyperus longus L. *(Cyperaceae) Langes Zypergras.* Europa bis Ungarn, Spanien und Portugal, ostwärts bis Türkei und Südost-Rußland; sumpfige Stellen und Flachwasser, oft unter Bäumen. B: 7-9. Halme bilden lockere, bis 150 cm hohe Büsche. Blätter 2-10 mm breit. Ährchen 4-25 mm × 1-2 mm, dunkelbraun oder rötlich. Elegante Pflanze am Wasser.

Glyceria maxima (Hartm.) Holmberg 'Variegata' *(Gramineae) Wasserschwaden.* Europa, von Großbritannien bis Südfrankreich und östlich bis zum Kaukasus, Zentralasien und Nordwest-China; in Flachwasser, an Gräben, Kanälen und langsam fließenden Gewässern. B: 7-8. Kriechendes Rhizom und aufrechte, bis 2 m hohe Halme. Blätter bis 2 cm breit. Ährchen 5-8 mm lang, schmaloval, dunkelbraun und ziemlich hart. WH: bis –20 °C.

Helictotrichon sempervirens (Vill.) Besser ex Pilger *(Gramineae) Blaustrahlhafer.* Südost-Frankreich und Nordwest-Italien, in den südwestlichen Alpen; auf felsigen und steinigen Berghängen. B: 6-7. Dichte Horste aufrechter, blaugrauer, bis 60 cm langer Blätter und bis 1,2 m langer verzweigter Halme. Mit 30-55, je 10-14 mm langen Ährchen. Für sonnige Lage bei gutem Wasserabzug. WH: bis –15 °C. *Lymus arenarius* (L.) *Hochst. Strandroggen*, auf Sanddünen in Südwesteuropa, breitere ebenso blaue, bis 1 cm oder breiter werdende, bis 100 cm lange Blätter, jedoch durch Auslaufer schnell lastig.

Imperata cylindrica 'Rubra'

Scirpus lacustris subsp. *tabernaemontani* 'Zebrinus'

Helictotrichon sempervirens

Scirpus sylvaticus

Glyceria maxima 'Variegata'

Carex pseudocyperus

Miscanthus sinensis 'Zebrinus'

Imperata cylindrica (L.) Beauv. 'Rubra' *(Gramineae) Japanisches Blutgras.* China, Korea, Japan; brachliegende Flächen im Flachland. B: 5-6. Horste 20-50 cm hoher, aufrechter, 7-12 mm, flacher Blätter; kräftig rot in 'Rubra'. Blütenstand 30-80 cm hoch mit behaarten Knoten in silbrigen, ährenähnlichen Rispen. Ährchen 3,5-4,5 cm lang mit Büscheln silbriger Haare. Eines der ausgeprägtesten und schönsten Ziergräser. Für Sonne oder Halbschatten. WH: bis –15 °C.

Miscanthus sinensis Anderss. 'Zebrinus' *(Gramineae) Zebragras.* Diese Form von *Miscanthus sinensis* (siehe Seite 451) ist eine alte japanische Gartenpflanze. Die ungewöhnlich hellen Querbinden der Blätter ähneln denen von *Scirpus* 'Zebrinus'.

Scirpus lacustris L. subsp. *tabernaemontani* (C. C. Gmel.) A. & D. Love 'Zebrinus' syn. *Schoenoplectus tabernaemontani* (C. C. Gmel.) Pallas *(Cyperaceae), Teichsimse.* Europa, von Großbritannien südlich bis Portugal und ostwärts bis Sibirien und Nordwest-China; an Flüssen, Kanälen, Gräben, Teichen und in Sümpfen, besonders in Seenähe. B: 6-7; kriechendes Rhizom; ziemlich schlanke, blaugrüne, gelbweiß-geringelte, bis 1,5 m hohe Halme. Ährchen 5-6 mm lang. Beeindruckende Pflanze für Flachwasser. WH: bis –25 °C oder darunter.

Scirpus sylvaticus L. *Waldsimse.* Europa, von Großbritannien ostwärts bis Kaukasus, Sibirien, Nordwest-China und Nordamerika (Maine und Michigan bis Georgia); nasse Stellen, an Flüssen und in lichten Wäldern. B: 6-7. Kriechendes Rhizom und überhängende, bis 1 m lange Halme. Grüne, flache, 2 cm breite Blätter. Ährchen 3-4 mm lang. Elegante Pflanze am Wasser oder im Sumpfbeet. WH: bis –20 °C oder darunter.

Moosgarten in Ryoan-ji, Kyoto, Japan

Leucobryum glaucum

Hakonechloa macra 'Aureola'

Eriophorum vaginatum bei Aviemore

Carex fraseri Andr. *(Cyperaceae) Frühlingsschneesegge.* Östliches Nordamerika, von Südwest-Virginia, Ost-Tennessee und North Carolina; in feuchten Wäldern. B: 5-7. Dichte Büsche mit 15-45 cm langen Halmen und tiefgrünen, immergrünen, 2,5-5 cm breiten Blättern. Einzeln endständige, oben männliche, unten weibliche Ähre. Für feuchte Böden und Schatten. Eine der beeindruckendsten Seggen mit breiten Blättern und weißen Früchten. Einige andere amerikanische Seggen wie z. B. *C. platyphylla* Carey haben gleich breite Blätter, aber mehrere, meist getrennt männliche oder weibliche Ähren.

Carex morrowii Boott 'Evergold' *Japansegge.* Japan, in West-Honshu, Shikoku und Kyushu; in Wäldern, im Flachland. B: 4-5. Dichte, bis 1 m breite Horste immergrüner, bis 9 mm breiter, bei 'Evergold' mit blaßgelber oder weißer Mitte oder schmalem, weißem Rand bei 'Variegata'. Blütenstände 20-50 cm hoch mit einem endständigen Ährchen und 2-4 weiblichen, bis 2,5 cm langen Ährchen. Früchte schwach flaumhaarig. Für feuchten Laubboden in Schatten oder Halbschatten. WH: bis –10 °C. 'Evergold' wird manchmal als *C. oshimensis* Nakai angeboten.

Carex ornithopoda Willd. 'Variegata' *Vogelfußsegge.* Europa; oberflächlich *C. morrowii* ähnlich, jedoch mit schmaleren, nur 4 mm breiten Blättern und kleineren, 3-10 mm langen, weiblichen Ährchen. Geeignet für trockene, sonnige Stellen auf Sand- oder Kalkboden.

Eriophorum vaginatum L. *(Cyperaceae) Scheidiges Wollgras.* Nordeuropa, von Schottland und Irland südlich bis Spanien, Norditalien, Griechenland und ostwärts bis Sibirien und Nord-Japan; nasse Torfmoore, besonders im Gebirge. B: 4-5 und Fruchtstände (Foto) 5-6. Dichte Horste mit 30-50 cm hohen Stengeln. Blätter sehr schmal, bis 1 mm breit. Einzelstehende Blütenschöpfe mit seidigen, ca. 2,5 cm langen Borsten. Schöne Pflanze für feuchte Torfbeete in Verbindung mit Heide-

Luzula nivea 'Schneehäschen'

Luzula sylvatica am Fuße einer Buchenhecke, Kildrummy Castle, Aberdeenshire

Carex ornithopoda 'Variegata'

Carex fraseri

Carex morrowii 'Evergold'

kraut. *E. scheuchzeri* Hoppe von Nordeuropa und Alpen, Nordamerika ist ähnlich, aber lockerer im Wuchs mit etwa 3 cm langen Borsten. *E. callithrix* Cham.. Neufundland und Alaska, südlich bis Massachusetts und Wisconsin, hat ähnlich lockere, scheidigumfassende Stengelblätter. *E. angustifolium* Honck. mit mehreren hängenden Blütenschöpfen hat lange, kriechende Rhizome und ist das verbreitete Wollgras Nordeuropas.

Hakonechloa macra Mak. ex Honda 'Aureola' *(Gramineae) Japanwaldgras.* Japan, im Tokaido-Distrikt von Südost-Honshu; auf nassen Felsklippen, im Gebirge. B: 8-10. Mit kurzem kriechendem Rhizom dichte Horste bildend. Überhängende, 40-70 cm lange Halme. Für feuchten Torfboden in Schatten oder Halbschatten. WH: bis –15 °C. Schönes Gras am Rand einer kühlen Schattenstaudenpflanzung.

Leucobryum glaucum (Hedw.) Schp. *(Dicranaceae) Ordenskissenmoos.* Europa, Asien und Nordamerika; in lichten Waldbereichen, auf saurem Waldhumusboden und in nassen Gebieten, auch epiphytisch auf Bäumen. Bildet rundliche, bis 20 cm große, blaßgrüne, trocken weißliche Polster. Einzelne Triebe etwa 6 mm dick, dicht mit schuppenähnlichen Blättern besetzt und bis 20 cm lang. Für feuchte oder nasse, sehr saure Böden in Schatten oder kühler Lage. Moose werden in europäischen Gärten selten verwendet, obwohl sie geduldet oder sogar gefördert werden sollen; ein gutes Beispiel für einen Ordenskissenmoos-'Rasen' gibt es in Knightshayes Court in Devonshire und im Savill Garden in Windsor. In Japan jedoch ist Moos in der Gartenkultur wichtiger normaler Bestandteil. Man nutzt es dort als langsam wachsende grüne Bodendecke, wo es für Gras zu schattig ist. Es ist geeignet, weil es weder gemäht noch gedüngt werden muß und in der normalen Höhe bleibt. Andere Moose, die man bei der Ansiedlung fördern sollte, sind *Mnium hornum* und verschiedene *Polytrichum*-Arten.

Luzula nivea (L.) DC. 'Schneehäschen' *(Juncaceae), Schneemarbel.* Nordfrankreich, südlich bis zu den Pyrenäen, Alpen, Mittelitalien und Nord-Jugoslawien; subalpine Wälder, Gehölze und schattige Hänge. B: 6-7. Mit Ausläufern lockere, bis 60 cm große Horste bildend. Halme bis 60 cm hoch. Blätter 3-4 mm breit mit zerstreuten weißen Haaren. Blüten 5 mm lang. Für feuchte Laubböden. WH: bis –20 °C.

Luzula sylvatica (Huds.) Gand. syn. *L. maxima* (Reich.) DC. *Waldmarbel.* Europa, südlich bis Spanien und ostwärts bis Türkei und Kaukasus; feuchte, saure Wälder und felsige Hänge, in Mooren. B: 5-6; dichte Horste weicher, leuchtend grüner, bis 12 mm breiter Blätter. Überhängende 30-80 cm hohe Halme. Dunkelbraune, 3-3,5 mm lange Blüten zu 3-4 büschelig zusammenstehend. Für schattige Lage oder kühlen, feuchten, humosen Boden in voller Sonne. WH: bis –20 °C. 'Marginata' hat schmale, weiße Blattränder, aber ist weniger schön als die reine Art.

Clematis integrifolia bei Harry Hay, Surrey

Clematis integrifolia 'Hendersonii'

Clematis integrifolia f. *rosea*

Clematis texensis in Harry Hays Garten, Surrey

Anemonopsis macrophylla Sieb. & Zucc. *(Ranunculaceae) Scheinanemone.* Mittel-Honshu in Japan; Bergwälder; B: 7-9. Kräftiger Wurzelstock mit aufrechten, bis 80 cm hohen Stengeln. Tiefeingeschnittene, 2- bis 3fach zusammengesetzte Blätter. Blättchen 4-8 cm lang. Hängende, 3-3,5 cm große Blüten mit 7-10 Blumenblatt-artigen Kelchblättern und ca. 10 Blütenblättern. Für sehr geschützte, schattige Lage in Laubboden. Blätter vertragen keinen trockenen Wind und lassen die Pflanze oberirdisch absterben. WH: bis –15 °C.

Clematis addisonii Britton *(Ranunculaceae).* Östliches Nordamerika, von Südwest-Virginia und North Carolina wahrscheinlich bis Tennessee; in buschbewachsenen Hängen. B: 5-6, im Garten 7-8. Mehrere bis 2 m hohe, kletternde, im Herbst absterbende Triebe. Ovale, an der Spitze abgerundete, blaugrüne, sitzende oder am oberen Bereich gestielte Blätter mit wenigen, 5-10 cm langen

Anemonopsis macrophylla

Clematis addisonii bei Harry Hay, Surrey

Clematis fremontii

Clematis × bonstedtii 'Wyevale'

Clematis recta f. *purpurea*

Clematis × jouiniana 'Praecox'

Ranken. Blüten 1,8-3 cm lang mit dicken, fleischigen Tepalen. Für jeden nährstoffreichen Gartenboden in Sonne oder Halbschatten. WH: bis –15 °C.

Clematis × bonstedtii hort. 'Wyevale' syn. *C. davidiana* 'Wyevale'. *C. × bonstedtii* ist die Kreuzung zwischen *C. heracleifolia* 'Davidiana' und *C. stans*. 'Wyevale' wurde früher als Auslese von 'Davidiana' betrachtet und nach der gleichnamigen Baumschule in Hereford benannt. Die Blüten von 'Wyevale' sind richtig blaß-himmelblau, duftend und etwa 4 cm groß. Aufrechte, bis 1 m hohe, der Stütze bedürfende Stengel. WH: bis –20 °C oder darunter. Andere Sorten und auch *C. stans* selbst haben mehr röhrige, blassere Blüten; siehe im Sträucher-Buch Seite 199.

Clematis fremontii S. Wats. Nordamerika, Kansas, Nebraska und Missouri; auf Kalkhügeln. B: 4-5. Behaarte, 15-45 cm hohe Stengel aus kräftigem Wurzelstock. Nur aufsitzende, auf den Adern und an den Rändern behaarte Blätter. Blüten ca. 2,5 cm lang. Für vollsonnigen Stand mit gutem Wasserabzug. WH: bis –20 °C oder darunter.

Clematis integrifolia L. Europa, von Österreich bis Bulgarien, Kaukasus und Zentralasien; im Grasland und der Steppe; B: 6-8. Mehrere aufrechte oder liegende, bis 1 m lange Triebe aus kräftigem Wurzelstock. Ovale Blätter bis 9 cm. Nickende, bis 4 cm lange Blüten mit 4 Tepalen. Forma *rosea* blüht rosa und wurde durch Plantsmen in den 60er Jahren verbreitet. 'Hendersonii' hat blaue, etwa 6 cm große Blüten. 'Olgae' duftet und hat einen gewellten tepalen Rand. Für jeden nährstoffreichen Boden in voller Sonne. WH: bis –20 °C oder darunter.

Clematis × jouiniana C. K. Schneid. 'Praecox'. Kreuzung zwischen *C. heracleifolia* 'Davidiana' und *C. vitalba* (Waldrebe). Um 1900 in Metz entstanden. Bis 3 m hohe Jahrestriebe aus verholztem Stengelgrund. Reichblühend, Einzelblüte duftend, bis 2 cm. B: 7-9. Für Sonne oder Halbschatten, an Mauern oder durch Sträucher kletternd. WH: bis –20 °C oder darunter.

Clematis recta L. Europa, von Frankreich und Spanien bis Polen, Bulgarien, Kaukasus und Rußland; in Gehölzen und auf sonnigen Hügeln. B: 6-7. Büsche mit hohlen, bis 1,5 m langen Trieben. Blätter einfach gefiedert, Blättchen bis 9 cm lang. Blüten 1-4 cm groß. Forma *purpurea* (Abbildung) hat purpurne Blätter. Die Farbintensität variiert mit Jahreszeit und Auslesetyp. Für jeden Boden in voller Sonne. WH: bis –25 °C.

Clematis texensis Buckley. Östliches Nordamerika, in Texas, zwischen Colorado und Rio Grande; in nährstoffreichen Böden, auf schattigen Kalkfelsen, an Wasserläufen. B: 7-9. Stengel oft einjährig, manchmal am Grunde ausdauernd, bis 3 m lang, aus kräftigem Wurzelstock. Blätter blaugrün, einfach oder 3teilig, fein zugespitzt, herzförmig. Blüten 2-3 cm lang, scharlachrot oder rötlich purpur. Für warme Lage. WH: bis –15 °C.

Delphinium nudicaule bei Axeltree Nursery, Kent

Delphinium barbeyi in den Bergen oberhalb Flagstaff, Arizona

Delphinium × belladonna 'Moerheimii'

Delphinium × belladonna 'Lamartine'

Delphinium × ruysii 'Pink Sensation'

Delphinium cardinale

Delphinium tatsienense in Crathes Castle, Aberdeenshire

Delphinium elatum im System in Kew

Delphinium barbeyi Huth *(Ranunculaceae)*. Ost-Arizona, Wyoming, Colorado, Utah und New Mexico; auf grasigen, subalpinen, leicht buschigen Flächen. B: 7-8. Bis 2,5 m hohe Triebe aus kräftigem Wurzelstock. Blätter mit 5 geteilten Lappen. Blüten mit lanzettlich spitzen Kelchblättern, etwa 2 cm groß. Blütenstandsachse kahl. Für jeden guten Gartenboden in sonniger Lage. WH: bis –20 °C.

Delphinium × belladonna (Kelway) Bergmans. Diese zierlich verzweigten Rittersporne sind Kreuzungsergebnisse von Sorten aus *D. elatum* und einer sich verzweigenden Art, wie z. B. *D. grandiflorum* L. aus Sibirien und Nord-China, die *D. tatsienense* sehr ähnlich ist. Die ersten Kreuzungen wurden von Kelways, Ruys und Lémoine um 1900 gemacht. Wenige dieser Sorten sind noch bis heute erhalten geblieben. Abgebildet sind 'Lamartine' von Lémoine 1903 und 'Moerheimii' von Ruys 1906.

Delphinium cardinale Hook. syn. *D. coccineum* Torr. *Roter Rittersporn*. Süd-Kalifornien, von Monterey Co. bis San Diego Co. und in Baja California; offene Plätze, in trockenen Gehölzen und Chaparral-Gebüsch sowie lichten Wäldern. B: 5-7. Aufrechte, unverzweigte oder im unteren Teil mit kleinen Trauben besetzte, bis 2 m hohe Stengel aus dickem, verholztem Wurzelstock. Blüten scharlachrot, selten gelb, 2-3 cm groß mit 1,5-2 cm langem Sporn an 2-6 langen, aufwärts gerichteten Stielchen. Für warme, sommertrockene Lage bei gutem Wasserabzug. WH: vielleicht bis –10 °C.

Delphinium elatum L. Europa, von den östlichen Pyrenäen und der Provence bis zum Kaukasus, Zentralasien, Sibirien und Nordwest-China; grasige Stellen und lichte Wälder; in den Alpen von 1500-1900 m. B: 6-8. Zahlreiche, kräftige, bis 2 m lange Stengel aus kräftigem, verholztem Wurzelstock. Blätter gezähnt, 5lappig. Kelchblätter bis 1,6 cm lang. Sporne etwa 1,6 cm lang. Für jeden ziemlich feuchten Boden mit gutem Wasserabzug in Sonne oder Halbschatten. Von dieser Art stammen die Gartenrittersporne ab. Die Art wurde wahrscheinlich 1597 über St. Petersburg aus Sibirien in die Kultur eingeführt. Die ersten Züchtungen entstanden bei Kelways in Lanport ab 1875 und in neuerer Zeit bei Blackmore und Langdon in Pansford bei Bristol und in mehreren Staudengärtnereien Deutschlands.

Delphinium nudicaule Torr. & A. Gray. Kalifornien und Süd-Oregon, von Monterey Co. nordwärts bis in den Küstenbereich und von Mariposa und Plumas Cos. nordwärts bis zur Sierra Nevada; in Chaparral-Gebüsch und lichten Wäldern, auf Hängen unterhalb 2200 m. B: 5-6. Knolliger Wurzelstock mit verdickten Wurzeln. Meist schwachverzweigte, bis 60 cm hohe Stengel mit wenigen Blüten. Langstielige Blüten mit 2,5-3,2 cm langen Spornen der aus den Kelchblättern geformten Blütenglocke. Für warme, sommertrockene Lage mit gutem Wasserabzug in Sonne oder Halbschatten. WH: vielleicht bis –15 °C.

Delphinium × ruysii hort. ex Möllers 'Pink Sensation' syn. *'Rosa Überraschung'*. Kreuzung aus Gartenrittersporn und *D. nudicaule*, von Ruys in den 20er Jahren gezüchtet. Tausende von Sämlingen wurden unter Nutzung von *D. nudicaule* als Samenelter gezogen, ergaben aber nur reine *D. nudicaule*-Sämlinge, bis nach Aufgabe der Kreuzungsversuche 1 Sämling auftauchte, der ein Kreuzungsergebnis zu sein schien. In der 2. Kreuzungsgeneration entstand dann die Sorte 'Pink Sensation', die sich als tetraploid und fertil erwies. Verzweigte, bis 90 cm hohe Stengel. WH: bis –15 °C, vielleicht darunter.

Delphinium tatsienense Franch. West-China, Süd-Sichuan; felsige und grasige Hänge bis 4000 m. B: 6-7. Verholzter Wurzelstock mit mehreren verzweigten, bis 60 cm hohen Stengeln. Blüten 2,5 cm groß, leuchtend blau, an schlanken, aufsteigenden Stielchen. Sporn 3 cm. Für sandigen Boden mit gutem Wasserabzug in Sonne oder Halbschatten. Kurzlebig, aber problemlos aus Saat nachzuziehen. WH: bis –15 °C oder darunter.

Delphinium brunonianum an einem Fluß bei Gadsar, Kaschmir

Delphinium brunonianum

Delphinium brunonianum Royle *(Ranunculaceae)*. Pamir- und Himalaja-Gebirge, von Afghanistan und Nord-Pakistan bis Ost-Nepal und Südost-Tibet; an Felsklippen, in Geröllfeldern und steinigen Hängen von 4300-5500 m. B: 7-9. Drüsig behaarte Pflanze mit wenigen bis 20 cm hohen Stengeln aus kräftigem Wurzelstock. Im Umriß rundliche, 3-8 cm große, zu 2/3 tief gelappte Blätter. Blüten 3-5 cm, purpur mit breitem, stumpfem Sporn. Für volle Sonne an sommerfeuchten Stellen mit gutem Wasserabzug. WH: bis –20 °C oder darunter. Sehr ähnlich zu *D. cashmerianum* Royle, aber meist kleiner, mit größeren Blüten und drüsig behaart oder Haare mit verdicktem, gelbem Grund im Blütenstand.

Delphinium caeruleum Camb. Sikkim und Bhutan; an Felsklippen und grasigen, felsigen Hängen von 4000-4500 m. B: 8-10. Breitverzweigte, 5-15 cm, in Kultur bis 30 cm hohe Stengel. Weit auseinanderstehende Blüten auf 2-8 cm langen Stielchen. Blütenblätter und Kelchblätter ca. 15 mm lang, Sporn 18-22 mm lang. Für volle Sonne bei gutem Wasserabzug. WH: bis –20 °C.

Delphinium cashmerianum Royle. Himalaja, von Pakistan bis Nord-Indien; auf alpinen Hängen (O. Polunin fand ihn auf bewässertem Land in Ladakh), in 2700-4500 m. B: 7-9. Nicht drüsig behaart; Blüten meist 2-3 cm lang mit schlankem, bis 1,5 cm langem Sporn. Stengel bis 30 cm. Blätter 3-5 cm groß, tief gelappt. Für Sonne oder Halbschatten bei gutem Wasserabzug. WH: bis –20 °C oder darunter.

Delphinium glaucum Wats. syn. *D. scopulorum* Gray var. *glaucum*. Kalifornien, nördlich bis Alaska, in den Rocky Mountains; nasse Wiesen, an Flüssen, in 1500-3000 m. B: 7-9. Aufrechte, bis 2,5 m hohe Stengel aus kräftigem, verholztem Wurzelstock. Vielteilige, 8-13 cm breite Blätter. Blüten 16-24 mm breit. Sporn 8-10 mm lang. Hohe robuste Pflanze für jeden feuchten Boden. WH: bis –20 °C oder darunter.

Delphinium patens Benth. Kalifornien, im Küstengebiet und der westlichen Sierra Nevada; lichte Wälder und Gebüsch bis 1200 m. B: 3-5. Ziemlich dicke, bis 40 cm hohe Stengel aus knolligem Wurzelstock. Blütenstand einfach oder verzweigt, 6- bis 15blütig. Blüten bis 3 cm groß, Sporn ziemlich kräftig, 8-11 mm lang. Für volle Sonne an sommertrockener Stelle mit gutem Wasserabzug. WH: bis –10 °C.

Delphinium pyramidale Royle. Himalaja-Gebirge, von Pakistan bis Mittel-Nepal, verbreitet in Kaschmir; steinige Hänge, an Flüssen und Gehölze von 2000-3600 m. B: 7-9. Wenige aufrechte, bis 90 cm hohe Stengel aus kräftigem Wurzelstock. Blattlappen nicht überdeckend. Behaarte, ca. 3 cm lange Blüten. Für feuchten Boden mit gutem Wasserabzug in Sonne oder Halbschatten. WH: bis –20 °C oder darunter.

Delphinium semibarbatum Bienert ex Boiss. syn. *D. zalil* Aitch. Nordost-Iran, Afghanistan und Zentralasien, vom Kopet Dag und Badghis bis zum Ala Tau- und Tienshan-Gebirge in Nordwest-China; in grasigen Steppen; B: 4-7. Aufrechte, bis 80 cm hohe Stengel aus verdicktem Wurzelstock. Blätter handförmig, fein geteilt. Blüten ca. 1 cm groß. Sporn ca. 1 cm. Diese Art mit der ungewöhnlichen Blütenfarbe könnte vollkommen hart sein, leidet aber unter warmen, feuchten Bedingungen im Winter und Sommer. Für heiße, trockene Lage, nur mit Frühlingsfeuchtigkeit. WH: bis –20 °C oder darunter.

Delphinium trolliifolium Gray. Nordwest-Kalifornien und West-Oregon; feuchte, schattige Stellen, bis 1200 m in der immergrünen Waldzone. B: 4-7. Aufrechte, bis 1,5 m hohe Stengel aus tiefem verholztem Wurzelstock. Vielteilige, 10-15 cm breite Blätter. Lockerer Blütenstand mit 3-5 cm großen Blüten an abstehenden, bis 5 cm langen Stielchen. Sporn 15-20 mm. Attraktive Art für kühle, halbschattige Lage. WH: vielleicht bis –15 °C.

Delphinium semibarbatum

Delphinium trolliifolium im University Botanic Garden, Cambridge

Delphinium cashmerianum

Delphinium glaucum im System in Kew

Delphinium patens am Silver Lake

Delphinium pyramidale in Kaschmir

Delphinium caeruleum

Delphinium 'Demavand'

Delphinium 'Lilian Bassett'

Delphinium 'Strawberry Fair'

Delphinium 'Fanfare' im Versuch in Wisley

Delphinium 'Shasta'

Delphinium 'Blue Tit'

Delphinium 'Macaz'

Delphinium 'Spindrift'

Delphinium 'Leonora'

Delphinium im Garten von Beryl Pye in Eccleston Square, London

Einige Beispiele des großen Gartenrittersporn-Sortiments, dem auch eine Vielzahl deutscher Rittersporn-Sorten entspricht:

'Blue Tit' Blackmore und Langdon 1960. Bis 1,4 m. Blüten 7 cm groß.

'Crown Jewel' Blackmore und Langdon 1979; bis 2,8 m. Blüten 2,8 cm groß.

'Demavand' Parrett 1970/71. Bis 164 cm. Blüten 7,5 cm.

'Fanfare' Blackmore und Langdon 1960. Höhe bis 1,8 m. Blüten 7,5 cm.

'Leonora' Latty 1969. Höhe bis 1,5 m. Blüten 7,5 cm.

'Lilian Bassett' Bassett 1984. Höhe bis 1,5 m. Blüten 7,1 cm.

'Macaz' McIntosh. A. M. 1984.

'Purple Triumph' Blackmore und Langdon 1960. Blütenstand 72 cm lang. Blüten 7,5 cm.

'Sandpiper' Latty 1977. Höhe 1,2 m. Blüten 8 cm.

'Shasta' Bott. A. M. 1983.

'Spindrift' Cowan 1971. Höhe bis 2 m. Blüten 8 cm.

'Strawberry Fair' Blackmore und Langdon 1967. Höhe bis 2 m. Blüten 7 cm.

Delphinium 'Sandpiper'

Delphinium 'Purple Triumph'

Delphinium 'Crown Jewel'

Delpinium 'Honey Bee'

Delphinium 'Butterball'

Delphinium 'Can-Can'

Delphinium 'Blackmore's Blue'

Delphinium 'Turkish Delight'

Delphinium 'Loch Maree'

Delphinium 'Charles Gregory Broan'

Delphinium 'High Society'

Die neuen roten Delphinium-Sämlinge hinter Schutz in einem Versuchshaus in Wisley

Die Versuche zur Züchtung eines verläßlich winterharten roten Gartenrittersporns gehen weiter. Das Züchtungsprogramm von Ruys (20er Jahre) erbrachte nur die zierliche 'Pink Sensation' (siehe Seite 239). 1953 begann Dr. R. A. Legro sein Züchtungsprogramm in Wageningen in Holland und verlagerte es 1980 nach Wisley, dem Schaugarten der englischen königlichen Gartenbaugesellschaft. Ausgangspflanzen waren weiße Sorten von *D. elatum*, die mit *D. nudicaule, D. cardinale* und *D. semibarbatum* (syn. *D. zalil*) gekreuzt wurden, um einen gelben Rittersporn zu züchten. Der erste Schritt war, tetraploide Formen dieser Wildarten zu erzeugen, jedoch waren die Kreuzungsversuche zwischen diesen und den bereits tetraploiden *D. elatum*-Sorten enttäuschend. Der Erfolg kam erst mit allotetraploiden und deshalb keimfähigen Sämlingen von *D. nudicaule* × *D. cardinale* und *D. semibarbatum* × *D. cardinale*. Als diese mit der *D. elatum*-Sorte 'Black und White' gekreuzt wurden, gab es eine breite Palette bläulicher Sämlinge, aus denen in der 2. Generation andere Farben, einschließlich oranger und halbgefüllter roter sowie cremefarbener und gelber Exemplare auftauchten. Die Pflanzen waren sehr schön, aber kurzlebig, schwer zu vermehren und nicht samenecht zu ziehen. Um für das Staudensortiment wertvoll zu sein, müssen die neuen Farben der Gartenrittersporne verläßliche winterharte Stauden sein und problemlos in großen Mengen vermehrt werden können. Dies wurde endlich unter großen Schwierigkeiten durch Gewebekultur erreicht. Die ersten Pflanzen dürften im Frühjahr 1992 in England auf den Markt kommen, d. h. 39 Jahre nach Beginn der Züchtungsarbeiten.

Weitere Gartenrittersporn-Sorten:

'Blackmore's Blue' Blackmore und Langdon. Höhe bis 165 cm. Blüten 7,5 cm. A. M. 1947.

'Butterball' Blackmore und Langdon vor 1969. Höhe bis 1,9 m. Blüten 7 cm.

'Can-Can' McGlashan 1986. Höhe bis 2 m. Blüten 8,5 cm.

'Charles Gregory Broan' Broan 1967. Höhe bis 1,5 m. Blüten 6,5 cm.

'High Society' Rye vor 1985. Höhe bis 1,63 m. Blüten 9,2 cm breit.

'Loch Maree' Cowan 1968. Höhe bis 2,5 m. Blüten 7,5 cm.

'Stalwart' Gute, alte, elegante Sorte, die im Botanischen Garten Kew erhalten blieb. Höhe bis 1,8 m. Blüten ca. 2 cm.

'Turkish Delight' Blackmore und Langdon 1967. Höhe bis 1,7 m. Blüten 6,2 cm.

'Blackmore und Langdon'-Hybride, ein Sämling von Blackmore und Langdon aus den 40er Jahren. Diese alte Sorte haben wir in unserem Garten schätzen gelernt. Sie ist eine verläßlich langlebige Staude mit ziemlich kleinen, gut himmelblauen Blüten an bis 2 m hohen Stengeln.

Alte, verläßlich ausdauernde 'Blackmore und Langdon'-Sorte

Delphinium 'Stalwart' in Kew

Nymphaea alba bei Maam Cross in Connemara

Nymphoides peltata

Nuphar lutea

Nuphar lutea (L.) Sm. *(Nymphaeaceae), Mummel, Gelbe Teichrose*. Europa und Nordasien, ostwärts bis Japan; in Seen und Flüssen, oft auch bei wechselndem Wasserstand. B: 6-8, kriechendes Rhizom. Blätter unter Wasser, schwimmend oder aufragend. Schwimmblätter oval, dick oder ledrig, 12-40 cm breit. Blüten 4-6 cm groß mit 4-6 Kelchblättern und Brandyduft. In Wasser bis 3 m Tiefe. WH: bis –20 °C oder darunter.

Nuphar polysepala Engelm. Westliches Nordamerika, von Kalifornien bis Alaska und ostwärts bis Colorado und South Dakota; in Teichen und langsam fließenden Wasserläufen. B: 4-9. Unterscheidet sich von der europäischen *N. lutea* durch 7-9 bis 5 cm lange, manchmal rötliche Kelchblätter. Blätter breit-oval, bis 40 cm lang, schwimmend oder aus dem Wasser ragend. Durch ihre großen herausragenden Blätter beeindruckende Pflanze für Flachwasser. WH: bis –20 °C.

Nymphaea alba L. *(Nymphaeaceae), Weiße Seerose*. Von West-Irland und Nordwest-Afrika ostwärts bis Türkei, Rußland und Kaschmir; in Teichen, Seen und langsam fließenden Wasserläufen. B: 6-8. Lockere Büsche aus schwimmenden, 10-30 cm großen Blättern aus kräftigem Rhizom. Blüten 5-20 cm groß, weiß und am ersten Tag nach dem Öffnen meist duftend. (Die wilde rotblühende Form stammt aus Schweden.) Subsp. *occidentalis* Ostenf., eine kleinere Form mit 5-12 cm großen Blüten und kugeliger Frucht (Connemara und Perthshire). Günstig in 1-3 m tiefem Wasser. WH: bis –20 °C oder darunter.

Nymphaea 'Froebeli' Von Otto Froebel etwa 1898 durch wiederholte Selektion aus *N. alba* var. *rubra* in Zürich gezüchtet. Blätter purpurn. Blüten sehr klein, aber duftend. Gut geeignet für 45-60 cm tiefes Wasser.

Nymphaea 'Laydeckeri Fulgens' Züchter Marliac-Latour 1895, benannt nach seinem Betriebsleiter und Schwiegersohn Maurice Laydecker. Die 'Laydeckeri'-Hybriden sind kleiner als die 'Marliacea'-Hybriden und stammen wahrscheinlich von *Nymphaea tetragona* Georgi, einer zwergigen Art mit etwa 2,5 cm großen Blüten. Bei 'Laydekkeri Fulgens' sind die Blüten etwa 8 cm groß. Für kleine Teiche und Flachwasser von 30-60 cm.

Nymphaea 'Marliacea Carnea' syn. *'Marliac Flesh'*. Züchter Marliac-Latour 1887. Robuste, duftende, bis 20 cm breite Blüten. Blätter groß, jung purpurn. Für Wassertiefen 45-150 cm.

Nymphaea 'Marliacea Chromatella' syn. *'Marliac Yellow'*. Züchter Marliac-Latour 1887. Blüten gelb, 15 cm groß. Blätter braun gefleckt. Wahrscheinlich eine Kreuzung mit *N. mexicana*, die gefleckte Blätter und gelbe Blüten hat. Es gibt mehrere 'Marliacea'-Hybriden, die in der Farbe von Dunkelkarmin der Sorte 'Ignea' bis zu Weiß in der Sorte 'Albida' variieren.

Nymphaea odorata Dryander 'William B. Shaw'. Züchter Dreer etwa 1900. Blüten leicht über Wasser stehend, gut duftend. *N. odorata*, Nordamerika, von Neufundland und Cape Cod bis Kansas, Mexiko und Kuba. Wächst in Teichen, Sumpftümpeln und langsam fließenden Flüssen. B: 6-9. Bildet große Büsche mit langen, kriechenden Rhizomen. Blätter und Blüten variierend. 'William B. Shaw' braucht 45-60 cm tiefes Wasser. Andere Sorten dieser Art benötigen entsprechend ihrer Größe geeignete Wassertiefen.

Nymphaea 'Marliacea Carnea'

Nymphaea 'Marliacea Chromatella'

Nuphar polysepala

Nymphaea odorata 'William B. Shaw'

Nymphaea 'Froebeli'

Nymphoides peltata (Gmel.) O. Kuntze *(Menyanthaceae) Seekanne*. Europa, von Nord-England und Süd-Schweden ostwärts bis Kaukasus, Nordasien und Japan; in Seen und langsam fließenden Flüssen. B: 6-8. Kriechendes Rhizom und schwimmende 3-10 cm große Blätter. Blüten zu 2-5 in den Achseln eines Blattpaares. Blütenkrone ca. 3 cm breit mit gewellten und bewimperten Lappen. Früchte flach mit grauen, flachen, bewimperten Samen. Verwandt mit dem Fieberklee (Seite 165), aber im Aussehen einer Miniaturseerose gleichend und deshalb hier abgebildet.

Nymphaea 'Laydeckeri Fulgens'

Nymphaea 'Gladstoniana' in Inverewe

Nymphaea 'Madame Wilfron Gonnère'

Nymphaea 'Gonnère'

Winterharte Seerosensorten. Es liegt einerseits an der ungeheuren Lebensdauer von Seerosen und andererseits an dem in den vergangenen Jahren geringen Interesse an neuen Seerosensorten, daß von den derzeit etwa 90 in Europa angebotenen Seerosensorten 66 von dem Züchter M. Marliac-Latour stammen, der seine Gärtnerei bei Temple-sur-Lot in Frankreich hatte und diese Sorten zwischen 1880 und 1920 züchtete. Neuere Züchtungsarbeit wurde vor allem in Amerika betrieben, wo sie sich auf die besonders subtropischen Arten mit knolligen Wurzeln konzentrierte, die bei uns keinen Frost vertragen. Wesentlich beteiligt daran war George Pring am Botanischen Garten in Missouri von 1913-1930; andere winterharte Sorten wurden in North Carolina durch Perry Slocum gezüchtet, dessen erste Sorte 'Pearl of the Pool' erst 40 Jahre später Sortenschutz erhielt. Gezüchtet auch heute noch.

'Amabilis' syn. 'Pink Marvel' Marliac-Latour 1921. Große, bis 25 cm breite Blüten. Wassertiefe 45-60 cm.

'Charles de Merville' Marliac-Latour 1931. Große Blüten. Wassertiefe 60-120 cm.

'Escarboucle' syn. 'Aflame' Marliac-Latour 1906. Beste großblumige rote mit duftenden, bis 30 cm breiten Blüten. Wassertiefe 60-185 cm.

'Gladstoniana' syn. 'Gladstone' Richardson 1897. Kreuzung mit *N. tuberosa*. Blüten sehr groß. Wassertiefe 60-250 cm.

'Gonnère' syn. 'Crystal White' Marliac-Latour. Kompakt wachsend. Wassertiefe 45-75 cm.

'James Brydon' syn. 'Brydonia Elegans' Dreer 1902. Große duftende Blüten. Blätter gefleckt. Wassertiefe 45-90 cm.

'Madame Wilfron Gonnère' Große Blüten mit besonders vielen Blütenblättern. Wassertiefe 45-75 cm.

'Masaniello' Marliac-Latour 1908. Duftende rosa, karmin-gefleckte Blüten. Wassertiefe 45-90 cm.

'Mrs Richmond' Marliac-Latour 1910. Am Rande blasse, in der Mitte dunkelrote Blüten. Wassertiefe 45-75 cm.

'Norma Gedge' Züchter unbekannt. Sorte mit sehr langer Blütezeit. Wassertiefe 30-45 cm.

'Pink Opal' Fowler 1915. Unverkennbar an den kugeligen Knospen. Blätter bräunlich. Wassertiefe 45-75 cm.

'Sioux' Marliac-Latour 1908. Blüten öffnen sich gelb und färben sich dann karminrot. Blätter mit purpurnen Flecken. Wassertiefe 30-45 cm.

'Mrs Richmond'

'Escarboucle'

Nymphaea 'James Brydon' in der Seerosensammlung in Kew

'Charles de Merville'

'Pink Opal'

'Masaniello'

'Sioux'

'Amabilis'

'Norma Gedge'

Papaver orientale 'Goliath' in Sissinghurst

Papaver orientale 'Harvest Moon' von Blooms

Papaver orientale 'Ladybird'

Papaver orientale 'Picotee'

Papaver bracteatum Lindl. *(Papaveraceae)*. Nord-Iran, Kaukasus und Ost-Türkei, von Nigde nord- und ostwärts; felsige und grasige Hänge von 2000-2500 m. B: 6-7 (5 in Gartenkultur, d. h. früher als andere Arten). Mit 1,2 m steifere und höhere Stengel als *P. orientale*. Blüte mit deutlichem Stützblatt und purpur-karminroten Blütenblättern mit länglichem schwarzem Fleck am Grunde. Narbenscheibe mit 14-20 Strahlen. Zu dieser Gruppe gehören auch 2 andere Arten: *Papaver lasiothrix* Fedde. Die einzige Art mit abstehenden Haaren an den Blütenstielen und kleineren, blutroten, 4-5 cm langen Blüten mit 6 Blütenblättern. Papaver paucifoliatum (Trautv.) Fedde. Schlankere Pflanze mit nur am Grunde beblätterten Stengeln und 4 ziegelroten, ungefleckten, 3-5 cm langen Blütenblättern. In der äußersten Nordost-Türkei und in Transkaukasien, im Gebirge bis 2700 m. Die gefülltblühenden Sorten stehen dieser Art am nächsten.

Papaver orientale L. Staudenmohn, Türkischer Mohn. Kaukasus, Nord-Iran und Nordost-Türkei, südlich bis Van. Felsige Hänge und trockene Wiesen, in 1950-2800 m. B: 7. Fleischige, brüchige, tiefgehende Wurzeln. Wenige, 60-90 cm hohe Stengel mit anliegenden Haaren, jedoch ohne Stützblätter unterhalb der Blüte. Blüten 7-9 cm lang mit 4 scharlachroten Blütenblättern, jedes mit einem breiten, schwarzen Fleck am Grunde. Narbenscheibe 10- bis 16strahlig. Var. *parviflora* Busch hat nur 5 4,5-6 cm lange Blüten ohne Flekken und 7- bis 13strahlige Narbenscheiben. Sie wächst in Wiesen und grasbedeckten vulkanischen Hängen vom Kaukasus bis zur Nordost-Türkei. B: 6-8.

Einige Beispiele des großen Staudenmohn-Sortiments:

'Allegro Vivace' Orange Blüten mit 4 ungefleckten Blütenblättern und ohne Stützblatt. Relativ niedrig bis 90 cm.

'Goliath' Sehr große, blutrote Blüten mit dunklem Fleck und Stützblatt, ähnlich *P. bracteatum*.

'Harvest Moon' Sehr kleine, orange, ungefleckte Blüten, ca. 1 m hoch.

Papaver 'May Queen'

Papaver 'Olympia'

'Ladybird' Sehr große Blüten mit schwarzen Flecken und Stützblatt. Frühblühend, 60 cm.

'May Queen' Gefüllte, orangerote Blüten mit fedrigen Blütenblättern und weichen Stengeln ohne Hochblätter.

'Olympia' Halbgefüllte Blüten mit flach ausgebreiteten Blütenblättern. Stengel weich, ohne Hochblätter.

'Picotee' Blütenblätter am Rande gerüscht mit weißem Grund und rosa-oranger Spitze. Die Orange- und Weißverteilung auf den Blütenblättern variiert.

Papaver orientale mit Bärenklau im hohen Gras am Wegrand in Schottland

Mohnblüten aus Wisley, 1. Juni, 1/4 nat. Größe

Pflanzen von Wisley, 1. Juni, 1/3 nat. Größe

Papaver orientale 'Mrs Perry' in Crathes Castle, Aberdeenshire

Papaver 'Türkenlouis'

Papaver 'Cedric Morris'

Papaver 'Curlilocks'

Staudenmohn. Das Staudenmohn-Sortiment reicht im Farbspiel von Rot, Orange, Rosa zu fast Lila und Weiß. Alle stammen von den 4 Wildarten aus der Türkei und dem Kaukasus, mit denen vor allem Amos Perry in Enfield in England züchtete. In den 30er Jahren gab es mehr Farben und Blütenformen, als heute im Sortiment zu finden sind, einschließlich 'Waterloo', dunkelscharlach-purpur mit wolligen Blättern; 'Mahony' und 'Darkness', intensiv rötlich-braun, und 'Tulip' mit langen, spitzen Knospen. Alle sind problemlos in jedem guten feuchten Gartenboden in voller Sonne sowohl in der Staudenrabatte wie auch in grasigen Flächen. Nach der Blüte ziehen sie ein. Pflanzen bzw. Verpflanzen im Herbst und Vermehrung leicht durch Wurzelschnittlinge. Auch kleine, abgebrochene Wurzelstückchen entwickeln sich zu neuen Pflanzen. WH: bis –20 °C oder darunter.

Weitere Staudenmohn-Sorten, die im Angebot durch viele neuere amerikanische und deutsche Züchtungen ergänzt werden:

'Beauty of Livermere' Blüten rot mit schwarzem Fleck und großen Stützblättern, bis 120 cm hoch. Sehr nah der Art *P. bracteatum* und wahrscheinlich gleich mit 'Goliath'.

'Black and White' Blüten weiß mit schwarzen Flecken, bis 80 cm hoch.

'Blue Moon' Blüten sehr groß, bis 25 cm, bläulichrosa mit schwarzen Grundflecken und großen Stützblättern. Stengel bis 100 cm.

'Cedric Morris' Blüten sehr groß, blaßrosa mit gerüschten Blütenblättern und großem schwarzem Mittelfleck. Mit Stützblättern bis 80 cm hoch.

'Curlilocks' Orange, leicht hängende Blüten mit tief gesägten Blütenblättern und schwarzem Basalfleck. Stengel bis 70 cm.

'Glowing Embers'. Blüten orangerot mit schwarzem Fleck. Stengel bis 110 cm mit großen Stützblättern.

'Mrs Perry' Mittelgroße, blaß-lachsrosa Blüten mit schwarzen Flecken. Stengel bis 90 cm hoch mit kleinen Stützblättern.

'Pale Face' Blüten sehr blaßrosa mit weißer Mittel. Stengel bis 90 cm, ohne Stützblätter.

'Prinzessin Victoria Luise' Blüten sehr groß, blaßrosa mit dunklen Flecken.

'Sultana' Blüten rosa, zum Grund hin etwas dunkler. Stengel ca. 60 cm.

'Türkenlouis' Blüten mittelgroß, blaß-lachsrosa, ungefleckt. Stengel bis 80 cm, ohne Stützblätter.

Papaver 'Black and White'

Meconopsis 'George Sherriff 600' in Inshriach, Aviemore

Meconopsis 'George Sherriff 600'

Meconopsis × *beamishii* in Branklyn, Perth

Meconopsis grandis

Meconopsis quintuplinervia

Meconopsis × beamishii Prain. Eine Hybride zwischen *M. grandis* und *M. integrifolia*, die sich einige Zeit in Gartenkultur erhalten hat (Cork 1906). Oft nach Blüte und Fruchten absterbend, mit großen, blaßgelben Blüten in den Achseln der oberen Blätter. *M.* × *sarsonii*, die Kreuzung zwischen *M. betonicifolia* und *M. integrifolia* ist höher und hat kleinere Blüten.

Meconopsis betonicifolia Franch. syn. *M. baileyi* Prain. Südost-Xizang, Nordwest-Yunnan und Nordost-Burma; in Wäldern und Gebüsch und an Wasserläufen, in alpinen Wiesen von 3000-4000 m. B: 6-8. Stengel bis 1,5 m. Blätter länglich und am Grunde gestutzt oder leicht herzförmig mit stumpfer oder abgerundeter Spitze. Obere Stengelblätter meist am Grunde herzförmig oder öhrchenförmig und in einem Quirl stengelumfassend am Stengelende. 1-6 Blüten im obersten Blattquirl. Blütenblätter ca. 5 cm lang und breit, oft purpur; Blütenstielchen ca. 10 cm, während der Fruchtreife wachsend. Diese Art unterscheidet sich von *M. grandis* Prain durch ihre Grundblätter mit gestutztem oder herzförmigem Blattgrund mit nicht am Stiel auslaufender Blattspreite. Leicht aus Saat zu vermehren. Für sandigen, sommerfeuchten Torfboden. Die Art ist manchmal monokarp, so daß das Ausbrechen des Blütenstandes im 2. Jahr, das Bildung von Seitentrieben am Stengelgrund fördern kann. WH: bis –20 °C.

Meconopsis grandis Prain. Bhutan und Sikkim bis West-Nepal und Süd-Tibet; an felsigen Berghängen und in Gebüsch, von 3650-4800 m. B: 6-8. Um Schäferhütten in Sikkim angebaut, da man aus den Samen Öl gewinnt. Büsche mit bis 120 cm hohen Stengeln. Grundblätter elliptisch, 15-25 cm lang, am Grunde keilförmig oder verschmälert. Stengelblätter manchmal herzförmig, am Stengelende quirlig sitzend. 1-4 Blüten pro Stengel an 10-15 cm langen Stielchen. Meist purpurne, 4-7 cm große Blütenblätter. G. Sherriff 600 ist ein Typ dieser Art (Südwesten von Sakden, Ost-Bhutan) und *M.* × *sheldonii* sehr ähnlich. Es gibt viel Diskussion darüber, welche der kultivierten Formen reine *M. grandis* sind und welche Kreuzungen mit *M. betonicifolia* (s. *M.* × *sheldonii*) sind. *M.* × *sheldonii* hat stärker beblätterte Stengel mit am Grunde herzförmigen Stengelblättern und mehr als 4 Blüten pro Stengel. *M. grandis* hat längere Blütenstiele und schmalere Grundblätter, die allmählich in den Stiel übergehen. Für sommerfeuchten, sandigen Torfboden an kühler Stelle. WH: bis –20 °C.

Meconopsis punicea Maxim. Nordost-Xizang, Süd-Gansu und Nordwest-Sichuan; meist im Schatten auf feuchten Heuwiesen, zusammen mit Weiden oder Rhododendron und an grasigen Hängen, in 2800 - 4500 m. B: 6-8. Kleine Büsche mit bis 30 cm langen, meist aber nur 15 cm hohen Grundblättern. Bis zu 6 Blütenstengel je Blattrosette. Zur Blütezeit etwa 30, aber auch bis 75 cm hoch und sich bei Fruchtreife verlängernd. Blütenblätter bis 10 cm lang. Diese Art wurde von Rock & Wilson gefunden, verschwand aber dann wieder aus den Gärten, bis sie kürzlich von Roy Lancaster unter der Nr. 1630 wieder in die Kultur eingeführt wurde. Braucht sehr kühle Lage und feuchten Schatten. Wächst am besten in Schottland oder sonst in kühlen Gärten im Gebirge. WH: bis –20 °C.

Meconopsis × sheldonii im Kildrummy Castle Garden, Aberdeenshire

Meconopsis 'Branklyn' in Branklyn

Meconopsis 'Crewdson Hybrids'

Meconopsis 'Slieve Donard'

Meconopsis betonicifolia

Meconopsis quintuplinervia Regel. Nordost-Xizang, Süd-Gansu, Nordwest-Sichuan bis Zentral-Shensi; alpine Wiesen, auf Kalk, oft zwischen niedrigem Rhododendron, in 2200-4300 m. B: 6-8. Ausgedehnte Büsche mit Blättern bis 25 cm. Blütentriebe meist 30 (bis 90) cm. 1 Blüte pro Rosette mit rosa bis azurblauen, 3,7 cm langen Blütenblättern. Diese zierliche alpine Art fühlt sich in Moorbeeten im Königlichen Botanischen Garten in Edinburgh am wohlsten. Sie wächst zwischen niedrigen Sträuchern im Freien und ist vor der Südsonne durch Schatten geschützt. WH: bis –20 °C.

Meconopsis × sheldonii G. Taylor. Viele der schönsten blauen Scheinmohnsorten in Kultur gehören wahrscheinlich zu dieser Kreuzung zwischen *M. grandis* und *M. betonicifolia* (zuerst in Oxted in Surrey 1937). Sie ist eine stark wachsende Staude mit bis 1,5 m hohen Stengeln. Leicht zu ziehen, aber mit der Gefahr des Absterbens, wenn es ihr im Sommer zu trocken und heiß wird. Wenn sie in wärmeren Klimabereichen überleben soll, braucht sie einen kühlen, schattigen und geschützten Platz. Einige Namenssorten dieser Form sind im Handel:

'Branklyn' Robuste, bis 1,8 m hohe Pflanze, oft mit einem violetten Hauch an den großen Blüten und beblätterten Stengeln. Ursprünglich war 'Branklyn' eine Selektion von G. Sherriff 600, die selbst eine Form von *M. grandis* ist und *M. × sheldonii* sehr nahe steht. Die hier abgebildete Pflanze wächst in Branklyn, ist aber wahrscheinlich nicht der Originaltyp.

'Crewdson Hybrids' Gute Form mit zierlichem Wuchs aus *M. betonicifolia* mit dunkelblauen Blüten.

'Slieve Donard' Eine der ersten Kreuzungen, die von der Baumschule Slieve Donard in Nord-Irland vermehrt und vertrieben wurde. Elegante Form mit längeren, mehr spitz zulaufenden Blütenblättern als bei anderen Sorten.

Meconopsis punicea in Inshriach

Eschscholzia californica

Eomecon chionanthum in Edington, Wiltshire

Meconopsis villosa in Inverewe

Meconopsis cambrica in Derbyshire

Meconopsis cambrica 'Flore Pleno'

Meconopsis chelidonifolia in Sellindge, Kent

Glaucium flavum

Eomecon chionanthum Hance *(Papaveraceae) Schneemohn.* Ost-China, in Guangxi an den Hängen des Bambusflusses, wahrscheinlich unter Bäumen. B: 4-7. Durch weitkriechende Rhizome ausgedehnte Matten bildend. Blätter fleischig mit gelbem Saft. Gestielt bis 30 cm lang und 10 cm breit. Wenig verzweigte, bis 40 cm hohe Blütentriebe. Blüten 3,5-4 cm. Problemlos in feuchtem Laubboden, leidet jedoch unter Trockenheit und in kaltem, schwerem Boden, bei günstigen Stellen auch durch starkes Wachstum lästig werdend. WH: bis etwa –20 °C.

Eschscholzia californica Cham. *(Papaveraceae) Schlafmützchen, Kalifornischer Mohn.* Kalifornien, westlich der Sierras und im Westteil der Mojave-Wüste sowie Washington, Oregon und vom Kolumbusfluß südwärts; in Dünen, auf felsigen Bergen und an Wegrändern, bis 2000 m. In Süd- und Westeuropa und auf den Kanarischen Inseln allgemein eingebürgert. B: 2-9. Staude, obwohl bereits im ersten Jahr nach der Aussaat blühend. Meist niederliegende, 20-60 cm lange Triebe. Blätter blaugrün. Blütenblätter 2- 6 cm lang, orange bis gelb. Kapsel 3-8 cm lang. Variabel und an unterschiedlichsten Stellen verbreitet. Die Frühlingsblüten oft groß und orange. Die Spätsommerblüten blasser und kleiner. Auch einjährig gezogene rosa Rassen in Kultur. Problemlos als einjährige Sommerblume, ausdauernd bei milden Wintern an Stellen mit gutem Wasserabzug. WH: bis –10 °C.

Glaucium flavum Crantz *(Papaveraceae) Hornmohn.* Küsten Europas, ausgenommen äußerster Norden. Verwildert in der Schweiz, Ungarn, Österreich, Tschechoslowakei und Polen. Vorkommen auch im Ost-Mittelmeergebiet, Nordafrika und am Schwarzen Meer; an sandigen Küsten und an Kiesstränden. B: 5-8. Ausdauernd, manchmal 2jährig. Stengel bis 90 cm, zerstreut, borstig behaart. Blätter graugrün. Blüten 6-9 cm breit. Kapsel schmal, 15-30 cm lang. Die Art hat gewöhnlich gelbe Blüten. Rote oder orange Blütenfarben finden sich bei der 1jährigen *G. corniculatum* (L.) Rud., die in Südeuropa verbreitet ist, und bei der staudigen *G. grandiflorum* Boiss. & Huet, verbreitet von Griechenland ostwärts bis Iran; Pflanze trockener Gebiete mit roten, 8-12 cm großen Blüten. Blütenblätter am Grunde dunkel gefleckt. Alle Arten brauchen nährstoffarme Böden mit sehr gutem Wasserabzug, um den Winter als Staude zu überleben. WH: bis –10 °C.

Meconopsis cambrica (L.) Vig. *(Papaveraceae).* Großbritannien, besonders in Wales und Exmoor, in Irland hauptsächlich in den Wicklow-Bergen und im Sligo Co. und an der Antrim-Küste sowie Westfrankreich und Nordspanien; in Deutschland, Schweiz und Holland verwildert; an steinigen Flußufern, an alten Mauern und Felsbereichen, im Gebirge bis 600 m. B: 6-8. Langlebige Staude mit verzweigter Pfahlwurzel. Stengel 30-60 cm. Blüten 4-8 cm breit. **'Aurantiaca'** Blüten orange. In Kultur verbreitet und samenecht in verschiedenen orange Schattierungen. **'Flore Pleno'** Blüten orange oder gelb-gefüllt, samenecht. **'Francis Perry'** Blüten rot-orange. Alle 3 Sorten problemlos in kühlen Gärten, insbesondere auf der Nordseite.

Meconopsis chelidonifolia Bur. & Franch. West-China, West-Sichuan; 1800-2750 m, besonders am Berg Omei bis in die Gegend von Tatsienlu; im Gebüsch; B: 7-8. Langlebige Staude mit bis 1 m hohen Stengeln und blättrigen Brutknöllchen in den Blattachseln. Blütenblätter ca. 2,5 cm groß. Die in Kultur nicht oft entwickelte elliptische Kapsel springt in 5-6 Teilen auf. *M. oliverana* Franch. & Prain, Ost-Sichuan und West-Hubei, hat eine Kapsel, die der von *M. villosa* sehr ähnelt, ist andererseits aber *M. chelidonifolia* sehr ähnlich. Elegante und attraktive Pflanze. Für feuchte Lage mit Schutz vor trockenen Sommerwinden, die die Blätter absterben und schwarz verfärben lassen. Die Stengelbrutknospen ermöglichen eine unkomplizierte Vermehrung. WH: bis –15 °C, vielleicht darunter.

Meconopsis villosa (Hook. fil.) G. Taylor syn. *Cathcartia villosa* Hook. Ost-Nepal, Sikkim und Bhutan, oft als große Büsche an schattigen Felsen und an Wasserläufen, in Tsuga- und Abies-Wäldern und auf Kahlschlägen in 2700-4000 m. B: 5-7. Stengel 60-150 cm. Grundblätter handförmig, 3- bis 5lappig, gezähnt. Blüten zu 1-5 je Stengel. Blütenblätter 2,5-3 cm groß. Fruchtkapsel zylindrisch, 40-80 mm × 5-7 mm mit 4-7 Klappen, sich fast bis zum Grunde öffnend. Wegen dieser Eigenschaft wird die Art manchmal in die Gattung *Cathcartia* eingeordnet. Problemlos an feuchter, schattiger, geschützter Stelle, aber nicht oft in Kultur. Leidet unter warmem, nassem Winterwetter.

Papaver lateritium Koch *(Papaveraceae).* Nordost-Türkei, im Çoruh-Tal, von 1200-3000 m, an Berghängen, in Wiesen und Geröllfeldern. B: 7-8. Stengel 30-60, in Kultur gewöhnlich 40 cm. Blätter schmal-lanzettlich, tief doppelt gezähnt. Orange, ca. 5 cm große Blüten, ähnlich *P. monanthum* Trautv. und *P. oreophilum* Rupr. aus dem Kaukasus. **'Fireball'** syn. 'Nana Plena' oder 'Nana Flore Pleno', wahrscheinlich gefüllte Form oder Hybride dieser Art und nicht von *P. orientale.* Art und Sorte sind beide langlebige, sich ausbreitende, Büsche bildende Stauden. Für jeden Boden mit gutem Wasserabzug. WH: bis –15 °C.

Papaver spicatum Boiss. & Bal. syn. *P. heldreichii* Boiss. Westliche und südliche Türkei, von Manisa bis Anamur; auf Kalkgeröll und felsigen Bergen von 600-1400 m. B: 6. Stengel 60-75 cm. Blätter grauweiß mit anliegenden Haaren, gesägt, gekerbt. Blüten sitzend oder dem Grunde zu kurzstielig, wobei sich die oberste Blüte zuerst öffnet. Blütenblätter orange-gefleckt, Kapsel kahl. Problemlos in voller Sonne bei gutem Wasserabzug.

Papaver lateritium in Inshriach, Inverness-shire

Papaver spicatum in Windsor

Papaver lateritium 'Fireball'

Argemone munita

Argemone munita oberhalb Death Valley, Kalifornien

Capparis spinosa bei Tarsus, Süd-Türkei

Argemone munita Dur. & Hilg. *(Papaveraceae) Stachelmohn.* Kalifornien, Küstengebiet bis Baja California und trockene, östliche Seite der Sierra Nevada, ostwärts bis Arizona, Nevada und Utah; Gebüsch, Chaparral, offene Kiefernwälder, trockene Wegränder, bis 2500 m. B: 3-9. Meist staudig mit stacheligen, aufrechten oder aufliegenden, bis 150 cm langen Trieben. Blätter stachelig, meist graugrün. Blüten 5-13 cm groß. 4 Unterarten, die sich vor allem in ihrer Größe und in der Verteilung der Stacheln unterscheiden. Für sehr trockenen Boden in voller Sonne. WH: bis –15 °C, vielleicht darunter. *A. mexicana* mit gelben Blüten wird verbreitet 1jährig kultiviert und findet sich heute in allen tropischen Zonen.

Capparis spinosa L. *(Capparidaceae).* Kaper aus dem östlichen Mittelmeergebiet und heute in der ganzen Mittelmeerregion, ostwärts bis Kaschmir verbreitet; in alten Wällen, auf Felsklippen und an felsigen Wegrändern. B: 7-8. 1jährige, meist stachelige, kriechende Triebe aus verholztem Stengelgrund. Rundliche, bis 7 cm lange Blätter. Blüten bis 7 cm breit. Verbreitet wegen ihrer Knospen angebaut, die nach Zubereitung als Kapern zur Würze dienen. Für trockene Lage in voller Sonne. WH: vielleicht bis –10 °C. *C. ovata* Desf. hat Blüten, deren untere Blütenblätter länger sind als die oberen, und elliptische Blätter und ist wahrscheinlich härter.

Eucnide urens (Gray) Parry *(Loasaceae).* Südost-Kalifornien um Death Valley, ostwärts bis Utah, Arizona und Baja California; trockene, felsige Stellen und offenes Gebüsch, bis 1500 m; B: 4-6. Bis 60 cm lange Triebe aus verholztem Grund. Stengel und Blätter mit langen Brennhaaren. 5 blütenblättrige, 2,5-4 cm große Blüten. Für sehr trockene Lage in sandigem, felsigem Boden bei voller Sonne. WH: bis –10 °C oder darunter bei Trockenheit. Die meisten Mitglieder der Familie *Loasaceae* haben Brennhaare, jedoch auch sehr schöne Blüten. *Mentzelia* in Kalifornien mit 19 Arten, incl. *M. lindleyi* (syn. *Bartonia aurea*), verbreitet als 1jährige Sommerblume gezogen.

Hypericum cerastoides (Spach) Robson syn. *H. rhodoppeum* Friv. *(Guttiferae).* Süd-Bulgarien, Griechenland und Nordwest-Türkei; steinige Plätze, Wälder bis 1500 m. B: 4-7. Ausgedehnte Matten mit aufsteigenden, bis 30 cm hohen Stengeln. Blätter länglich bis oval, fein behaart, 8-30 cm mm lang. Blüten leuchtend gelb, 2-4 cm groß. Problemlos in sandigem, leicht saurem Boden bei gutem Wasserabzug. WH: bis –15 °C oder darunter.

Hypericum olympicum L. f. minus Hausskn. 'Sulphureum' syn. *H. polyphyllum* 'Citrinum' hort. Süd-Griechenland; an felsigen Hängen und in trockenem Gebüsch. B: 5-7. Aufrechte oder niederliegende, bis 35 cm lange Triebe aus verholztem Grund. Blätter kahl, schmal-elliptisch, spitz zulaufend oder abgerundet, graugrün. Leuchtend gelbe, bis 6 cm große Blüten, blaßgelb bei 'Sulphureum'. Für volle Sonne und guten Wasserabzug. WH: vielleicht bis –15 °C. Forma *uniflorum* D. Jord. & Kuz. hat rundere Blätter und mit 1-3 weniger Blüten pro Trieb. 'Citrinum' (blaßgelb).

Macleaya cordata (Willd.) R. Br. syn. *Bocconia cordata* Willd. *(Papaveraceae) Federmohn.* Japan, von Honshu südwärts, Ost-China und Formosa; grasige Plätze, offene Wiesen und in der Grasbodendecke von *Cryptomeria*-Forsten; B: 6-8. Aufrechte, bis über 2 m hohe Stengel aus sich ausbreitenden, unterirdischen Rhizomen. Rundliche, tiefgelappte, meist unterseits weiße Blätter, bis 25 cm lang. Blüten weißlich mit 2 ca. 10 mm langen Kelchblättern und 25-30 Staubblättern. Kapsel 2 cm lang. *M. microcarpa* (Maxim.) Fedde hat kleinere, rosa-braune oder rosa Blüten, die bei 'Kelways' Coral Plume' rot sind, mit 8-12 Staubblättern und stärkerem Ausbreitungsdrang. Problemlos an sonniger oder schattiger Stelle. WH: bis –15 °C oder darunter.

Romneya coulteri Harvey *(Papaveraceae) Kalifornischer Baummohn.* Süd-Kalifornien, bis Baja California; in Canyons und trockenen Flußbetten bis 1200 m. B: 5-7, auch später bei Bewässerung. Kriechende, unterirdische Rhizome mit aufrechten oder sich neigenden, bis 2,5 m hohen Trieben. Blüten bis 20 cm groß. 2 Varietäten: var. *coulteri*, die nicht entlang der Küste vorkommt, hat kahle Kelchblätter, ziemlich nackte Blütenstiele und Blattlappen bis 12 mm Breite; var. *trichocalyx* (Eastw.) Jepson hat dünnere Stengel, schmalere Blätter mit 3-10 mm breiten Lappen und bis zur Spitze beblätterte Stiele und borstige Knospen. In Kultur sind wahrscheinlich Kreuzungen dieser 2 Varietäten. Für warme Lage in voller Sonne bei gutem Wasserabzug. WH: bis –15 °C oder darunter, wenn der Wurzelstock Winterschutzbedekkung erhält.

Eucnide urens

Eucnide urens oberhalb Death Valley, Kalifornien

Hypericum cerastoides

Hypericum olympicum 'Sulphureum'

Macleaya cordata

Romneya coulteri in einem Garten bei Cambridge

Megacarpaea orbiculata in Amankutan bei Samarkand

Megacarpaea polyandra in Keillour Castle

Megacarpaea orbiculata (Frucht)

Erysimum scoparium auf dem Teide, Teneriffa

Crambe cordifolia im Oxford University Botanic Garden

Crambe cordifolia Stev. *(Cruciferae).* Nord-Kaukasus; Steppen und offene steinige Plätze. B: 5-7. Mit mehreren, reichverzweigten Trieben aus sehr dickem, verholztem Wurzelstock baut sich ein duftiges, 1,80 m hohes und breites Gebilde kleiner, weißer Blüten auf. Grundblätter dünn, herzförmig, borstig behaart, schwach gelappt, etwa 35 cm lang. Duftende, 12-14 mm große Blüten. Frucht 4,5-5 mm groß, fest. Schöne Pflanze für große Staudenrabatten in nährstoffreichem Boden mit gutem Wasserabzug in voller Sonne. WH: bis –20 °C oder darunter.

Crambe kotschyana Boiss. Zentralasien, im Tien Shan-, Pamir- und Ala-tau-Gebirge und in Nordwest-China. Mehrere, reichverzweigte Triebe aus tiefgehendem, holzigem Wurzelstock. Grundblätter dick, weniger gelappt als bei *C. cordifolia.* Blütenstand bis 2,5 m hoch und breit. Frucht schwammig, ca. 6 mm dick. *C. orientalis* L., Türkei und Iran, ist ähnlich, bildet aber nur bis 120 cm große Blütenwolken mit kleinen, 8-12 mm großen Blüten. Für tiefgründigen, ziemlich trockenen Boden mit gutem Wasserabzug in voller Sonne. WH: bis –20 °C.

Crambe maritima L. *Meerkohl.* Europa, Küsten des Baltikums, des Schwarzen Meeres und am Atlantik (nicht Mittelmeer); Kiesstrände nahe der mittleren Gezeitenlinie. B: 5-6. Stengel und Blätter bilden einen bis 50 cm großen Busch aus einem festen, holzigen Wurzelstock. Blütentriebe bis 60 cm hoch. Blätter sehr fleischig, gewellt und mit blauem Schimmer. Fruchtende Blütenstände brechen ab und werden weggeweht. Frucht schwammig, 12-14 mm groß, wird ohne Schaden durch Seewasser verschwemmt. Für sandige Böden mit sehr gutem Wasserabzug. Durch Wurzelschnittlinge zu vermehren. WH: bis –20 °C.

Erysimum scoparium (Willd.) Wettst. *(Cruciferae).* Kanarische Inseln, besonders Teneriffa an felsigen Vulkanhängen bis 3000 m. Die meiste Zeit des Jahres blühend. Am Grunde bis 30 cm verholzt. Triebe bis 50 cm. Blätter bis 12,5 cm lang und 1 cm breit, dick und fleischig und ungezähnt oder mit feinen einzelnen Zähnen. 'Bowles Mauve' (Seite 46) sehr ähnlich, aber kürzere, breitere Blätter und größere Blüten. Für sehr trockenen, nährstoffarmen Boden in voller Sonne. Pflanze wächst in nährstoffreicherem, feuchterem Boden besser, stirbt aber dann im Winter leicht ab. WH: bis –15 °C oder darunter bei trockenem Stand.

Megacarpaea orbiculata B. Fed. *(Cruciferae).* Zentralasien, im Tien Shan- und Pamir-Gebirge; in felsigen Kalkhügeln, in 1800 m Höhe. B: 3-4. Wurzelstock dick und tiefgehend. Breitverzweigte, 50-100 cm hohe Stengel. Junge Blätter fächerartig blaugrün; Pflanze wahrscheinlich monokarp und mehrere Jahre bis zur Blüte wachsend. Früchte fast rund, 2,5-3 cm groß. Für tiefgründigen, nährstoffreichen Boden mit gutem Wasserabzug an vollsonnigem, sommertrockenem Stand. WH: bis –15 °C.

Megacarpaea polyandra Benth. Kaschmir, Zentral-Nepal; alpine Wiesen, lichte Wälder bei 3000-4300 m. B: 6-7. Stengel 1- 2 m. Blüten 1 cm groß. Frucht 3,5-5 cm groß. Mehrere Jahre bis zur Blüte und wahrscheinlich nach der Fruchtreife absterbend. Blätter gefiedert, Fieder 10-20 cm lang. WH: bis –20 °C. Die meisten der etwa 8 *Megacarpaea*-Arten stammen aus Zentralasien.

Crambe kotschyana bei Ferghana, Mittelasien

Crambe maritima in Dungeness, Kent

Stanleya pinnata (Pursh) Britton *(Cruciferae).* Kalifornien, besonders Ostseite der Sierra Nevada und östlich bis North Dakota, Kansas, Arizona und Texas; trockene, steinige Stellen und Wüstenhänge bis 1800 m. B: 4-9. Pflanze am Grunde strauchig mit vielen aufrechten, bis 1,5 m hohen Trieben. Untere Stengelblätter gefiedert. Blütenstand ähnlich *Eremurus.* Blütenblätter auf der Innenseite behaart, 12-16 mm lang. Schoten 5-8 cm lang, gedreht oder zurückgebogen. Für trockene, nährstoffarme Böden in voller Sonne. WH: bis –20 °C oder darunter.

Stanleya pinnata in Arizona

Sphaeralcea fendleri var. *venusta* in Kew

Alcea excubita Iljin *(Malvaceae)*. Nord-Iran und Ost-Türkei, westwärts bis Malatya; felsige Berghänge von 600-2000 m. B: 6-7, in Kultur später. Mehrere bis 1,5 m hohe Stengel aus verholztem Wurzelstock. Blätter und Stengel dicht mit Sternhaaren besetzt. Obere Blätter tief 5- bis 7lappig. Blütenblätter weiß oder blaßgelb bis 5,5 cm lang. Für trockene, vollsonnige Stellen mit gutem Wasserabzug. WH: bis –20 °C oder darunter.

Alcea rugosa Alef. Süd-Rußland und Kaukasus, südlich bis Georgien und Armenien, ostwärts bis Nord-Iran und Kopet Dağ; trockene Hügel und Steppe, lichte Wälder. B: 6-8. Stengel bis 2,5 m hoch, purpur gefleckt, borstig sternhaarig, aus kräftigem, verholztem Wurzelstock. Obere Blätter schwach 3- bis 5lappig mit überstehendem Mittellappen. Blüten bis 12 cm groß, blaßgelb. Trockene, vollsonnige Stelle mit gutem Wasserabzug. WH: bis –20 °C oder darunter.

Sidalcea candida A. Gray *(Malvaceae)*. Nevada bis Wyoming, südlich bis Süd-New Mexico; an Wasserläufen und in feuchten Bergwiesen. B: 6-9. Triebe aufrecht oder überhängend bis 90 cm. Grundblätter rund, schwach 7teilig gelappt, obere handförmig 7teilig. Blüten etwa 2,5 cm groß, oft in dichten Ähren. Für jeden guten Gartenboden in Sonne oder Halbschatten. WH: bis –20 °C oder darunter.

Sidalcea malviflora (DC) A. Gray ex Benth. Küste Kaliforniens, von Los Angeles nördlich bis Mendocino Co.; offene grasige Hänge und in den Mesas (feuchte grasige Löcher). B: 5-7. Andere Unterarten (mindestens 10) wachsen in höheren Lagen, nordwärts bis Oregon. Mehrere, bis 60 cm lange Triebe aus kräftigem Wurzelstock. Blätter 7- bis 9lappig. Blütenblätter bis 2,5 cm lang, meist blasser geadert. Über 24 Sorten werden heute kultiviert. 'Elsie Heugh', Blütenblätter attraktiv gefranst; 'Rose Queen', große rosa Blüten an bis 1,2 m hohen Stengeln; 'Sussex Beauty', kräftig blaßrosa; 'William Smith', dunkelrosa. Für jeden guten Gartenboden in Sonne oder Halbschatten. WH: vielleicht bis –20 °C.

Sidalcea oregana (Nutt.) Gray subsp. *spicata* (Repel) C. L. Hitchc. Westliches Nordamerika, von Oregon südlich bis Nord-Kalifornien; in Nadelholzwäldern, an feuchten, grasigen Stellen. B: 6-8. Mehrere 80 cm-1 m hohe Stengel aus kräftiger Pfahlwurzel. Vielblütiger, ährenähnlicher Blütenstand. Blütenblätter 10-20 mm lang. Für feuchten Boden in Sonne oder Halbschatten. WH: bis –15 °C oder darunter.

Sphaeralcea emoryi Torr. *(Malvaceae)*. Westliches Nordamerika, vom nördlichen Baja California ostwärts bis Süd-Nevada und Süd-Arizona; an Feldern und Wegrändern unterhalb 1000 m. B: 3-5. Mehrere, manchmal graue, aufrechte, bis 120 cm hohe Triebe. Blätter 3lappig, meist doppelt so lang wie breit. Blütenblätter meist rötlich, manchmal rosa, 10-20 mm lang. *S. ambigua* Gray ist ähnlich, hat aber mehr offenen Blütenstand und Blätter, die so lang wie breit sind. Für trockenen Boden in voller Sonne bei gutem Wasserabzug. WH: vielleicht bis –10 °C.

Sphaeralcea fendleri Gray var. *venusta* Kearney. Nord-Mexiko bis Arizona (mit weiteren Varietäten in Süd-Colorado und West-Texas); Kiefernwälder und immergrünes Eichengebüsch, an Wasserläufen bis 2599 m. B: 6-10. Mehrere bis 1,5 m hohe Stengel aus kräftigem Wurzelstock. Blätter seidrig silbrig mit wenigen, aber langstrahligen Sternhaaren. Blütenblätter rosa, selten rötlich, 15- 20 mm lang. Für trockenen Boden an sonniger, geschützter Stelle bei gutem Wasserabzug. WH: vielleicht bis –15 °C, darunter bei trockenem Stand.

Sphaeralcea laxa Woot. & Standl. West-Texas und Arizona; Gebüsch und freie Berghänge, auf Kalk, in 600-1800 m. B: 3-11. Mehrere fliegende Triebe aus kräftigem Wurzelstock. Blätter meist silbrig wollig, oft tief eingeschnitten. Blüten bis 5 cm groß in offener, langverzweigter Rispe. Für trockenen Boden in voller Sonne bei gutem Wasserabzug. WH: vielleicht bis –15 °C, darunter in wintertrockenen Klimazonen.

Alcea rugosa in Leeds Castle, Kent

Sphaeralcea emoryi in Arizona

Alcea excubita am Van-See, Türkei

Alcea rugosa

Sidalcea candida mit *Melianthus major*

Sidalcea oregana subsp. *spicata*

Sidalcea malviflora 'William Smith'

Sphaeralcea laxa

Sidalcea malviflora 'Rose Queen'

Lavatera 'Barnsley' mit Phlox und Tabak in Cockermouth Castle, Cumbria

Malva moschata

Althaea officinalis L. *(Malvaceae) Echter Eibisch.* Europa, ostwärts bis Zentralasien und Afghanistan und südlich bis Israel; grasige Stellen, am Meer und an Gräben und in Salzsümpfen im Inland. B: 6-9. Pflanze mit weichen, bis 2 m hohen Stengeln aus kräftigem Wurzelstock. Blätter weißlich, weichbehaart. Blüten 1,2-3 cm groß, zu mehreren in den Blattachseln. Für nährstoffreiche, feuchte Böden. WH: bis –25 °C.

Kitaibelia vitifolia Willd. *(Malvaceae).* Jugoslawien und auch vom Kopet Dağ in der Türkei berichtet; Gebüsch, grasige Plätze und Weingärten. B: 6-8. Großer Busch bis 3 m hoher Stengel aus riesigem Wurzelstock. Blätter bis 18 cm groß mit 5-7 spitzen Lappen. Blüten rosa, bis 4 cm groß. Für jeden Boden in Sonne oder Halbschatten. WH: vielleicht bis –20 °C.

Lavatera cachemiriana Cambess. *(Malvaceae).* Westlicher Himalaja, von Pakistan bis Nord-Indien; Wiesen und Lichtungen, in Wäldern bis 3600 m. B: 7-9. Reichverzweigte bis 2 m hohe Triebe aus kräftigem Wurzelstock. Blätter 3- bis 5lappig. Blüten 5-8 cm, bei der verbreitet kultivierten Art mit schmalen, getrennt voneinander stehenden Blütenblättern mit blasser Mitte. Für jeden guten Gartenboden in Sonne oder Halbschatten. WH: vielleicht bis –20 °C. Heute oft als Varietät von *L. thuringiaca* betrachtet.

Lavatera olbia L. Südwest-Europa, von Italien und Sizilien westwärts bis Spanien, Portugal und Nordafrika; in Hecken, an Flüssen und feuchten Stellen. B: 5-9. Pflanze mit verholzter Basis und bis 2 m, in Gärten auch höheren Trieben. Untere Blätter 3- bis 5lappig, obere 3lappig, wobei die unteren Lappen stark reduziert sind. Rosa, 3,5-7 cm große Blüten an 2-7 mm langen Stielen. Für Böden mit gutem Wasserabzug in voller Sonne. WH: vielleicht bis –15 °C.

Lavatera thuringiaca L. *Thüringer Strauchpappel.* Europa, von Mittelitalien und Deutschland ostwärts bis Rußland, Nordwest-China und südlich bis zur Türkei und Nordwest-Iran; in Gehölzen, am Straßenrand und an Wasserläufen, bis 2800 m in der Türkei. B: 7-10. Pflanze mit 1jährigen, bis 1 m hohen Trieben. Untere Blätter 3- bis 5lappig, obere schwach 3lappig. Blüten 4,5-10 cm groß an

Lavatera 'Barnsley'

Malva sylvestris 'Primley Blue'

Lavatera triloba in Südspanien

Kitaibelia vitifolia in der Axeltree Nursery, Kent

10-22 mm langen Stielen. Für jeden guten Gartenboden. WH: bis –20 °C, vielleicht weniger. Die folgenden Sorten werden von Alan Leslie für Hybriden von *L. olbia* gehalten: **'Barnsley'** Eine Halb-Albinoform, die 1985 von Rosemary Verey in einem Garten in Gloucestershire gefunden wurde. Eine der besten Garteneinführungen der letzten Jahre. Sie schlägt in Rosa zurück, wenn die Triebspitze abstirbt. **'Kew Rose'** Intensiv rosablütige Form mit purpurnen Stengeln. Es gibt auch eine rein weiße Sorte. Die alte Sorte 'Rosea' syn. *L. olbia* 'Rosea' unterscheidet sich von 'Kew Rose' durch ihre blasseren Blüten, behaartere Stengel und blaßgrünere Blätter.

Lavatera triloba L. Mittel-, Süd- und Ostspanien, Südportugal und Sardinien, mit subsp. *agrigentina* (Tineo) R. Fernandes in Süditalien und Sizilien; felsige Hänge, oft auf feuchten, schweren oder salzigen Böden. B: 4-6. Pflanze Moschus-duftend, drüsig, im unteren Bereich verholzt mit aufrechten, bis 1,5 m hohen Trieben mit breiten Nebenblättern. Blätter leicht 3lappig, wollig oder borstig behaart. Blüten zu 3-7 gehäuft, purpur-rosa oder gelb, 4-7 cm groß. Für nährstoffreiche Böden in voller Sonne. WH: vielleicht bis –15 °C.

Malva moschata L. *(Malvaceae) Moschusmalve.* Europa, von England und Polen südlich bis Spanien, Nordwestafrika und Türkei (selten); grasige Stellen, besonders an Wegrändern. B: 6-9. Mehrere niederliegende Stengel aus verzweigter Pfahlwurzel. Blätter sehr tief geteilt. Blüten rosa oder in *f. alba* weiß, 4-7 cm groß. Problemlos in jedem guten Gartenboden mit voller Sonne. WH: bis –20 °C oder darunter.

Malva sylvestris L. *Wilde Malve.* Meiste Teile Europas, Nordafrika und Asien, ostwärts bis Nordwest-China; grasige Stellen, an Wegrändern. B: 5-10. Ausdauernde oder 2jährige Pflanze mit aufrechten oder kriechenden, bis 150 cm langen Trieben. Blätter mit 3-7 rundlichen Lappen. Blüten bis 6 cm groß, meist rosa-purpur, bei der hier abgebildeten Neueinführung 'Primley Blue' bläulich. Eine große, aufrechte Form mit tief purpurnen Blüten heißt *M. mauritiana* L., wird aber heute als Form der sehr variablen *M. sylvestris* angesehen. Für jeden Boden in voller Sonne. WH: bis –20 °C oder darunter.

Lavatera olbia

Lavatera cachemiriana

Lavatera 'Kew Rose'

Althaea officinalis im Romney Marsh

Euphorbia schillingii

Euphorbia longifolia

Euphorbia schillingii bei denWashfield Nurseries, Hawkhurst, Kent

Euphorbia kotschyana Fenzl *(Euphorbiaceae)*. West- und Süd-Türkei, West-Iran, West-Syrien und Libanon; in Tannen- und Zedernwäldern, Eichengebüsch und auf Gebirgssteppenflächen bis 2500 m. B: 5-8. Mehrere, bis 80 cm hohe Stengel aus verholztem Wurzelstock. Blätter oberseits glänzend, unten blaugrün, bis 8 cm lang. Becherförmige Scheinblüte, 1-4 cm groß. Früchte behaart oder kahl. Unterscheidet sich von *E. macrostegia* Boiss. hauptsächlich durch ihre höheren Stengel und schmaleren, glänzenderen Blätter. Für Sonne oder Halbschatten bei gutem Wasserabzug. WH: vielleicht bis –15 °C.

Euphorbia longifolia D. Don. Himalaja, von West-Nepal bis Bhutan; Bergwiesen und Kahlschläge im Wald, von 1680-3600 m. B: 5-6 entsprechend Höhenlage. Bis zu 1 m hohe Stengel aus kriechendem Rhizom, ausbreitende Büsche bildend. Stengelblätter linear, lanzettlich, 6-11 cm lang und 1-1,8 cm breit. Hochblätter oval, gelb. Früchte warzig, Griffel tief 2teilig. Sehr ähnlich *E. griffithii*, aber ohne rote Blätter und Hochblätter. Für feuchten Boden in Sonne oder Halbschatten. WH: bis –15 °C, vielleicht darunter.

Euphorbia palustris L. Europa, von Schweden und Spanien ostwärts bis Sibirien, Kaukasus und Türkei; an Flüssen, Seen und in Sümpfen. B: 3 (im Süden) bis 8. Bildet große Büsche mit bis 1,5 m hohen Stengeln aus kräftigem, verholztem Wurzelstock. Blütenstandsverzweigungen und Hochblätter jung leuchtend gelb mit schlanken Seitenzweigen, die sich nach der Blüte entwickeln. Frucht warzig. Für feuchte oder nasse Böden in Sonne oder Halbschatten. WH: bis –20°C oder darunter.

Euphorbia schillingii A. Radcliffe-Smith. Ost-Nepal, im Dudh Kosi-Tal südlich des Mount Everest; an felsigen Hängen von 2500-3000 m. B: 7-9. Büsche mit zahlreichen, verzweigten, bis 1 m hohen und 30 cm breiten Stengeln. Blätter bis 12 cm lang und 2 cm breit. Für feuchten Boden in Sonne oder Halbschatten bei gutem Wasserabzug. WH: bis –20 °C, vielleicht darunter.

Euphorbia seguieriana Necker subsp. *niciciana* (Borbás) Rech. fil. syn. *E. niciciana* Borbás. Jugoslawien, Griechenland und Türkei, ostwärts bis Pakistan; trockene Gehölze, an Wegrändern und felsigen Hügeln. B: 3-10. Mehrere aufrechte, bis 60 cm hohe Stengel aus verholztem Wurzelstock. Ziemlich ledrige, lineare bis länglich lineare, spitz zulaufende, 1-4 cm lange, abstehende Blätter. Trugdolde bis 30strahlig. Unterscheidet sich von der ziemlich ähnlichen *E. nicaeensis* durch schmalere Blätter, aufrechtere Stengel und zahlreichere Strahlen in der Trugdolde. Für jede trockene Lage in voller Sonne. WH: bis –15 °C, wahrscheinlich darunter.

Euphorbia sikkimensis Boiss. Himalaja, in Sikkim und wahrscheinlich auch Bhutan; in Gehölzen und auf Kahlschlägen im Wald von 2700-3300 m. B: 7. Weitkriechende Rhizome mit kahlen, bis 1,2 m hohen Trieben. Junge Triebe schön rötlich gezeichnet. Stengelblätter lanzettlich, 10-12 cm lang und 2 cm breit. Hochblätter gelb und an der Spitze gerundet. Nah verwandt mit *E. griffithii*, aber höher mit gelben, nicht roten, gerundeten Hochblättern und späterer Blüte. Für feuchten Boden. WH: vielleicht bis –20 °C.

Humulus lupulus L. 'Aureus' *(Cannabidaceae) Goldhopfen*. Die Art ist in Europa verbreitet sowie in West- und Zentralasien (natürliche Verbreitung unklar); Gebüsch oder Hecken; B: 6-8. Kräftiger Wurzelstock mit 1jährigen, bis 6 m oder mehr hochkletternden Trieben. Männliche und weibliche Blüten auf getrennten Pflanzen. Die männlichen Blüten mit auffälligen Staubblättern, die weiblichen die Hopfenzapfen bildend. Die hier gezeigte goldblättrige Form ist seit 1889 bekannt und männlich. Für jeden Boden, besonders in warmer, geschützter Lage. WH: bis –20 °C oder darunter.

Euphorbia sikkimensis

Euphorbia sikkimensis (junge Triebe)

Euphorbia seguieriana subsp. *niciciana*

Humulus lupulus 'Aureus' mit *Lysimachia ciliata* in Cobblers, Sussex

Euphorbia palustris

Euphorbia kotschyana in Coldham, Kent

Polygonum bistorta 'Superbum' mit *Allium giganteum* in den Culpepper Gardens, Leeds Castle, Kent

Polygonum macrophyllum

Polygonum bistorta subsp. *carneum* oberhalb Kasbegi, Zentral-Kaukasus

Polygonum tenuicaule

Eriogonum compositum Douglas ex Benth. *(Polygonaceae) Wollknöterich.* Westliches Nordamerika, von Idaho und Washington und südlich bis Kalifornien; trockene, felsige Hänge von 1900-3500 m. B: 5-7. Verzweigte, am Grunde ziemlich verholzte Pflanze mit 10-50 cm hohen Blütenständen. Hauptdolde mit lanzettlichen Hochblättern, Nebendolden vielblütig. Für trockene, vollsonnige Stellen bei gutem Wasserabzug. WH: bis – 15°C oder darunter bei trockenem Stand. Es gibt mindestens 150 *Eriogonum*-Arten zumeist im westlichen Nordamerika, und zwar sowohl niedrige Sträucher oder Stauden bzw. Einjahrespflanzen oder hochalpine Teppichstauden. Die Blüten sind meist gelb, können aber auch rot, weiß oder rosa sein.

Polygonum affine D. Don syn. *Bistorta affinis* (D. Don) Greene *(Polygonaceae) Schneckenknöterich.* Afghanistan, ostwärts bis Nepal und Sikkim; felsige Hänge und Geröll von 3000- 4800 m. B: 6-9. Bis 1 m große Blätterrasen bildend. Stengel 15-30 cm. Blätter lanzettlich, elliptisch mit 4-8 cm langer Spreite. Blütenähren 5-7,5 cm lang mit rosa oder roten Blüten. Gut für ziemlich dünnen, torfigen Boden mit gutem Wasserabzug. WH: bis –20 °C. 'Donald Lowndes' ist eine dunkelrosa Form. 'Superbum' soll nach Graham Thomas eine noch bessere Auslese sein.

Polygonum amphibium L. syn. *Persicaria amphibia* (L.) S. F. Gray. Europa und Asien, von Irland ostwärts bis Japan, südlich bis zum Mittelmeergebiet und in Nordamerika von Quebec und Alaska südlich bis Kentucky und Kalifornien; in Seen und Teichen, Flüssen und Kanälen. B: 7-9. Entweder Wasserpflanze mit schwimmenden, oval-länglichen Blättern und aufragenden Blütentrieben oder staksige Sumpfpflanze mit länglich-lanzettlichen Blättern. Blütenähre 2-4 cm mit rosa oder roten Blüten. Die Blätter werden oft vom Seerosenblattkäfer befallen, dessen gelbe Larven die Blätter stark schädigen. WH: bis –25 °C und darunter.

Polygonum bistorta L. syn. *Bistorta vulgaris* Hill *Schlangenknöterich, Wiesenknöterich*. Europa, von Irland bis Japan, südwärts bis in die Gebirge der Türkei; alpine Wiesen, an Flüssen, Feuchtwiesen und nassen Wegrändern. B: 6-8. Bildet mit sehr dickem Rhizom ausgedehnte Kolonien. Stengel 25-50 cm. Blätter 5-15 cm breit-oval, am Grunde gestutzt oder herzförmig, die unteren mit geflügeltem Blattstiel. Blüten rosa oder weiß in 3-6 cm langen Ähren. WH: bis –25 °C oder darunter. Attraktive Staude für feuchte Stellen. 'Superbum', kräftigere Auslese.

Polygonum bistorta L. subsp. *carneum* (Koch) Coode & Cullen syn. *P. carneum* Koch. Kaukasus und Nordost-Türkei; Bergwiesen, lichte Wälder von 1800-3600 m. B: 6-8. Ähnlich *P. bistorta*, aber insgesamt kleiner mit dunkelrosa gestielten Blüten mit einem mehr rundlichen Blütenkopf. Für feuchte Böden in kühler Lage. WH: bis –20 °C oder darunter.

Polygonum macrophyllum D. Don syn. *Persicaria macrophylla* (D. Don) Trehane, *P. sphaerostachyum* auct. non Meissner. Himalaja, von Nord-Indien und Nepal bis Südwest-China; feuchte alpine Wiesen von 1700-4870 m. B: 5-9. Bildet sich ausbreitende Büsche mit 5-30 cm hohen Stengeln. Blattspreiten oval-lanzettlich, 4-12 cm × 2-3 cm, manchmal auch schmaler, am Grunde gerundet oder herzförmig. Aufrechte, 2-7 cm lange Blütenähren mit 2-5 mm großen, rosa, hängenden Blüten. Für feuchte Torfböden in Sonne oder Halbschatten. WH: bis –20 °C. Es gibt zierlichere Hochgebirgsformen.

Polygonum milletii Léveillé *syn. Persicaria milletii* (Léveillé) Trehane. Himalaja, von West-Nepal bis Südwest-China; Gebüsch, Felskanten von 300- 4700 m. B: 6-11. Büschelig mit vielen 20-60 cm hohen Stengeln. Blätter lanzettlich, 8-15 cm × 0,7- 4,5 cm mit langer schlanker Spitze und am Grunde in den Stiel übergehend. Blüten 5-6 mm, purpurrot in 2,5-6 cm langen Ähren. Gegenüber *P. macrophyllum* größere, purpurrote Blüten und bis 10 cm lange Blattscheiden. Für Sonne oder Halbschatten bei gutem Wasserabzug. WH: bis –20 °C.

Polygonum tenuicaule Biss. & Moore syn. *Persicaria tenuicaulis* (Biss. & Moore) Trehane. Japan, in Honshu, Shikoku und Kyushu; in Wäldern und an schattigen Hängen. B: 4-6. Mit kurzen, dicken Rhizomen Teppiche bildend. Länglich-ovale Blätter, 3-8 cm × 2-3 cm groß. Triebe 7-15 cm hoch. Blütenähren 2 - 3,5 cm lang. Für feuchte, schattige Lage. Interessante, niedrige Bodendeckerpflanze. WH: vielleicht bis –15 °C.

Polygonum affine

Polygonum amphibium

Eriogonum compositum in Nord-Kalifornien

Polygonum milletii

Gypsophila 'Rosenschleier' in den Ruinen von Cockermouth Castle, Cumbria

Gypsophila paniculata 'Flamingo'

Gypsophila acutifolia

Gypsophila paniculata 'Bristol Fairy'

Gypsophila acutifolia Stev. ex Spreng. *(Caryophyllaceae).* Nord-Kaukasus und Süd-Rußland, nordwärts bis Rumänien (Ukraine wahrscheinlich eingeführt); trockene, sandige Stellen und steinige Hänge. B: 7-9. Verzweigte, bis 170 cm hohe Triebe aus kräftigem, tiefgehendem Wurzelstock. Schmallanzettliche, lang-spitz auslaufende Blätter. Blütenstand drüsig mit 1-4 mm langen Blütenstielchen. *G. perfoliata* L. hat ähnliche Blüten, aber längere, kahle Blütenstielchen und ovale, stengelumfassende Blätter. Für volle Sonne bei gutem Wasserabzug. WH: bis –20 °C oder darunter.

Gypsophila bicolor Freyn & Sint. syn. *G. paniculata* L. subsp. *bicolor* Freyn & Sint. Ost-Türkei, Süd-Kaukasus, Iran und Zentralasien; in Steppen, lichten Wäldern und Kornfeldern. B: 5-7. Unterscheidet sich von *G. paniculata* durch seine grünen, nicht bläulichen Blätter, dichteren Blütenstand und die rundlich herzförmigen, feingezähnten Kelchzähne. Für trockenen, vollsonnigen Stand mit gutem Wasserabzug. WH: bis –20 °C oder darunter.

Gypsophila paniculata L. *Riesenschleierkraut.* Osteuropa, von Mittel-Österreich und Bulgarien ostwärts bis zum Kaukasus, Zentralasien und Nordwest-China; in grasigen, sandigen Steppen und steinigen Plätzen. B: 7-8. Bildet mehrstengelige, bis 1,5 m hohe und breite Büsche aus tiefgehendem, kräftigem Wurzelstock. Weiße oder rosa, 3-6 mm langgestielte Blüten mit länglich-spatelförmigen, 3-4 mm langen Blütenblättern. 'Flamingo', gefüllt-rosa, und 'Bristol Fairy', gefüllt-weiß, sind gute Gartensorten. Für trockene, sonnige Lage bei gutem Wasserabzug. WH: bis –20 °C oder darunter, keine Winternässe vertragend.

Gypsophila *'Rosenschleier'* syn. *'Rosy Veil'* ist eine Kreuzung zwischen *G. paniculata* und *G. re-*

Saponaria ocymoides in Südfrankreich

Gypsophila bicolor in einem Getreidefeld am Van-See, Südost-Türkei

pens 'Rosea' (K. Foerster 1933). Büsche kriechender, bis 100 cm langer Triebe mit gefüllten Blüten, die sich weiß öffnen und blaßrosa verblühen. B: 7-8. Für volle Sonne bei gutem Wasserabzug. WH: bis –20 °C oder darunter.

Saponaria × lempergii hort. 'Max Frei' *(Caryophyllaceae).* Kreuzung zwischen *S. cypria* und *S. haussknechtii* mit vielen weichdrüsig-haarigen, bis 30 cm langen Trieben und einer Vielzahl von etwa 1,5 cm großen Blüten. B: 7-9. Für trockene Lage in voller Sonne bei gutem Wasserabzug. WH: vielleicht bis –15 °C.

Saponaria ocymoides L. *Rotes Seifenkraut*. Europa, von Nordspanien und Südfrankreich bis Italien und Süddeutschland und Jugoslawien; sonnige Hänge und Felsen, meist auf Kalk, vom Flachland bis 2 300 m in den Alpen. B: 7. Kriechende, bis über 50 cm lange Triebe. Blüten 7-12 mm groß, purpurrosa oder selten weiß. Für sonnige trockene Lage, auf Mauern oder an Beeträndern, auch in Wege hinein bei gutem Wasserabzug. WH: bis –15 °C, vielleicht darunter.

Saponaria officinalis L. *Seifenkraut*. Meiste Teile Europas, obwohl oft verwildert, ostwärts bis zur Türkei und in den Kaukasus; an grasigen Wegrändern, Ufern von Wasserläufen und feuchten Wäldern. B: 6-8. Verwildert in Nordamerika. Mit kriechenden, unterirdischen Rhizomen bilden sich Kolonien aufrechter, bis 70 cm hoher Stengel. 'Rosea Plena' ist die verbreitetste gefüllte Sorte mit blaßrosa Blüten. 'Rubra Plena' hat dunkel-rosarote, gefüllte Blüten. Es gibt auch eine weiß-gefüllte Form. Die Blüten sind 20 mm breit und duften. Problemlos, aber invasiv, jedoch keinen Schatten vertragend. WH: bis –20 °C. Wurzeln früher als Seife benutzt und auch heute noch dazu verwendet für empfindliche, alte Gewebe.

Saponaria × lempergii 'Max Frei' in Kew

Saponaria officinalis 'Rubra Plena'

Saponaria officinalis

Saponaria officinalis 'Rosea Plena'

Ein Typ von *Dianthus deltoides* in Coldham, Kent

Dianthus deltoides in Finnland

Dianthus superbus

Dianthus superbus auf grasigen Dünen bei Shari, Hokkaido

Dianthus 'White Loveliness'

Dianthus gratianopolitanus in Cheddar

Dianthus knappii im RBG, Edinburgh

Dianthus 'Ursula Le Grove'

Dianthus 'Glory Lyonnaise'

Dianthus 'Green Eye'

Dianthus ferrugineus

Dianthus deltoides L. *(Caryophyllaceae) Heidenelke.* Meiste Teile Europas, bis Finnland und Nord-Rußland (nicht Mittelmeerregion); trockene, grasige Plätze. B: 6-9. Aus dünnem, kriechendem Wurzelstock viele bis 45 cm hohe Triebe. Blätter grün, lanzettlich, 10-15 mm lang. An Blatt-Trieben und an Blüten-Trieben länger; duftlose, meist einzelstehende, ca. 1,8 cm große Blüten. Für leichte Böden in voller Sonne. WH: bis –20 °C oder darunter. Namenssorten, z. B. die dunkellaubige, karmin-scharlachrot-blühende 'Leuchtfunk'.

Dianthus ferrugineus Mill. Mittelmeerregion, von Süd-Frankreich bis Jugoslawien und Albanien; steinige Hügel, Gehölze. B: 6-7. Mehrere überhängende, bis 50 cm hohe Triebe aus holzigem Wurzelstock. Blätter sehr schmal. Blüten in dichten Köpfen, ca. 3 cm groß. Kelchschuppen in lange Granne übergehend. Viele ähnlich tiefrotblühende Arten mit kopfigen Blütenständen. *D. carthusianorum* L., die Karthäusernelke, ist die verbreitetste Form und unterscheidet sich von *D. ferrugineus* durch breitere, kürzere, Grannen-spitzige Kelchschuppen. Für jeden Boden in voller Sonne bei gutem Wasserabzug. WH: vielleicht bis –15 °C.

Dianthus gratianopolitanus Vill. *Pfingstnelke.* In Europa, ostwärts bis Polen und Westukraine; auf Kalkfelsen und Klippen. B: 6-7. Nichtblühende, blaugrüne Blattrosetten bilden dichte Polster mit bis 20 cm hohen Blütenstengeln. Blüten 3,5 cm mit Gewürznelkenduft. Für sonnige Lage bei gutem Wasserabzug. WH: bis –20 °C.

Dianthus knappii (Pant.) Aschs. & Karnitz ex Borbás, Schwefelnelke. West-Jugoslawien; an grasigen Stellen und in Gehölzen. B: 6-8. Wenige sparrige, bis 40 cm hohe Blütentriebe mit meist 2 vielblütigen Köpfchen. Blüte 2 cm groß. Nur interessant als einzige gelbblühende Nelke, die das Gelb in alle Nelkenzüchtungen brachte. Für Sonne oder Halbschatten bei gutem Wasserabzug. WH: bis –15 °C.

Alte Gartennelkensorten: 'Glory Lyonnaise' Unbekannter Herkunft, bis 30 cm hoch. **'Green Eye'** Unbekannter Herkunft, 20 cm hoch. **'Ursula Le Grove'** Von Revd. C. Oscar Moreton, bis 30 cm hoch. **'White Loveliness'** Gut duftend, bis 25 cm hoch, wahrscheinlich Hybride von *D. superbus* (Allwoods 1928).

Dianthus superbus L. *Prachtnelke.* Von Europa bis Rußland und Ostsibirien, bis Japan und Formosa; feuchte, grasige Stellen. Dünen, lichte Wälder und Bergwiesen. B: 6-10. Grünblättrige, nichtblühende, niederliegende Triebe, und Blütenstengel bis 90 cm hoch. Blüten 3,5-6,5 cm breit. Die größten in der subsp. *speciosus* (Reichb.) Pawl mit montaner Verbreitung. Die Blütenblätter immer tief geschlitzt. Sehr wohlriechend. Torfiger Boden in Sonne oder Halbschatten, kühle Lage bei gutem Wasserabzug. WH: bis –20 °C und darunter.

Blüten von Ramparts Nursery, 4. Juni, 2/3 nat. Größe

’White Ladies‘

’Sam Barlow‘

Federnelkensorten. Diese entstanden aus Kreuzungen von *D. caryophyllus* und *D. plumarius* in den vergangenen Jahrhunderten.

Gefüllt-blühende Federnelkensorten: ’Alice‘ Allwoods 1930, 32 cm, guter Duft. **’Bat’s Double Red‘** T. Bat im 18. Jahrhundert, ca. 17 cm. **’Bridal Veil‘** Seit dem 17. Jahrhundert bekannt, ca. 35 cm, gut duftend. **’Heidi‘** C. Frickart 1959, ca. 20 cm. **’Hope‘** Allwoods 1946, ca. 25 cm, guter Duft. **’Laced Joy‘** Allwoods 1947, ca. 30 cm. **’Laced Romeo‘** Allwoods 1963, ca. 30 cm, guter Duft. **’London Delight‘** F. R. McQuown vor 1946, ca. 25 cm, guter Duft. **’London Poppet‘** F. R. McQuown 1946, ca. 25 cm, variabel. **’Mrs Sinkins‘** J. Sinkins 1868, ca. 20-25 cm, keine schöne Blütenform, aber wunderbar duftend. **’Old Crimson Clove‘** Seit dem 16. Jahrhundert bekannt, ca. 25 cm, guter Duft. **’Old Pink Clove‘** Alte Sorte unbekannter Herkunft. Schwache, bis 40 cm hohe Stengel, guter Duft. **’Paisley Gem‘** J. Macree um 1798, ca. 30 cm, guter Duft. **’Prudence‘** Allwoods vor 1953, ca. 30 cm. **’Rose de Mai‘** Um 1820, etwa 25 cm. **’Sam Barlow‘** Alte, seit dem frühen 19. Jahrhundert bekannte Sorte, ähnlich Mrs Sinkins, kompakt wachsend. **’Sops-in-Wine‘** Alte Sorte unbekannter Herkunft, ca. 17 cm. **’Sweetheart Abbey‘** Alte Sorte von Sweetheart Abbey in Südwest-Schottland, ca. 25 cm. **’White Ladies‘** Alte Sorte unbekannter Herkunft, ca. 25 cm, guter Duft.

Einfache und halbgefüllt-blühende Federnelkensorten: ’Arthur‘ Allwoods 1920, ca. 28 cm, guter Duft. **’Brympton Red‘** Züchter unbekannt, vor 1960, ca. 25 cm, gut duftend. **’Constance Finnis‘** C. S. Finnis vor 1969 und durch ihre Tochter Valerie benannt. Gut duftend, weiß mit deutlichen tiefroten Zeichnungen. **’Dewdrop‘** Allwoods vor 1932, ca. 15 cm, gut duftend. **’Eileen‘** Allwoods vor 1927, ca. 25 cm, gut duftend. **’Farnham Rose‘** Zart rotbraun mit Flecken und Tupfen, gut duftend. **’Glory Lyonnaise‘** Alte Sorte unbekannter Herkunft, ca. 30 cm. **’Gravetye Gem‘** W. E. Th. Ingwersen vor 1940, gut duftend. **’Hollycroft Fragrance‘** Hollycroft Nurseries vor 1979, ca. 15 cm, gut duftend. **’Inchmery‘** Aus dem 18. Jahrhundert, ca. 28 cm, gut duftend. **’Kesteven Chambery‘** A. E. Robinson etwa 1970, ca. 15 cm. **’Lady Glanville‘** Etwa 1840, ca. 25 cm, gut duftend. **’Musgrave’s Pink‘** syn. ’Charles Musgrave‘ etwa 1730, ca. 20 cm, gut duftend. **’Painted Beauty‘** Alte Sorte unbekannter Herkunft, ca. 20 cm. **’Pheasant’s Eye‘** Alte Sorte, seit 1671 bekannt, ca. 30 cm, gut duftend. **’Queen of Sheba‘** Frühes 17. Jahrhundert, ca. 25 cm, gut duftend.

Dianthus 'Constance Finnis' in Wisley

'Rose de Mai' in Bressingham Gardens

'Old Pink Clove'

'Bat's Double Red'

Nelkensammlung mit *Allium christophii* in Northbourne Court, Kent

Blüten von Ramparts Nursery, Essex, 4. Juni. 2/3 nat. Größe

Dianthus 'Doris', eine der verbreitetsten Sorten

Blüten von Ramparts Nursery, Essex, 4. Juni, 2/3 nat. Größe

Neuere Federnelkensorten: 'Achievement' Allwoods vor 1959, 22 cm, gut duftend. **'Annabelle'** Charli vor 1957, 30 cm. **'Anthony'** P. A. Fenn 1967, 20 cm. **'Brilliance'** P. A. Fenn 1975, 20 cm, lange Blütezeit. **'Constance'** Allwoods vor 1955, 30 cm. **'Desmond'** Mrs D. Underwood 1978, 25 cm, stark wachsend. **'Diane'** Allwoods 1964, 26 cm, Sport aus 'Doris'. **'Doris'** Allwoods vor 1954, 26 cm, stark wachsend und gut duftend. **'Freckles'** C. H. Fielder 1948, 20 cm, gut duftend. **'Gaity'** Lindabruce Nurseries um 1955, 25 cm. **'Golden Cross'** J. Galbally vor 1972, 25 cm. **'Gran's Favourite'** Mrs D. Underwood, 25 cm, gut duftend. **'Haytor White'** C. Wyatt 1971, 33 cm, robust und gut duftend. **'Helen'** Allwoods vor 1948, 30 cm, gut duftend. **'Houndspool Cheryl'** syn. 'Cheryl'. J. Whetman 1980, 27 cm. **'Houndspool Ruby'** syn. 'Ruby Doris'. J. Whetman 1977, 27 cm. **'Iceberg'** C. H. Fielder 1950, 33 cm, gut duftend mit einem zweiten Blütenschub. **'Kesteven Kirkstead'** A. E. Robinson, 15 cm. **'Pink Bouquet'** Mrs D. Underwood 1958, 22 cm, gut duftend mit einem zweiten Blütenschub. **'Pink Mrs Sinkins'** C. Turner vor 1908, 30 cm, gut duftend. **'Polly Piggott'** Neuere Sorte unbekannter Herkunft, 25 cm. **'Portrait'** Neuere Sorte unbekannter Herkunft, 25 cm, gut auf leichtem Boden wachsend. **'Ruth'** Allwoods vor 1933, 27 cm. **'Show Ideal'** Allwoods 1945, 30 cm, stark wachsend. **'Thomas'** C. Wyatt 1977, 25 cm. **'Valda Wyatt'** C. Wyatt 1977, 25 cm. **'Widecombe Fair'** C. Wyatt 1974, 30 cm, ungewöhnliche Aprikosenfarbe und guter Duft. **'William of Essex'** Ramparts Nursery 1982, Sport aus 'Freckles', 10 cm, gut duftend. **'Winsome'** C. H. Fielder 1947, 25 cm, stark wachsend.

Dianthus 'Golden Cross' in Wisley

Dianthus 'Thomas'

Blüten von Ramparts Nursery, Essex, 4. Juni. 2/3 nat. Größe

Dianthus 'Haytor White'

Dianthus 'Pink Mrs Sinkins'

Dianthus 'Kesteven Kirkstead' in Wisley

Sedum spectabile 'Carmen' mit Schmetterlingen (Kleiner Fuchs)

Sedum telephium subsp. *telephium* in Nordwest-England

Sedum 'Sunset Cloud' in Wisley

Sedum maximum 'Atropurpureum'

Sedum alboroseum 'Medio-variegatum'

Sedum 'Ruby Glow'

Cotyledon orbiculata L. var. *oblonga* (Haw.) *DC. (Crassulaceae)*. Südafrika, Nord-Transvaal bis Lesotho und Südost-Kap-Provinz; felsige Stellen, Klippen, trockenes Gebüsch bis 3000 m. Rosetten ovaler, fleischiger, weißer, bis 20 cm langer Blätter. Blütenstengel bis 1 m mit hängenden, ca. 3 cm langen Blüten. Für volle Sonne bei gutem Wasserabzug. WH: bis –10 °C, vielleicht darunter, wenn eine Glasplatte vor Nässe schützt.

Sedum aizoon L. 'Aurantiacum' (Crassulaceae). Nord-Japan (Hokkaido, Honshu), Ostsibirien, Mongolei und Nordwest-China; trockene, grasige Hänge, Gebüsch und felsige Wasserläufe. B: 7-9. Stengel bis 50 cm, aus kräftigem, verzweigtem Wurzelstock ausbreitende Büsche bildend. Blätter meist wechselständig. Blüten 10-13 mm in bis 6 cm großen Köpfen, gelb oder bei 'Aurantiacum' in Knospe und Frucht rötlich. Für sommerfeuchte gute Gartenböden in Sonne oder Halbschatten. WH: bis –25 °C.

Sedum alboroseum Baker 'Medio-variegatum' syn. *S. erythrostictum* Miq. Ostsibirien, Nord-China und Japan. B: 7-10. Ähnlich *S. spectabile*, aber grünlichere Blüten und wechselständige oder gegenständige Blätter sowie im unteren Teil länger verzweigte Blütenstände. Die panaschierte Form ist verbreitet.

Sedum 'Ruby Glow' syn. *S. cauticola* 'Robustum'. Eine Hybride zwischen *S. cauticola* Praeger und *S. telephium* L. Ausbreitende, bis 25 cm hohe Büsche mit sehr grauen Blättern und intensiv purpurnen Blüten. B: 7-8. WH: bis –15 °C.

Sedum spectabile Boreau. Korea und Nordost-China (Heilonjiang). B: 7-9. Dichte Büsche bis 70 cm hoher Stengel aus kräftigem, verzweigtem Wurzelstock. Fleischige, blaugrüne, gegenständige oder quirlständige Blätter. Bis 10 mm große Einzelblüten in bis 12 cm großen, doldenähnlichen Blütenständen. Staubfäden länger als Blütenblätter, wird intensiv von Schmetterlingen besucht. 'Carmen' ist eine der vielen Sorten aus der lila-rosa Farbpalette. 'Iceberg', weiß. Gut in nährstoffreichem, sandigem Boden mit guter Wasserversorgung im Sommer. WH: bis –20 °C.

Sedum 'Sunset Cloud' Hybride zwischen 'Ruby Glow' und *S. telephium* subsp. *maximum* 'Atropurpureum' (Jim Archibald etwa 1970). Blätter purpur-grau. Stengel bis 30 cm ausbreitend; 'Vera Jameson' ist ähnlich.

Sedum telephium L. subsp. *maximum* (L.) Krosker. Europa, ostwärts bis Nord-Türkei und Kaukasus; trockene, felsige Stellen, lichte Kiefernwälder, bis 2300 m. B: 7-9. Wenige, aufrechte, bis 45 cm hohe Triebe aus kräftigem Wurzelstock. Stengelumfassende, bis 4 cm breite, breitovale Blätter. Sehr dichter Blütenstand mit 6-10 mm großen, grün-weißlichen, selten rosafarbenen Blüten. Bei 'Atropurpureum' sind die Blätter kräftig purpurrot. WH: bis –15 °C.

Sedum telephium L. subsp. *telephium*. Europa, ostwärts bis China, Sibirien, Japan; offene, grasige Stellen, Wälder, Gebüsch. B: 8-9. Wenige, meist aufrechte, bis 50 cm hohe Triebe aus kräftigem Wurzelstock. Längliche, gezähnte, am Grunde gestutzte Blätter. Blüten purpur-rosa, selten weiß. Für guten, nicht zu trockenen Boden bei gutem Wasserabzug. WH: bis –20 °C.

Cotyledon orbiculata var. *oblonga* in 3000 m Höhe auf Carlyle's Hoek, Nordost-Kap-Provinz

Sedum aizoon 'Aurantiacum'

Sedum telephium subsp. *maximum*

Lathyrus grandiflorus als kletterndes Unkraut im Beet

Lathyrus japonicus subsp. *maritimus* auf Kies in Dungeness, Kent

Lathyrus sylvestris in Dungeness, Kent

Lathyrus grandiflorus Sibth. & Sm. *(Leguminosae)*. Süditalien, Sizilien, Griechenland und südliche Balkanhalbinsel sowie Nordwest-Afrika; Gehölze, Gebirge. B: 5-7. Behaarte, gerippte, aber nicht geflügelte, bis 1,5 m hohe Triebe aus invasiv Ausläufer treibendem Wurzelstock. Blätter mit einem Paar ovaler Blättchen und einer einfachen oder 3teiligen Ranke. Blüten 2,5-3 cm groß zu 1-4 auf einem Stiel. Hülsen mit 15-20 Samen, in Kultur selten. Hübsche Pflanze. Am besten in einem schmalen Beet am Fuße einer Hecke oder überhängend über eine Mauer, wo sie keine anderen Pflanzen überwuchern kann.

Lathyrus japonicus Willd. subsp. *maritimus* (L.) P. W. Ball, *Strandplatterbse*. Kühlere Küsten der nördlichen Hemisphäre, südlich bis Scilly Isles, New Jersey und Del Norte Co., Kalifornien und bis zu den Großen Seen; auf Kiesstränden und an Sanddünen (var. *acutiformis* [Bab.] Pedersen). B: 6-8. Kriechende, bis 90 cm lange Triebe aus tiefreichendem Wurzelstock. Nebenblättchen breit spießförmig. Blätter in Seenähe ziemlich fleischig und ledrig. Im Garten normal blaugrün mit 3-4 Paaren ovaler Blättchen, meist mit kleinen Ranken. Purpurne oder bläuliche, bis 1,8 cm große Blüten bis zu 15 an einem Stiel. Für tiefgründigen, feuchten Boden in kühler Lage bei gutem Wasserabzug.

Lathyrus latifolius L. *Staudenwicke*. Europa ohne äußersten Norden, von Frankreich bis Spanien und Portugal, bis Polen, Süd-Rußland und Kaukasus (verwildert in England, Belgien, Deutschland, östliches Nordamerika, Nord-Kalifornien); Gebüsch, grasige Wegränder und Schuttplätze. B: 5-7. Glatte oder behaarte, geflügelte, bis 3 m lange, kletternde Stengel aus kräftigem, manchmal Ausläufer treibendem Wurzelstock. Blätter mit einem Paar länglicher bis ovaler, 15 × 5 cm großer Blütchen und verzweigten Ranken. Blüten 2-3,5 cm groß, zu 5-15 an einem Stiel, meist purpur-rosa, aber auch weiß mit rosa Adern oder blaßrosa mit dunkleren Adern. Farbvarianten als Namenssorten ausgelesen, z. B. 'White Pearl' ('Weiße Perle'), 'Pink Pearl' ('Rosa Perle'), 'Blushing Bride' usw. Schwierig aus Stecklingen zu vermehren, aber unterschiedliche Farbvarianten durch Aussaat möglich. Problemlos in jedem Boden in warmer Lage. Schöne Pflanze mit sehr langer Blütezeit.

Lathyrus laxiflorus (Desf.) O. Kuntze. Europa, von Süditalien bis Griechenland, Südwest-Rußland, Kaukasus, Türkei, Syrien und Nord-Iran; Wälder, Gebüsch, schattige Wegränder. B: 6-7. Büsche kletternder, bis 50 cm langer Triebe aus knolligem Wurzelstock. Blattähnliche Nebenblättchen. Blätter mit einem Paar breit-elliptischer oder lanzettlicher, 1-4 cm langer Blättchen ohne Ranke. Meist 2farbige, 1,5-2 cm große Blüten. Sonne oder Halbschatten bei gutem Wasserabzug. WH: bis –15 °C.

Lathyrus mulkak Lipsky. Zentralasien, Pamir-Gebirge; Gebüsch bei 3000 m. B: 6-8. Kletternde, bis 2 m lange Triebe aus tiefgehendem, verzweigtem Wurzelstock. Blüten 25-30 mm groß. Nicht schwierig. Tiefgründiger, nährstoffreicher, sandiger Boden in voller Sonne und guter Wasserabzug. WH: bis –15 °C oder darunter.

Lathyrus latifolius mit *Santolina* in Cockermouth

Lathyrus rotundifolius

Lathyrus laxiflorus

Lathyrus latifolius 'White Pearl'

Lathyrus mulkak

Lathyrus latifolius, ein dunkler rosa geaderter Sämling in Dungeness, Kent

Lathyrus rotundifolius Willd. Halbinsel Krim in Kiefernwäldern. B: 6-7. Subsp. *miniatus* (Bieb. ex Stev.) Davis Kaukasus, Nord-Iran, Nord- und Ost-Türkei; Gebüsch, nasse Wiesen und Kornfelder. B: 6-7. Kahle, bis 2 m lange Triebe aus ausdauerndem Wurzelstock. Blätter mit einem Paar rundlich-ovaler, elliptischer oder fast rundlicher Blättchen und verzweigten Ranken. Blüten dunkelrosapurpur oder rötlich, 1,5-2,5 cm groß, bis zu 10 an einem Stiel. Subsp. *miniatus* soll längere Blättchen, kräftigere, breiter geflügelte Stengel und einen länger gezähnten, größeren Kelch besitzen. Es ist nicht klar, zu welcher Unterart die hier gezeigten kultivierten Pflanzen gehören, aber die leuchtend rötlichen Blüten weisen auf subsp. *miniatus* hin. Für jeden Boden in Sonne oder Halbschatten.

Lathyrus sylvestris L. *Waldplatterbse.* Meiste Teile Europas sowie Nordwest-Afrika, Nord-Türkei und Kaukasus; Wälder, Gebüsch, schattige Waldränder und Kiesflächen am Strand. B: 6-8. Geflügelte, bis 2 m und mehr kletternde Triebe aus kräftigem Wurzelstock. Nebenblättchen schmal-lanzettlich. Blätter mit einem Paar schmaler, lanzettlicher, bis 15 cm langer und 2 cm breiter Blättchen mit verzweigten Ranken. Blüten 1,3-2 cm groß, meist fleischrosa, bis zu 12 an einem Stiel. So wüchsig wie die verbreitetere *L. latifolius*, aber mit kleineren Blüten.

Lathyrus tuberosus L. *Erdeichel, Knollenwicke.* Von Frankreich und Spanien ostwärts bis Rußland und Sibirien und südwärts bis Türkei und West-Iran; grasige Stellen, feuchte Wiesen, Hecken oder Kornfelder. B: 6-8. Durch unterirdische Triebe mit kleinen eßbaren Knollen ausbreitend. Bis 100 cm lange, nicht ungeflügelte Stengel. Ein Paar elliptische bis breit-lanzettliche, ca. 3 cm lange Blätter ohne Ranke. Nebenblätter lanzettlich, halb-pfeilförmig. Stengel mit 3-9 etwa 12-20 mm großen Blüten. Für jeden Boden in voller Sonne. Lange Blütezeit. Für Naturgärten im Wiesenbereich und an Sträuchern.

Lathyrus tuberosus

Lathyrus latifolius

Galega officinalis 'His Majesty'

Galega orientalis

Hedysarum coronarium in Edington, Wiltshire

Hedysarum hedysaroides oberhalb St. Luc, Wallis

Galega officinalis L. syn. *G. bicolor* Hausskn., *G. coronilloides* Freyn & Sint. *(Leguminosae) Geißraute.* Mittel- und Südeuropa, Kaukasus, Türkei, Libanon, östliches Zentralasien und West-Pakistan; Gebüsche, Wälder, sumpfige Felder und Wegränder. B: 6-9. In England oft an Wegrändern verwildert. Ziemlich weiche, bis 1,50 m lange Stengel. Blätter mit 4-10 Blättchenpaaren. Blüten 10-15 mm groß, von weiß bis purpurn oder 2farbig zu 30-50 in einer Traube. 'His Majesty' ist eine der Auslesen aus *G.* × *hartlandii*, einer Kreuzung zwischen *G. bicolor* und *G. officinalis*. *G. bicolor* Hausskn. wird heute zumeist als Farbvariante von *G. officinalis* betrachtet. Farbauslesen 'Alba', 'Candida' und 'Lady Wilson'. Problemlos in Sonne oder Halbschatten ohne Sommertrockenheit.

Galega orientalis Lam. Kaukasus; subalpine Wiesen, Flußufer, Gesträuch und lichte Wälder. B: 5-6. Aufrechte, lockere, bis 1,5 m lange Triebe aus kriechendem, unterirdischem Wurzelstock. Blättchen 3-6 cm lang, spitz zulaufend. Blüten bläulich, meist größer als bei *G. officinalis*. Hülsen abstehend. Schöne, aber ziemlich wuchernde Pflanze für große Staudenbeete oder Wiesen. WH: bis –20 °C.

Hedysarum coronarium L. *(Leguminosae) Kronensüßklee.* Westliches Mittelmeer, östlich bis Sizilien und überall verwildert; grasige, frühlingsfeuchte Stellen. B: 3-5. Aufrechte oder aufliegende, bis 1 m lange Triebe. Blättchen 15-35 mm lang, in 3-5 Paaren pro Blatt. Blüten 12-15 mm lang, rötlich purpur oder karminrot. Hülse in rundliche, stachelige Teilstücke zerfallend. Sonnige Lage mit gutem Wasserabzug. Als Futterklee in Südeuropa angebaut. WH: vielleicht bis –15 °C. Abb.

Hedysarum hedysaroides (L.) Schinz & Thell. syn. *H. obscurum* L. *Süßklee.* Alpen und Karpaten, östlich bis Rumänien, Sibirien und Japan (Rebun-Inseln); subalpine Wiesen, steinige Gebirgshänge oder Klippen von 1200-2500 m in den Alpen. B: 7-8. Ausbreitende Büsche mit einzelnen, bis 20 cm langen Trieben. Blätter 4- bis 6fach paarig gefiedert. Blüten 15-25 mm lang. Für sommerfeuchten Boden mit gutem Wasserabzug. WH: bis –20 °C.

Ononis spinosa L. *(Leguminosae) Dorniger Hauhechel.* Meiste Teile Europas, ausgenommen den hohen Norden und Nordosten, südlich bis Türkei, Syrien und Ost-Iran und Pakistan; in Kalktrockenrasen, an steinigen Hängen und lichten Kiefernwäldern. B: 5-8. Einige bis 80 cm hohe verholzte, zum Grunde hin dornige Triebe, die oft drüsig klebrig sind. Blättchen etwa 1,5 cm lang. Blüten 10-20 mm. Abgebildet ist die subsp. *spinosa*, die vor allem in Nord- und Westeuropa vorkommt. Problemlos an sonnigen Stellen mit gutem Wasserabzug. Andere Arten von Hauhechel sind strauchig mit rosa oder gelben Blüten, oder 1jährige Pflanzen oder auch kriechende Stauden *(O. repens* L.).

Trifolium rubens L. *(Leguminosae) Rotköpfiger Klee.* Mitteleuropa, von Nordspanien bis Mittel-Rußland, Rumänien und Albanien; trockene, lichte Wälder und Gehölze. B: 6. Pflanze mit vielen, bis 60 cm hohen Trieben aus einem Wurzelstock. Blättchen bis 7 cm lang. Blütenköpfe bis 8 cm, zylindrisch mit purpurnen oder weißen Blüten. Eine der beeindruckendsten Kleearten, die problemlos an sonniger, ziemlich trockener Lage wächst. WH: bis –20 °C oder darunter. Auch andere heimische Arten sind für Gartenwiesen gut geeignet. *T. pratense* L., der verbreitete Rotklee, der problemlos wächst und als Futterpflanze angebaut wird; *T. medium* L., der mittlere Klee, der sich durch unterirdische Triebe ausbreitet und schattenverträglicher ist und auch auf ziemlich schweren Böden gut wächst.

Vicia canescens Lab. subsp. *variegata* (Willd.) Davis syn. *V. variegata* Willd. *(Leguminosae).* Ost- und Nordost-Türkei, Armenien und Nordwest- und Nord-Iran; grasige Stellen, Brachland, Hänge von 1600-2800 m. B: 6-7. Bildet Trupps aufrechter, bis 80 cm hoher Stengel. Blätter grauhaarig, jedoch weniger silbrig als in anderen Unterarten. Blüten lila oder bläulich, 17- 25 mm, zu 3-18 in langgestielter dichter Traube. Samenhülsen meist behaart. Sonnige Lage bei gutem Wasserabzug. Hier an einer Felskante im Botanischen Garten Kew. WH: bis –20 °C. Verwandt mit *V. cracca* L., der Vogelwicke, einer schönen Kletterpflanze in den Hecken in ganz Europa.

Vicia sylvatica L. *Waldwicke.* Irland und Schottland bis Sibirien und südwärts in den Bergen Frankreichs, Albaniens und Süd-Rußlands; Waldränder, Gehölze, Klippen und Geröll an der Küste. B: 6-8. Kletternde Triebe bis 2 m. Länglich elliptische Blättchen, meist 6-9, manchmal aber auch 5-12 Paar pro Blatt. Blüten 15-20 mm lang, weiß, mit bläulichen Adern, bis zu 18 in einer Traube. Feuchter Boden in kühler Lage bei gutem Wasserabzug. WH: bis –20 °C und darunter.

Vicia unijuga A. Br. Ost-Sibirien, Nord-China, Korea, Sachalin und Japan; Gebüsch und grasige Stellen; B: 6-10. Vieltriebige, 60-100 cm hohe Pflanze ohne Ranken. 2 Blättchen, 4-7 cm lang. Blüten 12-15 mm lang, bläulich purpur. Für sonnige oder halbschattige sommerfeuchte Lage. WH: bis –20 °C.

Trifolium rubens, eine der größten Gartenkleearten

Vicia sylvatica in Finnland

Vicia unijuga in Kew

Ononis spinosa auf Kalk in Wiltshire

Vicia canescens subsp. *variegata* im Alpinum in Kew

Aruncus dioicus an der japanischen Brücke in Wisley

Cardiandra alternifolia bei Kyoto

Filipendula ulmaria 'Aurea'

Aruncus dioicus (Walter) Fernald syns. *A. silvester* Kostel, *A. vulgaris* Raf. *(Rosaceae) Waldgeißbart.* Östliches Nordamerika, von Pennsylvania bis Iowa, südlich bis Georgia und Missouri, in Europa von Belgien und den Pyrenäen ostwärts bis Kaukasus und Sibirien, Nord-China und Japan (dort besonders variabel); feuchte Wälder, schattige Plätze und verbreitet an Flüssen im Gebirge. B: 6-8. Bildet große Büsche mit bis 2 m hohen Trieben. Blätter bis 1 m lang, 2fach gefiedert mit ovalen Blättchen. Blüten 5 mm groß, meist eingeschlechtlich. Für jeden feuchten Boden im Halbschatten. WH: bis –20 °C oder darunter. Sehr geeignete Gartenpflanze ähnlich der Riesenastilbe.

Cardiandra alternifolia Sieb. & Zucc. *(Hydrangeaceae).* Süd-Honshu, Shikoku und Kyushu; in feuchten Bergwäldern. B: 7-9. Aufrechte, bis 70 cm hohe Stiele wie eine staudige Hortensie. Mit wechselständigen, schmal-ovalen, spitz zulaufenden Blättern. 2-3 Blütenblatt-ähnliche Kelchlappen an sterilen Blüten und rund um den Blütenstand. Fertile Blüten 6 mm groß. Für feuchten Torfboden in Halbschatten. WH: vielleicht bis –15 °C.

Deinanthe caerulea Stapf. *(Hydrangeaceae) Scheinhortensie*; China, Hubei; an nassen Stellen schattiger Felsklippen. B: 7-8. Stengel bis 45 cm hoch aus büscheligem Wurzelstock. Blätter bis 15 cm. Blüten 2 cm groß, weiß, blaßblau oder purpur. Für kühle, geschützte, feuchte Lage im Schatten mit Schutz vor austrocknenden Winden. WH: vielleicht bis –20 °C.

Filipendula kamtschatica (Pall.) Maxim. *(Rosaceae).* Japan in Hokkaido und Nord-Honshu und Ostsibirien; an Gebirgsflüssen oft Bestandsbildend. B: 6-9. Bildet mit bis 2 m hohen Trieben große Büsche. Blätter 5lappig, handförmig geteilt, tief doppelt gezähnt und 15-25 cm groß mit großen runden Endblättchen. Seitenblättchen kleiner oder fehlend. Blüten 6-8 mm groß, weiß oder blaßrosa. Für feuchten Boden in Sonne oder Halbschatten. WH: bis –25 °C.

Filipendula ulmaria (L.) Maxim 'Aurea' *Goldblättriges Mädelsüß.* Europa, von Island südwärts bis Portugal und ostwärts bis Südost-Türkei, Kaukasus, Sibirien und Nordwest-China; grasige Sümpfe, nasse Gräben, an Flüssen oft im Weidengebüsch. B: 5-9. Buschig wachsend und oft große Flächen bedeckend mit bis 2 m hohen Trieben. Blätter aromatisch und in 'Aurea' goldgelb gefärbt. Blätter mit 3-5 Paar Blättchen. Blüten bis 10 mm groß, cremeweiß. Für feuchten Boden. Die goldblättrige Form benötigt Schatten, damit die Blätter nicht verbrennen. Hoher Feuchtigkeitsbedarf. WH: bis –20 °C oder darunter.

Filipendula rubra (Hill) Robinson 'Venusta' syn. *'Magnifica'*. Östliches Nordamerika, von Pennsylvania bis Michigan und Illinois, südlich bis Georgia, Kentucky und Iowa und in New England verwildert; in Wiesen, Prärien. B: 6-8. Pflanze mit mehreren, bis 2,5 m hohen Trieben. Blätter unregelmäßig gefiedert mit einem großen, 7- bis 9lappigen, eingeschnittenen und gezähnten Endblatt. Seitenblättchen ebenfalls 3- bis 5lappig eingeschnitten. Blüten leuchtend rosa. Für guten feuchten Boden in voller Sonne. WH: bis –20 °C oder darunter.

Kirengeshoma koreana

Francoa ramosa

Francoa sonchifolia

Kirengeshoma palmata

Deinanthe caerulea in Sussex

Francoa ramosa D. Don *(Saxifragaceae)*. Chile, im Gebiet von Valparaiso. B: 12-1, bei uns 6-7. Kleine Büsche weißhaariger, immergrüner Blätter, manchmal auch beblätterte, bis 20 cm hohe, nichtblühende Triebe. Blütenstände bis 90 cm hoch, am unteren Teil verzweigt mit locker stehenden weißen Blüten. Blütenblätter oft gefleckt. Für warme, geschützte Lage. WH: vielleicht bis –5 °C. Es ist wahrscheinlich, daß diese Art sowie *F. sonchifolia* und *F. appendiculata* Cav. nur Formen einer sehr variablen Art sind.

Francoa sonchifolia Cav. Chile; an sehr trockenen Stellen, aus Felsspalten, in Schluchtwänden, über das Wasser hängend. B: 12-1, bei uns 6-7. Teppiche weichhaariger, immergrüner Blätter aus kriechendem Wurzelstock. Blütenstengel bis 60 cm hoch mit ziemlich dichtem, unverzweigtem rosa Blütenstand. Für warme, geschützte Lage in Sonne oder Halbschatten. WH: vielleicht bis –10 °C und damit härteste Art.

Kirengeshoma palmata Yatabe *(Hydrangeaceae) Wachsglocke*. Japan in Shikoku und Kyushu; in Bergwäldern. B: 8. Mehrtriebige, bis 120 cm hohe Pflanze aus kräftigem Rhizom. Blätter 10-20 cm lang und breit, schwach gelappt mit langen Spitzen. Blüten etwa 3 cm groß mit fleischigen Blütenblättern. *Kirengeshoma koreana* Nakai aus Korea unterscheidet sich wenig, ist jedoch 2 m und höher mit offeneren Blüten. Beide benötigen feuchten Laubboden im Halbschatten mit ausreichend Wasser im Spätsommer. WH: bis –20 °C.

Filipendula kamtschatica

Filipendula rubra 'Venusta'

Pflanzen aus den Savill Gardens, Windsor, 20. Juli, 1/4 nat. Größe

Astilbe rivularis var. *myriantha*

Astilbe 'Deutschland'

Astilbe 'Fanal'

Astilbe 'Jo Ophurst'

Astilben. Alle Astilben (Ausnahme *Astilbe chinensis* var. *pumila*) benötigen nasse oder feuchte humose Böden im Halbschatten und sind wertvolle, spätblühende Pflanzen für Sumpfgartenbereiche mit zierlichen Blättern als Kontrast zu dem kräftigen Blattwerk z. B. von *Hosta*, *Rodgersien* und *Ligularien*. Alle sind hart bis –20 °C oder darunter.

Astilbe × arendsii Arends *(Saxifragaceae)*. Es ist eine Gruppe von Hybriden zwischen *A. davidii, A. astilboides, A. japonica* und *A. thunbergii*, die von Georg Arends in Ronsdorf in Deutschland zwischen 1909 und 1955 gezüchtet wurden. Einige Sortenbeispiele daraus: **'Cattleya'** G. Arends 1953, 90 cm. **'Fanal'** G. Arends 1933, 60 cm, früh. **'Granat'** G. Arends 1920. **'Weiße Gloria'** syn. 'White Gloria' G. Arends 1924, ca. 60 cm, frühblühend.

Astilbe × hybrida hort. ex Iev. & Lus. Eine Gruppe von Kreuzungen zwischen *A. chinensis* und anderen Arten, die manchmal *G. × arendsii* zugerechnet werden. Sortenbeispiele dafür: **'Betsy Cuperus'** Sehr elegant, überhängend bis 1,2 m. B. Ruys 1917. **'Bressingham Beauty'** Kräftig rosa mit waagerechten oder leicht überhängenden Seitentrieben, bis 1 m, Alan Bloom. **'Jo Ophurst'** Durch aufrechte Seitenäste steif wirkend, bis 90 cm, sehr ähnlich *A. chinensis* var. *davidii*, spätblühend, B. Ruys 1916.

Astilben in den Longstock Park Gardens, Hampshire

Astilbe 'Granat' im Alpinum in Kew

Astilbe japonica (Morr. & Decne). A. Gray. Japan, in Süd-Honshu, Shikoku und Kyushu; an feuchten Felsen, in Bergschluchten. B: 5-6. Stengel bis 80 cm mit dichten, 10-20 cm hohen Blütenrispen. Blüten weiß. Dazu Sorten z. B.: **'Deutschland'** Etwa 50 cm, Blüten reinweiß, G. Arends 1920. **'Federsee'** Etwa 60 cm, P. Theobolt 1939.

Astilbe rivularis Buch.-Ham. ex D. Don. Himalaja, von Pakistan bis Südwest-China (Yunnan); in Gebüsch, an Flüssen, von 1800-3300 m; B: 7-9. Wenige, 1-2 m hohe Triebe aus kräftigem Wurzelstock. Blätter 2- bis 3fach gefiedert mit ovalen, 2,5-10 cm langen, spitzen Blättchen. Pyramidaler, 30-60 cm hoher Blütenstand mit unverzweigten, nach unten geneigten Seitenästen. Ohne Blütenblätter mit je 5 Kelchblättern und Staubblättern sowie 2 Fruchtblättern. Im Habitus *Aruncus dioicus* ähnlich, der jedoch eingeschlechtliche Blüten hat mit 5 Blütenblättern, zahlreichen Staubblättern in den männlichen Blüten und 3 Fruchtblättern in den weiblichen Blüten. *Astilbe rivularis* var. *myriantha* von Südwest-China unterscheidet sich durch die stärker verzweigten und hängenden Seitenäste des Blütenstandes. Sehr große und elegante, spätblühende Astilbenart.

Astilbe chinensis 'Purpurlanze'

Astilbe simplicifolia 'Bronze Elegans'

Astilbe chinensis 'Pumila'

Rodgersia pinnata 'Superba'

Astilbe chinensis (Maxim.) Franch. & Sav. var. *taquetii* (Léveillé) Vil. 'Purpurlanze'. Ost-China; feuchte Wälder, schattige Wasserläufe. B: 8, spätestblühende Astilbe. Aufrechte, bis 1,2 m hohe Stengel. Blätter breit-lanzettlich mit bräunlichen Stielen. Leuchtend purpurner Blütenstand mit aufrechten Seitenzweigen. 'Pumila', manchmal als Hybride angesehen, hat blasser rosa Blüten mit bis 45 cm hohen Stengeln, sehr ähnlich dem Wildtyp von *A. chinensis*. Feuchter Boden in Sonne oder Halbschatten, aber viel trockenheitsverträglicher als andere Astilben. WH: bis –20 °C.

Astilbe simplicifolia Mak. Honshu in den Präfekturen Sunya und Sagama. Zwergige Pflanze mit einfachen, bis 8 cm langen, 3- bis 5lappigen, tief doppelt gezähnten Grundblättern. Lockerer, weißer, bis 30 cm hoher Blütenstand mit abstehenden Seitenzweigen. Elter vieler Kreuzungen, z. B. 'Bronze Elegans' mit rosa Blüten, die jedoch den lockeren Blütenstand und die gelappten scharf gezähnten Blättchen der Stammart behalten. Für feuchte, geschützte Lage in Halbschatten. WH: vielleicht bis –15 °C.

Peltiphyllum peltatum (Torr.) Engl. syn. *Darmera peltata* (Torr.) Voss *(Saxifragaceae) Schildblatt.* Kalifornien, nordwärts bis Süd-Oregon; an Bergflüssen bis 1800 m, in Gelbkiefer und gemischt immergrünen Wäldern. B: 4-7 vor dem Blattaustrieb. Aus kräftigem, kriechendem Rhizom, 30-100 cm hohe Stengel. Blätter schildförmig, 30-60 cm breit. Blütenblätter 5-7 mm lang. 'Nanum' mit nur 30 cm und 25 cm breiten Blättern. *Astilboides tabularis* (Hemsl.) Engl. syn. *Rodgersia tabularis* (ohne Abbildung) aus Nordost-China und Nord-Korea hat sehr ähnliche Schildblätter, die blasser und weicher, aber bis 90 cm groß werden. Die Astilben ähnlichen, bis 1,50 m hohen Blütenstände zeigen sich im Juni und Juli.

Rodgersia aesculifolia Batalin *(Saxifragaceae).* West-China; feuchte Wälder und in Fluß-begleitendem Gebüsch von 1500-3200 m. B: 6-7. Kriechender Wurzelstock mit bis 45 cm großen, 7teiligen Blättern. Blatt-Teile bis 25 cm lang, grob gezähnt. Blütenstand mit weißen Blüten bis 1,8 m. WH: bis –20 °C. Blätter ähnlich *R. pinnata*, aber immer handförmig geteilt. Kelchblätter wachsen nach der Befruchtung. Blattadern und Zähne auf der Blattunterseite wollig behaart. *R. henrici* nur auf den Adern der Blattunterseite wollige Behaarung, und Kelchblätter wachsen nach der Befruchtung nicht.

Rodgersia pinnata Franch. 'Superba' syn. *Astilbe pinnata* (Franch.) Franch. West-China, Yunnan und Süd-Sichuan; feuchte, grasige Stellen, Gebüsch, lichte Wälder, an Flüssen, in 2100-3650 m. B: 6-7. Kurzer, wenig kriechender Wurzelstock. Blätter bis 1 m lang, meistens teilweise gefiedert mit 5-9 runzeligen, bis 20 cm langen, oberseits kahlen Blättchen. Blütenstand 60-120 cm hoch mit weißen, rosa, gelblichen oder rötlichen Blüten. Für Torfboden in Sonne oder Halbschatten. WH: bis – 20 °C. 'Superba', gute Form mit leuchtend rosa Blüten, beim Austrieb purpurne Blätter. Die oft handförmig geteilten Blätter könnten auf eine Hybrid-Eigenschaft mit *R. aesculifolia* hinweisen.

Rodgersia podophylla A. Gray syn. *Astilbe podophylla* (A. Gray) Franch. Japan, in Hokkaido und Honshu und Korea; feuchte Bergwälder von 700-2000 m. B: 6-8. Aus kräftigem, kriechendem Rhizom mit der Zeit große Büsche bildend. Blätter handförmig, 5teilig mit ziemlich dünnen Blättchen, deren längstes 25 cm lang ist und 3- bis 5fach, zur Spitze hin schwach gelappt ist. Blütenstand bis 1,3 m. Blüten weiß mit langen, spitzen Kelchblättern. Für feuchten Boden in Schatten oder für kühle, sonnige Stellen am Wasser mit Schutz vor heißen, austrocknenden Winden. WH: bis –20 °C oder darunter.

Rodgersia sambucifolia Hemsl. West-China, in Yunnan und Süd-Sichuan; an moosigen Felsen, oft auf Kalk, in Kiefernwäldern von 2700-3350 m. B: 6-7. Wenig kriechendes Rhizom. Blätter paarig, selten unpaarig gefiedert mit 8-11 Blättchen, die auf der Oberfläche Drüsenhaare tragen. Blüten weiß oder rosa; Staubblätter und Griffel zur Blütezeit gleich lang oder kürzer als die Kelchblätter. Für feuchten, nährstoffreichen Boden in Sonne oder Halbschatten. WH: vielleicht bis –20 °C. Die Blätter sehen wirklich wie die vom Holunder aus mit ihren 6 Paaren, scharf gezähnten Blättchen und einem ungestielten Fußblatt.

Rodgersia podophylla an einem Fluß in Kent

Rodgersia sambucifolia

Peltiphyllum peltatum (Laub)

Peltiphyllum peltatum (Blüten)

Rodgersia podophylla mit Herbstfärbung in Kildrummy Castle

Rodgersia aesculifolia an einem Fluß bei Baoxing, Sichuan

Lythrum salicaria in einer nassen Wiese bei Connemara

Epilobium angustifolium f. *albiflorum* in Bracken Hill, Kent

Lythrum salicaria 'Feuerkerze'

Lythrum virgatum im Royal Botanic Garden, Edinburgh

Epilobium dodonaei

Cuphea cyanea Mocino & Sesse *(Lythraceae)*. Mexiko in der Sierra Madre Oriental. B: 7-9. Stengel bis 45 cm aus holzigem Wurzelstock. Blätter in milden Wintern immergrün. Blüten ca. 20 mm lang. Für warme geschützte Lage in voller Sonne. WH: bis −10 °C, besonders bei gutem Wasserabzug. Die meisten *Cuphea*-Arten sind nicht winterhart und erfordern Frostschutz, können aber zur Sommerbepflanzung gut genutzt werden.

Epilobium angustifolium L. syn. *Chamaenerion angustifolium* (L.) Scop. *(Onagraceae) Schmalblättriges Weidenröschen, Waldweidenröschen.* Meiste Teile Europas, Nordasiens und Nordamerikas, dort südlich bis Carolina und Arizona; im Gebirge, in Wäldern, an grasigen Wegrändern, besonders auf Kahlschlägen oder Waldbrandstellen. B: 6-9. Mit stark kriechendem, unterirdischem Rhizom bildet die Pflanze bald große Kolonien, treibt bis 2 m und höhere Stengel. Schmal-lanzettliche, bis 20 cm lange Blätter, die in der var. *macrophyllum* (Hausskn.) Fern. bis 5,5 cm breit sind. Blüten mit 21-22 mm langen Blütenblättern normalerweise tiefrot, seltener in Rosatönen oder seltener weiß in f. *albiflorum* (Dumort.) Hausskn. (Abbildung) und bei f. *spectabile* (Simmons) Fern. mit weißen Blütenblättern und roten Kelchblättern. Die Art scheint in Nordamerika variationsbreiter zu sein als in Europa, obwohl rosa- und weißblütige Formen aus beiden Erdteilen bekannt sind. Die weiße Form ist eine interessante Pflanze für den Naturgarten an Stellen, wo sie nicht lästig werden kann. WH: bis –20 °C oder darunter.

Epilobium dodonaei Vill. syn. *E. rosmarinifolium* Haenke *Rosmarin-Weidenröschen*. Deutschland und Südfrankreich bis Westrußland und Griechenland; Flußschotter, feuchtes Geröll, in der Türkei bis 1500 m. B: 8-9. Mit kriechendem Wurzelstock schnell ausbreitende Kolonien bildend. Schmale, schwach mit abstehenden Haaren besetzte, 2-2,5 cm lange und 3,5 mm breite Blätter. Blüten 3-3,5 cm groß. Die engverwandte *E. stevenii* Boiss. aus dem Süd-Kaukasus, Nord-Iran und Türkei hat mit 4-8 mm breitere, silberhaarige Blätter. Für jeden nährstoffreichen Gartenboden in voller Sonne bei gutem Wasserabzug. WH: bis –20 °C.

Epilobium glabellum Forster fil. Neuseeland, vom Ostkap südwärts; in Flußbetten, Grasland und an Berghängen bis 1800 m. B: 12-2, bei uns 6-8. Bis 30 cm hohe, aufrechte oder kriechende Stengel aus dünnem Wurzelstock. Blätter oval, fein gezähnt, gegenständig oder wechselständig. Weiße, 6-25 mm große Blüten, gelb bei 'Sulphureum'. Für feuchten Boden in kühler Lage mit Sonne oder Halbschatten. WH: vielleicht bis –15 °C.

Limonium chrysocephalum (Regel) Lincz *(Plumbaginaceae)*. Zentralasien, in Nordwest-China; trockene, steinige Steppe, Wüste. B: 5. Mehrere aufrechte, bis 30 cm hohe Triebe aus kräftigem, holzigem Wurzelstock. Blätter linear. Blüten ca. 10 mm lang. Trockener Boden in voller Sonne bei gutem Wasserabzug. WH: bis –25 °C oder darunter. Verträgt sommerliche Hitze und Trockenheit.

Limonium latifolium (Sm.) O. Kuntze. Südost-Europa, von Bulgarien und Rumänien bis Südrußland; Steppen, trockenes Grasland. B: 7-9. Rosetten aus spatelförmigen oder elliptischen, ledrigen, immergrünen, bis 60 cm langen und 15 cm breiten Blättern aus kräftigem, tiefgehendem Wurzelstock. Vielverzweigte, bis 80 cm hohe Blütenstände mit weißlichen, durchscheinenden Hochblättern und kleinen, purpurnen, ca. 6 cm langen Blumenkronen. Für sandige Stellen in voller Sonne bei gutem Wasserabzug. WH: bis –15 °C, wahrscheinlich darunter bei Trockenheit.

Lythrum salicaria L. *(Lythraceae) Blutweiderich*. Europa bis Nordafrika und ostwärts bis Indien, China und Japan; nasse Wiesen, Flachwasser, Schilfsümpfe; B: 7-9. Mehrere, bis 180 cm hohe Triebe aus kräftigem Wurzelstock. Blätter oval bis schmal-lanzettlich, gegenständig oder in 3blättrigen Quirlen und am Grunde gestutzt oder halbstengelumfassend. Blüten mit 12 Staubblättern und 10 mm langen Blütenblättern. 'Feuerkerze' syn. 'Firecandle' hat mehr rosarote Blüten als die Wildform. Für nasse Böden in Sonne oder Halbschatten. WH: bis –25 °C oder darunter.

Lythrum virgatum L. Von Nordwest-Italien und Ost-Rußland bis Griechenland und Türkei, Kaukasus und bis Zentralasien und Nordwest-China; Sümpfe und Flachwasser; B: 6-8. Mehrere, im oberen Teil verzweigte, bis 200 cm lange Triebe aus kräftigem Wurzelstock. Blätter linear-lanzettlich, zum Grunde hin schmaler werdend. Blütenblätter 6-9 mm lang. Eleganter als das verbreitetere *L. salicaria*. Feuchte Böden in Sonne oder Halbschatten. WH: bis –20 °C oder darunter. Weniger purpur und mehr rosafarben sind Auslesen wie z. B. 'Rose Queen'.

Limonium chrysocephalum in einer kalten Wüste bei Sairam Nor, Sinjiang, China

Epilobium glabellum

Cuphea cyanea in Sissinghurst Castle

Limonium latifolium mit *Artemisia* 'Powis Castle' in Wisley

Oenothera tetragona 'Clarence Elliott' in Edington, Wiltshire

Oenothera tetragona

Oenothera missouriensis

Oenothera fruticosa

Oenothera acaulis Cav. syn. *O. taraxifolia* hort. *(Onagraceae).* Mittel-Chile, von Coquimbo bis Concepción; kiesige und gestörte Flächen. B: 11-3, bei uns 5-9. Tiefeingeschnittene löwenzahnähnliche Blätter, sitzend oder manchmal an bis zu 15 cm hohen, verzweigten Trieben. Spät abends, gegen 21.00 Uhr sich öffnende, bei Morgenanbruch rosaverblühende, 7,5 cm breite Blüten mit 5-12,5 cm langer Röhre. Für nährstoffarmen Boden in voller Sonne bei gutem Wasserabzug. WH: vielleicht bis –10 °C.

Oenothera caespitosa Nutt. Nord-Mexiko und Kalifornien, nordwärts östlich der Sierras bis Utah und Ost-Washington; trockene, steinige Hänge, offene Gebüsche und Kiefernwälder, in sehr trockenen Gebieten von 1000-3000 m. B: 4-8. Büschelig wachsend aus kräftigem Wurzelstock, stengellos oder mit kurzem, bis 20 cm langem Stengel. Linear-lanzettliche, meist behaarte und gezähnte Blätter, am Rande gewellt und in geflügelten Stiel übergehend. Blüten nachts weiß öffnend und rosa verblühend mit 4 cm langen Blütenblättern und bis 10 cm langer Röhre. Sehr schöne Pflanze für geschützte, trockene, sonnige Stellen. WH: bis –15 °C oder darunter, verträgt aber keine Winterfeuchtigkeit, oft kurzlebig. Abgebildet ist subsp. *caespitosa*, die var. *eximia* einschließt.

Oenothera 'Clarence Elliott'. Form von *O. tetragona* mit purpurnen Blättern und roten Knospen. Blüten gelb, ca. 6 cm groß. 'Fyrverkeri' und 'Glaber' sind ähnliche, aber weniger purpurrote Typen. Triebe bis 50 cm hoch. Für nährstoffreiche Böden in voller Sonne. WH: bis –20 °C oder darunter.

Oenothera fruticosa L. Florida bis Oklahoma, nördlich bis New England, New York, Tennessee und Missouri; Sümpfe, Wiesen, Waldränder, sandige Stellen, sogar Salzmarschen. B: 5-8. Aufrechte oder aufsteigende, bis 100 cm lange Triebe aus festem Wurzelstock. Blätter lanzettlich, länglich oder linear. Blüten 3- 5 cm groß mit behaartem, nicht aber drüsigem Kelch. Keulige, in den schlanken Stiel übergehende Kapsel. Für jeden guten Gartenboden in Sonne oder Halbschatten. WH: bis –20 °C oder darunter.

Oenothera acaulis

Oenothera speciosa in Edington, Wiltshire

Oenothera missouriensis Sims. Missouri und Kansas, südwärts bis Texas; an felsigen oder sandigen Stellen. B: 5-9. Kurze, niederliegende, beblätterte, bis 30 cm lange Stengel aus tiefgehender Wurzel. Blüten 6-12 cm breit. Kapsel elliptisch bis fast rundlich, 5-8 cm lang und breit geflügelt. Hübsche niedrige Art mit großen Blüten für volle Sonne bei gutem Wasserabzug. WH: bis –15 °C.

Oenothera rosea Ait. Süd-Arizona und Texas, südlich durch Mexiko bis Bolivien und vielerorts verwildert, z. B. in Südamerika; in Canyons und Flußtälern. B: 4-8. Aufrechte oder niederliegende, im ersten Jahr blühende Triebe. Blätter schwach gezähnt bis gefiedert. Kleine, bis 2 cm große, rosa, am Tage offene Blüten. Für heiße, sonnige Lage. WH: vielleicht bis –10 °C, leicht aus Samen zu ziehen.

Oenothera speciosa Nutt. Missouri und Kansas, südwärts bis Texas und Mexiko und eingebürgert in anderen Teilen der südöstlichen Vereinigten Staaten, von Virginia und Florida; trockene Felder und Prärien. B: 5-7. Pflanzen mit kriechendem, unterirdischem Rhizom und bis 30 cm hohen Trieben. Blätter länglich-lanzettlich bis linear mit großen 3eckigen Zähnen oder fast gefiedert. Blüten 4-8 cm groß, weiß oder blaßrosa, im Knospenstadium hängend und sich abends öffnend. Ovale, 9rippige Kapsel mit mehr als 2 Samenreihen. Für volle Sonne in Boden mit gutem Wasserabzug. WH: bis –15 °C, vielleicht darunter und verträgt besonders in nährstoffreichen Böden keine Winterfeuchtigkeit.

Oenothera tetragona Roth. New York bis Illinois, südlich bis Georgia und Tennessee; Sümpfe, Wiesen und feuchte Gehölze. B: 5-8. Stengel meist 45 cm, aber auch bis 1 m aus festem Wurzelstock. Blätter lanzettlich oder linear, bis oval in var. *fraseri* (Pursh) Munz. Blüten bis 6 cm groß, mit Drüsenhaaren auf Kelch- und Fruchtknoten. Kapsel elliptisch oder länglich, 4kantig mit kurzem Stiel. Für jeden guten Gartenboden in voller Sonne. WH: bis –20 °C oder darunter.

Oenothera caespitosa subsp. *caespitosa* in Edington, Wiltshire

Oenothera rosea

Aciphylla aurea

Aciphylla squarrosa (Blütenstand)

Heracleum mantegazzianum

Aciphylla squarrosa

Levisticum officinale

Aciphylla aurea W. R. B. Oliver *(Umbelliferae) Sperrgras.* Neuseeland, südliche Insel, in östlichen Bergen auf subalpinen Grasflächen. B: 11-2, bei uns 5-8. Bildet Blattrosetten mit flachen bis 7 mm großen, meist goldgrünen, fein gezähnten Abschnitten. Blütenstand ca. 80 cm. Für Torfboden in Sonne mit gutem Wasserabzug. WH: bis –15 °C.

Aciphylla squarrosa Forster & Forster. Nördliche und südliche Inseln Neuseelands; in subalpinen Tussock-Grasflächen, an Wegrändern und auf nicht mehr bearbeiteten Wiesen. B: 11-1, bei uns 5-7. Bildet große, stachelige Büsche aus mehreren, bis 1 m großen Rosetten. Blütentrieb 60-200 cm hoch. Männliche und weibliche Blüten in getrennten Blütenständen, süßduftend. Problemlos in feuchtem Boden in voller Sonne bei gutem Wasserabzug. WH: bis –15 °C oder darunter.

Angelica gigas Nakai *(Umbelliferae).* Japan (Shikoku und Kyushu), Korea und Nord-China (Heilonjiang); an grasigen Stellen, in lichten Bergwäldern. B: 8-9. Mehrere, 1-2 m hohe Triebe aus dikkem Wurzelstock. Blätter mit aufgeblasenen, purpurnen Blattscheiden. Kräftig purpurne Blüten in bis 12 cm großen Dolden. Früchte 8 × 5 mm. Für nährstoffreichen, sommerfeuchten Laubboden; Blüte im zweiten Jahr nach Aussaat. Das abgebildete Exemplar wuchs im sehr trockenen 89er Sommer und ist deshalb sehr klein. WH: bis –20 °C oder darunter.

Gunnera magellanica Lam. *(Gunneraceae).* Falkland-Inseln, Patagonien und Feuerland; feuchte, grasige Stellen. B: 10-2, bei uns im Sommer. Mit kriechendem Wurzelstock schnell große Kolonien bildend. Gezähnte, 5,5 × 9 cm große Blätter an 1,5-20 cm langen Stielen. Männliche Blüten (Abbildung) an schlanken, bis 12 cm hohen Stielen. Die weiblichen untersetzter und dann mit scharlachroten, fleischigen Früchten. WH: bis –10 °C oder darunter.

Gunnera manicata Lindl. ex Andre. Süd-Brasilien in der Serro do Mar; in grasigen Stellen, an Wasserläufen und auf nassen Felsen, im Gebirge von 700-1200 m. B: 12, bei uns 5-6. Riesige Pflanzen mit großem, kriechendem Rhizom und 1,5-5 m großen Blättern an stacheligen, bis 2,5 m langen Stielen. Unterscheidet sich von *G. tinctoria* durch die Größe und schlankere, weniger starre, über 15 cm lange Zweige des Blütenstandes. Für nährstoffreiche, nasse Böden. WH: bis –10 °C bei Schutz.

Gunnera tinctoria (Molina) Mirbel syn. *G. chilensis* Lam. Chile von Valparaiso südwärts, aber auch angegeben aus Ecuador und Kolumbien und in Westirland, Westfrankreich und auf den Azoren verwildert; feuchte Stellen, Fluß- und Seeufer. B: 6-8. Langsam ausbreitende, dichte Büsche bildend. Steifstachelige, bis 1,5 m lange Blattstiele. Herzförmige, tief gelappte und gezähnte, bis 1,5 m große Blätter. Kleine Blüten an etwa 12 cm langen Ästen des zusammengesetzten, bis 1 m großen Blütenstandes. Der Wurzelstock ist sehr frostempfindlich und überlebt höchstens –10 °C. Es muß im Herbst trockener Laubschutz über den Wurzelstock gegeben werden.

Heracleum mantegazzianum Somm. & Lev. *(Umbelliferae) Herkulesstaude, Riesenbärenklau.* Feuchte Stellen, an Wasserläufen. B: 6-8; oft an Flüssen in Europa verwildert. Oft staudig, manchmal aber nur 2- oder 3jährig. Rotgefleckte, bis 5 m hohe und bis 10 cm dicke Stengel. Gefiederte, grob gezähnte, bis 3 m lange Blätter. Mächtige Solitärpflanze und zugleich auch eine der größten winterharten Stauden. Die Pflanze enthält einen Stoff (Furanocumarin), der die Wirkung des UV-Lichtes auf die Haut bis zur Brandblasenbildung verstärkt. Sie sollte deshalb so gepflanzt werden, daß man mit ihr nicht in Berührung kommen kann.

Hydrocotyle verticillata Thunb. *(Umbelliferae).* Nordamerika, von Kalifornien bis Texas und Massachusetts bis Florida. Hauptsächlich im Süden entlang der Küste und weit verbreitet in Mittel- und Südamerika; an sumpfigen Stellen und im Flachwasser. B: 4-9. Kriechend und große Teppiche bildend. Blätter bis 5 cm .

Levisticum officinale Koch (Umbelliferae) *Maggikraut, Liebstöckel.* Südost-Iran und Afghanistan; an Wasserläufen und feuchten Stellen von 2500-3400 m, jedoch verbreitet eingebürgert und bei uns als Küchengewürz seit alters gezogen. Bildet große Büsche mit bis 2,5 m hohen Stengeln. Stark Maggi-ähnlich aromatisch. Blattlappen am Grund lang keilförmig, gezähnt und an der Spitze gelappt. WH: bis –25 °C.

Gunnera tinctoria

Gunnera manicata in Wisley

Gunnera magellanica

Gunnera tinctoria, verwildert in Connemara

Angelica gigas

Hydrocotyle verticillata

Gunnera an einem See im Stancome Park, Gloucestershire

Pimpinella major 'Rosea' in Old Rectory Cottage, Berkshire

Myrrhis odorata am Fluß Don, Aberdeenshire

Chaerophyllum hirsutum 'Roseum'

Selinum tenuifolium

Chaerophyllum hirsutum L. 'Roseum' *(Umbelliferae) Bergkerbel.* Südeuropa, von Frankreich und Spanien bis Polen, Südwest-Rußland und Griechenland; grasige Stellen und Gehölze, im Gebirge. B: 6-7. Mehrere bis 120 cm hohe Stengel aus verzweigtem, tiefgehenden Wurzelstock. Blätter weichhaarig mit überlappenden Abschnitten. Dolden ca. 6 cm groß. Blüten weiß oder bei 'Roseum' rosafarben mit bewimperten Blütenblättern. *C. roseum* M. Bieb. aus dem Kaukasus, Armenien und Georgien und hat normalerweise rosafarbene Blüten; fast kahl mit bis 70 cm hohen Stengeln. Beide wachsen leicht in nährstoffreichem, feuchtem Boden in Sonne oder Halbschatten. WH: bis –20 °C oder darunter.

Ferula communis L. syn. *F. chiliantha* Rech. fil. *(Umbelliferae) Riesenfenchel.* Mittelmeerbereich, von Spanien, Nordafrika und Kanarische Inseln ostwärts bis zum Libanon; Brachland, felsige Plätze und Wegränder in oft frühlingsfeuchtem Boden. B: 4-6. Bis 2,5 m hoher Einzeltrieb aus kräftiger Wurzel. Blätter grün mit bis 5 cm langen, linearen Abschnitten, bis 0,8 m breit in subsp. *communis*, unterseits blaugrün und 1-3 mm breit in subsp. *glauca* (L.) Rouy & Camus. Blattscheiden der obersten Blätter sehr groß, aufgeblasen und ledrig. Bis 8 cm große Dolden ohne Deckblätter (die verwandte Gattung *Ferulago* hat gut entwickelte Deckblätter). Früchte flach, elliptisch bis fast rundlich. Wächst gut auf Beeten mit gutem Wasserabzug, stirbt aber manchmal nach der Blüte ab. WH: bis –10 °C, vielleicht darunter bei Feuchtigkeitsschutz des Wurzelstocks.

Ferula kuhistanica Korov. syn. *F. jaeschkeana* auct. non Vatke. Zentralasien, weitverbreitet im Tien Shan- und Pamir-Gebirge; grasige, frühlingsfeuchte und sommertrockene Stellen, zwischen Kalkfelsen von 1200-3500 m. B: 5-6. Aus kräftigem, knolligem Wurzelstock kräftige, 2 m und mehr erreichende Stengel. Blattsegmente bis 5 cm breit, flach und ziemlich dünn. Dolden bis 20 cm. Schöne Pflanze für sonnige, zur sommerlichen Ruhezeit der Pflanze trockene Lage. WH: bis –20 °C oder darunter. *F. jaeschkeana* Vatke aus dem West-Himalaja in 2400-3600 m ist sehr ähnlich, aber höher und schlanker mit schmaleren, 1-2 cm breiten Blattsegmenten. Ich habe ein Exemplar dieser Pflanze, die seit mehreren Jahren immer stärker wird, von der ich hoffe, daß sie nach der Blüte und Samenreife nicht abstirbt.

Myrrhis odorata (L.) Scop. (Umbelliferae) *Süßdolde, Myrrhenkerbel.* Alpen, Pyrenäen, Apenninen, West-Griechenland, Albanien und West--Jugoslawien und verbreitet in Nordeuropa eingebürgert; feuchte Wälder und Hecken, an Wasserläufen und feuchten, grasigen Wegrändern. B: 5-7. Mehrere, bis 120 cm hohe und ebenso breite, verzweigte Triebe aus tiefgehendem, verzweigtem Wurzelstock. Weichhaarige, angenehm nach Anis duftende Blätter. Dolden ca. 5 cm. WH: bis –20 °C oder darunter. Schöne Pflanze für kühle Lage und verläßlich ausdauernd mit länger frisch grün bleibenden Blättern und mit weniger Ausdehnungsdrang als der heimische Waldkerbel *Anthriscus sylvestris* (L.) Hoffm. Neuerdings gibt es von dieser Art auch eine schwarzblättrige Sorte, die als 'Raven's Wing' angeboten wird.

Pimpinella major (L.) Huds 'Rosea' *(Umbelliferae) Große Bibernelle.* Europa, Kleinasien, Kaukasus; grasige Wegränder, Hecken und Gebüsch. B: 6-9. Mehrere 50-120 cm hohe Stengel aus kräftigem Wurzelstock. Grundblätter einfach gefiedert, Blättchen fast herzförmig und gezähnt. Obere Blätter klein mit Blattscheiden-ähnlichen Stielen. Blütendolden 60 cm. Problemlos in jedem guten Gartenboden, der ziemlich feucht sein sollte. WH: bis –20 °C.

Selinum tenuifolium Wall. ex C. B. Clarke *(Umbelliferae).* Himalaja, von Kaschmir ostwärts bis Bhutan; in Gebüsch und auf Bergwiesen, in 2700-4000 m. B: 7-9. Ansehnliche Büsche mit mehreren bis 150 cm hohen Stengeln. Blätter sehr fein in elliptische Abschnitte geteilt. Dolden 5-8 cm groß mit weißrandigen, gezähnten Tragblättern, die so lang sind wie die Blüten. Schöne Beetpflanze oder für feuchte Wiesenbereiche. WH: bis –20 °C.

Ferula kuhistanica in den Amankutan-Bergen bei Samarkand, oberhalb des Oxus-Tals

Ferula communis bei Ronda, Südspanien

Ferula kuhistanica (junger Blütenstand)

Blüten von Beth Chatto und aus Wisley, 20. Juni, 1/2 nat. Größe

Astrantia major 'Rosea'

Astrantia major in Cedar Tree Cottage, Sussex

Alepidea natalensis am Drakensberg

Astrantia major 'Rubra'

Sanicula caerulescens bei Ya-an, Sichuan

Alepidea natalensis Wood & Evans *(Umbelliferae).* Südafrika in den Drakensbergen Natals; feuchtes, felsiges Grasland; auf nackten Felsen, Torf, in flachen Wasserläufen bis 2400 m. B: 1-2, bei uns 7-9. Mehrere, bis 45 cm hohe Stengel aus einer Rosette ovaler Blätter. Blütenköpfchen ca. 1 cm groß. Mit ihren festen Köpfchen aus kleinen Blüten und Blütenblatt-ähnlichen Hochblättern entspricht diese Gattung mit etwa 25 Arten hauptsächlich in Südafrika der Gattung *Astrantia* auf der Nordhalbkugel. Für feuchten Torfboden in voller Sonne.

Astrantia major L. subsp. *carinthiaca* Arcangeli syn. *A. major* subsp. *involucrata* Koch. Alpen, Pyrenäen und Nordwest-Spanien; in alpinen Wiesen. B: 7-9. Die Unterart *carinthiaca* unterscheidet sich von der Unterart *major* durch ihre längeren Tragblätter, die doppelt so lang sind wie die Dolde. Die verbreitetste Sorte heißt 'Shaggy' syn. 'Margery Fish' mit weißlichen, scharfgezähnten, bis 3,5 cm langen, grünrandigen Tragblättern. Eine andere hier abgebildete Form mit blasseren Blüten und nur an der Spitze grünen Tragblättern wird manchmal unter der falschen Bezeichnung 'Carniolica' angeboten. *A. carniolica* Jacq. aus den Südost-Alpen in Österreich, Italien und Jugoslawien hat Tragblätter, die kürzer sind als die Dolde und deren mittlerer Blattlappen nicht bis zum Grunde geteilt ist. Problemlos in gutem Gartenboden in Sonne oder Halbschatten. WH: bis –20 °C.

Astrantia major L. subsp. *major (Umbelliferae) Große Sterndolde.* Meiste Teile Europas, von Nordwest-Spanien, den Pyrenäen und Alpen zum Schwarzwald und südlich bis Bulgarien und östlich bis West-Rußland, teilweise in Großbritannien eingebürgert; feuchte Wiesen und lichte Wälder. B: 6-9. Große Büsche aufrechter, bis 1 m langer, im oberen Teil verzweigter Triebe. Grundblätter 3- bis 5lappig und diese wieder grob gezähnt und gelappt. Tragblätter Blütenblatt-ähnlich, weiß, grünlich oder rosa, die köpfchenförmige Dolde kleiner grüner Blüten umgebend. Problemlos in gutem, sommerfeuchtem Gartenboden in Sonne oder Halbschatten. WH: bis –20 °C. Es gibt mehrere Auslesen, die als Namenssorten in Kultur und hier abgebildet sind. **'Alba'** Weiße, grünspitzige Tragblätter. **'Rosea'** Dunkleres Rosa. **'Rosensymphonie'** Kräftiges Rosa. **'Rubra'** Purpurrote dunkelste Sorte.

'Sunningdale Variegated' Hübscher Busch mit weißrandigen, blaßgrün gefleckten Blättern, die während des ganzen Sommers nachtreiben.

Astrantia maxima Pallas. Kaukasus, südlich bis Nordwest-Iran und Nordost-Türkei, westlich bis Ordu; in Wäldern und feuchten Wiesen, von 1300-2400 m in der Türkei. B: 7-8. Bildet weite Teppiche bis zum Grunde 3lappiger Blätter. Die Blattlappen 3-10 cm lang und gezähnt. 9-12 elliptische bis ovale, rosafarbene, 1-3 cm lange und 3-12 mm breite, die Dolde überragende Tragblätter. Meist eine ziemlich kleine Pflanze mit 3lappigen Blättern und kurzen, oft unverzweigten Blütenständen. Subsp. *haradjianii* (Grintz) Rech. fil. aus der mittleren Türkei, von Ladik und Ulu Dağ südlich bis Adana und Isparta, hat 3- oder 5lappige Grundblätter mit kürzeren, schmaleren, grünen und weißen Tragblättern und mehrere, verzweigte Blütenstände. Sie wächst an trockeneren Stellen in Nadelholzwäldern und Gebüsch. B: 6-7. Beide sind problemlos in Sonne oder Halbschatten zu ziehen, subsp. *maxima* besser an kühler Stelle. WH: bis –20 °C.

Sanicula caerulescens Franch. *(Umbelliferae) Blauer Sanikel.* China, in West-Sichuan und Yunnan; feuchte Waldungen und Gebüsch. B: 5. Fester Wurzelstock. Blätter mit 3-5 Lappen und diese 5-8 cm groß und gezähnt. Blüten sehr klein, himmelblau. WH: vielleicht bis –15 °C. Für feuchte und geschützte Waldsituation im Schatten. *S. europaea* L., der heimische Sanikel, wächst in Wäldern und an schattigen Hängen, besonders auf Kalk. Er hat attraktive, dunkelgrüne Blätter und weiße Blüten.

Eryngium billardieri im Oktober bei Erzerum, Ost-Türkei

Eryngium variifolium

Eryngium billardieri B. Delaroche syn. *E. orientale* Stapf & Wettst. *(Umbelliferae).* Ost-Türkei, Libanon, Armenien bis Kaschmir; Bergsteppen und felsige Hänge, von 1400-3810 m. B: 7-10. Grundblätter blaugrün, ledrig in einer Rosette. Blattspreiten bis 15 cm lang und tief breit linear geteilt. Mehrere steife, 40-75 cm hohe Stengel mit 3teiligen Blättern. 5-7 Hochblätter, 2,5-5 cm lang, linear-lanzettlich mit Dornenspitze. Für trockene Böden in voller Sonne bei gutem Wasserabzug. WH: bis –25 °C.

Eryngium bourgatii Gouan. Pyrenäen, Spanien, Nordwest-Afrika, mit subsp. *heldreichii* (Boiss.) Davis in der Süd-Türkei und Libanon; felsige, trockene Stellen, meist auf Kalk, bis 2400 m. B: 7-8. Grundblätter 3-7 cm groß, vielteilig und stachelig. Stengelblätter ähnlich, Stengel 15-45 cm. 7-15 linear-lanzettliche, dornige, 3- bis 5adrige Hochblätter, die bei der subsp. *bourgatii* 2-5 cm lang sind, in subsp. *heldreichii* 7adrig und bis 6 cm lang. Blütenköpfe 1,5-2,5 cm groß, rund bis flachkugelig (1,2-1,5 cm groß in subsp. *heldreichii*). Für volle Sonne bei gutem Wasserabzug. WH: bis –15 °C, vielleicht darunter. Besonders gute Farbauslese 'Oxford Blue'.

Eryngium decaisneanum Urban syn. *E. pandanifolium* Cham. & Schlecht. Süd-Brasilien, Argentinien, Uruguay und Paraguay; Sümpfe, nasse Felder. In Gartenkultur Blüte im Spätsommer. Stengel 1,5-4 m hoch. Grundblätter ungeteilt, schwertförmig, 1,5-2,5 m lang und 2,5 cm breit, mit schlanken Dornen am Blattrand. Blütenköpfchen meist purpur, 6-10 mm lang und 4-8 mm breit. Tragblätter ca. 2 cm. Für jeden nährstoffreichen Boden in voller Sonne. WH: bis –10 °C.

Eryngium horridum Malme. Brasilien, Argentinien; nasses oder trockenes Grasland, Pampas. B: 11-1, bei uns im Sommer. Bis 3 m hoch, Grundblätter bis 1 m lang und 3 cm breit. Fast kugelförmige, 9-12 mm große Köpfchen. Für jeden guten Gartenboden in voller Sonne. WH: vielleicht bis –10 °C.

Eryngium lasseauxii Decne. syn. *E. pandanifolium* Cham. & Schlecht. var. *lasseauxii* (Decne.) Mathias & Constance. Süd-Brasilien, Uruguay und Paraguay; nasse, grasige Felder; Sommerblüte. Stengel bis 2 m. Rinnige, bis 5cm breite, am Rande stachelige Grundblätter. Blütenköpfchen weißlich bis 1 cm groß. Für jeden guten Gartenboden in voller Sonne. WH: vielleicht bis –10 °C.

Eryngium maritimum L. *Stranddistel.* Küsten Westeuropas, des Mittelmeers und des Schwarzen Meers; Sanddünen. B: 6-9. Ledrige, blaugrüne Blätter mit großen 3eckigen Dornen. Breitverzweigte, bis 35 cm hohe Stengel. 5 ovale Tragblätter mit breiten, in Dornen auslaufenden Zähnen. Blütenköpfchen 1,5-3 cm. Gut im Garten zu verwenden. Für tiefgründigen, sandigen Boden mit gutem Wasserabzug an heißer, trockener Stelle. WH: bis –15 °C, vielleicht darunter.

Eryngium variifolium Coss. Nordafrika, Marokko; im Gebirge. B: 6-8. Bildet Büsche aus Rosetten fleischiger, wintergrüner Blätter. Etwa 5 cm lange, ovale, herzförmige, gekerbte, blaßgeaderte Blattspreiten. Steif aufrechte, bis 45 cm hohe Stengel. Tragblätter zu 6-7, bis 4 cm lang, ungleich, linearisch, weiß mit steifem Endstachel und 1-2 Seitendornen. Rundliche, bis 1,5 cm breite Blütenköpfchen. Für jeden nährstoffreichen, feuchten Boden in voller Sonne. Wächst auch in kurzem Gras. WH: bis –15 °C, vielleicht darunter, aber dann nicht immergrün.

Eryngium decaisneanum im Chelsea Physic Garden

Eryngium lasseauxii im Chelsea Physic Garden

Eryngium maritimum

Eryngium bourgatii

Eryngium horridum

Blüten von Beth Chatto, Gärtnerei Unusual Plants, 7. August, 1/4 nat. Größe

Eryngium agavifolium in Wakehurst Place, Sussex

Eryngium eburneum mit weißblühenden *Agapanthus* bei Beth Chatto

Eryngium agavifolium Grisebach *(Umbelliferae).* Argentinien, in der Provinz Cordoba; steinige Hügel und Flußufer. B: 1-3, bei uns im Sommer. Stengel ca. 2 m, Blätter stachelig gezähnt, 75-150 cm lang. Hüllblätter klein. Blütenköpfchen 5 cm lang, 2,5 cm dick. Für nicht trockenen Boden in voller Sonne bei gutem Wasserabzug. WH: vielleicht bis –10 °C.

Eryngium alpinum L. *Alpenmannstreu.* Jura und Alpen, von Frankreich bis Mittel-Jugoslawien; in alpinen Wiesen, meist auf Kalk, von 1500-1800 m. B: 7-8. Rosetten gestielter Grundblätter mit oval-herzförmigen, gezähnten Blattspreiten von 8-15 × 5-13 cm. Über 25 3-6 cm lange und 2-4 cm tiefe, sehr fein geteilte Hüllblätter. Für steinigen, nicht zu trockenen Boden mit gutem Wasserabzug in voller Sonne. WH: bis –20 °C oder darunter.

Eryngium amethystinum L. Südostu-Europa, von Italien bis Griechenland und Kreta; trockene, steinige Plätze. B: 7-8. Zähledrige Grundblätter mit 10-15 cm langer Spreite, oben handförmig geteilt, unten gefiedert mit breit geflügeltem Stiel. Hüllblätter 5-9, 2-5 cm lang, linear-lanzettlich mit 1-4 Paar Dornen. WH: vielleicht bis –15 °C. Es gibt sehr gute stahlblaufarbene Typen.

Eryngium eburneum Decne. Süd-Brasilien, Argentinien, Paraguay und Uruguay; in Sümpfen und an nassen, grasigen Stellen. B: 10-5, bei uns im Spätsommer. Stengel bis 1,5 m. Immergrüne, bis 1 m lange, 3-5 cm breite Blätter mit dünnen Dornen. Blütenköpfchen 15-20 mm lang. Für nährstoffreichen, feuchten Boden in voller Sonne. WH: vielleicht bis –15 °C.

Eryngium planum L. Europa, von Deutschland und Österreich ostwärts bis Rußland, den Kaukasus und Zentral-Asien; trockene Stellen, an Wegrändern und felsigen Hängen. B: 7-9. Große Büsche mit bis 1 m hohen Trieben im Garten bildend. Grundblätter länglich bis oval, herzförmig gezähnt mit 5-10 × 3- 6 cm großer Blattspreite. Mittlere Blätter ungeteilt, untere nur tief gelappt. Hüllblätter zu 6-8, 1,5-2,5 cm lang. Blütenkopf oval-kugelig, 1-2 cm. Für sonnige Lage mit gutem Wasserabzug. In zu nährstoffreichem Boden muß die Pflanze angebunden werden, da sie umkippt. WH: bis –25 °C oder darunter.

Eryngium × tripartitium hort. non L. Wahrscheinlich Kreuzung zwischen *E. planum* und einer anderen Art mit geteilten Grundblättern, wie z.B. *E. amethystinum.* Die Grundblätter sind rauher gezähnt als die von *E. planum.* Die Stengelblätter tief 3- bis 5lappig, die kleinen Blütenköpfchen sind kräftig blau. B: 8-10. Für sonnigen, trockenen Boden. WH: vielleicht bis –20 °C.

Eryngium × zabelii hort. ex Hegi. Eine Hybriden-Gruppe zwischen *E. alpinum* und *E. bourgatii,* die 1926 so benannt wurde. Von *E. alpinum* unterschieden durch unterschiedlich gelappte Grundblätter und mehr gerundete Blütenköpfchen. B: 7-8. Die beiden alten, 1913 benannten Auslesen 'Juwel' und 'Violetta' sind heute noch gelegentlich erhältlich. Beide haben große blaue Blütenköpfe.

Eryngium alpinum mit buntblättriger Minze

Eryngium planum

Galax urceolata in den Valley Gardens, Windsor Great Park

Lysimachia ephemerum in Edington, Wiltshire

Lysimachia clethroides

Lysimachia nummularia 'Aurea'

Lysimachia thyrsiflora in Finnland

Galax urceolata syn. *G. aphylla hort. non L. (Diapensaceae) Bronzeblatt*. Von Virginia und West Virginia südlich bis Georgia und Alabama; trockene, lichte Bergwälder. B: 5-7. Kriechendes Rhizom mit roten Wurzeln und ledrige, immergrüne, 3-16 cm breite Blätter, auf schlanken Stielen Kolonien bildend. Blütenstände bis 80 cm hoch. Blüten 3-4 mm. Für sauren, stark humosen Boden in Schatten oder Halbschatten. WH: bis –20 °C.

Lysimachia ciliata L. syn. *Steironema ciliata* (L.) Raf. *(Primulaceae)*. Quebec bis British Columbia, südlich bis Florida, Texas und Colorado; feuchte Wälder, an Seen und Flüssen. B: 6-8. Ausbreitung durch unterirdische Rhizome, Stengel bis 1,2 m hoch. Blattstiele bewimpert. Blüten 1,5-2,8 cm an dünnen Blattachseltrieben. Für jeden feuchten Boden in Sonne oder Schatten. WH: bis –25 °C oder darunter. In Nordamerika 5 ähnliche Arten, meist mit schmaleren Blättern, selten in Kultur.

Lysimachia clethroides Duby *Schneefelberich*. Japan (alle Inseln), Korea, Nord- und Ost-China und Indochina, verwildert in Holland; sonnige, grasige Hänge im Hügelland. B: 6-7. Aufrechte, bis 100 cm hohe Stengel und mit kriechendem Rhizom große Büsche bildend. Blätter wechselständig, beiderseits zugespitzt und oft jung chlorotisch. Blüten 8-12 mm, gekennzeichnet durch im Knospenstadium nickende, später aufrechte Blütenähre. WH: bis –25 °C oder darunter. Für jeden guten Gartenboden. *L. barystachys* Bunge aus Ost-asien hat stumpfe, am Ende abgerundete, nicht spitz zulaufende Blätter, ist sonst aber sehr ähnlich.

Lysimachia ephemerum L. Westportugal, Süd-, Mittel- und Ostspanien, Südwest-Frankreich, Pyrenäen und Corbires; feuchte, grasige Stellen, besonders an Quellen und Wasserläufen. B: 6-7. Büsche aufrechter, bis über 1 m hoher Stengel. Blaugrüne Blätter in 4 Reihen. Blüten ca. 1 cm. Für jeden nicht zu trockenen Boden in Sonne oder Halbschatten. WH: bis –15 °C oder darunter. Sehr brauchbare Pflanze für Sumpfbeete.

Lysimachia nummularia L. 'Aurea' *Pfennigkraut*. Meiste Teile Europas, südlich bis Spanien und Türkei, ostwärts bis Rußland und Kaukasus; feuchte Wälder, Moore, Ufer an Wasserläufen und Seen. B: 4-9. Verwildert in Nordamerika. Stengel kriechend, an den Nodien wurzelnd, bis 70 cm oder länger. Blätter 12-25 mm lang, leuchtend gelb, grün bei 'Aurea' (Abbildung). Blüten gelb, 9-12 mm lang, schalenförmig, an kurzen Stielen in den Blattachseln. WH: bis –25 °C oder darunter. Bodendeckender Farbkontrast zu anderen schattenliegenden Blattpflanzen.

Lysimachia punctata L. *Goldfelberich*. Von West-Österreich und Norditalien bis West-Türkei; in Europa und östlichem Nordamerika verwildert; flaches Wasser, Gräben, Sümpfe, Flußufer. B: 5-9. Kurzkriechendes Rhizom und bis 150 cm hohe Stengel; große Trupps. Blätter in Quirlen zu 2-4. Blüten 20-24 mm zu 2-7 in einem Quirl. Jeder nährstoffreiche, feuchte Boden in Sonne oder Halbschatten. WH: bis –20 °C oder darunter. *L. verticillaris* Sprengel, manchmal in *L. punctata* einbezogen (Nord- und Ost-Türkei, im Kaukasus, auf der Krim und in Nord-Iran). Unterscheidet sich durch längere Blattstiele mit 27-45 mm breiteren Blättern. Blüten zu 4-14 in jedem Quirl.

Lysimachia thyrsiflora L. syn. *Naumbergia thyrsiflora* (L.) Reichb., *Straußgoldfelberich.* Europa, von England ostwärts über Sibirien bis Japan, Nordamerika, von Alaska bis Quebec, südlich bis Kalifornien, Colorado und West Virginia; in Sümpfen und überschwemmten Bereichen. B: 5-7. Bis 80 cm hohe Stengel aus kriechendem Rhizom. Blätter lanzettlich bis elliptisch. Blüten 3-5 mm lang, gedrängt in dichter Ähre. Für nasse Böden in Sonne oder Halbschatten. WH: bis –25 °C oder darunter.

Lysimachia vulgaris L. *Gilbweiderich.* Meiste Teile Europas und Nordwest-Afrika, ostwärts bis Türkei, Nord-Irak, Sibirien, China und Japan [var. *dahurica* (Ledeb.) Kunth] und verwildert in Nordamerika; in Sümpfen, an Flüssen und Flachwasser in Reetflächen. B: 4-9. Kriechender Wurzelstock mit Ausläufern und bis 120 cm hohen Trieben. Blätter gegenständig oder zu 3-4 in Quirlen. Blüten 12-15 mm groß, schalenförmig. Problemlos in nassem Boden in Sonne oder Halbschatten. WH: bis –25 °C oder darunter.

Pyrola asarifolia Michx. *(Pyrolaceae).* Nordamerika, von Neufundland westlich bis Yukon, südlich bis Prince Edward Island und New England und entlang der Rocky Mountains von Indiana bis New Mexico; in Wäldern und Gebüsch, meist auf Kalk. B: 6-8. Pflanze mit kriechendem, unterirdischem Rhizom und bis 6,5 cm großen, runden Blättern. Blütenstengel mit bis zu 20 Blüten und bis 35 cm hoch. Blüten 8-16 mm groß, karminrot bis blaßrosa. Kelch und Blütenblätter ziemlich dünn. Für feuchte, lockere, nicht zu saure Laubböden in Schatten oder Halbschatten. WH: bis –25 °C oder darunter.

Pyrola rotundifolia L. *Rundblättriges Wintergrün.* Europa, von Island und Schottland, südlich bis Mittelspanien und ostwärts bis zum Altai-Gebirge und Sibirien und südwärts bis zur Türkei und dem Elburz-Gebirge in Nord-Persien; Sümpfe, Moore und besonders Buchenwälder, auf Kalk und in Dünen [subsp. *maritima* (Kenyon) E. F. Warburg] in Nordwest-Europa, aber auch im nordöstlichen Nordamerika, von Grönland bis Quebec, Nova Scotia, mit var. *americana* (Sweet) Fern, südlich bis South Dakota und Georgia. B: 6-9. Kriechende, unterirdische Rhizome und Rosetten aus runden, bis 5 cm großen Blättern. Blütenstengel bis 40 cm. Blüten weiß, duftend, 12-18 mm groß mit dickem Kelch und steifen, ledrigen Blumenblättern. Narbe gebogen, 7- 8 mm lang (5-7 mm in subsp. *maritima*). Für nicht zu sauren, sommerfeuchten Torf- oder Laubboden. WH: bis –20 °C oder darunter.

Blütenstände von Sellindge, Kent, 20. August, 1/3 nat. Größe

Pyrola rotundifolia in Finnland

Pyrola asarifolia in Arizona

Lysimachia vulgaris

Asclepias incarnata

Asclepias tuberosa

Asclepias cordifolia in Nord-Kalifornien

Asclepias syriaca im Logan Botanic Garden

Asclepias cordifolia (Benth.) Jeps. *(Asclepiadaceae).* Kalifornien im Küstenbereich und Sierra Nevada, von Kern Co. nordwärts bis Oregon und West-Nevada; im Chapparal, in Gebüschen und Kiefernwäldern bis 1800 m. B: 5-7. Sich ausbreitende, bis 80 cm lange Stengel aus kräftigem Wurzelstock. Die meist gegenständigen Blätter sind herzförmig stengelumfassend, oval und spitz zulaufend. Blüten 16-18 mm, dunkel-purpurrot. Für trokenen Boden in voller Sonne und warmer Lage bei gutem Wasserabzug. WH: vielleicht bis –15 °C.

Asclepias incarnata L. Nordamerika, von Quebec westlich bis Manitoba und Wyoming, südlich bis Long Island, South Carolina, Texas und New Mexico; in Sümpfen, nassem Gebüsch und Seeufern. B: 7-9. Einige bis viele, bis 1,5 m hohe Stengel. Blätter länglich-lanzettlich bis oval mit aufsteigenden, in Blatt-Längsrichtung verlaufenden Blattadern. Meist mehrere Dolden. Blüten ca. 8 mm groß, rosa, purpurn oder selten weiß. Nebenkrone 2-3 mm hoch. Für jeden guten Gartenboden in voller Sonne. WH: bis –25 °C oder darunter.

Asclepias syriaca L. *Seidenpflanze.* Nordamerika, von New Brunswick westlich bis Saskatchewan, südlich bis North Carolina, Kansas und Georgia; Gebüsch, an Wegrändern und Schuttplätzen. B: 6-8. Weichhaarige, bis 2 m hohe Triebe aus kräftigem, kriechendem Wurzelstock. Blätter lanzettlich-länglich bis breit-oval und bis 26 cm lang und 18 cm breit, unterseits mit feinen grauen Haaren. Blüten 12-18 mm groß, purpurn oder grünlich, duftend und mit abgerundeten, 3-4 mm hohen Nebenkrönchen in großen, rundlichen Dolden. Für jeden guten Gartenboden in voller Sonne. WH: bis –25 °C und darunter. Die jungen Triebe und die halbreifen Balgfrüchte sind eßbar.

Asclepias tuberosa L. Nordamerika, von Süd-Ontario und New York westlich bis Minnesota, südlich bis Colorado, Arizona und Nord-Mexiko und östlich bis Florida; trockene, grasige Plätze. B: 6-9. Variable Art mit rauhhaarigen, aufrechten, bis 90 cm hohen Trieben aus knolligem Wurzelstock. Blätter von linear bis lanzettlich oder leicht oval, sitzend oder mit kurzem Stiel. Blüten gelb bis orange oder rot, ca. 12 cm groß. Nebenkrone aufrecht, länglich. Für trockenen Boden in voller Sonne. WH: bis –20 °C.

Calystegia pulchra Brummitt & Heywood *(Convolvulaceae).* Heimat unbekannt, aber wahrscheinlich Nordost-Asien oder Gartensorte. Heute in Europa von Irland und Schottland ostwärts bis Polen, Schweden und Tschechoslowakei in Hecken und Gebüsch eingebürgert. B: 7-9. Aus fleischigen, unterirdischen Rhizomen bis über 3 m hohe windende Triebe. Blätter eiförmig bis länglich 3eckig mit mehr oder weniger parallelen Längsseiten. Blüten 50-70 mm lang, rosa. Sehr ähnlich zu *C. sepium* subsp. *americana* (Sims) Brummitt, die sich an ähnlichen Stellen in Westeuropa findet. Sie hat rosa Blüten, die aber nur 40-55 mm lang sind. Eine gefülltblühende Form der chinesischen *C. pubescens* Lindl. wird auch hier und da in Gärten gezogen. Alle brauchen einen sorgfältig ausgewählten Standort, da sie durch ihre wuchernden Wurzeln lästig werden können. WH: bis –20 °C, vielleicht darunter.

Convolvulus althaeoides L. *(Convolvulaceae) Malvenwinde.* Südeuropa, rund ums Mittelmeer mit Schwerpunkt im westlichen Bereich, und in Süd-Kalifornien eingebürgert; an Wegrändern und felsigen Hängen, meist auf Kalk. B: 4-5, bei uns 6-7. Kriechendes, unterirdisches Rhizom mit kriechenden oder windenden, bis über 1 m langen Trieben. Die unteren, schon im Winter erscheinenden Blätter sind spießförmig, die oberen an den windenden Stengeln tief, aber nicht bis zur Mittelrippe gelappt. Blüten 27-38 mm lang, intensiv rosa mit 8-10 mm langen äußeren Kelchblättern. *C.*

Solanum xantii var. *montanum* oberhalb Bishop, Kalifornien

Ipomopsis subnuda in Arizona

Calystegia pulchra in Irland

Ipomopsis aggregata

Ipomopsis aggregata in Kalifornien

Convolvulus althaeoides in Südspanien

elegantissimus Miller (syn. *C. tenuissimus* Sibth. & Sm.) aus dem östlichen Mittelmeergebiet hat stärker seidig behaarte, bis zur Mittelrippe geteilte Blätter und nur 4-7 mm lange, äußere Kelchblätter und gewöhnlich blasser rosa Blüten. Beide benötigen vollsonnigen Standort mit gutem Wasserabzug und bürgern sich gut an alten Mauern ein, wachsen jedoch oft zu kräftig zwischen empfindlicheren Pflanzen. WH: vielleicht bis –15 °C.

Ipomopsis aggregata (Pursh) V. Grant syn. *Gilia aggregata* (Pursh) Spreng. *(Polemoniaceae)*. Westliches Nordamerika, von Oregon bis Süd-Kalifornien, ostwärts bis West-Texas und Nord-Mexiko und nördlich bis North Dakota; trockene, felsige Hänge, in Salbei-Gebüsch, Gesträuch und Kahlschlägen im Kiefernwald bis 3000 m in Kalifornien. B: 6-9. Sehr variable Art, meist kurzlebige Staude oder auch nur 2jährig mit einer Rosette tiefeingeschnittener, gefiederter Blätter mit Moschusduft und bis 80 cm hohen Blütentrieben. Blüten 2-3,5 cm lang und in der Farbe spielend von tiefrot und scharlach bis rot mit gelben Flecken oder ganz rot [blaßrosa oder weiß in subsp. *attenuata* (Gray) V. & A. Grant]. Für trockene Böden mit gutem Wasserabzug in Sonne oder Halbschatten. WH: bis –15 °C oder darunter bei Wintertrokkenheit. Problemlos durch Aussaat zu vermehren.

Ipomopsis subnuda (Torr.) V. Grant syn. *Gilia subnuda* Torr. Nord-Arizona, New Mexico, Utah und Nevada; auf sandigen oder felsigen Hügeln von 1500-2500 m. B: 6-7. Pflanzen oft 2jährig mit bis 60 cm hohen Trieben. Blätter drüsig behaart, ganzrandig oder schwach gefiedert. Blüten röhrig, 12-20 mm lang, in kleinen Gruppen stehend. Für trockenen Standort in voller Sonne bei gutem Wasserabzug. WH: bis –15 °C oder darunter bei Trockenheit.

Solanum xantii Gray var. *montanum* Munz *(Solanaceae)*. Ost-Kalifornien, von San Bernardino nordwärts bis Nevada Co. auf der Ostseite der Sierra Nevada; trockene Hänge in der Nadelwaldzone von 1500-2750 m. B: 5-9. Bis 40 cm lange, oft niederliegende Triebe aus holzigem Wurzelstock. Ovale, graue, behaarte Blätter. Blüten 1,5-2,5 cm. Grünliche, 9-10 mm große Beeren. Für trockenen Boden in voller Sonne bei gutem Wasserabzug. WH: bis –15 °C bei Trockenheit. Andere Unterarten von *S. xantii* finden sich in Süd-Kalifornien, Arizona und Baja California. Sie sind halbstrauchig, bis 90 cm hoch und kommen im Gebüsch und im Chapparal in tieferen Lagen vor.

Phlox – Blüten aus den Savill Gardens, Windsor, 28. August, 1/2 nat. Größe

Phlox 'Fujiama'

Phlox 'Prospero' im Culpepper Garten, Leeds Castle, Kent

Phlox paniculata *Staudenphlox* (siehe Seite 66). Wurde gegen 1730 aus Nordamerika nach Europa eingeführt. Während des 19. Jahrhunderts entwickelten sich durch Kreuzung mit *P. carolina*, aber auch durch Auslesen aus der Stammart und ihrer Unterarten eine Vielzahl von Gartensorten. Die Züchtung begann Mitte vorigen Jahrhunderts mit Schwerpunkten in Frankreich, Deutschland, England und Holland. Zuchtziele waren große Blumen, reine Farben, Duft- und Krankheitsresistenz. Die Staudenphloxe brauchen volle Sonne, nährstoffreiche Böden, reichliche Wasserversorgung und Düngung. Mehltaubefall hält sich bei guter Luftzirkulation und reichlicher Wasserversorgung in Grenzen. B: 7-9. WH: bis –25 °C.

Kleine Auswahl des riesigen Sortiments: **'Alison Jane'** A. Goatcher & Son, Sussex vor 1960, bis 70 cm. Blüten bis 3,8 cm. Blütenstand 7,5-10 cm lang. **'Cherry Pink'** Züchter unbekannt, bis 90 cm. **'Dodo Hanbury-Forbes'** (syn. 'Dorothy Hanbury-Forbes') Capt. B. Symons-Jeune, eingeführt durch Bakers Nurseries. Kräftiger Stiel, bis 90 cm. Blütenstand bis 15 cm breit und hoch. Blüten 4-4,5 cm. **'Europa'** Züchter unbekannt, bis 75 cm. **'Fujiama'** (syn. 'Mount Fuji') aus USA. Kräftige Triebe, bis 1 m. Große, reinweiße Blütenstände ab Mitte September. **'Le Mahdi'** Alte, kräftig wachsende Sorte. Seit 1933 bekannt. Blüten intensiv purpur-blau. **'Mary Fox'** Züchter Alan Bloom, bis 80 cm, gesund und robust. **'Mother of Pearl'** Alan Bloom, bis 120 cm. Blüten 3,75 cm. Reichblühend in 20 cm großen Blütenständen. **'Prospero'** Karl Foerster 1956, bis 90 cm. **'Rijnstroom'** Alte, verläßliche Sorte, bis 80 cm. **'Sandringham'** R. M. Bath Ltd. Wisbech vor 1953, bis 1 m. **'Silberlachs'** Deutsche Sorte vor 1965, bis 90 cm. **'Skylight'** Züchter unbekannt, bis 90 cm.

Phlox 'Le Mahdi'

Phlox 'Europa'

Phlox 'Alison Jane'

Phlox 'Silberlachs'

Onosma tauricum in Edington, Wiltshire

Onosma frutescens in der Süd-Türkei

Solenanthus circinnatus bei Frunze

Onosma albo-roseum in Edington, Wiltshire

Macromeria viridiflora in Arizona

Moltkia doerfleri

Arnebia densiflora auf Kalkhügeln bei Malatya, Zentral-Türkei

Arnebia densiflora (Nordm.) Ledeb. syn. *Macrotonia cephalotes* (DC.) Boiss. *(Boraginaceae)*. Griechenland, auf dem Peloponnes (Aroania Oros) und Türkei, von Bursa südlich bis Adana und östlich bis Erzinçan; auf Kalk und Eruptivgestein, an Felsen und Klippen, von 750-2600 m. B: 5-8. Büschelig wachsend mit mehreren dichten Rosetten schmal-lanzettlicher Grundblätter und bis 40 cm hohen Blütentrieben. Blüten 12-16 mm breit und 35-45 mm lang. Sehr schöne, aber schwierige Pflanze. Obwohl ich mehrfach Samen gesammelt und Aussaaten gemacht habe, sind die Pflanzen immer, bevor sie zur Blüten kamen, verfault. Sie benötigen volle Sonne bei gutem Wasserabzug und Trockenheit und Kälte im Winter. WH: bis –25 °C, wahrscheinlich darunter.

Arnebia pulchra (Roem. & Schult.) Edmondson syns. *A. echioides* (L.) Boiss., *Echioides longiflora* (K. Koch) I. M. Johnston, *Prophetenblume*. Nord-Kaukasus, Nord-Iran und Nordost-Türkei; felsige Stellen und Wegränder von 1525-3000 m in der Türkei. B: 6-7. Aus kräftigem Wurzelstock einige sich ausbreitende, bis 45 cm lange Triebe. Blätter rauhhaarig. Blüten 18-25 mm breit, 20-24 mm lang mit schwärzlichen, während der Blütezeit verblassenden Flecken. Für volle Sonne bei gutem Wasserabzug. WH: bis –20 °C oder darunter.

Macromeria viridiflora DC. *(Boraginaceae)*. New Mexico und Ost-Arizona bis Nord-Mexiko; felsige Hänge und Täler, in Kiefernwäldern und Gebüsch von 1000-2750 m. B: 7-9. Borstige Pflanze mit mehreren, bis 90 cm hohen Trieben. Bis 4 cm große Blüten mit herausragenden Staubgefäßen. Breit-lanzettliche, 5-12 cm lange Blätter. Für volle Sonne bei gutem Wasserabzug. WH: bis –15 °C. Wird von den Hopi-Indianern, getrocknet und unter wilden Tabak gemischt, für Regenzeremonien benutzt.

Moltkia doerfleri Wettst. *(Boraginaceae)*. Nordost-Albanien; in Felsspalten. B: 5-6. Flaches Rhizom und mehrere aufrechte, bis 50 cm hohe Triebe. Blätter lanzettlich, spitz zulaufend. Blüten 19 - 25 mm lang, intensiv purpur-blau. Staubgefäße nicht herausragend. Für volle Sonne bei gutem Wasserabzug. WH: bis etwa –20 °C.

Onosma albo-roseum Fisch. & Mey. *(Boraginaceae) Lotwurz*. Türkei, Nord-Syrien und Nord-Irak; felsige Hänge und Klippen, auf Kalk, bis 2550 m. B: 4-7. Aufrechte oder aufsteigende Stengel aus zentralem Wurzelstock. Blätter oval bis länglich, weißlich mit dicht anliegenden borstigen Haaren. Blüten 18-30 mm lang, breit, glockenförmig. Für volle Sonne in Mauerspalten oder Geröllgarten bei gutem Wasserabzug. WH: bis –15 °C.

Onosma frutescens Lam. Mittel- und Süd-Griechenland, West- und Süd-Türkei und West-Syrien; Kalkhänge und Felsen, bis 1600 m. B: 3-6. Pflanze borsthaarig mit etwas verholzten, sich ausbreitenden Stengeln und länglich-lanzettlichen Blättern. Blütentriebe mehr oder weniger aufrecht. Blüten 18-20 mm lang. Für volle Sonne in Spalten oder ähnlicher Lage bei gutem Wasserabzug. WH: vielleicht bis –10 °C.

Onosma tauricum Pallas ex Willd. Jugoslawien und Rumänien, südlich bis Türkei und Syrien, östlich bis Kaukasus und Krim; auf Felsen, alten Wällen, steinigen Hängen und in der Steppe. B: 3-6. Pflanze borsthaarig mit mehreren, sich ausbreitenden Blütentrieben aus zentralem Wurzelstock. Stengelblätter linear-lanzettlich oder linear-länglich. Blüten 22-25 mm lang, weiß, gelb oder cremefarben. Für volle Sonne in Pflasterspalten, Mauern oder Geröllgärten bei gutem Wasserabzug. WH: bis –15 °C.

Solenanthus circinnatus Ledeb. *(Boraginaceae) Riesenboretsch*. Ost-Türkei und Nord-Irak, ostwärts bis Afghanistan und Sibirien, in das Tien Shan- und Altai-Gebirge und Nordwest-China; in Gebüsch und auf alpinen Wiesen mit nährstoffreichen Böden, bis 2800 m in der Türkei. B: 5-6. Mehrere bis 100 cm hohe Stengel aus kräftigem Wurzelstock. Grundblätter breit-oval, 10-30 cm lang und 20 cm breit. Purpurne, 5-7 mm lange Blüten mit weit daraus hervorragenden, weißlichen Staubgefäßen und Griffeln. Für nährstoffreiche, sommertrockene Böden mit gutem Wasserabzug. WH: bis –20 °C oder darunter.

Arnebia pulchra im Kaukasus

Verbena bonariensis mit *Crocosmia* 'Lucifer' in den Bressingham Gardens, Norfolk

Verbena macdougallii in Arizona

Verbena corymbosa in Axeltree Nursery, Rye, Kent

Chelone glabra im Staate New York

Chelone glabra L. *(Scrophulariaceae)*. Neufundland, westlich bis Ontario und Minnesota, südlich bis Georgia, Alabama und Missouri; nasse Stellen, in Wäldern, Kahlschlägen und an Wasserläufen. B: 7-10. Aus kräftigem Wurzelstock mit bis 2 m hohen Stengeln große Trupps bildend. Blätter am Grunde rundlich oder schmal auslaufend, fast ohne Stengel. Kelchblätter mit trockenem Rand. Blüten meist weiß. Für feuchte, nährstoffreiche Böden in Sonne oder Halbschatten. WH: bis –20 °C oder darunter.

Chelone obliqua L. *Schildblume, Schlangenkopf.* Tennessee, südlich bis Florida und Mississippi; nasse Wälder und Zypressensümpfe. B: 8-10. Unterscheidet sich von *C. glabra* durch ihre lanzettlichen, dünnstieligen Blätter, purpurnen Blüten und Kelchblätter mit nur sehr dünnem, trockenem Rand und abgerundete, nicht spitz zulaufende Tragblätter. Für feuchte, nährstoffreiche Böden in Sonne oder Halbschatten. WH: vielleicht bis –20 °C. Die sehr ähnliche *C. lyonii* Pursh hat breite, am Grunde abgerundete Blätter an längeren Stielen und eine deutlicher gerippte Oberlippe der Blüten.

Verbena bonariensis L. *(Verbenaceae)*. Südamerika, in Süd-Brasilien, Argentinien, Uruguay und Paraguay; nasse Felder und Schuttplätze. B: bei uns 7-10. Wenige aufrechte, 4-kantige, bis 100 cm lange Triebe. Wenige sitzende, stengelumfassende Blätter. Blütenstand mit langen, blattlosen Zweigen. Blüten purpur, ca 1 mm breit in flachen Trugdolden. Für jeden guten Gartenboden in voller Sonne. WH: bis –10 °C, wahrscheinlich darunter und oft nach kalten Wintern durch Selbstaussaat wieder erscheinend.

Verbena corymbosa Ruiz & Pav. Süd-Chile und Argentinien. B: bei uns 6-8. Aufrechte, bis 100 cm hohe Triebe aus weitkriechendem, unterirdischem Wurzelstock. Blätter länglich oder oval, bis 6 cm lang, manchmal am Grunde gelappt. Blüten blaßbläulich-lila. Am besten für feuchten Boden in voller Sonne.

Verbena hastata im Staate New York

Chelone obliqua in Harry Hays Garten, Surrey

Verbena tenera in Wisley

Verbena rigida in Hawstead, Suffolk

Verbena hastata L. Nordamerika, von Nova Scotia und New Brunswick südlich bis Florida, Texas und von British Columbia bis Kalifornien; in Sümpfen, feuchtem Gebüsch, an Seen und Wasserläufen. B: 6-9. Aufrechte, bis 150 cm hohe Triebe aus büscheligem Wurzelstock. Untere Blätter manchmal speerförmig, oft aber lanzettlich bis schmal-oval. Blütenstand mit zahlreichen, schmalen Ähren. Blüten 3-4,5 mm breit, violett-blau oder weiß oder rosa in f. *rosea*. Für nährstoffreichen, feuchten Boden in voller Sonne. WH: bis –20 °C oder darunter.

Verbena macdougallii Heller. Arizona, New Mexico und West-Texas bis Süd-Wyoming; grasige Stellen, in lichten Kiefernwäldern bei etwa 2000 m. B: 6-10. Pflanze mit aufrechten, bis 90 cm hohen, steifhaarigen Stengeln. Bis 10 cm lange, grobgezähnte Blätter. Blüten 6 mm groß. Für jeden nährstoffreichen Boden in voller Sonne. WH: bis –20 °C.

Verbena rigida Spreng. syn. *V. venosa* Gillies & Hook. Argentinien und Süd-Brasilien. Viele aufrechte, bis 60 cm hohe Stengel aus knolligen Wurzeln. B: bei uns 6-10. Längliche, rauhe, unregelmäßig gezähnte, sitzende, stengelumfassende Blätter. Dichte, zu 3 stehende Blütenähren, die seitlichen langgestielt. Blüten etwa 8 mm groß, purpurn oder tiefrot. Für jeden guten Gartenboden in voller Sonne. WH: bis –10 °C bei Schutz der Wurzelknolle vor Frost.

Verbena tenera Spreng. syn. *V.* 'Hektor'. Südamerika, Brasilien, Argentinien und in Süd-Kalifornien verwildert. B: bei uns 6-9. Schlanke, kriechende, an den Nodien wurzelnde Triebe. Blätter mit 3 Hauptabschnitten, die in schmale, lineare Lappen geteilt sind. Blüten 6-8 mm groß, bläulich-purpur, selten weiß in kurzen Köpfchen, in denen die offenen Blüten die Knospen überragen. 'Mahonettii' hat kräftig purpurne Blüten mit weißem Streifen. Für jeden guten sommerfeuchten Gartenboden in voller Sonne. WH: bis –10 °C. Problemlos, aber manchmal bei Trockenheit Blattlausbefall.

Eremostachys lehmanniana

Phlomis bracteosa, die von grasenden Ponies gemieden werden, in Kaschmir

Eremostachys laciniata

Phlomis russelliana im Chelsea Physic Garden

Eremostachys speciosa bei Taschkent

Phlomis lychnitis in Südfrankreich

Phlomis tuberosa in der Steppe bei Stavropol, mit *Paeonia tenuissima* und *Plantago media*

Eremostachys laciniata (L.) Bunge *(Labiatae)*. Süd- und Ost-Türkei, West-Syrien, Transkaukasien und Iran, östlich bis Mittelasien; Steppen, Eichengebüsch und trockene Weiden, bis 2200 m in der Türkei. B: 5-7. 1-2 m hohe Triebe aus knolligem Wurzelstock. Tief geteilte, behaarte, 15-30 cm lange Blätter. Blüten 3-4 cm lang, weiß, cremefarben oder rosa und oft rot-gefleckte Lippe. Kelch vergrößert sich zur Fruchtreife nicht (bei *E. molucelloides* Bunge, mittlere Türkei bis Mongolei, wird der Kelch groß und glockenförmig und dient zur Samenverbreitung durch den Wind). Für trockene, nährstoffreiche Böden in voller Sonne mit Sommer- und Wintertrockenheit. WH: bis –25 °C.

Eremostachys lehmanniana Bunge. Zentralasien; trockene, felsige Hänge. B: 5-6. Büsche mit bis 1 m hohen Stengeln aus knolligem Wurzelstock. Blätter bis 15 cm lang, behaart, tief gelappt. Blüten intensiv rosa. Für trockene Böden mit gutem Wasserabzug in voller Sonne. WH: bis –15 °C.

Eremostachys speciosa Rupr. Zentralasien und West-Himalaja; in artenreichen, grasigen Hängen und Steppen. B: 5-6. Wenige, bis 60 cm hohe Stengel aus knolligem Wurzelstock. Grüne, gesägte, gefiederte Blätter. Kräftige Blütenstände mit dichten Blütenquirlen. Kelch wollig. Blumenkrone behaart. Für sandigen Boden mit gutem Wasserabzug und Trockenheit in Sommer und Winter. WH: bis –25 °C.

Phlomis bracteosa Royle ex Benth. *(Labiatae)*. Himalaja, von Afghanistan bis Südwest-China; grasige Stellen zwischen Felsen von 1200-4000 m. B: 7-8. Mehrere, 20-80 cm hohe Stengel aus kräftigem Wurzelstock. Blätter 5-10 cm lang. Blüten 1,5-2 cm lang mit kurzer Röhre und großer, verlängerter Unterlippe. Für nährstoffreiche Böden mit gutem Wasserabzug in voller Sonne bei guter sommerlicher Wasserversorgung. WH: bis –25 °C.

Phlomis lychnitis L. Südfrankreich, im Norden bis zur Ardêche, Spanien und Portugal; trockenes Gebüsch (Garrigue) und felsige Hügel. B: 5-7. Ausbreitung durch unterirdische Ausläufer. Stengel 30-50 cm lang, am Grunde verholzend. Blätter bis 7,5 cm lang, schwach flaumhaarig mit Sternhaaren. Blüten etwa 2,5 cm lang, in Quirlen zu 4-10 stehend. Für trockenen Boden mit gutem Wasserabzug. WH: bis –10 °C, vielleicht darunter.

Phlomis russelliana (Sims) Benth. syn. *P. viscosa* hort. Türkei, hauptsächlich im Norden von Istanbul bis Rize; in Wäldern und Kahlschlägen, Haselgebüsch bis 1700 m. B: 5-9. Oberirdisch und unterirdisch sich ausbreitende Pflanze mit 30-90 cm hohen Stengeln. Ovale, herzförmige, gekerbte Blätter. Blüten in voneinander getrennten Quirlen in der Ähre stehend. Kelch sternhaarig, wollig mit abstehenden Zähnen. Gelbe, 30-35 mm lange Blütenröhre. Für jeden guten Gartenboden in Sonne oder Halbschatten. WH: bis –20 °C.

Phlomis samia L. Griechenland, Süd-Jugoslawien, Südwest- und Süd-Türkei; in Kiefern- und Zedernwäldern, meistens auf vulkanischem Boden. B: 6-8. Bildet große Büsche sich ausbreitender, bis 1 m langer Stengel. Gekerbte oder gesägte, 8-20 cm lange, lanzettlich-ovale bis breit-ovale Blätter. Oberlippe der 30- 35 mm langen Blüten helmartig. Kräftig wachsende Art. Für ziemlich trockene, halbschattige oder auch sonnige Stellen. WH: bis –20 °C. *Phlomis bovei* Noië subsp. *maroccana* Maire syn. *P. samia* L. subsp. *maroccana* Maire (siehe Seite 318) ist eine Pflanze der marokkanischen Gebirge.

Phlomis tuberosa L. Mittel- und Südosteuropa, Nord- und Ost-Türkei, Nord-Iran und Sibirien; Steppen, trockene Weiden und steinige Hügel. B: 6-7. Pflanze mit runden Knollen an den Wurzeln und bis über 120 cm hohen Stengeln. Grüne, ovale, herzförmige, bis 25 cm lange Blätter. Blüten 15-20 mm lang, die obere Lippe länger als die untere und zu 14-40 im Quirl sitzend. Problemlose Staude. WH: bis –25 °C.

Phlomis tuberosa

Phlomis bovei subsp. maroccana

Pflanzen aus Wisley, 20. Juli, 1/3 nat. Größe

Melissa officinalis L. *(Labiatae) Zitronenmelisse.* Südeuropa und Nordafrika, bis Kaukasus und Nord-Iran, z. T. bei uns eingebürgert; lichte Wälder, Gebüsch, felsige Hänge, Wasserläufe. B: 6-10. Bis 1 m hohe Stengel aus kurzem, kriechendem, verholztem Wurzelstock. Rauhe, zitronenduftende Blätter. Blüten 9-14 mm. Jeder Boden in Sonne oder Halbschatten; nützlich an trockenen, schwierigen Stellen (durch Aussaat lästig). 'Aurea' hat schöne gold-panaschierte Blätter. WH: bis –15 °C, vielleicht darunter. (*Melittis* siehe Seite 434 und 435).

Nepeta × faassenii Bergmans ex Stearn *(Labiatae) Blauminze.* Kreuzung der kaukasischen *N. racemosa* Lam. syn. *N. mussinii* Spreng. ex Henckel mit *N. nepetella* L. aus Europa und Nordafrika. Nützliche Randpflanze für heiße, trockene Beetränder auf Kalkboden mit silbrigen Blättern und bis 30 cm hohen Trieben. B: Sommer. **'Six Hills Giant'** höher und kräftiger mit bis 1 m hohen Stengeln und intensiv blauen Blüten.

Nepeta govaniana Benth. Himalaja, Pakistan bis Nord-Indien; feuchte Stellen, lichte Wälder. B: 8-9. Süßlich aromatische Pflanze von großer Schönheit, bis 1 m hohe verzweigte Stengel und oft paarweise stehende, bis 30 mm große Blüten an langen Stielen. Für feuchte, leicht saure Böden in kühler Lage. WH: bis –15 °C.

Nepeta grandiflora M. Bieb. Kaukasus; grasige Weiden und Gebüsch. B: 5-6. Mehrere, bis 1 m hohe Stengel. Herzförmige, leicht gekerbte, bis 5 cm lange Blätter. Lavendelblaue, 1,5 cm lange Blüten in verlängerten Ähren. Für jeden guten Gartenboden in voller Sonne. WH: bis –20 °C.

Nepeta persica Boiss. Iran; trockene, felsige Hügel. B: 6-8. Kompakte, bis 10 cm hohe Pflanze mit grauen, behaarten, ovalen, bis 1,5 cm langen Blättern. Blüten in dichten Quirlen. Für trockenen Boden in voller Sonne. WH: bis –10 °C (Weitere Arten siehe auch Seite 434).

Nepeta sibirica L. syn. *N. macrantha* Fisch. ex Benth. Sibirien; grasige Stellen. B: 6-7. Bis 1 m hohe Stengel mit weichen, lanzettliche bis 8 cm langen Blättern. Verzweigter Blütenstand. Blüten bis 4 cm lang mit gerader Blütenröhre. Für nährstoffreiche Böden in voller Sonne. WH: bis –25 °C. **'Souvenir d'André Chaudron'** syn. 'Blue Beauty' Gedrungenere Form von *N. sibirica* mit längerer Blütezeit.

Scutellaria amoena C. H. Wright *(Labiatae).* China, Yunnan, Kunming, Lijiang; trockenes Gebüsch, auf Kalk, bis 1500 m. B: 4-5. Aufrechte, büschelig stehende Stengel, bis 20 cm aus kurzem, kriechendem Wurzelstock. Blätter länglich-stumpf. Blüten ca. 15 mm lang. Sonne oder Halbschatten bei gutem Wasserabzug. WH: vielleicht bis –15 °C.

Scutellaria incana K. Spreng. syn. *S. canescens* Nutt. Östliches Nordamerika; in lichten Wäldern, Gebüsch und Grasland. B: 6-8. Stengel bis 120 cm. Ovale, graue, 7,5-12 cm lange Blätter. Blüten 15-25 mm lang. Für jeden Boden in Sonne oder leichtem Schatten. WH: bis –25 °C.

Nepeta 'Six Hills Giant' in Crathes Castle, Aberdeenshire

Nepeta persica

Nepeta sibirica

Nepeta 'Souvenir d'André Chaudron'

Melissa officinalis

Nepeta govaniana

Scutellaria incana in Wakehurst Place, Sussex

Scutellaria amoena bei Lijiang, Yunnan

Pflanzen aus dem Chelsea Physic Garden, 11. Juli, 1/4 nat. Größe

Stachys officinalis 'Rosea'

Stachys coccinea bei Harry Hay, Surrey

Hyssopus officinalis 'Rosea'

Ballota pseudodictamnus (L.) Benth. *(Labiatae).* Auf Kreta und Kithira und in der Cyrenaica; auf Felsen und unbearbeiteten Flächen. B: 5-7. Sehr wollige, gelblich-graue Pflanze. Auffallende, 7-8 mm große Kelche. 14-15 mm große, meist weiße Blütenkrone. Subsp. *lycia* Hub.-Mor. aus der Südwest-Türkei hat einen bei der Fruchtentwicklung 8-10 mm großen Kelch. *B. acetabulosa* (L.) Bent. aus Süd-Griechenland, den Ägäischen Inseln und der Südwest-Türkei hat flachere, bis 20 mm große Kelche und mit 15-18 mm größere, weiße, purpurgefleckte Blüten. Die ganze Pflanze ist grauer und größer. Alle Arten brauchen volle Sonne bei gutem Wasserabzug. WH: bis –10 °C.

Hyssopus officinalis L. 'Rosea' *(Labiatae)* Ysop. Südeuropa, ostwärts bis Kaukasus und Nord-Iran; trockene Hügel und Felskanten, bis 2200 m in der Nord-Türkei. B: 7-8. Pflanzen in Behaarung, Kelch und Blattform sehr variabel. Viele bis 60 cm hohe Stengel. Blätter linear, aromatisch, bis 5 cm lang. Blüten gewöhnlich bläulich, aber auch purpur, rosa oder weiß, 7-13 mm lang. Die hier gezeigte rosa Form wurde von Philip Miller im 18. Jahrhundert im Chelsea Physic Garden gezogen. Für trockene, sonnige Stellen. WH: bis –25 °C.

Marrubium peregrinum L. *(Labiatae) Andorn.* Südost-Europa, von Österreich bis Griechenland und Rußland, südlich bis Kaukasus und West-Türkei; trockene, lichte Stellen. B: 6-8. Stengel bis 60 cm hoch, gelblich. Blätter besonders unterseitig weißhaarig. Kleine, außen behaarte Blüten. Für trockene Stellen in voller Sonne. WH: bis –25 °C.

Nepeta cataria L. *(Labiatae) Katzenmelisse.* Europa, von Süd-England ostwärts bis Sibirien, dem Himalaja, China und Korea, eingebürgert in Nordamerika und Japan; Gebüsch, Hecken und trockene, grasige Hänge, oft auf Kalk. B: 7-8. Graubehaarte, bis 5 cm lange Blätter mit bis 1 m hohen Stengeln. Blätter bis 5 cm lang. Weiße, blaugepunktete, 6-7 mm lange Blüten. 'Citriodora' hat zitronenduftendes Laub. Für warme Lage mit gutem Wasserabzug. WH: bis –25 °C.

Prunella grandiflora (L.) Scholler *(Labiatae) Große Braunelle.* Meiste Teile Europas; in Wiesen, meist auf Kalk. B: 6-9. Bildet Matten mit

Stachys macrantha (zweifarbiger Typ)

Stachys byzantina in Crathes Castle, Aberdeenshire

Prunella grandiflora

Prunella grandiflora subsp. *pyrenaica*

Stachys macrantha

meist 30, aber auch bis 60 cm hohen Trieben. Blüten 25-30 mm lang, meist bläulich, aber auch rötlich, rosa und weiß bei Gartensorten. Der Blütenstand ohne ein Blattpaar am Grunde kennzeichnet diese Art. Subsp. *pyrenaica* (Gren. & Godr.) A. & O. Bolos syn. *P. hastifolia* Brot. auf sauren Böden in Südwest-Frankreich, Spanien und Portugal hat größere Blüten, spießförmige Blätter. Beide brauchen nährstoffreichen, feuchten Boden in voller Sonne. WH: bis –25 °C.

Stachys byzantina C. Koch syns. *S. lanata* Jacq., *S. olympica* Briq. *(Labiatae) Wollziest, Eselsohren, Hasenohren*. Nord-Türkei, Süd-Kaukasus und Nord-Iran; felsige Hügel, Wacholdergebüsch und Schuttplätze. B: 6-9. Ganze Pflanze dicht wollig mit Rosetten grundständiger, bis 10 cm langer Blätter und aufsteigender, bis 1 m hoher Blütentriebe. Rosa, 10-14 mm lange Blüten. Aufrechte, manchmal leicht gebogene Kelchzähne. Für heiße, trockene, sonnige Lagen. WH: bis –20 °C. Mehrere Gartensorten wurden ausgelesen. 'Primrose Heron' hat unter der wolligen Behaarung gelbliche Blätter. 'Cotton Boll' syn. 'Sheila Macqueen' bildet statt der Blüten junge Pflanzen und dadurch wollige Kugeln am Stengel.

Stachys coccinea Jacq. West-Texas, New Mexico, Süd-Arizona und Mexiko; in Canyons und an Wasserläufen, auf nährstoffreichen Böden bis 2400 m in Arizona. B: 3-10. Bildet ausdehnende Trupps mit bis 30 cm hohen Stengeln. 3eckig ovale, zerstreut behaarte Blätter. Blüten 18-21 mm. Für nährstoffreiche Böden mit gutem Wasserabzug in voller Sonne. WH: bis –10 °C, vielleicht darunter.

Stachys macrantha (C. Koch) Stearn syn. *S. grandiflora* Benth. non Host. Kaukasus, Nordost-Türkei und Nordwest-Iran; in Wiesen, an felsigen Hängen und in Gebüsch, von 1600-3000 m. B: 6-9. Langsam zu dichten Büschen mit aufrechten, bis 45 cm hohen Stengeln wachsend. Blüten 30-35 mm lang, purpur-rosa, selten blaß reinrosa. Für jeden guten Gartenboden in Sonne oder lichtem Schatten. WH: bis –20 °C, in Kultur sind 'Rosea' (rosa), 'Alba' (weiß) und eine 2farbige Sorte sowie 'Robusta'.

Stachys officinalis (L.) Trevisan syn. *Betonica officinalis* L. *Heilziest*. Europa, von Irland und Schottland östlich bis Sibirien und südlich bis Türkei und Nord-Iran; feuchte, grasige Hänge, in Wiesen und Waldlichtungen. B: 6-9. Schlanke, aufrechte, bis 45 cm hohe Stengel. Blüten meist rötlich-purpur, selten rosa 'Rosea', in dichten Ähren. Attraktive Pflanze für Naturgärten oder Wiesen und charakteristisch für Heidegesellschaften, an Wegrändern, auf schweren Böden. WH: bis –25 °C oder darunter.

Stachys thirkei C. Koch. Balkan-Halbinsel, Italien bis West-Türkei; nackte Hügel und Brachland. B: 5-9. Matten dichter, Rosetten graugrüner oder dicht weiß-wolliger Blätter mit runzeliger Oberfläche. Abstehende Kelchzähne, die länger sind als bei *S. byzantina*. Blüten kräftig rot. Für trockene Lage in voller Sonne ohne Winterfeuchtigkeit. WH: bis –15 °C.

Salvia nemorosa 'Superba'

Salvia × sylvestris 'Mainacht'

Salvia pratensis in einer subalpinen Wiese in der Schweiz

Salvia buchananii

Salvia buchananii Hedge *(Labiatae).* In den 50er Jahren im Garten einer englischen Familie in Mexico City gefunden. Herkunft unbekannt. Möglicherweise Süd-Mexiko oder Zentralamerika. Stengel bis 60 cm. Eine der schönsten, nicht ganz winterharten Salvien. Mit dunkelgrünen, ovalen, ledrigen Blättern und bis 5 cm langen, samthaarigen Blüten. B: ab 7. Nährstoffreiche, feuchte Böden. WH: bis –10 °C.

Salvia chamaedryoides Cav. Gebirge Mexikos. Niedrige, kriechende Pflanze mit im Boden krautigen, oberirdisch verholzenden, bis 30 cm hohen Stengeln über 60 cm große Pflanzen bildend. Blätter elliptisch mit feinen, bis 1 cm langen Haaren. Blüten mit kurzer Röhre und weit offener Blütenunterlippe. Für heiße, trockene, felsige Stellen. B: Spätsommer. WH: bis –10 °C.

Salvia farinacea Benth. Texas und New Mexico; trockene Berghänge. B: Sommer. Stengel bis 45 cm hoch. Blätter oval-lanzettlich, 2,5-7,5 cm lang. Blüten 1,2 cm lang, behaart, in dichten Quirlen. 'Alba' hat grüne Hochblätter und weiße behaarte Blüten. Für trockene Böden in voller Sonne. WH: bis –15 °C. Verbreitete Sommerblume mit vielen Sorten.

Salvia miltiorrhiza Bunge. Nordost-China und verbreitet bei Beijing; lichte Wälder und Kahlschläge. B: 5. Pflanze mit bis 1 m hohen Trieben und großen orange-roten, unterirdischen Knollen und leicht zu erkennen durch ihre unpaarig gefiederten Blätter mit 5 Blättchen. Gelobt wegen ihrer angeblichen Heilkraft, die auch bei Krebs wirksam sein soll.

Salvia nemorosa L. 'Superba'. Um die Jahrhundertwende benannte Auslese der in Mittel- und Osteuropa und Südwestasien, von Ost-Türkei und Iran bis Kaukasus und Afghanistan verbreiteten Art. Trockene Hänge, Trockenrasen und unbearbeitete Flächen. B: 6-9. Mit steifen, aufrechten, bis über 1 m hohen Stengeln buschig wachsend. Blütenähren bis 15 cm lang mit dunkelblauen Blüten und rötlich-purpurnen Tragblättern. Der Blüheffekt im Garten wird durch die nach der Blüte bleibenden Hochblätter verlängert. WH: bis –20 °C. (Zu Sorten siehe *Salvia sylvestris* L. Seite 321.)

Salvia pratensis L. *Wiesensalbei.* Meiste Teile Europas, südlich bis Marokko und ostwärts bis Rußland; in Wiesen. B: 6-7 und vereinzelt später nach der Heumahd. Stengel meist unter 90 cm. Runzelige, 7,5-15 cm lange Blätter. Kelch oft dunkelblau getönt; Blüten intensiv blau, rosa oder weiß, bis 2,5 cm lang mit deutlich gebogener

Salvia chamaedryoides

Salvia farinacea 'Victoria'

Salvia spathacea in Santa Barbara BG

Salvia miltiorrhiza bei Beijing

Salvia uliginosa

Salvia sclarea

Oberlippe. Für nährstoffreiche Böden bei gutem Wasserabzug. WH: bis –25 °C.

Salvia sclarea L. *Muskatellasalbei.* Südost-Europa und Südwest-Asien; trockene, felsige Stellen. B: 7-8. Kurzlebige Staude oder 2jährig. Im 1. Jahr nach der Aussaat eine Rosette breit-ovaler, runzeliger, bis 22 cm langer Blätter bildend. Blütenstand im 2. Jahr reichverzweigt, sehr groß, bis 1 m und höher. Sehr eindrucksvolle, rosa, lila oder weiße, oft grünlich getönte Hochblätter. Blüten bis 2,5 cm lang mit stark nach unten gebogener Oberlippe. Dem Muskatellasalbei wird nachgesagt, er helfe, die Sicht zu klären, d. h. das Augenlicht zu stärken. Wurde aber seit dem frühen Mittelalter viel zur Herstellung von billigem Muskatellerwein benutzt. Var. *turkestanica* Moltet ist eine Form mit riesengroßen Hochblättern, die wahrscheinlich nicht in Kultur ist. Die ganze Pflanze ist stark aromatisch duftend. Für trockene Böden mit gutem Wasserabzug in voller Sonne. WH: bis –20 °C.

Salvia spathacea Greene. Kalifornien, von Solano Co. bei San Francisco entlang der Küste südlich bis Orange Co.; im Gebüsch, Chapparal und lichten Wäldern. B: 3-5. Pflanzen klebrig drüsig, niedrige, bodendeckende Büsche mit kriechendem, unterirdischem Rhizom entwickelnd. Spiesförmige, 10-15 cm lange, oben runzelige und unten behaarte Blätter. Blütenähren 60-90 cm hoch. Blüten 4 cm lang, kräftig rötlich purpur. Wird manchmal Kolibrisalbei genannt, da er durch diese Vögel bestäubt wird. Für jeden Boden in Sonne oder Halbschatten. WH: vielleicht bis –10 °C.

Salvia × sylvestris L. 'Mainacht' syn. 'May Night'. Diese manchmal *S. nemorosa* zugeordnete deutsche Sorte ist eine Kreuzung zwischen *S. pratensis* und *S. nemorosa*, aus der viele gute Auslesen als Namenssorten im Handel sind. 'Mainacht' hat größere, kräftig indigo-violette, rötlich-purpurne in Tragblättern sitzende Blüten. B: 5-6 + 9. WH: bis –20 °C.

Salvia uliginosa Benth. Brasilien, Uruguay und Argentinien; feuchte Wiesen. B: bei uns 8-10. Mit fleischigen, unterirdischen Ausläufern große, manchmal über 1 m breite und über 2 m hohe Büsche bildend. Blätter bis 7 cm lang. Stengel und Blätter leicht klebrig, behaart. Blüten hellblau, bis 2 cm groß, die Unterlippe mit weißem Fleck in endständigen kleinen Ähren jedes Seitenzweiges. Für jeden sandigen Boden, der im Sommer nicht zu trocken ist. WH: bis –10 °C, vielleicht darunter. Fleischiger Wurzelstock schneckengefährdet.

Salvia campanulata Anfang Mai in der Ebene von Lijiang

Salvia forskahlei

Salvia bulleyana Diels. West-China, besonders in Yunnan, in den Dali- und Lijiang-Bergen; felsige Wiesen. B: 6-7. Bildet 60- 90 cm große Kolonien aus kräftigen, herzförmigen oder spießförmigen, bis 10 cm langen Blättern. Blüten paarweise in der Ähre des bis 1 m hohen Blütenstandes. Blüten 2,5 cm lang, gelb mit deutlicher brauner oder purpurner Fleckung auf der Unterlippe in Gestalt einer Hummel zur Förderung der Bestäubung. Für volle Sonne bei gutem Wasserabzug. WH: bis –15 °C oder darunter?

Salvia campanulata Wall. Himalaja, von Nord-Indien bis Südwest-China; felsige Berghänge oder Wiesen von 2500-4000 m. B: 5-7. Knolliger Wurzelstock. Ovale, bis 12 cm lange Blätter. Blütenähre über 30 cm lang. Blüten paarweise mit großen Kelchen. Sehr unterschiedliche Blütenfarbe von Creme bis Gelb,Rosa oder Blau. Für sommerfeuchte Stellen in voller Sonne bei gutem Wasserabzug. WH: bis –15 °C oder darunter?

Salvia castanea Diels *(Labiatae).* Himalaja, in West-China, beschrieben aus Lijiang; in Rohhumus, auf Kalk, Stein. B: 7-8. Bildet 90 cm hohe und 60 cm breite Büsche. Ovale, bis 15 cm lange, weichhaarig klebrige Blätter. Blüten 2,5 cm lang, dunkelbraun mit aufgeblasener Blütenröhre. In Boden mit gutem Wasserabzug, aber reichlicher Feuchtigkeitsversorgung in der Wachstumssaison und Schutz vor zuviel Feuchtigkeit während der winterlichen Ruheperiode. WH: bis –20 °C.

Salvia forskahlei L. Bulgarien und Nord-Türkei, entlang der Schwarzmeerküste; trockene Berghänge, Magerwiesen und Laubwald, bis 1900 m. B: 6-9. Bildet große, fast verholzte, bodendeckende Büsche ovaler oder herzförmiger, ziemlich rauher Blätter. Blüten in bis 100 cm hohen Ähren. Blüte violettblau mit weißen Streifen auf der stark zurückgebogenen Unterlippe. Für nährstoffreichen Boden in Sonne oder Halbschatten. WH: bis –15 °C.

Salvia glutinosa L. *Klebriger Salbei.* Europa, von den Alpen ostwärts bis zum Kaukasus, Türkei und Iran; in Gebüsch und feuchten Stellen im Laubwald. B: 7-10. Die sehr nah verwandte *S. nubicola* Sweet aus Zentralasien kann kaum als eigenständige Art betrachtet werden, da sie sich nur durch die stärker zurückgebogene Unterlippe unterscheidet. Diese Art ist wie viele asiatische, staudige Salvia-Arten an der ganzen Pflanze klebrig. Bildet einen etwa 1 m großen Busch. Herzförmige, gro-

Salvia bulleyana

Salvia glutinosa

Salvia hians

Salvia hians im Juli in Kaschmir

ße, bis 20 cm lange Blätter. Für Sonne oder Halbschatten in jedem guten Gartenboden. WH: bis –20 °C oder darunter?

Salvia hians Royle. Himalaja, von Pakistan bis Bhutan und verbreitet in Kaschmir; auf felsigen, lichten Hängen von 2000-3000 m. In einzelnen Büschen: B: 6-9. Pflanze mit klebrigen Drüsen besetzt, die ein aromatisches, angenehm riechendes Öl erzeugen. Ovale, herzförmige, 8-13 cm lange Blätter. Blütenähren bis 60 cm hoch. Blüten 3 cm lang mit aufgeblasener Blütenröhre und abstehenden Lippen. Für nährstoffreichen Boden in voller Sonne. WH: bis –20 °C.

Salvia hydrangea DC. Nordost-Türkei, Armenien und Iran; trockene, felsige Hänge, Weiden und Wegränder, bis 2000 m. B: 6-8. Breitet sich durch unterirdische Triebe aus und wurzelt an den bodenaufliegenden Trieben und bildet auf diese Weise bis 60 cm große Kolonien, aus denen viele bis 50 cm hohe Blütentriebe wachsen. Blätter fiedrig mit 2-3 Paar kleiner Lappen und 1 großen, lanzettlichen oder linearen bis 4 cm großen Endlappen. Blüten ca. 22 mm lang, rosa oder tiefrot. Für trokkenen Boden mit gutem Wasserabzug in voller Sonne. Obwohl Kälte vertragend, stirbt die Art doch oft durch Winterfeuchtigkeit ab. WH: bis –25 °C bei Trockenheit.

Salvia multicaulis Vahl. Südwest-Asien, von Iran und Türkei bis Syrien und Sinai-Halbinsel; in trockenem Gebüsch, auf Steppen und felsigen Kalkhängen, bis 2600 m. B: 4-7. Strauchig, im Winter fast ganz die Blätter verlierend. Stengel bis 15 cm hoch. Runzelige, längliche bis rundliche, ca. 4 cm lange Blätter, die gut an Stelle von Gartensalbei zum Kochen verwendet werden können. Rosa oder violette Blüten, die in großen, rötlichen Kelchen sitzen, die sich bei der Samenreife noch vergrößern. Für trockenen Boden mit gutem Wasserabzug in voller Sonne. WH: bis –25 °C oder darunter.

Salvia przewalskii Max. China, besonders West- und Nordwest-Sichuan; felsige Hänge und trockene Flußbetten. B: 8-9. Mehrere behaarte, bis 1,2 m hohe Stengel. Ovale, herzförmige, bis 15 cm lange, an beiden Seiten behaarte Blätter. Drüsig klebriger Kelch. Verdickte, bis 2,5 cm lange, blaßrosa bis purpur-rosa Blütenröhre. Für Boden mit gutem Wasserabzug in voller Sonne. WH: bis –20 °C oder darunter.

Salvia multicaulis

Salvia castanea

Salvia hydrangea

Salvia przewalskii

Pflanzen von Beth Chatto, Unusual Plants, 17. August, 1/3 nat. Größe

Monarda didyma L. *(Labiatae) Oswego-Tee.* Östliches Nordamerika, von New York bis Michigan und in den Bergen südlich bis Georgia und Tennessee; in feuchten Wäldern und Gehölzen. B: 6-8. Angenehm aromatisch duftende Büsche mit bis 1,5 m hohen Stengeln bildende Pflanze. Weichhaarige bis glatte, gezähnte, kurzgestielte, bis 14 cm lange Blätter. Blüten in endständigen Köpfchen mit rotgetönten Hochblättern. Leuchtend rote bis scharlach-rote, 3-4,5 cm lange, fast kahle Blüte. Für die Staudenrabatte oder auch im Halbschatten, im Naturgarten in nährstoffreichem Boden. WH: bis –25 °C oder darunter. Die nachgenannten Gartensorten sind wahrscheinlich zumeist hybriden Ursprungs. Sie vertragen trockenere Lagen als die Wildarten, leiden dann aber bei zu trockenem Wurzelbereich an Mehltau. Einige Sortenbeispiele: **'Cambridge Scarlet'** Prichard vor 1913, 90 cm. **'Beauty of Cobham'** Rosa mit purpurnen Blättern. **'Croftway Pink'** Etwa 90 cm. **'Prärienacht'** syn. 'Prairie Night' Kayser & Seibert 1955. 'Blaustrumpf' syn. 'Blue Stocking' ebenfalls purpur. **'Schneewittchen'** syn. 'Snow Maiden' Karl Foerster 1956, ca. 60 cm.

Monarda fistulosa L. Nordöstliches Nordamerika, von Quebec bis Minnesota, südlich bis Georgia, Alabama, Louisiana und Ost-Texas; trockene Gebüsche und Waldränder. B: 7-8. Var. *menthaefolia* (Graham) Fern. auch weiter westlich bis British Columbia und entlang der Rocky Mountains bis Nord-Mexiko. Bildet Büsche 50-150 cm hoher Stengel. Graue, 3eckig-ovale bis lanzettliche, sitzende Blätter. Hochblätter oft rosa getönt. Blüten lila, rosa oder weißlich, behaart mit gebärteter Spitze der oberen Lippe. Für jeden guten Gartenboden in Sonne oder Halbschatten. WH: bis –25 °C oder darunter.

Monardella purpurea Howell *(Labiatae).* Kalifornien im Del Norte Co., nördlich bis Südwest-Oregon; trockene, steinige Hänge von 300-1200 m. B: 7-9. Kleine kahle Pflanze mit bis 15 cm hohen Stengeln aus verholztem Grund. Blätter 1,5-3 cm lang. Blütenköpfchen 1,5-2 cm groß. Hochblätter purpur. Blüten ca. 2 cm lang. Für trockene, warme Lage in voller Sonne. WH: vielleicht bis –10 °C.

Physostegia virginiana L. *(Labiatae) Gelenkblume.* Östliches Nordamerika, von Quebec bis Minnesota, südlich bis North Carolina, Tennessee und Missouri; an Flußufern, in feuchten Gehölzen und nassen Wiesen. B: 6-9. Wuchernde Pflanze mit ausbreitenden weißen, fleischigen Ausläufern und bei gutem Stand bald mehrere Meter große Kolonien bildend. Aufrechte, bis 1 m hohe Stengel. Lanzettliche, scharf gezähnte, bis 12,5 cm lange Blätter. Blüten 2-3 cm lang, am Schlund aufgeblasen. Die Einzelblüten sind beweglich, drehbar, als wenn sie Gelenke hätten, deshalb der Name. Einige Beispiele von Namenssorten: **'Summer Snow'** 45-60 cm. **'Summer Spire'** Bis 1 m; 'Vivid' (nicht abgebildet) steifere, bis 50 cm hohe Stengel und intensiv rosa Blüten. 'Bouquet Rose' blassere Blüten. Für nährstoffreichen, feuchten Boden in voller Sonne. WH: bis –25 °C.

Monarda didyma (rosa Form) in Nordamerika

Monarda 'Cambridge Scarlet'

Monarda fistulosa bei Harry Hay

Monardella purpurea von Del Norte Co. bei Harry Hay, Surrey

Pflanzen von Green Farm Plants, 4. August, 1/5 nat. Größe

Penstemon barbatus

Penstemon barbatus 'Coccineus'

Penstemon alluviorum Pennell *(Scrophulariaceae)*. Süd-Indiana und Süd-Illinois bis Missouri und südlich bis Mississippi und Arkansas; Sümpfe, Flußtäler und feuchte Berghänge. B: 5-6. Triebe bis 1,5 m. Blätter behaart, die untersten gesägt, spitz zulaufend. Blütenstand schwach-drüsig. Blüten 1,7-2,3 cm lang, die oberen Kronlappen aufwärts gebogen. *P. digitalis* Nutt. ähnlich, mit sehr drüsigem Blütenstand, Blüten bis 3 cm. Für feuchten, nährstoffreichen Boden in voller Sonne. WH: bis –15 °C oder darunter.

Penstemon baccharifolius Hook. Texas und Mexiko bis San Luis Potosi; Kalkfelsenspalten. B: 6-7?. Am Grunde verholzte Pflanze mit bis 60 cm hohen Blütentrieben. Dicke, ledrige, 2,5-5 cm lange Blätter. Blütenstand drüsig. Blüten 2,5-3,2 cm lang. Staminodien drüsig. Für trockenen Boden mit gutem Wasserabzug in voller Sonne. WH: bis –10 °C oder darunter bei Trockenheit.

Penstemon barbatus (Cav.) Roth. Colorado bis Nevada und Mexiko, bis 3000 m; niedrige Hügel und trockene Canyons, Kiefern-, Eichen- oder Espenwälder. B: 6-10. Mehrere steife, aufrechte, bis 90 cm hohe Stengel. Blätter oft blaugrün, manchmal behaart. Blüten leuchtend rot, selten rosa. Blüte stark 2lippig, die untere zurückgebogen, meist behaart, die obere Lippe hervorragend. Die Staubbeutel behaart oder kahl. Warme Lage in voller Sonne bei gutem Wasserabzug. WH: bis –20 °C bei Trockenheit. 'Coccinea' verbreitet gezogene Auslese. Geringere blaugrüne Beblätterung und verzweigtere Blütenstände.

Penstemon centranthifolius Benth. Kalifornien, im Küstengebiet von Lake Co. südwärts und in Lower California; an trockenen Stellen, im Chapparal, oft mit *Romneya* unter 2000 m. B: 4-7. Verholzte, bis 1,2 m hohe Stengel. Ungeteilte, ganzrandige, blaugrüne Blätter, die oberen stengelumfassend. Blüten 25-35 mm lang und bis 6 mm breit, die Blütenlappen kaum abspreizend. Staubbeutel kahl. Für trockenen Boden in voller Sonne. WH: bis –10 °C.

Penstemon clutei A. Nelson. Arizona, um den Sunset Crater; in vulkanischer Asche bis 1900 m. B: 6-7. Stengel bis 1,8 m. Blaugrüne, fein gezähnte Blätter, die oberen durchwachsen. Die 9-12 mm breiten Blüten sind von schmalem Grund aus aufgeweitet. Staubgefäße nicht herausragend. Für trockenen Boden mit gutem Wasserabzug in voller Sonne. WH: vielleicht bis –15 °C bei Trockenheit.

Penstemon glaber Pursh. South Dakota, Nebraska, Wyoming; trockene, offene Stellen, Trockenrasen, Prärien, in festem, steinigem Boden und auf Kalk, oft mit *Artemisia*. B: 6-7. Kleine, mehrstengelige, 30-60 cm hohe Büsche. Längliche bis lanzettliche, 5-10 cm lange Blätter. Intensiv blaue, ca. 3 cm lange Blüten. Staminodien kahl oder abstehend, fein behaart. Nährstoffreiche Böden mit gutem Wasserabzug in voller Sonne. WH: bis –20 °C oder darunter bei Trockenheit.

Penstemon jamesii Benth. Südwest-Colorado, Süd-Utah, West-New Mexico und Nord-Arizona; sandige Stellen, in Wacholder- und Kiefernwäldern von 1300-2000 m. B: 5-6. Stengel bis 60 cm. Lineare, zerstreute Blätter, manchmal mit wenigen Zähnen. Blüte bis 22 mm lang, am Schlund geschwollen und innen behaart. Für trockenen Boden in warmer Lage bei gutem Wasserabzug. WH: vielleicht bis –20 °C.

Penstemon ovatus Dougl. ex Hook. Südliches

British Columbia, Washington und Nord-Oregon; auf Kalkfelsen, in lichten Wäldern unter 1000 m. B: 5-6. Stengel 30-100 cm aus einer Rosette gestielter, ledriger Blätter. Außen drüsige, 15-22 mm lange Blüten. Staminodien bebärtet. Für nährstoffreichen Boden mit gutem Wasserabzug. WH: vielleicht bis –15 °C.

Penstemon palmeri Gray. Kalifornien, in den Bergen westlich des Death Valley, bis 1800 m und in Süd-Utah und Arizona; an trockenen, felsigen Stellen, an Wegrändern und in jahreszeitlich trokkenfallenden Flußbetten. B: 3-9. Mehrere bis 120 cm hohe Stiele aus büscheligem Wurzelstock. Blätter stachelig gezähnt, die unteren lanzettlich-oval, stengelumfassend, die oberen durchwachsen. Duftende, bis 12 mm breite und 22-35 mm lange Blüten mit herausragenden, zottig bebärteten Staminodien. Für trockenen Boden mit gutem Wasserabzug. WH: bis –15 °C bei Trockenheit.

Penstemon rostriflorus syn. *P. bridgesii* Gray. Östliches Kalifornien bis Arizona, Südwest-Colorado und West-New Mexico; trockene, offene, steinige Hänge von 1500-3300 m, zwischen Kiefern *(Pinus ponderosa, P. cembroides)*. B: 5-9. Mehrere, bis 1 m hohe Triebe aus leicht verholztem Grund. Blätter nicht blaugrün, am Grunde linear-lanzettlich, oben linear. Kelch und Stiel drüsig. Blüten 22-35 mm lang, die untere Lippe zurückgebogen. Staminodien kahl. Für Boden mit gutem Wasserabzug in warmer, vollsonniger Lage. WH: bis –15 °C.

Penstemon strictus Benth. Süd-Wyoming und Utah, südlich bis Nordost-Arizona und Nord-New Mexiko; in Canyons und Bergen bis 3000 m; zwischen Salbeigebüsch. B: 6-7. Stengel bis 60 cm. Tiefgrüne, lanzettliche Blätter. Blütenstand nicht drüsig. Stielchen am Stengel anliegend. Kräftig blaue, 2lippige Blüten mit kurzer Röhre und geschwollenem Schlund.

Penstemon superbus A. Nelson. Südost-Arizona und New Mexico (Chihuahua); in felsigen Canyons, entlang zeitweise trockenfallenden Flußtälern, an sandigen oder kiesigen Stellen, von 1000-1700 m. B: 4-5. Oft mehrere, bis 2 m hohe Stengel aus kräftigem Wurzelstock. Stengelblätter länglich-oval, schwarz trocknend. Blüten 20-25 mm lang mit 7 gleichgerundeten, abstehenden Lappen und gestielten Drüsen. Staminodien bebärtet. Für Boden mit gutem Wasserabzug in voller Sonne. WH: vielleicht bis –15 °C bei Wintertrockenheit.

Penstemon venustus Dougl. ex Lindl. Idaho, Washington und Oregon; offene, felsige Hänge und trockene Flußtäler. B: 5-8. Am Grunde strauchige, bis 80 cm hohe Stengel aus kräftiger Pfahlwurzel. Sitzende, gesägte, lanzettliche, 4-10 cm lange und 1-3 cm breite Blätter. Blüten lavendelfarben, purpur oder violett und 2,5-3,8 cm lang und 1 cm breit. Staminodien mit langem, weißem Bart an der Spitze. Für Boden mit gutem Wasserabzug in voller Sonne. WH: bis –15 °C.

Penstemon whippleanus A. Gray. Montana, Wyoming, Ost-Idaho bis Utah, New Mexico und Arizona; trockene, grasige Stellen, Gebüsch oder lichte Wälder, bis in den alpinen Bereich. B: 7-8. Stengel 20-60 cm aus verzweigtem Wurzelstock. Längliche bis lanzettliche, ganzrandige, sitzende Blätter. Blütenstand und Blüten auf der Außenseite drüsig. Blüten blau oder violett bis tiefpurpur-schwarz, manchmal cremefarben. Staminodien an der Spitze bebärtet. Für Boden mit gutem Wasserabzug in voller Sonne. WH: bis –20 °C oder darunter.

Penstemon whippleanus in Edington, Wiltshire

Penstemon ovatus

Penstemon venustus

Penstemon centranthifolius

Penstemon rostriflorus

Penstemon palmeri

Penstemon alluviorum

Pflanzen aus den Savill Gardens, Windsor, 28. Juli, 1/3 nat. Größe

Penstemon 'Stapleford Gem' mit *Lychnis coronaria* 'Alba'

Penstemon 'Burford Purple'

Penstemon 'Flame'

Penstemon 'Catherine de la Mare'

Penstemon 'Thorn'

Penstemon × gloxiniodes hort. So heißen die großblumigen Hybriden zwischen *P. hartwegii* und P. cobaea. Manche wurden gegen 1840 gezogen, bald nachdem *P. hartwegii* aus Mexiko eingeführt wurde. Sie blühen von Juli bis September oder bis zum ersten harten Frost. Obwohl unterschiedlich in der Härte, sterben sie alle bei etwa –15 °C ab, oft aber auch in nicht so kalten Wintern, wahrscheinlich weil die Wurzeln abfaulen. August-Stecklinge können frostfrei überwintert werden.

Penstemon 'Catherine de la Mare'. 30 cm mit schmalen, gezähnten Blättern und kleinen, blaupurpurnen Blüten. Ähnlich *P. heterophyllus* aus Kalifornien. 'Blue Bedder' ist sehr ähnlich.

Penstemon 'Evelyn'. Buschige rosa Form oder Hybride der blau-purpurnen *P. campanulatus* Willd., die in allen Bergen Mexikos in Wiesen und an felsigen Stellen vorkommt. Sie unterscheidet sich von *P. kunthii* in der Blütenfarbe und in der plötzlich zur Blütenöffnung hin ausgeweiteten Blüte. Kreuzungen zwischen 2 Arten sind in der Natur häufig. 'Evelyn' im Süden Englands ab Juni reichblühend.

Penstemon 'Hidcote Pink'. Eine Hybride (wahrscheinlich zwischen *P. campanulatus* und *P. hartwegii*), die in Hidcote gezogen wurde, bis 75 cm. B: 7-9.

Penstemon isophyllus Robson. Mexiko. Bis 2 m hohe, am Grunde strauchige Triebe. Blüten ca. 5 cm lang, im Schlund blasser mit dunklen Linien. WH: vielleicht bis –15 °C bei trockener Lage.

Penstemon kunthii G. Don. Süd- und West-Mexiko; in gestörten Bereichen und an Wegrändern, in den Gebirgen von 1500-2000 m. B: Sommer. Stengel bis 60 cm. Blüten rot. Die Blumenkrone schmal, röhrig, sich allmählich öffnend. WH: bis –10 °C.

Penstemon 'Stapleford Gem'. Eine ziemlich kleinblumige Pflanze mit lila und cremefarbenen Blüten, ähnlich *P. hirsutus* (L.) Willd., die in Nordost-Nordamerika von Quebec und Ontario bis Wisconsin, Virginia, Kentucky und Nord-Tennessee vorkommt. Manchmal falsch als 'Sour Grapes' bezeichnet. Für vollsonnigen Stand bei gutem Wasserabzug.

'Alice Hindley' syn. 'Gentianoides'. Bis 120 cm mit 3,8 cm langen, blaß-bläulichlila Blüten. Blätter überstehen –10 °C unbeschädigt. B: ab Mitte Juli. Züchter Forbes aus Hawick 1931. **'Burford Purple'** syn. 'Burgundy'. Ähnlich 'Garnet', aber mehr purpurfarben. **'Flame'** Kräftig rot mit dunklerer Kehle. **'Garnet'** Intensiv purpurrot. **'King George V'** Bis 80 cm. B: 7-10. Forbes 1911. **'Rubicunda'** Gezüchtet in Lyme Park, Cheshire, 1906. 60 cm große Büsche. B: 7-9. **'Schönholzeri'** syns. 'Ruby', 'Firebird'. Wüchsige, bis 1 m hohe Pflanze. Blüten 4 cm. B: ab 7. WH: nur wärmste Gegenden. **'Snowstorm'** Bis 65 cm. Blätter dunkelgrün. Blüten reinweiß mit leicht cremefarbener Röhre, ca. 4 cm lang, und dunklen Staubgefäßen. B: ab Ende Juli. **'Thorn'** Blüten ca. 4 cm. 'Peace' ist ähnlich, 'Beech Park' ist größer.

Penstemon 'Alice Hindley'

Linaria repens in Harry Hays Garten bei Reigate, Surrey

Linaria purpurea 'Canon Went'

Linaria triornithophora

Verbascum bugulifolium

Alonsoa warscewiczii Regel syn. *A. meridionalis* (L..f.) O. Kuntze *(Scrophulariaceae)*. Peru. B: 7-9. Mehrere verzweigte, bis 60 cm hohe Triebe. Ovale, kurzgestielte Blätter. Leuchtend scharlachrote, bis 2,5 cm große Blüten. Auch eine blaß-orangerosa Gartenform. WH. vielleicht bis –5 °C, oft Vermehrung durch Selbstaussaat.

Linaria dalmatica (L.) Mill. syn. *L. genistifolia* (L.) Mill. subsp. *dalmatica* (L.) Maire & Petit *(Scrophulariaceae)*. Süditalien, Rumänien, Jugoslawien bis Griechenland, Mittel-Türkei und Süd-Rußland; an sandigen und steinigen Plätzen und Wegrändern. B: 6-8. Verwildert in Kaschmir und Nordamerika. Flächen niederliegender oder bis 100 cm hoher Triebe. Blätter bis 4 cm breit, oval bis lanzettlich (schmaler bei *L. genistifolia*). Blüten 2-5 cm lang. Warme Lage in Sonne bei gutem Wasserabzug. WH: bis –20 °C. *Linaria grandiflora* Desf., zerstreut in der ganzen Türkei, hat kürzere Stengel, ovale, dicke, blaugrüne Blätter und zurückgeschlagene Tragblätter. Die Stielchen sind kurz und kräftig.

Linaria purpurea (L.) Mill. 'Canon Went'. Mittel- und Süditalien, Sizilien, verwildert in England und Irland; grasige Wegränder. B: 6-8. Aufrechte, bis 90 cm hohe Stengel aus büscheligem Wurzelstock. Blaugrüne, lineare, oben wechselständige, unten in Quirlen stehende Blätter. Blüten 9-12 mm groß in schlanker Traube. Meist purpurn, aber in 'Canon Went' (Abb.) rosa und bei 'Springside White' weiß. Für jeden guten Gartenboden in Sonne. WH: bis –20 °C oder darunter.

Linaria repens (L.) Mill. Nordspanien bis Nordwest-Italien und verbreitet in Europa und Nordamerika verwildert; grasige Stellen, an Wegrändern und Brachland. B: 6-8. Bildet mit unterirdisch kriechenden Rhizomen sich ausbreitende Kolonien. Aufrechte, reichverzweigte, bis 120 cm hohe Stengel. Blätter linear. Blüten 8-15 mm, weiß bis blaß-lila. WH: bis –20 °C. *L.* × *dominii* Druce, die Hybride zwischen *L. repens* und *L. purpurea,* hat eine längere Blütezeit und lila oder rosa Blüten.

Linaria triornithophora (L.) Willd. Spanien und Portugal, ausgenommen deren Süden; Hecken und Gebüsch. B: 6-8. Mehrere, oft verzweigte, aufrechte, bis 130 cm hohe Stengel. Lanzettliche oder oval-lanzettliche, bis 7,5 cm lange Blätter, zu 3-4 in Quirlen stehend. Blüten 35-55 mm lang, purpur oder rosa, gelb gezeichnet, zu 3-4 in Quirlen sitzend. Für sonnige warme Lage mit gutem Wasserabzug. WH: bis –15 °C.

Verbascum blattaria L. *(Scrophulariaceae) Schabenkraut.* Südeuropa, Nordafrika, ostwärts bis Afghanistan und Sibirien, in England und Nordamerika verwildert; Brachland, an Straßen, trockenes Gebüsch und Sanddünen. B: 5-7. Untere, grobgekerbte-gelappte Blätter eine Rosette bildend. Bis 150 cm hohe, unten glatte, oben drüsige Stengel. Blüten 20-30 mm mit schlanken, das Tragblatt überragendem Stiel. 5 Staubgefäße mit purpur-behaarten Staubfäden. Für ziemlich trockenen Boden mit gutem Wasserabzug in voller Sonne. WH: bis –20 °C. Sehr elegante, zierliche Pflanze.

Verbascum bugulifolium Lam. syn. *Celsia bugulifolia* (Lam.) Jaub. & Spach. Süd-Bulgarien und äußerste nordwestliche Türkei; lichte Wälder, Gebüsch und Brachland, bis 450 m. B: 4-5. Meist unverzweigte, drüsige, bis 75 cm hohe Stengel. Grundblätter oval, langgestielt. Blütenstand wenigblütig. Blüten gelblich oder bläulich-grün, 2-3,5 cm groß. Ungewöhnliche Art. Für warme, sonnige oder halbschattige Stelle bei gutem Wasserabzug. WH: bis –15 °C.

Verbascum-Hybriden. Viele der hochwachsenden *Verbascum*-Arten 2jährig. Durch Kreuzung der ausdauernden, purpur-blühenden *V. phoeniceum* mit einer gelbblühenden Art entstanden viele Sorten. Nicht langlebig, durch Wurzelschnittlinge regelmäßig zu vermehren. B: 6-8. Abgebildet: **'Cotswold Beauty'** Bis 130 cm. **'Cotswold Queen'** Bis 120 cm. **'Helen Johnson'** Bis 120 cm. 'Mont Blanc' (ohne Abb.) weiß. Für warme Böden mit gutem Wasserabzug, auch auf Kalk. WH: bis –20 °C.

Verbascum 'Helen Johnson' in Kew

Linaria dalmatica

Verbascum 'Cotswold Queen'

Verbascum blattaria aus der Türkei

Alonsoa warscewiczii in Edington, Wiltshire

Verbascum 'Cotswold Beauty'

Glumicalyx goseloides in Sellindge, Kent

Zaluzianskya microsiphon bei Cathedral Peak, Natal

Diascia anastrepta Hilliard & Burtt *(Scrophulariaceae).* Am Drakensberg in Natal, Transkei und Lesotho; feuchte, grasige Stellen, zwischen Basaltklippen oder Felsblöcken, an Wasserläufen, von 1800-3000 m. B: 12-3, bei uns 6-9. Schlanke, bis 40 cm lange Stengel. Ovale, am Grunde herzförmige oder keilförmige, 10-25 cm lange, bis 8 mm langgestielte Blätter. Blüte ca. 25 mm groß, der unterste Kronlappen ca. 12 × 12 mm mit dunklen Drüsen am Grunde und mit 2 aufwärts und 2 abwärts zeigenden Staubblättern. Auswärts gedrehte, 6-7 mm lange Sporne. Problemlos in feuchtem Boden. WH: vielleicht bis –10 °C.

Diascia megathura Hilliard & Burtt. Südlicher Drakensberg in Natal und Lesotho. Feuchtes Grasland oder steinige Hänge von 1800-2400 m. B: 12-2, bei uns 6-8. Sich ausbreitende, aufsteigende, bis 45 cm lange, am Grunde wurzelnde, sehr drüsige Stengel. Ovale, 15-30 mm × 11-20 mm große, am Grunde stumpfe oder keilförmige, manchmal schwach gezähnte Blätter. Leicht nickende, 15-20 mm langgestielte Blüten in lockeren Trauben. Blüte 20 mm groß, der unterste Lappen 9 × 11 mm, die anderen Lappen kleiner mit 2 Flecken dunkler Drüsen auf beiden Seiten von Griffel und Staubfäden. Länglicher gelber Fleck. Abstehende, 6-8 mm lange Sporne mit dunklen Drüsen auf der Innenseite. 2 meist unfruchtbare, aufwärtszeigende Staubblätter und 2 abwärts zeigende fertile Staubblätter mit grünem Pollen. Problemlos in feuchtem, sandigem Boden mit gutem Wasserabzug. WH: vielleicht bis –10 °C.

Diascia patens (Thunb.) Fourcade. Südafrika, Kap-Provinz, Rooiberg und Hügel bei Willowmore; felsige Hänge, Wasserläufe und Wasserfälle, bis ca. 800 m. B: 3-8. Buschige, manchmal Sträucher durchwachsende Pflanze. Lineare bis lanzettliche Blätter. Blüten 17 mm groß, intensiv rot bis orange. Gerade, nach außen stehende, 4-5 mm lange Sporne. WH: vielleicht bis –10 °C. Attraktive, fast strauchige Art mit langer Blütezeit im Herbst und zeitigen Frühjahr.

Diascia purpurea N. E. Br. Nord-Drakensberg um Mont-aux-Sources und südlich des oberen Loteni-Tals; an vegetationsfreien Flächen, in feuchtem Grasland, von 2350-2440 m. B: 1-4, bei uns 7-10. Wenige kriechende Triebe mit aufrechten, bis 45 cm hohen Blütenstengeln. Ovale, abgerundete, am Grunde keilförmige, unterseits purpurne Blätter mit glattem oder leicht gekerbtem Rand an 2 mm langen Stielen. Nickende, 13-25 mm lange Blüten in lockeren Ährentrauben an aufsteigenden Stengeln. Blütenkrone 18-20 mm lang mit sehr kurzer unterer Lippe (ca. 2,5 mm), wobei die 2 oberen Kronenlappen eine verlängerte, ca. 13-16 mm große Lippe bilden, so daß die Blüte aussieht, als wenn sie auf dem Kopf steht. Kurze, weiße, 3-4 mm lange, gebogene Sporne. Diese Art ist schwerer als andere zu ziehen, da sie feuchten Boden bei gutem Wasserabzug und viel Wasser im Sommer benötigt. WH: vielleicht bis –15 °C.

Glumicalyx goseloides (Diels) Hilliard & Burtt *(Scrophulariaceae).* Drakensberg, in Natal und Lesotho; feuchte, felsige, grasige Stellen und an Wasserläufen von 1800-2800 m. B: 12-1, bei uns 6-7. Aromatische Pflanze mit kriechenden, beblätterten Stengeln und bis 40 cm aufsteigenden Blütentrieben. Am Ende abgerundete, zungenförmige, sitzende, 3-4 cm lange Blätter. Blüten in dichten, nickenden Köpfchen mit überlappenden blattartigen Brakteen. Blumenkrone 25 mm lang, gelblich-braun außen und leuchtend orange innen. Problemlos in Boden mit gutem Wasserabzug. WH: bis –10 °C.

Nemesia caerulea Hiern. *(Scrophulariaceae).* Drakensberg, in Natal, Transkei und Lesotho; grasige Hänge, an Wegrändern und zwischen Felsen von 1800-2900 m. B: 12-2, bei uns 6-8. Drüsenhaarige, kriechende und aufsteigende, bis 30 cm lange Triebe. Gezähnte, oval-lanzettliche Blätter an 1-3 mm langen Stielen. Blüten bläulich mit einem weißen, rotgerandeten Fleck im Schlund und einem einzigen, abwärts zeigenden Sporn mit 2 gelben, bepelzten, den Schlund fast verschließenden Höckern. Blumenkrone 15 mm.

Nemesia fruticans (Thunb.) Benth. syn. *N. foetens* Vent. ist sehr ähnlich, hat aber keine bepelzten Höcker im Schlund. Beide lassen sich problemlos in normalem Gartenboden bei gutem Wasserabzug ziehen. WH: vielleicht bis –10 °C. Abb. vom Sani-Paß, Zentral-Natal. *Nemesien* werden meist als Sommerblumen gezogen. Die meisten Sorten stammen von *N. strumosa* Benth. 65 Arten in Südafrika (meist Stauden oder Halbsträucher).

Sutera breviflora (Schltr.) Hiern *(Scrophulariaceae).* Drakensberg, Natal und Lesotho; grasige Hänge und Hügelrücken von 1800-2800 m. B: 1-3, bei uns 6-9. Ausbreitende, bis 30 cm lange Stengel aus dünnem Wurzelstock. Blüten ca. 1,5 cm groß, leuchtend rot. Kreuzt sich mit *S. pristisepala.* Nicht zu trockene Böden mit gutem Wasserabzug in voller Sonne. WH: vielleicht bis –15 °C.

Sutera pristisepala

Diascia purpurea bei Mont-aux-Sources

Sutera pristisepala Hiern. Drakensberg, in Natal, nordöstliche Kap-Provinz, Lesotho und Transvaal, von 1980-2900 m; Klippen, felsige Hänge und Geröll. B: 12-2, bei uns 6-8. Ausbreitende, am Grunde fast strauchige, bis 80 cm große Pflanze. Glänzend drüsenhaarig und stark aromatisch. Blätter bis 3 cm lang, silbrig, gefiedert mit gezähnten Lappen. Blüten bis 12 mm groß mit gebogener bis 1 cm langer Röhre und einem gelben, rotgerandeten Fleck im Schlund. Attraktive, silbrige Pflanze für warme, sonnige Lage bei gutem Wasserabzug. Problemlose Vermehrung durch Spätsommerstecklinge. WH: vielleicht bis –10 °C.

Zaluzianskya microsiphon (O. Kuntze) K. Schum. *(Scrophulariaceae)*. Drakensberg, in Natal, Transkei, Lesotho und nordöstliche Kap-Provinz; steiniges Grasland von 1800-2750 m. B: 1-3, bei uns 7-9. Wenige Stengel bis 30 cm. Verlängerter Blütenstand mit überlappenden, anliegenden Hochblättern. Kronröhre 15-50 mm, außen rötlich, innen weißlich auf der Lippe, die sich bei Sonnenlicht öffnet. Interessante Gattung. Einige alpine Arten haben Blüten, die der Gattung *Silene* ähnlich sind, und öffnen sich bei Dämmerung. Für feuchten Boden mit gutem Wasserabzug. WH: vielleicht bis –10 °C.

Sutera breviflora

Diascia anastrepta

Diascia patens in Kew

Diascia megathura

Nemesia fruticans in Green Farm Plants

Nemesia caerulea am Sani-Paß auf dem Natal-Drakensberg, Südafrika

Blüten von Wisley, 5. September, 1/2 nat. Größe

Diascia 'Ruby Field' in Edinburgh

Diascia integerrima am Sani-Paß

Diascia barberae vom Sani-Paß

Diascia integerrima in Carlyle's Hoek, Nordost-Kap

Diascia *(Scrophulariaceae).* Sind in letzter Zeit verbreitete Gartenpflanzen geworden, da sie sich leicht vermehren lassen und bei Rückschnitt und ausreichender Bewässerung den ganzen Sommer hindurch blühen. Etwa 50 Arten, zumeist 1jährig aus der sommertrockenen Kap-Region Südafrikas, während etwa 18 Arten aus dem Sommerregengebiet des Drakensbergs Stauden sind. Die meisten dürften besonders bei Schutz vor Winternässe etwa –10 °C ertragen. Sie sind leicht durch bewurzelte Stecklinge frostfrei zu überwintern, da alle im Herbst oder Frühling durch Bodentriebe, die bis zur Bewurzelung feucht gehalten werden, vermehrbar sind. Die Arten sind sich sehr ähnlich, unterscheiden sich aber in Einzelheiten des Blütenbaus. (Hilliard & Burtt 1984.)

Diascia barberae Hook. fil. Berge von Lesotho und Drakensberg; nasse, steinige oder schlammige Stellen zwischen Felsen in Wasserläufen oder auf sumpfigen Flächen von 1980-2000 m. B: 1-2, bei uns 7-9. Flach ausbreitende, bis 45 cm lange Triebe. Ovale bis oval-lanzettliche, am Grunde leicht herzförmige, rundliche oder keilförmige, 10-24 mm × 5-20 mm große Blätter. Blüten in sehr lockeren Trauben. Blütenkrone 23-27 mm × 20-24 mm, der unterste Lappen 11-13 mm × 13-16 mm mit einem weißen Fleck am Grunde und 2 Flecken dunkler Drüsen auf beiden Seiten. Sporne 7-8 mm lang, nach außen abwärts geneigt mit leicht gebogenen Spitzen und inseitig dunklen Drüsen. 'Ruby Field' ist eine verbreitete und kräftigfarbene Auslese von *D. barbearae*, obwohl sie oft als *D. barberae* × *D. cordata* bezeichnet wird. *D. barberae* ist seit 1870 in Kultur.

Diascia fetcaniensis Hilliard & Burtt syn. *D. felthamii* hort. Südlicher Drakensberg, im nordöstlichen Kap-Gebiet, in Lesotho und Transkei, von 1675-3000 m; feuchte, grasige Stellen, zwischen Klippen, an Wasserläufen, oft im Schatten. B: 1-3, bei uns 7-9. Viele kriechende, drüsige, bis 40 cm lange Triebe. Ovale, herzförmige, an der Spitze rundliche oder stumpfe, 15-24 mm lange Blätter. Rosa 20-24 mm × 15-21 mm große Blüten, die unterste mit einem Fleck dunkler Drüsen quer über den Blütengrund. Sporne abwärts und einwärts gebogen. Problemloseste, härteste Art.

Diascia integerrima Benth. syn. *D. moltenensis* Hiern. Lesotho und Natal, Orange-Freistaat, Transkei und Nordost-Kap-Provinz; an Klippen, in Felsspalten, lockerem, schottrigem Boden und an Wasserläufen, von 1800-3000 m. B: 11-3, bei uns 6-9. Büsche aufliegender, bis 30 cm hoher und bis 1 m langer, dünner, drahtiger Triebe; durch lange Ausläufer weit ausbreitend. Schwach gezähnte, lineare bis länglich-lanzettliche Blätter. Blüten in lockeren ährenähnlichen Trauben, 17-24 mm × 15-24 mm groß, der unterste Lappen bis 11 mm × 9-15 mm mit einer Zone dunkler Drüsen am Grunde und einem flachen Kiel. Nach unten gerichtete, 4-6 mm lange Sporne mit einwärts gebogenen Spitzen. Toleranter gegen Trockenheit und härter als andere Arten, vielleicht bis –15 °C.

Diascia lilacina Hilliard & Burtt. Nordost-Kap-Provinz; an Klippen bis 2000 m. B: 1, bei uns Sommer. Weich drüsenhaarige Pflanze mit bis 30 cm langen Trieben. Ovale, ca. 15 mm große Blätter. Spornlose, ca. 12 mm große Blüten, deren 'Fenster' einen ca. 3 mm langen Zapfen bilden. Für feuchte Böden mit gutem Wasserabzug.

Diascia rigescens Benth. Südafrika, Süd-Natal, Transkei und östliche Kap-Provinz, westlich bis

Diascia tugelensis

Great Winterberg; feuchte Stellen, besonders an Waldrändern und in Grasland von 100-1525 m. B: 11-4, bei uns im Sommer. Bildet dichte Teppiche mit bis 1,3 m hohen, bei Gartenkultur meist nur 30 cm hohen Trieben. Sitzende, meist dicht stehende, gegenständige oder oben wechselständige, 15-60 mm × 10-35 mm große, breit-ovale Blätter. Dichter, ährenähnlicher Blütenstand. Blüte 11-18 mm groß, die untersten Lappen 5-8 × 7,5-11 mm mit gestielten, gelben Drüsen an einem Kiel. Etwa 3 mm lange, nach unten und innen gerichtete Sporne. WH: bis –10 °C.

Diascia tugelensis Hilliard & Burtt. Nordost-Ecke der Drakensberg-Berge, um Mont-aux-Sources; an felsigen Flußbetten, Felsspalten, in feuchten Basaltklippen von 1800-3000 m. B: 1-3, bei uns 6-8. Bildet mit Ausläufern breitwachsende Büsche mit langen, dünnen, bis 45 cm aufsteigenden Trieben. Oval-herzförmige, gesägte, leicht spitz zulaufende Blätter, 8-25 mm × 6-15 mm groß und meist grundständig. Blüten 20-23 mm × 18-20 mm. Große Blüten in sehr lockeren Trauben; unterster Blütenlappen 9-11 mm × 10-11 mm mit blassem Fleck unterhalb der vorragenden Staubblätter. Der obere Kronlappen trägt einen Y-förmigen, eingesunkenen, gelben und braunen Fleck. Nach unten und außen gerichtete, 5-7 mm lange Sporne mit verdickten Enden und innen dunkelgrauen Drüsen. WH: vielleicht bis –10 °C.

Diascia vigilis Hilliard & Burtt. Nordöstlicher Drakensberg um Mont-aux-Sources, südlich bis Cathedral Peak, auf dem Platberg bei Harrismith und in West-Lesotho; niedriges Gebüsch und zwischen Felsen an feuchten Stellen, von 1800-3000 m. B: 12-3, bei uns 6-9. Pflanze mit vielen kriechenden und bis 50 cm aufsteigenden Trieben. Ovale bis oval-lanzettliche, etwas spitz zulaufende, am Grunde gerundete Blätter. Blüten meist blaßrosa in lockeren Trauben. Kelchspitzen nicht zurückgebogen. Blüte 22-28 mm × 17-23 mm mit einem Fleck dunkler Drüsen in der Mitte des untersten Kronlappens. Nach unten und leicht nach innen gebogene, 7-9 mm lange Sporne. Elliott 8955 ist eine gute, großblütige Form.

Diascia rigescens in Aldington, Kent

Diascia fetcaniensis

Diascia vigilis

Phygelius capensis, typisches Vorkommen am Wasserlauf bei Naude's Nek, Nordost-Kap-Provinz

Phygelius aequalis 'Yellow Trumpet'

Phygelius aequalis in Cathedral Peak

Phygelius aequalis Harvey ex Hiern *(Scrophulariaceae).* Drakensberg, Berge von Mittel-Natal, z.B. Ngeli-Berge, nordwärts bis Nordost-Transvaal (Zoutpansberg); in Grasflächen, an Rändern von Wasserläufen und auf nassen Felsen von 1200-2200 m. B: 10-4, bei uns 7-10. Bis 1,5 m hohe, nur am Grunde verholzte Triebe. 3eckige, am Grunde keilförmige, 10 × 6 cm große Blätter. Zylindrischer Blütenstand. Blüte ca. 4 cm lang, blaßbräunlich-rot oder altrosa mit leicht nach unten gebogener oder gerader Röhre und abstehenden, nicht zurückgebogenen Blütenlappen. Wird in der Heimat durch Vögel bestäubt. Für jeden guten, feuchten Boden in voller Sonne mit reichlicher Wasserversorgung im Sommer. WH: bis –10 °C, vielleicht darunter. **'Yellow Trumpet'** syns. 'Cream Delight', 'Alba' Diese blaßgelbe Form wurde in den Mawahqua-Bergen zwischen Underberg und Bulwer in Natal entdeckt und von B. L. Burtt und Harold Hillier eingeführt. Gelbe Formen wurden auch in anderen Gebieten beobachtet.

Phygelius capensis E. Meyer ex Benth. *Kapfuchsie.* Drakensberg in Lesotho und Nordost-Kap-Provinz bis Orange-Freistaat, seltener in Natal, von Mont-aux-Sources südwärts bis zum Boschberg und Koudeveldberg; auf Felsen, an Bergwasserläufen und an feuchten Hängen oberhalb 2000 m. B: 10-4, bei uns 7-10. Pflanze mit verholzten, bis 2 m hohen Trieben und unterirdischen Ausläufern. Blätter am Grunde rund. Blütenstand pyramidal. Blüte 3,75 cm lang, orange oder rot, im Schlund gelb. Abwärts gerichtete, nach vorn gebogene Blütenröhre mit zurückgebogenen Kronlappen. Bestäubung durch Vögel. Von einer gelben Form wurde aus dem Mokhotlong-Tal in Lesotho in 2100 m Höhe berichtet. Sie ist aber wahrscheinlich nicht in Kultur. Für jeden guten Gartenboden in voller Sonne. WH: bis –15 °C oder darunter bei Schutz für den Wurzelbereich.

Phygelius 'Moonraker' in Wisley

Phygelius 'Winchester Fanfare'

Phygelius × rectus Coombes. Eine Gruppe von Hybriden zwischen *P. aequalis* und *P. capensis*, die meist von Peter Dummer, dem Chef der Vermehrungsabteilung der Baumschule Hillier, gegen 1985 gezogen wurden. Sie verbinden die Härte von *P. capensis* mit dem kompakteren Blütenstand von *P. aequalis*. 5 Namenssorten von ihnen werden nachstehend genannt: **'African Queen'** (o. Abb.) Züchter John May 1969 aus *P. aequalis* × *P. capensis* 'Coccineus'. **'Devil's Tears'** ('Winchester Fanfare' × *P. capensis* 'Coccineus'). Bis 1,2 m. Blütenstand ca. 45 cm. **'Moonraker'** ('Yellow Trumpet' × 'Winchester Fanfare'). Bis 95 cm. Blütenstand bis 25 cm, rundum mit Blüten besetzt. **'Pink Elf'** (o. Abb.) ('Yellow Trumpet' × 'Winchester Fanfare'). Bis 75 cm. Blütenstand bis 15 cm. Blütenröhre blaßrosa und Kronlappen kräftig scharlachrot. **'Salmon Leap'** (o. Abb.). Bis 1,2 m. Blütenstand locker, bis 45 cm. Blütenröhre orange mit dunkleren Kronlappen. **'Winchester Fanfare'** syn. 'Winston Fanfare' ('Yellow Trumpet' × *P. capensis* 'Coccineus'). Bis 1 m, Blütenstand ca. 30 cm.

Phygelius capensis

Phygelius 'Devil's Tears'

Mimulus 'Wisley Red'

Mimulus 'Magnifiqu

Mimulus cardinalis

Mimulus 'Western Hills'

Mimulus lewisii in Oregon

Mimulus 'Fire Dragon'

Mimulus lewisii von Kelways' Nurseries

Mimulus moschatus in Kew

Mimulus 'Andean Nymph' in Kew

Mimulus luteus an einer Quelle auf Kalk in Sussex

Mimulus guttatus

Mimulus 'Andean Nymph' *(Scrophulariaceae).* Attraktive, durch John Watson aus Chile eingeführte Pflanze. Bildet bis 10 cm hohe und bis über 50 cm große Teppiche weichbehaarter Stengel. Mit rosa-gelben Blüten im Juni und August reichblühend. Für feuchten Boden in Sonne oder Halbschatten. WH: vielleicht bis –15 °C.

Mimulus cardinalis Dougl. ex Benth. Oregon bis Kalifornien, ostwärts bis Nevada und Arizona und südwärts bis Mexiko; an Wasserläufen und nassen Stellen, oft im Schatten, bis 2500 m. B: 3-10, bei uns meist 6-8 und danach bei Rückschnitt. Bis 80 cm hohe, drüsig-behaarte Triebe aus kriechendem Wurzelstock. Blüten 4-5 cm lang mit aufwärts gebogener Oberlippe und zurückgebogener Unterlippe. Bestäubung durch Kolibris. Für feuchten Boden ohne Staunässe in Sonne oder Halbschatten. WH: bis –15 °C.

Mimulus guttatus DC. Alaska bis Mexiko und ostwärts bis Montana und in Europa und im östlichen Nordamerika verbreitet eingebürgert; an Wasserläufen und nassen Stellen unterhalb 3000 m. B: 3-8, bei uns 6-8. Kriechende und wurzelnde Stengel und aufsteigende, bis 100, meist aber nur 50 cm hohe Blütenstände. Gezähnte, 1-8 cm lange Blätter. Blütenstand behaart und drüsig. Rotgefleckte, gelbe Blüten mit dichten Schlundhaaren. Für nasse Böden oder flaches, laufendes Wasser in Sonne oder Halbschatten. WH: bis –20 °C oder darunter.

Mimulus × hybridus. Meist Auslesen aus Kreuzungen zwischen *M. luteus, M. guttatus* und *M. cupreus* Regel von Süd-Chile. **'Fire Dragon'** Bis 30 cm. Blüten groß. **'Magnifique'** Bis 30 cm. Blüten groß. **'Wisley Red'** Wahrscheinlich Form oder Hybride von *M. cupreus*, in Wisley entstanden. Bis 15 cm hoch. B: 6-8. 'Whitecroft Scarlet' ist eine ähnliche ältere Sorte. 'Malibu' (o. Abb.) ist eine kräftig wachsende saatvermehrte Sorte mit bis 15 cm hohen Stengeln und kräftig orangen Blüten.

Mimulus lewisii Pursh. Westliches Nordamerika, von Alaska südlich bis Kalifornien (Tulare Co.) und Sierra Nevada und östlich bis Colorado; an Wasserläufen von 1200-3000 m. B: 6-9. Aufrechte, drüsig behaarte, bis 80 cm hohe Stengel aus kriechendem Wurzelstock. Länglich-elliptische, 2-7 cm lange, fein gezähnte Blätter. Rosa, oft braungefleckte, 3-5 cm lange Blüten. Für feuchten oder nassen Boden in Sonne oder Halbschatten. WH: bis –15 °C.

Mimulus luteus L. Aus Chile und in Schottland verwildert; an Wasserläufen und nassen Stellen. B: 12-3, bei uns 5-8. Sehr ähnlich *M. guttatus* aus Nordwest-Nordamerika und, wenn beide Arten nebeneinander wachsen, leicht kreuzend. Bei dieser Art jedoch sind Kelch und Stiele kahl, die Oberlippe ohne Bart und die meist gelben, manchmal auch cremefarbenen oder rosa Blüten groß rotgefleckt. WH: bis –20 °C.

Mimulus moschatus Dougl. ex Lindl. Nordamerika, von Alaska bis Mittel-Kalifornien, ostwärts bis Neufundland, südlich bis North Carolina und West Virginia, aber wahrscheinlich in den meisten Teilen des östlichen Nordamerikas eingeführt; feuchte Stellen und an Wasserläufen. B: 6-9. Pflanze weichhaarig, drüsig klebrig. Blüten 18-25 mm lang. Die Pflanze wurde früher wegen ihres Moschusduftes geschätzt. Die heutigen Kulturpflanzen sind aber duftlos. In der *Flora California* von Munz und in Fernalds Ausgabe von *Gray's Manual of Botany* heißt es, daß die Pflanzen auch in der Natur nur selten Moschusduft besitzen. Solche Exemplare müßte man suchen und in Kultur nehmen.

Mimulus 'Western Hills' Wahrscheinlich Hybride zwischen *M. cardinalis* und *M. lewisii* mit bis 1 m hohen Stengeln und zinnoberroten Blüten, die sich weiter öffnen als bei *M. cardinalis*, deren Kronlappen weniger zurückgebogen sind.

Digitalis grandiflora, in Kaschmir verwildert

Digitalis grandiflora

Digitalis lamarkii in der Nordost-Türkei

Digitalis laevigata

Digitalis ferruginea

Digitalis × *purpurascens* inKew

Digitalis purpurea subsp. *heywoodii*

Digitalis obscura

Digitalis purpurea in Wales

Digitalis ferruginea L. *(Scrophulariaceae) Rostfarbiger Fingerhut.* Europa, von Italien ostwärts bis Rumänien, Türkei, Süd-Kaukasus und Libanon; Wälder, grasige Lichtungen und Gebüsch, felsige Hänge und Wegränder bis 2700 m in der Türkei. B: 6-9. Kurzlebig, manchmal nur 2jährig. Bis 1 m hoher, unverzweigter Blütenstand. Stengelblätter länglich bis linear, Kelchblätter kahl mit trockenem Rand. Blüten 18-34 mm lang mit ca. 8 mm breiter Unterlippe. Für trockenen Boden mit gutem Wasserabzug in Sonne oder Halbschatten. WH: bis –15 °C.

Digitalis grandiflora Miller. Mitteleuropa, bis Sibirien und Altai-Gebirge, südlich bis Türkei, in Kaschmir verwildert. Dichte Wälder und grasige Stellen, an Wasserläufen. B: 6-7. Meist mehrere, bis 100 cm hohe Stengel. Blätter oval-lanzettlich, 25 × 6 cm. Lanzettliche, spitze, drüsig behaarte Kelchlappen. Blüten 4-5 cm lang. Für jeden guten Gartenboden in Halbschatten. WH: bis –20 °C oder darunter. Etwa 1925 wurde die Kreuzung aus *D. purpurea* × *D. grandiflora* mit Colchicin behandelt und ergab den neuen tetraploiden *D.* × *mertonensis* Buxton & Darlington. Kurzlebige Staude mit behaarteren Blättern als *D. grandiflora* und großen, rosa-gelbbraunen Blüten.

Digitalis laevigata Waldst. & Kit. Jugoslawien, Albanien, Bulgarien und Griechenland; Wälder und Gebüsch. B: 6-8. Mehrere kahle, bis 100 cm hohe Stengel aus büscheligem Wurzelstock. Länglich-lanzettliche bis lanzettliche Blätter. Ovale, spitze bis lang spitz auslaufende Kelchblätter. Blüten 15-35 mm lang, immer über 25 mm im nördlichen Verbreitungsgebiet und unter 25 mm im südlichen Gebiet [subsp. *graeca* (Ivan.) Werner] von Thessaloniki an südwärts. Für warme Lage mit gutem Wasserabzug im Halbschatten. WH: bis –15 °C.

Digitalis lamarkii Ivan. syn. *D. orientalis* Lam. Türkei, im Norden und Nordosten; trockene Täler und trockene, felsige Hänge, lichte Wälder und Gebüsch oder Steppe, bis 1500 m. B: 5-8. Rosettenbüschel linearer, bis 20 cm langer und 8 mm breiter Blätter aus ziemlich verholztem Wurzelstock. Stengelblätter bis 1 cm breit. Scharfspitzige, drüsig behaarte Kelchblätter. Außen behaarte, 25-30 mm lange Blüten. Für trockene Lage mit nährstoffarmem Boden und gutem Wasserabzug. Empfindlich gegen warme Feuchtigkeit im Winter. WH: bis –20 °C bei Trockenheit.

Digitalis obscura L. Südspanien und Nordafrika; trockene, lichte Wälder, oft auf Kalk. B: 5-7. Verzweigte, verholzte, bis 1 m hohe Stengel. Blütenstand bis 50 cm, mit schmalen, länglichen bis lanzettlichen, ganzrandigen oder gezähnten, immergrünen Blättern. Blüten 2-3 cm lang, orangegelb bis bräunlich. Warme Lage in trockenem Boden in Sonne oder Halbschatten. WH: vielleicht bis –10 °C.

Digitalis × purpurascens Roth. Diese Kreuzung zwischen *D. lutea* L. und *D. purpurea* L. entsteht manchmal zufällig, wenn beide Elternarten nebeneinander wachsen. Reichverzweigter, bis 100 cm hoher Stengel. Blüten 3,5 cm lang. B: 6-8. WH: bis –20 °C. 'Glory of Rounday' ist ähnlich mit etwas größeren Blütenn und wahrscheinlich *D. lutea* × *D.* × *mertonensis*.

Digitalis purpurea L. *Roter Fingerhut.* Westeuropa, von Irland bis Spanien und Marokko, bis Finnland, Tschechoslowakei sowie Korsika und Sardinien, weithin eingebürgert in Europa, Nordamerika und den Gebirgen Nordafrikas; Wälder und felsige Hänge, meist auf sauren Böden. B: 6-9. Pflanze meist 2jährig, manchmal auch im Südwesten Europas und auf Korsika staudig. Stengel bis 180 cm hoch. Blüten purpur, rosa oder weiß, 40-45 cm lang. Für jeden Boden im Halbschatten, ausgenommen auf reinem Kalk. WH: bis –25 °C.

Digitalis purpurea L. subsp. *heywoodii* P. & M. Silva. Südportugal um Reguengos de Monsaraz; auf Granitfelsen. B: 6. Rosetten sehr wollig weißer Blätter, die untersten oval-lanzettlich bis lanzettlich in den Stiel übergehend. Blütenstengel bis 75 cm. Blüten creme-weiß, manchmal gelblich oder rosa, außen zerstreut behaart. Schöne Pflanze für Sonne oder Halbschatten, bei nicht zu trockenem Boden, aber mit gutem Wasserabzug. Empfindlich gegen warme Feuchtigkeit im Winter. WH: bis –15 °C. Subsp. *mariana* (Boiss.) Rivas Goday (o. Abb.) hat weiß-wollige Blätter, aber purpur-rosa, außen kahle Blüten. Von Süd- und Mittelspanien und Nordost-Portugal, an felsigen Hängen und im Flachland. B: 6-8. *Digitalis thapsi* L. aus Ostportugal, Mittel- und Westspanien ist sehr ähnlich, aber mit gelblichen Drüsenhaaren bedeckt und mit verzweigtem Blütenstand. Die purpurrosa Blüten sind außen behaart.

Acanthus spinosus bei Nymans, Sussex

Acanthus mollis var. *latifolius* in Kew

Acanthus hungaricus

Acanthus dioscoridis Willd. *(Acanthaceae)*. Türkei bis Libanon, Nord-Irak und West-Iran; trockene Berghänge, Steppen, felsige Abhänge und Brachland bis 2200 m. B: 5-8. Pflanze mit kriechendem, unterirdischem Rhizom und Rosetten schmal-lanzettlicher und ungelappter Blätter bei var. *dioscoridis* und stachellappig gefiederter Blätter bei var. *perringii* (Siehe) E. Hossain. Blütenstand bis 40 cm, bei var. *brevicaulis* (Freyn) E. Hossain aus Kastamonu nur 10-15 cm. Hochblätter grün. Blütenröhre rosa oder purpur. Für trockene Böden mit gutem Wasserabzug in voller Sonne. WH: bis –15 °C.

Acanthus hirsutus Boiss. Türkei, von den Mittelmeer-Inseln ostwärts bis Sivas, bis 1800 m. Kahle Steppen, Feldraine, Getreidefelder, Kiefernwälder, oft auf nichtkalkhaltigen Böden. B: 5-7. Tiefgehende, fleischige Wurzeln, ohne lange unterirdische Ausläufer. Blätter der Grundrosette stachelig, tief gelappt, im Umriß lanzettlich. Dicht behaarter, 10-35 cm hoher Blütenstand. Behaarte, fein stachelige, 7- bis 13adrige Hochblätter. Blütenröhre blaßgelb oder weißlich, selten rosa. Sandige Böden in trockener, warmer Lage, volle Sonne, guter Wasserabzug. WH: bis –15 °C, vielleicht darunter.

Acanthus hungaricus (Borbas) Baenitz syns. *A. balcanicus* Heywood & Richardson, *A. longifolius* Host. Jugoslawien, Rumänien bis Griechenland; Wälder, Gebüsch, auf felsigen Hügeln. B: 6-7. Dichte Büsche. Nicht stachelige, im Umriß lanzettliche, tiefgelappte, am Grunde schmale Blätter mit nur zwischen den mittleren Blattlappen geflügelter Mittelrippe. Blüten oft in 4 Reihen an meist 60, aber bis 150 cm hohem Blütenstand. Hochblätter purpur. Blütenröhre weiß. Für volle Sonne bei gutem Wasserabzug. WH: bis –15 °C. Reichblühendste Art.

Acanthus mollis L. Süd- und Südwest-Europa, von Portugal bis Italien, Sizilien und Jugoslawien und Nordwest-Afrika; in felsigen Wäldern und am Fuße alter Mauern. B: 6-8. Große Büsche aus büscheligem Wurzelstock aufbauend. Dunkelgrüne, oberseits glänzende, gelappte oder fiederspaltige, nicht dornige Blätter. Die breitblättrigste Form var. *latifolius* (hort. ex Goeze), die aus Spanien und Portugal zu stammen scheint, hat bis 20 cm breite, schwach gelappte, im Umriß ovale Blätter. Blütentriebe bis 2 m hoch, meist purpur überlaufend. Weiße, manchmal rosa geaderte Blüte. Für tiefgründigen Boden mit gutem Wasserabzug in warmer Lage und voller Sonne. WH: bis –15 °C.

Acanthus hirsutus in Wisley

Acanthus syriacus bei Gaziantep, Süd-Türkei, Aufnahme von Brian Mathew

Acanthus dioscoridis bei Hakkari

Strobilanthes atropurpureus

Acanthus spinosissimus in Kew

Acanthus spinosissimus Desf. Meist als Form von *A. spinosus* L. betrachtet, unterscheidet sich jedoch so deutlich, daß sich eine getrennte Abbildung lohnt. Südwest-Türkei, Rhodos und möglicherweise Kreta; trockene Gebüsche, Wegränder und Kiefernwälder bis 600 m. Buschig wachsend aus büscheligem Wurzelstock. Ovale, bis 40 cm lange und 30 cm breite, bis zur Mittelrippe tief eingeschnittene, an allen Kanten mit steifen, weißen Dornen besetzte Blätter. Blütentriebe bis 1,2 m mit sehr langem, dichtem Blütenstand. Grünliche, an der Spitze purpurne Hochblätter. Für heiße, trockene Lage mit gutem Wasserabzug. WH: bis – 15 °C. Nur in heißen Sommern reichblühend.

Acanthus spinosus L. Östliches Mittelmeergebiet, von Italien und Jugoslawien südwärts; in Gebüsch und an grasigen Stellen. B: 5-7. Bildet dichte Büsche. Blätter im Umriß lanzettlich, bis zur Mittelrippe eingeschnitten, zerstreut mit ziemlich weichen Dornen besetzt. Blütentrieb bis 1,5 m, locker mit Blüten besetzt. Hochblätter purpur. Blüte weiß. Für volle Sonne bei gutem Wasserabzug. WH: bis –15 °C, reichblühend.

Acanthus syriacus Boiss. syn. *A. hirsutus* subsp. *syriacus* (Boiss.) Brummitt. Südost-Türkei, von Adana bis Urfa, West-Syrien, Libanon und Palästina; auf Brachland, in Gebüsch und auf Kalkfelsenhängen von 500-1900 m. B: 4-6. Unterirdisch kriechendes Rhizom. Lanzettliche, bis 32 cm lange, sehr dornige, tief eingeschnittene und behaarte Blätter. Blütentriebe bis 60 cm mit kurzem, sehr dichtem Blütenstand. Kräftig purpurne, 7- bis 11adrige Hochblätter. Blüten weiß. Für trockene, vollsonnige Stellen mit gutem Wasserabzug. WH: vielleicht bis –15 °C. *A. caroli-alexandri* Hausskn. von Nord-Griechenland ist ähnlich, aber meist größer.

Strobilanthes atropurpureus Nees syn. *Pteracanthus urticifolius* (Kuntze) Bremek *(Acanthaceae)*. Himalaja, von Kaschmir bis Mittel-Nepal; in Wäldern und Gebüsch von 1200-2700 m. B: 7-10. Große Büsche aufrechter, bis 2 m hoher Triebe. Ovale, gezähnte, spitz zulaufende und starkgeaderte Blätter. Blütenstand drüsig. Hochblätter kurzlebig. Blaue oder purpurne, ca. 3,5 cm lange Blüten. Für jeden guten Gartenboden im Halbschatten. WH: bis –20 °C.

Centranthus ruber in Cockermouth Castle, Cumbria

Valeriana phu 'Aurea' im Frühling

Valeriana pyrenaica

Phuopsis stylosa

Triosteum pinnatifidum in Kew

Asperula taurina L. subsp. *caucasica* (Pobed.) Ehrend. syn. *A. caucasica* Pobed. *(Rubiaceae)*. Kaukasus, Nord-Türkei, Nord-Iran, mit subsp. *taurina* in Südeuropa und Nord-Türkei; Wälder, Gebüsch, von 550-2100 m. B: 4-8. Mit unterirdischen Ausläufern lockere Trupps bildend. Behaarte, 3-8 cm lange Blätter. Blaßlila oder bläuliche, 8-14 mm lange Blüten, bei subsp. *taurina* meist weiß oder sehr blaß. Für Laubboden in Halbschatten. WH: bis –20 °C.

Centranthus ruber (L.) DC. *(Valerianaceae) Spornblume*. Mittelmeerbereich, aber auch im Norden; felsige Stellen, alte Mauern, Kiesstrände. B: 5-8. Bis 80 cm hohe Stengel aus kräftigem, verholztem Wurzelstock. Rote, rosa oder weiße, 9-10 mm große Blüten mit 5-7 mm langem Sporn. Für Stellen mit gutem Wasserabzug. WH: bis –15 °C.

Galium odoratum (L.) Scop. syn. *Asperula odorata* L. *(Rubiaceae) Waldmeister*. Europa (selten im Süden), Nordafrika und Westasien bis Süd-Türkei, Ostsibirien, Korea und Nord-Japan; Laubwälder und Hecken. B: 5-7. Drahtiger, unterirdisch kriechender Wurzelstock, aufrechte, 20-45 cm hohe Triebe. In Quirlen zu 6 stehende, 2,5-4 cm große Blätter. Blüten 4-6 mm lang. Für schattige Lage in nicht zu saurem Boden. WH: bis –25 °C od. darunter.

Patrinia triloba Miq. var. *palmata* (Maxim.) Hara *(Valerianaceae) Goldbaldrian*. Japan (West-Honshu und Kyushu); grasige Stellen im Gebirge. B: 7-8. Kurze, kriechende Ausläufer mit 20-60 cm hohen Stengeln. Blätter rundlich, 5eckig, handförmig geteilt und 4-8 cm groß. Blüten 7-8 mm groß, am Grunde mit Sporn. Für feuchten Boden in kühler Lage. WH: bis –15 °C, vielleicht darunter.

Asperula taurina subsp. *caucasica* in Sellindge, Kent

Galium odoratum

Thladiantha dubia in Kew

Valeriana phu in Blüte

Patrinia triloba var. *palmata*

Thladiantha olivieri bei Baoxing, Sichuan

Phuopsis stylosa (Trin.) B. D. Jackson syn. *Crucianella stylosa* Trin. *(Rubiaceae) Scheinwaldmeister*. Kaukasus und Nord-Iran, im Elburz-Gebirge bei Chalus. B: 6-9. Charakteristischer Kumarin-Duft. Bis 30 cm hohe Stengel aus unterirdisch kriechendem, sich verzweigendem Wurzelstock, durch den die Pflanze schnell dichte Matten bildet. Blütenröhre ca. 1 cm lang und blaßrosa, bei 'Purpurea' dunkler purpur-rosa. Für feuchte, sandige Böden in Sonne oder Halbschatten. WH: bis –20 °C oder darunter.

Thladiantha dubia Bunge *(Curcubitaceae) Quetschblume*. Korea und Nord-China, in Mittel-Japan verwildert; Gebüsche und Felsen. B: 6-7. Große Wurzelknollen und mit einfachen Ranken bis 3 m hoch kletternde Triebe. Oval-herzförmige Blätter. Blüten 6-7 mm groß, die männlichen einzeln in den Blattachseln. Für jeden Boden ohne Staunässe. WH: bis –20 °C oder darunter.

Thladiantha olivieri cogn. ex Oliv. Südwest-China, in Hubei und Sichuan; in Hecken und Felskanten, an Wasserläufen. B: 5-6. Kräftiger Wurzelstock mit kletternden oder hängenden, bis 4 m und mehr langen Trieben. Bis 25 cm lange Blätter an bis 10 cm langen Stielen. Ranken verzweigt. Blüten ca. 5 cm groß. Für warme, geschützte, sommerfeuchte Lage. WH: vielleicht bis –15 °C.

Triosteum pinnatifidum Maxim. *(Caprifoliaceae) Fischerwurz.* Nord-China und Japan (sehr selten); in Gebüsch. B: 7-8. Wenige, 45-60 cm lange Stengel aus kräftigem Wurzelstock. Leicht behaarte, drüsige Blätter. Blüten ca. 10 mm lang. Frucht eine weiße, ca. 8 mm große Beere. Für humusreichen Boden mit gutem Wasserabzug in Sonne oder Halbschatten. WH: bis –20 °C, vielleicht darunter. Die Gattung ist interessant als einer der wenigen staudigen Vertreter der Geißblattfamilie. *T. perfoliatum* L., die Fieberwurz, mit orangen Früchten in den Blattachseln stammt aus dem östlichen Nordamerika, und *T. himalayanum* Wall. mit roten Früchten kommt in trockenem Gebüsch und in Wäldern West-Chinas bis Nord-Indien vor. Sie hat rote Beeren und ganzrandige Blätter mit behaarten Rändern.

Valeriana phu L. 'Aurea' *(Valerianaceae)*. Europa (vielleicht) und Türkei (ein Nachweis). Natürliche Verbreitung unsicher, da bereits seit dem 16. Jahrhundert verbreitet als Baldrianpflanze gezogen. Felsige Hänge. B: 7-8. Dickes, verholztes Rhizom. Einfache oder zusammengesetzte und bei 'Aurea' in der Jugend goldgelbe Blätter. Stengel bis 1,5 m mit stengelumfassenden, im oberen Teil gefiederten Blättern. Weiße Blüten mit 4 mm langer Röhre. Für nährstoffreichen Boden in Sonne oder Halbschatten. WH: bis –20 °C oder darunter.

Valeriana pyrenaica L. Pyrenäen in Frankreich und Spanien und im Kantabrischen Gebirge; feuchte Wälder und subalpine Wiesen. B: 5-7. Kurzes, kräftiges Rhizom und aufrechte, bis 110 cm lange Stengel. Oval-herzförmige, gezähnte Grundblätter. Blüten 5-6 mm lang. Für feuchten Torfboden oder nährstoffreiches Staudenbeet im Halbschatten. *V. alliarifolia* Adams aus Euböa, dem Kaukasus und Nord-Türkei ist ähnlich, hat aber nur einfache Blätter, die oberen oval oder lanzettlich.

Pflanzen von Beth Chatto, 17. August, 1/2 nat. Größe

Catananche caerulea L. *(Compositae) Rasselblume*. Südwest-Europa, von Spanien, Frankreich und Italien bis Nordafrika; trockene, grasige Stellen. B: 6-8. Viele drahtige, aufrechte, bis 45 cm hohe Stengel aus kompaktem Wurzelstock. Viele lineare, ganzrandige oder mit bis zu 4 schmalen Zähnen besetzte Blätter. 3 cm große Blüten mit papieren durchscheinenden, sich überlappenden, meist bläulichen, manchmal auch weißen Hochblättern mit dunklerer Mitte. Für sandige Böden in voller Sonne. WH: bis –15 °C.

Cephalaria alpina (L.) Roem. & Schult. *(Dipsacaceae)*. Südwest- und Zentral-Alpen, Jura und Nord-Apennin, von Frankreich bis Österreich und Italien; felsige Weiden bis 1800 m. B: 6-7. 1,2 m, aber auch bis 2 m hohe Stengel. Gefiederte oder leierförmige Blätter mit 3-8 Blättchenpaaren. Blütenköpfe ca. 2 cm groß. Blüten ca. 12 mm lang. Schuppen des Blütenbodens dornig. Für jeden feuchten Boden mit gutem Wasserabzug in Sonne oder Halbschatten. WH: bis –20 °C oder darunter.

Cephalaria gigantea (Ledeb.) Bobrov. syn. *Scabiosa tartarica* M. Bieb. Kaukasus und Nord-Türkei; an Wasserläufen, in nassen Wiesen und an felsigen Hängen von 1350-2600 m. B: 7-8. Riesige Staude mit bis 3,5 m hohen Stengeln. Untere Blätter bis 40 cm lang, leierförmig oder fiederschnittig. Blütenköpfe 4-6 cm groß. Blüten 15-18 mm lang. Schuppen des Blütenbodens mit langer nicht dorniger Spitze. Für jeden nährstoffreichen, feuchten Boden in Sonne oder Halbschatten. WH: bis –20 °C oder darunter.

Knautia arvensis (L.) Coult. *(Dipsacaceae) Wiesenknautie*. Europa, ostwärts bis Kaukasus und Westsibirien; in Wiesen, an grasigen Hügeln, besonders auf Kalk. B: 7-9. Verzweigte, bis 100 cm hohe Stengel aus tiefgehender Pfahlwurzel. Lanzettliche oder fiederschnittige Grundblätter, Stengelblätter fiederschnittig. Gräuliche, 3-4 cm große Blütenköpfe. Für jeden Boden mit gutem Wasserabzug und gut für Gartenwiesen geeignet. WH: bis –25 °C und darunter.

Knautia macedonica Griseb. syn. *Scabiosa rumelica* hort. Jugoslawien bis Albanien, Bulgarien und Südost-Rumänien; Gebüsch und lichte Wälder. B: 7-8. Manchmal 2jährig, meist aber staudig. Grundblätter ungeteilt und zur Blütezeit verwelkt. Obere Blätter gefiedert mit einem ovalen, gesägten Endlappen. Dunkelrote, manchmal lila Blütenköpfchen, 1,5-3 cm groß. Die ungewöhnlich dunkelrote Farbe findet sich auch bei der 1jährigen oder 2jährigen *Scabiosa atropurpurea* L. Für warme Lage bei gutem Wasserabzug. WH: bis –20 °oder darunter.

Scabiosa caucasica M. Bieb. *(Dipsacaceae)*. Kaukasus, Nord-Iran und Nordost-Türkei; subalpine Wiesen und sonnige, felsige Hänge, von 1900-2900 m in der Türkei. B: 7-8. Einfache, manchmal wenig verzweigte, bis 60 cm hohe Stengel. Untere Blätter ganzrandig lanzettlich, obere fiederschnittig. Bläulich-lavendelfarbene, 4-6 cm große Blütenköpfchen. Blütenblätter der äußeren Blüten fein gezähnt. Abgebildet sind 'Bressingham White' (Züchter Alan Bloom). Weitere weiße Sorten sind 'Loddon White' und 'Miss Willmott' sowie 'Moonbeam Blue', dunkel-lavendelblau und ähnlich 'Blauer Atlas', 'Nachtfalter' und 'Prachtkerl', 'Clive Greaves' lavendelblau. Für Kalk- oder Lehmboden mit gutem Wasserabzug in voller Sonne. WH: bis –20 °C oder darunter. Kurzlebig auf saurem oder zu nassem Boden.

Catananche caerulea

Cephalaria alpina

Scabiosa ochroleuca L. syn. *S. columbaria* L. var. *ochroleuca* (L.) Coulter, *Gelbe Scabiose*. Mittel- und Südeuropa, West-Rußland, Nordafrika, Libanon bis Türkei, Kaukasus und Sibirien; Trockenrasen und Felshänge. B: 5-9. Oval-lanzettliche, gekerbte Grundblätter. Stengelblätter leierförmig oder einfach fiederschnittig. Blütenköpfchen 15-25 mm groß. Für Boden mit gutem Wasserabzug in voller Sonne. WH: bis –20 °C oder darunter.

Succisa pratensis Moench *(Dipsacaceae) Teufelsabbiß*. Meiste Teile Europas, ostwärts bis West-Sibirien, Kaukasus und Nord-Türkei und Nordafrika; nasse Heidegrasflächen und lichte Wälder. B: 6-10. Wenige Stengel aus kurzem Wurzelstock. Oval-lanzettliche, 5-30 cm lange Blätter in Grundrosette. Blütentriebe bis 100 cm. Blütenköpfchen 1,5-3,5 cm groß, purpurblau, selten rosa oder noch seltener weiß. Für feuchten, besonders torfigen Boden in Sonne oder Halbschatten. WH: bis –20 °C.

Catananche caerulea

Succisa pratensis

Knautia arvensis

Knautia macedonica

Morina coulteriana bei Gadsar, Kaschmir

Morina coulteriana in Edington, Wiltshire

Morina kokanica in Taschkent

Acanthocalyx delavyi (Franch.) Cannon syn. *Morina bulleyana* Forrest & Diels, *M. delavayi* Franch. *(Morinaceae)*. Südwest-China, besonders Yunnan; Felskanten und grasige, steinige Stellen, auf Kalk bis 3000 m. B: 5-6. Lineare, bis 10 cm lange, kaum dornige Blätter in Rosetten. Stengel bis 60 cm. Bis 2 cm lange Blüten mit gebogener Röhre in lockeren Köpfen. Für Sonne oder Halbschatten bei gutem Wasserabzug. WH: bis –20 °C. *A. nepalensis* (D. Don) Cannon syn. *Morina nepalensis* D. Don ist ähnlich, aber scheint größer mit schmaleren Blättern, deren Rand 2 Reihen steife Haare trägt.

Morina coulteriana Royle *(Morinaceae)*. Pakistan bis Nordwest-Indien und Tibet und stellenweise verbreitet in Kaschmir; steile Grashänge, ziemlich trockene Täler, von 2400-3600 m. B: 6-8. Mehrere bis 90 cm hohe Stengel aus tiefgehendem, fleischigem Wurzelstock. Blätter bis 15 cm, am Rande dornig gezähnt. Süßduftende Blüten mit 2 cm langer Röhre und 8 mm langen Kronlappen. Langlebige Staude für nährstoffreichen, tiefgründigen Sandboden mit gutem Wasserabzug in vollsonniger Lage. Am besten als Sämling pflanzen, da Wurzelstörungen schlecht vertragen werden. WH: bis –20 °C oder darunter.

Morina kokanica Regel. Zentralasien, im Gebiet von Kokand und Ferghana; in Nadelwäldern. B: 5-6. Mehrere, bis 1,2 m hohe Triebe aus fleischigem Wurzelstock. Blätter schmal-lanzettlich, glatt und ohne Dornen. Im Blütenstand Dornen nur an den Hochblättern. Blüten ca. 3 cm lang, weiß erblühend und blaßrosa mit rotem Fleck verblühend. Für nährstoffreiche Böden mit gutem Wasserabzug in voller Sonne. WH: bis –15 °C, vielleicht darunter. *M. subinermis* Boiss., einmal aus der West-Türkei genannt, ist mit Ausnahme des Blütenstandes ähnlich dornlos.

Morina longifolia Wallich ex DC. Himalaja, von Kaschmir (verbreitet) bis Bhutan; feuchte, steile Hänge, freie Hänge und Lichtungen im Waldbereich, von 3000-4000 m. Wenige, bis 1 m hohe Stengel aus tiefgehender, fleischiger Wurzel. Würzig aromatische, bis 20 cm lange, weichdornig-gezähnte Blätter. Erst weiße, dann karminrote Blüten mit 2,5 cm langer Blütenröhre und 6 mm langen Kronlappen. Schöne Pflanze für feuchte Beete mit gutem Wasserabzug, nicht schwierig, aber oft kurzlebig. WH: bis –15 °C und unter feuchter Winterkälte leidend.

Morina persica L. Griechenland, Türkei und Libanon, ostwärts bis Zentralasien; trockene Steppen, felsige Hänge, Wegränder und Geröll von 300-2750 m in der Türkei. B: 5-8. Mehrere, steif aufrechte, bis 1,5 m hohe Stengel. Lanzettliche, sehr dornige Blätter. Duftende weiße Blüten, die später rosa oder rötlich werden. Für sehr trockene Stellen in nährstoffarmen Böden bei gutem Wasserabzug. WH: bis –20 °C, aber durch Winterfeuchtigkeit meist absterbend. Selten kultivierte Art. Ich habe selbst mehrfach Samen gesammelt, es aber nie geschafft, sie zur Keimung zu bringen.

Stellera chamaejasme L. *(Thymelaeaceae)*. Himalaja, von Nord-Indien bis Nepal, Bhutan und Nord- und West-China in Yunnan und Xizang; steinige Hänge und Ebenen und Brachland, von 2700-4300 m. B: 5-7. Staudige Verwandte von *Daphne*. Mehrere unverzweigte, beblätterte Stengel aus sehr kräftigem, langlebigem Wurzelstock. Endständige Köpfchen mit 1-1,5 cm langen Blü-

Acanthocalyx delavayi bei Lijiang

Morina persica bei Kayseri, Türkei

Morina longifolia

Stellera chamaejasme in Branklyn

Stellera chamaejasme bei Lijiang, Yunnan

ten, die weiß mit rosa Knospe (Himalaja) oder gelb (Yunnan) sind. Für volle Sonne bei sehr gutem Wasserabzug. Sehr seltene Gartenpflanze, da sie ausschließlich durch Saat vermehrbar ist. Sehr alte Pflanzen stehen z. B. in Gärten im Osten Schottlands, z. B. in Branklyn in Perth und im Königlichen Botanischen Garten in Edinburgh. WH: bis –20 °C.

Morina longifolia bei Vishensar in Kaschmir

Campanula latiloba in Hidcote Manor, Gloucestershire

Campanula persicifolia 'Alba'

Campanula rhomboidalis inmWallis

Campanula carpatica Jacq. *(Campanulaceae)* Karpatenglockenblume. Karpaten, in Polen, Tschechoslowakei, Rumänien und West-Rußland; an Felsen im Gebirge. B: 6-8. Viele bis 45 cm lange Stengel aus einem Büschel weißer, dünner Rhizome. Grundblätter rundlich herzförmig, die oberen viel schmaler. Etwa 3 cm große, einzeln an 10-15 cm langen Stielen stehende Blüten; 'Chewton Joy' (blau mit blasser Mitte), 'Hannah' (weiß), 'Isabel' (dunkelblau) und viele andere Sorten. Für feuchten Boden mit gutem Wasserabzug in voller Sonne. WH: bis –25 °C oder darunter.

Campanula lactiflora M. Bieb. Kaukasus, Nordost-Türkei und Nordwest-Iran, Wälder, Gebüsch und subalpine Wiesen von 600-2400 m. B: 7-10. Mehrere, bis 1,50 m oder höhere Stengel aus kräftigem Wurzelstock. Zahlreiche, oval-längliche bis längliche Stengelblätter. Blüten 1,5-2,5 cm lang, bläulich-purpur, blaßblau, weiß oder bei der Sorte 'Loddon Anna' rosafarben. Für feuchte, nährstoffreiche Böden in Sonne oder Halbschatten. WH: bis –20 °C oder darunter. 'Pouffe' und 'White Pouffe' sind Zwergsorten, denen die guten Eigenschaften der normalen Form fehlen. 'Prichard's Variety' hat dunkelpurpurne Blüten und ist nur ca. 75 cm hoch.

Campanula latiloba A. DC. syn. *C. persicifolia* L. subsp. *sessiliflora* (K. Koch) Velen. ex W. Greuter & Burdet. Nord-Türkei, von Ulu Dağ bei Bursa, östlich bis Samsun; in Wiesen von 200-1200 m. B: 6-8. Steif aufrechte, bis 100 cm hohe und mit 10-15 mm dickere Stengel als *C. persicifolia*. Spitze, breit-lanzettliche, am Grunde verschmälernde Stengelblätter. Blüten zu 2-3 ungestielt in den Blattachseln, bläulich und flacher und weiter geöffnet als *C. persicifolia*. Abgebildet 'Hidcote Amethyst'. Weitere Sorten sind 'Alba' (weiß), 'Percy Piper' (niedrig). Für jeden guten Gartenboden in Sonne oder Halbschatten. WH: bis –20 °C oder darunter.

Campanula persicifolia L. *Pfirsichblättrige Glockenblume*. Meiste Teile Europas, von Belgien und Holland bis Zentral- und Süd-Rußland und Nordwest-Türkei; Wiesen, lichte Wälder, Waldränder, bis 2000 m in der Türkei. B: 6-8. Bildet Rosetten schmaler Blätter an kurzen Ausläufern. Kahle, 40-70 cm hohe Stengel mit wenigen schmalen Blättern. Blüten 4-5 cm lang und 5 cm breit, geöffnet, waagerecht oder leicht nickend. Von dieser Art werden viele Sorten kultiviert, z.B. in Weiß 'Alba', Rosa, breitgefüllt, gefüllt und eine doppelblütige weiße mit Namen 'Hetty'. 'Hampstead White' ist ähnlich, aber nicht identisch. Für jeden guten Gartenboden. Problemlos und langlebig. WH: bis –25 °C oder darunter.

Campanula rhomboidalis L. *Rautenblättrige Glockenblume*. Europa, Jura, Südwest- und Zentral-Alpen, von Frankreich und Schweiz bis Italien und eingebürgert in Belgien, Holland, Deutschland und Österreich; alpine und subalpine Wiesen. B: 7-9. Pflanze mit kräftiger, tiefgehender Pfahlwurzel und bis 60 cm hohen Stengeln. Spitze, gezähnte, ovale bis breit-lanzettliche Stengelblätter. Knospen aufrecht. Wenige bis 2 cm lange Blüten in lockerer Traube. Für jeden guten Gartenboden ohne Staunässe in voller Sonne. WH: bis –20 °C oder darunter.

Campanula lactiflora oberhalb Trapezunt

Campanula lactiflora in Withersdane Hall, Wye, Kent

Campanula carpatica

Campanula trachelium bei Wye, Kent

Campanula trachelium 'Alba'

Campanula sarmatica Ker-Gawl. Kaukasus; trockene Klippen und felsige Hänge bis 1800 m. B: 6-7. Tiefgehende, verzweigte Pfahlwurzel und schmal-ovale, am Grunde herzförmige, rauhhaarige Blätter. Mehrere ausbreitende, bis 30 cm lange Blütentriebe. Blaßblaue, ca. 20 mm lange Blüten. Langlebige Pflanze für ziemlich trockene Lagen bei sehr gutem Wasserabzug. WH: bis –20 °C oder darunter.

Campanula trachelium L. *Nesselblättrige Glokkenblume.* Meiste Teile Europas sowie Nordafrika, Türkei, West-Syrien, Nord-Iran und Westsibirien; Waldränder, Hecken und Wälder, oft auf Kalk. B: 7-9. Stengel bis 100 cm und mehr. Scharfgezähnte, ovale, herzförmige Blätter. Meist hellblaue oder blauviolette, 2,5-3,5 cm lange, kurzgestielte Blüten, in subsp. *athoa* aus Griechenland und Türkei sitzende Blüten. Für jeden guten Boden in Sonne oder Halbschatten, trockenen Schatten vertragend. Sehr schön ist die weißblühende Form 'Alba'. Es gibt auch eine gefüllte, weißblühende Kulturauslese. WH: bis –20 °C oder darunter.

Campanula latiloba 'Hidcote Amethyst'

Campanula sarmatica aus dem Nord-Kaukasus

Campanula ossetica bei Washfield Nurseries

Campanula glomerata 'Superba' in La Vesterival bei Dieppe

Campanula alliarifolia im Royal Botanic Garden, Edinburgh

Campanula crispa bei Erzerum

Campanula alliarifolia Willd. *(Campanulaceae)*. Kaukasus und Nord-Türkei, von Ordu ostwärts; feuchte Klippen und steile Ufer, in Fichtenwäldern und Gebüsch, bis 1830 m. B: 6-9. Mehrere einfache oder verzweigte, bis 70 cm hohe Stengel aus büscheligem Wurzelstock. Breit 3eckig-herzförmige, spitze oder abgerundete, grauhaarige Blätter. Nickende, bis 20 cm lange weiße Blüten in 1seitiger Reihe am Stengel angeordnet. Für feuchte Stellen in Sonne oder Halbschatten, aber auch gut zwischen Sträuchern in gemischten Pflanzungen. WH: vielleicht bis –20 °C.

Campanula 'Burghaltii'. Wahrscheinlich Kreuzung zwischen *C. latifolia* und *C. punctata* (Mutterpflanze). Rhizom nicht kriechend. Stengel bis 60 cm ausbreitend. Blüten 7-10 cm lang, grau-lila. Kelchlappen abstehend.

Campanula crispa Lam. Nordost-Türkei und angrenzendes Armenien und Aserbeidschan; Felsen und niedrige Klippen, von 1500-2500 m. B: 6-8. Bis 50 cm hohe Triebe aus fleischigem Wurzelstock, manchmal monokarp, d. h. nur einmal fruchtend und dann absterbend. Kahle, glänzende Blätter, tief 5lappige, bis 3 cm große weiße oder blaue Blüten. Ungewöhnliche, im Aussehen *Michauxia* sehr ähnliche Art. Für trockene Stellen mit gutem Wasserabzug. WH: bis –25 °C oder darunter bei Trockenheit.

Campanula glomerata L. *Knäuelglockenblume.* Meiste Teile Europas, südlich bis Spanien und östlich bis Sibirien und Südwest-Asien; Gebüsch und Bergwiesen. B: 5-9. Ausbreitende Büsche mit Ausläufern. Stengel 30-60 cm. Dunkelviolett blaue, 15-20 mm lange Blüten, gehäuft in den Achseln der Tragblätter und als endständiges Köpfchen. Für jeden nährstoffreichen Boden mit gutem Wasserabzug in Sonne oder Halbschatten. 'Superba' (G. Arends) ist eine großwüchsige Form. Es gibt auch mehrere weiße Namenssorten. WH: bis –25 °C.

Campanula latifolia L. *Breitblättrige Waldglokkenblume.* Meiste Teile Europas, Kaukasus, Nord-Türkei, Nord- und Mittel-Iran und Westsibirien; Hecken, Gebüsch, Wälder und Wiesen, oft auf Kalk, bis 2600 m in der Türkei. B: 6-8. Bis 100 cm hohe Stengel aus dichtem, büscheligem Wurzelstock. Untere Blätter oval-herzförmig und doppelt gesägt. Blaß bis kräftig violettblaue, 50-55 mm breite, spitz zipfelige Blüten. Selten reinweiß wie bei 'Alba'. Var. *macrantha* DC. ist eine kräftigere Pflanze mit ca. 55 mm langen, violettblauen, dichtstehenden Blüten, jedoch nicht so locker elegant wie die Art. Für jeden schweren Boden in Schatten oder Halbschatten. WH: bis –25 °C oder darunter.

Campanula ossetica M. Bieb. An Felsen und in Schluchten. B: 6-7. Kriechende oder fast kletternde, bis 60 cm lange Triebe. Doppelt gezähnte, herzförmige Grundblätter. Blüten ca. 3 cm groß. Kelchzähne schmal-lanzettlich. Durch Bill Baker in Kultur eingeführt. WH: bis –20 °C.

Campanula punctata Lam. 'Rubra'. Japan (alle Inseln); grasige Hänge, in unteren Höhenlagen und Vorgebirge. B: 6. Kriechender, unterirdischer Wurzelstock, manchmal auch mit Ausläufern. Unterste Blätter oval-herzförmig. Meist unverzweigte, 40-80 cm hohe Triebe. Rötliche, manchmal sehr blasse, innen gefleckte, langhaarige, bis 5 cm lange Blüten. Für feuchten Laubboden in Sonne oder Halbschatten; Schutz vor Schnecken! WH: bis –15 °C, vielleicht darunter.

Campanula takesimana Nakai. Korea und Ullung-Do (Insel an der Ostküste); grasige Stellen. B: 7-9. Kriechendes Rhizom mit Blattrosetten (Blattspreite ca. 8 cm lang). Beblätterte, bis 36 cm hohe Stengel. Blüten blaßblau oder rosa, innen gefleckt, bis 5 cm lang. Für feuchten Laubboden in Halbschatten. WH: vielleicht bis –20 °C. Problemlos, außer Fraßschäden am fleischigen Wurzelstock durch Schnecken und Käferlarven.

Campanula 'Van Houttei'. Wahrscheinlich Kreuzung zwischen *C. latifolia* und *C. punctata*, ungewisser Herkunft (vor 1878). Stengel bis 45 cm. Blüten lila oder graublau, bis 10 cm lang, manchmal auch unterschiedlich beschrieben als tiefindigoblau oder lavendelblau. Kelchlappen zurückgebogen, abstehend und *C. latifolia* ähnlicher, die die Mutterpflanze sein soll. 'Burghaltii' und 'Van Houttei' benötigen ziemlich feuchte normale Gartenerde oder Stellen zwischen Sträuchern. WH: vielleicht bis –20 °C.

Campanula 'Van Houttei'

Campanula takesimana

Campanula punctata 'Rubra'

Campanula latifolia-Sämlinge mit Blättern von *Diphylleia*

Campanula 'Burghaltii'

Campanula latifolia var. *macrantha*

Codonopsis lanceolata bei Kyoto, Japan

Codonopsis lanceolata

Codonopsis ovata in Kaschmir vor Blättern von *Bergenia stracheyi*

Codonopsis tangshen in Windsor

Adenophora triphylla in Hokkaido

Wahlenbergia undulata auf dem Berg Ngeli, Natal

Platycodon grandiflorus

Ostrowskia magnifica in Taschkent

Adenophora triphylla (Thunb.) A. DC. var. *japonica* (Regel) Hara *(Campanulaceae) Schellenblume*. Japan (alle Inseln); grasige Stellen im Flachland und im Gebirge und an Waldrändern. B: 7-10. Meist ca. 50, aber bis 90 cm hohe Stengel aus tiefreichender dicker Wurzel. Längliche oder oval-elliptische, zu 4 in Quirlen stehende Blätter. Im Blütenstand quirlig angeordnete, 13-22 mm lange Blüten. Für feuchten Torfboden in Sonne oder Schatten. WH: bis –20 °C. *Adenophora* unterscheidet sich von *Campanula* durch den am Grunde von einem Ringwulst umgebenen Griffel. *A. confusa* Nannfeldt hat breitere Blätter und kürzer gestielte, über den ganzen Blütenstand verteilte Blüten.

Codonopsis lanceolata (Sieb. & Zucc.) Trautv. *(Campanulaceae) Tigerglocke, Glockenwinde*. Japan (alle Inseln) und var. *emaculata* Honda in Ostsibirien, Korea und Nord-China; Gebüsch, in Bambusbeständen, Waldrändern und Lichtungen niedriger Hügel und Berge. B: 8-10. Große, fleischige Knollenwurzel. Bis 2 m und mehr kletternde Triebe. Schmal-längliche bis ovale, unterseits blaugrüne kahle Blätter. Blüten 3-3,5 cm lang und 6-10 mm breit. Kelchlappen 2-2,5 cm lang, spitz zulaufend. Weiße, einseitig geflügelte Samen (var. *emaculata* hat im Inneren nicht gefleckte Blüten). Bestäubung durch große Wespen. Für feuchten Laubboden, zwischen Sträuchern. WH: bis –20 °C, vielleicht darunter.

Codonopsis ovata Benth. Himalaja, von Pakistan bis Kaschmir (verbreitet); an felsigen, grasigen Hängen von 3000-4200 m. Fleischige Wurzeln und wenige, bis 20 cm hohe Stengel. Röhrig glockige, oft am Munde geweitete, 1-3 cm lange Blüten mit abstehenden Kelchlappen. Für feuchten Boden mit gutem Wasserabzug in voller Sonne, aber nicht leicht zu kultivieren. WH: bis –20 °C oder darunter. *C. clematidea* (Schrenk) C. B. Clarke aus Mittelasien bis Nord-Indien kommt an ähnlichen Stellen vor, ist aber bis 60 cm hoch und hat rundlichere, an der Öffnung verengte Blütenglocken mit zurückgebogenen Kelchlappen. Leichter zu ziehen.

Codonopsis tangshen Oliver. West-China; in Gebüsch. B: 8-9. Lange, fleischige Wurzeln und über 2 m hoch kletternde Triebe. Ovale bis oval-lanzettliche Blätter. 5-6 mm lange, ovale Kelchlappen. Innen zum Grund der Blütenglocke hin geaderte, bis 3,5 cm lange Blüten. Für lockeren Torfboden in Sonne oder Halbschatten. WH: vielleicht bis –20 °C.

Ostrowskia magnifica Regel *(Campanulaceae) Prachtglocke*. Zentralasien, im Pamir-Gebirge; felsige Berghänge. B: 5-6. Mehrere bis 1,5 m hohe Stengel aus knolligem Wurzelstock. Oval-lanzettliche, 10-15 cm lange Blätter in 4- bis 5zähligen Quirlen. Wenige, 12-15 cm breite Blüten am Stengelende. Für sandigen Laubboden mit gutem Wasserabzug und Trockenheit im Spätsommer und Schutz vor zu großer Winternässe. WH: bis etwa –20 °C.

Platycodon grandiflorus (Jacq.) A. DC. *(Campanulaceae) Ballonblume*. Japan (alle Inseln), Korea, Nord-China und Ostsibirien; grasige Hänge, auf Hügeln und im Gebirge. B: 8-9. Dicke Wurzeln in büscheligem Wurzelstock mit 40-100 cm hohen Trieben, bei der verbreitet kultivierten 'Apoyama' nur ca. 20 cm hoch. Blaue, 4-5 cm große Blüten, bei 'Mother-of-Pearl' blaßrosa. Für jeden guten feuchten, sandigen Gartenboden in Sonne oder Halbschatten. WH: bis –20 °C oder darunter.

Wahlenbergia undulata (Thunb.) A. DC. *(Campanulaceae)*. Südafrika, von östlicher Kap-Provinz nordwärts bis Natal; trockene Stellen, zwischen Felsen, bis 1800 m in Natal. B: 11-3, bei uns Sommer. Verzweigte Ausläufer aus büscheligem Wurzelstock; vieltriebige, oft im Aussaatjahr blühende Büsche. Stengel bis 40 cm. Am Ende abgerundete Blätter mit gewelltem Rand. Blaßblaue, lilafarbene oder weiße, bis 3 cm große Blüten. WH: bis –15 °C, vielleicht darunter bei Trockenheit im Winter.

Lobelia × speciosa 'Queen Victoria' in den Savill Gardens, Windsor

Lobelia siphilitica bei New York

Lobelia × *gerardii* 'Vedrariensis'

Lobelia cardinalis

Lobelia 'Russian Princess' in Wisley

Lobelia tupa (Blüten)

Lobelia tupa in Südost-Chile, Aufnahme von Martin Gardiner

Lobelia cardinalis L. *(Campanulaceae) Kardinalslobelie*. Nordamerika, von New Brunswick, Süd-Quebec und Minnesota südlich bis Florida und Ost-Texas. Mit subsp. *graminea* (Lam) McVaugh syn. *L. splendens* Willd. von Arizona bis Kalifornien und südwärts bis Mexiko und Mittelamerika; an Gewässern, in nassen Wiesen und an Wasserläufen. B: 6-7. Büscheliges Rhizom mit bis 180 cm hohen Trieben. Blätter lanzettlich bis oval-lanzettlich oder schmal-lanzettlich bis linear in subsp. *graminea*. Blüten 3-4,5 cm lang. Für nährstoffreichen Boden in Sonne oder Halbschatten, am Wasser oder im Feuchtbeet. WH: bis –25 °C oder darunter.

Lobelia × gerardii 'Vedrariensis'. Kreuzung zwischen *L. cardinalis* und *L. siphilitica*, auch in Natur bekannt. Viele Farbauslesen in Kultur, z. B. 'Vedrariensis', intensiv purpur; 'Tania', rotpurpur; 'Blauzauber', mittelblau; 'Rosenkavalier', reinrosa.

Lobelia laxiflora H., B. & K. var. *angustifolia* DC. Süd-Arizona, Mexiko und weite Teile Mittelamerikas; in Eichenwäldern bei ca. 1500 m in Arizona. Ausbreitende Büsche mit bis 60 cm hohen Stengeln. Blätter linear-lanzettlich, bis 7 cm lang. Rotgelbe oder reingelbe, bis 3,5 cm lange Blüten. Für sandigen, jedoch feuchten Boden in geschützter Lage bei gutem Wasserabzug. WH: bis –10 °C, vielleicht kurzzeitig darunter.

Lobelia siphilitica L. Östliches Nordamerika, von Maine und South Dakota südwärts bis Missouri und Ost-Kansas und Texas; feuchte Wälder und Sümpfe. B: 8-9, bei uns 7-10. Bis 1,3 m hohe Stengel aus büscheligem Wurzelstock. Ovale, dünne Blätter. Meist blaue, selten weiße, 2,3-3,5 cm lange Blüten. Für feuchten Boden in Sonne oder Halbschatten. WH: bis –25 °C oder darunter.

Lobelia × speciosa Sweet; hybride Rasse von *L. cardinalis, L. fulgens* aus Mexiko und *L. siphilitica* L. Alle benötigen nährstoffreichen, feuchten, humosen Boden in Sonne oder Halbschatten. Schutz vor kalten, nassen Wintern und gute Mulchdecke im Sommer. **'Cherry Ripe'** Grüne Blätter. Blüten kirschrot. **'Queen Victoria'** Alte Sorte mit intensiv roten Blättern und Stengeln. Blüten scharlachrot; bis 1 m hoch. **'Russian Princess'** Blätter purpur. Blüten rötlich purpur; bis 80 cm hoch mit elegantem Wuchs.

Lobelia tupa L. Chile; auf sandigen Hügeln in Seenähe. B: 12-4, bei uns 7-10. Zahlreiche, bis 2,5 m hohe Triebe aus großem, büscheligem Wurzelstock. Weichbehaarte, bis 20 cm lange Blätter. Dicke, fleischige, bis 6 cm lange, von Kolibris bestäubte Blüten. Für nährstoffreichen, sommerfeuchten Boden bei sehr gutem Wasserabzug. WH: bis –10 °C und darunter, wenn der Wurzelstock gegen Feuchtigkeit und Kälte im Winter geschützt wird. Wächst gut an der Westküste Europas und Nordamerikas.

Lobelia laxiflora var. *angustifolia*

Lobelia × speciosa 'Cherry Ripe'

Anthemis tinctoria 'E. C. Buxton'

Echinacea purpurea-Sorte

Anthemis tinctoria

Arnica montana

Echinacea tennesseensis

Anthemis tinctoria L. *(Compositae) Färberkamille*. Meiste Teile Europas, Türkei, Kaukasus, West-Syrien, Iran und verwildert in Nordamerika, Britische Inseln; Wegränder, Steppen, Schuttplätze und Gebüsch. B: 5-7. Mehrere verzweigte, bis 45 cm hohe Triebe. Im Umriß lanzettliche bis ovale, 2- bis 3teilig fiederschnittige, 1-5 cm lange Blätter. Blüten 2,5-4,5 cm groß, gelb oder weiß oder cremefarben in var. *pallida* DC., blaßgelb bei 'E. C. Buxton' und noch weniger gelb getönt bei 'Wargrave'. Volle Sonne, guter Wasserabzug, besonders auf Kalk. WH: bis –25 °C, vielleicht darunter.

Arnica montana L. *(Compositae) Arnika, Bergwohlverleih*. Von Belgien und Holland bis Rußland und südlich bis Südportugal, Mittelitalien und Jugoslawien; Wiesen, Heiden und subalpine Wiesen, besonders auf sauren Böden bis 2500 m in den Alpen. B: 6-8. Kurzes Rhizom mit 25-60 cm hohen Stengeln. Drüsig behaarte, ovale bis lanzettliche Grundblätter und linear-lanzettliche, paarweise gegenständige Stengelblätter. Blüten 5-6,5 cm breit und zu 1-3 pro Stengel. Für Sand- oder Torfboden mit gutem Wasserabzug in voller Sonne. WH: bis –25 °C oder darunter.

Coreopsis verticillata L. *(Compositae) Mädchenauge*. Östliches Nordamerika, von Florida bis Alabama und Arkansas, nördlich bis Maryland und Virginia; dichte Wälder und Kahlschläge auf ziemlich trockenem Boden. B: 6-7. Buschige Pflanze mit kurzen Rhizomen und reichverzweigten, bis 110 cm, meist aber nur 60 cm hohen Stengeln. Blätter mit haarähnlichen, 0,3-1,5 mm breiten, nadelförmigen Abschnitten. Meist leuchtend gelbe, 4-6 cm große, bei 'Moonbeam' blaß-zitronengelbe Blüten. Für Sonne oder Halbschatten mit gutem Wasserabzug. WH: bis –25 °C oder darunter.

Echinacea purpurea (L.) Moench. syn. *Rudbeckia purpurea* L. *(Compositae) Purpursonnenhut*. Virginia, westlich bis Ohio, Michigan, Illinois und Iowa und südlich bis Georgia und Louisiana; Prärien und trockene, lichte Wälder. B: 6-10. Gedrungener, sich ausbreitender Wurzelstock und bis 1,2 m lange Triebe. Rauhe Blätter, die untersten oval, die anderen oval-lanzettlich. Blüten bis 12 cm groß, purpur, selten weiß. Etwa 1 Dutzend Sorten, z. B. 'White Lustre' aus Amerika soll hängende Blütenblätter haben; 'Robert Bloom', heute als Samensorte 'Bressingham Hybrids' im Handel. Für nährstoffreiche,

Leucanthemum × superbum 'Wirral Supreme'

Leucanthemum × superbum 'Everest'

Senecio doronicum in der Schweiz

Coreopsis verticillata

Eriophyllum lanatum

Coreopsis verticillata 'Moonbeam'

leichte Böden; in Staudenbeeten Struktur bestimmend. WH: bis −20 °C, vielleicht darunter.

Echinacea tennesseensis (Beadle) Small. Seltene Pflanze in Tennessee und Arkansas; auf dem Interior un Ozarkplateau, in schotterigen Hügelhängen. Unterscheidet sich von *E. purpurea* durch seinen senkrechten, nicht flach ausbreitenden Wurzelstock. Lineare Blätter und schmalere, ca. 2,5 cm lange Zungenblüten am Rande der Köpfchen.

Eriophyllum lanatum (Pursh) Forbes *(Compositae) Wollblatt.* Südliches Kalifornien, nördlich bis British Columbia und in den Rocky Mountains; trockenes Gebüsch, bis 3000 m. B: 4-8. Variable Pflanze mit bis zu 80 cm, meist aber ca. 50 cm hohen Stengeln. Blätter meist gezähnt und oft wollig. Blüten ca. 2,5 cm groß mit 8-13 Blütenblättern. Für trockene Lage in voller Sonne. WH: bis −25 °C bei Typen aus winterkalten Gegenden.

Leucanthemum × superbum Bergman ex Ingram syn. *Chrysanthemum maximum* hort. *(Compositae) Gartenmargerite.* Die großblumigen Gartenmargeriten werden meist noch unter *L. maximum* (Rem.) DC. geführt, einer Art aus den Pyrenäen, die wahrscheinlich zusammen mit *L. lacustre* (Brot.) Samp. aus der Estremadura in Mittel-Portugal (sehr ähnlich, aber etwas kleinblütiger), die Stammeltern unserer Gartenmargeriten sind. Das Sortiment umfaßt heute mehr als 50 Sorten. Abgebildet sind 'Everest', bis 10 cm große Blüten auf bis 90 cm hohen Stielen; 'Wirral Supreme', gefüllt blühend auf 90 cm hohen Stielen. Ohne Abbildung noch als Beispiele: die heute seltene gelbblütige, bis 16 cm hohe 'Cobham Gold' und die ebenfalls hellgelbe, 70-100 cm hohe 'Sonnenschein' als Besonderheit des sonst weißblühenden Sortiments. B:6-9
.

Senecio doronicum L. *(Compositae) Gemswurzgreiskraut.* Mittel- und Südeuropa, von Spanien und Frankreich bis Griechenland und Rumänien; grasige und felsige Plätze, im Gebirge von 1500-2700 m, meist auf Kalk. B: 6-8. Sehr variable Pflanze, meist ca. 30 cm hoch. Dicke, unterseits meist weiß-wollige Blätter. Wenige lanzettliche, wechselständige Stengelblätter. Pro Stengel 1-3 orange-gelbe, 3-6 cm große Blüten. Für Boden mit gutem Wasserabzug in Sonne oder Halbschatten. Ähnelt etwas *Arnica*, die sich aber durch die paarweise gegenständig sitzenden Stengelblätter unterscheidet. WH: bis −20 °C oder darunter.

Achillea 'Coronation Gold'

Tanacetum ptarmicifolium 'Silver Feather' im Weißen Garten in Sissinghurst Castle

Achillea tomentosa

Achillea filipendulina 'Gold Plate'

Achillea 'Taygetea'

Achillea decolorans 'W. B. Child'

Achillea ptarmica

Achillea 'Galaxy Hybrids'

Achillea 'Cerise Queen'

Achillea 'Paprika'

Achillea 'Coronation Gold' *(Compositae).* Hybride zwischen *A. clypeolata* und *A. filipendulina*, Zufallssämling. Stengel bis 90 cm. Blätter aschgrau. Blütendolden lockerer als bei *A. filipendulina*. WH: bis –25 °C oder darunter.

Achillea decolorans Schrader 'W. B. Child'. Wahrscheinlich Hybride zwischen *A. ptarmica* und *A. macrocephala*, die beide in den Alpen vorkommen, von woher *A. decolorans* stammen soll. Ausbreitende Teppiche, Blätter scharfgezähnt mit langen, gebogenen Zähnen. Blüten ca. 8 mm groß in lockeren Dolden. Für feuchte Beete in Sonne oder Halbschatten. WH: bis –20 °C oder darunter.

Achillea filipendulina Lam. 'Gold Plate'. Kaukasus und Südost-Türkei, Iran, Zentralasien und Afghanistan; nasse Wiesen, an Gewässern und felsigen Hängen. B: 6-8. Dichte Büsche aufrechter, bis 120 cm hoher Stengel. Längliche, tief geteilte, dicht behaarte, grüne, 10-20 cm lange und 3-7 mm breite Blätter. Blütenstände 4-10 und mehr cm groß. Blüten intensiv goldgelb, 2,5-3,5 mm groß. Für jeden Boden in voller Sonne in kühlen Lagen, erträgt Sommertrockenheit. WH: bis –25 °C. *A. clypeolata* Sm. aus Griechenland und der europäischen Türkei bis Rumänien hat schmalere, wollige, bis 4 cm breite Blätter und kleinere Blütenköpfchen.

Achillea 'Galaxy Hybrids'. Eine Hybridengruppe zwischen *A. millefolium* und der gelbblühenden *A. 'Taygetea'* (selbst Hybride zwischen *A. clypeolata* und *A. millefolium*) des Züchters A. Kikillus aus Deutschland. Hauptfarben sind: **'Apfelblüte'** ('Apple Blossom') Rosa, ca. 90 cm. **'Hoffnung'** ('Great Expectations') schwefelgelb, ca. 60 cm. **'Lachsschönheit'** ('Salmon Beauty') Blaß-Lachsrosa zu Creme verblassend. **'Fanal'** ('The Beacon') leuchtend rot, ca. 75 cm. **'Paprika'** ca. 60 cm. Scheint gleiche Eltern zu haben. Problemlos in voller Sonne und auch auf armen Böden. WH: bis –25 °C oder darunter.

Achillea millefolium L. *Schafgarbe.* Meiste Teile Europas und Westasien, ostwärts bis Himalaja, eingebürgert in Nordamerika, Australien und Neuseeland; Wiesen und trockene, grasige Stellen. B: 6-9. Sich ausbreitende Matten aus Rosetten tief geteilter Blätter und aufrechten, bis 60 cm hohen Blütenständen. Mittlere Stengelblätter im Umriß lanzettlich und 2fach fiederschnittig. Blüten meist weiß, manchmal blaßrosa, intensiv rosa oder scharlachrot. Viele Namenssorten, z. B. 'Cerise Queen', leuchtend rosarot. Alle besitzen am Rand 1-2,5 mm lange Zungenblüten. Blaßrosa Blüten und sehr behaarte Blätter bei subsp. *sudetica* (Opiz) Weiss aus den Gebirgen Mitteleuropas. Trockenheitsresistente Pflanze für sonnige Beete auf alten Rasenflächen, wo sie grün bleibt, wenn das Gras durch Trockenheit verbräunt. WH: bis –25 °C und darunter. *A. asplenifolia* Vent. ist nahe mit *A. millefolium* verwandt. Sie ist eine bis 100 cm hohe Pflanze nasser Wiesen Südosteuropas, von Österreich bis Rumänien. Sie hat kahle, feingeschnittene Blätter und rosa oder purpurrote Blüten.

Achillea ptarmica L. *Bertramsgarbe, Sumpfgarbe, Weißer Dorant.* Nordeuropa bis Nordspanien, Norditalien und Südwest-Rumänien, ostwärts bis Sibirien und eingebürgert in Nordamerika; nasse Wiesen, Sümpfe, Heideflächen. B: 7-9. Mit kriechendem Rhizom lockere Trupps bildend. Linear-lanzettliche, feingezähnte, 1,5-8 cm lange Blätter. Schlaffe, 20-60 cm hohe Stengel. Ziemlich schmutzig-weiße, 12-18 mm große Blüten, jedoch reinweiß und vollkommen gefüllt bei 'Boule de Neige' (syn. 'The Pearl', 'Schneeball'). Für feuchte, nährstoffreiche Beete in Sonne oder Halbschatten. WH: bis –25 °C oder darunter.

Achillea 'Taygetea'. Hybride ungewissen Ursprungs, wahrscheinlich *A. millefolium* × *A. clypeolata*. Grüne, flachere, weniger geteilte Blätter als *A. millefolium*. Stengel ca. 60 cm. Blüten blaßgelb. *A. ochroleuca* Ehrh. (von der Tschechoslowakei bis zur Ukraine) scheint sehr ähnlich zu sein. *A. taygetea* Boiss. & Held. aus Süd-Griechenland ist graubehaart, hat gelbe Blüten und soll nach *Flora Europaea* identisch sein mit *A. aegyptiaca* L.

Achillea tomentosa L. Südwesteuropa, von Mittelfrankreich und Mittelitalien bis Spanien; trockene Hügel und Brachland. B: 5-6. Bildet Matten wolliger oder seidig behaarter, fiederschnittiger Blätter und bis 40 cm hoher Stengel. Blüten ca. 3 mm groß. Randzungenblüten ca. 2 mm lang. Für trockenen Boden in voller Sonne. WH: bis –15 °C.

Tanacetum ptarmicifolium (Webb & Berth.) Schulz-Bip. syn. *Chrysanthemum ptarmicifolium* (Webb) Brenan, Gran Canaria (sehr selten); Felsen und Klippen, im Gebirge. Oft 1jährig für Beetbepflanzung gezogen.

Blütenstände von Kelways' Nurseries, 24. Juni, 1/4 nat. Größe

Osteospermum jucundum

Erigeron 'Dunkelste Aller'

Erigeron-Sorten. Entstanden durch Kreuzung der amerikanischen Art *E. speciosus* (Lindl.) DC. mit *E. speciosus* var. *macranthus* (Nutt.) Cronquist und *E. glaucus* sowie *E. aurantiacus* Regel mit orange-gelben Blüten. Von den heute unter *Erigeron*-Hybriden zusammengefaßten über 50 Sorten sind hier abgebildet: **'Adria'** (H. Götz 1954); lavendelblau, 75 cm. **'Amity'** (Alan Bloom); lilarosa, 60 cm. **'Dunkelste Aller'** syn. 'Darkest of All' (Foerster 1932); dunkelblau-violett, 60 cm. **'Dignity'** (Alan Bloom); violett-blau, 60 cm. **'Felicity'** (Alan Bloom); leuchtend rosa, 60 cm. **'Foerster's Liebling'** (Walther/Benary 1951); karminrosa, 45 cm. **'Prosperity'** (Alan Bloom); lila, 45 cm. **'Quakeress'** (alte Sorte); blaß-lilarosa, 45 cm. Blütezeit aller Sorten Ende Juni bis Juli. Nährstoffreicher Boden mit gutem Wasserabzug in voller Sonne. WH: bis –25 °C oder darunter.

Erigeron glaucus Ker-Gawl. *(Compositae)*. Kalifornien, von San Luis Obispo nördlich bis Oregon, in Europa besonders an der Küste, in Klippen, Sanddünen und Stränden eingebürgert. B: 4-8. Bildet weiße, sich ausbreitende Matten oval-lanzettlicher, an der Spitze abgerundeter Blätter. 10-40 cm hohe, drüsig behaarte Stengel. Blaßpurpurne, 4-6 cm große Blüten; rosa in 'Roseus'. 'Elstead Pink' ist wahrscheinlich eine Hybride. Für sandigen, trockenen Boden in voller Sonne. WH: bis –10 °C, wahrscheinlich darunter.

Osteospermum jucundum (E. P. Phill.) T. Norl. syn. *Dimorphotheca jucunda* E. P. Phill. *(Compositae)*. Südafrika, von Transvaal südlich bis Lesotho und Natal; an Felsen und in feuchtem Grasland, bis 3200 m. B: 12-2, bei uns 7-9. Bildet Teppiche schmal-lanzettlicher Blätter. Blütentrieb bis 30 cm. Blüten bis 6 cm groß. Für sandigen, torfigen, sommerfeuchten und wintertrockenen Boden bei gutem Wasserabzug. Diese Art ist wahrscheinlich die härteste, da sie aus den oberen Höhenlagen im Drakensberg kommt. WH: bis –10 °C oder darunter bei Trockenheit im Winter.

Pyrethrum-Sorten. Die bunten Gartenmargeriten sind Auslesen aus *Tanacetum coccineum* (Willd.) Grierson, [syn. *P. roseum* (Adams) M. Bieb., *Chrysanthemum roseum* Adams, *Chrysanthemum coccineum* Willd], die aus den subalpinen Wiesen im Kaukasus stammt. Die Wildart hat blaßrosa Blüten und bis 60 cm hohe Stengel. Die Gartensorten haben leuchtendere Farben und oft halbgefüllte oder gefüllte Blüten. Sie wachsen am besten in recht saurem, sandigem Boden mit gutem Wasserabzug in freier, sonniger Lage. B: 6-7. Abgebildet sind aus dem großen Sortiment: **'Brenda'** leuchtend kirschrosa, 60 cm. **'Eileen May Robinson'** blaßrosa, 60 cm. **'Mont Blanc'** weiß-gefüllt, 60 cm.

Erigeron glaucus

Bunte Margeriten in einem Garten in Cambridgeshire

Tanacetum coccineum 'Brenda'

T. coccineum 'Eileen May Robinson'

Tanacetum coccineum 'Mont Blanc' in Bridge of Alford, Aberdeenshire

Cicerbita alpina in Edington, Wiltshire

Cicerbita alpina

Syneilesis aconitifolia

Adenostyles alpina bei Samaden, Schweiz

Lactuca perennis bei St. Luc, Wallis

Liatris spicata 'Alba'

Hieracium lanatum in Wisley

Adenostyles alpina (L.) Bluff & Fingerh. *(Compositae) Alpendost.* Jura, Alpen, Apennin und Korsika (subsp. *briquetii*), ostwärts bis Jugoslawien; Wälder, an Wasserläufen, in Erlengebüsch und feuchten, felsigen Nordhängen, meist auf Kalk, bis 2400 m. B: 6-9. Rundliche, bis 15 cm große Grundblätter und wenige, aufrechte, bis 50 cm hohe Stengel. Blüten in lockerem, flachem Blütenstand. Für kühle, nährstoffreiche Lage im Schatten oder Halbschatten. WH: bis –20 °C oder darunter. *A. alliariae* (Gouan) A. Kerner hat mehr verzweigte wollige Blütenstände und gewöhnlich sitzende, obere Stammblätter. Die Blüten sind dunkler purpurrosa.

Cicerbita alpina (L.) Wallr. *(Compositae) Alpenmilchlattich.* Europa, von Schottland (sehr selten) und Norwegen bis zu den Alpen, Pyrenäen und Karpaten, ostwärts bis Rußland und Bulgarien; schattige, feuchte Klippen und Erlengebüsch. B: 7-9. Wenige, manchmal auch verzweigte, bis 250 cm hohe Stengel. Bis 25 cm lange Blätter mit großem, 3eckigem Endlappen und wenigen Paaren schmaler Seitenlappen. Obere Blätter stengelumfassend. Blüten in ca. 2 cm großem, rundlichem, später verlängertem Köpfchen. Für feuchte, nährstoffreiche Böden in Halbschatten. WH: bis –20 °C oder darunter.

Cicerbita bourgaei (Boiss.) Beauv. Nordost-Türkei, von Giresun ostwärts und Georgien; in Kahlschlägen, an Wasserläufen und in Haselgebüsch von 1050-1820 m. B: 8-9. Bildet Büsche mit bis 3 m hohen Trieben aus büscheligem Wurzelstock. Blätter elliptisch, ungelappt oder mit 2-4 rundlichen Seitenlappen. Blüten 1,7-1,9 cm lang. Für feuchte, nährstoffreiche Böden in Sonne oder Halbschatten. WH: bis –25 °C oder darunter. *C. macrophylla* (Willd.) Wallr. *Großblättriger Milchlattich* von Mittel-Rußland und dem Kaukasus südlich zum Talysh-Gebirge hat weitkriechende Rhizome und ist in Nord- und Mitteleuropa verwildert. Er hält sich oft als Wegeunkraut aus Gartenabfällen. Blüten 3 cm groß in lockerem, ziemlich flachköpfigem Blütenstand an bis 180 cm hohen Stengeln.

Hieracium lanatum Vill. syn. *H. tomentosum* (L.) L. *(Compositae).* Frankreich, Norditalien, Alpen und Jura; auf Kalkfelsen und Klippen von 300-2100 m. B: 5-7. Rosetten dicht weißfilziger Blätter mit ovaler, elliptischer oder lanzettlicher bis 10 cm langer Blattspreite, bei dem kultivierten Typ oval. Blüten 12-15 mm lang. Für sonnige Lage mit sehr gutem Wasserabzug oder z. B. auf Mauerkronen. WH: bis –20 °C, vielleicht darunter.

Lactuca perennis L. *(Compositae) Blauer Lattich.* Europa, von Spanien bis Frankreich, Deutschland, Belgien und Rumänien; sonnige Hänge und zwischen trockenen Felsen in den Mittelgebirgen, meist auf Kalk. B: 6-8. Rosetten gefiederter oder fiederschnittiger, ziemlich blaugrüner Blätter mit lanzettlichen Blattabschnitten. Mehrere reichverzweigte, bis 80 cm hohe Stengel. Blaue oder lilafarbene, bis 2,5 cm große Blüten. Für trockenen Boden mit gutem Wasserabzug in voller Sonne. WH: vielleicht bis –25 °C. Heimische, zierliche und attraktive Gartenpflanze.

Liatris spicata (L.) Willd. *(Compositae) Prachtscharte.* Östliches Nordamerika, von Pennsylvania und New Jersey westlich bis Michigan und Wisconsin und südlich bis Florida und Louisiana; feuchte Wiesen, Sumpfränder und in Savannen. B: 7-9. Steife, aufrechte, bis 1,8 m hohe Stengel aus knollenähnlichem Wurzelstock. Spitzen der Hüllkelchblätter anliegend (Spitzen bei *L. pycnostachya* und *L. scariosa* abstehend). Für nährstoffreiche, feuchte Böden in voller Sonne. WH: bis –25 °C oder darunter. Verschiedene Farbauslesen von bläulich-purpur, violett bis weiß ('Alba') werden kultiviert.

Syneilesis aconitifolia (Bunge) Maxim. syn. *Senecio aconitifolius* Miqu. *(Compositae).* Nord-Honshu und Nordost-China, nördlich von Beijing (verbreitet); trockene Wälder und Gebüsch, auf niedrigen Hügeln. B: 8-10. Büscheliger Wurzelstock; handförmige, tief geteilte, bis 30 cm große, gezackt gesägte Blätter auf bis 60 cm hohen Stengeln, die beim Austrieb seidig behaart sind. Rosa Blüten ohne Randstrahlenblüten an 1 m und mehr hohen Blütenständen. Für Sonne oder Halbschatten in Laubboden. WH: bis –25 °C oder darunter. Die Blätter sind aufregend, die Blüten eine Enttäuschung.

Ligularia 'Gregynog Gold' in Leeds Castle, Kent

Ligularia 'Zepter' in den Savill Gardens, Windsor

Ligularia stenocephala 'The Rocket' im Wildgarten in Wisley

Ligularia macrophylla in Kew

Ligularia dentata (A. Gray) Hara syn. *L. clivorum* Maxim. *(Compositae)*. China, von West-Sichuan ostwärts und Japan (Honshu); Gebüsch, Lichtungen, Gräben und Bergwiesen. B: 7-8, am Standort bis 10. Herzförmige, langstengelige, 30 cm lange und 38 cm breite Blätter aus büscheligem Wurzelstock. Bis 1,2 m hohe Stengel mit meist 2 Blättern. Blütenköpfchen ca. 11 cm groß. Für feuchten, nährstoffreichen Boden in Schatten oder Halbschatten. WH: bis –25 °C oder darunter. Mehrere Namenssorten: 'Othello' (1915) war die erste purpurblättrige Sorte; 'Moorblut' hat noch dunklere Blätter; 'Desdemona' ähnelt überraschenderweise 'Othello'. Die purpurblättrigen Sorten lassen sich mehr oder weniger echt aus Samen vermehren.

Ligularia 'Gregynog Gold'. Hybride zwischen *L. dentata* und *L. veitchiana*, von Hesse 1950 gezogen. Es ist eine der schönsten *Ligularien* mit großen, leuchtend orange-gelben, mindestens 10 cm großen Blüten in lockerer Ähre. Stengel bis 1,8 m hoch. Für nährstoffreiche, feuchte oder sumpfige Böden in Sonne oder Halbschatten. WH: bis –20 °C.

Ligularia macrophylla (Ledeb.) DC. Zentralasien, in Kasachstan und Nordwest-China in Sinjiang; an trockenen, fruchtbaren Berghängen. B: 7-8. Stark blaugrüne, breit-ovale, fein gezähnte Blätter aus tiefgehendem Wurzelstock. Blütenstand bis 1,5 m hoch mit vielen kleinen, 3-5 cm großen Blüten. Für tiefgründigen, nährstoffreichen Boden mit gutem Wasserabzug in voller Sonne. Benötigt im Frühjahr Feuchtigkeit, kann dann aber trockener stehen. WH: bis –25 °C oder darunter. Selten in Gärten zu finden, aber die schöne Pflanze im System im Botanischen Garten in Kew zeigt, was die Pflanze kann, und wird oft abgebildet. Sie bedeckt am Standort die Ausläufer des Tien Shan-Gebirges oberhalb Alma Ata und in Nordwest-China.

Ligularia × palmatiloba Hesse syn. *L. × yoshizoeana* (Mak.) Kitam. ist eine Kreuzung aus *L. dentata* × *L. japonica* mit wenigeren tief gelappten Blättern, aber bessere, ca. 7 cm große Blüten als *L. japonica*. *L. japonica* (Thunb.) Less., West-China in Hubei und Sichuan, Korea, Taiwan und Japan (West-Honshu, Shikku und Kyushu); nährstoffreiche, feuchte Wiesen und Lichtungen im Gebirge. B: 6-8. Kräftiger Wurzelstock und große, rundliche, herzförmige, gelappte Blätter; die Lappen

Ligularia veitchiana

Ligularia sibirica an einem Waldbach bei Kyoto, Japan

Ligularia × *palmatiloba*

Ligularia dentata in Wallington, Northumberland

wiederum unterschiedlich gelappt oder gezackt, tief gezähnt. Ziemlich flachköpfiger, bis 1,5 m hoher Blütenstand. Die Doldentraube mit 2,5-20 cm langen Blütenstielen der 2-8, ca. 10 cm großen Blütenköpfchen. Beide benötigen feuchten, tiefgründigen Boden in Schatten oder Halbschatten. WH: bis –20 °C, vielleicht darunter.

Ligularia sibirica (L.) Cass. Europa, von Mittelfrankreich und Bulgarien ostwärts bis Kaukasus, Sibirien, China und Japan (var. *speciosa* DC.); nasse Wälder, Wiesen und Gebüsch, an Wasserläufen. B: 7-10. Große Büsche rundlicher, herzförmiger, bis 32 cm großer Blätter, die manchmal unterseits dicht behaart sind. Blütenstände meist 1,5, aber auch bis 2 m. Blütenköpfchen 4-5 cm groß mit 7-11 Zungenblüten am Rande.

Ligularia stenocephala (Maxim.) Matsum. & Koidz. 'The Rocket'. Japan (alle Inseln ohne Hokkaido), Nord-China und Formosa; nasse Stellen im Gebirge. B: 6-9. Große Büsche 3eckiger, 24 cm langer und 20 cm breiter Blätter mit schmalen, verlängerten Spitzen und feiner, unregelmäßiger Zähnung. Schlanke, bis 1,2 m hohe, oft schwarze Blütenstände. Blütenköpfchen 2-2,5 cm lang mit 1-3 Rand-Zungenblüten. Für feuchten, nährstoffreichen Boden im Halbschatten. WH: bis –25 °C oder darunter. *Ligularia przewalskii* (Maxim.) Diels hat gezackte, tief gezähnte und gelappte Blätter mit ziemlich ähnlichem Blütenstand und stammt aus Nordwest-China.

Ligularia veitchiana (Hemsl.) Greenman. West-China in Hubei; nasse Stellen von 1100 bis 1800 m. B: 7-9. Große Büsche weicher, rundlicher, bis 60 cm großer Blätter mit festen Stielen [bei der ähnlichen *L. wilsoniana* (Hemsl.) Greenm. sind die Blattstiele hohl]. Bis 1,8 m hoher Blütenstand mit vielen, ca. 6 cm großen Blütenköpfchen und breiten Hüllblättern. Für nährstoffreichen, feuchten Boden im Halbschatten mit Schutz. WH: bis –20 °C oder darunter.

Ligularia 'Zepter'. Diese Hybride zwischen *L. veitchiana* und, wie es heißt, *L. przewalskii* züchtete K. Partsch 1975. Eine beeindruckende Pflanze für nährstoffreiche, feuchte Böden im Halbschatten. Wenn 'The Rocket' anstelle der echten *L. przewalskii* der eine Elter war, dann ist die hier gezeigte Pflanze ein ähnlicher Typ. Die Blätter sind nicht gelappt und der schwarze Stiel weist auf 'The Rocket' hin.

Telekia speciosa mit *Myrrhis odorata*

Inula racemosa in den Savill Gardens, Windsor

Inula hookeri

Inula royleana in Kaschmir

Inula hookeri C. B. Clarke *(Compositae)*. Himalaja, von Nepal ostwärts bis Burma und Südwest-China; Gebüsch von 2400-3600 m. B: 8-10. Ausbreitende Trupps bildend mit zahlreichen schlanken, laschen, beblätterten, bis 75 cm hohen Trieben. Elliptisch-lanzettliche, 8-15 cm lange, behaarte Blätter. Knospen zottig behaart. Blütenköpfchen 3,5-6 cm groß. Für feuchte Böden mit gutem Wasserabzug in Sonne oder Schatten. WH: bis –20 °C, vielleicht darunter.

Inula racemosa Hook. fil. Nordwest-China, Afghanistan bis Mittel-Nepal; meist in Siedlungsnähe von 2000-3200 m. B: 7-9. Wegen der Wurzeln als Heilpflanze angebaut. Bis 2 m und höhere Triebe aus kräftigem Wurzelstock. Untere Blätter elliptisch-lanzettlich bis 45 cm lang. Blütenköpfchen 4-8 cm groß. Für tiefgründigen, nährstoffreichen Boden in Sonne oder Halbschatten. WH: bis –25 °C oder darunter.

Inula royleana C. B. Clarke. West-Himalaja, von Pakistan bis Kaschmir (verbreitet); in Gebüsch und grasigen Waldlichtungen, von 2100-4000 m. B: 7-9. Pflanze mit wenigen, ziemlich kräftigen, aufrechten bis 60 cm hohen Stengeln. Wenige große, elliptisch-lanzettliche Blätter. Meist einzelstehende, 10-12,5 cm große Blütenköpfchen. Für feuchte Böden mit gutem Wasserabzug in Sonne oder Halbschatten. WH: bis –20 °C oder darunter.

Senecio bicolor (Willd.) Tod. subsp. *cineraria* (DC.) Chater, syn. *S. maritima* (L.) Rchb., *S. cineraria* DC., *Cineraria bicolor* Willd., *Cineraria maritima* L. *(Compositae)*. Westliches Mittelmeergebiet, Portugal und Nordafrika, auf den Britischen Inseln eingebürgert; felsige und sandige Stellen am Meer. B: 7-8. Beblätterte, wollige, bis 50 cm, am Grunde etwas verholzte Stengel. Tief geteilte, im Umriß ovale bis oval-lanzettliche Blätter, deren Endlappen länger als breit ist und spitz zuläuft. Bei subsp. *bicolor* aus dem östlichen Mittelmeer sind die Blätter oft oval oder leierförmig und der Endlappen ebenso breit wie lang und am Ende abgerundet. Die Blütenköpfchen sind kurz gestielt und haben sehr kurze Zungenblüten am Rand. Für sandigen Boden mit gutem Wasserabzug in voller Sonne. WH: bis –10 °C, vielleicht bei einigen Sorten auch darunter.

Senecio doria L. syn. *S. macrophyllus* M. Bieb. Meiste Teile Europas, von Frankreich, Spanien bis Bulgarien und Kaukasus und Nordafrika; in nassen Wiesen und Sümpfen. B: 6-7. Mehrere aufrechte, bis 1 m hohe Stengel aus büscheligem Wurzelstock. Die unteren Blätter linear elliptisch, bis länglich oval, meist gezähnt oder ganzrandig und 3-7 cm breit. Blütenköpfchen 12-25 mm breit mit 5-6 Zungenblüten am Rande. Für feuchte oder nasse Böden in voller Sonne. WH: bis –25 °C.

Senecio jacquemontianus (Decne.) Benth. ex Hook. Westlicher Himalaja, von Pakistan bis Kaschmir (regional häufig); alpine Wiesen von 3000-4000 m. B: 7. Pflanze mit dicken, aufrechten Stengeln und *Ligularia*-ähnlichem Aussehen. Bis 20 cm große, herzförmige Grundblätter. Stengelblätter stengelumfassend. Blütenköpfchen bis 4 cm groß mit 12-15, ca. 1,5 cm langen Zungenblüten am Rande. Für feuchte Böden in voller Sonne oder Halbschatten. WH: bis –20 °C oder darunter.

Senecio pseudoarnica

Senecio pseudoarnica an der Küste von Hokkaido

Senecio tanguticus in Inverewe

Senecio jacquemontianus in Kaschmir

Senecio doria in Kent

Senecio pseudoarnica Juss. Korea, Nord-China, Japan (Hokkaido und Nord-Honshu), Ostsibirien, Kamtschatka und Alaska, südlich bis British Columbia; auf Kiesstränden. B: 7-10. Büschel fleischiger Blätter mit kräftigen, behaarten, bis 50 cm hohen Stengeln und 3,5-4,5 cm großen Blütenköpfchen, von denen jede Pflanze 1-30 trägt. Für sandigen Boden mit gutem Wasserabzug in voller Sonne. WH: bis –15 °C, vielleicht darunter.

Senecio tanguticus Maxim. syn. *Ligularia tangutica* (Maxim.) Mattf. Nordwest-China in Gansu; in Wiesen. B: 8-10. Große schwarze, bis 3 m hohe Stengel. Am Umriß ovale, 12-18 cm große, tief in gezackt gezähnte Lappen geteilte Blätter. Sehr kleine Blütenköpfchen mit 3-4 Strahlenblüten und 3-4 Scheibenblüten. Für feuchte, torfige Böden in Schatten oder Halbschatten. WH: bis –25 °C oder darunter.

Telekia speciosa (Schreber) Baumg. syn. *Bupthalmum speciosum* Schreber *(Compositae)*. Mitteleuropa, von Polen und Jugoslawien ostwärts bis zum Kaukasus und Türkei und vielerorts in Nordwest-Europa eingebürgert. Kahlschläge in Wäldern und in Gebüsch, an Wasserläufen, von 300-1700 m. B: 7-9. Aufrechte, bis 2 m hohe Stengel aus kräftigem, kurzem, breitwachsendem Rhizom. Ziemlich dünne, aromatische, langgestielte, ovale Kronblätter. Blütenköpfchen 7,5-10 cm groß. Für tiefgründigen, feuchten Boden im Halbschatten. WH: bis –25 °C oder darunter. Kräftige, zähe Pflanze mit großen *Hosta*-ähnlichen Blättern.

Senecio bicolor subsp. *cineraria*

Rudbeckia laciniata

Rudbeckia 'Goldquelle'

Rudbeckia hirta

Grindelia maritima in Santa Barbara

Rudbeckia fulgida var. *speciosa*

Rudbeckia 'Goldsturm'

Rudbeckia laciniata in Arizona

Grindelia maritima (Greene) Steyerm. *(Compositae).* Kalifornien, bei San Francisco; Gebüsch und Felsvorsprünge am Meer. B: 8-9. Bis 80 cm, am Grunde verholzt. Blätter bis 18 cm lang und ziemlich dick, die untersten schmal-lanzettlich. Blütenköpfchen 4,5-6,6 cm breit. Hüllblättchen grün mit aufrechter Spitze [zurückgebogene Spitzen bei anderen Arten, z. B. *G. squarrosa* (Pursh.) Dunal von den Great Plains]. Für Boden mit gutem Wasserabzug in voller Sonne. WH: bis –10 °C, vielleicht darunter. *G. chiloensis* (Corn.) Cabr. ist ziemlich ähnlich der obigen Art. Der weiße Gummi an den Knospen ist charakteristisch für *Grindelia,* von der es etwa 11 Arten in Kalifornien gibt.

Ratibida columnaris (Pursh) D. Don f. *pulcherrima* (DC.) Fern. syn. *Lepachys columnaris* (Pursh) Torrey & Gray *(Compositae).* Nordamerika, von Alberta südlich bis Mexiko, östlich bis Manitoba, Minnesota, Illinois, Arkansas und Texas; Prärien, trockene, grasige Täler und Schluchten, meist auf Kalk. B: 6-9. Bis 80 cm hohe, vom Grund an verzweigte Stengel. Unpaarig gefiederte Blätter mit 5-9 länglichen, schmal-linearen Blättchen. Blütenköpfchen mit der säulenförmigen Köpfchenmitte 3-6 cm hoch. Wenige, 1,3-2 cm lange, gelbe oder in f. *pulcherrima* rötlich-braune Zungenrandblüten. Für trockene Böden mit gutem Wasserabzug in voller Sonne. WH: bis –25 °C oder darunter.

Ratibida pinnata (Vent.) Barnh. syn. *Lepachys pinnata* (Vent.) Torrey & Gray. USA, Süd-Ontario und New York westlich bis Minnesota und Nebraska, südlich bis Georgia und Oklahoma; trokkene Stellen. B: 6-9. Säuliges Köpfchen, ca. 2 cm hoch. Randzungenblüten ca. 5 cm lang, blaßgelb und herabhängend.

Rudbeckia fulgida Ait. var. *speciosa* (Wend.) Perdue syn. *R. newmannii* Loud. *(Compositae).* Östliches Nordamerika, von New York bis Georgia, Alabama und Missouri; in Wäldern und Sumpftälern. B: 7-9. Bis 1 m hohe Stengel aus verlängertem Wurzelstock und ovale, langgestielte Grundblätter. Stengelblätter lanzettlich, tief gezähnt. 'Goldsturm' ist die bekannteste Sorte mit etwa 60 cm hohen Stengeln und 12 cm breiten Blütenköpfchen. Für jeden Boden in voller Sonne. WH: bis –25 °C oder darunter.

Rudbeckia hirta L. Östliches Nordamerika, von Massachusetts bis Illinois, südlich bis Georgia und Alabama; lichte Wälder, Gebüsch und Wildwiesen. B: 6-10. 2jährige Pflanze oder kurzlebige Staude. Mehrere bis 1 m hohe Stengel aus ausbreitendem Rhizom. Ovale, bis 7 cm große Grundblätter. Ovale, grobgezähnte Stengelblätter. Orange-gelbe, 5-8 cm große Blütenköpfchen. Für jeden guten Gartenboden in voller Sonne. WH: bis –25 °C.

Rudbeckia laciniata L. Nordamerika, von Quebec bis Montana und Nord-Florida, Texas, durch die Rocky Mountains bis Arizona; feuchte Wiesen, in Tälern und an grasigen Hügeln. B: 7-10. Lockere Büsche mit 60 bis über 200 cm hohen Stengeln. Blätter tief 3- bis 7teilig, Segmente gezähnt und zugespitzt. Blütenköpfchen 7,5-15 cm breit mit konischer Mitte oder gefüllt mit Zungenblüten in 'Goldquelle', einer ca. 100 cm hohen, verbreiteten Sorte. Für jeden guten Gartenboden in voller Sonne. WH: bis –25 °C.

Ratibida columnaris f. *pulcherrima*

Ratibida pinnata

Artemisia ludoviciana mit *Salvia aethiopis* in Edinburgh

Artemisia stelleriana an der Küste von Hokkaido, bei Shari

Anaphalis margaritacea auf Hokkaido

Artemisia lactiflora, zu trocken stehend

Anaphalis margaritacea

Anaphalis triplinervis

Artemisia schmidtiana

Artemisia 'Canescens'

Helichrysum 'Schwefellicht'

Anaphalis margaritacea (L.) Benth. & Hook. syn. *A. cinnamomea* DC. *(Compositae) Silberimmortelle.* Nordamerika, von Neufundland bis Alaska, in den Gebirgen und im Himalaja; Sanddünen, trockene, steinige Ufer, Trockenrasen und subalpine Hänge. B: 7-9. Durch ausbreitende Rhizome dichte Rasen bildend. Weißwollige, meist 40 cm, aber auch 10-90 cm hohe Stengel. Blätter sehr variabel, 3-20 mm und unterschiedlich stark behaart; oberseits grün oder grau, unterseits weiß. Rundliche, zur Blütezeit aufrechte Hüllblättchen. Abgebildet sind: Wildform aus Japan, wahrscheinlich var. *margaritacea*, die breitblättrigste Varietät, und eine alte Gartensorte ähnlich der amerikanischen var. *subalpina* Gray, deren Blätter oberseits behaart und an der Spitze ziemlich stumpf sind. Für jeden nicht zu sommertrockenen Boden mit gutem Wasserabzug in voller Sonne. WH: bis –25 °C.

Anaphalis triplinervis (Sims) Sims ex. C. B. Clarke. Himalaja, von Afghanistan bis Südwest-China; Weiden und Kahlschläge, in Wäldern von 1800-3300 m. B: 7-10. Var. *intermedia* (DC.) Airy Shaw wächst in höheren Lagen von 2900-4100 m. Büsche relativ schlaffer, 30-60 cm hoher Stengel, deren obere grüne Blätter 5-10 cm lang sind. Stehende, spitze Hüllblättchen. Var. *intermedia* hat mit ca. 3 cm kürzere, wollige Blätter an kürzeren, bis 30 cm hohen Stengeln. Verbreitet sind 2 Sorten, und zwar 'Silberregen' und die Sorte 'Sommerschnee', die niedriger bleibt und wahrscheinlich zwischen *intermedia* und *triplinervis* steht. Dies ist vielleicht die gleiche Pflanze wie *A.* 'Nubigena'. Alle brauchen volle Sonne in nicht zu sommertrockenem Boden bei gutem Wasserabzug. WH: bis –25 °C oder darunter.

Artemisia absinthium L. *(Compositae) Wermut, Absinth.* Europa, ostwärts bis Westasien und Nordafrika; grasige Stellen, an Wasserläufen, Steppen, trockene Felder und Wegränder. B: 6-9. Am Grunde verholzende Pflanze. Blütenköpfchen 3-5 mm groß in verzweigtem, schmalem oder breitem, bis 1 m hohen Blütenstand. 'Lambrook Giant', ausgelesen von Margery Fish, ist eine großwüchsige Form. 'Lambrook Silver' ist mit 75 cm kleiner. Für jeden trockenen Boden in voller Sonne.

Artemisia 'Canescens' syn. *A. armeniaca* hort. Gartenpflanze ungewisser Herkunft, aber deutlich unterschieden durch sehr feine, gedrehte Blattabschnitte, die sich rechtwinkelig berühren und den Trieben das charakteristisch stachelige Aussehen geben. Schmale, bis 45 cm hohe Blütentriebe. Kugelige, 6 cm große Blütenköpfchen. Für jeden Boden mit gutem Wasserabzug in voller Sonne.

Artemisia lactiflora Wall. ex DC. West-China, in Sichuan und von Roy Lancaster am Berg Omei gesichtet; in Gebüsch und auf Kahlschlägen in Wäldern. B: 8-10. Große Büsche elegant überhängender, bis 1,8 m hoher Stengel. Grüne, grobgezähnte Blätter. Blüten cremegelb. Für feuchten Humusboden in Sonne oder Halbschatten. WH: bis –20 °C, vielleicht darunter.

Artemisia ludoviciana Nutt. Nordamerika, von Michigan bis Washington, südlich bis Texas und Mexiko und weiter östlich eingebürgert. Prärien, trockene, offene Böden oder lichte Wälder. B: 7-9. Mit langen, dünnen Ausläufern lockere Trupps bildend. Stengel 30-100 cm. Blätter variabel, oben grün oder weiß und oft mit einigen großen Zähnen; besonders weiß bei 'Silver Queen' mit lanzettlichen Blättern und bis 75 cm Höhe.

Pflanzen in den Savill Gardens, Windsor, 28. August, 1/4 nat. Größe

Artemisia pontica L. *Römischer Wermut.* Deutschland und Österreich, ostwärts bis Rußland, Bulgarien und Zentralasien; an trockenen, grasigen und felsigen Hügeln. B: 5-7. 40-80 cm hohe Büsche. Blütenköpfchen ca. 2,5 mm groß, nickend, in sehr dichtem Blütenstand. Für jeden Boden in voller Sonne. WH: bis –25 °C oder darunter.

Artemisia 'Powis Castle'. Wahrscheinlich Kreuzung zwischen *A. absinthium* und der strauchigen *A. aborescens* L., deren Blätter in bis 2 mm breite Abschnitte geteilt sind. 'Powis Castle' kann sich zu einem Strauch entwickeln, wie in der Abbildung in dem Buch Sträucher, Seite 160 zu sehen ist. Sie ist aber auch als schnellwüchsige Staude zu ziehen und leicht durch Stecklinge zu vermehren, falls sie durch zu harte Winter bedingt abstirbt. Je ärmer der Boden, desto langlebiger.

Artemisia schmidtiana Maxim. Japan (Hokkaido, Nord-Honshu), Sachalin und Süd-Kurilen; offener Boden, im Gebirge und an der See. B: 8-10. Pflanze bildet mit kriechenden, nichtblühenden Trieben Teppiche weicher, silbriger, haarähnlicher Blätter. Blütenstengel bis 30, meist nur 15 cm hoch. Nickende, 8 mm große Blütenköpfchen. Für sandigen Boden bei gutem Wasserabzug in voller Sonne. WH: bis –20 °C oder darunter. Oft 'Nana' genannt, aber alle *A. schmidtiana* bleiben niedrig.

Artemisia stelleriana Bess. 'Mori's Form'. Ostsibirien, Nord-Japan (Hokkaido und Nord-Honshu), Korea, Sachalin und Kurilen-Inseln und weithin eingebürgert an der Ostküste Nordamerikas; Sanddünen und Küstenklippen. B: 7-10. Ausbreitung mit Ausläufern und mehr oder weniger niederliegenden, nichtblühenden Trieben. Blütentriebe bis 65 cm. Dicke, ovale bis längliche, graue oder weiße Blätter mit stumpfen Lappen. Blütenköpfchen 8-10 mm groß. Für Sandboden in voller Sonne. 'Moris Form' syn. 'Boughton Silver' ist eine besonders weiße und flachbleibende Form, die von Kazno Mori aus Japan eingeführt wurde.

Helichrysum 'Schwefellicht' syn. 'Sulphur Light' *(Compositae)* wurde von H. Klose, Kassel, gezüchtet. Büschelige, 20-30 cm hohe Pflanze mit weichen, wolligen Blättern. WH: bis –15 °C, evtl. darunter.

Centaurea argentea

Centaurea macrocephala

Centaurea montana 'Alba'

Centaurea montana

Centaurea dealbata 'Steenbergii'

Centaurea atropurpurea

Centaurea argentea L. *(Compositae)*. Kreta und Kithira; auf Felsen und in Schluchten im Gebirge. B: 6-7. Silbrige, leierförmige Blätter. Einzeln auf 10-45 cm hohen Stielen stehende, 5-7 mm große Blütenköpfchen. Für trockene, sonnige Lage auf Mauerkronen oder in Spalten. WH: vielleicht bis –15 °C.

Centaurea atropurpurea Waldst. & Kit. Jugoslawien, Albanien und Rumänien; felsige Hänge im Gebirge. B: 6-7. Im oberen Teil verzweigte, bis 150 cm hohe Stengel. Dunkel rötlich-purpurne, bis 4 cm große Blüten. Für volle Sonne bei gutem Wasserabzug. WH: vielleicht bis –20 °C. Diese Art beeindruckt hauptsächlich durch ihre Farbe, ähnlich der von *Cirsium rivulare* 'Atropurpureum' oder *Knautia macedonica*.

Centaurea cuneifolia Sm. subsp. *pallida* (Friv.) Hayek und vielleicht syn. *C.* 'Pulchra Major'. Südost-Europa, von Jugoslawien und Rumänien bis zur Türkei, im Süden bei Balikesir; Wälder und Sanddünen. B: 5-7. Vielstengelige, bis 80 cm hohe Büsche. Grauweiß behaarte Blätter, die untersten leierförmig gefiedert mit länglichem Endsegment. Blütenköpfchen 6-8 cm groß. Hüllblättchen mit braunen, durchsichtigen Anhängseln. Für jeden trockenen Boden bei gutem Wasserabzug in voller Sonne. WH: bis –20 °C oder darunter. *C. rhapontica* L. syn. *Leuzea rhapontica* (L.) J. Hulub ist eine viel größere Pflanze mit roten oder purpurnen Blüten und bis 11 cm großen Blütenköpfchen und bis 10 cm großen Anhängseln an den Hüllblättchen.

Centaurea dealbata Willd. Kaukasus, bis Nordost-Türkei; subalpine Wiesen und felsige Hänge. B: 6-8. Büsche grüner, fiederschnittiger, unterseits grauer Blätter mit fiederschnittigen oder gelappten Blattsegmenten. Stengel 50, aber auch bis 100 cm. Beblätterte, blühende Triebe und oft ein Blattkranz unter dem Blütenköpfchen. 'Steenbergii' syn. 'Skanbergii' hat intensiv rötlich-purpurne Blüten und ca. 30 cm hohe Triebe. Für Boden mit gutem Wasserabzug in voller Sonne. WH: bis –25 °C oder darunter. *C. hypoleuca* DC., Süd-Kaukasus, Nordwest-Iran und Nord-Türkei, ist sehr ähnlich und in den Gärten durch die Sorte 'John Coutts' mit schlanken, verzweigten Stengeln zu finden, deren lanzettliche obere Blätter manchmal 1-2 Lappen am Blattgrund tragen. Blüten ca. 6 cm

Centaurea declinata

groß, leuchtend rosa mit blasserer Mitte und dunkelbraunen Anhängseln mit weißlichen Haaren am Rande der Hüllblättchen.

Centaurea declinata M. Bieb. Kaukasus und Krim; trockene, felsige, subalpine Wiesen und Wälder. B: 6-7. Matten beidseitig grauer Blätter mit gerundeten Abschnitten. Blütenstengel 10-30 cm hoch. Blütenköpfchen ca. 5 cm groß, kurz und dick. Hüllblättchen mit abstehenden, spitzen Anhängseln. Für Mauerspalten oder Boden mit gutem Wasserabzug in voller Sonne. WH: bis –25 °C oder darunter.

Centaurea macrocephala Muss.-Puschk. ex Willd. Kaukasus und äußerste nordöstliche Türkei; subalpine Wiesen von 2000-2300 m. B: 7-8. Mehrere kräftige, aufrechte, dichtbeblätterte, bis 1 m hohe Stengel. Blütenköpfchen 4,5-5,5 cm groß mit bis 2 cm breiten, rundlichen, durchsichtigen Anhängseln an den Hüllblättchen. Für nährstoffreiche, sommerfeuchte Böden in voller Sonne. WH: bis –20 °C.

Centaurea montana L. *Bergflockenblume.* Europa, von den Ardennen, Belgien südlich bis Pyrenäen und ostwärts bis Polen und Mittel-Jugoslawien; subalpine Wiesen und lichte Wälder. B: 5-7. Mit kriechendem Rhizom sich ausbreitende Kolonien bildend. Stengel meist unverzweigt, bis 60 cm hoch. Ungeteilte, oft unterseits seidig behaarte Blätter. Blaue, ca. 5 cm große Blütenköpfchen, die bei 'Alba' weiß sind und bei 'Carnea' rosa und bei 'Violetta' lila. Diese Farbsorten und andere sind in den Gärten vertreten. Für feuchten Boden mit gutem Wasserabzug in Sonne oder Halbschatten. WH: bis –20 °C oder darunter.

Centaurea simplicaulis Boiss. & Huet. Nordost-Türkei und Süd-Kaukasus; Felsspalten und in Geröll von 400-2600 m in der Türkei. B: 5-6. Horste fiederschnittiger, oberseits grüner, unterseits weißlicher, in der Form unterschiedlicher Blätter. Blütentriebe meist 20 cm, aber auch 5-35 cm. Ziemlich lange und schlanke, ca. 5 cm große Blütenköpfchen mit charakteristischen, weißspitzigen Anhängseln an den Hüllblättchen. Für volle Sonne bei gutem Wasserabzug am Beetrand oder vor Mauern. WH: bis –25 °C oder darunter.

Stokesia laevis 'Wyoming'

Centaurea cuneifolia subsp. *pallida*

Centaurea simplicaulis in Coldham, Kent

Stokesia laevis (Hill) E. Greene *(Compositae).* Südöstliches Nordamerika; von Florida und Louisiana bis South Carolina; feuchte Kiefernwälder, auf saurem Boden. B: 4-7. Meist wollige, bis 50 cm hohe Stengel, deren untere Blätter elliptisch oder schmal-lanzettlich sind. Blüten purpurblau oder weiß, in Namenssorten auch blau. Für sandigen Boden in voller Sonne. WH: bis –15 °C, vielleicht darunter (Seite 347).

Centaurea hypoleuca 'John Coutts' in Wisley

Berkheya purpurea mit *Eucomis*

Senecio smithii im Royal Botanic Garden, Edinburgh

Cirsium falconeri in Kaschmir

Echinops exaltatus

Echinops ritro

Cirsium rivulare 'Atropurpureum'

Carlina acaulis in Powis Castle

Cynara scolymus mit *Crambe maritima*

Cynara cardunculus im großen Staudenbeet in Great Dixter

Berkheya purpurea (DC.) Masters *(Compositae)*. Südafrika, Drakensberg, Natal und Nordost-Kap-Provinz; feuchte, felsige, grasige Hänge von 1800-2800 m. B: 12-2, bei uns 6-8. Wenige, aufrechte, distelähnliche, bis 80 cm hohe Triebe. Unterseits weiß-wollige, bis 45 cm lange Grundblätter. Purpurne oder weiße, ca. 7,5 cm große Blütenköpfchen. Für feuchten Torfboden bei gutem Wasserabzug in voller Sonne. WH: bis –15 °C.

Carlina acaulis L. *(Compositae) Silber- oder Wetterdistel.* Von Frankreich, Spanien bis West-Rußland und Griechenland; trockene, alpine und subalpine Wiesen bis 2500 m. B: 7-8. Meist kurzlebig. Rosetten distelähnlicher, bis 60 cm langer Blätter. Blütenstände bei subsp. *acaulis* meist stengellos. In nährstoffreichen Böden oder bei Halbschatten, meist doch bis etwa 15 cm; bei subsp. *simplex* (Waldst. & Kit.) Nyman oft verzweigter, bis 60 cm hoher Blütenstand mit bis zu 6 Blütenköpfchen, die 8-12 cm groß mit silbrig weißen oder blaßrosa glänzenden Hüllblättchen sind. WH: bis –20 °C.

Cirsium falconeri (Hook. fil.) Petrak *(Compositae)*. Himalaja, von Pakistan bis Südost-Tibet; grasige Stellen und Kahlschläge in Wäldern, von 2700-4300 m. B: 7-9. Wenige aufrechte, bis 1,5 m hohe Stengel und ganze Pflanze mit weißlichen Dornen besetzt. Nickende, 7-8,5 cm große Blütenköpfchen in Kaschmir. Aufrechte, purpurne Blütenköpfchen in Nepal bis Südost-Tibet. Feuchte Böden mit gutem Wasserabzug in Sonne oder Halbschatten. WH: bis –20 °C oder darunter.

Cirsium rivulare (Jacq.) All. 'Atropurpureum'. Mitteleuropa, Pyrenäen und Frankreich ostwärts bis Jugoslawien und West-Rußland; feuchte Wiesen, meist auf sauren Böden. B: 6-7. Mit kurzen, kriechenden Rhizomen ausbreitende Büsche bildend. Bis 120 cm, bei Gartenkultur höher. Bis 3 cm große, gehäuft stehende, purpurne Blütenköpfchen, bei 'Atropurpureum' intensiv rot-purpur. Für feuchte, sandige Beete in Sonne oder Halbschatten. WH: bis –20 °C oder darunter.

Cynara cardunculus L. *(Compositae)* Cardy. Portugal bis Südfrankreich, Italien, Griechenland und Nordafrika; steinige Hänge und trockene grasige Stellen. B: 6-8. Bis 100 cm, im Garten bis 200 cm hohe Stengel; bis 1 m lange, tief zerteilte, meist mit einigen Dornen besetzte, graue Blätter. Blütenköpfchen 5-8 cm groß mit dornigen, abstehenden Hüllblättchen. Für tiefgründigen Boden mit gutem Wasserabzug in voller Sonne. WH: bis –10 °C oder darunter bei Schutz. *C. hystrix* Ball aus Nordafrika wird manchmal in Gärten gezogen und hat sehr dornige, schmale Blätter und bis 100 cm hohe Stengel; Blütenköpfchen mit rötlich purpurnen Hüllblättchen.

Cynara scolymus L. *Artischocke.* Die meist als Gemüse gezogene Artischocke ist auch eine brauchbare nicht winterharte Beetstaude, wenn man sie aufblühen läßt. Blütenköpfchen bei guten Sorten bis über 12 cm groß.

Echinops exaltatus Schrader syn. *E. commutatus* Jur. *(Compositae)*. Europa, von Italien und Polen ostwärts bis West-Rußland und Bulgarien; grasige Stellen und Gebüsch. B: 8-9. Große Büsche bis 2 m hoher Stengel. Oberseits grüne, unterseits behaarte, im Umriß ovale bis elliptische Blätter. Blattsegmente 3eckig mit wenigen dünnen Dornen und sehr rauhem Rand. Weiße oder graue, 3,5-6 cm große Blütenköpfchen. Für nährstoffreiche Böden in voller Sonne oder Halbschatten. WH: bis –20 °C oder darunter. *E. sphaerocephalus* L. ist eine ebenso große, weißblütige Pflanze, deren Blattränder aber glatt sind.

Echinops ritro L. incl. *E. ruthenicus* M. Bieb. *Kugeldistel.* Südfrankreich und Spanien ostwärts bis Sibirien und Zentralasien; Gebüsch, felsige Hänge und bloße, steinige Flächen. B: 7-10. Mehrere weißhaarige, 30-60 cm hohe Stengel aus bücheligem Wurzelstock. Steife, ledrige, sehr dornige, oberseits grüne und unterseits weiße, gefiederte Blätter, deren Abschnitte am Grunde über 4 mm breit sind. Bei subsp. *ruthenicus* (M. Bieb.) Nyman sind die Blätter feiner zerteilt und die Abschnitte weniger als 2 mm breit. Blütenköpfchen 3,5-4,5 cm groß. Für trockene Böden mit gutem Wasserabzug in voller Sonne. WH: bis –20 °C oder darunter. Eine andere niedrige Art mit Gartenwert ist *Echinops emiliae* O. Schw., die in der Südwest-Türkei in Kalkgeröll wächst. Sie hat bis 60 cm hohe Stengel mit großen, jadegrünen, bis 15 cm breiten Blütenkugeln. Noch nicht in Gartenkultur.

Senecio smithii DC. *(Compositae)*. West-Argentinen bis zum 46. und in Süd-Chile bis zum 43. Grad südlicher Breite; in Sümpfen, nassen, grasigen Stellen, entlang der Küste und in Kiesufern an Wasserläufen. B: 12-4, bei uns 7-8. Verwildert auf den Shetland-Inseln und einigen Teilen West-Schottlands (an Wasserläufen, in Sumpfbereichen). Große Büsche unterseits weißhaariger, langgestielter Blätter mit 8-25 cm langer Blattfläche. Blütentriebe bis 120 cm hoch. Blütenköpfchen 3-5 cm groß. Für feuchte, torfige Böden oder Flachwasser in Sonne oder Halbschatten. WH: bis –25 °C, vielleicht darunter. Oft Schneckenfraß.

Veratrum nigrum mit *Cimicifuga racemosa* in Kent

Veratrum mengtzeanum in Windsor

Stenanthium gramineum

Stenanthium gramineum in Edinburgh

Amianthium muscaetoxicum (Walt.) A. Gray *(Liliaceae-Melanthiaceae)*. Östliches Nordamerika, von Long Island und Ost-Pennsylvania südlich bis Florida, Missouri und Oklahoma; lichte, sandige Wälder, Sümpfe und nasse Sandflächen. B: 5-7. Schlanker, knolliger Wurzelstock und bis 3 cm breite, lineare Grundblätter. Unverzweigte, 45-120 cm hohe Blütenstengel. Blüten ohne Nektarien, 5-7 mm breit. Für feuchte Torfböden in voller Sonne. WH: bis –20 °C.

Stenanthium gramineum (Ker-Gawl.) Morong. *(Liliaceae-Melanthiaceae)*. Östliches Nordamerika, von Virginia bis Kentucky südlich bis Missouri, Florida und Ost-Texas, bis 1800 m in N. Carolina; trockene, lichte Wälder, im Gebirge, Gebüsch und an Sumpfrändern [var. *robustum* (S. Wats.) Fern.]. B: 6-9. Leicht knolliger Wurzelstock mit bis 1,9 m hohen, aufrechten Trieben. Viele bis 3 cm breite, recht schlaffe Blätter. Blütenstand mit einem ährenähnlichen Endzweig und mehreren, meist nach unten gebogenen Seitenzweigen, bei var. *robustum* sind diese dichter mit Blüten besetzt und aufsteigend. Blüten meist weißlich, manchmal aber grünlich oder bronze-purpurn. Selten in Kultur, aber gut im Royal Botanic Garden, Edinburgh, wachsend (Moorboden).

Veratrum album L. incl. *V. lobelianum* Bernh., *V. oxysepalum* Turcz. und *V. grandiflorum* (Maxim.) Loes. *(Liliaceae-Melanthiaceae)*. Europa, von Norwegen, Frankreich und Spanien ostwärts bis Kaukasus, Sibirien, China, Japan und Alaska; feuchte, grasige, subalpine Wiesen und lichte Wälder. B: 6-7. Kurzer, kräftiger Wurzelstock mit bis 2 m hohen, aufrechten Stengeln. Oberseits unbehaarte, unterseits an den Blattadern haarige Blätter. Weißliche, gelbliche oder grüne, 1,5-2,5 cm große Blüten. Der Unterschied zwischen grünblütigen Formen dieser Art und der ostamerikanischen *V. viride* Ait. ist unklar. *V. viride* soll unterseits behaarte Blätter und mehr hängende Seitenzweige im Blütenstand haben. Sie wächst an feuchteren Stellen, als dies *V. album* tut.

Veratrum mengtzeanum Loes. fil. syn. *V. wilsonii* C. M. Wright. West-China, in Yunnan, Sichuan und Guizhou; steinige Weiden, Gebüsch und Wäl-

Veratrum (Blätter) mit *Phalaris arundinacea* 'Picta'

Veratrum album (grünblühend)

der. B: 6-9. Stengel bis 1,5 m. Lineare oder linear-lanzettliche, bis 50 cm lange und 1,5-3,5 cm breite unbehaarte Blätter. Blüten 1,5-2,5 cm breit und 7-15 mm lang, gestielt mit 2 auffallenden Nektarien auf jedem Blütenblatt. Für feuchte, torfige Böden in Halbschatten. WH: vielleicht bis –20 °C.

Veratrum nigrum L. fil syn. *V. ussuriense* (Loes. fil.) Nakai. Europa, von Frankreich und Polen ostwärts bis Sibirien, Nord-China und Korea; subalpine Wiesen, Gebüsch und Waldlichtungen. B: 6-8. Kurzer, kräftiger Wurzelstock mit bis 130 cm hohen Stengeln. Blätter beidseitig kahl und jung gefaltet. Purpurne bis rötlich-braune, 9-15 mm große Blüten, die nach faulen Früchten riechen und von Fliegen besucht werden. Für jeden guten, feuchten Boden in Sonne oder Halbschatten. WH: bis –25 °C oder darunter.

Veratrum taliense Loes. fil. West-China, Yunnan und Sichuan; in alpinen Wiesen. B: 6-7, in Kultur bis 9. Stengel bis 1,5 m. Schmale, lanzettliche, spitz zulaufende, 30-50 cm lange und 2,5 cm breite Blätter. Innen und außen kahle, 1,5-2,2 cm große Blüten mit kleinen, 2lappigen Nektarien. Für feuchten Torfboden mit gutem Wasserabzug in Sonne oder Halbschatten. WH: bis –20 °C. Von Roy Lancaster aus den Bergen von Dali in Yunnan eingeführt.

Xerophyllum tenax (Pursh) Nutt. *(Liliaceae-Melanthiaceae) Bärengras.* Westliches Nordamerika, von Kalifornien (Monterey Co.) nördlich bis British Columbia und in den Rocky Mountains in Idaho und Montana; trockene, sonnige Hügel und lichte Wälder. B: 5-8. Kurzer, dicker Wurzelstock mit einem aufrechten, bis 150 cm hohen Trieb. Grundblätter bis 4 mm breit mit zahlreichen schmaleren Stengelblättern. Blütentraube 10-60 cm lang mit 12-20 mm großen Blüten. Für Boden mit gutem Wasserabzug in voller Sonne. WH: bis –20 °C.

Zigadenus elegans Pursh syn. *Anticlea elegans* (Pursh) Rydb. *(Liliaceae-Melanthiaceae) Jochlilie.* Östliches Nordamerika, von New Brunswick bis Vermont, New York und Missouri, in den Roky Mountains, südlich bis New Mexico und Arizona; Kiefernwälder und feuchte Stellen, bis 3000 m. B: 6-8. Aus schlanken Zwiebeln kleine Horste mit bis 90 cm hohen Stengeln wachsend. Blüten 16-20 mm groß mit herzförmigem Nektarium.

Veratrum taliense in Edinburgh

Xerophyllum tenax

Veratrum album in Wisley

Zigadenus elegans in Wisley

Amianthium muscaetoxicum bei Harry Hay

Paradisea liliastrum bei St. Luc, Wallis

Paradisea lusitanica in Sellindge, Kent

Anthericum ramosum in Nordwest-Italien

Paradisea liliastrum

Paradisea lusitanica

Anthericum ramosum L. *(Liliaceae-Asphodelaceae) Ästige Graslilie.* Südschweden und Nordfrankreich südwärts bis Pyrenäen, Mittelitalien, Bulgarien, Krim und Nordwest-Türkei; Trockenrasen und lichtes Gebüsch. B: 5-7. Verzweigte, bis 90 cm hohe Stengel mit sternförmigen Blüten, deren Blütenblätter 10-14 mm lang sind. *A. liliago* L. ,Europa und Süd-Türkei, und insbesondere die Auslese 'Major' hat bis 22 mm große Blütenblätter und meist unverzweigte Triebe ähnlich einer kleinblütigen Paradisea. Beide Arten wachsen problemlos an sonniger Stelle mit gutem Wasserabzug.

Asphodeline liburnica (Scop.) Reichb. *(Asphodelaceae).* Österreich, Italien, bis Griechenland und Kreta; trockenes Gebüsch und lichte Wälder. B: 6-7. Fleischige Wurzeln und wenige aufrechte, fast nur am unteren Teil beblätterte, bis 100 cm hohe Triebe. Blütenstand einfach oder mit 1-2 Seitenästen. Blüten 5-6 cm. Für trockene Böden mit gutem Wasserabzug in voller Sonne. WH: bis –15 °C.

Asphodeline lutea (L.) Reichb. *Junkerlilie.* Mittelmeergebiet; felsige Hänge und Gebüsch, meist auf Kalk, bis 1650 m in der Türkei. B: 3-6, in Kultur 4-5. Bis 150 cm hohe, ganz mit schmalen grasartigen Blättern besetzte Stengel. Hochblätter 10 mm breit. Viele 20-30 mm lange Blüten. In Kultur verbreitetste Art. Für Boden mit gutem Wasserabzug in voller Sonne und warmer Lage. WH: vielleicht bis –15 °C.

Asphodeline taurica (Pallas) Kunth. Griechenland, Krim, Kaukasus, Türkei und West-Syrien; felsige Hänge, Trockenrasen und lichte Wälder, von 500-2500 m. B: 5-7. Blaugrüne, ganz beblätterte, bis 80 cm hohe Stengel. Weiße, 2,5-3 cm große Blüten. Für trockene Böden mit gutem Wasserabzug in voller Sonne. WH: bis –15 °C.

Asphodelus albus Miller *(Asphodelaceae) Affodill.* Nordwest-Frankreich und Portugal bis Ungarn und Nordafrika; felsige Stellen, Gebüsch, lichte Wälder und Heideflächen. B: 4-5. Verdickte, fleischige Wurzel. Flache 1-2 cm breite Blätter. Meist nicht verzweigte, 30-100 cm hohe Stengel. Hochblätter dunkelbraun bei subsp. *albus*, weißlich durchsichtig in subsp. *villarsii*. Blütenblätter 15-20 mm lang. *A. ramosus* L. ist ziemlich ähn-

Asphodeline liburnica

Asphodeline taurica in den Tauros-Bergen, südlich von Kayseri, Türkei

lich, hat aber reichverzweigte, Kandelaber-ähnliche Blütenstände und am Ende knollig angeschwollene Wurzeln. Spanien, Portugal und Nordafrika, bis Griechenland und Nordwest-Türkei. WH: bis –15 °C. *A. aestivus* Brot. syn: *A. microcarpus* Viv. ist ähnlich *A. ramosus*, jedoch mit verkehrt eiförmigen Früchten, kleinerem Wuchs und kürzeren Seitenzweigen.

Bulbinella hookeri (Colenso ex Hook.) Cheeseman syn. *Chrysobactron hookeri* Colenso ex Hook. *(Asphodelaceae) Maori-Zwiebel.* Nord- und Südinsel Neuseelands, vom Taupo-See und Mount Egmont südwärts; subalpine Grasflächen. B: 10-1, bei uns Sommer. Hat sich am Standort stark ausgebreitet, da sie vom Vieh nicht gefressen wird und Buschfeuer gut übersteht. Vielblättriger Schopf aus einem Klumpen fleischiger, eßbarer Wurzeln. Stengel 25-45 cm. Blüten 6-8 mm groß. Für feuchte Torfböden in voller Sonne. WH: bis –5 °C, vielleicht darunter.

Paradisea liliastrum (L.) Bertol. *(Asphodelaceae) Paradieslilie, St. Brunolilie.* Alpen, Jura, Pyrenäen und Nord- und Mittel-Apenninen, von Spanien bis Italien und nach Jugoslawien; subalpine Wiesen. B: 6-7. Kleine Büsche mit bis 5 mm breiten Blättern und meist 4- bis 10blütigen, 30-60 cm hohen Stengeln. Blüten 30-50 mm lang. Nicht leicht zu kultivieren. Für feuchten Boden mit gutem Wasserabzug an sonniger Stelle. Aufnahme bei St. Luc im Kanton Wallis, Süd-Schweiz. 'Major' oder 'Magnificum' sind großblütige Auslesen.

Paradisea lusitanica (Cout.) Samp. Nordportugal und angrenzende Teile Spaniens; Wälder, Sümpfe und nasse Wiesen. B: 5-6. Bis 50 cm große Horste mit bis 2 cm breiten Blättern. Blüten 20-35 mm lang und 40 mm breit, zu 20-25 an 50-150 cm hohen Stengeln. Problemlos in nährstoffreichen, feuchten Böden in Sonne oder Halbschatten. WH: bis –10 °C und niedriger? Diese elegante Art wurde durch Dr. J. Smart aus seinem Garten in Barnstaple, Nord-Devon, in der Kultur verbreitet.

Bulbinella hookeri mit Mädesüß

Asphodeline lutea in Kew

Asphodelus albus auf Kalkgestein bei Ronda

Kniphofia caulescens auf 2800 m bei Carlyle's Hoek oberhalb Rhodes, Nordost-Kap-Provinz

Kniphofia rooperi in Wisley, Herbst

Kniphofia rooperi

Kniphofia breviflora Harv. ex Baker *(Liliaceae-Asphodelaceae)*. Südafrika, in Natal und Orange-Freistaat, in den Ausläufern und an den Hängen des Drakensberges von 1800-1900 m. Einzelstehend in dichtem Grasland, im Gebirge. B: 1-3, bei uns 7-9. Blüten normalerweise einheitlich reingelb, jedoch auch weiß in Natal gefunden. *K. buchananii* Baker hat auch weiße, 3-7 mm lange Blüten und ähnelt *K. breviflora*, deren Blüten aber 7-10 mm lang sind. WH: bis –15 °C.

Kniphofia caulescens Bak. Südafrika, Nordost-Kap-Provinz, Orange-Freistaat, Lesotho und auf dem Gipfel des Natal Drakensberg von 1800-3000 m. In Kolonien in moorigem Boden, auf Felsen,

Kniphofia linearifolia

Kniphofia linearifolia in einem Sumpf am Fuße des Sani-Passes in Natal

Kniphofia northiae bei Bustervoedpad, Nordost-Kap-Provinz

Kniphofia breviflora bei Mont-aux-Sources

entlang Sickerwasserzonen. B: 1-3, bei uns Herbst. Kurze, fast verholzte, oft verzweigte Stengel. Blaugrüne, feingesägte Blätter und 2farbige Blüten in 60 cm hohen Blütenständen kennzeichnen diese Art. WH: bis –20 °C.

Kniphofia linearifolia Baker syn. *K. uvaria* var. *maxima* Baker. Südafrika, Swaziland und Zimbabwe, die verbreitetste *Kniphofia* und engverwandt zu mehreren anderen robusten Fackellilien. Von ihr stammen viele gute verbreitete Gartensorten ab. Wächst in großen Büschen in feuchtem Grasland. Blütenknospen meist leuchtend rosarot und geöffnet orange oder gelb. Der prächtige große Blütenstand ist länglich oder kegelförmig gegenüber dem kugeligen von *K. uvaria* (L.) Hook. und die Pflanze größer mit steiferen Blättern. *K. praecox* Bak. ist ähnlich, aber mit schmalen, spitz zulaufenden Hochblättern, die bei *K. linearifolia* und *K. uvaria* rundlich sind. WH: vielleicht bis –10 °C bei den härtesten Typen.

Kniphofia northiae Bak. Südafrika, nordöstliche Kap-Provinz, Natal und Lesotho; steile, grasige Schluchten, in nassem, moorigem Boden, manchmal in großen Kolonien von 1600-3000 m. B: 12-2, bei uns Spätsommer. Nicht buschig wachsende Einzelpflanze mit dicken, bis 1 m hohen Stengeln, aus einer Rosette immergrüner, riemenförmiger, bis 1,5 m langer und 5-10 cm breiter Blätter. Diese haben bei den meisten Formen von *K. northiae* einen mehr U-förmigen als V-förmigen Blattkiel. Blütenstand dicht eiförmig mit rosaroten, weißlich oder gelb sich öffnenden Blüten. WH: bis –10 °C.

Kniphofia rooperi (Moore) Lem. Östliche Kap-Provinz und Süd-Natal; sumpfige Stellen, in Küstennähe. B: 6-9, bei uns im Herbst. Robuste Pflanze mit langen, schlank gespitzten Blättern. Blütenstand groß und kahl. Blüten 32-44 mm lang. *K. uvaria* ist ähnlich, hat aber meist nicht so kräftige, oft mehr zylindrische Blütenstände. Zwischenformen sind am Standort zu finden, jedoch ist *K. uvaria* zu jeder Jahreszeit die verbreitetste blühende Fackellilie. WH: vielleicht bis –15 °C.

Kniphofia thodei auf den Ngeli-Bergen

Kniphofia thodei bei Mont-aux-Sources

Kniphofia triangularis in Natal

Kniphofia porphyrantha

Kniphofia ritualis bei Mont-aux-Sources

Kniphofia rufa (gelbe Form)

Kniphofia thomsonii var. *snowdenii* bei Beth Chatto

Kniphofia laxiflora Kunth *(Liliaceae-Asphodelaceae)*. Südafrika, hauptsächlich Natal und Transvaal. Buschig wachsende Art von Seehöhe bis 2400 m auf dem Drakensberg in Natal. Variable Art und die früher als *K. natalensis* Bak. bekannten Pflanzen werden heute hier zugeordnet. Blütenfarben variieren von Gelb, Gelbgrün und Orange bis Lachs-Orangerot. Pflanzen an grasigen Hängen oder zwischen Felsen. B: 2-5, bei uns Spätsommer.

Kniphofia laxiflora bei Himeville, Natal

Kniphofia parviflora in den Ngeli-Bergen

Kniphofia parviflora Kunth. Südafrika, Küste der Transkei bis Gebirge in Natal; Einzelpflanzen in Sümpfen und nassem Grasland, bis 1800 m. B: 1-3, bei uns Sommer. Einzige südafrikanische Art mit schmalem, einseitigem 6-28 cm langem Blütenstand mit vielen kleinen grünlichen Blüten. Schwer in der Landschaft zu entdecken, doch durch den köstlichen, nelkenähnlichen Duft auffallend. Es gibt wenige andere kleinblütige, duftende Arten, deren auffälligste *K. typhoides* Codd. ist. Sie hat einen großen, bis 30 cm langen, schmalen Blütenstand mit vielen duftenden, purpur-braunen Blüten. WH: vielleicht bis –10 °C.

Kniphofia porphyrantha Baker. Südafrika, in Nordwest-Natal, östlichem Orange-Freistaat, Süd-Transvaal und West-Swaziland. Buschig wachsende und meist in Kolonien im Grasland, von 1000-2500 m am Drakensberg im Orange-Freistaat. Kurzer, zylindrischer, fast kugeliger Blütenstand. Knospen rötlich, beim Öffnen gelb, blaß-gelblichgrün überlaufen. Sehr attraktive, kleinbleibende Art. Blätter glattrandig. B: 10-12 und später je nach Höhenlage, bei uns Sommer. WH: bis –15 °C.

Kniphofia ritualis Codd. Südafrika, Orange-Freistaat, Natal und Lesotho und in Nord-Transvaal auf dem Wolkberg, meist von 2100-3000 m in den Steilhängen des Drakensberges und den umliegenden Sandsteinhügeln; Büsche in feuchtem Grasland. B: 1-3, bei uns Sommer. Blätter stark fein gesägt. Blütenknospen orangerot, beim Öffnen grünlich-gelb. *K. sarmentosa* (Andr.) Kunth ist ähnlich, hat aber orangerote Blüten und glatte Blattränder. WH: bis –10 °C.

Kniphofia rufa Baker. Südafrika, hauptsächlich entlang dem Natal Drakensberg; an Gebirgswasserläufen und in nassem Grasland, bis 2100 m. B: 11-4, bei uns 6-7. Es gibt 3 Farbtypen: Korallenrot, Weiß und Gelb. Die gelbe Form ähnelt der engverwandten *K. ichopensis* Baker ex Schinz., die meistens größer ist und mit 3-4,2 cm größere Blüten hat als *K. rufa* (1,9-3 cm). Beide Arten haben einen deutlich schlaffen Blütenstand mit elegant nach unten hängenden Einzelblüten. WH: vielleicht bis –15 °C.

Kniphofia thodei Baker. Südafrika, östlicher Orange-Freistaat, Natal, Transkei und Lesotho; Einzelpflanzen in feuchtem Grasland, von 1500-2800 m. B: 1-2, bei uns Sommer. Die typische Form ist 2farbig mit rötlichen Knospen, die sich zu wachsweißen Blüten an kurzem, kugeligem Blütenstand öffnen. Eine andere Form von den Ngeli-Bergen hat schmale, rote, röhrige Blüten mit weißem Rand an der Öffnung. WH: vielleicht bis –15 °C.

Kniphofia thomsonii Baker var. *snowdenii* (C. H. Wright) Marais. Mittelafrika, in Uganda und Kenia; Einzelpflanzen in nassem Grasland, von 1800-3900 m. B: 11-4, bei uns Spätsommer/Herbst. Hohe, schlaffe Blütenstände mit hängenden, gelben, orangen oder roten Blüten. Eine der vielen Arten von den Hängen der mittelafrikanischen Hochgebirge und heute als Varietät zu *K. thomsonii* gestellt. Untere Blütenröhre behaart, dagegen bei var. *thomsonii* glatt. Immer neue Blütentriebe vom Hochsommer bis zum Winterbeginn. WH: vielleicht bis –10 °C, da sehr empfindlich gegen Feuchtigkeit und Kälte im Winter.

Kniphofia triangularis Kunth. Südafrika, östliche Kap-Provinz, östlicher Orange-Freistaat, Mittel- und Süd-Natal, im Drakensberg und Lesotho; feuchte Moorwiesen, von 1800-2000 m. B: 1-4, bei uns 8. Variable Art mit 1farbig rotem Blütenstand, die jetzt den früher als *K. nelsonii* Mast. und *K. macowanii* Baker bezeichneten Typen zugeordnet wurden. Pflanzen mit schmalen, 1-3 mm breiten, am Rande fein gesägten Blättern gehören zu subsp. *triangularis*, während Pflanzen mit 3-10 mm breiten, am Rande glatten Blättern der subsp. *obtusiloba* (Berger) Codd. zugeordnet werden. Eine der härtesten Arten, die kleine Büsche bildet und entsprechend der sommerlichen Wassermenge reichlich blüht. WH: vielleicht bis –15 °C.

Pflanzen von Beth Chatto, 17. August, 1/4 nat. Größe

Kniphofia 'Ice Queen'

Kniphofia 'Mount Etna'

Kniphofia-Sorten, Fackellilien. Die meisten Arten von *Kniphofia* kreuzen sich sehr leicht, und eine Vielzahl von Gartensorten wurden gezüchtet und benannt. Die nachfolgenden Beispiele sind eine Auswahl meist niedrig bleibender Hybriden. Alle wachsen am besten in feuchtem, sandigem Boden in voller Sonne und sind bis –10 °C oder kurzzeitig darunter winterhart. **'Brimstone'** Spätblühend, bis 1 m, Blütenstand schlank. Graham Thomas berichtet von außerordentlicher Winterhärte. **'Green Jade'** Sämling aus dem Garten von Sir Cedric Morris in Suffolk, gezogen bei Beth Chatto 1968. Er hat seitdem andere, grünblütige Sorten gezüchtet, schätzt diese Ausgangssorte aber außerordentlich hoch. Robuste, Büsche bildende Pflanze mit intensiv grünen Blütenähren an 120 cm hohen Trieben. Spätsommer blühend. **'Ice Queen'** Sämling, ausgelesen durch Alan Bloom, bis 1,5 m hohe Stengel. Spät blühend, Oktober bis Frost, bei kaltem Wetter blasse Blütenfarben. **-Limeade'** Mittelhohe Hybride, bis 1,2 m mit kräftig grünen Blüten, von Beth Chatto. **'Little Maid'** Diese kleine *Kniphofia* gehört zu Beth Chattos Lieblingen und wurde von ihr Ende der 60er Jahre ausgelesen. Zierliche, buschig wachsende Pflanze mit schmalen, grasähnlichen Blättern und bis 60 cm hohen Blütenähren. Knospen blaß-grün, manchmal schwach-rosa getönt und beim Öffnen reinweiß. Blüte ab Spätsommer. **'Mount Etna'** Früher als 'Wallenden's Mount Etna' bekannt und nach ihrem Züchter benannt. Besitzt *K. linearifolia*-Blut, wächst in großen Büschen. Bis 120 cm hohe Stengel mit roten Knospen und cremefarbenen Blüten in langem, dichtem Blütenstand. **'Orange Torch'** Hohe, orange-gelbe, bis 1,5 m hohe Sorte von Beth Chatto. **'Painted Lady'** Im Spätsommer blühende, bis 1,5 m hohe Hybride. Orangefarbene Knospen, cremeweiß erblühend. **'Spanish Gold'** Kräftige, bis 1,5 m hohe Hybride mit grünen Blütenknospen, die sich intensiv gelb öffnen. **'Strawberries and Cream'** Niedrige, bis 60 cm hohe, von Beth Chatto gezüchtete Sorte. **'Yellow Hammer'** Bis 1 m hohe, intensiv gelbblühende Sorte, von der Slieve Donard Nursery in Nord-Irland. **Unbenannter Sämling 1**, 'Red and maize yellow' genannt, ca. 1,2 m hoch. **Unbenannter Sämling 2**, ca. 1,2 m hoch mit ziemlich kurzem Blütenstand und deutlich 2farbigen, rotgelben Blüten.

Kniphofia fluviatilis Codd. Südafrika, Natal, Nordost-Orange-Freistaat, Ost-Transvaal; buschige Art, meist direkt im Wasser, am Rande von Wasserläufen, von 1000-2500 m in den Sandstein-Vorgebirgen und im Hauptgebiet des Drakensberges. B: 11-1, bei uns als frostfrei überwinterte Kübelpflanze im Sommer. Konischer, bis 80 cm hoher Blütenstand. Knospen orange oder gelb geflammt mit langer, aprikosenfarbener oder grünlich-gelber Röhre. Blüten mit 4-5 cm länger als bei den meisten Arten.

Kniphofia 'Spanish Gold' in Wisley

Kniphofia 'Painted Lady' in Abbey Dore Court

Kniphofia 'Little Maid' in Beth Chattos Gärtnerei

Kniphofia 'Green Jade' in Wisley

Kniphofia 'Brimstone' mit einem *Verbascum*

Kniphofia 'Lord Roberts'

Kniphofia 'Underway'

Kniphofia 'Atlanta'

Kniphofia 'Gold Else'

Kniphofia 'Erecta'

Kniphofia 'Atlanta' Gefunden im Garten des Atlanta Hotels Tintagel, Cornwall, mit 2farbigem Blütenstand (rot und creme) oberhalb blaugrünem Laubwerk. Frühblühend, bis 120 cm hoch.

Kniphofia 'Erecta' Ausgefallene Sorte, die ihre Blüten nach oben richtet. Sie kam 1903 aus Frankreich nach England und wird seitdem in den Gärten gepflanzt. Die kräftig rosafarbenen Blüten stehen an ca. 100 cm hohen Blütenständen über großen Blattbüschen.

Kniphofia 'Gold Else' Züchter Wallace 1906. Niedrige Hybride zwischen der vom Aussterben bedrohten *K. pauciflora* Baker und der robusteren *K. citrina* Baker mit kugeligem Blütenstand. Sehr niedrige Sorte mit kleinem, gelbem Blütenstand an bis zu 75 cm hohen Stengeln über kleinen Blattbüschen. Im Hochsommer blühend.

Kniphofia 'Lord Roberts' Schöne alte, buschig wachsende Sorte und sehr ähnlich, wenn nicht gar identisch mit 'John Benary'. Scharlachrote Knospen und Blüten bilden den einfarbigen verlängerten Blütenstand, der bis 120 cm hoch werden kann. B: Spätsommer.

Kniphofia 'Lye End' Blütenähren bis 100 cm mit langem Blütenstand rosaroter Knospen oberhalb weißer Blüten. Züchter A. M. Pole 1976. B: ab 7. Große Büsche steifer grüner Blätter.

Kniphofia 'Royal Standard' Züchter Prichard 1921. Kräftige, bis 100 cm hohe Stämme und 2-farbige Blütenstände mit scharlachroten Knospen und leuchtend gelben, offenen Blüten. Buschig wachsende Pflanze, die im Hochsommer/Spätsommer blüht.

Kniphofia 'Samuel's Sensation' Eine der besten Sorten der letzten Jahre. Reichblühend, leuchtend scharlachrote Blüten mit gelbem Hauch beim Verblühen. Große, regelmäßige, elegante, lange Blütenähren an 150 cm hohen Stengeln über grünen Blattbüscheln. B: ab Spätsommer.

Kniphofia 'Underway' Züchter Norman Hadden, Somerset, zwischen den Weltkriegen; wahrscheinlich eine Sorte von *K. triangularis*. Kleine Büsche grasähnlicher Blätter mit schlanken Ähren blaßorangefarbener Blüten, im Herbst an bis 80 cm hohen Stengeln.

Kniphofia 'Lye End' im Botanikbeet in Wisley

Kniphofia 'Royal Standard'

Kniphofia 'Samuel's Sensation' im Versuch in Wisley

Pflanzen von Wisley, 17. August, 1/3 nat. Größe

Hosta minor

Hosta tardiflora in Washfield Nurseries

Hosta fortunei (Baker) Bailey 'Freising' *(Liliaceae-Hostaceae).* Honshu; Blätter runzelig grün, 36 × 20 cm. Bis 80 cm hohe Horste. Für Schatten oder Halbschatten. Blüten weiß im Juli.

Hosta 'Halcyon' Blaugrün-graue, 18 × 10 cm große Blätter mit 10-12 Nervenpaaren. Schattiger Stand, da die Blattfarbe in der Sonne verblaßt. Violette Blüten im August.

Hosta hypoleuca Murata. Mittel-Honshu; in Spalten feuchter Klippen. Dünne, blaßgrüne, 38 × 30 cm große Blätter mit deutlich puderweißer Schicht auf der Blattunterseite und 8 Nervenpaaren. Bis 30 cm hohe Horste. Für Schatten oder Halbschatten. Fast weiße Blüten an hohen Stengeln im Juli.

Hosta longipes (Franch. & Sav.) Matsumura. Japan; dunkelgrüne, 15 × 8 cm große Blätter mit 7-8 Nervenpaaren. Bis 15 cm hohe Horste. Stengel der Blüten und Blätter mit dunkelbraunen Flecken. Für Schatten bis leichten Schatten, trockenheitstolerant. Blaßlila, manchmal bläuliche Blüten Ende August/September.

Hosta minor (Baker) Nakai. Süd-Japan und Korea. Breit-ovale, dunkelgrüne, 8 × 5 cm große Blätter mit 4-5 Nervenpaaren an geflügelten Stielen. Für Schatten oder Halbschatten mit bläulich-purpurnen Blüten.

Hosta nakaiana Maekawa 'Golden'. Honshu und Kyushu. Herzförmige, golden-grüne, 10 × 5 cm große, am Rande gewellte Blätter mit 5-6 Nervenpaaren. Bis 46 cm hohe Horste. Schatten bis leichter Schatten. Im August blaßpurpurne Blüten.

Hosta tardiflora (Irving) Stearn. Dunkelgrüne, 10-15 cm lange und 3-4 cm breite, in den Stiel übergehende Blätter mit 5 Nervenpaaren. Blüten 4-4,5 cm lang in dichtgedrängter Traube im Spätherbst.

Hosta ventricosa Stearn. China; dunkel, glänzend-grüne, herzförmige, spitz zulaufende, 18 × 12 cm große Blätter mit 8-9 Nervenpaaren. 60 cm hohe Horste. Für Schatten oder Halbschatten. Weit über den Blättern stehender, bis 90 cm hoher Blütenstand. Dunkel-violette Blüten im August.

Hosta ventricosa var. *aureo-maculata* Henson syn. *H. ventricosa* 'Maculata'. Blätter mit dunkelgrünem Rand und gelblich-grüner Mitte, die im Laufe des Sommers bis zur Randfarbe nachdunkelt. Für Schatten bis Halbschatten. Violette Blüten im August.

Hosta ventricosa 'Aureo-marginata'. Herzförmige, gedrehte, 18 × 15 cm große Blätter mit unregelmäßigem gelblichem, zu weiß sich verändern-dem Blattrand. Bis 45 cm hohe, bis zu Frost haltbare Horste. Schatten bis leichter Schatten. Lila Blüten im Juli.

Unbekannte **Hosta rectifolia-Hybride** mit purpurnen Stengeln, dunkelgrünen, langen, spitz zulaufenden Blättern mit 6-7 Nervenpaaren. Blüten purpur-violett.

Hosta ventricosa im Wild Garden in Wisley

Hosta ventricosa 'Aureo-maculata'

Hosta-Art an nasser Felswand in Zentral-Honshu

Hosta hypoleuca in Honshu

Hosta ventricosa 'Aureo-marginata'

Hosta 'Halcyon'

Pflanzen von Goldbrook Nurseries, 20. August, 1/3 nat. Größe

Hosta crispula Maekawa. Ovale, dunkelgrüne, 10 × 20 cm große Blätter mit langer, oft nach unten zurückgedrehter Spitze und breitem, weißem, gewelltem Rand und 7-8 Nervenpaaren. Breite, bis 40 cm hohe Horste, die durch kalte Winde Schaden leiden können. Bis über 30, blaß-lavendelfarbene Blüten an grünem Stengel. Schatten bis Halbschatten. B: Ende 6-7.

Hosta 'Fall Emerald' Durch Alex Summers eingeführt. Nahe *H. sieboldii* mit großen, leuchtend grünen, die Farbe lange haltenden Blättern. B: 6-7.

Hosta fortunei 'Albo-marginata' Graugrüne, weißrandige Blätter. Horst 35 cm hoch. Gutes Aussehen bis zum Frost. Schatten bis leichter Schatten. Lavendelblüten im Juli.

Hosta fortunei 'Albopicta' Blaßgrün gerandete, in der Mitte goldgelbe Blätter, die sich bis zum Hochsommer ganz blaßgrün färben. Bis 60 cm hohe Horste. Schatten bis leichter Schatten. Elegante, blaß-lavendelfarbene Blüten im Juli bis frühen August.

Hosta fortunei 'Aureo-marginata' Blätter mit klarem, breitem goldenem Rand. Schatten bis leichter Schatten.

Hosta fortunei 'Francie', eingeführt durch Klopping. Schwarz-grüne, 15 × 13 cm große Blätter mit weißen Rändern. Wächst schnell zu 30 cm hohen Horsten. Schatten bis leichter Schatten. Lavendelfarbene Blüten im August bis Anfang September.

Hosta fortunei 'Goldbrook' Züchtung von Mrs S. Bond. Grüne Blätter mit breitem, cremeweißem und ziemlich gewelltem Rand. Schatten bis leichter Schatten. Violette Blüten im Juli.

Hosta fortunei 'Spinners', Züchter Peter Chappell. Blätter mit sehr breitem, unregelmäßigem, weißem Rand. Schatten bis leichter Schatten. Violette Blüten im Juli.

Hosta lancifolia (Thunb.) Engler. Japan. Lanzettliche, 15 × 5 cm große, dunkel glänzend-grüne Blätter mit 4-5 Nervenpaaren. Horst 30 cm hoch. Nicht sonnig, aber höchstens halbschattig. Purpurne Blüten im August.

Hosta fortunei 'Albopicta'

Hosta fortunei 'Aureo-marginata'

Hosta 'Northern Halo' Züchter Walters Gardens 1984. Ein Sport aus *H. sieboldiana* 'Elegans'. Blaugrüne, 26 × 30 cm große Blätter mit unregelmäßig cremeweißem Rand und leicht schalig nach oben gewölbt mit runzeliger Blattfläche zwischen den 14 Nervenpaaren. Schatten bis Halbschatten. Einseitige Blütenstände mit weißen, purpurn überhauchten Blüten Ende Juni bis Juli.

Hosta sieboldiana (Hooker) Engler & Prantl Große, üppige, bläulich-grüne, 30 × 35 cm große, stark gerunzelte Blätter, die am Anfang schön bereift sind. Bildet große Horste. Schatten bis leichter Schatten. Weiße, violett überhauchte Blüten an kurzen Stielen im Juli.

Hosta sieboldiana 'Elegans' Runde, bläuliche, stark gerunzelte, 30-35 cm große Blätter, die prächtige Horste bilden. Schatten bis Halbschatten. Weiße, lila überhauchte Blüten an kurzen Stengeln zwischen den Blättern im Juli.

Hosta sieboldiana 'Frances Williams' Bläulichgrüne, gerunzelte, 36 × 20 cm große Blätter mit unregelmäßig breitem, gelbem Rand. Prächtige, bis 80 cm hohe Horste. Schatten bis Halbschatten. Blaß-lavendelblaue Blüten im Juli.

Hosta sieboldii 'Alba' syn. *H. albo-marginata var. alba*. Das Wort 'alba' bezieht sich auf die weiße Blütenfarbe. Leuchtend grüne, 13 × 4 cm große Blüten mit 3-4 Nervenpaaren. Blatthorste 30 cm hoch. Schatten bis Halbschatten. Weiße Blüten an ziemlich hohen Stengeln im August.

Hosta 'Thomas Hogg' *syn. H. undulata* 'Albomarginata'. Lanzettliche, grüne, 20 × 8 cm große Blätter mit unregelmäßigem, cremeweißem Rand, der sich zum Blattstengel hinunter fortsetzt. 30 cm hohe Horste. Schatten bis Halbschatten. Lila Blüten an hohen Stielen Ende Juni bis Juli.

Hosta 'True Blue' Züchter Paul Aden. Breite, kräftig blaugrüne, gerunzelte, 20 × 18 cm große Blätter mit 11-14 Nervenpaaren. Hält die Farbe gut bei Halbschatten bis leichtem Schatten. Elegante, lilafarbene, weißrandige Blüten im Juli bis Anfang August.

Pflanzen in den Savill Gardens, Windsor, 10. Juli, 1/5 nat. Größe

Hosta sieboldii 'Alba'

Hosta 'True Blue'

Pflanzen in den Savill Gardens, Windsor, 17. Juli, 1/2 nat. Größe

Hosta montana 'Aureo-marginata' in Wisley

Hosta fortunei 'Gold Standard' bei Goldbrook Plants, Suffolk

Hosta 'Zounds' bei Goldbrook Plants, Suffolk

Hosta 'Sun and Substance' bei Goldbrook Plants, Suffolk

Hosta decorata Bailey f. *decorata.* Schmale, spitz zulaufende, 8 × 13 cm große Blätter mit schmalem, weißem, leicht welligem Rand und 5-6 Nervenpaaren. Diese panaschierte Form kam vor der grünen Form nach Europa, die als *H. decorata* f. *normalis* bezeichnet wird. Bis 26 cm hoch. Dunkel-lila Blüten an hohem Stengel im Juli bis Anfang August. Schatten bis Halbschatten. Die Fruchtstände lassen sich gut in der Trockenbinderei verwenden.

Hosta fortunei 'Gold Standard' Eingeführt von Pauline Banyai 1976. Gelbe Blätter mit grünem oder im Schatten vergrünendem Rand. Gefleckt und 18 × 13 cm groß. Pflanzen bis 60 cm hoch. Schnell wachsend und erst als alte Pflanze voll ausgeprägt Farbe zeigend. Leichter Schatten bis Halbschatten. Blaß-lavendelblaue Blüten im Juli bis Anfang August.

Hosta fortunei 'Green Gold' Herzförmige Blätter mit Seidenglanz und goldfarbenem Rand, der später verblaßt. Leichter Schatten bis Halbschatten. Blaß-lavendelblaue Blüten im Juli bis Anfang August.

Hosta fortunei 'Phyllis Campbell' Feste grüne, in der Mitte gelb-gefleckte Blätter ohne gewellten Rand. Schatten bis Halbschatten. Lavendelblüten im Juli.

Hosta 'Ginko Craig' Eingeführt von Alex Craig-Summers, der die Pflanze, wie es hieß, auf einem japanischen Markt fand und nach seiner japanischen Frau benannte. Eisgrüne Blätter mit schmalem, weißem Rand. Beim Austrieb attraktive flache Blattrosette, später höhere, größere Blätter. Schöne purpurne Blüten an hohen Stengeln.

Hosta montana Maekawa 'Aureo-marginata' Große länglich-herzförmige, kräftig grüne, 35 × 26 cm große Blätter mit unregelmäßig gelben Rändern und 13-17 tiefliegenden Nervenpaaren. Pflanzen bis 65 cm hoch und 100 cm breit. Schatten bis leichter Schatten. Blaß-lavendelblaue Blüten, dicht gedrängt an 100 cm hohen Stielen im Juli bis August.

Hosta 'Sun and Substance' Züchter Paul Aden 1980. Bei voller Sonne kräftig goldgelbe, sonst leicht vergrünende, dicke und feste, 30 × 26 cm große Blätter. Bis 75 cm große, krankheitsresistente Pflanzen. Lavendelblaue Blüten im August bis Anfang September.

Hosta 'Zounds' Eingeführt durch Paul Aden. Metallisch-goldfarbene, 20 × 18 cm große Blätter. Pflanze bis 35 cm hoch. Leichter Schatten bis Halbschatten. Blaß-lavendelblaue Blüten im Juli bis Anfang August.

Pflanzen von Goldbrook Plants, 20. August, 1/3 nat. Größe

Hosta capitata (Koidzumi) Nakai. Herzförmige, grüne, 13 × 17 cm große Blätter mit gewelltem Rand und 6-8 Nervenpaaren. Horst bis 26 cm hoch. Schatten bis leichter Schatten. Purpurne Blüten an purpur geflecktem, gerilltem Stengel im Juli bis August.

Hosta fortunei (Baker) Bailey. Über ihre Herkunft ist nichts bekannt. Wahrscheinlich muß sie als Kulturhybride angesehen werden. Grüne, am Rand ziemlich gewellte, 18 × 12 cm große Blätter mit 9-11 Nervenpaaren. Wächst schnell zu einem bis 35 cm hohen Horst heran. Schatten bis leichter Schatten. Reichblühend, violett im Juli.

Hosta 'Ginko Craig' Diese Aufnahme zeigt ältere Blätter als die Abbildung auf Seite 395, wo auch der Text zu dieser Sorte steht.

Hosta 'Green Fountain' Züchter Paul Aden 1979. Eine Sorte von *H. kikutii*. Glänzend grüne, 25 × 8 cm große Blätter bilden einen bis 90 cm hohen Horst. Krankheitsfrei und verträgt volle Sonne. Lavendelfarbene Blüten im August bis September.

Hosta helonioides Maekawa 'Albo-picta' Längliche, leuchtend grüne, 18 × 3 cm große Blätter mit breitem, cremegelbem Rand und 3-4 Nervenpaaren. Pflanzen 26 cm hoch. Waagerecht purpur-gestreifte Blüten an bis 60 cm hohen Stengeln. Schatten bis leichter Schatten. B: 8-9. *H.* 'Brian Martin' ist sehr ähnlich und hat breitere Blätter mit breitem, weißem oder cremefarbenem Rand.

Hosta kikutii Maekawa. Glänzend grüne, 23 × 3 cm große Blätter mit 8-10 Nervenpaaren. Trokkenheitsvertragende, 30 cm hohe Pflanze mit kurzen Blattstielen. Die weißen Blüten stehen an hellgrünen hohen Stengeln, wobei Vogelkopf-ähnliche Hochblätter die Knospen bedecken. B: 8.

Hosta longissima (Honda) Honda. West-Honshu. Sehr schmale, 18 × 2 cm große Blätter mit 3 Nervenpaaren, einen nach außen überhängenden, 15 cm hohen Horst bildend. Dies ist eine Sumpfhosta, die Überflutung verträgt, aber keine Trockenheit. Schatten bis Halbschatten. Im September wenige, blaßviolette Blüten an jedem Blütentrieb.

Hosta plantaginea (Lam.) Asch. var. *grandiflora* (Sieb.) A. & G. China. Große herzförmige, glänzende, leuchtend gelbgrüne, 20 × 30 cm große Blätter ohne dunklen Schimmer. Große, weiße, duftende Blüten in 75 cm hohem Blütenstand im August. Die Pflanze verträgt eine ganze Menge Sonne. *H. plantaginea* 'Honeybells' hat rosa Blü-

Hosta 'Royal Standard' in Wisley

Hosta plantaginea var. *grandiflora*

tenknospen und einen gleichfarbigen Hauch auf den Blüten. B: Ende 8-9.

Hosta rectifolia 'Tallboy' Von Sir Eric Savill 1968 so benannt und 1983 registriert. Wahrscheinlich *H. rectifolia* × *H. ventricosa*. Leuchtend grüne, 23×41 cm große Blätter, die einen bis 75 cm hohen Horst bilden. Schatten bis leichter Schatten. Bis zu 20 dunkel-lilafarbene Blüten an jedem bis 90 cm hohen Blütenstand im August bis September.

Hosta 'Royal Standard' Züchter Wayside Gardens. Intensiv grüne, glänzende, herzförmige, 26 × 18 cm große, runzelige Blätter mit gewelltem Rand und tiefliegenden Blattnerven. Bis 60 cm hohe Horste. Die Blüten sind wie bei ihren Eltern *H. plantaginea* weiß und duftend. B: 8-9.

Hosta 'Shade Fanfare' Ein Sport von *H.* 'Flamboyant', eingeführt durch Paul Aden. Früh austreibende, in der Mitte intensiv goldgrüne Blätter, 20 × 15 cm groß mit cremefarbenem Rand. Pflanze 50 cm hoch. Für Schatten oder volle Sonne, wo sie sich am besten ausfärbt. Krankheitsresistent und schnell wachsend. Schöne lavendelfarbene Blüten im Juli bis Anfang August.

Hosta sieboldii (Paxton) Ingram syn. *H. albomarginata* (Hook.) Ohwi. Dunkelgrüne, gewellte, 13 × 4 cm große Blätter mit schmalem, weißem Rand und 3-4 Blattnervenpaaren. Pflanzen 30 cm hoch. Liebt nassen Boden und Schatten bis Halbschatten. Violette Blüten im August.

Hosta sieboldii 'Emerald Isle' hat spitzer zulaufende Blätter als *H. sieboldii*. Schatten bis Halbschatten. Weiße Blüten im August.

Hosta sieboldii 'Inaho' syn. *H. tardiva* hort. non Nakai. Moosgrüne, 13 × 4 cm große Blätter mit goldgrünen Flecken. Schatten bis Halbschatten. Purpurne Blüten im August.

Hosta sieboldii 'Kabitan' Maekawa. Kleine gelbe, lanzenförmige, 13 × 3 cm große Blätter mit grünem, gewelltem Rand. Schatten bis leichter Schatten. Weißliche, purpurgeaderte Blüten im August. 'Shiro-Kabitan' hat weiße Blätter mit grünem Rand.

Hosta undulata (O. & D.) Bailey var. *univittata* (Miq.) Hylander. Schmale, 4 cm breite, zur Spitze hin gedrehte Blätter mit weißem Mittelstreifen und blaugrünen Rändern, wobei beide Farben am geflügelten Stengel herablaufen. Pflanzen 45 cm hoch. Schatten bis Halbschatten. Viele lila Blüten im Juli.

Hosta fortunei

Hosta plantaginea 'Honeybells'

Hosta rectifolia 'Tallboy' in Wisley

Hosta 'Shade Fanfare'

Hosta 'Green Fountain' bei Goldbrook Plants, Suffolk

Pontederia cordata in Wisley

Sagittaria latifolia

Dianella tasmanica

Astelia nervosa Hook. fil *(Liliaceae-Asteliaceae).* In ganz Neuseeland, an feuchten Stellen im Flachland und subalpinen Wäldern. B: 10-1, bei uns im Sommer. Büschel steif aufrechter, silbriger, bis 200 cm hoher, in Kultur meist nur 60 cm hoher Blätter. Grüne oder rötliche, duftende Blüten in einem kurzen, verzweigten, bis 60 cm langen Blütenstand. Orangefarbene, beerenähnliche Früchte in gelben Bechern, die von den dauerhaften Kelchblättern gebildet werden; fruchtet bei Gartenkultur selten. Für feuchten Torf- oder Lehmboden im Schatten oder Halbschatten. WH: bis –10 °C. Gut wachsend in feuchten Küstengärten in Europa und nordwestlichem Nordamerika.

Commelina tuberosa L. *(Commelinaceae).* Mexiko. B: Hochsommer. Fleischige, verdickte Wurzeln mit bis 75 cm hohen Stengeln. Blätter linear. Die bis 2,5 cm breiten Blüten schließen sich am Abend. Für warme Lage in voller Sonne. WH: bis –10 °C, wenn der Wurzelstock vor dem Gefrieren geschützt ist.

Dianella tasmanica Hook. *(Liliaceae-Phorminaceae).* Südost-Australien, in New South Wales, Victoria und Tasmanien; in kühlen, feuchten, schattigen Wäldern. B: 8-10 und Fruchtreife 1-2, bei uns Blüte im Frühling und Fruchtreife im Sommer. Bildet Horste steifer, bis 120 cm hoher und 3 cm breiter, rauhkantiger Blätter. Blütentriebe bis 150 cm hoch. Blaßblaue Blüten mit bräunlich-gelben Staubgefäßen. Beeren 1-2 cm lang. Für geschützte Lage im Schatten mit Torfboden. WH: kurzzeitig höchstens bis –10 °C.

Phormium cookianum Le Jolis syn. *P. colensoi* Hook. fil. *(Phormiaceae).* Neuseeland und verwildert auf den Scilly-Inseln; an Felsen und Klippen an der Küste und an Felsnasen im Gebirge bis 1500 m. B: 12-1, bei uns Sommer. Weiche, schlaffe, bis 1,6 m lange und 3,5-6,5 cm breite Blätter. Blütentriebe 1,3-1,6 m. Blüten gelblich. Früchte hängend und meist gedreht. Für freistehende Pflanzung in Küstengärten. WH: vielleicht bis –10 °C.

Phormium tenax J. R. & G. Forster *Neuseeländischer Flachs.* Neuseeland und Norfolk-Inseln, eingebürgert in West-Irland, Südwest-England und den Azoren sowie auf anderen atlantischen Inseln, wie Tristan da Cunha, wo die Pflanze zum Unkraut wurde und in Sümpfen wächst. B: 11-1, bei uns 7-8. Zähe, ledrige, immergrüne, bis 3 m lange und 5-12,5 cm breite Blätter. Blütenstand bis 5 m. Blüten 2,5-5 cm lang. Früchte aufrecht. Für jeden tiefgründigen Boden, der nicht austrocknet. Entwickelt sich am besten an warmer, feuchter, geschützter Stelle. WH: bis –10 °C oder kurzfristig darunter.

Phormium-Sorten. Es gibt viele Namenssorten von *Phormium*, von denen viele Kreuzungen der beiden vorgenannten Arten sind. Die meisten stammen von Duncan und Davis in Neuseeland und wurden von ihnen nach Europa eingeführt. Sie sind bei uns als frostfrei zu überwinternde Kübelpflanzen zu pflegen. **'Dazzler'** Hybride mit besonders leuchtend gefärbten Blättern. Züchter W. B. Brockie 1940. **'Sundowner'** Eine Farbvariante von *P. tenax* mit gut grau-purpur gefärbten Blättern. Andere angebotene Farbformen sind ihrem Aussehen nach benannt, z. B. 'Cream Delight', 'Apricot Queen', 'Bronze Baby', 'Yellow Wave' usw.

Pontederia cordata L. *(Pontederiaceae) Hechtkraut.* Östliches Nordamerika, von Prince Edward Island westlich bis Süd-Ontario, südlich bis Nord-Florida, Missouri und Oklahoma; im Flachwasser wachsend. B: 6-11. Ausbreitende Kolonien durch dickes, kriechendes Rhizom. Fleischige, bis 120 cm hohe Stengel. Blätter variieren von breit-oval bis linear-lanzettlich und sind am Grunde herzförmig oder keilförmig. Manchmal entwickeln sich nur lineare Unterwasserblätter. Blaue, 8 mm große Blüten in dichten Ähren. Für Flachwasser in Teichen oder Wasserläufen. WH: bis –25 °C oder darunter.

Sagittaria latifolia Willd. *(Alismataceae) Breitblättriges Pfeilkraut.* Nordamerika, von New Brunswick bis Süd-British Columbia, südlich bis South Carolina, Alabama, Louisiana, Arizona und Kalifornien; Flachwasser in Seen und Wasserläufen. B: 7-9. Knolliger Wurzelstock und aufrechte, bis 150 cm hohe Stengel. Blätter variieren in der Form, pfeilförmig, meist mit breitem Hauptlappen und schmaleren, kleineren Grundlappen. Reinweiße Blütenblätter. Staubgefäße gelb. Für nassen Boden oder Flachwasser. WH: bis –20 °C oder darunter. Dies ist das verbreitete nordamerikanische Pfeilblatt. Das europäische Pfeilblatt unterscheidet sich durch meist schmalere Blätter und den roten Fleck am Grunde jeden Blütenblattes und die purpurnen Staubbeutel.

Tradescantia virginiana L. *(Commelinaceae).* Östliches Nordamerika, von Connecticut östlich bis Wisconsin, südlich bis Nordwest-Georgia, Tennessee und Missouri; in Wäldern, Gebüsch und Wiesen. B: 4-7. Viele bis 35 cm hohe Stengel aus büscheligem Wurzelstock mit fleischigen Wurzeln. Blütenblätter blau bis rosa oder weiß mit 12-18 mm langen Blütenblättern, Blüten 1,5-3,5 cm lang gestielt.

T. × andersoniana Ludwig & Rohweder. Die meisten Gartensorten sollen zu dieser Hybridgruppe zwischen *T. virginiana* und den anderen Arten gehören, von denen es 10 in Nordamerika gibt. Die Farbe variiert von fast blau bis kräftig rot, fast rot, rosa und weiß. Alle benötigen guten feuchten Boden in Sonne oder Halbschatten und blühen von Hochsommer bis zum Herbst. WH: bis –20 °C oder darunter.

Phormium 'Sundowner'

Phormium tenax, verwildert in Connemara, bei Ballynahinch

Phormium cookianum

Phormium 'Dazzler'

Tradescantia virginiana

Commelina tuberosa

Astelia nervosa

Tradescantia × *andersoniana*

Yucca filamentosa 'Ivory'

Yucca filamentosa

Yucca 'Vittorio Emmanuele'

Beschorneria yuccoides

Yucca gloriosa 'Variegata' in Wisley

Beschorneria yuccoides Hook. subsp. *dekosteriana* (C. Koch) Garcia-Mendoza *(Agavaceae)*. Mexiko, in den Staaten Hidalgo und Veracruz; in Amberbaum- und Erlenwäldern, im Gebirge. B: 5-6, bei uns als Kübelpflanze im Hochsommer. Bildet große Büsche grüner oder blaugrüner, 60-100 cm langer Blätter. Rötlicher, bis 2,50 m hoher Blütenstand. Grüne, röhrenförmige, 3,5-6 cm lange Blüten. Für jeden nährstoffreichen Boden in Sonne oder Halbschatten. WH: bis –5 °C und bei uns frostfrei zu kultivierende Kübelpflanze.

Yucca filamentosa L. Östliches Nordamerika, von Süd-New Jersey bis Florida; auf Dünen, Felsvorsprüngen, Sandflächen und in trockenen Kiefernwäldern entlang der Küste. B: 6-9. Kurzer, unterirdischer Stamm. Lanzettliche, unterhalb der dornigen Spitze kapuzenartig vertiefte Blätter mit gedrehten Fäden am Blattrand. Blütenstand 1,5-2 m hoch mit 5-7 cm langen Blüten. Für trockene Böden mit gutem Wasserabzug in voller Sonne. WH: bis –20 °C, eventuell darunter. **'Variegata'** Rosa und cremefarben gestreifte Blätter. Dazu noch über 1 Dutzend guter anderer Sorten.

'Ivory' Niedrige, bis 1,2 m hohe, sehr reichblühende Sorte von G. R. Jackman.

Yucca flaccida Haworth. Östliches Nordamerika, von North Carolina bis Alabama, besonders entlang der Blue Ridge- und Appalachen-Gebirge; trockene, steinige Plätze. B: 5-7, bei uns 8-9. Stammlose Pflanze. Blätter vom Grund bis zur Spitze mit geraden oder leicht gedrehten Fäden bedeckt. Behaarter, bis 1,5 m hoher Blütenstand mit 5-8 cm langen Blüten. Für sandigen Boden bei gutem Wasserabzug in voller Sonne. WH: bis –15 °C.

Yucca gloriosa L. 'Variegata' *(Agavaceae)*. Südöstliches Nordamerika, von South Carolina bis Nordost-Florida; auf Sanddünen und steinigen Plätzen am Meer. B: 7-8, bei uns Spätherbst. Pflanze mit bis 1 m hohem, manchmal auch bis 8 m hohem, verzweigtem Stamm. Scharfkantige, steif spitze, 40-60 cm lange und 5-7,5 cm breite Blätter. Oft purpur überlaufene, 5,5 cm lange Blüten. Für trockene, sonnige, geschützte Lagen. WH: vielleicht bis –10 °C.

Yucca recurvifolia Salisb. Östliches Nordamerika, von Georgia bis Missouri und Ost-Louisiana; auf Dünen in der Küstenebene. B: 7-9. Bildet große Büsche mit verholztem, meist bis 2 m langem, am Standort bis 5 m hohem Stamm. Weiche, bis 5 cm breite, im letzten Blattdrittel nach unten gebogene Blätter. Blütenstand bis 120 cm hoch. Blüten 5-7 cm lang. Für warme, trockene Lage mit gutem Wasserabzug. WH: vielleicht bis –15 °C.

Yucca 'Vittorio Emmanuele'. Ähnlich *Y. gloriosa* mit außerordentlich kräftig gezeichneten Blüten. Ähnliche, purpurblühende Sorten wurden im Botanischen Garten in Taschkent gezogen.

Yucca whipplei Torrey. Süd-Kalifornien, nördlich bis Monterey Co. und Baja California; auf trockenen, grasigen Hügeln, im Gebüsch und Chapparal. B: 4-6. Stammlose Pflanze mit knolligem Grund und oft nach der Samenreife absterbend in subsp. *percursa*, jedoch mit Ausläufern junge Pflanzen treibend und in subsp. *caespitosa* und subsp. *intermedia* dichte Blattrosetten bildend. Bis 100 cm lange und 10 mm breite Blätter mit 1-2 cm langem Enddorn. Blütenstand 1,5-2,5 m, manchmal 3,5 m hoch. Süß duftende, oft außen purpurne hängende, 2,5-3,5 cm lange Blüten. Für warme, sonnige, geschützte Lage in voller Sonne. WH: bis –10 °C für kurze Zeit. Hat bis zur Blütezeit im Freien in Kew und im Bodnant-Garten in North Wales überlebt. *Yucca newberryi* McKelvey aus Nord-Arizona ist sehr ähnlich.

Yucca filamentosa 'Variegata'

Yucca whipplei bei New Cuyama, Kalifornien

Yucca flaccida

Yucca recurvifolia

Agapanthus campanulatus subsp. *patens* bei Mont-aux-Sources, Orange Free State

Agapanthus campanulatus subsp. *patens*

Agapanthus caulescens

Agapanthus nutans 'Albus'

Agapanthus inapertus subsp. *hollandii*

Agapanthus campanulatus subsp. *patens* F. M. Leighton *(Liliaceae-Alliaceae)*. Siehe Seite 405.

Agapanthus caulescens Sprenger. Swaziland, mit subsp. *angustifolius* in Nordost-Natal im Ubombo-Gebiet; grasige Plätze. B: 1-2, bei uns 8-9. Blätter lauchähnlich um die Stengel angeordnet, die unteren ca. 15 cm und die oberen meist steif, bis 60 cm lang und 4 cm oder mehr breit. Blütenstand bis 130 cm hoch mit dicht sitzenden, abstehenden und nach unten hängenden Blüten. Blüten 3-5 cm lang mit 1-2 cm langer Röhre und weit spreizenden Blütenblättern, die in subsp. *gracilis* Leighton zurückgebogen sind. Dies ist ähnlich zu *A. campanulatus*, obwohl sie am Naturstandort getrennt sind und diese Art größere Blüten in dichterem Blütenstand besitzt. Für jeden nährstoffreichen Boden in voller Sonne. WH: vielleicht bis –10 °C.

Agapanthus dyeri Leighton. Transvaal, am Blaauberg, auf dem Mohlakeng-Plateau und in Süd-Mozambique, vielleicht bis 1800 m. B: 1-2, bei uns im Sommer. Büschelig wachsend mit bis 90 cm hohen Stengeln. Blätter sommergrün, bis 1,5 cm breit. Die Blüten sitzen in ca. 35 cm hoch stehenden Dolden und sind in der Knospe nach oben gerichtet und geöffnet mehr oder weniger hängend. Meist ziemlich blaßblaue, 1,3-1,4 cm lange, manchmal gebogene Blütenröhre mit bis 11 mm langen Segmenten. Ähnlich *A. inapertus*, aber mit kürzerer Röhre und mehr abstehenden Kronblattlappen. Für warme Lage mit gutem Wasserabzug. WH: vielleicht bis –10 °C, da die Pflanze in Kew überlebt.

Agapanthus inapertus Beauv. subsp. *hollandii* Leighton. Ost-Transvaal, im Lydenberg-Gebiet. Unterscheidet sich von den anderen Subspecies durch schmalere, aber weiter abstehende, gewöhnlich blaue Blütenblättern. WH: vielleicht bis –10 °C.

Agapanthus inapertus Beauv. subsp. *intermedius* Leighton. Transvaal und Swaziland, hauptsächlich im Randgebiet der anderen Subspecies. Blüten 2,5-4,5 cm lang und so weit öffnend, daß die Blüte zur Hälfte röhrig bleibt. Wahrscheinlich ist diese Subspecies eine Hybride vom Naturstandort.

Agapanthus inapertus subsp. *pendulus* (L. Bol.) Leighton. Aus Transvaal, in den Gebieten von Lydenberg, Belfast und Dullstroom, oft über 2000 m; Grasflächen oder Kahlschläge im Wald. B: 1-2, bei uns 9-10. Büsche aufrechter, sommergrüner, 2-3 cm breiter Blätter. Blütenstände bis 180 cm. Fleischige, hängende, oft purpurne, manchmal sehr dunkle, 2,5-4 cm lange Blüten, bei denen die Kronabschnitte sich kaum öffnen. Für jeden nährstoffreichen Gartenboden. WH: bis –10 °C oder bei Schutz darunter. Die dunkelfarbigen Formen dieser Art sind besonders schön.

Agapanthus nutans Leighton. Zerstreut in Natal und Mittel-Transvaal; an grasigen Hängen und Klippenkanten. B: 1-2, bei uns im Sommer. Bildet Büsche meist aufrechter, oft blaugrüner, 20-50 cm langer und 4 cm breiter Blätter. Bis 90 cm hoher, meist aber die Blätter nicht viel überragender Blütenstand. Wenigblütige bis vielblütige Dolden blauer oder bei 'Albus' weißer (Abb.) Blüten. Blütenröhre 1,3-2,7 cm lang mit 2,2-3,3 cm langen, nicht zurückgebogenen, sich allmählich zum Munde hin abspreizenden Abschnitten. Für jeden guten Gartenboden in voller Sonne. WH: bis –15 °C oder darunter bei Schutz.

Agapanthus nutans

Agapanthus dyeri in Kew

Agapanthus inapertus subsp. *intermedius*

Agapanthus inapertus subsp. *pendulus* in Natal

Agapanthus inapertus subsp. *pendulus*

Pflanzen in den Savill Gardens, Windsor, 28. August, 1/3 nat. Größe

Agapanthus 'Ben Hope'

Agapanthus 'Loch Hope' in den Savill Gardens, Windsor

Agapanthus campanulatus F. M. Leighton subsp. *campanulatus (Liliaceae-Alliaceae)*. Südafrika, in Natal und Nord-Kap-Provinz, in niedrigen Höhenlagen; grasige und felsige Stellen, zwischen Adlerfarn und in feuchten Torfböden. B: 12-2, bei uns 7-8. In der Natur meist als Einzelpflanze wachsend, bei uns dicke Büsche kräftiger, fleischiger Wurzeln bildend. Sommergrüne, bis 2,5 cm breite Blätter, die ein lauchähnliches kurzes Stämmchen bilden. Blütenstände bis über 1 m hoch. Blaue, 2-3,5 cm lange Blüten, die in der sehr schönen Sorte 'Albus' weiß sind. Blütenblätter mit 45° abstehend. Für nährstoffreiche, sandige Böden mit gutem Wasserabzug in voller Sonne und ausreichender, sommerlicher Wasserversorgung. WH: bis –15 °C oder darunter bei Schutz der Wurzelstöcke. *Agapanthus campanulatus* subsp. *patens* F. M. Leighton unterscheidet sich durch die weiter abgespreizten Blütenblätter und die kurze Röhre. Er kommt in größeren Höhenlagen bis 2400 m in den Drakensbergen und nördlich bis Transvaal vor. Stengel 40-70 cm; wahrscheinlich die härteste Art. WH: mindestens bis –15 °C.

Agapanthus comptoni F. M. Leighton subsp. *longitubus* F. M. Leighton. Südafrika, in der östlichen Kap-Provinz, an der Küste um East London, Port Elizabeth und Grahamstown. B: 1-2, bei uns 9-10. Bildet Büsche immergrüner, bis 2 cm breiter Blätter. Lockere, wenig- bis vielblütige Blütenstände auf bis 100 cm hohen Stengeln mit 2-2,5 cm langer Blütenröhre in bis 6,5 cm langen Blüten. Für Boden mit gutem Wasserabzug in voller Sonne und Wassergaben im Sommer. WH: bis –10 °C, vielleicht darunter.

Agapanthus 'Headbourne Hybrids'. Auch bei uns winterharte *Agapanthus*-Sorten werden unter dem Namen 'Headbourne Hybrids' verkauft. Sie wurden von Lewis Palmer in seinem Garten in Headbourne Worthy, Hampshire, Ende der 40er Jahre aus Samen, der aus der *Agapanthus*-Sammlung im Botanischen Garten Kirstenbosch in Kapstadt stammte, gezogen. Er zog etwa 300 Sämlinge, die alle Hybriden waren, und selektierte daraus die nachstehenden Namenssorten. Die besten sandte er zur Erprobung nach Wisley, wo sie über mehrere Jahre bewertet wurden. Obwohl sie gut sind, sind sie nicht allgemein erhältlich, da sie sich nur langsam vermehren. Die 'Headbourne Hybrids' genannten Sämlinge sind meist sommergrün wie *A. campanulatus*, haben aber größere Blüten. **'Ben Hope'** bis 1,2 m; **'Buckingham Palace'** bis 1,8 m; **'Delft'** bis 1 m; **'Diana'** (AM 1977) bis 45 cm; **'Loch Hope'** (AM 1977) bis 1,5 m; **'Luly'** (FCC 1977) bis 75 cm; **'Molly Fenwick'** bis 75 cm; **'Rosemary'** (AM 1977) bis 1,4 m. Von Alan Bloom wurde gezüchtet: **'Bressingham Blue'** 70-80 cm hoch. Außerordentlich intensiv blau mit ziemlich röhrigen Blüten und damit den Einfluß von *A. inapertus* subsp. *pendulus* zeigend.

Agapanthus campanulatus 'Albus'

Agapanthus 'Bressingham Blue'

Agapanthus 'Delft'

Pflanzen von Beth Chatto, 9. Juni, 1/4 nat. Größe

Hemerocallis middendorfii

Hemerocallis dumortieri im Royal Botanic Garden, Edinburgh

Hemerocallis altissima Stout *(Liliaceae)*. Die hier abgebildete Pflanze scheint *H. thunbergii* sehr ähnlich zu sein, die bis 1,5 m hohe Stengel und blaßgelbe, langröhrige Blüten besitzt und 7-9 blüht. Mehrere Sorten wurden mit dieser Art gezüchtet und besitzen unterschiedliche Blütenfarben auf starken, schlanken, bis 1,8 m hohen Stengeln. Dazu gehören: 'Autumn Minaret', goldgelb; 'Challenger', ziegelrot mit gelbem Schlund; und 'Statuesque' mit blaßgelben Blüten in guter Form.

Hemerocallis citrina Baroni. China, aber Verbreitung ungewiß. B: 6-7. Bildet große Büsche 70-80 cm langer Blätter. Blütenstengel länger als die Blätter mit 20-65 Blüten. Duftende, sich nachts öffnende, 9-12 cm lange Blüten mit schmalen, zitronengelben Blütenblättern. Blütenröhre 1/3 der Blütenlänge. Für jeden guten Gartenboden mit reichlicher sommerlicher Wasserversorgung. WH: bis –20 °C oder darunter.

Hemerocallis dumortieri Morr. Japan (Hokkaido, Nord- und Mittel-Honshu), Ostsibirien, Nordost-China und Korea; in Bergwiesen. B: 5-6. Große Büsche überhängender Blätter. Blütenstand mit 25-50 cm so lang oder leicht kürzer als die Blätter. Wenige, nach oben gerichtete 5-7 cm lange Blüten mit 1 cm langer Röhre mit sehr kurzen, in breiten Hüllblättern versteckten Stielen. Innere Blütenblätter kürzer als 2, meist nur 1,2 cm breit. Für jeden guten feuchten Gartenboden in Sonne oder Halbschatten. WH: bis –20 °C oder darunter.

Hemerocallis exaltata Stout. Tobishima-Insel, vor der Westküste von Nord-Honshu in Japan; in Wiesen. B: 6-7. Pflanze ähnlich *H. middendorfii*, aber mit bis über 1 m hohen Stengeln größer und mit längeren Blütenstielen fast eine Dolde bildend. Blüten orange-gelb. Für jeden guten feuchten Boden. WH: bis –15 °C, vielleicht darunter.

Hemerocallis flava L. Ostsibirien und Nord-China; an grasigen Stellen. B: 5-6. Knollige Wurzeln mit ausbreitenden Rhizomen. Blätter 50-60 cm lang und 1-1,4 cm breit. Duftende, 7-8 cm lange, bei 'Major' längere Blüten, bei denen die Röhre etwa 1/4 der Blütenlänge einnimmt. Große, breitelliptische Kapsel. Für jeden guten feuchten Boden in Sonne oder Halbschatten. WH: bis –25 °C oder darunter.

Hemerocallis fulva var. *littorea*

Hemerocallis fulva 'Kwanso'

Hemerocallis forrestii Diels. Südwest-China, besonders bei Lijiang, in 3000 m; an grasigen Stellen. B: 6-7. Runde, am Grunde angeschwollene Wurzeln. Sehr weiche und bis 1,5 cm breite Blätter. Blütenstand gleich lang oder kürzer als die Blätter. Bis 7 cm lange Blüten, bei denen die Röhre weniger als 1/4 der Länge beträgt. Schwärzliche Staubbeutel. Für feuchten Boden in Sonne oder Halbschatten.

Hemerocallis fulva L. Wahrscheinlich aus China und Japan, aber vom Naturstandort nicht bekannt. Die Pflanzen in Kultur sind triploid und steril. Durch Rhizomstücke weit verbreitet in Europa und Nordamerika. Große Büsche leuchtender, blaßgrüner Blätter. Stengel bis 120 cm. Blüten 7-10 cm mit 2,5 cm langer Röhre, die bräunlich-orange ist und im Inneren dunklere Zeichnung zeigt. 'Kwanso' hat gefüllte, innen kräftig gezeichnete Blüten. Für jede Lage mit nährstoffreichem Boden, auch am Wasser. WH: bis –20 °C oder darunter.

Hemerocallis fulva L. var. *littorea* Mak. Japan (West-Honshu und Kyushu); grasige Stellen, am Meer. B: 8-10. Pflanze ähnlich *H. fulva*. Dunkelgrüne, kleinere Blätter, die mit 15 mm auch schmaler sind. Blüten 10-12 cm lang mit 1,5-2,5 cm langer Röhre. Innere Blütenblätter etwa 2 cm breit und fast spitz. Samen fertil. Für jeden guten Boden in voller Sonne. WH: vielleicht bis –15 °C. Diese Art könnte einer der diploiden Eltern von *H. fulva* sein.

Hemerocallis middendorfii Trautv. & Meyer. Japan (Hokkaido), Ostsibirien, Nord-China und Korea; Bergwiesen. B: 6-7 und damit später als *H. dumortieri*. Große Büsche mit bis über 70 cm langen, die Blätter überragenden Blütenständen. Orangegelbe, 8-10 cm lange Blüten, die inneren Blütenblätter 2-2,5 cm breit und am Ende abgerundet.

Hemerocallis minor Miller. Nord-China; in Gebüschen, an felsigen Berghängen. B: 5-6. Von Roy Lancaster an der großen Mauer nördlich von Beijing gefunden. Dünne, runde, faserige, nicht knollige Wurzeln mit nicht ausbreitendem Wurzelstock. Schmale, 5-9 mm breite und 30-45 cm lange Blätter. Die Röhre nimmt mehr als 1/4 der 5-7 cm langen Blüten ein. Kapsel schmal-elliptisch. Feuchte, sandige Böden in voller Sonne. WH: bis –25 °C oder darunter.

Hemerocallis fulva

Hemerocallis altissima

Hemerocallis citrina

Hemerocallis exaltata

Hemerocallis 'Hyperion'

Hemerocallis 'Golden Chimes'

Hemerocallis 'Burford'

Hemerocallis 'Stella d'Oro'

Hemerocallis 'Marion Vaughan'

Hemerocallis 'Astolat'

Hemerocallis yezoensis Hara. Japan (Hokkaido); grasige Stellen und sumpfige Wiesen an der Küste. B: 5-6. Dünne, nicht verdickte Wurzeln. Bis 1,5 cm breite, blaßgrüne Blätter. Blütenstand 50-80 cm hoch. Am Tage sich öffnende, 7-8 cm lange Blüten mit ziemlich kurzer Röhre. Für feuchten Boden in voller Sonne. WH: bis –25 °C oder darunter (Abb. S 406).

Beispiele des riesigen *Hemerocallis*-Sortiments:

Hemerocallis 'Astolat' Eingeführt von V. L. Peck 1974. 71 cm; Blüten 16 cm groß, fast weiß mit grünem Schlund. Eltern 'Tetra Catherine Woodbery' × Sämling. Tetraploid; mittelfrüh bis spät.

'Burford' Keine Details bekannt.

'Cherry Ripe' Eingeführt von L. W. Brummitt 1959. 90 cm hoch; Blüten orangerot mit einem gelben Streifen. Eltern: 'Royal Ruby' × 'Pink Prelude'; mittelfrüh.

'Golden Chimes' Eingeführt von H. A. Fischer 1954. 115 cm hoch; Blüten goldgelb. Eltern: 'Bijou' × 'Kraus'; früh bis mittelfrüh.

'Hope Diamond' Eingeführt von M. McMillan 1968. 36 cm hoch; Blüten 10 cm groß, fast reinweiß. Eltern: 'President Giles' × Sämling; früh bis mittelfrüh, nachblühend.

'Hyperion' Züchter Franklin B. Mead 1925. Steife, bis 100 cm hohe Stengel; duftende, blaßgelbe Blüten; früh bis mittelfrüh, sommergrün.

'Luminous Jewel' Eingeführt von F. Childs 1974. 71 cm hoch; Blüten 15 cm groß. Fast weiß mit pfefferminzgrünem Schlund; mittelfrüh, nachblühend.

'Marion Vaughan' Eingeführt von K. D. Smith 1951. 105 cm hoch; Blüten zitronengelb mit weißer Mittelrippe auf den Blütenblättern; mittelfrüh.

'Pardon Me' Eingeführt von D. A. Apps 1982. 60 cm hoch, leuchtend rot mit gelbgrünem Schlund. Eltern: 'Little Grapette' × Sämling. Duftend; mittelfrüh, nachblühend.

'Red Precious' syn. 'Red Diamond' Eingeführt von R. H. Coe 1969. 55 cm hoch; Blüten 9 cm groß, leuchtend rot, immergrün; mittelfrüh bis spät.

'Stafford' Eingeführt von H. J. Randall 1959. 71 cm hoch; Blüten karminrot mit grünlich-gelbem Schlund; mittelfrüh.

'Starling' Eingeführt von C. Klehm 1979. 71 cm hoch; Blüten 15 cm groß, braun-purpurfarben, tetraploid; früh bis mittelfrüh.

'Stella d'Oro' Eingeführt von W. Jablonski 1975. Nur 28 cm hoch; Blüten 5,6 cm groß, goldgelb mit sehr kleinem, grünem Schlund. Duftend, sommergrün; mittelfrüh, nachblühend.

Hemerocallis 'Stafford'

Hemerocallis 'Cherry Ripe'

Hemerocallis 'Red Precious'

Hemerocallis 'Pardon Me'

Hemerocallis 'Starling'

Hemerocallis 'Luminous Jewel'

Hemerocallis 'Hope Diamond'

Pflanzen aus Wisley, 20. Juli, nat. Größe

Hemerocallis 'Wild Song'

Hemerocallis 'Banbury Cinnamon' Eingeführt von L. W. Brummitt 1965. 93 cm hoch; Blüten 12 cm groß, zimtfarben mit gelbem Grund und grünem Schlund. Eltern: 'St George' × 'Flat Top'; mittelfrüh bis spät.

'Berlin Melon' Eingeführt von Tomas Tamberg 1983. 88 cm hoch; Blüten 15 cm groß, leuchtend rot mit gelbem Schlund. Eltern: 'Dundee' × 'Prussia'. Tetraploid, sommergrün; mittelfrüh.

'Burning Daylight' Eingeführt durch H. A. Fischer 1957. 71 cm hoch. Blühend orange. Eltern: 'Smiling thru' × Sämling. Duftend; mittelfrüh.

'Cynthia Mary' Eingeführt durch C. C. Pole 1982. 73 cm hoch; Blüten 11 cm, intensiv rot mit dunkleren Rändern und gelb-orangem Schlund; früh bis mittelfrüh.

'Dancing Shiva' Eingeführt durch S. C. Moldovan 1974. 55 cm hoch; Blüten 12,5 cm groß, rosapink mit gelblich-grünem Schlund. Tetraploid; früh, nachblühend.

'Ed Murray' Eingeführt von E.T. Grovatt 1971. 75 cm hoch; Blüten 10 cm groß, samtig tiefrot mit grünem Schlund. Eltern: 'Tis Midnight' × Sämling; mittelfrüh.

'Elizabeth Anne Hudson' Eingeführt von R. W. Munson 1975. 65 cm hoch. Eltern: 'Bishop's Crest' × 'Tetra Sari'; Blüten 14 cm groß. Rosa, burgunder Rand und Auge mit goldfarbenem Schlund. Tetraploid, immergrün; früh bis mittelfrüh, nachblühend.

'Fancy Folly' Einzelheiten unbekannt.

'Frans Hals' Eingeführt von W. B. Flory 1955. 60 cm hoch; Blüten 2farbig, leuchtend rostrot und orange mit creme-oranger Mittelrippe auf den Blütenblättern. Eltern: 'Baggette' × 'Correll'; mittelfrüh bis spät.

'Jake Russell' Eingeführt von H. M. Russell 1956. 90 cm hoch; samtig glänzende, goldgelbe Blüten; früh bis mittelfrüh, nachblühend.

'Joan Senior' Eingeführt von K. G. Durio 1977. 63 cm hoch; Blüten 15 cm groß, fast weiß mit grünlichem Schlund. Eltern: 'Loving Memory' × 'Little Infant'; früh bis mittelfrüh, nachblühend.

Hemerocallis 'Ed Murray'

'Little Red Hen' Eingeführt von D. A. Apps 1979. 75 cm hoch; Blüten 9 cm groß, rot mit gelbem Schlund. Eltern: 'Golden Chimes' × 'Rebel Thunder'; mittelfrüh.

'Mighty Mogul' Eingeführt von S. C. Moldovan 1973. 55 cm hoch; schwarz-braun-rot mit grünem Schlund. Tetraploid; mittelfrüh bis spät.

'Neyron Rose' Eingeführt durch E. J. Kraus 1950. 75 cm hoch; hellrot. Eltern: schließen 'Gypsy Amaryllis' und 'Dauntless' ein; mittelfrüh.

'Nova' Eingeführt von Mrs H. W. Lester 1962. 55 cm hoch; zitronengelb mit grünem Schlund. Eltern: 'Jack Frost' × Sämling; früh bis mittelfrüh.

'Penelope Vestey' Eingeführt von R. H. Coe 1969. 90 cm hoch; Blüten 11 cm, rosa mit dunklerem Auge und zitronengelbem Schlund, halb immergrün; spät.

'Perennial Pleasure' Eingeführt von Mrs W. T. Hardy 1968. 65 cm hoch; Blüten 14 cm, hellgelb mit grünem Schlund; mittelfrüh, nachblühend.

'Pink Damask' Eingeführt von J. C. Stevens 1951. 90 cm hoch; Blüten rot; mittelfrüh, nachblühend.

'Princess Lilli' Eingeführt von M. Kasha 1978. 50 cm hoch; Blüten 12,5 cm, hell-lavendel mit intensiv purpurnem Auge und blaßgelbem Schlund. Eltern: 'Heavenly Haviland' × 'Prairie Blue Eyes'; mittelfrüh.

'Stoke Poges' Eingeführt von M. J. Randall.

'Veiled Organdy' Eingeführt von Bruder Charles Reckamp 1972. 75 cm hoch; Blüten 16 cm, rosa-aprikosenfarben mit goldenem Ton und grüngelbem Schlund. Eltern: ('Minted Gold' × 'Noah's Ark') × 'Heavenly Harp'. Tetraploid; mittelfrüh.

'Wally Nance' Eingeführt von Wild 1976. 62 cm hoch; Blüten 15 cm, leuchtend rubinrot mit schmalem, grünem Schlund; früh bis mittelfrüh.

'Wild Song' Eingeführt von A. J. & H. Wild 1965. 71 cm hoch; Blüten 14 cm, golden pfirsichfarben; mittelfrüh.

Hemerocallis 'Frans Hals'

Hemerocallis 'Joan Senior'

Blüten aus Wisley, 20. Juli, nat. Größe

Hemerocallis 'Mighty Mogul'

Hemerocallis 'Cherry Cheeks'

Hemerocallis 'Pink Sensation'

Hemerocallis 'Siloam Purple Plum'

Hemerocallis 'Blushing Belle'

Hemerocallis 'Chicago Two Bits'

Hemerocallis 'La Pêche'

Hemerocallis 'May Colven'

Hemerocallis 'Chicago Petticoats'

Hemerocallis 'Chicago Royal Robe'

Hemerocallis 'Elisabeth Yancey'

Hemerocallis 'Nob Hill'

Hochsommerliche Taglilienblüte in Wisley

Hemerocallis 'Catherine Woodberry'

Hemerocallis 'Come Hither'

Hemerocallis 'Luxury Lace'

Hemerocallis 'Blushing Belle' Eingeführt von D. F. Hall 1962. 71 cm hoch; melonenfarben mit rosa Hauch; früh bis mittelfrüh.

'Catherine Woodberry' Eingeführt von F. W. Childs 1967. 75 cm hoch; Blüten 15 cm, hellrosa mit creme und grünem Schlund, sehr duftend; mittelfrüh bis spät.

'Cherry Cheeks' Eingeführt von Mrs R. C. Peck 1968. 71 cm hoch; Blüten 15 cm, kräftig rosa mit grüngelbem Schlund. Tetraploid; mittelfrüh bis spät.

'Chicago Petticoats' Eingeführt von J.E. Marsh und C. Klehm 1980. 60 cm hoch; Blüten 13 cm, pfirsich und rosa gemischt. Die Eltern waren Sämlinge, tetraploid, sommergrün; früh bis mittelfrüh.

'Chicago Royal Robe' Eingeführt von G. E. Lenington 1978. 63 cm hoch; Blüten 14 cm, tiefpurpur mit grünem Schlund. Eltern: 'Chicago Pansy' × Sämling. Tetraploid, halb immergrün; früh.

'Chicago Two Bits' Eingeführt von J. E. Marsh 1972. 65 cm hoch; Blüten 15,5 cm, hellpurpur mit dunklerem Auge und grünem Schlund, halb immergrün, tetraploid; mittelfrüh.

'Come Hither' Eingeführt von D. F. Hall 1960. 71 cm hoch; rosa mit weinrotem Auge; früh bis mittelfrüh.

'Elisabeth Yancey' Eingeführt von Yancey Harrison 1973. 71 cm hoch; Blüten 14 cm, sehr hellrosa mit grünem Schlund; halb immergrün; früh, nachblühend.

'La Pêche' Eingeführt von R. W. Munson 1976. 60 cm hoch; Blüten 13 cm, pfirsichgelb mit gelbem Schlund, duftend, tetraploid, halb immergrün; früh bis mittelfrüh, nachblühend.

'Luxury Lace' Eingeführt von Miss E. Spalding 1959. 80 cm hoch; hell-lavendelrosa mit grünem Schlund; mittelfrüh, nachblühend.

'May Colven' Eingeführt von Mrs R. C. Peck. 73 cm hoch; Blüten 15 cm, kräftig rosa mit grünem Schlund. Eltern: 'Mary Gray' × Sämling. Tetraploid; mittelfrüh bis spät.

'Nob Hill' Eingeführt von Mrs H. W. Lester 1962. 90 cm hoch; 2farbige Blüten, lavendelrosa und gelbgrün; früh bis mittelfrüh.

'Pink Sensation' Eingeführt von J. W. Terry 1953. 75 cm hoch; hellrosarot; mittelfrüh.

'Siloam Purple Plum' Eingeführt von Mrs R. Henry 1970. 43 cm hoch; Blüten 7 cm, purpurpflaumenblau bereift mit grünem Schlund; früh bis mittelfrüh.

Alstroemeriablüten von Chanctonbury Nursery, Ashington, Sussex, 20. Juli, 1/2 nat. Größe

Alstroemeria aurea

Alstroemeria psittacina

Alstroemeria aurea Graham syn. *A. aurantiaca* D. Don *(Liliaceae-Alstroemeriaceae) Inkalilie.* Süd-Chile, einschließlich Insel Chiloe; feuchte Wälder. B: 12-3, bei uns 6-8. Durch dünne, fleischige, unterirdische Ausläufer ausbreitend. Stengel 1 m und höher. Blätter lanzettlich. Blüten 3-4 cm lang, die äußeren Blütenblätter grünspitzig. Für feuchten Boden in Sonne oder Halbschatten. Die härteste Art. WH: –15 °C oder darunter mit Schutz der Wurzeln.

Alstroemeria haemantha Ruiz & Pavon. Chile, besonders um Valparaiso; felsige Berghänge mit gutem Wasserabzug. B: 12-1, bei uns 6-7. Durch unterirdische Ausläufer große Trupps bildend. Bis 1 m hohe Stengel. Blätter unterseits blaugrün, rot bis orange; ca. 5 cm große Blüten mit länglichen bis ovalen, äußeren Blütenblättern. WH: bis –10 °C, vielleicht darunter.

Alstroemeria ligtu L. Chile; trockenes Gebüsch, auf felsigem, sandigem Boden. B: 11-1, bei uns 6-7. Sich stark mit unterirdischen Trieben ausbreitend. Stengel 60-100 cm. Schmal-lineare bis linear-lanzettliche Blätter. Blüten unterschiedlich farbig, meist rosa-lila, rötlich oder weiß und 3,7 cm lang. Es heißt, daß *A. ligtu* in Natur meist rosa sei. Die 'Ligtu-Hybriden' sind Kreuzungen zwischen *A. ligtu* und *A. haemantha*, die um 1927 von Clarence Elliott gezogen wurden, als er und Balfour Gourlay diese beiden Arten aus Chile einführten. Für volle Sonne bei gutem Wasserabzug. WH: bis –15 °C.

Alstroemeria pelegrina L. Chile und Peru; an Sanddünen entlang der Küste. B: 12-1, bei uns 6-8. Breitet sich durch fleischige Wurzeltriebe aus. Stengel 30-50 cm. Blätter lanzettlich. Purpurne oder rötliche, bis 5 cm lange Blüten. Für sommerfeuchten Boden mit gutem Wasserabzug. WH: vielleicht bis –10 °C.

Alstroemeria psittacina Lehman syn. *A. pulchella* L. fil. Mexiko und Nord-Brasilien. B: 11-2, bei uns 6-8. Bildet große Büsche bis 1 m hoher Stengel und breitet sich mit kurzen, unterirdischen Trieben aus. Längliche bis länglich-spatelförmige Blätter. Blüten ca. 3,7 cm lang. Für Sonne oder Halbschatten in nährstoffreichem, sommerfeuchtem Boden mit gutem Wasserabzug. WH: bis –10 °C.

Alstroemeria-Hybriden. Viele der großblumigen Sorten, die hier gezeigt werden, züchtete van Staaveren B. V. in Aalsmeer zum Schnittblumenanbau. Sie sind auch ausgezeichnete Gartenpflanzen mit langer Blütezeit und brauchen nährstoffreiche Böden mit gutem Wasserabzug in voller Sonne. Wenn die fleischigen Wurzeln Frostschutz erhalten, sollten sie mindestens –10 °C überstehen. Sie sind Kreuzungen von *A. aurea* und anderen Arten, die ursprünglich von J. Goemans gemacht wurden, und hauptsächlich triploid. Sie setzen keinen Samen an und können deshalb von anderen Anbauern schlecht zum Züchten verwendet werden. Stengelhöhe 50-75 cm. Die nachstehenden Sorten sind bis auf die letzte Züchtung von van Staaveren: **'Beatrix'** (syn. 'Stradoran'); **'Bianca'** (syn. 'Zelblanca'); **'Diana'** (syns. 'Stablaco', 'Mona Lisa'); **'Frederika'** (syn. 'Straronza'); 'Margaret'; **'Marie-Louise'**; **'Sarah'** (syn. 'Stalicamp'); **'Sophia'** (syns. 'Stajello', 'Yellow King'); **'Victoria'** (syn. 'Regina'); eine alte, ca. 30 cm hohe Sorte unbekannter Herkunft ist **'Rosy Wings'**.

Bomarea × cantabrigiensis Lynch. Eine Kreuzung zwischen *B. hirtella* Herb. und *B. caldasiana* Herb., die vor 1920 im Botanischen Garten in Cambridge

Alstroemeria 'Diana'

Alstroemeria pelegrina

Alstroemeria 'Rosy Wings'

Bomarea × cantabrigiensis in Great Dixter

Alstroemeria-Ligtu-Hybriden in Cobblers, Sussex

gezogen wurde. Sie wird seit 1922 zwischen zwei Gewächshäusern im Freien gezogen und dürfte sich bei Schutz des Wurzelstocks vor Frost als ausreichend winterhart erweisen. Lassen sich auch problemlos als Kübelpflanzen in der Winterruhe frostfrei unterbringen. Über 2 m hoch windende Stengel mit etwa 20 cm großen Blütendolden.

Bomarea hirtella Herb. syn. *B. edulis* (Tussac) Herb. *(Liliaceae-Alstroemeriaceae)*. Kuba, Mexiko und Belize, südlich bis Peru; an Waldrändern, von 1400-3000 m. B: 7-10 in Süd-England. Knollige, eßbare Wurzeln mit bis über 2 m hoch windenden Trieben. Blätter lanzettlich. Blütendolden ca. 15 cm groß mit 2,5-3,7 cm langen Blüten. Für jeden nährstoffreichen Boden in Sonne oder Halbschatten. WH: bis –10 °C oder darunter.

Bomarea hirtella in Kew

Alstroemeria haemantha

Libertia formosa

Libertia formosa

Phaiophleps nigricans 'Aunt Mary'

Fascicularia pitcairniifolia

Diplarrena moraea

Sisyrinchium bellum

Phaiophleps nigricans früher *Sisyrinchium striatum*

Aristea grandis

Phaiophleps biflora

Belamcanda chinensis

Aristea grandis Weim. *(Iridaceae).* Südafrika, Drakensberg-Gebirge Süd-Natals; feuchtes Grasland, an Felsabbrüchen und Wasserläufen, bis 2250 m. B: 1-2, bei uns im Gewächshaus 2-4. Einzelne oder wenige aufrechte, 60-80 cm hohe Stengel aus büscheligem Wurzelstock. Blaue, stengellose, ca. 20 cm große Blüten stehen zu 3-8 zusammen und halten jeweils nur 1 Tag. Für sommerfeuchte, wintertrockene, sonnige Lage. WH: bis –10 °C, vielleicht darunter. *A. major* Andrews (syn. *A. thyrsiflora* Nebr.) vom Kap ist eine bis 2 m große Pflanze mit festem, ährenähnlichem Blütenstand mit hunderten von Blüten. Im warmen Klima sehr schön am Wasserrand. WH: vielleicht bis –5 °C.

Belamcanda chinensis (L.) DC. *(Iridaceae) Leopardenblume.* Ostsibirien, China, Süd-Japan und Himalaja bis Nord-Indien. Eingebürgert in Malaysia und Nordamerika, von Connecticut südlich bis Georgia, Indiana und Kansas; Gebüsch, lichte Wälder und grasige Stellen. B: 6-8. Verzweigte, bis 1 m hohe Stengel mit einem Fächer *Iris*-ähnlicher Blätter. Blüten ca. 5 cm groß. Samenkapsel 4 cm lang. Sie zeigt beim Aufplatzen glänzend schwarze Samen. Für jeden sommerfeuchten Boden in warmer Lage. WH: bis –15 °C.

Diplarrena moraea Labill. *(Iridaceae).* Tasmanien und Südost-Australien, New South Wales und Victoria; feuchte, grasige Stellen im Gebirge. B: 10-12, bei uns 7-8. Büschelige Pflanze mit 45-60 cm hohen Stengeln und 8-12 mm breiten Blättern. 2-3 duftende, 4-6 cm große Blüten in jedem Hüllblatt. Für sandigen, torfigen, sommerfeuchten Boden mit gutem Wasserabzug. WH: kurzzeitig bis –10 °C. *D. latifolia* Benth. hat breitere (bis 2,5 cm) Blätter und mit 6-15 cm größere Blüten, zu 5-6 in der Blattscheide.

Fascicularia pitcairniifolia (Verlot) Mez *(Bromeliaceae).* Chile und eingebürgert auf den Scilly-Inseln bis Nordwest-Frankreich; auf Felsen an der Küste. B: 6-8. Gedrängte Rosetten schmaler, bis 35 cm langer, besonders unterseits blaugrüner Blätter. Zur Blütezeit werden die Blätter um den Blütenstand rot und vergrünen dann wieder. Kleine blaßblaue Blüten in einem ca. 5 cm großen Köpfchen. *F. bicolor* Mez soll ähnlich sein, hat aber purpurne Blüten und kürzere, unterseits bräunliche Blätter. Für eine Stelle zwischen Felsen oder vor einer Mauer. WH: bis –5 °C.

Libertia formosa Graham. Chile; B: 5-6. Große Büsche mit 15-45 cm langen und 1,2 cm breiten Blättern und 50-120 cm hohen Stellen. Blüten in kleiner Dolde. Blütenblätter 12-18 mm. Für sonnige Lage mit gutem Wasserabzug. WH: bis –15 °C. *L. ixioides* (Forster) Sprengel stammt aus Neuseeland und von den Chatham-Inseln und blüht später an Stielen, die länger sind als die kleinen Hüllblätter, und hat nur 6-9 mm lange Blütenblätter.

Phaiophleps biflora (Thunb.) R. C. Foster syn. *Symphostemon narcissoides* (Cav.) Miers ex Klatt, *Sisyrinchium odoratissimum* Lindl. *(Iridaceae).* West-Argentinien, nördlich bis 46. südlicher Breitengrad und Chile bis zum 50. südlichen Breitengrad und verbreitet in Feuerland; im Grasland und lichtem Gebüsch, bis 150 m. B: 11-1, bei uns 5-6. Kurzes Rhizom mit 1-5 schmalen, festen, bis 22 cm langen Blättern. Blütenstand 10-70 cm hoch mit 2-7 duftenden Blüten, die eine 7-20 mm lange Röhre und 18 mm lange, zurückgebogene Blütenblätter besitzen. Subsp. *lyckholmi* (Owen) D. M. Moore hat purpurne oder bräunlich-rote bis orange Blüten und kommt in höheren Lagen vor. Für sandigen, sommerfeuchten Boden mit gutem Wasserabzug in voller Sonne. WH: bis –15 °C.

Phaiophleps nigricans (Phil.) R. C. Foster syn. *Sisyrinchium striatum* Smith. Argentinien und Chile; in Wäldern und Gebüsch. Besonders reich nach Waldbränden. B: bei uns 6-7. Wenige bis mehrere, bis 40 cm hohe Blattfächer aus kurzem Rhizom. Bis 18 mm breite, bei 'Aunt May' syn. 'Variegatum' gestreifte Blätter. Stengel bis 45 cm hoch. Problemlos in jedem guten, ziemlich feuchten Gartenboden. Kurzlebig, aber sich reichlich aussäend. Die Blätter sterben bei ca. –15°C ab, werden aber bereits bei geringeren Kältegraden schwarz.

Sisyrinchium bellum S. Wats. Kalifornien, vom Humboldt Co. südlich bis Ventura Co.; an feuchten grasigen Stellen, unterhalb 1000 m, im Küstenbereich. B: 2-5, bei uns im Sommer. Andere Formen dieser Art findet man im Inland. Mehrere, bis 40 cm hohe, flache und verzweigte Stengel. Blätter grünlich oder blau-grünlich, bis 4 mm breit. Meist intensiv blaue, etwa 30 mm große Blüten. Für feuchten, sandigen Boden in voller Sonne. WH: bis –15 °C, wenn auch Pflanzenherkünfte aus dem Küstengebiet empfindlicher sind. *S. idahoense* Bickn., von Kalifornien bis Washington und Idaho, unterscheidet sich durch unbeblätterten, unverzweigten Stengel.

Blütenstände von Beth Chatto, Unusual Plants, 15. September, 1/6 nat. Größe

Anemone 'Honorine Jobert' in Cockermouth Castle

Anemone × *lesseri*

Anemone 'September Charm'

Anemone hupehensis (Brickell & Leslie 12470) von Yunnan

Anemone 'Königin Charlotte' in Trewidden, Cornwall

Anemone 'Königin Charlotte'

Anemone × hybrida 'Hybrida'

Anemone vitifolia von Nepal

Anemone 'Luise Uhink'

Anemone hupehensis (Lemoine) Lemoine *(Ranunculaceae)*. Mittel- und West-China, von Hubei bis Sichuan und Yunnan; an Felshängen, in Schluchten, zwischen schattigen Felsen, in Gebüsch und auf offenen, steinigen Plätzen von 600-2500 m. B: 8-10. Büscheliger Wurzelstock mit Ausläufern. Mehr oder weniger immergrüne, unterseits purpurne, zerstreut behaarte Blätter mit 3 gestielten Blättchen. 60-130 cm hohe, verzweigte Stengel mit Dolden weißer, blaßrosa oder purpurrosa Blüten. 5-6 rundliche, außen purpurne Blütenblätter. Für jeden nährstoffreichen Boden in Sonne oder Halbschatten. WH: bis –15 °C, vielleicht darunter. Var. *japonica* (Thunb.) Bowles & Stearn hat 20-30 oder mehr schmale Blütenblätter und wird verbreitet in Ost-China und Japan angepflanzt. 'September Charm' ist eine gute Auslese der Bristol Nurseries von 1932, ca. 75 cm hoch.

Anemone × hybrida Paxton 'Hybrida' syn. *Anemone-Japonica*-Hybriden, *Herbstanemonen.* Dies sind alte japanische, wegen ihrer späten Blüte so wertvolle Gartenanemonen. Es sind Hybriden zwischen *A. vitifolia* und *A. hupehensis* var. *japonica*, meist steril und triploid. Sie haben 1,2-1,8 m und darüber hinausgehende Stengel, zähe, drahtige Wurzeln und breiten sich zu großen Kolonien aus. Die blaßrosa Form mit 6-11 Blütenblättern ist die originale 'Hybrida'. Andere hier abgebildete Beispiele des großen Sortiments sind: **'Hadspen Abundance'** Eingeführt von Eric Smith von The Plantsmen, dunkel-purpurrosa; 6-9 Blütenblätter, ca. 60 cm. **'Honorine Jobert'** 1858 Memminger/Jobert; verbreitetste, einfachblühende, weiße Herbstanemone mit 6-9 Blütenblättern. **'Luise Uhink'** Große, weiße Blüten mit 6-10 Blütenblättern, bis 120 cm. **'Prinz Heinrich'** Lindner 1902. Kräftiges Rosa, 10-13 schmale Blütenblätter. **'Königin Charlotte'** Pfitzer 1898. Die beste großblumige rosa Herbstanemone mit 6-8 Blütenblättern, ca. 80 cm.

Anemone × lesseri Wehrh. Hybride zwischen der amerikanischen *A. multifida* Poir., die rote, grüne oder gelbe Blüten haben kann, und der weißblütigen *A. sylvestris* L. aus Europa. Stengel bis 45 cm hoch mit 2-4 cm großen Blüten. B: 5-9. Für tiefgründigen Boden mit gutem Wasserabzug in Sonne oder Halbschatten. WH: bis –25 °C oder darunter.

Anemone tomentosa (Maxim.) P'ei syn. *A. vitifolia* 'Robustissima'. Nordost-China; Gebüsch, lichte Wälder und zwischen schattigen Felsen. B: 8-10. Kompakte Büsche reichverzweigter 100 oder mehr cm hoher Triebe, die sich mit Ausläufern ausbreiten. Unterseits dicht weißhaarige, gelappte und gezähnte Blätter mit 3 getrennten Blättchen. Dolden mit 5-8 cm großen Blüten mit 5-6 Blütenblättern. Für jeden guten Gartenboden. WH: bis –25 °C oder darunter.

Anemone vitifolia Buch.-Ham. ex DC. Afghanistan bis Nord-Burma und West-China; Gebüsch und Brachland, von 2000-3000 m. B: 8-9. Mit unterirdischen Ausläufern weit ausbreitende Pflanze. Sommergrüne, unterseits seidig und wollig behaarte und gezähnte lange, 5- bis 9lappige Grundblätter. Meist 75, aber auch bis 150 cm hohe, verzweigte Stengel mit wenigblütigen Dolden. Blüten 3,5-5 cm groß mit 5-6 meist weißen Blütenblättern (rosa Formen in Nordwest-Sichuan). WH: bis –20 °C oder darunter.

Cimicifuga simplex 'Elstead Variety' in Wisley

Cimicifuga simplex 'Elstead Variety'

Cimicifuga ramosa 'Atropurpurea'

Cimicifuga racemosa var. *cordifolia* mit *Veratrum nigrum*

Impatiens tinctoria subsp. *tinctoria* im Logan Botanic Garden

Cimicifuga japonica bei Kyoto

Melianthus villosus in Kew

Melianthus major bei Edington, Wiltshire

Cimicifuga japonica (Thunb.) Spreng. *(Ranunculaceae).* Japan (Mittel- und West-Honshu); in Wäldern, oft zwischen Farnen in tiefem Schatten. B: 8-10. Wenige, aufrechte, 60-80 cm hohe Stengel. Breit-ovale bis rundliche, 6-10 cm lange und breite Blätter. Blütenstände meist blattlos. Sitzende, in Kerzen dicht gedrängte Blüten mit ca. 8 mm langen Staubblättern. Für Laubboden in Schatten oder Halbschatten. WH: bis –15 °C, vielleicht darunter.

Cimicifuga racemosa (L.) Nutt. *Julisilberkerze.* Nordamerika, von Massachusetts und Süd-Ontario südlich bis Georgia, Tennessee und Missouri, eingebürgert in New England; Wälder; B: 6-9, bei Gartenkultur 7. Wenige, aufrechte, 1-2,6 m hohe Stengel aus büscheligem Rhizom. Busch von 3-10 cm langen oder bei var. *cordifolia* (Pursh) Gray, *Lanzensilberkerze* bis 25 cm langen Blättchen, wie abgebildet. Blüten mit bald abfallenden Kelchblättern und winzigen, 1 oder 2 gehörnten Blütenblättern sowie zahlreichen beeindruckenden Staubgefäßen und meist nur 1 Griffel. Für feuchten, nährstoffreichen Boden in Schatten oder Halbschatten. WH: bis –20 °C oder darunter.

Cimicifuga ramosa Nutt. 'Atropurpurea' *Septembersilberkerze.* Korea und Japan; grasige Stellen und feuchtes Gebüsch. B: 8-10. *C. simplex* nahestehend, aber mit bis 2 m hohen Stengeln größer, mit mehr aufrechten Blütenähren und früher, d. h. meist im September blühend. 'Atropurpurea' hat purpurne Blätter und Knospen. 'Brunette' hat noch dunklere, intensiv purpur-schwarze Blätter und rosa-weiße Blüten an bis 180 cm hohen Stengeln. Sie wurde von Blooms aus Dänemark eingeführt.

Cimicifuga simplex Wormsk. 'Elstead Variety' *Oktobersilberkerze.* Japan (alle Inseln), Sachalin, Kurilen und Kamtschatka; subalpine und alpine Wiesen. B: 8-10, meist im Oktober in den Gärten. Mit kurzem, kriechendem Rhizom Trupps bildend und aufrechte, bis 100 cm hohe Stengel. Ovale bis schmal-ovale, 3-10 cm lange Blätter. Blütenstengel schwarz, wenig verzweigt und überhängend. Blütenstiele 5-10 mm lang. Blütenblätter schwach 2lappig und 2-7 Griffel. Für feuchten Laubboden in Halbschatten. WH: bis –25 °C oder darunter. 'Elstead Variety' hat bräunlich-purpurne Stengel und Knospen; 'White Pearl' hat reinweiße Blüten aus grünen Knospen; *C. foetida* L., *Wanzenkraut* aus Europa, Westasien, Himalaja bis West-China hat grünlich-gelbe Blüten in langen, nickenden Ähren mit kürzeren Ästen am Grunde.

Impatiens tinctoria A. Rich. subsp. *tinctoria (Balsaminaceae).* Zentralafrika, Ost-Zaire, Süd-Sudan, Äthiopien und Nord-Uganda; feuchte Bergwälder, im Gebüsch, am Grunde von Schluchten, an Wasserläufen und schattigen Hängen von 750-3000 m. B: 1 und 4-11, bei uns 8-10. Großer knolliger Wurzelstock und dicke, fleischige, bis 2 m hohe Stengel. Schmal-ovale, elliptische oder lanzettliche Blätter mit 10-20 cm langer Spreite. Untere Blütenblätter 3,5-5 cm lang. Sehr langer Sporn mit 8-12 cm bei subsp. *tinctoria* und 3,8-6,8 cm bei subsp. *elegantissima* vom Mount Elgon und den Gebirgen Mittel- und Süd-Kenias, die in Kultur zu sein scheinen. Für nährstoffreichen, sommerfeuchten Laubboden in geschützter Lage. WH: bis –10 °C. Langlebige Pflanze, die seit über 12 Jahren zwischen den Gewächshäusern in Wisley im Freien kultiviert wird.

Melianthus major L. *(Melianthaceae) Honigstrauch.* Südafrika, Süd-Kap-Provinz. B: 8-9, bei uns 5-7. Am Standort und in milden Klimaten bis 3 m hoher Strauch, in kälteren Bereichen staudig und bis 1,2 m in einem Sommer wachsend. Glatte, blaugrüne, bis 30 und mehr cm lange Blätter. Blüten intensiv blutrot, Früchte aufgeblasen. Eine der brauchbarsten Blattpflanzen für Tropeneindruck. WH: mit Schutz bis –15 °C. Die oberen Pflanzenteile vielleicht kurzzeitig bis –10 °C aushaltend.

Melianthus villosus Bol. Südafrika, in den Drakensbergen in Lesotho und Natal; an Wasserläufen, zwischen Felsen, im Gebüsch und an Waldrändern bis 1950 m. B: 12-1, bei uns Sommer. Am Standort bis 2 m hoher Strauch, in kälteren Gegenden meist bis 1,5 m hohe Staude. Behaarte, aromatische Pflanze mit etwa 15 cm langen Blättern. Blüten grünlich. Früchte 3eckig, aufgeblasen. Für jeden nährstoffreichen, sommerfeuchten Boden in voller Sonne und geschützter Lage. WH: vielleicht kurzfristig bis –10 °C.

Pflanzen von Wisley, 20. Juli, 1/2 nat. Größe

Aconitum japonicum im Royal Botanic Garden, Edinburgh

Aconitum × cammarum L. syn. *A. bicolor* Schult. *(Ranunculaceae) Weißblauer Eisenhut.* Eine Gruppe von Hybriden zwischen *A. napellus* L. und *A. variegatum* L. mit großen Blüten in ziemlich kurzen Blütenähren und einem Helm, der so hoch wie breit ist. B: 7-8. Grundfarbe der Blüten ist Blau. 'Bicolor' ist die Stammform. Stengel reichverzweigt, bis 1,2 m hoch. 'Grandiflorum Album' ist eine schöne reinweiße Form, deren Blüten in den längeren Ähren gut verteilt sind.

Aconitum compactum Rchb. 'Carneum'. Pyrenäen, West-Alpen in Frankreich und vielleicht Portugal bis Schweiz; in Wäldern und feuchten Wiesen, besonders entlang von Wasserläufen. B: 7-9. Bis 1,5 m hohe Stengel. Grundblätter in schmale, lineare Lappen, bis zum Grunde geteilt. Stengelblätter gedrängt unter dem unverzweigten Blütenstand. Graham Thomas berichtet, daß diese Form in kühleren Lagen besser rosa ausgefärbte Blüten zeigt. *A. compactum* gehört zur *A. napellus*-Gruppe.

Aconitum henryi E. Pritz. ex Diels 'Spark's Variety'. China (Hubei und Sichuan); Gebüsch. B: 7-9. Knollige Wurzeln und bis 1,5 m hohe Stengel, die aufrecht zu wachsen beginnen, dann aber leicht klettern oder aufliegen. Blätter meist 3lappig mit kurzgestieltem Mittellappen. Blüten mit kurzem, breitem Helm. Für jeden guten Gartenboden in Halbschatten. WH: bis –20 °C.

Aconitum japonicum Thunb. Japan, Südwest-Hokkaido, Honshu, Shikoku und Kyushu; Hügel und Gebirge. B: 9-10. Große Büsche mit bis 100 cm hohen Stielen und selten mit der Spitze kletternd. 3- bis 5fach breit gelappte, grob gezähnte Blätter. Blütenstand reichverzweigt mit wenigen Blüten in kurzen Ähren. WH: vielleicht bis –20 °C. Wertvoll wegen der Blätter und der späten Blüte.

Aconitum laeve Royle. Himalaja, von Pakistan bis West-Nepal; offene Wälder und Gebüsch, von 2000-3300 m. B: 6-8. Büsche kräftiger bis 2 m hoher Stengel. Bis 30 cm breite, breitgelappte Grundblätter. Bis 2,5 cm hohe Blüten mit großem, schmalem, gebogenem Helm. Blütenfarbe variiert von weiß bis blaßgelb oder rosa-purpur. WH: bis –20 °C, vielleicht darunter.

Aconitum lamarkii Rchb. syn. *A. lycoctonum* subsp. *neapolitanum* (Ten.) Nyman. Südeuropa, von Frankreich, Spanien und Marokko ostwärts bis Bulgarien, Nord-Griechenland und Rumänien; Wälder und Wiesen, im Gebirge, oft an Wasserläufen. B: 7-8. Wenige bis mehrere, bis 1 m hohe, aufrechte Stengel aus büscheligem Wurzelstock. Grundblätter 7- bis 8lappig, die Lappen bis unter die Hälfte tief eingeschnitten. Helm 18-25 mm. Für feuchten Torfboden in Halbschatten oder Sonne. WH: bis –20 °C.

Aconitum leucostomum Vorosch. Zentralasien, in Saur Tarbagatau, im Altau-Gebirge und im Tien Shan, in Kirgistan und Nordwest-China (Sinjiang); in Wäldern und Wacholdergebüsch, im Gebirge. B: 6-7, bei uns 8. Wenige, bis 1,5 m hohe Stengel. Grundblätter blaßgrün mit 3-7 Lappen, die weniger als zur Hälfte eingeschnitten sind. Rosa Blüten mit ca. 15 mm hohen Helmen. Für jeden guten Gartenboden in Sonne oder Halbschatten. WH: bis –25 °C oder darunter. *A. orientalis Miller*, Nordost-Türkei und Kaukasus, hat ähnliche Blätter und Blüten, die bei dieser Art interessant grau-lila oder rosa gefärbt sind. Kahlschläge in Nadelwäldern.

Aconitum laeve in Kaschmir

A. × cammarum 'Grandiflorum Album'

Aconitum septentrionale Koelle 'Ivorine' syn. *A. lycoctonum* L. subsp. *lycoctonum* in der *European Garden Flora*. Nordeuropa, von Norwegen bis Rußland; Waldränder und Fettwiesen. B: 6-7, in Gärten manchmal schon Ende Mai. Büsche aufrechter, bis 90 cm hoher Stengel. Grundblätter bis zu 2/3 tief 4- bis 6lappig, die Lappen grob gezähnt. Blütenstand schmal und drüsig. Blüten meist dunkel-violett, bei 'Ivorine' weiß. Der 18-25 mm hohe Helm verschmälert sich von breiter Basis aus. Für jeden nährstoffreichen, kühlen Boden in Sonne oder Halbschatten. Der frühestblühende Eisenhut, der mit seinen schmalen, weißen Blütenähren gut zu erkennen ist. WH: bis –25 °C oder darunter.

Aconitum septentrionale 'Ivorine'

Zauschneria californica subsp. *latifolia*

Zauschneria californica

Zauschneria cana in Wisley

Gaura lindheimeri Engelmann & A. Gray *(Onagraceae) Prachtkerze.* Louisiana und Texas; Prärien und Kiefernflächen. B: 4-10. Viele ziemlich steife Stengel aus büscheligem Wurzelstock, die einen bis 1 m großen Busch bilden. Lanzettliche oder spatelförmige, bis 7,5 cm lange Blätter. Blüten ca. 2,5 cm. Für warme, sonnige Lage mit gutem Wasserabzug. Verträgt Hitze und Trockenheit. WH: vielleicht bis –20 °C. *G. coccinea* (Nutt.) Pursh, ganz Nordamerika mit bis 50 cm hohen Stengeln und rosa öffnenden, dann rot färbenden, bis 16 mm großen Blüten. Für ebenso heiße, trockene Lagen.

Lespedeza thunbergii (DC.) Nakai *(Leguminosae) Buschklee.* Japan, Korea und China; trockene, grasige Hügel und Gebüsch. B: 6-9, bei uns 9-10. Verholzter Wurzelstock mit überhängenden, bis 180 cm langen, manchmal am Grunde verholzenden Trieben. Blätter mit 3 schmalen und länglichen oder ovalen bis elliptischen, 3-5 cm langen Blättchen. 18-25 mm lange Blüten in achselständigen, die Blätter überragenden Ähren. Kelchzähne spitz, einnervig, die untersten länger als die Röhre. *L. bicolor* Turcz. mit kurzen Blütenständen und kürzeren Kelchzähnen ist im Band Sträucher auf Seite 169 abgebildet. Für nährstoffreichen Boden in warmer vollsonniger Lage. Im Frühling Rückschnitt bis zum Boden und dann wertvoll wegen der späten Blüte. WH: bis –20 °C.

Lychnis cognata Maxim. *(Caryophyllaceae).* Nordost-China (Heilongjiang) und Korea; offene Wälder und grasige Stellen, im Gebirge. B: 7-8. Wenige borstighaarige oder fast kahle, 40-100 cm hohe Stengel mit ovalen oder elliptischen, 5-8 cm langen Blättern. Breit-lanzettlich gewimperte, 10-15 mm lange, am Kelch anliegende Hochblätter. Kelch 2,5-3 cm lang. Zu 3 oder mehr in Köpfchen zusammenstehende 5-6 cm große Blüten mit einem langen Zahn auf jeder Seite der Blütenblätter und einer tiefen Kerbe an der Spitze. WH: bis –20 °C oder darunter.

Gaura lindheimeri

Gaura lindheimeri

Lespedeza thunbergii in Kew

Zauschneria californica 'Albiflora'

Lychnis miqueliana Rohrb. Japan, Süd-Honshu, Shikoku und Kyushu; in feuchten Bergwäldern. B: 7-10. Wenig verzweigte, 50-80 cm hohe Stengel. Blüten 5-6 cm groß mit glatten, rundlichen Blütenblättern. Für feuchten Boden in Halbschatten. WH: bis –10 °C, vielleicht darunter.

Zauschneria californica Presl. *(Onagraceae) Kolibritrompete*. Kalifornien, von Sonoma und Lake Cos. südlich bis Baja California; trockene, offene Plätze, Klippen und Kiesboden. B: 8-10 mit einigen Vorläuferblüten. Meist mit zahlreichen, bis 90 cm langen Trieben aus verholztem Wurzelstock. Unterschiedliche grüne bis graue, ovale bis lineare Blätter. Meist scharlachrote, selten rosa oder weiße ('Albiflora') Blüten mit 2-3 cm langer Röhre und 8-15 mm langen Kronblattzipfeln. Für warme trockene Lage mit gutem Wasserabzug. WH: vielleicht bis –15 °C. Sehr variable Art, zu der 3 Unterarten gehören. Subsp. *californica* hat am Grunde leicht verholzte Stiele und 3-5 mm breite, behaarte, aber nicht weiße, lineare bis lanzettliche Blätter. Subsp. *angustifolia* Keck ist am Grunde verholzt und hat schmalere, lineare, 2,5-3,5 mm breite Blätter und 30-40 mm lange Blüten. Beide Unterarten kommen meist in den Küstenbereichen unterhalb 1200 m vor. Subsp. *latifolia* (Hook.) Keck ist staudig mit ovalen bis ovallanzettlichen, meist gegenständigen, grün bis seidigen, 7-17 mm breiten, oft drüsig behaarten Blättern. Es ist eine Bergpflanze, die von Tulare Co. bis Südwest-Oregon unterhalb 3000 m vorkommt und wahrscheinlich härter ist als die Küstensubspecies.

Zauschneria cana Greene. Kalifornien, von Monterey bis Los Angeles Co.; trockene Hänge und Wegrandfelskanten, im Chapparal und Küstengebüsch unterhalb 600 m. B: 8-10. Pflanze mit mehreren, am Grunde etwas verholzten, bis 60 cm hohen Stengeln. Gehäuft stehende, bis 2 mm breite, linear-fadenförmige, weißhaarige Blätter. Blütenröhre 2-3 cm lang und Kronlappen 8-10 mm. Für heiße, trockene, sonnige Lage mit gutem Wasserabzug. WH: bis –10 °C, vielleicht darunter. Alle *Zauschneria*-Arten werden heute auch als *Epilobium canum* eingeordnet.

Lychnis miqueliana bei Kyoto

Lychnis cognata

Aralia cordata bei Kyoto, Japan

Polygonum cuspidatum var. *compactum*

Polygonum molle var. *rude*

Pflanzen von Braken Hill, Platt, 28. Juli, 1/2 nat. Größe

Aralia cordata Thunb. syn. *A. edulis* Sieb. & Zucc. *(Araliaceae)*. Japan (alle Inseln), Sachalin, Korea, China; Gebüsch und lichte Wälder, in Bergschluchten. B: 8-10. Großer fleischiger Wurzelstock mit überhängenden, bis 1,5 m langen Trieben. Doppelt gefiederte, bis 1 m lange Blätter, deren 5-30 cm lange, ovale bis längliche Blättchen lang, spitz zulaufen. Blüten blaßgrün. Fleischige, ca. 2 mm große schwarze Früchte. Für feuchten Laubboden in Schatten mit Schutz. WH: bis –25 °C oder darunter.

Fagopyrum dibotrys (D. Don) Hara syn. *F. cymosum* (Trev.) Meissn. *(Polygonaceae)*. Himalaja, von Pakistan bis Südwest-China; lichte Wälder und bei bebautem Land, in 1300-3400 m. B: 6-10. Aufrechte, unverzweige, bis 2 m und mehr hohe Triebe aus kräftigem Wurzelstock. Blattspreiten 6-15 cm lang und die untersten Blätter gestielt, die oberen sitzend. Blüten ca. 5 mm groß. Samen 8 mm lang und im Himalaja ebenso zur Nahrung genutzt wie die 1jährigen Buchweizen *F. esculentum* Moench und *F. tartaricum* (L.) Gärtn. Für nährstoffreichen Boden in Halbschatten. WH: bis –20 °C, vielleicht darunter.

Polygonum amplexicaule D. Don syn. *Bistorta amplexicaulis* (D. Don) Greene, *Persicaria amplexicaulis* (D. Don) Ronse Decne. *(Polygonaceae)*. Afghanistan bis Südwest-China; Gebüsche und Bergwiesen, an Wasserläufen, von 2100-4800 m. B: 7-9. Stengel bis über 1 m hoch mit ihn umfassenden Blättern. Blüten weiß, rosa, rot oder purpur in 5-15 cm langen, meist aufrechten Ähren, die bei var. *pendula* Hara aus Mittel- und Ost-Nepal und Bhutan hängen. 'Arun Gem' wurde 1971 aus Nepal einge-

Polygonum amplexicaule an Wasserlauf in Leeds Castle, Kent

Polygonum-*Art* zwischen *Hostas*

Polygonum sachalinense

Polygonum vaccinifolium

führt und gehört zu dieser Varietät. Auf feuchtem Boden große Büsche bildend. WH: bis –20 °C.

Polygonum campanulatum Hook. fil. syns. *Aconogonum campanulatum* (Hook. fil.) Hara, *Persicaria campanulata* (Hook. fil.) R. D. *(Polygonaceae)*. Nord-Indien, Nepal, Sikkim, Bhutan, Nord-Burma und Südwest-China; feuchte Stellen, in Abies- und Tsuga-Wald und Gebüsch von 2100-4100 m. B: 6-9. Mit kurzen, kriechenden, sich bewurzelnden Stengeln große Büsche aufrechter, 60-120 cm hoher Blütenstände bildend. Elliptisch ovale, 5-12 cm lange, unterseits weiße oder blaßlachsfarbene Blätter mit parallelen Seitennerven. Glockenförmige, ca. 5 mm lange, rosa oder fast weiße Blüten. Schöne Pflanze für sehr feuchte Lagen. Schatten, aber nicht Sommertrockenheit vertragend. WH: bis –15 °C.

Polygonum cuspidatum Sieb. & Zucc. var. *compactum* (Hook. fil.) Bailey syn. *Fallopia japonica* var. *compacta* (Hook. fil.) Trehane, syn. *Reynoutria, Reynoutria japonica* Houtt. var. *compactum* (Hook. fil.) L. H. Bailey. Japan, Korea, Taiwan, China; Gebüsch und Wiesen im Gebirge. B: 7-10. Unterirdisch kriechende Rhizome mit bis 90 cm hohen, aufrechten Stengeln. Breit-ovale bis ovalelliptische, am Grunde keilförmige, bis 10 cm lange Blätter. Beim Erblühen weiße, dann rosa verfärbende, 2,5-3 mm lange, als männliche und weibliche Blüten auf getrennten Pflanzen sitzend. Der kultivierte Klon von var. *compactum* ist weiblich. Var. *cuspidatum* wuchert und ist eine bis 2 m hohe Pflanze, kaum kleiner als *P. sachalinense*. Es gibt einen etwas schwächer wachsenden panaschierten Klon 'Spectabile'. Für feuchten Boden in Halbschatten. WH: bis –25 °C.

Polygonum molle D. Don var. *rude* (Meissn.) Hara syns. *Polygonum rude* Meissn., *Persicaria molle* var. *rude* (Meissn.) Trehane. Himalaja, von Nord-Indien bis Südwest-China; Wälder, Gebüsch und feuchte Böden von 900-4250 m. B: 5-11. Am Grunde verholzt mit bis 2,5 m hohen Stengeln. Var. *rude* unterscheidet sich von den anderen Varietäten durch zurückgeschlagene, anliegende Haare an den Stengeln und besonders an den Stengelknoten. Gelblich-weiße Blüten und schwarze, fleischige Früchte. Problemlos in Sonne oder Halbschatten in feuchtem Boden. Wertvoll wegen der späten Blüte.

Polygonum runcinatum D. Don syn. *Persicaria runcinata* (D. Don) H. Gross. Bhutan und Sikkim; an Klippen und Wegrändern, von 1000-3800 m. B: 5- 10. Weiche, fleischige, kriechende und sich bewurzelnde, bis über 30 cm lange Triebe. Blätter ca. 7,5 cm lang. Blütenköpfchen ca. 1 cm groß. Für feuchte Laubböden in Halbschatten. WH: vielleicht bis –10 °C.

Polygonum sachalinense F. Schmidt syns. *Reynoutria sachalinensis* (F. Schmidt) Nakai, *Fallopia sachalinensis* (F. Schmidt) R. D. Japan (Hokkaido und Honshu), Sachalin und südliche Kurilen-Inseln; in Schluchten, entlang schattigen Wasserläufen und feuchten Lichtungen in Bergwäldern. B: 8-9. Stengel bis 3 m. Blaugrüne, unterseits drüsige, herzförmige, 15-30 cm × 10-20 cm große Blätter. Blütenstand behaart. Schöne Pflanze für riesige Gärten, besonders wenn sie von oben betrachtet werden kann. WH: bis –25 °C.

Polygonum vaccinifolium Wall. ex Meissn. syn. *Bistorta vaccinifolia* (Wall. ex Meissn.) Greene. Kaschmir und Südost-Tibet; an Felsen und offenen Bergflächen, in 3000-4500 m, besonders in den feuchteren Gebieten des Zentral-Himalajas. B: 8-9. Blütenstengel bis 15 cm hoch. Blätter 1-2 cm × 0,6-1 cm. Blütenähren 3-8 cm mit 6 mm großen Blüten. Humoser, kühler und sommerfeuchter Boden mit gutem Wasserabzug. Am besten über Felsen wachsend.

Polygonum spec. Unbekannte Art mit kriechenden, bis 30 cm langen Trieben. Bis ca. 5 cm lange, bis zur Mittelrippe eingeschnittene Blätter. 1,5 cm lange Blütenähren im August bis September. Für feuchten Laubboden in Halbschatten. Schön besonders wegen der Blattform.

Gentiana asclepiadea in Wallington, Northumberland

G. asclepiadea (Türkische Form)

Gentiana cruciata in Nordwest-Türkei

Gentiana septemfida im Torfmoorbeet in Wisley

Gentiana affinis Griesb. *(Gentianaceae).* Nordamerika, von den Rocky Mountains ostwärts bis West-Minnesota und South Dakota; feuchte Wiesen und sumpfige Stellen. B: 7-8. Wenige, aufrechte, bis 45 cm hohe Stengel mit 7-13 Paaren linear-lanzettlicher, 1,5-3 cm langer Blätter. Blütenröhre 5-7 mm lang und blaue, 2-3 cm lange Blütenkrone. Für Torfboden in voller Sonne. Sehr ähnlich dem europäischen *G. pneumonanthe* L. WH: bis –20 °C oder darunter.

Gentiana asclepiadea L. *Schwalbenwurzenzian.* Gebirge Europas, Jura, West-Alpen ostwärts bis Kaukasus, Nord- und Süd-Türkei und Nord-Iran; Bergwiesen und lichte Wälder bis 2000 m. B: 7-9. Mehrere überhängende, bis 1 m lange Triebe aus büscheligem Wurzelstock. Oval-lanzettliche bis lanzettliche Blätter. Hellblaue bis dunkelblaue Blüten mit 30-50 cm langer Blumenkrone, in der Türkei mit weißem Schlund und hellblau auf Korsika, mit Sorte 'Alba' reinweiß. 'Knightshayes' hat den der türkischen Form ähnlichen blassen Schlund. Für leichten Schatten oder Sonne in kühler Lage im Laubboden, der im Sommer nicht austrocknet. WH: bis –20 °C oder darunter.

Gentiana cruciata L. *Kreuzenzian.* Alpen, ostwärts bis Kaukasus, Nord-Iran, West-Sibirien und Türkei; alpine Wiesen und Gehölze. B: 7-9. Wenige oder mehrere Stengel aus einer Rosette. Stengelblätter bis 10 cm lang und 3 cm breit. Blüten 15-30 mm lang mit 4lappiger Blumenkrone. Ziemliche kräftige, beblätterte Pflanze, aber problemlos in jedem guten Boden. WH: bis –20 °C oder darunter. Aufnahme in der Nordwest-Türkei durch James Compton.

Gentiana septemfida Pallas syns. *G. freyniana* Bornm., *G. lagodechiana* (Kuzn.) Grossh., *Sommerenzian.* Krim, Kaukasus, Nord-Türkei und Nord-Iran; alpine Wiesen, grasiges Gebüsch, offene Birken- und Tannenwälder, bis 3200 m in der Türkei. B: 7-8. Mehrere niederliegende oder kriechende, bis 30 cm lange Stengel. Ovale, zu den Blüten hin schmalere Blätter. Blaue oder purpurne, 30-40 cm lange Blumenkrone mit Haaren zwischen den Hauptlappen. Für jeden feuchten Torfboden in Sonne oder leichtem Schatten. WH: vielleicht bis –20 °C. Sehr variabel. *G. freyniana* aus der Nord-Türkei wurde mit 3adrigen Blättern und ohne Haare zwischen den Blumenkronlappen beschrieben. *G. lagodechiana* aus dem Süd-Kaukasus hat meist einzeln endständige Blüten an beblätterten Seitenzweigen. *G. gelida* M. Bieb. aus Trockenrasen in der Nord-Türkei und dem Kaukasus hat gelbe Blüten und ist oft größer als *G. septemfida.*

Gentiana tianshanica Rupr. Tien Shan-Gebirge in Sowjetisch-Zentralasien und Nordwest-China, südlich bis Tibet; Gebirgswiesen. B: 8. Mehrere bis 30 cm hohe Stengel aus einer grundständigen Blattrosette. Blätter stengelumfassend. Blaue oder purpurne Blüten mit ca. 2,5 cm langer Blumenkrone. Attraktive Pflanze für jeden guten Boden in warmer Lage. WH: bis –20 °C oder darunter.

Gentiana triflora Pallas. Ostsibirien, Nordost-China, Sachalin, Korea und Japan [var. *japonica* (Kusn.) Hara], Nord-Honshu und Hokkaido; grasige Stellen, besonders an Wegrändern, von Meereshöhe bis ins Gebirge. B: 8-9. Wenige oder mehrere, aufrechte, bis 80 cm hohe Stengel aus dickem Wurzelstock. Lanzettliche Blätter. Sogar in der

Gentiana tianshanica

Swertia iberica am Zigana-Paß

Gentiana affinis

Tripterospermum japonicum

Sonne nicht weit öffnende, 4-5 cm lange Blumenkronen. Für feuchten Torfboden mit gutem Wasserabzug in Sonne oder Halbschatten. WH: bis –20 °C oder darunter.

Swertia iberica Fisch. ex C. A. Meyer *(Gentianaceae)*. Kaukasus und Nordost-Türkei; alpine Wiesen, an Wasserläufen und feuchten Stellen, in Gebüsch und Wäldern, von 1600-2700 m in der Türkei. B: 7-9. Wenige aufrechte, 6,5-9 cm hohe Stengel aus einer Rosette breiter Blätter. Stengelblätter wechselständig. Bläuliche oder rötlich-purpurne, 11-15 mm lange Blütenblätter. Für feuchten Torfboden in kühler Lage. WH: bis –20 °C. Andere Arten finden sich in den Gebirgen der nördlichen Hemisphäre.

Tripterospermum japonicum (Sieb. & Zucc.) Maxim. syn. *Crawfurdia japonica* Sieb. & Zucc. *(Gentianaceae)*. Ost-China, Taiwan, Korea, Sachalin und Japan (alle Inseln); Wälder und grasige Stellen. B: 8-10. Sehr dünne, bis 80 cm hoch windende Triebe aus dünnem, kriechendem Rhizom. Breit-ovale bis lanzettliche, 4-8 cm lange Blätter. Ziemlich blaßblaue, ca. 3 cm lange Blumenkrone. Rot-purpurne, fleischige Früchte. Zierliche Pflanze für feuchten Torfboden in Halbschatten mit niedrigem Strauch zum Durchklettern. WH: vielleicht bis –20 °C. Abbildung aus Yakusima.

Gentiana triflora var. *japonica* bei Shari, Hokkaido

Nepeta clarkei an einem See in Kaschmir

Nepeta clarkei

Nepeta connata

Calamintha nepeta

Nepeta subsessilis var. *yesoensis*

Calamintha grandiflora (L.) Moench. *(Labiatae) Großblütige Bergminze.* Europa, von Nordost-Spanien ostwärts bis Nordwest-Iran und Kaukasus; feuchte Wälder und Gebüsch, oft auf Kalk. B: 6-10. Bei Verletzung angenehm duftend mit kurzen kriechenden Ausläufern und bis 60 cm hohen Stengeln. Ovale, gezähnte, blaßgrüne Blätter. Kelch 12 mm lang mit gewimpertem Rand. Blumenkrone leuchtend rosa und 25-40 mm lang. *C. sylvatica* Bromf. von Irland bis Nordafrika, ostwärts bis Kaukasus, ist ähnlich, aber mit kleineren, bis 15 mm langen rosa oder lila Blüten mit purpurnen Flecken auf der unteren Lippe. Für jeden guten Boden in Sonne oder Halbschatten.

Calamintha nepeta (L.) Savi *Kleinblütige Bergminze.* Europa, von Süd-England ostwärts bis Süd-Rußland und Nord-Iran, südlich bis Spanien und Nordafrika; Gebüsch und trockene Hänge, meist auf Kalk. B: 6-9. Aufsteigende, verzweigte, bis 60 cm hohe, behaarte Stengel. Breit-ovale, 10-20 mm lange Blätter. Weiße oder lilafarbene, manchmal purpur-gefleckte, 10-15 mm lange und stark von Bienen besuchte Blüten. Für warme, sonnige Stellen. WH: bis –15 °C.

Dracocephalum nutans L. *(Labiatae).* Sibirien und Nordwest-China in Sinjiang; trockene, felsige Stellen und Gebüsch. B: 5-7. Kurzes kriechendes Rhizom mit meist unter 70 cm langen Stengeln. Blätter oft rötlich. Nickende, 17-22 mm lange Blüten. Für sonnige Lage mit gutem Wasserabzug. WH: bis –25 °C.

Dracocephalum ruyschiana L. *Drachenkopf.* Europa, von Norwegen und den Pyrenäen ostwärts bis Nord-Türkei, Sibirien, Zentralasien und China; Steppen, Trockenrasen, felsige Hügel. B: 6-7. Aufrechte, bis 60 cm hohe Stengel, aber meist etwa 30 cm große Büsche bildend. Linear-lanzettliche, 2-7 cm lange Blätter und 2-6 quirlständige Blüten in kurzen Ähren. Blaue bis violette, selten rosa oder weiße, 2-2,8 cm große Blumenkrone. Für nährstoffreichen Boden mit gutem Wasserabzug in voller Sonne. WH: bis –25 °C.

Lallemantia canescens (L.) Fisch. & Mey. syn. *Dracocephalum canescens* L. *(Labiatae).* Ost-Türkei bis Süd-Kaukasus und Iran; Umland, Brachland, felsige Hänge und Geröll, oft auf Kalk, von 1300-3250 m. B: 6-8. Ausbreitende bis aufrechte, 50 cm hohe Stengel. Untere graue, gezähnte Blätter 2-6 cm lang. Purpurne oder bläuliche, 28-40 mm lange Blüten. Für trockenen Boden in voller Sonne bei gutem Wasserabzug. WH: bis –25 °C.

Meehania fargesii (Léveillé) Wu *(Labiatae).* West-China (Yunnan und Sichuan); Wälder, Gebüsch und nasse, schattige Schluchten, in etwa 1500 m. B: 4-6. Bildet in der Regel keine Ausläufer wie *M. urticifolia* (siehe Seite 75). Oben leicht behaarte, bis 40 cm hohe Stengel. Blätter und untere Hochblätter gestielt. Die herzförmigen Blattspreiten ca. 6 cm breit und lang. Obere Hochblätter nicht blattartig. Bis 4,5 cm lange Blüten in lokkeren, endständigen Ähren. Kelchzähne spitz. Für feuchte Lage mit etwas Schatten. WH: bis –10 °C, vielleicht darunter.

Melittis melissophyllum L. *(Labiatae) Immenblatt.* Europa, von England südwärts bis Spanien und Portugal und ostwärts bis Rußland, Griechenland und noch die Nordwest-Türkei erreichend; Hecken, Gebüsch und Bergwälder. B: 5-6. Büsche aufrechter, 20-70 cm hoher Stengel. Blätter in

Dracocephalum nutans

Micromeria thymifolia

Calamintha grandiflora

Meehania fargesii in Sichuan

Dracocephalum ruyschiana

Melittis melissophyllum

Westeuropa ca. 7 cm. Blüten 25-40 cm, in Westeuropa meist purpur oder rosa und in Osteuropa bei den subsp. *carpatica* und subsp. *albida* mit größeren, bis 15 cm langen Blättern, weiß mit purpurner Lippe. Für jeden guten Gartenboden im Halbschatten. Die attraktivste Gartenform hat eine rosa Unterlippe. WH: bis –20 °C.

Micromeria thymifolia (Scop.) Fritsch *(Labiatae)*. Südost-Europa, von Ungarn und Norditalien bis Jugoslawien; in Felsspalten. B: 6-8. Verzweigte, bis 50 cm hohe Stengel. Blätter 5-20 mm lang. Weiße und violette, 5-9 mm lange Blüten mit 13-adrigem Kelch. WH: bis –15 °C, leidet unter winternassen Böden.

Nepeta clarkei Hook. fil. *(Labiatae)*. Himalaja, von Pakistan bis Kaschmir; oft in großen Mengen in ziemlich trockenen Tälern, an Wasserläufen und Seen, von 2700-3300 m. B: 7-9. Bis 80 cm hohe Büsche. Oval-lanzettliche bis lanzettliche, 2,5-6 cm lange Blätter. Reinblaue (nicht purpurne) Blüten mit weißem Fleck auf der unteren Lippe. WH: bis –25 °C oder darunter, im Winter oft durch Schneckenfraß gefährdet.

Nepeta connata Royle ex Benth. Himalaja, von Pakistan bis Nord-Indien; Gebüsch und grasige Stellen, von 2100-3600 m. B: 7-9. Wenige unverzweigte, bis 60 cm hohe Stengel. Am Grunde herzförmige, 8-20 cm lange Blätter. Purpurne, ca. 2 cm lange Blüten. Für jeden guten Gartenboden in voller Sonne. WH: bis –25 °C. *N. nervosa* Royle ex Benth. ist ähnlich, hat aber eine Ähre blaßblauer oder seltener purpurner, 1,5 cm langer Blüten und kürzere, linear-lanzettliche Blätter, in Kaschmir verbreitet.

Nepeta subsessilis Maxim. var. *yesoensis* Fr. & Sav. Japan, in Hokkaido, Mittel- und Nord-Honshu; auf schattigen Felsen, an Wasserläufen, im Gebirge und an geschützten Küstenklippen. B: 7-9. Mehrere, bis 100 cm hohe, bei Gartenkultur etwa 30 cm hohe Stengel aus büscheligem Wurzelstock. Ovale, kurzgestielte, 6-10 cm lange Blätter. Meist bläuliche, selten weiße, bis 3 cm lange Blüten. Für feuchten, nährstoffreichen Boden im Halbschatten. WH: vielleicht bis –20 °C.

Lallemantia canescens bei Harry Hay in Surrey

Wilder Majoran (*Origanum vulgare*) auf Kalk bei Wye, Kent

Origanum calcaratum Juss. syn. *O. tournefortii* Ait. *(Labiatae)*. Kreta, Amorgos, Ikaria und andere Mitteläg äische Inseln; auf Kalkfelsen. B: 4-10. Viele bis 30 cm hohe Triebe aus holzigem Wurzelstock. Breit-ovale bis rundliche, blaugrüne, behaarte Blätter. Spitze, 4-10 mm breite und 8-13 mm lange Hochblätter. Kelch mit großer, ganzrandiger oder fast ungeteilter Oberlippe und Unterlippe glatt oder mit 2 sehr kleinen Zähnen. Blütenkrone 10-17 mm lang. Problemlos in trockenem Boden mit gutem Wasserabzug in voller Sonne, am besten in einer Mauerspalte. WH: bis –10 °C, wahrscheinlich bei Trockenheit darunter.

Origanum laevigatum Boiss. Süd-Türkei und Zypern; grasige Stellen, Macchia-Gebüsch und lichte Wälder, bis 2000 m. B: 4-10. Aufrechte, bis 70 cm hohe Triebe aus holzige Ausläufer treibendem Wurzelstock. Sehr breiter Blütenstand. Ovale bis elliptische, blaugrüne, behaarte Blätter. Spitze, purpurne, lanzettliche, 3-6 mm lange Hochblätter. Kelch mit 5 gleichen, 3-6 mm langen Zähnen. Purpurne, 8-16 mm lange Blumenkrone ohne herausragende Staubgefäße. Für Boden mit gutem Wasserabzug in voller Sonne. WH: bis –15 °C, vielleicht darunter.

Origanum rotundifolium Boiss. Nordost-Türkei (Çoruh-Schlucht) und bei Erzerum sowie in Georgien; Mauern, Felsen, felsige Hänge, bis 1300 m. B: 6-9. Pflanze mit holzigem Grund und unterirdischen Ausläufern. Behaarte, bis 30 cm hohe Blütenstände. Rundliche Blätter mit sehr deutlichen Adern. Gelblich-grüne, 8-25 mm × 7-27 mm große Hochblätter. 2lippiger, 5-9 mm langer Kelch mit 5 Zähnen. Für Boden mit gutem Wasserabzug in Sonne oder Halbschatten, am besten in einer Mauer wachsend. WH: bis –10 °C, vielleicht darunter. *O. acutidens* (Hand.-Mazz.) Ietswaart ist ähnlich, hat aber längere und viel stärker verzweigte, bis 50 cm hohe, kahle Triebe und ovale, unauffällig geaderte Blätter. Die Kelchzähne sind lang und spitz zulaufend. Ost-Türkei bis 3000 m, felsige Hänge, Geröll.

Origanum scabrum Boiss. & Held. Griechenland; felsige Stellen, Taygetos-Gebirge, Peloponnes [mit subsp. *pulchrum* (Boiss. & Held.) P. H. Davis auf Euböa]. B: 6-9. Unterirdisches Rhizom mit bis 45 cm hohen Blütentrieben. Am Grunde herzförmige, kahle Blätter. Ovale, purpurne, 7-8 mm breite Hochblätter. Obere Kelchlippe mit 3 Zähnen. Bei subsp. *pulchrum* ist der Blattrand nicht rauh, sondern glatt, der Kelch tiefer geteilt und die Hochblätter sind oval-elliptisch. Für steinigen Boden mit gutem Wasserabzug in voller Sonne. WH: bis –15 °C, vielleicht darunter.

Origanum vulgare L. *Wilder Dost, Wilder Majoran*. Europa, Türkei und Zentralasien bis Formosa; trockene, grasige Stellen oder im Süden lichte Wälder. B: 5-10. Sehr variable Art. Bis 100 cm hohe Stengel aus verholztem Grund. Blütenstand kompakt oder locker. Purpurne, 4-5 mm breite Hochblätter. Kelch 3- 4 mm lang mit 5 gleich langen Zähnen. Purpurn rosa oder weiße, 3-10 mm lange Blütenkrone. Für Boden mit gutem Wasserabzug in voller Sonne. WH: bis –20 °C oder darunter. 'Aureum' mit goldfarbenen Blättern; 'Compactum' mit vielen, bis 15 cm hohen, reichblühenden Stengeln; 'Roseum' (Abb.) hat rosa Blüten (oft für die Küche als Wilder Majoran).

Origanum-Hybriden. Origanum-Arten kreuzen sich sehr leicht. Folgende Namenssorten sind abgebildet und müssen vegetativ vermehrt werden:

Origanum 'Barbara Tingay' Kreuzung zwischen *O. calcaratum* und *O. rotundifolium*, etwa 1980.

Origanum 'Emma Stanley' Form oder Hybride von *O. scabrum*, möglicherweise mit *O. amanum*, trat etwa 1985 im Garten von Roger Poulett in North Mundham in Sussex auf. Sehr beeindrukkende Pflanze mit glatten, blaugrünen Blättern und zierlichen, besonders gut gefärbten Ährchen. WH: vielleicht bis –15 °C.

Origanum 'Hopleys' Gegen 1980 von David Barker von Hopleys Nurseries eingeführt. Wahrscheinlich Form von *O. vulgare*, sehr ähnlich subsp. *gracile* (syn. *O. tytthanthum* Gontsch.) aus der Türkei, Iran und östlich bis Pakistan. Es könnte auch eine Hybride zwischen *O. vulgare* und *O. laevigatum* sein und wird auch oft so angeboten. Stengel bis 70 cm mit schlanken, kompakten Ährchen. Etwa 6 mm lange Blumenkrone. Für Böden mit gutem Wasserabzug in voller Sonne. WH: vielleicht bis –15 °C.

Origanum 'Kent Beauty' Hybride zwischen *O. scabrum* und *O. rotundifolium*, um 1978 in den Washfield Nurseries, Hawkhurst, Kent, gezüchtet. 'Kent Beauty' wurde unter vielen Sämlingen, die in der Nähe der Elternpflanzen wuchsen, ausgelesen. Reich verzweigte, halb niederliegende, bis 35 cm lange Triebe aus verholztem Ausläufer treibendem Wurzelstock. Blaugrüne, glatte Stengelblätter. Rundliche, 1,6 × 1,5 cm große Hochblätter. Blumenkrone 13 mm lang. Für Böden mit gutem Wasserabzug in voller Sonne, vor allem auf Hochbeeten. WH: bis –10 °C.

Origanum vulgare 'Roseum'

Origanum 'Hopleys' in Windsor

Origanum calcaratum

Origanum 'Kent Beauty'

Origanum laevigatum

Origanum rotundifolium

Origanum scabrum

Origanum 'Emma Stanley'

Origanum 'Barbara Tingay'

Leonotis dysophylla bei Cathedral Peak, Natal

Leonotis dysophylla (blasse Form)

Leonotis leonurus in Sissinghurst

Chelonopsis moschata in Sellindge, Kent

Agastache foeniculum

Agastache cana (Hook.) Woot. & Standl. *(Labiatae).* West-Texas und Süd-New Mexico; trockene Hänge im Gebirge. B: 7-8. Aromatische, bis 60 cm hohe Pflanze mit verzweigten Stengeln. Ovallanzettliche, bis 4 cm lange gesägte Blätter. Rosa, bis 25 mm lange Blüten. Für heiße, trockene Lage in voller Sonne. WH: bis –20 °C.

Agastache foeniculum (Pursh) O. Kuntze syn. *A. anethiodora* Britt. Nordamerika, von Ontario westlich bis Washington, südlich bis Colorado und eingebürgert im Osten in New England. Nach Anis duftende Pflanze mit bis 1,5 m hohen, kahlen Stengeln. Ovale, unterseits weißliche Blätter. Blaue Blüten und oft violett überlaufene Hochblätter. Für trockenen Boden in voller Sonne. WH: bis –25 °C.

Chelonopsis moschata Miq. *(Labiatae).* Japan, Hokkaido, Honshu und Shikoku; nasse Stellen, an Wasserläufen. B: 8-9. Viele dünne, 50-100 cm hohe Triebe aus holzigem Wurzelstock. Schmal-ovale bis breit-lanzettliche, 10-20 cm lange Blätter. Blüten 4-4,5 cm lang und zu 1-3 in den Blattachseln. Nüßchen 7-8 mm lang. Für feuchte, kühle Lage in lichtem Schatten. WH: bis –20 °C.

Leonotis dysophylla Benth. syn. *L. ocymifolia* (Burm. fil.) Iwarsson var. *raineriana* (Visiani) Iwarsson *(Labiatae).* Südafrika, östliche Kap-Provinz und Natal und Transvaal; grasige Bereiche in den Bergen bis 2000 m im Drakensberg. B: 11-2, bei uns im Sommer. Manchmal am Grunde verholzende, unterirdische Ausläufer treibende Pflanze mit 1-5 m hohen Trieben. Breit-ovale, 5-17 cm lange, am Rand gekerbte Blätter. Kelch 2lippig, 15-30 mm lang. Außen samtig behaarte, 24-45 mm lange, orange oder selten blaßrosa Blüten. Härter als *L. leonurus*, benötigt jedoch heiße, trokkene Lage. Die Albinoform dieser Art ist mehr cremefarben-gelblich-braun als weiß mit bräunlich-rotem Pollen. WH: vielleicht bis –15 °C.

Leonotis leonurus (L.) R. Br. *Löwenohr.* Südafrika, Kap-Provinz bis Natal und Transvaal; grasige Stellen, Gebüschränder und Wegränder, bis 1800 m. B: 11-7, bei uns als Kübelpflanze Sommer/ Herbst. Bis über 2 m hohe Triebe. Lineare, 5-10 cm lange Blätter. Kelch unter 15 mm mit gleich langen Zähnen. 40- 50 mm lange, selten weiße Blüten (var. *albiflora* Benth. meist als 'Harrismith White' in den Gärten). Für warme, trockene, sonnige Lage. WH: bis –10 °C, vielleicht darunter bei Schutz der Wurzeln vor Frost.

Perovskia atriplicifolia Benth. *(Labiatae).* Afghanistan bis Süd-Tibet; offene, felsige Stellen. B: 7-9, in Kultur 8-9. Zahlreiche, bis 1 m hohe Bodentriebe, ganzrandige, oval-längliche Blüten mit blau-behaartem Kelch. Für jeden trockenen Boden in voller Sonne. WH: bis –10 °C oder darunter.

Perovskia 'Blue Spire'. Wahrscheinlich Hybride zwischen *P. atriplicifolia* mit ganzrandigen Blättern und *P. abrotanoides* Kar. mit doppelt gefiederten Blättern, von Notcutts gezüchtet. Unterirdisch ausbreitend und am Grunde verholzende Pflanze. Tief geschlitzte, *P. abrotanoides*-ähnliche Blätter. Blüten mit stark verdickten Kelchen. Für trockenen Boden in voller Sonne. WH: bis –25 °C.

Perovskia 'Blue Spire' im Royal Botanic Garden, Edinburgh

Perovskia 'Blue Spire'

Agastache cana

Helenium hoopesii im Yellowstone National Park, Wyoming

Silphium perfoliatum

Helenium 'Wyndley'

Heliopsis 'Light of Loddon'

Heliopsis 'Ballerina'

Helenium autumnale L. *(Compositae) Sonnenbraut.* Quebec bis Florida und bis Manitoba, Oregon, Nevada und Arizona; nasse Wiesen und Sümpfe. B: 8-10. Große Büsche bis 1,8 m hoher Stengel. Blätter länglich-elliptisch bis lanzettlich. Blütenköpfchen 5-7 cm groß mit gelber Mitte bei der Wildform von *H. autumnale* und brauner Mitte bei der nahverwandten *H. nudiflorum* aus dem Mittelwesten. Die meisten Sorten sind wahrscheinlich Kreuzungen zwischen diesen und *H. bigelovii* A. Gray aus Kalifornien, die auch eine gelbe Mitte besitzt. Typische Sorten sind 'Moerheim Beauty' mit bräunlich-roten Blüten und 80 cm hohen Stengeln (Ruys 1930), 'Riverton Beauty' mit gelben Blüten und 1,5 m hohen Stengeln, 'Wyndley' mit gelben, rotgezeichneten Blüten und bis 60 cm hohen Stengeln.

Helenium hoopesii Gray. Kalifornien (Sierra Nevada), nördlich bis Süd-Oregon und östlich bis Wyoming und New Mexico; Wiesen, an Wasserläufen und an sumpfigen Hängen, von 2000-3000 m. B: 7-9. Schöne Rosette großer, etwas lanzettlicher, bis 30 cm langer Blätter aus dickem, aromatischem Wurzelstock. Giftig für Schafe und bei starker Verbreitung Zeichen für Überweidung. Für jeden guten Boden. WH: bis –25 °C oder darunter.

Helianthus decapetalus L. *(Compositae).* Südwest-Quebec bis Minnesota und Nebraska, südlich bis Georgia, Kentucky und Missouri; lichte Wälder, Kahlschläge und Gebüsch. B: 8-10. Mit kriechendem Rhizom große Trupps mit bis 1,5 m hohen Stengeln bildend. Ovale, dünne, bis 20 cm lange, spitz zulaufende Blätter. Blütenköpfchen 5-6,5 cm groß mit 8-12 oder mehr Randzungenblüten. Die hochwüchsige Gartensorte 'Multiflorus' wird oft als Hybride mit *H. annuus* L. angesehen. 'Corona Dorica' mit vergrößerten Blütchen in der Mitte.

Helianthus salicifolius A. Dietrich syn. *H. orgyalis* DC. Nebraska bis Ost-Colorado bis West-Missouri, Oklahoma und Texas; Wiesen, Kahlschläge in Wäldern und auf Prärien, meist auf Kalk. B: 8-10. Mit langen Rhizomen Büsche von über 2 m hohen Trieben bildend. Zurückgebogene, meist 1-3 mm breite, lineare bis linear-lanzettliche Blätter. Blütenköpfchen ca. 5 cm groß.

Heliopsis helianthoides (L.) Sweet *(Compositae) Sonnenauge.* New York und Süd-Ontario bis Minnesota, North Carolina und Illinois; lichte Wälder und Gebüsch und trockene Hänge. B: 7-9. Büsche bis 1,5 m hoher Stengel. Oval-lanzettliche bis länglich-ovale Blätter. Die Randzungenblüten bleiben auch trocken am Blütenköpfchen hängen. 'Light of Loddon' hat einfache Blütenköpfchen; 'Ballerina' ist halbgefüllt und gold-gefiedert wie auch 'Incomparabilis', beide haben gefüllte, messing-orange-gelbe, Zinnien-ähnliche Blüten. Für jeden guten Gartenboden in voller Sonne. WH: bis –25 °C oder darunter.

Silphium perfoliatum L. *(Compositae) Becherpflanze.* Ontario bis South Dakota, südlich bis Georgia, Missouri und Oklahoma; feuchte Wälder, Flußufer, Gebüsch, feuchte Wiesen. B: 7-9. Große Büsche bis 2,5 m hoher Stengel. Untere Blätter grob gezähnt, Stiele geflügelt. Obere Blätter am Grunde vereinigt und einen Becher bildend. Blütenköpfchen 5-7,5 cm groß. Für nährstoffreiche, feuchte Böden in Sonne oder Schatten. WH: bis –25 °C oder darunter.

Helianthus salicifolius in Bressingham

Helenium autumnale

Helianthus decapetalus in New York State, bei Purchase

Helianthus decapetalus – Gartensorte

Staudenastern von Wisley, 1. Oktober, 2/3 nat. Größe

Aster thomsonii

Wildastern in Wyoming

Aster 'King George'

Aster × frikartii 'Mönch'

Aster novae-angliae

Aster amellus L. *(Compositae) Bergaster.* Europa, vom nördlichen Mittelfrankreich und Polen, südwärts bis Norditalien und Bulgarien, ostwärts bis Rußland und Zentralasien, Türkei (subsp. *ibericus*) und Kaukasus; Gebüsch und Waldränder. B: 6-8. Aufrechte, bis 70 cm hohe Stengel. Längliche bis lanzettliche Blätter. Große, einzeln endständige, blaue Blütenköpfchen, manchmal auch weiß oder gelegentlich rot. WH: bis –25 °C.

Aster × dumosus hort. *Kissenaster.* Eine Gruppe rundlich buschig, bis 40 cm hochwachsender Pflanzen, die wahrscheinlich Hybriden zwischen *A. dumosus* L., einer Art aus Nordamerika, und *A. novi-belgii*, einer ebenfalls amerikanischen Art, sind. Lineare bis linear-lanzettliche, ganzrandige, bis 8 cm lange Blätter. Blütenköpfchen bis 2 cm groß, weiß oder rosa bis lavendelblau. B: 8-10. WH: bis –25 °C oder darunter.

Aster × frikartii 'Mönch'. Sehr gute Auslese aus *A. × frikartii*, einer Hybride zwischen *A. amellus* und *A. thomsonii* von Frikart in der Schweiz etwa 1920 gezüchtet und im Namen an einen berühmten Schweizer Berg erinnernd. Wegen ihrer langen Blütezeit sehr hoch geschätzte Gartensorte. Bis 120 cm hoch mit lavendelblauen, 6 cm großen Blütenköpfchen. In lockeren Rispen von Juli bis Oktober blühend. WH: bis –20 °C.

Aster novae-angliae L. *Rauhblattaster.* Nordamerika, von Quebec bis Alberta, südlich bis North Carolina und Kentucky, Arkansas, Kansas und Colorado; feuchtes Gebüsch, Wiesen und Strände. B: 8-10. Verbreitet kultiviert und vielerorts Gartenflüchtling in Nordamerika und Europa. Kräftige, bis 2 m hohe Stengel. Ganzrandige, lanzettliche, bis 12 cm lange Blätter. Viele violett-purpurne oder rosa, bis 5 cm große Blütenköpfchen. Klebrige, zurückgebogene Hüllblättchen des Blütenkopfes mit vielen Sorten. WH: bis –25 °C.

Aster novi-belgii L. *Glattblattaster.* Östliches Nordamerika, von Neufundland bis Quebec und Nova Scotia, südlich bis Georgia; feuchte Gehölze, Wiesen und Strände, bis etwa 100 Meilen landeinwärts. B: 7-10. Der Name kommt von 'New Belgium', dem ersten Namen für New York. Bis 120 cm hoch. Lanzettliche bis linear-lanzettliche, bis 12 cm lange Blätter. Blauviolette Blüten. Hüllblättchen der Blütenköpfe abstehend. Viele Gartensorten mit Farben von Weiß und Rosa bis Hell- und Dunkelblau und Purpur. Sollten alle paar Jahre im Frühjahr geteilt und neu aufgepflanzt werden. WH: bis –25 °C oder darunter.

Staudenastern (Angabe der Gruppenzugehörigkeit) (A. n-b.): **'Ada Ballard'** (A. n-b.) 1 m, großblumig, September. **'Andenken an Alma Pötschke'** (A. n-a.), 105 cm, September bis Oktober. **'Barr's Pink'** (A. n-a.) 1,3 m, große halbgefüllte Blüten im September. **'Carnival'** (A. n-b.) 60 cm. **'Chatterbox'** (A. x dumosus). **'Chequers'** (A. n-b.) 1 m, Züchter R. A. Lidsey. Blütenköpfchen ca. 5 cm. **'Coombe Margaret'** (A. n-b.). **'Harrington's Pink'** (A. n-a.) 120 cm, dicht beblättert. Rein rosa Blüten im September bis Oktober. Gut für Schnitt. **'Herbstschnee'** (A. n-a.) 130 cm, Züchter Klose 1981. Große Blüten in buschigen Köpfen von August bis September. **'Jenny'** (A. × dumosus) 30 cm, August bis September. **'King George'** (A. amellus) 60 cm. Alte, leicht wachsende Sorte, August bis Oktober. **'Lady-in-Blue'** (A. × dumosus) 25 cm, kompakter Busch mit vielen halbgefüllten Blüten von August bis Oktober. **'Little Pink Beauty'** (A. × dumosus) 40 cm, gut halbgefüllt. September bis Oktober. **'Lye End Beauty'** (A. n-a.) 130 cm. Sorte der späten 50er Jahre. Kräftig kirsch-lilafarbene Blüten im August bis September. **'Mrs S. T. Wright'** (A. n-a.) nach der Frau des 1. Chefinspektors des Wisley Gardens der Royal Horticulture Society benannt. **'Orlando'** (A. n-b.) 1,5 m. Züchter Mr Percy Picton. 5 cm große Blüten im September bis Oktober. **'Pink Zenith'** (A. amellus) 60 cm. August bis Oktober. **'September Glow'** (A. amellus). **'September Ruby'** (A. n-a.) 120 cm. September bis Oktober. **'White Swan'** (A. n-b.).

Aster thomsonii C. B. Clarke. West-Himalaja, von Pakistan bis Uttar Pradesh; Wälder und Buschgruppen von 2100-3000 m. B: 7-9. Aufrechte, verzweigte, bis 1 m hohe Stengel. Ovale bis elliptische, gezähnte, bis 10 cm lange Blätter. Blaßlila, 3,5-5 cm große, meist einzeln endständige Blütenköpfchen. Vermehrung am besten durch Aussaat oder Stecklinge. WH: bis –20 °C.

Pflanzen von Perryhill Nursery, 30. September, 1/2 nat. Größe

Astern-Arten mit *Artemisia* in Idaho

Aster ericoides 'Hon. Vicary Gibbs'

Aster sedifolius

Aster cordifolius L. *(Compositae) Schleieraster.* Nordamerika, von Nova Scotia und Quebec südlich bis Wisconsin, Georgia, Alabama und Missouri; lichte Wälder, Dickichte und Kahlschläge. B: 8-10. Vielverzweigte, aufrechte, glatte, bis 2 m hohe Stengel aus kriechendem Rhizom. Breitovale, herzförmige, scharfgezähnte, bis 12 cm lange Blätter. Zahlreiche kleine, bis 2 cm große, sternähnliche, violette oder blaue bis fast weiße, in eleganten, lockeren Sträußen stehende Blüten. WH: bis –25 °C und darunter. *A. cordifolius* 'Silver Spray' wird bis 1,5 m hoch und trägt sehr blaßlilafarbene Blüten in langen überhängenden Sträußen.

Aster divaricatus L. syn. *A. corymbosus* Ait. Nordamerika, von Süd-Maine westlich bis Oregon, südlich bis Georgia, Alabama und Tennessee; trockene Wälder und Kahlschläge. B: 7-10. Sehr unterschiedlich und leicht mit anderen Arten zu verwechseln. Dunkle, purpurne, bis 1 m hohe Stengel aus kriechendem Rhizom. Herzförmige, am Grunde gelappte, bis 7 cm lange und grob gezähnte Blätter. Bis 3 cm große, weiße Blütenköpfchen mit blaßgelber Scheibe in Doldentrauben. WH: bis –25 °C und darunter.

Aster ericoides L. *Myrtenaster.* Nordamerika, von Maine westlich bis British Columbia, südlich bis New England, Georgia, Texas, Arizona; trockene, offene Böden oder Dickichte. B: 7-10. Buschige, bis 1 m hohe Pflanze mit schlanken, aufrechten, im oberen Teil reichverzweigten Stengeln aus kurzem Rhizom. Fast steife, lineare, ganzrandige, bis 7 cm lange Blätter. Zahlreiche weiße oder rosa überlaufene, bis 1 cm große Blütenköpfchen. WH: bis –25 °C und darunter. *Aster ericoides*-Sorten, z. B. 'Delight', 'Golden Spray' (80 cm), 'Hon. Vicary Gibbs', 'Pink Cloud' (80 cm), 'White Heather' (1 m).

Aster hemisphericus E. J. Alex. Nordamerika, von Alabama westwärts bis Texas, nördlich bis Missouri und Kansas; Prärien, trockene Wälder und felsige Hänge. B: 8-10. Schlanke, bis 1 m hohe Stengel aus Ausläufer treibendem Rhizom. Lineare bis linear lanzettliche, harte und dicke Blätter. Blütenstand mit 3-12 aufrechten, 3-6 cm großen Blütenköpfchen. WH: bis –25 °C.

Aster lateriflorus (L.) Britt. 'Horizontalis'. Nordamerika, von Quebec, Nova Scotia, Ontario und Minnesota südlich bis Georgia, Tennessee und Arkansas; trockene bis feuchte Felder, Kahlschläge, Dickichte und Küstenbereich. B: 8-10. Schlanke, purpurne oder grüne, bis 1,5 m hohe Stengel mit breiter Verzweigung. Linear-lanzettliche oder breit-lanzettliche, gezähnte, bis 12 cm lange Blätter. Viele weiße oder blaßpurpurne, bis 1,5 cm große Blütenköpfchen. 'Horizontalis' ist verbreitete Sorte, die sich sehr breit verzweigt.

Aster macrophyllus L. Nordamerika, von Quebec westlich bis Minnesota, südlich bis North Carolina, Tennessee, West Virginia, Idaho, Indiana und Illinois; trockene bis feuchte, lichte Wälder, Dickichte und Kahlschläge. B: 8-9. Sehr grobe Pflanze mit rötlichen, bis 1,5 m hohen Trieben aus dikkem Wurzelstock. Große herzförmige, gezähnte Grundblätter. Obere Blätter variabel, oft kleiner und schmäler. Lavendelfarbene bis violette, ca. 2,5 cm große Blütenköpfchen in breitem Strauß. Eine sehr variable Pflanze mit vielen unterschiedlichen Formen. WH: bis –25 °C.

Aster pilosus Willd. var. *demotus* Blake syn. *A. tradescantii* hort. Verbreitetste Varietät von *A. pilosus* aus Maine, westlich bis Minnesota und südwärts in den ganzen USA; trockene Dickichte, Kahlschläge, Felder und Wegränder. B: 8-10. Bis 1,5 m hoch mit linear-lanzettlichen Blättern und vielen kleinen weißen oder rosa überlaufenen, bis 1,5 cm großen Blütenköpfchen. WH: bis –25 °C.

Aster sedifolius L. syn. *A. acris* L. Südeuropa, von Frankreich, Spanien und Portugal ostwärts bis Rußland und Kaukasus; trockene Hügel und Umland. B: 8-9. Mit verzweigten Stengeln einen rundlichen, bis 120 cm, meist aber nur 50 cm hohen Busch bildend. Sehr schmale Blätter, die bei subsp. *canus* aus Ost- und Südosteuropa weißhaarig sind. Ziemlich kleine, blaue bis lila und mit 5-10 Zungenrandblüten spinnenartig aussehende Blütenköpfchen. Für trockene Böden in voller Sonne. WH: bis –20 °C oder darunter. Die Sorte 'Nanus' wächst kompakter, wird 30 cm hoch und kippt deshalb nicht um.

Aster divaricatus

Chrysanthemum serotinum in Kew

Boltonia asteroides

Chrysanthemum yezoense

Aster albescens

Aster albescens (DC.) Hand.-Mazz. Himalaja, von Kaschmir bis Südwest-China und Burma; lichte Wälder, Strauchgruppen und offene Hänge von 2100-3600 m. B: 6-9. Kriechender, bis 2 m hoher Halbstrauch mit großen, bis 12 cm langen Blättern. Lila, purpurne oder selten weiße, bis 8 mm große Blütenköpfchen in flachen endständigen, bis 10 cm großen, verzweigten Trauben. WH: vielleicht bis –10 °C.

Aster tartaricus L. fil. Japan, Nord-China und Sibirien und vom Baikal-See ostwärts. Subalpine Wiesen. B: 6-7. Aufrechte, bis 2 m hohe Stengel. Lanzettliche bis oval-lanzettliche, am Grunde schmale, ganzrandige, die unteren bis 30 cm lange Blätter. WH: bis –25 °C oder darunter.

Aster tartaricus

Aster turbellinus

Chrysanthemum rubellum 'Clara Curtis'

Chrysanthemum rubellum 'Mary Stoker'

Aster turbellinus Lindl. Nordamerika, von Illinois bis Nebraska, südlich bis Louisiana, Arkansas und Kansas; trockene Prärien, lichte Wälder und felsige Überhänge. B: 9-10. Bis 1 m hoch. Lanzettliche bis länglich-lanzettliche, ganzrandige, bis 8 cm lange Blätter. An den Zweigen einzeln endständige, bis 2 cm große, violette Blütenköpfchen.

Boltonia asteroides (L.) L'Her. *(Compositae) Scheinaster*. Nordamerika, von New York und New Jersey bis Ohio, südlich bis Maryland und die Gebirge von North Carolina; auf kiesigen Stränden und in sandigen Dickichten. B: 7-9. Bis 2 m hoch mit ganzrandigen, linearen bis fast lanzettlichen, 12 cm langen Blättern. WH: bis –25 °C.

Chrysanthemum rubellum Sealy, heute richtig *Dendranthema zawadskii* (Herbich) Tzveler var. *latilobum* (Maxim.) Kitam. *(Compositae)*. Teile Rußlands, in den Karpaten und im Ural, Tschechoslowakei und Polen und ostwärts über Sibirien bis Japan, Korea und Nord-China; steinige Kalkhänge. B: 8-10. Bis 60 cm hoch, am Grunde verholzt. Breit 3eckig-ovale, vielteilige, bis 5 cm lange, grobgezähnte oder gelappte Blätter. Einzeln endständige, bis 8 cm große, duftende Blütenköpfchen, manchmal auch zu wenigen in lockerer Traube. Randzungenblüten blaßrosa oder weiß, Scheibenblüten gelb. WH: bis –20 °C. Es gibt eine Anzahl außerordentlich reichblühender Auslesen oder Hybriden dieser Pflanze mit bis 60 cm hohen Stielen, z. B: 'Clara Curtis' und 'Mary Stoker'.

Chrysanthemum serotinum L., heute richtig *Leucanthemella serotina* (L.) Tzveler, syn. *C. uliginosum* Pers., *Späte Wucherblume*. Osteuropa, von Südost-Tschechoslowakei und im östlichen Mittel-Jugoslawien ostwärts bis Nord-Ukraine und Nordost-Bulgarien; nasse Stellen. B: 9-11. Buschige, aufrechte, bis 2 m hohe Pflanze. Lanzettliche bis länglich-lanzettliche, tief geteilte Blätter. Einzelstehende weiße, bis 7 cm große Blütenköpfchen mit grüner Mitte, die sich der Sonne zudrehen. Gut zum Schnitt geeignet. WH: bis –20 °C.

Chrysanthemum yezoense Maek., heute richtig *Dendranthema yezoense* (Maek.) D. J. H. Hind. Japan, Hokkaido und Honshu; in Felsen in Küstennähe. B: 9-10. Bis 40 cm hoch aus langkriechendem Rhizom und Ausläufern. Blätter keilförmig, bis 4 cm breit, zum Grunde verschmälernd. Weiße Margeritenblüten mit verzweigten Sträußen. Für Böden mit gutem Wasserabzug in voller Sonne. WH: bis –15 °C.

Eupatorium perfoliatum

Eupatorium purpureum bei New York

Solidago 'Goldengate'

Eupatorium cannabinum am Stour-Fluß in Dorset

Vernonia novaboracensis

Vernonia crinita

Eupatorium rugosum

Solidaster luteus

Solidago 'Strahlenkrone'

Eupatorium maculatum

EupatoriuEupatorium **cannabinum** L. *(Compositae) Wasserdost, Wasserhanf.* Europa, von Schottland bis Spanien und Nordafrika und ostwärts bis Türkei und Zentralasien; feuchte Stellen, Moore, Ufer von Wasserläufen. B: 7-9. Große Büsche bis 120 cm hoher Stengel mit relativ weichen, tief 3- bis 5lappigen Blättern. 2-5 mm große, meist lilarosafarbene Blütenköpfchen in flachem, verzweigtem Blütenstand. 'Album' weißblühend, 'Plenum' gefülltblühend, stark von Schmetterlingen besucht. Für jeden nährstoffreichen, feuchten Boden in Sonne oder Halbschatten. WH: bis –25 °C oder darunter.

Eupatorium maculatum L. 'Atropurpureum'. Nordamerika, von Neufundland westlich bis British Columbia und südlich bis New York und in den Bergen von North Carolina, New Mexico und Washington; feuchte Stellen, in lichten Wäldern, Wiesen und Ufer, meist auf rasenreichen Böden. B: 7-9. Große Büsche purpurner, bis über 2 m hoher Stengel. Einfache, länglich-lanzettliche bis schmal oval-lanzettliche Blätter in Quirlen zu 4-5. Blütenköpfchen 8- bis 20blütig in großem, flachem Blütenstand. WH: bis –25 °C oder darunter. 'Atropurpureum' hat auffallend weinrote Blüten.

Eupatorium perfoliatum L. Östliches Nordamerika, von Quebec bis Manitoba, südlich bis Florida, Louisiana und Texas; nasse Wälder, Gebüsch, Moore und feuchtes Grasland. B: 7-10. Ganze Pflanze rauhhaarig mit wenigen, bis 1,5 m hohen Stengeln. Gegenständige, meist langspitzige Blätter, die unteren am Grunde meist stengelumfassend verwachsen. Blütenköpfchen mit je 10-40 weißlichen oder purpurnen Blütenköpfchen in ziemlich flachem Blütenstand. Für feuchten Boden in voller Sonne oder Halbschatten. WH: bis –25 °C.

Eupatorium purpureum L. Östliches Nordamerika, von New Hampshire westlich bis Minnesota und Nebraska und südlich bis Nord-Fiorida und Oklahoma; feuchte Stellen in Wäldern, meist auf basischen Böden. B: 7-9. Große Büsche blaugrüner, bis über 2 m hoher Stengel und höchstens an den Nodien purpurn. Lanzettliche bis ovale, in Quirlen zu 2-5 sitzende Blätter. Blaßrosa, lila oder cremeweiße, 3- bis 7blütige Blütenköpfchen in großem pyramidalem Blütenstand. Für jeden nährstoffreichen, feuchten Boden in Sonne oder Halbschatten. WH: bis –25 °C oder darunter. Sie ist interessant durch starken Schmetterlingsbesuch.

Eupatorium rugosum Houtt. syn. *E. urticifolium* Reich. Östliches Nordamerika, von Quebec bis Süd-Saskatchewan und südlich in den Bergen bis Georgia und Texas; in Wäldern und Gebüsch. B: 7-10. Büsche bis 1,5 m hoher Stengel aus kräftigem, knolligem Wurzelstock. Ovale, grobgezähnte, gestielte, bis 18 cm lange Blätter. Reinweiße, 15- bis 30blütige Blütenköpfchen. Für jeden guten Gartenboden in voller Sonne oder Halbschatten. WH: bis –25 °C.

Solidago 'Strahlenkrone' *(Compositae) Goldrute.* Niedrige, bis 50 cm hohe Pflanze mit kleinen Blütenköpfchen an sternförmigen Strahlen. Viele Wildarten Nordamerikas haben einen ähnlich geformten Blütenstand, z. B. *S. juncea.* Für jeden Boden in voller Sonne. WH: bis –25 °C oder darunter.

Solidago 'Goldengate'. Züchter Burleydam 1948. Bis 30 cm hoher, sich langsam ausbreitender Busch. Für jeden Boden in voller Sonne. WH: bis –25 °C oder darunter.

Solidaster luteus (Everett) M. L. Green ex Dress syn. *Aster* 'Hybridus luteus'. Möglicherweise Hybride zwischen *Aster ptarmicoides* (Nees) Torr. et A. Gray und *Solidago canadensis* L. oder auch nur Solidago-Form. Bekannt schon vor 1910. Bis 60 cm hohe Stengel. Blaßgelbe Blütenköpfchen. B: 7-9. 'Lemore', Züchter Thos. Carlisle Ltd 1948, ist wahrscheinlich die abgebildete Pflanze. Für jeden guten Gartenboden in voller Sonne. WH: bis –25 °C oder darunter.

Vernonia crinita Raf. *(Compositae).* Missouri, Kansas, Arkansas und Oklahoma; nasse Wiesen, Sümpfe und lichte Wälder. B: 7-9. Büsche kräftiger bis 3 m hoher Triebe. Lineare bis linear-lanzettliche, bis 2 cm breite Blätter. Blütenköpfchen 55- bis 90blütig und 1,2-2 cm groß mit vielen gedrehten Fäden an den Hochblättchen. Für jeden guten feuchten Gartenboden in Sonne oder Halbschatten. WH: bis –20 °C oder darunter.

Vernonia novaboracensis (L.) Michx. Massachusetts und südliches New York, südlich bis West-Virginia, Ohio, Georgia und Mississippi; sumpfige Wiesen und Lichtungen in Wäldern. B: 8-10. Bis 2 m hohe Stengel. Lanzettliche bis länglich-lanzettliche, bis 4,7 cm breite Blätter. Rotpurpurne oder weiße, 30- bis 50blütige, ca. 10 mm große Blütenköpfchen mit Fäden an den Hochblättchen. Für jeden guten feuchten Boden in Sonne oder Halbschatten. WH: bis –25 °C oder darunter.

Tricyrtis 'White Towers' bei Washfield Nurseries, Kent

Tricyrtis 'White Towers'

Tricyrtis latifolia

Tricyrtis affinis

Tricyrtis hirta in Kagoshima, Kyushu

Tricyrtis hirta

Tricyrtis affinis Mak. (Liliaceae) *Krötenlilie.* Japan (Hokkaido, Honshu, Shikoku und Kyushu); Wälder und moosige Hänge, im Gebirge. B: 8-10. Wenige oder mehrere ausbreitende Stengel von büscheligem Wurzelstock. Behaarte, spitz zulaufende, die oberen Stengel umfassende, 8-18 cm lange Blätter. Langgestielte, ca. 2 cm große, zu 1 bis mehreren in den Blattachseln stehende oder endständige Blüten. Blütenblätter abstehend, nicht zurückgebogen. Für Laub- oder Torfboden in Halbschatten. Vielleicht bis –20 °C.

Tricyrtis formosana Baker syn. *T. stolonifera* Matsum. Formosa; in Wäldern und nassen, schattigen Gebüschen, bis 3000 m. B: 8-9. Oft durch Ausläufer große Kolonien mit bis 80 cm hohen Stengeln bildend. Ziemlich glänzende, dunkelgrüne, dunkler gefleckte Blätter, die oberen Stengel umfassend. Blüten 2,5-3 cm. Für feuchten, lockeren Laubboden in Halbschatten und Schutz. Wahrscheinlich die problemloseste Art.

Tricyrtis hirta (Thunb.) Hook. Honshu, Shikoku und Kyushu; an schattigen Felsen. B: 8-10. Manchmal überhängende, behaarte, 40-80 cm hohe Stengel aus büscheligem Wurzelstock. Schmal länglich-ovale bis breit-lanzettliche, 8-15 cm lange Blätter. Blüten zu 2-3 in den Blattachseln oder büschelig oder einzeln endständig an Blütenstielen, die kürzer sind als die 2,5-3 cm langen Blüten. Für feuchten Laubboden in Halbschatten mit Schutz. WH: bis –15 °C.

Tricyrtis latifolia Maxim. syn. *T. bakeri* Koidz. Japan (alle großen Inseln), China; Bergwälder. B: 7-9. Wenige behaarte, aufrechte oder überhängende, bis 80 cm hohe Stengel. Ovale, 8-15 cm lange und 4-9 cm breite Blätter. Blütenstand eine Trugdolde. Blüten 2-2,5 cm lang. Für Laubboden in Halbschatten. WH: bis –15 °C.

Tricyrtis 'Lilac Towers' und **'White Towers'**. Sich nur in der Blütenfarbe unterscheidende Sorten und wahrscheinlich Hybriden zwischen *T. hirta* und möglicherweise *T. affinis* mit behaarten Blättern und Stengeln, immer steif aufrecht mit mehreren kurzgestielten Blüten in den Blattachseln. 'Lilac Towers' wird oft als *T. hirta* verkauft. Beide problemlos in Laubboden im Halbschatten. WH: bis –15 °C.

Tricyrtis formosana in den Savill Gardens, Windsor

Tricyrtis 'Lilac Towers'

Tricyrtis formosana

Tricyrtis 'Lilac Towers'

Liriope muscari

Ophiopogon planiscapus 'Nigrescens'

Ruscus aculeatus

Disporum smithii

Disporum smithii (Hook.) Piper *(Liliaceae).* Mittel-Kalifornien bis British Columbia; feuchte immergrüne Wälder und Redwood-Forste im Küstenbereich. B: 3-5, fruchtend: 8-10. Bis 20 cm breite, reichverzweigte, meist ca. 30 cm hohe Stengel aus büscheligem Wurzelstock. Oval bis oval-lanzettliche, 5-12 cm lange Blätter. Weißliche, zu 1-5 in Büscheln stehende, 1,5-2,5 cm lange Blüten. Beeren 12-15 mm lang. Für Laubboden im Schatten in geschützter Lage. WH: bis –15 °C, vielleicht darunter.

Liriope muscari (Decne.) Bailey *(Liliaceae).* China, in Japan, von Mittel-Honshu südwärts, Korea, Formosa und Vietnam; Wälder. B: 8-10. Büschelig mit grasähnlichen, 4-7 (bis 12) mm breiten und bis 60 cm langen Blättern. Oft flache Blütenähren, meist die Blätter überragend. Blüten 5-8 mm groß. Einzelstehende schwarze Früchte. Für Laubboden in Schatten oder Halbschatten. WH: vielleicht bis –10 °C.

Ophiopogon planiscapus Nakai *(Liliaceae) Schlangenbart.* Japan, in Honshu, Shikoku und Kyushu; Wälder und Gebüsch, in niedrigen Höhenlagen. B: 7-8. Verdickte, knollige Wurzeln und durch Ausläufer lockere Kolonien bildend. Blätter 4-6 mm breit und meist 20, aber auch 15-50 mm lang. 3kantige, flache, 15-30 cm hohe Blütenstengel. Blüten 6-7 mm lang. Früchte blau. Für Laub- oder Torfboden in Sonne oder Schatten. WH: bis –15 °C, vielleicht kurzzeitig darunter. 'Nigrescens' syn. 'Arabicus' (ungewöhnlich schwarzblättrig). *O. japonicus* (L. fil.) Ker-Gawl., *Zwerglilienrasen* kleiner mit nur 2-3 mm breiten Blättern (meist als Bodendecker). WH: bis –15 °C.

Ruscus aculeatus L. *(Liliaceae-Asparagaceae) Mäusedorn.* Europa bis Azoren und Nordafrika, zum Kaukasus und zur Türkei, mit var. *angustifolius* Boiss. Südost-Europa und Mittelmeergebiet bis zum Kaukasus; Eichenwälder, Gebüsch und felsige Kalkhänge. B: 2-5 und 9-10. Immergrüne, steif aufrechte, bis 80 cm hohe Stengel aus langsam kriechendem, zähem Wurzelstock und dann dichte Büsche bildend. Die stachelspitzen, ca. 2,5 cm langen „Blätter" sind eigentlich flache Stengel, Phyllocladien genannt, und bei var. *aculeatus* 2-

Ophiopogon planiscapus

bis 3mal so lang wie breit und bei var. *angustifolius* 3mal so lang wie breit. Pflanzen männlich oder weiblich, aber auch eingeschlechtliche und selbstfruchtbare Klone in Gartenkultur mit reichem Beerenschmuck. Beeren ca. 1 cm groß, rot und im Winter an der Pflanze. Für jeden trockenen Boden. WH: bis –25 °C oder darunter bei Frostschutz des Wurzelstockes.

Tricyrtis flava Maxim. subsp. *ohsumiensis* (Masam.) Kitam. *(Liliaceae)*. Kyushu; in Bergwäldern. B: 9-10. Dichte Büsche kräftiger, bis 50 cm hoher Stengel. Obere Blätter kahl, elliptisch bis länglich, 5-20 cm lang. Blüten 2,5-3,5 cm lang mit winzigen Tupfen. Für feuchten Torfboden in Halbschatten. WH: bis –15 °C.

Tricyrtis macrantha Maxim. Shikoku, mit subsp. *macranthopsis* (Masam.) Kitam. in Zentral-Honshu; auf glatten, nassen Felsen und Klippen, in feuchten Schluchten, wo zumindest im Sommer kontinuierlich Wasser fließt. B: 8-10. Wenige Stengel mit kräftigen, blaßbraunen Haaren aus büscheligem Wurzelstock, dessen fleischige Wurzeln wie bei Orchideen auf den Felsen aufliegen. Am Grunde herzförmige, 7-17 cm lange Blätter. Hängende, sehr fleischige, 3-4 cm lange Blüten. Subsp. *macranthopsis* hat sehr deutlich herzförmige Blätter und kahle Stengel. Für sorgsame Kultur in Laubboden mit gutem Wasserabzug in Schatten mit Schutz und reichlicher Wasserversorgung im Sommer. WH: bis –15°C, vielleicht darunter. *T. ishiiana* (Kitag. & T. Koyama) *Ohwi* kommt von Honshu und ist sehr ähnlich, hat aber 3-5 Blüten in einer endständigen Trugdolde.

Tricyrtis perfoliata Masam. Kyushu; schattige Felskanten. B: 9-10. Meist unverzweigte, hängende, bis 70 cm lange, kahle Stengel. Stark glänzende Blätter, die oberen breit-lanzettlich bis schmal oval-länglich, zu langer Spitze auslaufend und durchwachsen und 7-18 cm lang. Aufrechte, einzelstehende, 2,5-3 cm lange Blüten. Für feuchten Laubboden mit gutem Wasserabzug und Schutz. WH: vielleicht bis –15 °C.

Tricyrtis flava subsp. *ohsumiensis*

Tricyrtis macrantha bei Washfield Nurseries, Hawkhurst, Kent

Tricyrtis perfoliata bei Washfield Nurseries, Hawkhurst, Kent

Miscanthus sinensis an Schwefelquellen in Hokkaido

Cortaderia selloana 'Rendatleri'

Cortaderia selloana 'Aureo-lineata'

Pennisetum orientale

Cortaderia richardii (Endl.) Zotov *(Gramineae)*. Neuseeland, an sumpfigen Stellen und entlang Wasserläufen, im Flachland. B: 11-3, bei uns im Sommer. Bildet riesige Büsche überhängender, bis 6 m hoher Halme. Für feuchten, sandigen Boden in voller Sonne. WH: vielleicht bis –15 °C. *C. fulvida* (Buchanan) Zotov aus höheren Lagen hat mehr aufrechte, bis 2 m hohe Stengel und hängende Blütenköpfe, die beim Erblühen rosa sind, und ist wahrscheinlich härter.

Cortaderia selloana (Schult. & Schult. fil.) Asch. & Graebn. *Pampasgras*. Südamerika, in feuchten, sandigen Böden. B: Spätsommer, in Gartenkultur 8-10. Pflanzen männlich oder weiblich. Riesige Büsche überhängender, bis 3 m langer, schneidend scharf gezähnter Blätter. Blütenstände bis 3 m, die männli-

Cortaderia richardii bei Harry Hay

Molinia caerulea 'Variegata'

Cortaderia selloana 'Pumila'

Cortaderia selloana 'Sunningdale Silver'

chen ziemlich aufrecht, die weiblichen verzweigt und größer. Ährchen weißlich oder rosa, ca. 15 mm lang und glänzend. Für tiefgründigen, guten Boden in voller Sonne. WH: bis –20 °C. Es gibt mehrere Namenssorten, z. B. 'Aureo-lineata' syn. 'Gold Band', hat gelbgestreifte Blätter und bis 2,5 m hohe Halme; 'Pumila' ist eine kleine Form mit aufrechten, bis 1,5 m hohen Rispen; 'Rendatleri' hat breite, hängende rosa Rispen auf bis 3 m hohen Halmen; 'Sunningdale Silver' hat aufrechte Rispen auf etwa 2,2 m hohen Halmen.

Miscanthus sinensis Anderss. *(Gramineae) Chinaschilf.* Japan (alle Inseln), Formosa und China; Berghänge und sonnige Stellen im Gebirge. B: 8-10. Büsche aufrechter, bis 2,5 m hoher Halme. Blätter mit flacher, 1-2 cm breiter Spreite. Blütenstand mit zahlreichen schmalen, 15-30 cm langen Trauben, die zusammen eine Doldentraube bilden. Ährchen 5-7 mm lang mit einem Büschel weißer oder purpurner Haare. Für jeden Boden in Sonne oder Halbschatten. WH: bis –20 °C. Es gibt viele Gartensorten. 'Zebrinus' hat weiße, quergebänderte Blätter; 'Silberfeder' hat bis 2,2 m hohe Halme und weiße Haare an den Ährchen und ist die reichblühendste Form für kühle Lagen. Viele neue Sorten z. B. von Pagels blühen auch in unseren Sommern reich. Var. *purpurascens* (Anders.) Rendle hat rötlich-purpurne Blätter.

Molinia caerulea (L.) Moench. *(Gramineae) Pfeifengras.* Nordeuropa, ostwärts bis Sibirien, südwärts bis Nord-Türkei und Kaukasus und eingebürgert in Nordamerika; Sümpfe, Heiden und nasse, torfige Berghänge. Oft viele Quadratkilometer bedeckend und im Herbst goldfärbend. B: 6-8. Bildet dichte Büsche flacher Blätter. Halme bis 130 cm hoch. Ährchen 6-9 mm lang. Für saure, sandige Böden in voller Sonne. 'Variegata' (Abb.) hat weißgestreifte Blätter. WH: bis –25 °C und darunter.

Pennisetum orientale (Willd.) L. C. M. Rich. *(Gramineae).* Nordafrika und Türkei, ostwärts bis Kopet Dag, südlich bis Arabien; trockene, felsige Hänge. B: 5-7, im Garten bis 10. Büsche schmaler Blätter mit bis 100 cm hohen blühenden Halmen. Ährchen borstig behaart, jung purpur und später graubraun. Für warme, geschützte Lage in voller Sonne. WH: bis –15 °C, bei Wintertrockenheit darunter.

Wedel aus Wisley, 28. Juli, 1/3 nat. Größe

Onoclea sensibilis

Asplenium scolopendrium L. syns. *Phyllitis scolopendium* (L.) Newm., *Scolopendium vulgare* Sm. *(Aspleniaceae) Hirschzungenfarn.* Europa, Asien und Nordamerika; an unterschiedlichsten Stellen, am kräftigsten aber an Hängen, in kühlen Waldbereichen, oft auf kalkreichen Böden mit hohem Niederschlag und gelegentlich auch in Mauerspalten. Immergrüne, bis 60 cm, bei trockener Lage kürzere Wedel. Problemlos in Laubmullboden im Schatten. Vermehrung durch Sporen und Teilung oder Blattstielstecklinge. Sehr variable Blattform und variabler Wuchs führten zu vielen Namenssorten, die in Gruppen zusammengefaßt werden. 'Crispum'-Gruppe: stark gewellte und oft ziemlich breite Wedel. 'Muricatum'-Gruppe: Rauhe Wedeloberfläche. 'Cristatum'-Gruppe: Wedel am Ende unterschiedlich gabelig bis kammartig.

Matteuccia struthiopteris (L.) Todaro *(Woodsiaceae) Trichterfarn.* Europa, Westasien und östliche USA, Kanada, China und Japan. An leicht beschatteten, felsigen Ufern von Wasserläufen (ausgedehnte Kolonien). Kurzes bis stämmchenartiges Rhizom mit langen Ausläufern, die zur schnellen invasiven Ausbreitung führen. Sommergrüne, aufrechte, den charakteristischen blaßgrünen, 60-120 cm hohen Trichter bildend. Fruchtwedel braun, geweihartig, kleiner in der Mitte des Trichters. Hart und schnell zu etablieren bei leichter Beschattung und reichlich feuchtem Laubboden.

Onoclea sensibilis L. *(Woodsiaceae) Perlfarn.* Meiste Teile Nordamerikas, östlich der Rocky Mountains bis Nordost-asien, Sibirien, Japan und Korea; nasse, grasige Stellen, offene, feuchte Wälder und manchmal freie Hänge. Ziemlich schlanke, weitkriechende Rhizome, aus denen einzelstehende, sommergrüne, ziemlich langgestielte, meist 45-70 cm, aber auch bis 1 m hohe Wedel erwachsen. Fruchtbare Wedel aufrecht und kürzer als die sterilen Wedel mit ihren perlschnurartig aufgereihten Fiederchen. Problemloser, sich leicht ausbreitender Farn für feuchten, leichten Boden in leichtem Schatten. Der erste Frost läßt die Wedel absterben und sich schön verfärben.

Polystichum aculeatum (L.) Roth *(Dryopteridaceae), Glanzschildfarn.* Europa und der größte Teil Asiens; in sommergrünen Wäldern, oft auf Kalk und manchmal auf beschatteten Kalkfelsüberhängen. Dicke, lederartige, immergrüne, mehr oder weniger doppelt gefiederte Wedel, die Fiederchen am Grunde keilförmig, oft ziemlich konvex. Die Wedel bilden einen aufrechten, bis 80 cm hohen Trichter. Sehr hart und problemlos in lichtem Schatten in jedem normalen Boden. Ähnlich stark variierend wie *P. setiferum*, aber mit weniger Gartensorten.

Polystichum munitum (Kaulf.) Presl. *(Dryopteridaceae) Schwertfarn.* Westliches Nordamerika, verbreitet in kühlen Bergwäldern. Kurzes Rhizom mit 1 m und längeren immergrünen, ziemlich aufrechten, gefiederten Wedeln. Die feingesägten Fiederchen haben jeweils einen vergrößerten Grundlappen auf der der Wedelspitze zugewandten Seite. Robuste, buschig wachsende Art und problemlos in lichtem Schatten und Torf- oder Laubboden.

Polystichum polyblepharum (Roem.) Presl. *Japanischer Glanzschildfarn, Bärentatze.* Mittel- und Süd-Japan und Süd-Korea; in sommergrünen und gemischten Wäldern, in niedrigen Höhen-

Asplenium scolopendrium 'Crispum'

Polystichum setiferum 'Divisilobum'-Gruppe

lagen. Aufrechte, büschelig wachsende, bis 1 m hohe, auf der Oberseite stark glänzende, doppelt gefiederte Wedel mit ziemlich quadratischen Fiederchen. Fein behaarter und sehr schöner Farn, der problemlos in Waldlagen und kühlem Laubboden wächst und wahrscheinlich sauberen Boden vorzieht. Spätfrost-gefährdet wegen frühen Austriebs.

Polystichum rigens Tagawa *Steifer Bärentatzenfarn*. Japan, in Süd-Honshu; Wälder, immergrüne, ledrige, glänzende, 30-45 cm lange, doppelt gefiederte Wedel mit schmalem, länglich-ovalem Umriß. Fiederchen 10-12 mm lang. Schuppen schwarz-braun, 1-1,5 mm breit, lanzettlich und gewimpert. Für feuchten, sauren Boden in Schatten mit Schutz. WH: vielleicht bis –10 °C.

Polystichum setiferum (Forssk.) Woynar *Weicher Schildfarn*. Nordeuropa, mit ähnlichen Arten in Asien und Nordamerika; Laubwald, oft auf Kalkböden. Dünne, doppelt gefiederte, immergrüne, bis 1 m lange, aus offenem Trichter überhängende Wedel. Fiederchen deutlich gestielt. Hart und problemlos im lichten Schatten in kühlem, saurem oder alkalischem Laubboden. Junge, noch nicht aufgerollte Wedel sind oft dicht silbrig beschuppt. Vermehrung durch Teilung oder Sporenaussaat. Viele unterschiedliche Wedelformen wurden gefunden und als Sorten benannt, die heute einzelnen unterscheidbaren Gruppen zugeordnet werden, z. B. 'Cristatum'-Gruppe: mehrfach geteilte bis kammförmige Wedelspitze. 'Grandiceps'-Gruppe: großer, 3dimensionaler Kamm, breiter als der übrige Wedel. 'Cruciatum'-Gruppe, jedes Fiederchen ist vom Grunde an gegabelt und gibt dem Wedel kammartigen Zickzack-Charakter. 'Acutilobum'-Gruppe: Fiederchen lanzettlich-oval mit langer Spitze mit oft flachliegenden Wedeln und auf dem Wedel Brutknospen, d. h. junge Pflanzen bildend. 'Divisilobum'-Gruppe: Jedes Fiederchen ist doppelt gefiedert, manchmal auch hier Brutknospen. 'Plumosum'-Gruppe: Fiederchen sind besonders fein geteilt und mehr blattartig, meist steril. 'Bevis' ist ein besonders feiner Klon dieser Gruppe. Die Sorten dieser Gruppen kommen nicht echt aus Sporenaussaat, sollten als Klone vegetativ, d. h. durch Teilung oder, soweit vorhanden, durch Brutknospen vermehrt werden.

Matteuccia struthiopteris im Süd-Kaukasus bei Telavi mit *Veratrum* und *Alchemilla*

Wedel aus Wisley, 1. August, 1/3 nat. Größe

Onychium japonicum bei Washfield Nurseries, Hawkhurst, Kent

Athyrium nipponicum in China

Adiantum pedatum L. *(Adiantaceae) Hufeisenfarn, Pfauenradfarn.* Nordamerika, von Quebec bis Alaska, südlich bis Kalifornien und Georgia und Ostasien, von Japan und Kamtschatka bis Sikkim und Nord-Indien; kühle Laub- oder Nadelwälder oder auf Felsen, an Wasserfällen. Wedel sommergrün, meist über ca. 25 cm groß auf 15-50 cm hohen Stengeln. Blättchen 2-4 cm groß. Hart und problemlos in kühler, feuchter, schattiger Lage. Kältetolerant, da er auf Tuffstein wächst. Schwer durch Teilung alter Pflanzen anzusiedeln, aber problemlos mit jungen Pflanzen. Die Rhizome sollten durch lockeren Laubmull oder altes Laub bedeckt sein. Var. *aleuticum* Rupr. *(Zwerghufeisenfarn)* kommt an der Westküste der USA wie auch in Utah und Quebec vor. 'Imbricatum' hat überlappende Blättchen. Var. *subpumilum* W. H. *Wagner* ist eine kompakt wachsende Varietät aus Vancouver.

Adiantum venustum D. Don *Venushaarfarn.* Himalaja und West-China; moosige Hänge und Dämme. In leichtem Schatten bis 3500 m. Dünnes, sich weit ausbreitendes, aber nie lästiges Rhizom. Sommergrüne, 20-30 cm große Wedel auf glänzend dunkelbraunen, 10-15 cm langen Stielen. Blättchen breit 3eckig, 6-10 mm groß. Sterile Segmente am oberen Rand, fein gezähnt. Fertile Segmente am Rand eingeschlagen und darunter die Sporangien. Sehr hart und schnell auf Torfbänken oder in Felsspalten im leichten Schatten oder, falls nicht zu trocken, auch unter Bäumen anzusiedeln. Gut durch Teilung zu vermehren.

Athyrium filix-femina (L.) Roth. *(Woodsiaceae).* Eine der weitesten Verbreitungen aller Farnarten und so in Europa, Asien, Nordafrika und dem mittleren Nordamerika zu finden. Charakteristische Art in Laubwäldern auf verschiedenen, meist sauren Böden. Auch auf trockeneren und offeneren Flächen zu finden. Kurzes Rhizom. Sommergrüne, meist 60-100 cm lange, blaßgrüne, doppelt gefiederte Wedel mit stumpf gezähnten Fiedern. Grüne oder auch attraktive rötliche Mittelachse des Wedels. Im 19. Jahrhundert wurden unzählige abweichende Formen in Kultur genommen und benannt, und auch heute noch gibt es immer wieder zahlreiche, deutlich unterschiedene Wedelformen.

Athyrium nipponicum (Mett.) Hance. *Japanischer Regenbogenfarn.* Waldsituationen in Nordostasien mit 2 Farbvarianten. Der verbreitete Typ hat grüne Wedel, und bei 'Pictum' sind sie hellgrau- grün mit blasserem Mittelband und purpurrosa Mittelrippe. Die letztere ist die verbreitetere

Athyrium otophorum

Oreopteris limbosperma

Gartenpflanze und kommt farbtreu aus Sporen. Kurzes, schlankes, kriechendes Rhizom. Feste, sommergrüne, 30-50 cm hohe, locker zusammenstehende Wedel. Bei Sporenaussaat tauchen immer wieder Einzelpflanzen mit kammartig verbänderten Wedeln auf, von denen die meisten aber dadurch nicht schöner werden.

Athyium otophorum (Miq.) Koidz. Japan und China; in Laubwäldern. Kurzes, aufrechtes Rhizom mit festen, aber sommergrünen, 60-80 cm hohen, doppelt gefiederten Wedeln mit gezähnten Fiederchen. In Kultur haben die meisten Pflanzen graugrüne Wedel mit weinroten Mittel- und Nebenrippen. WH: vielleicht bis –10 °C; benötigt feuchte, schattige Lage, um sich voll entfalten zu können, und ist dann einer der brauchbarsten und dekorativsten Farne. Vermehrung durch Aussaat frischer Sporen oder durch Teilung alter Pflanzen im zeitigen Frühjahr oder Herbst.

Hypolepsis millefolium Hook. *(Dennstaedtiaceae).* Neuseeland, meist in ziemlich offenen Lagen, auf Hügeln über 1000 m. Mit schlanken, langen Rhizomen bald ausgedehnte Kolonien bildend. 3eckige und sehr fein geteilte, sommergrüne, 20-50 cm hohe Wedel, die einzeln aus dem Rhizom wachsen. WH: bis –15 °C und problemlos in lichtem Schatten und saurem Laubboden. Vermehrung durch Teilung, wobei jedoch kleine Teilstücke schwer weiterwachsen.

Onychium japonicum (Thunb.) Kunze. In Asien weitverbreitet, vom Himalaja bis China, Japan, Formosa und Malaysia; kriechendes Rhizom. Mehr oder weniger immergrüne, sehr fein geteilte, bis 60 cm hohe Wedel mit linear-lanzettlichen Endsegmenten. Nur Herkünfte höherer Lagen aus China und Korea scheinen ausreichend hart zu sein. Für sauren, sehr humusreichen Boden im Halbschatten oder für frostfreie Kultur im Kalthaus.

Oreopteris limbosperma (All.) Holub syn. *Thelypteris limbosperma* (All.) H. P. Fuchs, *Bergfarn.* Meiste Teile Europas und Nordamerikas und mit verwandten Arten in Nordostasien; nasse Flußufer, auf sauren Böden, im Flachland und in höheren Lagen und in sauren, nährstoffarmen Moorbereichen. Ziemlich kurzes, meist aufsteigendes Rhizom. Aufrechte, 30-90 cm hohe sommergrüne Wedel, beim Austrieb eindrucksvoll silbrig beschuppt. Die Wedelunterseite ist mit winzigen gelblichen Drüsen besetzt, die beim Verletzen Zitronenduft ausströmen. Problemlos an kühler, feuchter, saurer Stelle, verträgt weder Kalk noch Trockenheit.

Adiantum venustum aus Wisley

Adiantum pedatum in Virginia

Athyrium filix-femina wild in Perthshire

Wedel aus Wisley, 5. August, 1/3 nat. Größe

Osmunda cinnamomea in New Hampshire

Osmunda regalis (junge Wedel) in Wisley

Woodwardia fimbriata

Blechnum magellanicum in Logan

Osmunda regalis in Connemara

Blechnum magellanicum (Desv.) Mett. *(Blechnaceae).* Südamerika, lichte Wälder und offene Lagen bis 500 m. Robuster immergrüner Farn, mit langsam sich ausbreitendem Rhizom Kolonien bildend. Aufrechte, bis 80 cm hohe, sehr ledrige, gefiederte Wedel. Fruchtbare Wedel nur durch schmalere Fiederchen unterschieden. Die borstenähnlichen Schuppen am Stengelgrund unterscheiden sich von den ovalen Schuppen bei anderen ähnlichen Arten, mit denen er verwechselt werden kann. WH: bis –10 °C. Diese Art wird oft als *B. tabulare* Kuhn kultiviert, die sich jedoch von ihr unterscheidet und nicht so hart ist.

Blechnum penna-marina (Poir.) Kuhn *Seefederrippenfarn.* Südamerika bis hinauf nach Südbrasilien, Neuseeland und viele subantarktische Inseln; Wälder, felsige Hänge und Gebüsch. Kriechendes Rhizom, an dem die bis 17 cm langen Wedel in Abständen büschelig sitzen. Fiederchen bis 8,5 mm lang. Fruchtende Wedel, meist länger als die nicht fruchtenden und mit schmaleren Fiederchen und eingerollten Rändern. WH: bis –10 °C, vielleicht darunter.

Osmunda cinnamomea L. *(Osmundaceae) Zimtfarn.* Nord-, Mittel- und Südamerika und Nordostasien (meist als var. *fokiensis* Copeland abgetrennt). Unterschiedliche Standorte in unteren Höhenlagen, wie feuchte Wälder und Sümpfe und Ufer von Wasserläufen. Große, sich langsam ausdehnende Rhizome. Sommergrüne, 40-60 cm oder höher werdende Wedel, dabei die sterilen locker aufrecht, doppelt gefiedert mit schönen Büscheln wollig rötlich-brauner Schuppen am Grunde eines jeden Fiederchens. Fruchtbare Wedel steif aufrecht, meist kürzer und in der Mitte der Pflanze mit doppelt gefiederten, sehr eng zusammengezogenen Fiederchen ohne Blattgrün. Hart und problemlos in feuchtem Waldbereich oder am Rande von Gewässern und Wasserläufen.

Osmunda regalis L. *Königsfarn.* Sehr weit verbreitet in Europa, Nord- und Südamerika, Afrika und Asien; meist in nassen Bereichen wie Mooren und feuchten Waldgebieten. Aufrechtes und im Alter große feste Massen bildendes Rhizom. Sommergrüne, doppelt gefiederte, aufrechte, 60-150 cm hohe Wedel, an deren Ende die fertilen Fiederchen zusammengedrängt stehen. Einer der Farne mit schöner warmer, braunrot-oranger Herbstfärbung. Problemlos zu kultivieren. Vermehrung durch Sporen, die nur wenige Tage lebensfähig bleiben. 'Cristata' ist eine Form mit mehrfach breit gegabelten und gekräuselten Fiederenden; bei 'Purpurascens' sind die Stiele und auch die Wedel beim Austrieb purpur.

Polypodium australe Fee *(Polypodiaceae) Südlicher Tüpfelfarn.* Britische Inseln, Westeuropa, Madeira und Azoren; ähnliche Standorte wie *P. vulgare.* Breit-ovale, bis 30 cm lange Wedel mit etwas gezähnten Fiedern, deren untere gebogen sind. Fertile Wedel erst im Spätsommer. Problemlos zu kultivieren mit vielen Sorten unterschiedlicher Wedelform, die teilweise zu *P. vulgare* L. oder *P. interjectum* Shivas gestellt werden, z. B. *Polypodium australe* Shivas 'Cornubiense'.

Polypodium vulgare L. Heimisch (Gruppe sehr eng verwandter Arten) in Europa, Asien, Nordamerika und Südafrika; an unterschiedlichen Stellen wie Felsen, Mauern, Bäume oder auch auf dem Boden. Ziemlich dicke, fast auf dem Boden kriechende, sich verzweigende Rhizome. Immergrüne, bis 30 cm lange, im Umriß längliche Wedel mit auf der ganzen Länge gleich großen Fiedern. Hart und problemlos in den meisten leichten Böden mit gerade bedecktem Rhizom. Viele unterschiedliche Wedelformen wurden als Namenssorten benannt.

Woodwardia fimbriata Rees. syn. *W. radicans* var. *americana* Hook. *(Blechnaceae).* Westliches Nordamerika, vom westlichen British Columbia bis Kalifornien und östlich bis Arizona und Nevada; feuchte, schattige Stellen, an Ufern von Wasserläufen, bis 2500 m. Kurze, kräftige Rhizome, mehr oder weniger immergrüne, ledrige, ziemlich kurzgestielte, bis 1,5 m hohe Wedel. Abschnitte fein scharf gezähnt. Pflanzen aus dem nördlichen Verbreitungsgebiet dürften bis –10 °C hart sein. In den westlichen USA gilt er als problemlos und geeignet für feuchte Lagen in lichtem Schatten.

Arachniodes standishii in einem Wald bei Kyoto, Japan

Arachniodes aristata aus Japan

Gymnocarpium dryopteris mit *Hasenglöckchen*

Pflanzen aus Wisley, 5. Oktober, 1/3 nat. Größe

Arachniodes aristata (Forst.) Tindale *(Dryopteridaceae)*. Weitverbreitet in Indien und Ostasien bis Australien, wobei die härteren Formen wahrscheinlich aus Süd-Japan und China stammen. Einzelpflanzen auf Waldboden, meist in Gegenden mit ziemlich hohem Niederschlag. Langkriechende Rhizome mit immergrünen, langgestielten, 30-60 cm hohen, ledrigen, auf der Oberseite seidig glänzenden Wedeln; 2- bis 3fach gefiedert mit länglichen, behaart gezähnten Fiederchen. Abhängig von der Herkunft; relativ hart, vielleicht bis –5 °C. *Arachniodes pseudoaristata* (Tagawa) Ohwi und *A. simplicior* (Makino) Ohwi sind eng verwandt, zu letzterem gehört 'Variegata' mit gelblichem Streifen entlang der Wedelmitte und jedes einzelnen Fiederchens. Weniger hart und wohl mehr als Topfpflanze geeignet.

Arachniodes standishii (Moore) Ohwi syn. *Dryopteris standishii* C. Chr. In fast ganz Japan und auch in Korea verbreitet und dort oft beherrschende Farnart. Ausgedehnte Kolonien in den Wäldern niedriger Gebirgszüge. Kurzes Rhizom. Dünne, 60-90 cm hohe, immergrüne Wedel, 2- bis 3fach gefiedert mit grobgezähnten Fiederchen. Pflanzen aus Nord-Honshu und Hokkaido sind ziemlich hart und für Gartenkultur geeignet.

Dryopteris affinis (Lowe) Fraser-Jenkins syn. *D. borreri* Newman *(Dryopteridaceae) Goldschuppenfarn.* Meiste Teile Europas; in Wäldern und an schattigen Hängen, meist auf saurem Boden und besonders schön in Gebieten mit hohen Nieder-

Dryopteris wallichiana in Kaschmir

Dryopteris affinis in Schottland

Dryopteris shiroumensis in Kew

schlägen. Kurzes, aufrechtes Rhizom, halb immergrüne, bis 120 cm hohe Wedel, deren Mittelrippe und Stengel dicht mit goldbraunen Schuppen besetzt sind und den sich beim Austrieb ausrollenden Wedeln die beeindruckende Schönheit geben. Sehr ähnlich *D. filix-mas*, dem gegenüber er jedoch fast ungezähnte, 4eckig kantige Fiederchen besitzt und viel reicher beschuppt ist. Wüchsig, problemlos und gartengeeigneter als *D. filix-mas*. 'The King' (syn. 'Cristata') hat auf beiden Seiten des Wedels stark gegabelt-getroddelte Spitzen der Fiederchen und gehört zur *Cristata*-Gruppe und kommt im Gegensatz zu vielen anderen Wedelformen aus Sporenaussaat echt.

Dryopteris erythrosora (Eaton) O. Kuntze *Rotschleierfarn*. Weitverbreitet in Nordostasien, von China bis zu den Philippinen, Formosa und sehr verbreitet in Mittel- und Süd-Japan; Wälder und Hänge in unteren Höhenlagen, oft im Garten Selbstaussaat. Kurzes Rhizom. Niedrige, immergrüne, bis 70 cm hohe Wedel. Die jungen Wedel sind oft rosa oder bronzefarben überlaufen und die sich entwickelnden Sori oft hellrot. Hart und problemlos bei ausreichender Dauerfeuchtigkeit während der Wachstumsperiode. Lichter Schatten, da bei zuviel Sonne die Wedel leicht gelb werden.

Dryopteris filix-mas (L.) Schott *Wurmfarn*. Viele Teile der gemäßigten nördlichen Hemisphäre und dort einer der verbreitetsten Farne. An verschiedensten Standorten, aber bestes Wachstum in feuchten Waldgebieten im Flachland. Kurzes, kräftiges Rhizom. Sommergrüne, doppelt gefiederte, 120 oder mehr cm lange Wedel. Lange, gekerbte oder gesägte, an der Spitze gerundete, am Grunde aber nicht verschmälerte Fiederchen. Die Art ist hart und wüchsig und wächst fast überall. Die Wildform ist weniger attraktiv als *D. affinis*, hat jedoch eine Vielzahl von Sorten mit hohem Gartenwert, die z. B. in den Gruppen 'Cristata', 'Linearis', 'Plumosa' und 'Foliosa' zusammengefaßt werden.

Dryopteris marginalis (L.) A. Gray *Feinfiedriger Wurmfarn*. Nordamerika, von Georgia bis Kanada, westwärts zu den Rocky Mountains; feuchte Wälder und Sümpfe. Kurzes Rhizom. Sommergrüne, doppelt gefiederte, 60 und mehr cm lange Wedel. Dicht am Rand sitzende Sori (Sporangienhäufchen). Diese Sori am Rand und die ziemlich aufrechten, bläulichgrünen Wedel kennzeichnen diese Art. In der Natur hat sich diese Art mit vielen anderen gekreuzt, so daß möglicherweise eine Reihe der in Kultur befindlichen Pflanzen Hybriden sind.

Dryopteris shiroumensis Kurata & Nakamura. Japan, in den Wäldern Mittel-Hokkaidos; feste Büsche mit bis über 60 cm hohen Wedeln aus kräftigem Rhizom. Symmetrisch gebogene, tief bis zur Mittelrippe eingeschnittene, überlappende Fiederchen. Für Schatten und Schutz. WH: bis –10 °C, vielleicht darunter.

Dryopteris wallichiana (Spreng.) *Schwarzschuppenfarn*. Weitverbreitet in Asien und Teilen Afrikas und Südamerikas und früher entsprechend der Herkünfte unterschiedlich benannt. Verbreitung besonders in Waldgebieten, im Flachland, aber auch an lichten Ufern von Wasserläufen, bis etwa 4000 m im Himalaja. Ähnelt *D. affinis* in Größe, Wüchsigkeit und Wedelform, jedoch sind die dichtstehenden Schuppen fast schwarz, manchmal auch dunkelrot-braun. Dies zeigt sich besonders bei den sich aufrollenden Wedeln im Frühling. Immergrüne Wedel ohne Herbstfärbung, die sich im Winter am unteren Stengelende ablösen. Hart und problemlos in kühlem Schatten und saurem oder neutralem Laubboden. Vermehrung durch Sporen, da alte Pflanzen nur wenige zur Teilung geeignete neue Köpfe bilden.

Gymnocarpium dryopteris (L.) Newman syn. *Currania dryopteris* Wherry *(Dryopteridaceae)*, *Eichenfarn*. Weitverbreitet in den gemäßigten Regionen Nordamerikas, Europas und Asiens und in Laubwäldern oder Mischwäldern, in kühlen Gegenden meist auf saurem Boden dichte Teppiche bildend. Sehr dünne, schwarze, weitkriechende Rhizome. Sommergrüne, dünne, 20-30 cm lang gestielte, hellgrüne, 10-25 cm lange, breit 3eckige, meist fast waagerecht stehende Wedel. Hart und problemlos in geeigneten Situationen, d.h. Schatten und kühlen, sauren Laubboden, der die Rhizome bedeckt. Die Sorte 'Plumosum' hat breitere Fiederchen, die den Wedeln eine festere Erscheinung verleihen.

Tränendes Herz, Kriechender Günsel und Farne im zeitigen Frühjahr im Laubwald des Pepsi Cola-Gartens in New York

Staudenverwendung im Garten

Alle Pflanzen dieses Staudenwerkes wachsen irgendwo in Europa oder Nordamerika gut im Freien. Gärtner an der Ostküste Amerikas und in den kälteren Bereichen Europas haben oft ihre besonderen Probleme, da sie sich durchaus von denen unterscheiden, die an den milderen Westküsten beider Kontinente auftreten. Die Möglichkeit sehr kalter Winter und äußerst heißer und feuchter Sommer begrenzt die Auswahl bei der Verwendung nichtheimischer Stauden. Glücklicherweise ist die nordamerikanische Flora sehr reich an Stauden, die von Natur aus diese Extreme ertragen, und ähnliche Klimazonen in Teilen Ostasiens, Sibiriens und Osteuropas bieten eine weitere Vielfalt von Pflanzen, die ebenso geeignet sind.

Kalifornien und das Mittelmeergebiet mit heißen trockenen Sommern und milden Wintern ermöglichen die Kultur einer ganz anderen Gruppe von Pflanzen. Auch dort ist die heimische Flora sehr artenreich. Pflanzen aus Teilen der Welt mit Mittelmeerklima, wie die Kapregion Südafrikas und Südeuropas oder Westasiens gehören zu den artenreichsten und schönsten der gemäßigten Klimazonen. Der Vorteil der aus diesen Klimazonen stammenden Arten ist, daß sie von Juni an keine Bewässerung benötigen, ja sogar zuviel Wasser im Sommer sie oft absterben läßt.

Viele Gärten Nordamerikas liegen in Waldlichtungen, und zwar nicht im ursprünglichen Wald riesiger Eichen-, Hickorynußbäume und Kastanien, wie sie die ersten Siedler vorfanden, sondern in Wäldern, deren Bäume auf verlassenem Farmland aufwuchsen und oft weniger als 100 Jahre alt sind. Faulbaum, Esche, Ahorn und Robinie sind die verbreitetsten Arten dieses Folgewaldes mit oft sehr lästigen oberflächlich laufenden Wurzeln. Esche, Linde und Wildkirsche wie auch die Wurzeln einer Hecke schaffen oft ähnliche Verhältnisse in europäischen Gärten.

Auch wenn dieses Buch nur von Stauden handelt, sollte im Garten nicht versucht werden, nur mit Stauden gute Erfolge zu erzielen. Blumenzwiebeln und -knollen und Sträucher sind ebenso notwendige Komponenten einer dauerhaften und naturnahen Staudenpflanzung. Sommerblumen, Beet- und Gruppenpflanzen sind unverzichtbar zum Ausfüllen von Fehlstellen in Staudenbeeten, wenn Stauden abgestorben sind oder nicht so wachsen wie sie sollten oder wuchernde Stauden kurzfristig entfernt werden mußten. Die folgenden Beispiele sollen helfen, Pflanzungen in rauhen Klimabereichen zu schaffen. (Weitere Ideen und gute Hinweise für die Zusammenstellung von Pflanzungen sind in einer Reihe von Büchern enthalten, auf die in der Literaturliste hingewiesen wird. Hilfreich für eigene Pflanzüberlegungen ist immer das Kennenlernen bestehender Pflanzungen in der Nachbarschaft, um daraus die Entwicklung der einzelnen Arten für die eigene Gartensituation vergleichend ableiten zu können. Deutsche Staudenkataloge enthalten normalerweise bei jeder Art Hinweise auf den geeigneten Lebensbereich für ihre Verwendung.)

1. Beete am Hause

Pflanzen für diese Bereiche sollten immer ordentlich aussehen und in Blattform und -farbe kontrastreich sein und ziemlich niedrig bleiben. Angenehm duftende Blüten sind besonders wertvoll, damit man an warmen Tagen auch im Hause etwas davon bemerken kann. Geeignete Pflanzen für Schattenbereiche am Hause sind Veilchen, kleinere Hostas, Farne wie Adiantum pedatum oder auch kleinere Formen von Polystichum wie auch Ajuga reptans, Helleborus, Dicentra, besonders die Formen von D. formosa und D. eximia, kleine und panaschierte Gräser, Seggen und Simsen wie Hakonechloa macra 'Aureola'. Niedrige Sträucher gehören auch dazu, so auch z. B. mit duftenden Blüten im zeitigen Frühling wie Daphne oder Sarcococca. Bei Daphne, dem Seidelbast, gibt es geeignete Arten für jede Klimazone. Intensive Farbflecken im Sommer können durch schattenverträgliche Sommerblumen wie Impatiens oder Begonia semperflorens oder durch frühlingsblühende Stauden wie Pulmonaria geschaffen werden. Frühblühende Blumenzwiebeln und -knollen, wie Schneeglöckchen, Winterlinge und Chionodoxa fühlen sich dort wohl, wo sie im Sommer durch das Blattwerk z. B. von Hostas und ähnlichen Stauden überwachsen werden.

Für die sonnigen Stellen im Hausbereich sollten auch Pflanzen von ähnlich kompaktem Wuchs gewählt werden, doch sie müssen zusätzlich viel Hitze vertragen können. Schwertlilien, Dianthus und niedrige graublättrige Pflanzen sind geeignet, insbesondere Lavendel in den Klimabereichen, in denen er gut wächst. Auch sonnenliebende Lilien fühlen sich in diesen Bereichen wohl, wenn sie auch Schutz für ihren frischen Austrieb benötigen. Bei schwereren Böden muß die Pflanzstelle besonders hergerichtet werden, da alle diese Pflanzen guten Wasserabzug im Boden brauchen. Insbesondere Lilium regale, die Madonnenlilie, fühlt sich in solcher Situation wohl und wird in nährstoffarmem, steinigem Boden sehr alt und erfreut mit wunderbar duftenden Blüten an Frühsommerabenden.

2. Staudenbeete

Dies sind Pflanzbereiche für die verbreitetsten Gartenstauden. Die Beete können Zusammenstellungen von einer Gattung sein, wie z. B. Taglilien oder auch eine Mischung von Arten, um die Blütezeit lang und farbenreich zu machen. Stauden-Phlox, Rittersporne, Schleierkraut, Pfingstrosen, Lupinen und andere kräftig wachsende Stauden können je nach Farbkombination in ihrer Wirkung kräftig oder gedämpft sein. Der Boden muß nährstoffreich sein und auch gut gedüngt werden. Viele der Pflanzen müssen aufgebunden werden, um bei schwerem Regen und Sommerwind nicht umzufallen. Interessant sind Inselbeete, da sie von allen Seiten bewundert werden können. Dabei muß bei der Pflanzung die Höhenentwicklung besonders beachtet werden, damit die hohen Stauden in die Mitte und die niedrigbleibenden zum Rand hin angeordnet werden.

3. Stauden an Böschungen und Felssituationen

In vielen Gärten treten Felsen bis an die Oberfläche. Stauden am Rand solcher Felsbereiche helfen hier und sehen auch gut aus, da Felssituationen für viele Stauden natürlicher Lebensbereich sind. Auf feuchten Böden kann eine große Aruncus-Pflanze schön sein, während hohe Schwertlilien an trockeneren Stellen richtig sind. Wesentlich ist, daß Pflanzen in diesen Situationen groß werden und Solitärstauden-Charakter besitzen, d. h. durch sich selbst in ihrer Gestalt in Einzelstellung wirken. Iris sind auch geeignet, Felsbereiche in Sonne oder selbst bei leichtem Schatten von

Bäumen zu verdecken, vorausgesetzt, sie sind während des Tages einige Zeit direkt der Sonne ausgesetzt.

4. Beete an Mauern, Zäunen, Hecken und Gehölzrändern

Solche Beete sollten schmal, d. h. höchstens 2 m tief sein und auch von dem Vorteil dieses klaren Hintergrundes profitieren. Man kann solche Beete sehr gut auch nur mit einer einzigen Sorte, z. B. kleinblütigen Taglilien mit langer Blütezeit wie 'Hyperion' oder 'Golden Chimes' bepflanzen. Herbstanemonen sind für schattige Beete wegen ihrer späten Blüte geeignet. Sie können mit frühblühenden Blumenzwiebeln und -knollen und Farnen unterpflanzt werden oder auch sogar mit frühblühenden Stauden wie Akelei. Ein niedriges Beet an einer Nordseite könnte durch eine Kombination von Farnen und Hostas gestaltet werden. Die gold- und weißgestreiften Sorten bringen Leuchtkraft in die sonst dunkle Pflanzsituation.

Wo das Staudenbeet durch eine Hecke oder einen Gehölzstreifen abgeschlossen wird, sollte zwischen Beet und Hecke ein schmaler freier Streifen bleiben. Er ist nützlich zur Pflege des Staudenbeetes und auch zum besseren Fernhalten der Wurzelkonkurrenz der Gehölze in das Staudenbeet hinein. Wenn Baum- und Strauchwurzeln zu invasiv werden, müssen sie möglicherweise durch eine feste Barriere abgehalten werden.

5. Gehölzrand

In solchen Situationen bildet das Staudenbeet den Übergang zwischen Wiese und Gehölz. Die Beete sollten ziemlich schmal sein, damit der Schatten unter den Gehölzen als Hintergrund wirkt. Besonders interessant ist dies im Nordbereich der Gehölze, da man dort die Pflanzen im Gegenlicht bewundern kann. In solchen Situationen sind Pflanzen mit weißen frei in der Luft getragenen Blüten besonders schön, wenn sie aus der Ferne betrachtet werden und dunkelrote und purpurne Blüten, wenn sie von Lichtstrahlen erreicht werden. Weiße Astilben, Lysimachia clethroides, Thalictrum dipterocarpum, Physostegia virginiana 'Alba', Phlox carolina 'Miss Lingard', Campanula lactiflora, Papaver bracteatum 'Goliath' und Aquilegia atrata sind alle in solchen Lagen sehr beeindruckend.

6. Sumpfgärten, Wasserrandpflanzungen oder Stellen mit Staunässe

Staunasse Böden sind für die Mehrzahl der Stauden ungeeignet. Es gibt aber einige sehr schöne Pflanzen, die natürlicherweise in solchen Situationen wachsen und sie auch brauchen. Dazu gehören z. B. viele Iris, Lythrum, Caltha, Trollius, Rodgersia, Lobelia und manche andere. Sumpfprimel, Meconopsis und andere Himalaja-Pflanzen sind für solche Situationen in kühleren Lagen besonders geeignet.

Pflanzstellen, die im Winter staunaß und im Sommer trocken sind, sind das größere Problem. Iris spuria wächst natürlicherweise in solchen Situationen und eine Sammlung ihrer Sorten ist für eine solche Stelle gut geeignet – vorausgesetzt die Stelle liegt in voller Sonne.

7. Stauden im Gehölzbereich

Die amerikanische Flora ist besonders reich an Waldstauden. Viele von ihnen sind sehr schön, wie z. B. die frühlingsblühende Mertensia virginiana oder ganze Herden von Phlox stolonifera in unterschiedlichen Farben. Es gibt aber auch Arten, die im Sommer blühen und auf schattigen Lichtungen ansprechende Aspekte bilden. Veratrum, Cimicifuga, Campanula und Telekia sind hochwachsende Stauden für solche Situationen im Garten. Mit ihnen können die frühlingsblühenden Zwiebeln und Knollen, wie Schneeglöckchen, Scillia, Erythronium, Chinodoxa und Anemone blanda an gleicher Stelle wachsen.

8. Wiesen und Präriegärten

Die Pflanzung von Präriesituationen und Wiesen im Garten mag auf den ersten Blick sehr einfach erscheinen, aber in der Praxis ist dies oft schwieriger, da der Nährstoffgehalt des Bodens kräftig wachsenden Kräutern und Gräsern eher zusagt als den langsam wachsenden für diese Pflanzenkombination geeigneten Arten. Je trockener und nährstoffärmer die Lage ist, desto einfacher ist es, eine Staudenwiese zu schaffen und mit vielen Exemplaren weniger Arten ein gutes Bild zu gestalten. Die amerikanischen Asclepias tuberosa und Salvia campanulata sind schön in größeren Herden, Camassia und Fritillaria meleagris sind für die feuchteren Bereiche geeignet. Europäische 'Unkräuter' wie Knorpelmöhre, Wiesenmargerite und Wegwarte sind zusammen mit dem Wiesensalbei leichter zu etablieren. Hohe Stauden wie Goldrute, Vernonia, Eupatorium und Astern zeigen ihr Bestes im Herbst, wenn der Boden etwas sumpfig ist.

9. Trockene Mittelmeergärten

Die vorgenannten Beispiele von Pflanzengesellschaften passen am besten in Gärten in Nordeuropa und an der Ostküste von Amerika, d. h. in Bereiche mit Sommerregen und frostkalten Wintern. Es gibt aber auch eine ganze Reihe von Pflanzen, die in Kalifornien oder in Südeuropa wachsen können oder in ähnlichen Situationen, die im Sommer nicht oder nur selten Wasser erhalten. Dazu gehören z. B. aus Amerika Ceanothus, Romneya, Zauschneria, Yucca und verschiedene Penstemon-Arten, die besonders im Sommer sehr farbenprächtig sind. Dazu gehören aber auch viele attraktive Stauden aus dem Mittelmeergebiet, die problemlos wachsen wie Acanthus, Phlomis, Origanum, Paeonia, Erigeron, Iris und Euphorbia, die alle sommerliche Hitze und Trockenheit gut vertragen.

Spätsommerblüte in einer Lichtung im Laubwald des Leonard J. Buck-Gartens in New Jersey mit Vernonia novaboracensis und Goldrute (Solidago)

Sehenswerte Gärten

Durch Anschauung lernt man am besten. Artenreiche, eingewachsene Staudenpflanzungen sind das geeignete Anschauungsmaterial. Solche Pflanzungen finden sich in Botanischen Gärten, öffentlichen Parks und privaten Sammlungen und Gärten.

Die folgende Liste enthält Beispiele aus Großbritannien und Deutschland mit sehenswerten Staudenpflanzungen.

Großbritannien

Das Sternchen besagt, daß diese Gärten nur an wenigen Tagen im Jahr geöffnet sind. Der jährlich neu erscheinende Gartenführer (The Good Gardens Guide von Graham Rose & Peter King, Verlag Barrie & Jenkins in London). Es gibt auch im Lande verteilt Sammlungen von Gartenpflanzen. Diese National Collections erfassen sowohl Arten wie Sorten einer Gattung und werden vom National Council for the Conservation of Plants and Gardens (NCCPG) betreut. Sie entstehen auf der Grundlage der 'Rosa Liste' der vom Aussterben bedrohten Gartenpflanzen, die ja ein Stück lebendiger Gartenkulturgeschichte sind. Die Adressen der verantwortlichen Betreuer der einzelnen National Collections wie auch weitere Informationen zu dieser Arbeit sind erhältlich bei NCCPG c/o The Royal Horticultural Society's Garden, Wisley, Woking Surrey GK 236 QB. NCCPG – Sammlungen bestehen zur Zeit schon für:

Acanthus, Achillea, Aconitum, Agapanthus, Ajuga, Alchemilla, Anemone, Anthericum, Aquilegia, Arabis, Artemisia, Asphodelus, Aster, Astilbe, Astrantia, Athyrium, Bellis, Bergenia, Calamintha, Caltha, Campanula, Cimicifuga, Clematis, Convallaria, Cortaderia, Crocosmia, Delphinium, Dianella, Dianthus, Dicentra, Digitalis, Doronicum, Dryopteris, Echinops, Epimedium, Erigeron, Erodium, Eryngium, Erysimum, Euphorbia, Farne, Gentiana, Geranium, Geum, Helenium, Helianthemum, Helianthus, Helichrysum, Heliopsis, Helleborus, Hemerocallis, Hesperis, Heuchera, Hosta, Iris, Kniphofia, Lamium, Leucanthemum, Libertia, Ligularia, Linum, Liriope, Lobelia, Lupinus, Lychnis, Meconopsis, Mertensia, Monarda, Nepeta, Nymphaea, Oenothera, Omphalodes, Ophiopogon, Origanum, Ourisia, Paeonia, Papaver, Paradisea, Penstemon, Phlox, Phormium, Platycodon, Polygonatum, Polygonum, Polypodium, Polystichum, Potentilla, Primula, Pulmonaria, Pyrethrum, Ranunculus, Rheum, Rodgersia, Ruscus, Salvia, Sarracenia, Saxifraga, Scabiosa, Schizostylis, Sedum, Senecio, Sidalcea, Sisyrinchium, Symphytum, Thalictrum, Tricyrtis, Trillium, Trollius, Verbascum, Veratrum, Verbena, Veronica, Vinca, Viola, Watsonia, Yucca.

Gärten und Parks

Arley Hall, near Knutsford, Cheshire
Beth Chatto Gardens, Elmstead Market, Suffolk
Bodnant Garden, near Colwyn Bay, North Wales (The National Trust)
Bressingham Gardens, Diss, Norfolk
Cambridge University Botanic Garden, Brookside
Chelsea Physic Garden, Royal Hospital Road, London SW 3
Cobblers, Crowborough, Sussex*
Coldham, Little Chart, Ashford, Kent*
Garden House, Buckland Monachorum, Devon
Great Dixter, Northiam, Sussex
Harewood House Gardens, near Leeds, West Yorkshire
Hatfield House, Hertfordshire
Hidcote Manor, Chipping Camden, Gloucestershire (The National Trust)
The High Beeches, Handcross, Sussex
Highdown, Goring-by-Sea, near Worthing, Sussex
Jenkyn Place, Bentley, Hampshire
Kew, The Royal Botanic Gardens, near Richmond, Surrey
Knightshayes Court, Tiverton, Devon (The National Trust)
Leeds Castle, near Maidstone, Kent
Liverpool University Botanic Garden, Ness, Neston, South Wirral
Longstock Park Gardens, near Stockbridge, Hampshire*
Marwood Hill, Bernstaple, Davon
Myddelton House, Bulls Cross, Enfield, Middlesex
Old Rectory Cottage, Tidmarsh, Berkshire*
The Old Vicarage, Edington, Wiltshire*
Oxford University Botanic Garden, Oxford
Powis Castle, near Welshpool, Powys, Mid-Wales (The National Trust)
Sandling Park, near Hythe, Kent*
Savill Gardens, Windsor Great Park, Berkshire
Sissinghurst Castle, Cranbrook, Kent (The National Trust)
Stancombe Park, Dursley, Gloucestershire*
Wakehurst Place, Haywards Heath, Sussex (The National Trust)
Wallington, Morpeth, Northumberland (The National Trust)
Washfield Nurseries, Hawkhurst, Kent
Wisley, The Royal Horticultural Society's Garden

Schottland

Aberdeen, Cruickshank Botanic Garden of the University, St. Machar Drive, Old Aberdeen
Branklyn Garden, Perth (The National Trust for Scotland)
Cluny, Aberfeldy, Perthshire
Crathes Castle, Aberdeenshire (The National Trust for Scotland)
Edinburgh, The Royal Botanic Garden, Inverleith Row
Inverewe, Poolewe, Wester Ross (The National Trust for Scotland)
Jack Drake, Inshriach Alpine Plant Nursery, Aviemore, Inverness-shire
Kildrummy Castle Garden, Strathdon, Aberdeenshire
Logan Botanic Garden, Port Logan, Dumfries and Galloway
Pitmedden Garden, Ellon, Aberdeenshire (The National Trust for Scotland)

Gärten der Bundesrepublik Deutschland

Botanische Gärten
Staatliche Museen und Sammlungen

Botanischer Garten und Botanisches Museum Berlin-Dahlem, Königin-Luise-Str. 6–8, 1000 Berlin 33
Botanischer Garten, Menzinger Str. 63, 8000 München 19

Universitätsgärten

Botanischer Garten der Techn. Universität, Alte Maastricher Str. 3, 5100 Aachen
Universität Bielefeld, Fakultät für Biologie, Postfach 85 40, 4800 Bielefeld 1
Ruhr-Universität Bochum, Botanischer Garten, Postfach 10 21 48, 4630 Bochum 1
Botanisches Institut und Botanischer Garten, Meckenheimer Allee 170, 5300 Bonn 1
Institut für Landwirtschaftliche Botanik der Universität Bonn, Meckenheimer Allee 176, 5300 Bonn 1
Botanischer Garten der Techn. Universität, Humboldtstr. 1, 3300 Braunschweig
Ökologisch-Botanischer Garten, Universität Bayreuth, Am Birkengut, Postfach 30 08, 8580 Bayreuth
Universität Bremen
Botanischer Garten der Techn. Hochschule, Schnittspahnstr. 5, 6100 Darmstadt
Botanischer Garten der Universität, Universitätsstr. 1, 4000 Düsseldorf
Botanischer Garten der Universität, Loschgestr. 3, 8520 Erlangen
Universität Essen GHS, Fachbereich 9 Botanik, Universitätsstr. 15, 4300 Essen 1
Botanischer Garten der Universität, Siesmayerstr. 72, 6000 Frankfurt
Botanischer Garten der Universität, Schänzlestr. 9–11, 7800 Freiburg i. Brsg.
Sichtungsgarten Weihenstephan, 8050 Freising-Weihenstephan
Botanischer Garten der Justus-Liebig-Universität, Senkenbergstr. 6, 6300 Gießen
Botanischer Garten der Universität, Untere Karspüle 1, 3400 Göttingen
Neuer Botanischer Garten der Universität, Grisebachstr. 1a, 3400 Göttingen
Forstbotanischer Garten und Arboretum, Büsgenweg 2, 3400 Göttingen
Botanischer Garten der Universität, Hesten 10, 2000 Hamburg 52
Botanischer Garten der Universität, Im Neuenheimer Feld 340, 6900 Heidelberg
Botanischer Garten der Universität, Am Fasanengarten 2, 7500 Karlsruhe 1
Gesamthochschule Kassel, Lehr- und Versuchsanlagen der Arbeitsgruppen Botanik, Heinrich-Plett-Str. 40, 3500 Kassel
Botanischer Garten der Universität, Biologie-Zentrum, Olshausenstr. 40–60, 2300 Kiel
Botanisches Institut der Universität Köln, Gyrhofstr. 15, 5000 Köln 41
Universität Konstanz, Fachbereich Biologie, Postfach 77 33, 7750 Konstanz

Botanischer Garten der Johann-Gutenberg-Universität, Saarstr. 21, Postfach 39 80, 6500 Mainz
Botanischer Garten der Phillips-Universität, Karl-von-Frisch-Str., 3550 Marburg
Botanischer Garten der Westf. Wilhelms-Universität, Schloßgarten 3, 4400 Münster
Versuchsfeld des Instituts für Pharmazeutische Biologie und Phytochemie, Hittorfstr. 56, 4400 Münster
Botanischer Garten der Universität, Philosophenweg 41, 2900 Oldenburg
Botanischer Garten der Universität, Albrechtstr. 29, 4500 Osnabrück
Botanischer Garten der Universität, Universitätsstr. 31, 8400 Regensburg
Botanischer Garten der Universität, 6600 Saarbrücken
Botanischer Garten der Universität Hohenheim, Postfach 70 05 62, 7000 Stuttgart 70
Botanischer Garten der Universität Stuttgart, Ulmer Str. 227, 7000 Stuttgart 60
Botanischer Garten der Universität, Hartmeyerstr. 123, 7400 Tübingen
Abt. Spezielle Botanik, Biologie der Universität, Oberer Eselsberg, 7900 Ulm
Gewächshaus für tropische Nutzpflanzen, FB Internationale Agrarwirtschaft der GH Kassel, Steinstr. 19, 3430 Witzenhausen
Botanischer Garten der Universität, Mittlerer Dallenbergweg 64a, 8700 Würzburg

Stadt- oder Landesgärten
Botanischer Garten der Stadt Augsburg, Parkstr. 15a, 8900 Augsburg
Staatl. Bäderverwaltung Abt. IV-Kurpark, Postfach 326, 7847 Badenweiler
Botanischer Garten, Marcusallee 60, 2800 Bremen 33
Botanischer Garten der Stadt, Am Rombergpark 49, 4600 Dortmund-Brünninghausen
Botanischer Garten der Stadt, Fürst-Pückler-Str. 18, 4100 Duisburg 11
Grugapark Essen, Külshammerweg 32, 4300 Essen 1
Palmengarten, Siesmayerstr. 61, 6000 Frankfurt
Nationalpark Bayerischer Wald, Postfach 124, 8352 Grafenau
Forstliches Arboretum der Nieders. Landes- und Forstverwaltung, 3395 Bad Grund/Harz und Arboretum der Nieders. Forstlichen Versuchsanstalt, 3513 Staufenberg-Escherode
Schulbiologiezentrum Hannover-Burg, Brockenweg 5a, 3000 Hannover 21
Herrenhäuser Gärten, Herrenhäuser Str. 4, 3000 Hannover-Herrenhausen 21
Botanischer Garten der Stadt, Heinrich-Egloff-Str. 9, 8670 Hof
Alter Botanischer Garten der Stadt Karlsruhe
Botanischer Garten der Stadt Kassel, Bosestr. 15, 3500 Kassel
Botanischer Garten der Stadt, Am Botanischen Garten 19, 5000 Köln 60
Botanischer Garten der Stadt, Sandberg 1–2, 4150 Krefeld-Oppum
Botanischer Garten der Stadt, 4050 Mönchengladbach
'Wilhelma', Zoologisch-Botanischer Garten, Postfach 50 12 27, 7000 Stuttgart 50
Botanischer Garten Wilhelmshaven, Gökerstr. 125, 2940 Wilhelmshaven
Botanischer Garten der Stadt, Elisenhöhe 5, 5600 Wuppertal 1

Private Sammlungen
Firma Madaus, Heilpflanzenkulturen Dr. Madaus & Co., Abt. Gartenbau, Postfach 91 50 55, 5000 Köln 91
Mainauverwaltung, Graf Lennart Bernadotte GmbH, Post Konstanz, 7750 Insel Mainau
Pflanzenschauhaus im Luisenpark Mannheim, Stadtpark Mannheim GmbH, Gartenschauweg 18, 6800 Mannheim 1
Tropicarium Monheim, Bayer AG, 5090 Leverkusen
Schau- und Sichtungsgarten Hermannshof, Babostr. 5, 6940 Weinheim/Bergstraße

Literatur zum Buch

Allgemein

Beckett, Kenneth A., Growing Hardy Perennials Croom Helm and Timber Press 1981.
Clausen, R. R. and Ekstrom, N. H., Perennials for American Gardens Random House 1989.
McGourty, Frederick, The Perennial Gardener Houghton Mifflin, Boston 1989.
Thomas, Graham Stuart, Perennial Garden Plants 2nd ed. Dent 1982.
Trehane, Piers, Index Hortensis volume 1: Perennials (Obtainable by post from the publisher). Quarterjack Publishing, Wimborne, Dorset 1989.
Walters et al. eds., European Garden Flora Cambridge 1984.
Royal Horticultural Society Dictionary of Gardening, 2nd ed. revised, Oxford University Press 1977.
'Curtis's Botanical Magazine'; since 1974 'The Kew Magazine', London
'Journal of the Royal Horticultural Society', since June 1975
'The Garden', R. H. S. London
'The Plantsman', 1979 onwards, Royal Horticultural Society, London

Floren

Europa

Coste, H., Flore de La France Paris 1901.
Heywood et al., eds., Flora Europaea Cambridge University Press 1964–1980.
Komarov, V. L. et al., eds., Flora of the USSR Moscow and Leningrad, 1933–1964 (translated by the Israeli Program for Scientific Translations).
Polunin, Oleg, Flowers of Greece and the Balkans Oxford University Press 1980.
Polunin, Oleg, Flowers of Southwest Europe Oxford University Press 1973.
Polunin, Oleg and Walters, Martin, A Guide to the Vegetation of Britain and Europe Oxford University Press 1985.
Strid, Arne, Mountain Flora of Greece vol. 1, Cambridge University Press 1986.
Thompson, H. S., Subalpine Plants G. Routledge 1912.
Vvedensky A. I., ed. Conspectus Florae Asiae Mediae Tashkent 1971 onwards.

Afrika

Bond, Pauline and Goldblatt, Peter, Plants of the Cape Flora. A Descriptive Catalogue Journal of South African Botany, supplementary volume no. 13 Cape Town 1984.
Hilliard, O. M. and Burtt, B. L., The Botany of the southern Natal Drakensberg National Botanic Gardens, Kirstenbosch Cape Town 1987.

Asien

Davis, P. H. et al., Flora of Turkey Edinburgh University Press 1965–1987.
Grierson, A. J. C. and Long, D. G., Flora of Bhutan Edinburgh University Press 1983 onwards.
Ohwi, J., Flora of Japan in English, Smithsonian, Washington 1965.
Polunin, Oleg and Stainton, Adam, Flowers of the Himalaya Oxford University Press 1984.
Rechinger, K. H., Flora Iranica Graz 1963 onwards.
Wilson, E. H., A Naturalist in Western China Methuen 1913.

Nordamerika

Britton, N. L. and Brown, A., An Illustrated Flora of the Northern United States and Canada New York 1913.
Fernald, M. L., Gray's Manual of Botany, 8th ed. 1950.
Kearney T. H. and Peebles R. H. et al., Arizona Flora University of California Press 1951.
Munz, P. A. and Keck, D. D., A Californian Flora University of California Press 1968.
Niering, A., The Audubon Society Field Guide to North American Wildflowers, eastern region Knopf, New York 1979.
Spellenberg, R., The Audubon Society Field Guide to Northern American Wildflowers, western region Knopf, New York 1979.

Südamerika

Moore, David M., Flora of Tierra del Fuego Nelson and Missouri Botanical Garden, 1983.

Neuseeland

Allan, H. H., Flora of New Zealand, volume I Govrt. Printer Wellington 1961, 1982.
Moore, L. B. & Edgar, E., Flora of New Zealand, volume II Wellington 1970.
Salmon, J. T., New Zealand Plants and Flowers in Colour Reed 1963.

Pflanzenmonographien

Campanulas Lewis, Peter and Lynch, Margaret, Christopher Helm, 1989.
Diascia, A Revision of Series Racemosae Hilliard, O. M. and Burtt, B. L., Jl. S. Afr. Bot. 5(3):269–340(1984)
Gentians Wilkie, David, revised edition Country Life 1950.
Geraniums, Hardy Yeo, Peter, Croom Helm and Timber Press 1985. (Deutsch 1988 bei Ulmer, Stuttgart)
Geranium, A Revision of Geranium in Africa south of the Limpopo Hilliard, O. M. and Burtt, B. L. Notes from the Royal Botanic Garden, Edinburgh vol. XLII no. 2 1985.
Hellebores Mathew, Brian, Alpine Garden Society 1989.
Iris, The Mathew, Brian, Batsford 1981.
Iris, A taxonomic review of Iris L. series Unguiculares, Davis Aaron P. and Jury S. L., Bot. Journ. Linn. Soc. (1990), 103:218–300.
Kniphofia, The South African Species of Codd, L. E. Bothalia vol. 9, parts 3 & 4 1968.
Meconopsis, The genus Taylor, George, New Flora and Silva 1934.
Meconopsis Cobb, James S. L., Christopher Helm 1989.
Paeonia, A Study of the Genus Stern, F. C., The Royal Horticultural Society 1946.
Peonies of Greece Stearn, William T. and Davis, Peter H. The Goulandris Natural History Museum 1984.
Phlox, The genus Wherry, Edgar T., Morris Arboretum Monographs, 111 Philadelphia 1955.
Primula, the Genus Wright Smith, W., Forrest, G. and Fletcher H. R. (reprints of several papers from Trans Proc. Bot. Soc. Edinb. 1941–49) J. Cramer Vaduz 1977.
Saxifrages of Europe Webb, D. A. and Gornall, R. J. Christopher Helm, 1989.
Waterlilies Swindells, Philip; Croon Helm and Timber Press 1983.

Gärten allg. incl. Pflanzung und Gestaltung

Brown, Jane, Lanning Roper and his Gardens Weidenfeld and Nicholson 1987.
Buchan, Ursula, An Anthology of Garden Writing Croom Helm 1986.
Chatto, beth, The Dry Garden
Fish, Margery, We made a Garden Collingridge and Transatlantic Arts London and New York 1956.
Fish, Margery, Cottage Garden plants Collingridge and Transatlantic Arts London and New York 1961.
Gorer, Richard, The Development of Garden Flowers Eyre and Spottiswood 1970.
Hobhouse, Penelope, Colour in your garden Collins 1985 (Deutsch 1986 bei Ulmer, Stuttgart)
Jekyll, Gertrude, Colour Schemes for the Flower Garden Country Life 1919 (Deutsch 1988 bei Ulmer, Stuttgart)
Page, Russell, The Education of a Gardener Collins 1962
Lloyd, Christopher, Foliage Plants revised edition Viking 1985.
Robinson, William, The Wild Garden reprinted by The Scolar Press 1977, but see: Elliott, B., Some Sceptical Thougths about William Robinson, The Garden vol. 110 part 5 214–217 (1985).
Thomas, Graham, The Art of Planting Dent 1984
Thomas, Graham, Plants for Ground Cover revised ed. Dent 1977
Verey, Rosemary, Good Planting Frances Lincoln 1990

Deutschsprachige vertiefende Literatur

Zu der englischsprachigen Literatur seien nachfolgend noch einige Beispiele aus der sehr umfangreichen deutschsprachigen neueren Staudenliteratur ergänzt. Es sind sowohl Werke des Gesamtsortiments als auch von Staudengruppen oder Gattungsmonographien wie auch Werke über Staudenverwendung, -pflanzung und -pflege. Hier nun einige Beispiele:

Ahlburg, Marlene: Helleborus, Ulmer Verlag Stuttgart 1989

Fessler, Alfred: Der Staudengarten, Ulmer Verlag Stuttgart 1991

Die Freiland-Schmuckstauden. Neu hrsg. von W. Schacht und A. Fessler, Ulmer Verlag Stuttgart 1990

Foerster, Karl: Einzug der Gräser und Farne in die Gärten, Neumann Verlag Radebeul 1991

Gartenpraxis, Hrsg. von A. Fessler, Ulmer Verlag Stuttgart, erscheint monatlich

Hansen, Richard und Friedrich Stahl: die Stauden und ihre Lebensbereiche, Ulmer Verlag Stuttgart 1990

Koehlein, Fritz: Enziane und Glockenblumen, Ulmer Verlag Stuttgart 1986

Koehlein, Fritz: Iris, Ulmer Verlag Stuttgart 1981

Koehlein, Fritz: Nelken, Ulmer Verlag Stuttgart 1990

Koehlein, Fritz: Primeln, Ulmer Verlag Stuttgart 1984

Kummert, Fritz: Pflanzen für das Alpinenhaus, Ulmer Verlag Stuttgart 1989

Maatsch, Richard: Das Buch der Freilandfarne, Parey Verlag Berlin 1980

Menzel, Ilse und Peter: Das Kletterpflanzenbuch, Ulmer Verlag Stuttgart 1988

Sieber, Josef: Die Sichtung der Stauden, FGG Bonn 2, Postfach 20 14 63

Tangermann, Erika und Hans Simon: Wildstauden für Wiesen und andere Freiflächen, BdB Handbuch Teil VII A und Wildstauden für Schattenflächen und Säume BdB Handbuch Teil VII B, Fördergesellschaft 'Grün ist Leben', Pinneberg, Bismarckstr. 49

Wehrhahn, H. R.: Die Gartenstauden, Nachdruck 1988 Koeltz, Königstein

Wocke, Erich: Die Kulturpraxis der Alpenpflanzen und ihre Anwendung in Steingarten und Alpinum, Neudruck Königstein 1977

Wohlschlager, Josef: Unser Garten, meisterlich bepflanzt. 3. Aufl., Ulmer Verlag Stuttgart 1982

Nützliche Adressen – Bezugsquellen

Das Staudensortiment für den Garten ist riesengroß und bietet für alle Gartensituationen und Interessen geeignete Arten und Sorten. Sortimente von mehreren 1000 Arten und Sorten (im Einzelfall bis 8000 und mehr) sind häufig. Das zeigt, daß die Vielfalt des Staudensortiments erheblich größer ist als z. B. die der Ziergehölze, Rosen und Sommerblumen. Auch heimische Pflanzen werden reichlich angeboten; immerhin sind über 1/3 der in Deutschland wildwachsenden Arten aus gärtnerischer Vermehrung problemlos zu erhalten. Für verantwortungsvolle Gartenbesitzer ist die Entnahme von Pflanzen aus der Natur aus Artenschutzgründen tabu. Beschaffung von Stauden erfordert die genaue Angabe des botanischen Namens, falls erforderlich auch mit Sortennamen, z. B. Anthemis tinctoria 'E. C. Buxton', um auch genau die Pflanze zu bekommen, die man haben möchte.

Bezugsadressen für Stauden kann man erfragen bei: Bund deutscher Staudengärtner, Gießener Straße 47, 6310 Grünberg/Hessen

Wer gerne andere Menschen mit gleichen Staudeninteressen kennenlernen möchte, um Erfahrungen, aber vielleicht auch Samen und Pflanzen seltener Arten und Sorten auszutauschen, kann Mitglied werden bei: Gesellschaft der Staudenfreunde e. V., Meisenweg 1, 6234 Hattersheim-Okriftel

(Mitgliederzeitschrift 'Der Staudengarten' 4mal im Jahr und am Jahresende eine sehr große Samentauschliste)

Gute Hilfe zur Beschaffung leistet auch der 'Pflanzeneinkaufsführer' von Anne und Walter Erhard (Ulmer Verlag), der für über 13 800 Pflanzenarten Bezugsquellen in Deutschland, Belgien, Holland, Schweiz und Österreich nachweist. Das entsprechende englische Buch ist 'The Plantfinder' der Hardy Plant Society (The Manor House, Walton-in-Gordana Clevedon, Avon BS 217 AN, Großbritannien). In Nordamerika gibt es mit gleichem Ziel die 'Anderson Horticultural Library's Source List of Plants and Seeds' (Andersen Horticultural Library, Minnesota, Landscape Arboretum, 3675 Arboretum Drive, Box 39 Chanhassan MN 55317, USA).

Register

A

B

E

F

G

M

N

O

Q

R

S

T

U

V